# 消費者相談マニュアル

〔第4版〕

Manual of Consumer Consultation

東京弁護士会消費者問題特別委員会 編

商事法務

# 第4版刊行にあたって

　消費者はどのような理由で商品やサービスを消費するのか，そして，その後，どのような使い方，利用をするのかなど，消費者の行動は，それ自体，分析の対象とされ，あたかも客体のように扱われることがあります。法の消費者問題へのかかわり方は，このように客体化されやすい消費者ひとりひとりの主体性を回復させるという一面をもっています。

　わが国における消費者問題は，商品の品質，性能，安全性に関するものから，やがて，販売方法や契約等に関するものへと比重が移り，さらに，携帯端末からいつでも海外商品を購入することができるなど，情報化，国際化が急速に進展し，ネット社会特有の性質もあいまって子どもにまでトラブルが広がるようになってきています。最近は，とくに高齢者の消費者被害が急増しており，周囲に相談者がいなかったり，被害に遭っていること自体に気づかなかったり，過去の被害の救済を装う二次被害まで発生しています。

　1962年，J・F・ケネディが大統領教書として語った消費者の4つの権利はいまだに色褪せることはありません。安全に対する権利，知らされる権利，選択する権利，そして意見を聞いてもらう権利です。安全については，生命・身体はもちろんですが，財産の保護や，さらには私生活（プライバシー）の保護も求められています。知らされることは自分自身の消費のあり方を自分自身で選択することの前提となるものです。そして，意見を聞いてもらう権利には，消費者と事業者という二項対立を開くきっかけとなって環境や人権への配慮を伴う消費者参加型の次世代消費社会への発展が期待されます。本書もその着実な歩みのひとつに位置づけられるものです。

　　令和元（2019）年9月

東京弁護士会

会長　篠　塚　　力

# 第4版はじめに

平成28（2016）年に『消費者相談マニュアル〔第3版〕』が刊行されてから約3年が経過しました。

この間に，民法（債権法）改正が成立・公布されたほか，消費者契約法，特定商取引法などの消費者関連の法令の重要な改正が相次ぎました。また，キャッシュレス決済の急速な普及，仮想通貨ブーム，人気オンラインゲームの登場等の新たな動きも生じてきています。そこで，これらに対応すべく，第4版を刊行することになりました。

本書は2章構成となっており，第1章では「消費者事件の処理に必要な基本的知識」として消費者問題全般に関する基本的な知識を扱い，第2章では「具体的トラブル事例と解決」として消費生活センターや弁護士会等の消費者相談の現場で日々発生している具体的事例を取り上げ，その処理に必要な知識と解決法について解説しています。

なお，多重債務問題及び先物取引については，各方面から書籍が出版されておりますので，本書では取り上げていません。また，個々の法律の詳しい内容は，それぞれの解説書を参照していただくという趣旨から，法律や制度の解説は最小限に留めています。

第3版との大きな改訂点は，①法改正への対応，最新の裁判例や被害類型への対応を図ったこと，②第2章の分類を具体的なトラブル類型に応じ再編成したこと，③叙述の重複を見直す等により，情報量を落とさずに頁削減を図ったことです。その結果，下記の項目が追加されましたが，総頁数は，第3版より100頁強削減されています。

・「公序良俗違反──現代型暴利行為」（第1章第7）
・「仮想通貨（暗号資産）」（第1章第9 ②）
・「口座凍結（振り込め詐欺救済法）」（第1章第10 ①）
・「弁護士会照会制度」（第1章第10 ②）
・「国際的取引」（第1章第11）
・「宅配便」（第2章第6 ②）
・「引越し」（第2章第6 ③）

- ・「美容医療」（第2章第7②）
- ・「定期購入」（第2章第8）
- ・「食品」（第2章第9）
- ・「債権回収（サービサー法と弁護士法72条・73条）」（第2章第15①）
- ・「スマホゲーム・オンラインゲーム（第2章第17④）

　本書は，東京弁護士会の消費者問題特別委員会の委員を中心に，日頃から消費者被害救済の最前線で戦っている弁護士が多数参加して執筆したものです。最新の法改正を踏まえ，新たな動きにも対応して，消費者被害の相談に関し，様々な要望に応えられる内容になっているものと自負しています。

　消費者と事業者の間には，情報の質及び量並びに交渉力の格差があります。消費者被害が起きてしまったとき，その問題が適切に解決されるように，対等でない当事者間のうち，弱き者の側に立ち，消費者被害救済のために戦い，工夫を重ねてきた弁護士のノウハウの集大成として，本書は作成されました。本書が多くの方に活用されて，消費者の権利救済（被害の回復）に役立てることができれば幸いです。

　最後に，本書の刊行にあたっては商事法務の皆様に多大なる助力をいただきましたので，この場を借りて御礼申し上げます。

　　令和元（2019）年5月

　　　　　　　　　　　　　　　東京弁護士会消費者問題特別委員会
　　　　　　　　　　　　　　　　　委員長　三　上　　　理

## ── 執筆者一覧（五十音順）

| | | | |
|---|---|---|---|
| 荒井　哲朗 | 荒田　曜子 | 飯田　　修 | 石渡　幸子 |
| 磯　雄太郎 | 稲村　晃伸 | 岩田　　修 | 上原　　誠 |
| 上柳　和貴 | 大泉　智靖 | 大迫惠美子 | 大菅　俊志 |
| 大塚　　陵 | 葛田　　勲 | 菊間　龍一 | 北原　　尚 |
| 工藤　寛泰 | 黒沼　拓未 | 小泉　英之 | 五反　章裕 |
| 後藤　隆士 | 小松　紘士 | 齊藤　　彰 | 佐伯　理華 |
| 坂井　崇徳 | 坂本　慎二 | 櫻田晋太郎 | 佐々木幸孝 |
| 佐藤　千弥 | 佐藤　英幸 | 澤藤　大河 | 品谷　圭佑 |
| 志水芙美代 | 鈴木さとみ | 瀬戸　和宏 | 平　　秀一 |
| 高木　篤夫 | 髙田　一宏 | 竹内　留美 | 武田　香織 |
| 谷合　周三 | 千葉　　肇 | 出山　　剛 | 戸田　知代 |
| 内藤　秀明 | 中川　素充 | 中野　敬子 | 中村　昌典 |
| 晴柀　雄太 | 樋谷　賢一 | 平澤　慎一 | 深草　剛志 |
| 藤実　正太 | 本間　紀子 | 松本　明子 | 水澤　俊材 |
| 水口　瑛葉 | 宮城　　朗 | 山内　　隆 | 山口　貴士 |
| 山口　　諒 | 山本　瑞貴 | | |

*vii*

# 目　　次

## 第1章　消費者事件の処理に必要な基本的知識

**■第1　消費者契約法・特定商取引法・割賦販売法の適用対象**
**（「消費者」「事業」「営業」）** …………………………………………………… 3

**■第2　消費者契約法** ……………………………………………………………… 11

1 消費者契約法の概要 …………………………………………………… 11

2 消費者契約の取消し …………………………………………………… 13

3 消費者契約の条項の無効 ……………………………………………… 34

**■第3　特定商取引法** ……………………………………………………………… 59

1 特定商取引法の概要 …………………………………………………… 59

2 クーリング・オフ ……………………………………………………… 70

3 取消し・解除 …………………………………………………………… 87

**■第4　割賦販売法** ………………………………………………………………… 96

1 割販法の概要とクレジット契約の仕組み ………………………… 96

2 抗弁の対抗 ……………………………………………………………… 115

3 名義貸し ………………………………………………………………… 125

**■第5　消費者契約からの解放とその効果** …………………………………… 135

**■第6　消費者の属性に関わる問題** …………………………………………… 143

1 消費者契約と適合性原則 ……………………………………………… 143

2 高齢者の取引 …………………………………………………………… 155

3 未成年者の取引 ………………………………………………………… 170

**■第7　公序良俗違反——現代型暴利行為** ………………………………… 184

*viii*　目　次

■第8　消費者団体による訴訟制度 ……………………………… 192

　1　適格消費者団体による差止請求訴訟制度 ……………… 192

　2　特定適格消費者団体による集団的消費者被害回復訴訟制度 ………… 198

■第9　決済手段 ………………………………………………… 203

　1　電子マネー …………………………………………… 203

　2　仮想通貨（暗号資産） ……………………………… 209

■第10　被害回復に必要な情報 ……………………………… 220

　1　口座凍結（振り込め詐欺救済法） ………………… 220

　2　弁護士会照会制度 …………………………………… 224

■第11　国際的取引 …………………………………………… 226


# 第2章　具体的トラブル事例と解決

■第1　勧誘方法に問題がある取引 ………………………… 233

　1　展示会商法 …………………………………………… 233

　2　キャッチセールス …………………………………… 239

　3　アポイントメントセールス ………………………… 244

　4　電話勧誘販売 ………………………………………… 249

　5　過量販売 ……………………………………………… 253

　6　催眠商法 ……………………………………………… 259

　7　恋人（デート）商法 ………………………………… 263

　8　訪問購入 ……………………………………………… 269

　9　ネガティブ・オプション（送り付け商法） ……… 275

■第2　欠陥商品 ……………………………………………… 278

　1　製造物責任法 ………………………………………… 278

　2　欠陥商品事故への対応（初期対応，裁判外対応） ……… 286

目　次　ix

　　　③　事　　例 ……………………………………………………… 295

■第3　居宅を巡るトラブル ……………………………………………… 313

　　　①　欠陥住宅 ……………………………………………………… 313

　　　②　賃貸物件の原状回復を巡る問題 ………………………… 325

　　　③　有料老人ホーム …………………………………………… 331

　　　④　リフォーム工事 …………………………………………… 340

■第4　不動産投資 ………………………………………………………… 345

　　　①　投資用マンション ………………………………………… 345

　　　②　原野商法の二次被害 ……………………………………… 351

■第5　教育・教養 ………………………………………………………… 360

　　　①　大学の入学金・授業料 …………………………………… 360

　　　②　予備校，家庭教師 ………………………………………… 365

　　　③　資格商法（士商法） ……………………………………… 370

　　　④　留　　学 …………………………………………………… 376

■第6　旅行，運輸 ………………………………………………………… 387

　　　①　旅　　行 …………………………………………………… 387

　　　②　宅 配 便 …………………………………………………… 397

　　　③　引 越 し …………………………………………………… 403

■第7　美容医療 …………………………………………………………… 408

　　　①　エ ス テ …………………………………………………… 408

　　　②　美容医療 …………………………………………………… 413

■第8　定期購入 …………………………………………………………… 418

■第9　食　　品 …………………………………………………………… 422

　　　①　食品表示 …………………………………………………… 422

　　　②　食品・サプリメント等の摂取による危害 ……………… 427

*x* 目　次

③　健康食品等の送り付け商法 ……………………………………… 428

■第10　宗教関係ビジネス（いわゆる霊感商法，易断等）………… 432

■第11　副業，内職，マルチ ……………………………………………… 448

①　マルチ商法 …………………………………………………………… 448

②　会員権商法 …………………………………………………………… 463

③　サイドビジネス（副業）——内職商法・ドロップシッピング等 …… 467

■第12　必勝法商法（パチンコ，競馬）・情報商材 ………………… 473

■第13　冠婚葬祭 ……………………………………………………………… 479

①　結婚式場 ……………………………………………………………… 479

②　互　助　会 …………………………………………………………… 484

■第14　結婚情報サービス ………………………………………………… 490

■第15　決済・支払い ……………………………………………………… 495

①　債権回収（サービサー法と弁護士法72条・73条）……………… 495

②　カードの不正利用（キャッシュカード，クレジットカード）…… 499

■第16　金融商品 ……………………………………………………………… 507

①　金融商品と不法行為 ……………………………………………… 507

②　オプションと仕組債 ……………………………………………… 516

③　私的なCFD取引（排出権取引等）……………………………… 529

④　詐欺まがい投資商法 ……………………………………………… 537

⑤　外国為替証拠金取引（FX取引）……………………………… 542

⑥　生命保険・損害保険 ……………………………………………… 549

■第17　インターネット・SNS ………………………………………… 569

①　ワンクリック請求 ………………………………………………… 569

②　サクラサイト商法 ………………………………………………… 573

③　ネットショッピング ……………………………………………… 580

目　次 *xi*

|4| スマホゲーム・オンラインゲーム ……………………………………… 589

■第 18　探偵・興信所トラブル ……………………………………………… 595

■第 19　リ　ー　ス ……………………………………………………………… 601

■第 20　個人情報 ……………………………………………………………… 609

■第 21　フランチャイズ契約を巡るトラブル ………………………………… 618

●各種消費者事件類型毎の相談先・ADR・情報入手先等 ………………………… 642

# 第1章
## 消費者事件の処理に必要な基本的知識

# 第 *1* ‖ 消費者契約法・特定商取引法・割賦販売法の適用対象（「消費者」「事業」「営業」）

## 1　はじめに

　消費者契約法，特商法および割販法の適用範囲を画する，「消費者」「事業」および「営業」について整理するものである。

## 2　消費者契約法

### ⑴　「消費者」の要件および立証責任

　消費者契約法は，消費者と事業者との間で締結される契約に適用されるので，消費者契約法の適用を主張する者は「消費者」であることが必要となる。

　「消費者」の要件は，①個人であり，且つ②事業として又は事業のために契約の当事者となる場合ではないこと，である（消費者契約法2条1項）。

　「消費者」該当性の立証責任については，㋐消費者契約法の適用があることを主張する個人が「消費者」として当該契約を締結したことについての立証責任を負うとの見解[1]と，㋑個人であること（上記要件①）を立証すれば足りると解する見解[2]がある。

　この点，消費者契約法2条1項括弧書の規定ぶり（「事業として又は事業のために契約の当事者となる場合におけるものを除く。」）からは，上記㋑と考えるべきであり，東京高判平成16年5月26日（判タ1153号275頁）も，同様の見解と考えられる[3]。

---

1)　消費者庁消費者制度課編『逐条解説　消費者契約法〔第4版〕』（商事法務，2019年）101頁。
2)　日本弁護士連合会消費者問題対策委員会編『コンメンタール消費者契約法〔第2版増補版〕』（商事法務，2015年）35頁。
3)　同判決は，「事業者と『個人』との間で締結された契約であることについては，同規定の適用を主張する者に主張立証責任があるが，当該個人が『事業として又は事業のために契約の当事者となったこと』については，同規定の不適用を主張する者に主張立証責任があるとする見解を前提としているものと思われる」（判例タイムズ1153号275頁）。

*4* 第 1 章　消費者事件の処理に必要な基本的知識

## ⑵　個人であること（要件①）

「個人」とは，個々の自然人であることを意味する[4]。

「個人」に対する概念として，「法人その他の団体」があり，「法人その他の団体」は「事業者」であると規定されている（消費者契約法 2 条 2 項）。もっとも，「法人その他の団体」であっても，実質的には消費者の集まりである場合や相手方事業者との間に消費者契約に準じるほどの情報・交渉力格差がある場合には，「消費者」に該当すると判断されることがある。

例えば，東京地判平成 23 年 11 月 17 日（判タ 1380 号 235 頁，報告書【31】[5]）は，大学生で構成されるラグビークラブチームが「消費者」に該当すると判断している。他方，マンション管理組合について「消費者」性を否定した東京地判平成 22 年 11 月 9 日（ウエストロー・ジャパン，報告書【43】）や，交渉及び情報力に格差があることは認めつつも株式会社について「消費者」性を否定した東京地判平成 24 年 2 月 1 日（ウエストロー・ジャパン，報告書【27】）がある。

## ⑶　事業として又は事業のために契約の当事者となる場合ではないこと（要件②）

### ア　「事業」の意義

「事業」とは，①(a)一定の目的をもって同種の行為を反復継続的に行うものであり，(b)社会通念上，事業と観念されるものであるとか[6]，②社会生活上の地位に基づいて，一定の目的をもって反復継続的になされる行為及びその総体[7]，あるいは，③一定の目的をもってなされる同種の行為の反復継続的遂

---

4)　落合誠一『消費者契約法』（有斐閣，2001 年）53 頁。

5)　消費者庁「消費者契約法の運用状況に関する検討会報告書（平成 26 年 10 月）」で紹介されている裁判例を「報告書【○○】」と記載する。
https://www.caa.go.jp/policies/policy/consumer_system/consumer_contract_act/pdf/141015_report_whole.pdf

6)　落合・前掲注 4) 56 頁。

7)　日弁連編・前掲注 2) 33 頁。同書は，定義③によると「健康のため毎日ジョギングしていることや主婦の毎日の食事の準備も事業に含まれてしまう可能性がある。」と指摘し，「一方，プロのマラソンランナーや飲食店の調理士の活動は『事業』に含ませるべきである。」「『事業』は，……一応の定義をしたとしても各契約の実態に合わせて柔軟に解釈すべきである。むしろ，個人生活を除くことに重点をおいて」と定義すべきであるとして定義②が適切であるとしている。

第1　消費者契約法・特定商取引法・割賦販売法の適用対象（「消費者」「事業」「営業」）　5

行[8]，などと定義づけされており，営利・非営利，公益・非公益を問わず，反復継続して行われる同種の行為が含まれ，「自由職業（専門的職業）」（医師，弁護士等）の概念も含まれると考えられている[9]。

上記定義①(a)に関して，例えば，個人が建物を賃貸する場合，(ア)当該個人が賃貸用不動産で賃貸を行っていれば，反復継続性が認められるため，賃借人との関係で「事業者」となるが，(イ)自らの居住目的で購入した建物を転勤中に限って賃貸する場合であれば，反復継続性は認められず，「事業者」には該当しない[10]。

上記定義①(b)に関して，形式的には事業者であっても事業の実体がない場合や，詐欺的な内職商法のように事業の実体がない場合は，社会通念上，事業と観念できないため，「事業」に該当しないと考えられる[11]・[12]。例えば，大阪簡判平成16年10月7日（ウエストロー・ジャパン，報告書【128】）は個人事業者として契約する形式が採られていたが，既に廃業していた事案において消費者契約法を適用している。また，大阪簡判平成16年1月9日（国民生活センターHP）や東京簡判平成16年11月15日（裁判所ウェブサイト，報告書【126】）は，内職商法などの業務提供誘引販売による購入者が消費者であるとして消費者契約法の適用を認めている。

**イ　「事業として」「事業のために」の意義および判断基準**

次に，「事業として」とは，自己の事業に直接関連すること（事業遂行そのもの）を意味し，「事業のために」とは，自己の事業遂行そのものではないが，事業遂行に通常必要なことを意味するところ，「事業として」または「事業のために」に該当するか否かは，問題となっている契約の目的物と，契約当事者

---

8)　消費者庁編・前掲注1) 99頁。

9)　消費者庁編・前掲注1) 99頁。

10)　(ア)につき大阪高判平成16年12月17日（判時1894号19頁），(イ)につき京都地判平成16年7月15日（判例集未搭載，日弁連編・前掲注2) 43頁）参照。

11)　落合・前掲注4) 58頁参照。

12)　日弁連編・前掲注2) 39頁には「いわゆる内職商法の被勧誘者もマルチ商法の末端被勧誘者と同様に『消費者』と解される。内職商法は，内職自体はカモフラージュであり，被勧誘者の内心はどうであれ，勧誘者の本来的な目的はパソコン等の物品販売や加盟料名目の金員の収得にあり，継続的な業務提供の実態を伴わないのが通常である。したがって，内職商法においては，内職やその紹介等を目的とする事業としてあるいは事業のためになされる契約とはいい得ない。」とある。

6　第1章　消費者事件の処理に必要な基本的知識

の行っている事業との関連性の有無・程度が判断基準になると考えられる[13]。

　具体的には，(i)事業の内容，(ii)商品・役務の用途（事業用であるか否か），(iii)事業への商品の利用状況と必要性，(iv)事業の規模・収入，(v)事業者名での契約か否か，(vi)商品・役務にかかる費用を経費として計上しているか否か等が考慮される[14]。

　例えば，鉄工所の経営者がビジネスホンのリース契約を締結した事案に関する東京地判平成20年11月5日（ウエストロー・ジャパン）や，浄土真宗の寺院（公益法人）が電話機等のリース契約を締結した事案に関する東京地判平成20年11月27日（判例秘書）は，上記のような事情を総合考慮して，「事業として又は事業のために」の該当性を判断している。なお，いずれも「事業」性を有すると判断された。

　その他，マルチ商法では商品を購入したり会員になるだけでなく，他に販売したり会員を勧誘したりするため，この者を消費者というのは難しい面があるが，三島簡判平成22年10月7日（消費者法ニュース88号225頁）は，マルチ商法の被勧誘者に消費者契約法の適用を肯定しており，取引の実情を勘案してマルチ商法における被勧誘者の事業者性を限定的に解した判決と評価されている[15]。

　開業準備のための契約については，これを，「事業として又は事業のために」に該当すると解する裁判例[16]が多数あるが，他方，開業準備のための個人について，消費者性を認めるべきだとする見解がある[17]。

## 3　特定商取引法

### (1)　適用除外の対象

　特商法は，訪問販売，通信販売，電話勧誘販売，特定継続的役務提供および訪問購入につき，購入者等が，「営業のために」または「営業として」締結す

---

13)　日弁連編・前掲注2）34頁参照。

14)　宮下修一「消費者契約法における「消費者」性の判断基準」（民事研修668号（2012年）11頁）。

15)　後藤巻則＝齋藤雅弘＝池本誠司『条解消費者三法』（弘文堂，2015年）21頁。

16)　例えば，東京地判平成25年1月15日（ウエストロー・ジャパン，報告書【9】），東京高判平成29年11月29日判時2386号33頁参照。

第1　消費者契約法・特定商取引法・割賦販売法の適用対象（「消費者」「事業」「営業」）　7

る取引については，特商法の適用を除外している（特商法26条1項1号・50条1項1号・58条の17第1項1号）。その趣旨は，特商法の目的が一般消費者保護であるため，「営業のために」または「営業として」締結する取引については法の規制対象とするのが不適切であるからである。

　また，ネガティブ・オプションにつき「商品の送付を受けた者のために商行為となる」取引を適用除外としている（同法59条2項）。

　連鎖販売取引，業務提供誘引販売取引については，前者については連鎖販売取引の相手方が「店舗等によらないで行う個人」，後者については業務提供誘引販売契約の相手方が「業務を事業所等によらないで行う個人」であれば，禁止行為（同法34条・52条），書面交付（同法37条・55条），指示（同法38条1項2号・3号，56条1項2号・3号），クーリング・オフ（同法40条・58条）についての規定が適用される。したがって，法人および店舗等によって販売等を行う個人（前者），法人および業務を事業所等によって行う個人（後者）について

---

17)　谷本圭子「消費者概念の法的意義」（鹿野菜穂子＝中田邦博＝松本克美編『長尾治助先生追悼論文集　消費者法と民法』（法律文化社，2013年）47頁以下）は，「事業」の概念定義において「同種行為の反復継続」が要とされているのは，「一定の目的」をもって「同種行為を反復継続」することで，取引経験が蓄積され，「情報の質及び量並びに交渉力」が増すことにあると指摘し，「これから事業を開始しようとする場合……つまり開業準備のために各種契約を締結する場合に，「取引経験の蓄積」などはない。」との意見が述べられている。また，「取引経験の蓄積」に着目したうえで，「規定理由に鑑みれば，「事業のために」の意味内容としては，①「事業内容と密接に関連している場合」で，かつ，②「既に開始している事業」に限定されると解すべきである。」と解している。
　河上正二『民法総則講義』（日本評論社，2007年）にも「取引上の経験や知識のないまま，素人が相手の説明を頼みに事業準備行為を行っている場面では，消費者契約法1条の目的規定に照らし，少なくとも事業開始までは，なお「消費者性」が残っていると考える余地があり，そうでなくとも，同法の「類推」を語るのが適当ではあるまいか。」との意見が述べられており（394〜395頁），同様に，山本豊「消費者契約法(1)──新法の背景，性格，適用範囲」（法学教室241号（2000年）77頁以下）でも「事業活動準備段階の契約……の場合には事業活動を通じて獲得することが期待される知識や取引経験等をまだ得ていないので，消費者としての（あるいはそれと同等の）要保護性があると考えることもできる。」との意見が述べられている。
　もっとも，東京高判平成29年11月29日判時2386号33頁は，ネットショップ経営の経験も，事業の自営や企業経営の経験もなく，コンピュータ技術の専門的知識や技能も有していなかった者が，事業者との間でホームページ制作契約を締結した事案において，インターネットを利用して商品を販売する事業を営むことを目的として上記契約を締結したものとして「消費者」に該当しないという厳しい判断を下している。

は，上記各規定の適用がない。連鎖販売取引および業務提供誘引販売取引においては，その被害の実態から，形式的に営利を目的とする取引であるか否かではなく，業務の形態や規模から消費者被害として法の適用対象となるか否かを区別することとされたのである。

### (2) 「営業のために」または「営業として」の該当性

「営業のために」「営業として」とは，①営利の目的をもって（営利性），かつ②事業のために又は事業の一環として行われること（事業性）を意味する[18]。

①営利性は，利益を分配する目的を有するかどうか，②事業性は，反復・継続して行う意思をもって行為が行われるかどうかにより客観的に判断される性質のものである。すなわち，営利性と反復継続性が指標となる[19]・[20]。

この要件は，昭和63年改正以前は，「購入者等のために商行為となるもの」とされていたが，これでは，例えば，投資目的で一度だけ金地金を購入しても商行為（商法501条1号）に該当し，特商法の適用が除外されてしまうため，昭和63年改正により，「商行為」から「営業のために若しくは営業として締結する契約」に改められた[21]。

したがって，「営業のために」または「営業として」の該当性を判断するにあたっては，これが「商行為」とは異なる概念であることを前提として，単に購入者の属性（法人であるのか個人であるのか，個人であるとして事業を営んでい

---

18) 経済産業省商務情報政策局取引信用課編『割賦販売法の解説』（一般社団法人日本クレジット協会，2009年）83頁。

19) 圓山茂夫『詳解　特定商取引法の理論と実務〔第4版〕』（民事法研究会，2018年）80頁。

20) 法改正の経緯から，「ある取引がその抽象的な性質からすれば営利を目的とする取引の一つと見られる場合であっても，それが個人的労務の範囲内で行われるような態様や内容の場合は，法適用を排除しないことが，そもそもの特商法の趣旨である」とし，また，「取引に不慣れな消費者を保護することを目的とする本法の「営業のために」の解釈については，当該取引以前に同種の取引に関し「営業として」「営業のために」という性質を有している場合に限定し，開業準備段階を含まないと解すべきである」とする見解もある（齋藤雅弘＝池本誠司＝石戸谷豊『特定商取引法ハンドブック〔第6版〕』（日本評論社，2019年）82～83頁，86頁））。

21) 消費者庁取引対策課＝経済産業省商務・サービスグループ消費経済企画室編『平成28年版　特定商取引に関する法律の解説』（商事法務，2018年）208頁参照。

第1　消費者契約法・特定商取引法・割賦販売法の適用対象（「消費者」「事業」「営業」）　　9

るのか否か）で判断するのではなく，実質的に当該取引がその購入者にとって
「営業のため」になされたのか，あるいは「営業として」なされたのかを，事
案に即して個別具体的に判断する必要がある[22]。

　「営業のために若しくは営業として」の該当性を判断するにあたって考慮さ
れる事情は，消費者契約法2条1項の「事業として又は事業のために」と重な
る点が多い。

　例えば，大阪地判平成21年10月30日（判時2095号68頁）は，税理士2名
が電話機およびファックスのリース契約についてクーリング・オフ等の主張を
した事案において，(i)事業の内容，(ii)電話機等の用途，(iii)事業への新しい電話
機等の利用状況と必要性，(iv)事業の規模・収入，(v)事業者名での契約か否か，
(vi)リース料を経費として計上しているか否か等の事情を考慮して，「営業のた
めに若しくは営業として」や「事業として又は事業のために」に該当するか否
かを判断しており，「事業として又は事業のために」該当性判断の考慮要素と
同様である（上記2(3)イ参照）[23]。同裁判例は，原告2名のうち1名は「営業の
ために」各リース契約を締結したと認定し，もう1名は電話機のリース契約に
ついては「営業のために」なされたとはいい難いとして，クーリング・オフを
認めた。

## 4　割賦販売法

### (1)　適用除外の対象

　割販法は，申込みをした者が「営業のために」または「営業として」締結す
るものには，割賦販売も（割賦法8条1号），ローン提携販売も（同法29条の4
第1項），また，包括及び個別のいずれの信用購入あっせん（同法35条の3の
60）についても，適用除外としている。

### (2)　「営業のために」または「営業として」の該当性

　「営業のために」または「営業として」は，特商法と同様に解されている

---

22)　齋藤＝池本＝石戸谷・前掲注20）81〜86頁。

23)　宮下修一「中小事業者と消費者法をめぐる裁判例の動向」（現代消費者法17号（2012
年）4頁以下）。

10　第1章　消費者事件の処理に必要な基本的知識

（上記3⑵参照）。

## 5　消費者契約法・特商法・割販法の適用除外要件の差異

　前記のとおり，消費者契約法上の「事業」の定義では「営利性」は要素になっておらず，特商法や割販法の適用除外要件である「営業」よりは広く捉えられている。

　他方，消費者契約法は事業者間契約には適用されないが，特商法・割販法は事業者間契約であっても「営業のために」または「営業として」締結されたものでなければ適用される点で異なる。例えば，事業者間契約に特商法を適用した裁判例として，印刷画工業者がビジネスホンのリース契約を締結した事案に関する名古屋高判平成19年11月19日（判時2010号74頁），自動車販売業者が消火器の充填薬剤を購入した事案に関する大阪高判平成15年7月30日（消費者法ニュース57号155頁），理容業者が電話機を購入した事案に関する越谷簡判平成8年1月22日（消費者法ニュース27号39頁）等がある。

# 第2 ‖ 消費者契約法

## 1 消費者契約法の概要

消費者契約法は，平成13年4月1日に施行された法律である。

民法は当事者の対等性を前提として取引に関する規制を設けているが，消費者と事業者との間には情報力および交渉力に格差があり，かかる格差を是正し，消費者の利益の擁護を図ることを目的として消費者契約法が制定された。

消費者契約法は，消費者と事業者との間で締結される契約（消費者契約）に広く適用されるものであり，包括的な民事ルールとしての役割を有する。

消費者契約法の規制は，不当勧誘規制と不当条項規制とに分類される。

不当勧誘規制は，契約締結過程における事業者の不適切な勧誘行為に対して，消費者に取消権を付与することで消費者の利益の擁護を図るものであり，①不実告知（4条1項1号），②断定的判断の提供（4条1項2号），③不利益事実の不告知（4条2項），④不退去（4条3項1号），⑤退去妨害（4条3項2号），⑥過量契約（4条4項）による取消しに分類される。なお，平成30年改正により，4条3項に，(i)社会生活上の経験不足の不当な利用（(a)不安をあおる告知（同3号），(b)恋愛感情等に乗じた人間関係の濫用（同4号）），(ii)加齢等による判断力の低下の不当な利用（同5号），(iii)霊感等による知見を用いた告知（同6号），(iv)契約締結前に債務の内容を実施等（同7号・8号）の類型が新たに追加されることとなった（令和元年6月15日施行）。

不当条項規制は，約款等の契約条項について，消費者に一方的に不利益な条項を無効とすることで消費者の利益の擁護を図るものであり，①事業者の債務不履行，不法行為，瑕疵担保責任を免除する免責条項（故意・重過失の場合は一部免除の免責条項も含む）（8条），②消費者の解除権を放棄させる条項（8条の2），③解除に伴う損害賠償額の予定や違約金額が平均的な損害額を超える内容を定めた条項（9条1号），④支払期日経過による遅延損害金の予定が年14.6%を超える内容を定めた条項（9条2号），⑤信義誠実の原則に反して消費者の利益を一方的に害する条項（10条）は無効となる。なお，平成30年改正により，(i)当該事業者にその責任の有無ないし責任の限度を決定する権限を付与する条

項（8条1項），(ii)当該事業者にその解除権の有無を決定する権限を付与する条項（8条の2），(iii)事業者に対し後見開始の審判等による解除権を付与する条項（8条の3）を無効とする規定が追加されることとなった。

なお，12条以下の消費者団体訴訟制度（差止請求）については，第1章「第8　消費者団体による訴訟制度」を参照。

## ② 消費者契約の取消し

### Ⅰ　誤認類型（不実告知，断定的判断の提供，不利益事実の不告知）

#### 1　趣　　旨

　消費者契約法4条1項・2項は，消費者が，契約締結過程において，事業者の不実告知（同条1項1号），断定的判断の提供（同条1項2号），不利益事実の不告知（同条2項）により誤認をし，それによって当該契約の申込みまたは承諾の意思表示をしたときは，これを取り消すことができるとしている。

　事業者と消費者との間には情報の質及び量並びに交渉力に格差があり，契約締結を勧誘するにあたって，事業者から消費者に対し，誤った情報が提供されたり，必要な情報が提供されないまま，契約が締結されることがあることから，事業者の不適切な情報提供により消費者が誤認して意思表示した場合について取消事由を定めたものである。

　なお，不実告知による取消しでは不実告知，断定的判断による取消しでは断定的判断の提供があれば足り，故意も違法性も必要とされておらず，不利益事実の不告知による取消しでも不利益事実の不告知があれば足り，違法性が必要とされていない点で，民法の詐欺（96条1項）よりも要件が緩やかといえる。

#### 2　要　　件

##### (1)　不実告知による取消し（消費者契約法4条1項1号）

###### ア　要件の概要

　①事業者が消費者契約の締結について勧誘をするに際し，②重要事項について事実と異なることを告げ，③消費者が告げられた内容が事実であると誤認して契約の申込み，承諾をした場合には，これを取り消すことができる。

###### イ　「勧誘をするに際し」の意味

　「勧誘」とは，消費者の消費者契約締結の意思の形成に影響を与える程度の勧め方をいう。

　勧誘の手段については，口頭の説明に限らず，商品・包装・容器に記された

表示，パンフレット，説明書，契約書面の交付，電話・書状・インターネット等の通信手段による伝達等，事業者が用いる行為を広く含むと解すべきである[1]。

不特定多数向けの働きかけ（広告，パンフレット等）が「勧誘」に含まれるか否かについて，最高裁は，事業者による働きかけが不特定多数の消費者に向けられたものであったとしても，個別の消費者の意思形成に直接影響を与えることもあり得るため，そのことから直ちにその働きかけが「勧誘」に当たらないということはできないと判示している（最判平成29年1月24日民集71巻1号1頁）。

「際し」とは，勧誘をはじめてから契約を締結するまでの時間的経過の間をいう。

### ウ 不実告知

不実告知とは，「重要事項について事実と異なることを告げること」である。「重要事項」の定義は消費者契約法4条5項に規定されている（後記(4)参照）。「事実と異なること」とは，真実または真正ではないことをいう。事実と異なることを事業者が認識している必要はなく，客観的に事実と異なっていれば足りる。「安い」「新鮮」などの主観的評価は「事実と異なること」の告知の対象とならないとする考え方があるが[2]，品質等からの客観的相場や収穫時期・保存方法等から「安い」「新鮮」という評価も客観的な判断が可能な場合もあるから，これを一律に対象から排除すべきではない[3]。

この点，商品の価格は主観的評価であるから不実の告知の対象とならないとした原判決を取り消し，比較対象として示されそれに比較して安いと説明された一般的小売価格が重要事項（「物品の質ないしその他の内容」）にあたるとして，不実告知による取消しを認めた裁判例がある（大阪高判平成16年4月22日消費者法ニュース60号156頁，消費者法判例百選80頁）。これに関連して，売主が一般的な小売価格について，買主に殊更誤認させるような行為をしたような事情がない限り，査定価格と販売価格（小売価格）との間に差異があることを

---

1) 日本弁護士連合会消費者問題対策委員会編『コンメンタール消費者契約法〔第2版増補版〕』（商事法務，2015年）69頁。
2) 消費者庁消費者制度課編『逐条解説 消費者契約法〔第4版〕』（商事法務，2019年）135頁。
3) 日本弁護士連合会編『消費者法講義〔第5版〕』（日本評論社，2018年）99頁。

もって，不実の告知があったとは認められないとした裁判例がある（東京地判平成25年2月27日（ウエストロー・ジャパン，報告書【7】[4]）。東京地判平成27年2月5日（判時2298号63頁）は，絵画について同様の判断をしている。）。

**エ　裁判例**

東京地判平成22年2月18日（ウエストロー・ジャパン，報告書【56】）は，室町時代中期以降に製作されたと認められる刀の売買契約締結に際し，パンフレットの記載も含め，鎌倉時代初期又は平安時代まで遡ると説明をしたものとして，不実告知による取消しを認めた。

東京簡判平成20年1月17日（兵庫県弁護士会HP，報告書【93】）は，中古車の売買契約に関して，ホームページや店舗内のプライスボードにおいて，実際の走行距離と異なる表示をし，売買契約締結に際してもこれを明確に訂正したとは認められないとして，不実告知による取消しを認めた。

その他，太陽光発電システム及びオール電化光熱機器類の売買及び工事契約について，そのシステムを導入することによる経済的メリットに関して不実告知を認めた神戸地姫路支判平成18年12月28日（兵庫県弁護士会HP，報告書【104】），書籍販売契約の月々の月額支払金額に関して不実告知を認めた東京簡判平成16年11月29日（裁判所ウェブサイト，報告書【125】），連帯保証契約締結の際，主債務者及びその支払能力等について実質的借主が虚偽の説明をしているのを知りながら，これらの事実を告げなかったことから不実告知による取消しを認めた千葉地判平成15年10月29日（消費者法ニュース65号32頁，報告書【140】）などがある。

## (2)　断定的判断の提供による取消し（消費者契約法4条1項2号）

**ア　要件の概要**

①事業者が消費者契約の締結について勧誘をするに際し，②物品，権利，役務その他の当該消費者契約の目的となるものに関し，将来におけるその価額，将来において当該消費者が受け取るべき金額，その他将来における変動が不確実な事項につき断定的判断の提供をしたため，③消費者がその断定的判断の内

---

4)　消費者庁「消費者契約法の運用状況に関する検討会報告書（平成26年10月）」で紹介されている裁判例を「報告書【○○】」と記載する。

容が確実であるとの誤認をして契約の申込み，承諾をした場合にはこれを取り消すことができる。

本号は，保険，証券取引，先物取引，不動産取引，連鎖販売取引，エステ，健康食品等の分野において問題となることが多い。

「勧誘をするに際し」の意味については上記 2 (1)イ参照。

### イ　断定的判断の提供

「断定的判断」とは，将来における変動が不確実なものを確実であるかのような決めつけた判断をいう。「絶対に」「必ず」のようなフレーズを伴うか否かは問わず，「この取引をすれば 100 万円もうかる」と告知するのも断定的判断の提供である[5]。

断定的判断の対象について，「将来におけるその価額」とは，例えば不動産取引における将来の不動産価格のように，将来における契約目的物自体の価額をいう。また，「将来において当該消費者が受け取るべき金額」とは，例えば投資信託取引において運用により将来受け取ることができる金額などのように，契約の成果として将来得られるであろう利益をいう。これら 2 つは，「将来における変動が不確実な事項」の例示として挙げられている[6]。

「将来における変動が不確実な事項」とは，変動する事項であって，その将来の変動状況が契約締結の際に予測不可能な事項をいう[7]。

この「将来における変動が不確実な事項」が，財産上の利得に影響するものに限られるかにつき争いがある。この点，消費者庁解説は消極に解するが[8]，例えば，「この塾に入れば成績が上がります」，「このエステを受ければ必ず痩せられます」など，財産上の利得以外の不確実な事項についても，本条の適用があると解すべきである。本号の趣旨は，事業者が消費者に対し断定的判断の提供をすることにより消費者を誤認させ契約締結させる行為を広く抑制することにあり，また，条文の文言上も「その他の将来における変動が不確実な事項」とあり，財産上の利得に限定するものではないからである[9]・[10]。

「将来における変動が不確実な事項」に関する裁判例については，収益・利

---

5) 消費者庁編・前掲注 2) 141 頁。

6) 日弁連編・前掲注 1) 75〜76 頁。

7) 落合誠一『消費者契約法』（有斐閣，2001 年）79 頁。

8) 消費者庁編・前掲注 2) 140〜141 頁。

益に関する事項に限定することなく，市場における相場の変動（商品の価格），会社等の経営状況・主債務者の財務状況，パチンコの出玉など，文字通り「将来における変動が不確実な事項」に拡大してきていると評価されている[11]。

**ウ　裁判例**

名古屋地判平成 17 年 1 月 26 日（判時 1939 号 85 頁）は，灯油の先物取引に関して，「灯油は必ず下げてくる，上がる事はあり得ないので，50 枚売りでやって欲しい。」等との勧誘が断定的判断の提供にあたるとした。

東京地判平成 17 年 11 月 8 日（判時 1941 号 98 頁，報告書【116】）は，パチンコ攻略情報の販売に関して，広告上の「1 本の電話がきっかけで勝ち組 100％確定」等の記載，「100％絶対に勝てるし，稼げる。月収 100 万円以上も夢ではない。」「パチンコ攻略情報代金は数日あれば全額回収できる。」等の勧誘が断定的判断の提供にあたるとした。

その他，外国為替取引業者と顧客との預託金返還の和解契約について業者の行政処分，倒産，預託金の返還可能性について断定的判断の提供を認めた大阪高判平成 19 年 4 月 27 日（判時 1987 号 18 頁），業務提供誘引販売契約に係るシステム購入代金を支払うために勧められた金銭消費貸借契約に関し，1 か月 2 万円の分割返済での契約を勧められ，月 2 万円の支払分は週 2，3 日で 2，3 時間（40 時間くらい）業務をこなせば確実に稼げるとの説明が断定的判断の提供に該当することを認めた東京簡判平成 16 年 11 月 15 日（裁判所ウェブサイト，判例秘書）などがある。

他方，否定例としては，「成績は必ず有名校合格の線まで上がり，有名校に合格できる」という説明を受けて家庭教師派遣契約を締結した事案において，「有名校に合格するか否かは，消費者の財産上の利得に影響するものではない」

---

9)　日弁連編・前掲注 3) 99〜100 頁。

10)　日弁連編・前掲注 1) 76 頁。

11)　宮下修一「消費者契約法 4 条の新たな展開(1)──「誤認類型」・「困惑類型」をめぐる議論と裁判例の動向」（国民生活研究 50 巻 2 号（2010 年）110 頁）。
　　なお，「市場における相場の変動（商品の価格）」については最判平成 22 年 3 月 30 日（集民 233 号 311 頁，報告書【54】），名古屋地判平成 17 年 1 月 26 日（判時 1939 号 85 頁），「会社等の経営状況・主債務者の財務状況」については大阪高判平成 19 年 4 月 27 日（判時 1987 号 18 頁），「パチンコの出玉」については東京地判平成 17 年 11 月 8 日（判時 1941 号 98 頁，報告書【116】）等を参照。

として断定的判断の提供による取消しを否定した東京地判平成 21 年 6 月 15 日
（ウエストロー・ジャパン，報告書【73】）や，漠然とした運勢，運命といったも
のは「将来における変動が不確実な事項」に含まれないとして断定的判断の提
供による取消しを否定した大阪高判平成 16 年 7 月 30 日（ウエストロー・ジャ
パン，報告書【130】）がある。

### (3) 不利益事実の不告知による取消し（消費者契約法 4 条 2 項）

#### ア 要件の概要

①事業者が消費者契約の締結について勧誘をするに際し，②消費者に対し，
当該重要事項又は重要事項に関連する事項について消費者の利益になることを
告げ，かつ，当該重要事項について消費者の不利益となる事実（当該告知によ
り当該事実が存在しないと消費者が通常考えるべきものに限る）を故意に告げな
かったため，③消費者が当該事実が存在しないと誤認して契約の申込み，承諾
をした場合にはこれを取り消すことができる。すなわち，利益となる旨の告知
（先行行為要件），先行行為によって，そのような事実は存在しないと消費者が
通常考えるべき不利益事実の故意の不告知（不告知要件，故意要件）という 3
要件が条文上は必要とされている。

「当該重要事項に関連する事項」とは，当該告知によって不利益事実が存在
しないと消費者が誤認する程度に「重要事項」に密接に関わる事項をいう（京
都地判平成 23 年 12 月 20 日（資料版商事法務 345 号 200 頁，報告書【29】））。

「当該消費者の利益となる旨」とは，消費者契約を締結する前の状態と後の
状態を比較して，「当該消費者」（個別具体的な消費者）に利益（財産上の利益に
限られない。）を生じさせるであろうことをいう[12]。

「勧誘をするに際し」については上記 2(1)イ，「重要事項」については後記(4)
参照。

#### イ 「故意に」（故意要件）

「不利益となる事実」の不告知は，事業者の故意がなければならない（平成
30 年改正については後述のとおり）。

事業者の「故意」については，①当該消費者に不利益な事実が存在すること

---

12) 消費者庁編・前掲注 2) 143〜144 頁。

の認識，②当該消費者が不利益な事実の存在を知らないことの認識，③当該消費者が不利益事実の存在を知らないことによって当該消費者に意思表示をさせようとする認識等の考え方がある。

この点，消費者庁解説は「当該事実が当該消費者の不利益となるものであることを知っており，かつ，当該消費者が当該事実を認識していないことを知っていながら，あえて」という意味に解しているが[13]，これでは上記見解③と同様，詐欺と変わらず消費者契約法4条2項の存在意義が失われてしまう。故意の内容は，①で足りるというべきである[14]。

なお，こうした故意の立証の困難性から，平成30年改正により，「故意又は重大な過失によって告げなかったことにより」と，不利益事実の不告知の主観的要件に「重大な過失」が追加された[15]。

### ウ　取消権の不発生

事業者が不利益事実を告げようとしたにもかかわらず，消費者がこれを拒んだときには，不利益事実の不告知による取消権は発生しない（消費者契約法4条2項ただし書）。

### エ　裁判例

東京地判平成18年8月30日（ウエストロー・ジャパン，報告書【109】）は，マンションの一室を購入するにあたり建物の眺望・採光・通風の良さを告げる一方，当該マンション完成後すぐにその隣接する所有地に3階建ての建物が建つ計画があることを知っていたのに担当者が説明しなかった事案において，不利益事実の不告知による取消しを認めた。

大阪地判平成23年3月4日（判時2114号87頁，報告書【40】）は，梵鐘製作を目的とする請負契約に関して，前金2億円を支払った後，契約書が作成され，同契約書中で初めて当該2億円が中途解約時の解約金ないし違約金であることが明らかにされ，その名目が契約金ないし前金とは異なるものに変更されているにもかかわらず，担当者がそのことを告げた事実が認められないとして，不利益事実の不告知による取消しを認めた[16]。

---

13)　消費者庁編・前掲注2) 145頁。

14)　日弁連編・前掲注1) 81～82頁。

15)　2019年6月15日施行。

20　第 1 章　消費者事件の処理に必要な基本的知識

東京地判平成 22 年 2 月 25 日（ウエストロー・ジャパン，報告書【55】）は，LP ガスの貯槽タンクであるバルク設置契約において，バルク設備の設置に関して工事その他の費用がかからないことを説明しながら，契約終了時に消費者にバルク設備の買取義務が発生すること及びその金額（消費者契約法 4 条 5 項 2 号の「重要事項」に該当）を故意に告げなかったものとして，不利益事実の不告知による取消しを認めた。

東京地判平成 20 年 10 月 15 日（ウエストロー・ジャパン，報告書【81】）は，別荘地の売買契約の締結を勧誘する際，①被告（事業者）において，各土地は，自然環境が抜群であると説明しながら，②隣接地域に産業廃棄物の最終処分場等の建設計画の存在を告げなかったところ，③被告は，当該各土地近辺の物件を取り扱うことが多く，その関係者の大多数は，契約締結時，当該計画の存在を知っていたと認められることから，被告は「故意に本件各計画の存在を告げなかったものと推認するのが相当である」として，不利益事実の不告知による取消しを認めた。

### (4)　重要事項（消費者契約法 4 条 5 項）

### ア　要件の概要

不実告知は重要事項に関するものでなければならず（消費者契約法 4 条 1 項 1 号），不利益事実の不告知では重要事項又は当該重要事項に関する事項について利益となることを告げ，当該重要事項について不利益となる事実を告げないことを要する（同条 2 項）。

この重要事項とは，①物品，権利，役務その他の当該消費者契約の目的となるものの質，用途その他の内容であって，消費者の当該消費者契約を締結するか否かについての判断に通常影響を及ぼすべきもの（同条 5 項 1 号），②物品，権利，役務その他の当該消費者契約の目的となるものの対価その他の取引条件であって，消費者の当該消費者契約を締結するか否かについての判断に通常影響を及ぼすべきもの（同条 5 項 2 号），または，③物品，権利，役務その他の当

---

16)　同判決においては，先行行為要件（利益告知）については言及がなく，また，故意に関する具体的な事実認定はないが，事業者側が設定した契約条件であり，当然保有すべき情報であることから故意を認定したものと考えられる（後藤巻則＝齋藤雅弘＝池本誠司『条解消費者三法』（弘文堂，2015 年）46 頁参照）。

該消費者契約の目的となるものが当該消費者の生命，身体，財産その他の重要な利益についての損害又は危険を回避するために通常必要であると判断される事情（同条5項3号）をいう。

ただし，不利益事実の不告知においては，上記③（3号）は「重要事項」から除外されている（同条5項柱書の括弧書）。これは，契約締結の必要性に関する事項に関し，不利益事実の不告知を受けたために誤認したという被害が平成28年の法改正時点では直ちには見当たらなかったため，新設された3号は不利益事実の不告知には適用されないことになったものである[17]。

実際の消費者被害では，例えば，床下にシロアリがおり，このままでは家が倒壊するといった虚偽の事実を告げて，リフォーム工事の契約を締結させたという事例のように，消費者契約の目的となるものの内容及び取引条件には当たらないものの，契約を締結する必要性を基礎付ける事実（上記事例では床下にシロアリがいること）についての不実告知を受けたという被害も発生しており，このような被害事例についても取消しを認める必要性が高いことから，特商法6条1項6号の規定（「顧客が当該売買契約又は当該役務提供契約の締結を必要とする事情に関する事項」）も参考にしながら，平成28年の法改正により3号が新設された。

平成28年の法改正前の裁判例において，重要事項の拡張的解釈により取消しを認めたと思われるものが複数あった。例えば，東京地判平成17年3月10日（ウエストロー・ジャパン，報告書【122】）は，いわゆる点検商法により床下換気扇，防湿剤等を購入する契約を締結させられた事案において，「消費者契約法4条1項1号にいう重要事項は，本件商品自体の品質や性能，対価等のほか，本件建物への本件商品の設置の必要性，相当性等が含まれるものと解すべきである」として不実告知による取消しを認めており，また，大阪簡判平成16年10月7日（ウエストロー・ジャパン，報告書【128】）は，光ファイバーを敷設するためにはデジタル電話に替える必要があり，電話機を交換しなければならない旨を告げたためにこれを信じてリース契約及び電話施工契約を締結した事案において，特に理由づけもなく，1号・2号のいずれかに該当するかも

---

17）　消費者委員会消費者契約法専門調査会「消費者契約法専門調査会報告書（平成27年12月）」4頁。

明示されていないが，不実告知による取消しを認めている。

　新設された3号は，上記のような裁判例の拡張的解釈を正面から明文化したものと考えられる[18]。

### イ　「質，用途その他の内容」（1号）

　「質」とは，品質や性質をいう。例えば，物品の質として，性能・機能・効能，構造，成分，役務の質として，効果・効能・機能，安全性などが挙げられる。

　「用途」とは，特徴に応じた使いみちをいう。

　「その他の内容」とは，これら2つの概念には必ずしも含まれない，当該消費者契約の目的となるものの実質や属性（物品の原産地，製造方法，特許・検査の有無等）をいう[19]。

### ウ　「対価その他の取引条件」（2号）

　「対価」とは，ある給付の代償として相手方から受ける金銭をいう。本体価格に付随する価格（配送費，工事費等）も含まれる。

　「その他の取引条件」とは，対価以外の取引に関して付される種々の条件（代金の支払時期，目的物の引渡時期，取引個数，契約の解除に関する事項，保証・修理・回収の条件等）をいう[20]。

### エ　「消費者の当該消費者契約を締結するか否かについての判断に通常影響を及ぼすべきもの」（1号・2号）

　「消費者の当該消費者契約を締結するか否かについての判断に通常影響を及ぼすべきもの」とは，契約締結の時点における社会通念に照らし，当該消費者契約を締結しようとする一般的・平均的な消費者が当該消費者契約を締結するか否かについて，その判断を左右すると客観的に考えられるような，当該消費者契約についての基本的事項（通常予見される契約の目的に照らし，一般的・平均的な消費者が当該消費者契約の締結について合理的な意思形成を行う上で通常認識することが必要とされる重要なもの）をいう[21]。

### オ　「重要な利益」「損害又は危険」（3号）

　「重要な利益」とは，法益としての重要性（価値）が，一般的・平均的な消

---

18)　山本豊「消費者契約法における『重要事項』」（現代消費者法34号（2017年）25頁）。
19)　消費者庁編・前掲注2）203〜204頁。
20)　消費者庁編・前掲注2）204頁。
21)　消費者庁編・前掲注2）204頁。

費者を基準として，例示として挙げられている「生命，身体，財産」と同程度に認められるものである。具体的には，名誉・プライバシーの利益等が考えられる。また，生活上の利益も日常生活において欠かせないものであれば，「重要な利益」に該当する。例えば，真実に反して「今使っている黒電話は使えなくなる。」と言われ，新しい電話機を購入する旨の契約を締結した場合，電話を使用して通話をするという生活上の利益は，日常生活において欠かせないものであるため，「重要な利益」に該当する[22]。

「損害」とは，現に生じる不利益を，「危険」とは，不利益が生じるおそれ（蓋然性）を意味する。「損害又は危険」には，消費者が既に保有している利益を失うこと（いわゆる積極損害）のみならず，消費者が利益を得られないこと（いわゆる消極損害）も含まれる。例えば，売却が困難な山林の所有者が，測量会社から真実に反して「山林の近くに道路ができている。家も建ち始めている。」と告げられた結果，当該山林を売却することができると考え，勧められるまま測量契約と広告掲載契約を締結した場合において，当該山林の売却による利益を得られないという消極損害は「財産」に該当する[23]。

**カ　裁判例**

最判平成 22 年 3 月 30 日（集民 233 号 311 頁，報告書【54】）は，金の先物取引の委託契約において，将来の金の価格が同法 4 条 2 項の「重要事項」にあたらないと判示する。

## Ⅱ　困惑類型（不退去，退去妨害）

### 1　趣　旨

消費者契約法 4 条 3 項は，契約締結過程において，事業者から消費者に対し，不退去（同項 1 号），退去妨害（同項 2 号）といった行為がなされ，それにより消費者が困惑し，当該契約の申込みまたは承諾の意思表示をしたときは，これを取り消すことができるとしている。事業者と消費者との間には情報の質及び量並びに交渉力に格差があり，契約締結を勧誘するにあたって，事業者が

---

22)　消費者庁編・前掲注 2) 206 頁，208 頁（事例 4-61）。
23)　消費者庁編・前掲注 2) 206〜207 頁，208〜209 頁（事例 4-62）。

*24*　第1章　消費者事件の処理に必要な基本的知識

消費者の住居や勤務先から退去しなかったり，一定の場所から消費者を退去さ
せなかったりして，契約が締結されることがあることから，事業者の不適切な
交渉態様により消費者が困惑して意思表示した場合について取消事由を定めた
ものである。

　なお，不退去による困惑の取消しでは，事業者の不退去による困惑があれば
よく，退去困難による困惑の取消しでは，事業者が消費者を退去困難にさせる
ことによる困惑があればよく，故意も違法性も必要とされていない点で，民法
の強迫（民法96条1項）よりも要件が緩やかといえる。

## 2　要　　件

### (1)　不退去による取消し（消費者契約法4条3項1号）

#### ア　要件の概要

　①事業者が消費者契約の締結について勧誘をするに際し，②消費者がその住
居または業務を行っている場所から退去すべき旨の意思を示したにもかかわら
ず，③事業者がその場所から退去しないことにより，④消費者が困惑して契約
の申込み，承諾をした場合には，これを取り消すことができる。

　「勧誘をするに際し」の意味については，上記Ⅰ2(1)イ参照。

#### イ　「退去すべき旨の意思を示した」

　消費者が，「帰ってくれ」，「お引き取り下さい」などと明示的に告知した場
合がこれに該当することはもちろんであるが，黙示的であっても，社会通念
上，退去してほしいという意思が示された場合も含まれ，契約をしない旨
（「結構です」，「不要です」など），時間的余裕がない旨（「時間がありません」，「取
り込み中です」，「用事がありますので」など）を告げた場合，身振り手振りでこ
れらの趣旨の動作をした場合がこれにあたる[24]。

#### ウ　裁　判　例

　大分簡判平成16年2月19日（消費者法ニュース60号59頁）は，床下への拡
散送風機等設置に関する請負契約について，業者従業員が消費者宅を訪問し，
午前11時ころから同契約の勧誘をはじめ，消費者が「そのようなものは入れ
んでいい，必要ない」などと言ったにもかかわらず，当該従業員が退去せず，

---

24)　消費者庁編・前掲注2）156～157頁。

午後6時30分ころ契約に応じた事案において，不退去による取消しを認めた[25]。

　東京簡判平成19年7月26日（裁判所ウェブサイト，報告書【99】）は，除湿剤置きマットの販売業者による訪問販売を受け，何度も売買契約の締結を拒否したにもかかわらず，消費者の住居に長時間居座り，契約を締結させた事案について，不退去による取消しを認めた。

### (2)　退去妨害による取消し（消費者契約法4条3項2号）
#### ア　要件の概要

　①事業者が消費者契約の締結について勧誘するに際し，②事業者が勧誘している場所から消費者が退去する旨の意思を示したにもかかわらず，③その場所から消費者を退去させないことにより，④消費者が困惑して契約の申込み，承諾をした場合には，これを取り消すことができる。

　「勧誘をするに際し」の意味については，上記I 2(1)イ参照。

#### イ　「退去する旨の意思を示した」

　「帰ります」などと直接表示した場合に限らず，社会通念上，退去するという意思を示したと評価できるものであればこれに該当する。契約を締結しない旨の表示（「要らない」，「結構です」，「お断りします」など），時間的余裕がない旨の表示（「時間がありませんので」，「別の用事がある」など），身振り手振りでこれらの趣旨の動作をした場合（出口に向かうとか，手を振りながらイスから立ち上がるなど）が含まれる[26]。

#### ウ　「退去させないこと」

　「退去させないこと」とは，一定の場所から退去，脱出することを困難にする行為を意味し，物理的な方法であると，心理的な方法であるとを問わず，その時間の長短も問わない[27]。この点，「一定の場所からの脱出を不可能若しくは著しく困難にする行為」とする見解もあるが[28]，これでは刑法上の監禁と同程度の強度の違法性を要求するに等しく，強迫よりもゆるやかな困惑行為を

---

25)　同裁判例の概要については，宮下修一「消費者契約法4条の新たな展開（3・完）」（国民生活研究50巻4号（2011年））86～87頁の番号4-①にも掲載されている。
26)　消費者庁編・前掲注2）159頁。
27)　日弁連編・前掲注1）89頁。
28)　消費者庁編・前掲注2）160頁。

*26*　第 1 章　消費者事件の処理に必要な基本的知識

取消事由とした本条項の趣旨から逸脱するものであり妥当でない[29]。

**エ　裁 判 例**

東京簡判平成 15 年 5 月 14 日（裁判所ウェブサイト，消費者法判例百選 82 頁，報告書【145】）は，販売員に路上で声をかけられ絵画展示場に連れて行かれた消費者が，家出中であり，定職に就いていないことや絵画に興味がないことを繰り返し話したにもかかわらず，担当者はこれらを無視して勧誘を続け，契約書に署名押印させたことについて，担当者は「退去させない」旨を告げたわけではないが，担当者の一連の言動はその意思を十分推測させるものであるとして，退去妨害による取消しを認めた。

札幌地判平成 17 年 3 月 17 日（消費者法ニュース 64 号 209 頁）は，宝石貴金属の販売業者従業員に展示会に連れ出された消費者が帰宅したい旨を告げたにもかかわらず，勧誘を続けられたため，信販会社と締結した立替払契約について，退去妨害による取消しを認めた[30]。

## 3　平成 30 年改正について

平成 30 年改正により，困惑類型を定める 4 条 3 項に，①社会生活上の経験不足の不当な利用（(a)不安をあおる告知（同 3 号），(b)恋愛感情等に乗じた人間関係の濫用（同 4 号））[31]，②加齢等による判断力の低下の不当な利用（同 5 号）[32]，③霊感等による知見を用いた告知（同 6 号），④契約締結前に債務の内容を実施等（同 7 号・8 号）の類型が新たに追加されることとなった（2019 年 6

---

29)　日弁連編・前掲注 1）90 頁。

30)　同裁判例の概要については，宮下・前掲注 25）88～89 頁の番号 5-⑤にも掲載されている。

31)　消費者契約法 4 条 3 項 3 号及び 4 号の「社会生活上の経験が乏しいこと」の要件について，参議院の附帯決議には「「社会生活上の経験が乏しい」とは，社会生活上の経験の積み重ねが契約を締結するか否かの判断を適切に行うために必要な程度に至っていないことを意味する」「社会生活上の経験が乏しいことから，過大な不安を抱いていること等の要件の解釈については，契約の目的となるもの，勧誘の態様などの事情を総合的に考慮して，契約を締結するか否かに当たって適切な判断を行うための経験が乏しいことにより，消費者が過大な不安を抱くことなどをいう」「高齢者であっても，本要件に該当する場合がある」「霊感商法のように勧誘の態様に特殊性があり，その社会生活上の経験の積み重ねによる判断が困難な事案では高齢者でも本要件に該当し，救済され得る」とあり，衆議院の附帯決議にも「年齢にかかわらず当該経験に乏しい場合がある」とある。

月15日施行）。

上記各類型の例として，①(a)就活中の学生の不安を知りつつ，「このままでは一生成功しない，この就職セミナーが必要」と告げて勧誘する場合，①(b)消費者の恋愛感情を知りつつ，「契約してくれないと関係を続けない」と告げて勧誘する場合，②認知症で判断力が著しく低下した消費者の不安を知りつつ「この食品を買って食べなければ，今の健康は維持できない」と告げて勧誘する場合，③「私は霊が見える。あなたには悪霊が憑いておりそのままでは病状が悪化する。この数珠を買えば悪霊が去る」と告げて勧誘する場合，④注文を受ける前に，消費者が必要な寸法にさお竹を切断し，代金を請求するような場合が挙げられる[33]。

## Ⅲ　過量契約取消権

### 1　趣　　旨

消費者契約法施行後に高齢化が更に進展したことの影響も受け，合理的な判断をすることができない事情がある消費者に対し，事業者がその事情につけ込んで不必要なものを大量に購入させる等の消費者被害が発生しており，かかる消費者被害の救済は，公序良俗（民法90条）や不法行為に基づく損害賠償請求（同法709条）といった一般的な規定に委ねられていたが，これらの規定は要件が抽象的であり，どのような場合に適用されるかが必ずしも明確ではないため，消費者契約の特質を踏まえた明確な要件を定めて，過量な内容の消費者契約の取消しを認める規定が平成28年の法改正で新設された[34]。

---

32)　消費者契約法4条3項5号の「その判断力が著しく低下している」の要件について，参議院の附帯決議には「「その判断力が著しく低下している」とは，本号が不安をあおる事業者の不当な勧誘行為によって契約を締結するかどうかの合理的な判断をすることができない状態に陥った消費者を救済する規定であることを踏まえ，本号による救済範囲が不当に狭いものとならないよう，各要件の解釈を明確にする」とある。

33)　消費者庁「消費者契約法の一部を改正する法律（平成30年法律第54号）」の「概要」。

34)　消費者庁編・前掲注2) 189頁。

28 第1章 消費者事件の処理に必要な基本的知識

## 2 要 件

### (1) 要件の概要

①事業者が消費者契約の締結について勧誘をするに際し，②(a)物品，権利，役務その他の当該消費者契約の目的となるものの分量等（分量，回数，期間）が当該消費者にとっての通常の分量等（消費者契約の目的となるものの内容及び取引条件並びに事業者がその締結について勧誘をする際の消費者の生活の状況及びこれについての当該消費者の認識に照らして当該消費者契約の目的となるものの分量等として通常想定される分量等をいう）を著しく超えるものであることを知っていた場合，または(b)消費者が既に当該消費者契約の目的となるものと同種のものを目的とする消費者契約（同種契約）を締結し，当該同種契約の目的となるものの分量等と当該消費者契約の目的となるものの分量等とを合算した分量等が当該消費者にとっての通常の分量等を著しく超えるものであることを知っていた場合において，③その勧誘により当該消費者契約の申込み又はその承諾の意思表示をしたときは，これを取り消すことができる（消費者契約法4条4項）。

過量契約取消権を定めた消費者契約法4条4項前段は，1回の契約で過量となる場合（単一契約による過量。上記②(a)），後段は複数回の契約で過量となる場合（次々契約による過量。上記②(b)）を規定したものである[35]。

「勧誘をするに際し」の意味については上記Ⅰ2(1)イ参照。

### (2) 過 量 性
### ア 単一契約による過量

単一契約による過量性は，消費者契約の目的となるものの内容，取引条件，消費者の生活の状況，当該消費者の認識という要素を総合的に考慮して，一般的・平均的な消費者を基準として，社会通念を基に規範的に判断される[36]。

例えば，一人暮らしで，親戚等が自宅に泊まりに来るといった事情がない高齢者に対し，その生活の状況を知りつつ，店舗で1組10万円の羽毛布団を，

---

35) 前川直善「過量な内容の消費者契約の取消し」（現代消費法34号（2017年）13頁）。
36) 消費者庁編・前掲注2）191頁。

「今なら5組で1割引きにしますよ」などと勧誘して，羽毛布団5組を45万円で購入させたという事例を想定すると，本事例における「消費者契約の目的となるものの内容」は布団であり，通常は1人1組が必要とされる分量であり，「消費者の生活の状況」および「当該消費者の認識」としては一人暮らしであって，親戚等が泊まりに来るようなこともなく，通常の分量よりも多く布団が必要となる状況でないため，5組を購入すると1割引きになるという「取引条件」を考慮しても，布団5組が当該消費者にとっての通常の分量を著しく超えること，すなわち，過量であることは明らかである。

**イ　次々契約による過量**

消費者が既に同種契約を締結していた場合には，消費者が新たに締結した消費者契約の目的となるものの分量等だけでなく，既に締結していた同種契約の目的となるものの分量等も考慮に入れ，これらを合算した分量等が，当該消費者にとっての通常の分量等を著しく超えるものであることが要件となる。消費者契約の目的となるものが「同種」であるか別の種類であるかは，事業者の設定した区分によるのではなく，過量性の判断対象となる分量等に合算されるべきかどうかという観点から判断される[37]。例えば，ネックレスとブレスレットは，いずれも身を飾るための装身具であり，具体的な種類，性質，用途等に照らしての判断とはなるものの，通常は同種であると判断されるものと考えられる[38]。

### (3)　過量販売解除権（特商法9条の2・24条の2）との関係

特商法では，訪問販売及び電話勧誘販売の2つの取引類型において，日常生活において通常必要とされる分量を著しく超える商品の売買契約（過量販売）等について，申込みの撤回又は契約の解除をすることができる旨を定めた規定が設けられている（特商法9条の2・24条の2）。特商法では上記の取引類型に限って過量販売解除権が認められるのに対して，消費者契約法4条4項の過量契約取消権は消費者と事業者との間の契約に広く適用される点で異なる。

---

37)　消費者庁編・前掲注2）194頁。
38)　消費者庁「一問一答　消費者契約法の一部を改正する法律（平成28年法律第61号）」
　（平成28年10月版）14頁（問11）。

*30* 第1章 消費者事件の処理に必要な基本的知識

　他方，過量契約取消権では単一契約による過量の場合も次々契約による過量の場合も事業者において過量性の認識が必要とされるが，過量販売解除権では1回の販売行為の販売量が過量の場合は販売者における過量性の認識は不要とされている点で異なる。これは，消費者契約法は消費者契約一般にかかわってくるため，その内容，行為の悪質性というものを要件にすべきとの意見を反映したとされている[39]。

　次に，過量性については，特商法と消費者契約法とでは文言が異なるため，過量の概念も異なると考えうるが，結果的に過量性が認められる範囲に大差はないと考えられている[40]。

　また，効果について，過量販売解除は，訪問販売のクーリング・オフの規定を準用している（特商法9条の2第3項）。他方，消費者契約法の過量契約の取消規定は，「合理的な判断をすることができない事情を利用して契約を締結させる類型」の一つとして設けられたものであり，消費者において合理的な判断ができない事情が存在することが前提とされ，当該消費者の意思表示に瑕疵があるといえることから，その効果は意思表示の取消しと定められている[41]。取消しの効果については後記Ⅳ参照。

## Ⅳ　取消しの効果

### 1　取消しの効果の一般原則

　取消しの効果については民法と異ならず，当該契約ははじめから無効なものとみなされる（民法121条）。事業者，消費者ともに履行されたものがあれば，それぞれ返還する義務を負い，未履行のものについては履行する必要がなくなる。

　なお，民法の一部を改正する法律（平成29年法律第44号）の施行（2020年4月1日施行）に伴って，消費者契約法6条の2が施行される（消費者契約法の一部を改正する法律（平成28年法律第61号）附則1条2号）。これは，改正民法の

---

39)　「第190回国会　衆議院　消費者問題に関する特別委員会会議録　第4号」4〜5頁。
40)　前掲注39)「衆議院会議録」4頁。
41)　前掲注17)「消費者契約法専門調査会報告書」5〜6頁。

下では，無効な法律行為に基づく債務の履行として給付を受けた者は，原則として原状回復義務を負うこととなるため（改正後民法 121 条の 2），従前どおり，消費者の返還義務の範囲を現存利益に限定するため，平成 28 年の消費者契約法改正において，新たに設けられたものである[42]。

## 2　原物返還が不可能な場合

　事業者からサービス（役務）を提供された場合や化粧品などの消耗品を既に使ってしまった場合には，消費者が契約を取り消しても原物を返還することは不可能である。このような場合には，民法 703 条（不当利得）により，「その利益の存する限度」（現存利益）で返還する義務を負い，消費者はその客観的価値を金銭で返還することとなる。

　何が「現存利益」であるかについては争いがあり，①既履行部分のエステティックの対価相当額や消耗した化粧品分の代金相当額を返還しなければならないとする考え方と，②エステティックや化粧品の効能に関して不実の告知があった結果，エステティックや化粧品の契約をさせられた場合には消費者は本来期待した利益を受けたとは評価できないので現存利益はなく，既履行部分のサービスや消耗した化粧品の代価相当額の支払いを要しないとする考え方がある。不当な勧誘行為を行っても既履行分や消耗分の代価相当額の支払いを受けられるとすれば，事業者は取消しにより何ら不利益を受けず，事業者の「やり得」を許す結果となってしまうので，②の考え方が妥当である[43]。

---

42)　消費者庁編・前掲注 2）230 頁。

43)　松本恒雄「消費者契約法と契約締結過程に関する民事ルール」（法律のひろば 53 巻 11 号（2000 年））には「消費者が受け取った商品を既に消費してしまっている場合や，事業者からサービスが提供されてしまっている場合には，不当利得を相当な対価に換算して金銭で返還するのが原則であるが，この原則を貫くと，相当な価格ではあっても，誤認させての販売や困惑させての押しつけ販売がなされた場合に，事業者に「やり得」を許す結果になる。」「消費者契約法の取消の場合についても，事案に応じて，このような訪問販売法の扱いを参考にして処理すべきである。」と意見が述べられている（16〜17 頁）。

*32*　第1章　消費者事件の処理に必要な基本的知識

## 3　原物を返還する場合の使用利益

　原物を返還する場合，消費者が事業者に対して当該物の使用利益を返還する必要があるかについて，例えば，自動車の売買契約を取り消す場合，消費者は自動車自体および自動車の使用利益（レンタカー代金相当額）を返還する必要があるという考え方がある[44]。確かに，不当利得の一般論からすれば，目的物から生じた果実，使用利益を返還すべきということになるが，この場合も，押しつけられた給付であることから考えると，原則として自動車だけを返還すればよいと考えられる[45]・[46]。この点，東京地判平成18年8月30日（ウエストロー・ジャパン，判例秘書，報告書【109】）は，1年間居住していたマンションについて，売買契約が不利益事実の不告知により取り消された事案において，売買代金2870万円全額の不当利得返還請求を認容している。

　ただし，消費者の取消しが，目的物を相当長期間にわたり使用した後になされた場合などは若干衡平を欠くようなケースもあると思われ，事例によっては使用利益（レンタカー会社の利潤を含むレンタカー代は認められないとしても）の返還を考慮すべきであろう。

　取消しの効果に関する詳細は，第1章「第5　消費者契約からの解放とその効果」参照[47]。

## 4　第三者への対抗

　取消しの効果は善意の第三者に対抗できない（消費者契約法4条6項）。民法

---

44)　消費者庁編・前掲注2) 228頁。

45)　日弁連編・前掲注1) 105～109頁。

46)　河上正二「消費者契約法の運用と課題」（日弁連研修叢書『現代法律実務の諸問題＜平成13年版＞』（第一法規出版，2002年））には「ただご注意いただきたいことは，民法の世界でもそうですけれども，「押しつけられた利得は利得ではない」というルールです。つまり相手方から押しつけられた利得というのは，本人にとっては迷惑なだけでして，利得でも何でもない。ですから押しつけられた利得は利得として換算しないという方針で，後始末に臨んでいただければありがたいということです。」と意見が述べられている。

47)　その他，取消しの効果に関して詳細に論じている文献として，丸山絵美子「消費者契約における取消権と不当利得法理(1)」（筑波大学ロー・ジャーナル創刊号（2007年）109頁以下）がある。

第2　消費者契約法　*33*

96 条 3 項と同趣旨である。

　なお，改正民法の下では，「善意でかつ過失がない第三者」に対抗できない
こととなることから（改正後民法 96 条 3 項），同改正法が施行された時点で，
消費者契約法 4 条 6 項も「善意でかつ過失がない第三者」と改正される。

## V　取消権の行使期間

　消費者契約法 4 条 1 項ないし 4 項による取消権は，追認をすることができる
時から 1 年間行わないときは時効により消滅する。当該消費者契約の締結の時
から 5 年を経過したときも同様である（消費者契約法 7 条 1 項）。民法 126 条は，
取消権の行使期間を「追認をすることができる時から 5 年間」，「行為の時から
20 年」と定めているが，消費者契約の一方当事者である事業者の行う取引は，
反復継続的に行われるという性質をもつため，迅速な処理が求められ，かつ，
取引の安全確保，法律関係の早期の安定に対する要請が高く，また，同法は，
民法の定める場合よりも取消しを広く認めるものであるので，私人間における
あらゆる行為を想定し，その取消権の行使期間を定める民法の場合と比べ，取
消権の行使期間を短く規定している[48]。

　「追認をすることができる時」とは，誤認による取消権の場合は，事業者の
勧誘行為が①不実告知，②断定的判断の提供，③不利益事実の不告知のいずれ
かにあたることを知ったときである。また，困惑による取消権の場合は，①不
退去，②退去妨害から脱したときであるが，物理的にも心理的にも脱したこと
が必要である。過量契約による取消権の場合は，当該消費者契約を締結するか
否かについて合理的な判断をすることができない事情が消滅したときであ
る[49]。

　取消しの効果は取消しの意思表示が事業者に到達して効果を生じる（民法 97
条 1 項。発信主義をとるクーリング・オフとの違いに注意）。

---

48)　消費者庁編・前掲注 2）231～232 頁。
49)　消費者庁編・前掲注 2）233 頁。

34　第1章　消費者事件の処理に必要な基本的知識

# ③　消費者契約の条項の無効

## 1　事業者の損害賠償の責任を免除する条項等の無効（8条）

### (1)　概　　要

ア　消費者契約法8条1項は，事業者の債務不履行・不法行為に基づく損害賠償責任を全部免除する条項（1号・3号）及び事業者に故意又は重過失がある場合に一部免除する条項（2号・4号），並びに事業者の瑕疵担保責任に基づく損害賠償責任を全部免除する条項（5号）を無効としている（ただし，5号の適用については後述のように2項で例外規定あり）。

イ　民法91条は，契約の当事者が公の秩序に関しない規定（任意規定）と異なる合意をした場合は，任意規定よりもその合意が優先する旨規定している。しかし，消費者契約法8条は，民法91条の特則として，事業者の責任の全部免責条項等を無効とする。

### (2)　趣　　旨

消費者が事業者の行為等により損害を受けた場合に正当な額の損害賠償請求ができるよう，民法等の任意規定に基づき，事業者が負担する損害賠償責任を免除・制限する約款等の特約の効力を否定する。

### (3)　1項1号
### ア　要　　件

本号は，事業者に，債務不履行に基づく損害賠償責任が発生する場合（①事業者に債務不履行の事実があり，②事業者に故意又は過失が認められ，③消費者に損害が発生し，④債務不履行と損害の間に因果関係の存在する場合）（民法415条）を対象としており，その他の責務（原状回復義務等）は対象とならない。ただし，これらの責務を排除する条項は，消費者契約法10条により無効となり得る。

「全部を免除する」とは，事業者が損害賠償責任を一切負わないとすることであり，一部免除は該当しない。

第2　消費者契約法　35

### イ　具体的条項の例

① 当駐車場内での自動車同士の事故，盗難等について一切責任を負いません。

② 当スポーツクラブの利用に際して生じた人的・物的事故については，いかなる理由があっても一切損害賠償責任を負いません。

なお，運送約款上，特急列車の2時間未満の遅延については特急料金の払戻しはなされない旨の規定が存在する。合理的な一定時間内の遅延は，運送事業者に債務の不履行がないと考えられており，本号の適用がないとされる。

### ウ　効　　果

本号に該当する免責条項は，無効となる。その結果，何らの特約もなかったこととなり，事業者は民法等の規定に基づいて損害賠償責任を負うこととなる。

### ⑷　1項2号

### ア　要　　件

「当該事業者」とは，消費者と契約した事業者が法人等団体であれば当該団体であり，個人事業者であれば当該個人のことである。「その代表者」とは，事業者が法人等団体の場合の代表者のことである。「その使用する者」とは，事業者が法人等団体・個人にかかわらず，その従業員等の履行補助者（事業者の意思に基づいて，債務の履行のために使用される者）のことである。

「故意」とは，自己の行為から生じる結果を知りながらあえて行為をする意思であり，「重大な過失」とは，相当の注意をすれば容易に有害な結果を予見できるのに，漫然と看過したようなほとんど故意に近い著しい注意欠如の状態である。

「一部を免除する」とは，事業者の損害賠償責任を一定の限度に制限することである。

### イ　具体的条項の例

① 当社の損害賠償額は，○○円を限度とします。

② 当社の損害賠償責任は，治療費等の直接的な損害に限り，逸失利益，慰謝料等の間接的な損害は賠償いたしません。

36 第1章 消費者事件の処理に必要な基本的知識

### ウ 効 果

(ア) 本号に該当する一部免責条項は，無効となる。その結果，事業者は損害賠償責任を制限することはできず，民法等の規定に基づいて損害賠償責任を負うこととなる。

(イ) なお，「当社の損害賠償額は，○○円を限度とします」というような故意・重過失・軽過失を区別することなく一部責任を免除する条項の場合，①事業者に故意または重過失が認められる場合に限って無効として，軽過失の場合には，原則無効とならず（ただし消費者契約法10条や民法90条に該当する場合を除く。），事業者は損害賠償責任を制限することができるという考え（一部無効説）と，②条項全部を無効として，事業者は軽過失の場合にも損害賠償責任を制限できないとする考え（全部無効説）がある。消費者契約法9条が一部無効となることを明示しているのに対し，同法8条はかかる明示がないこと，一部無効説の考え方ではどのような不当条項を規定しても法律で許容される範囲では有効となり，不当条項を抑止する方向につながらないことを考慮すると，全部無効説が妥当と考える。

### (5) 1項3号
### ア 要 件

「事業者の不法行為」とは，事業者が，民法709条（不法行為による損害賠償責任）のほか，715条（使用者責任），717条（土地工作物責任），718条（動物占有者責任），一般社団法人及び一般財団法人に関する法律78条（一般社団法人等の代表者の責任）等の責任を負う場合をいう。また，製造物責任法（いわゆるPL法）等民法の不法行為の特則と考えられる損害賠償責任もこれに該当すると考えられている。

なお，平成28年改正により，「民法の規定による」の部分が削除された。これは法人の代表者の不法行為責任を定めていた民法44条が平成18年改正で削除され，他の法律において同条に相当する規定が定められたことによる。

「全部を免除する」とは，前述(3)ア1号と同様である。

### イ 効 果

本号に該当する全部免責条項は，無効となる。その結果，何らの特約もなかったこととなり，事業者は民法等の不法行為の規定に基づく損害賠償責任を

負うこととなる。


### (6) 1項4号

#### ア 要 件

「当該事業者，その代表者又はその使用する者」，「故意又は重大な過失」及び「一部を免除する」は，前述(4)2号と同様である。

「事業者の不法行為」とは，事業者が，民法709条（不法行為による損害賠償責任），715条（使用者責任），一般社団法人及び一般財団法人に関する法律78条（一般社団法人等の代表者の責任）等の責任を負う場合をいう。本号は，人の加害行為における加害行為者の主観的態様の程度を問題としており，3号が適用される不法行為のうち，人の加害行為によらない不法行為類型（717条（土地工作物責任），718条（動物占有者責任）等）には適用がない。

なお，平成28年改正により，「民法の規定による」の部分が削除されたことは前述(5)3号と同様である。

#### イ 効 果

本号に該当する一部免責条項は，無効となる。その結果，事業者は損害賠償責任を制限することはできず，民法等の不法行為の規定に基づく損害賠償責任を負うこととなる。

なお，前述(4)2号同様，一部無効説と全部無効説があり，全部無効説が妥当と考える。


### (7) 1項5号

（民法改正に伴い同号は削除される予定。改正については後述エ）

#### ア 趣 旨

民法570条は売買の目的物に隠れた瑕疵があったとき，その瑕疵によって契約の目的を達成できない場合には買主に契約解除権を，その他の場合には損害賠償請求権を認め，同条は559条により他の有償契約に準用される。また，634条は請負契約の仕事の目的物に瑕疵があるときは，注文者は一定の場合（瑕疵が重要でなく修補に過分の費用を要する場合）を除き瑕疵の修補請求権を，または，修補に代え，もしくは修補と同時に損害賠償請求権を行使できると定める。かかる条項は任意規定であり，原則として同条項の内容を特約により変

38 第1章 消費者事件の処理に必要な基本的知識

更することができる。しかし，瑕疵担保責任は，衡平の観点から認められた責任であり，かかる事業者の責任を全部免除する条項は問題であることから，消費者契約においては特約の限界を定めた。

### イ 要 件

「有償契約」とは，当事者双方が相互に対価的意味を有する給付を行う契約のことであり，売買契約が典型である。

「消費者契約の目的物に隠れた瑕疵があるとき」とは，当該消費者契約の締結に際しその目的とされた物に，消費者が通常の注意をもってしても知り得ない通常有すべき性質の欠如があることである（民法570条における「売買の目的物に隠れた瑕疵があったとき」と同趣旨である。）。

「全部を免除する」とは，事業者が瑕疵による損害賠償責任を一切負わないとすることであり，一部の免除は該当しない。損害賠償責任以外の責任を免除する条項や期間制限条項は本号には該当しない。ただし，消費者契約法10条により無効となりうる。

### ウ 効 果

本号に該当する免責条項は，無効となる。その結果，当該契約の類型に応じて民法570条または634条が適用される。

### エ 改 正

民法改正により，「瑕疵」の概念が，「目的物が種類又は品質に関して契約の内容に適合しないとき」（以下「契約不適合」という。）と改められ，契約不適合による損害賠償には，債務不履行による損害賠償の規定（民法415条）が適用されることとなる。これに伴い，1項5号は削除され（債務不履行による損害賠償については，1項1号または2号が適用されうる。），1項5号の例外規定である2項も改正される。ただし，施行日前に締結された消費者契約の条項については，改正後の消費者契約法8条の規定にかかわらず，なお従前の例によるものとされる（民法の一部を改正する法律の施行に伴う関係法律の整備等に関する法律99条2項）。


### (8) 2 項

（民法改正に伴う改正前のもの。改正については前述(7)エ）

### ア 趣　　旨

1項5号の例外規定であり，1項5号に該当する条項であっても，不当条項とすることが適当でない場合について定めたものである。

### イ 要　　件

#### ㋐ 1　号

「瑕疵のない物をもってこれに代える」とは，当該消費者契約の趣旨等から，契約の目的物と同種・同性能で，瑕疵のない物を給付することであり，「瑕疵を修補する」とは，当該消費者契約の趣旨等から，瑕疵のない状態に当該目的物を修補することである。

#### ㋑ 2　号

「瑕疵のない物をもってこれに代える」，「瑕疵を修補する」とは，1号と同様である。

「当該消費者と当該事業者の委託を受けた他の事業者との間の契約」における「当該事業者」とは，当該消費者契約の当事者で，消費者に対する瑕疵担保責任を免除される事業者であり，「委託を受けた」とは，当該事業者との間で委託契約を締結することであり，委託を受ける者は，事業者に限られる。事業者でない者が責任を負担したとしても消費者の権利救済としては不十分となる可能性があるからである。そして，ここでの「契約」とは，当該消費者と他の事業者が当事者として締結する，担保責任を負担する契約をいう。

「当該事業者と他の事業者との間の当該消費者のためにする契約」とは，当該消費者と他の事業者が直接契約するのではなく，当該事業者と他の事業者が契約当事者として締結する，当該消費者のために担保責任を負担する契約をいう。

「当該消費者契約の締結に先立って又はこれと同時に締結されたもの」であることが必要であり，当該消費者契約締結後の契約の場合には，本号は適用されない。

「賠償する責任の全部若しくは一部を負」うとは，本号は，責任の全部免除条項を無効とし，責任を制限し一部のみを負うこととする条項は無効としていないため，他の事業者の負う責任は一部でもよいとするものである。

### ウ 効　　果

8条1項5号の適用がない（ただし，10条適用の余地はある）。

なお，1号については，事業者が信義則上相当期間内に修補等を行わない場合，同義務が履行不能になり，損害賠償責任に転化したとして，損害賠償請求することができるという考え方がある[1]。また，2号については，修理の能力を有しない会社に委託した場合等，およそ担保責任を負担する能力を欠く事業者に委託した場合には，事業者は，信義則上8条2項2号の適用を主張し得ないとする考え方がある[2]。

#### (9) 2 項

（民法改正に伴う改正後のもの。改正については前述(7)エ）

#### ア 趣 旨

1項1号または2号に掲げる条項のうち，消費者契約が有償契約である場合において，契約不適合があったときに事業者の損害賠償責任を免除するものについては，一定の場合には同項を適用しないことを定めたものである。

#### イ 要 件

##### ㋐ 1号・2号共通

1号・2号に共通する要件は，「第1項1号又は2号に掲げる条項であること」，「消費者契約が有償契約であること」，「契約不適合があったときに事業者の損害賠償責任を免除するもの」の3つである。

「第1項1号又は2号に掲げる条項であること」とは，前述(3)（1項1号）または(4)（1項2号）のとおりであり，「消費者契約が有償契約であること」とは，前述(7)イのとおりである。「契約不適合があったときに事業者の損害賠償責任を免除するもの」とは，事業者が契約不適合による損害賠償責任を一切負わないとすることである。

##### ㋑ 1 号

1号は，上記㋐の要件に加えて，「当該事業者が履行の追完をする責任又は不適合の程度に応じた代金若しくは報酬の減額をする責任を負うこと」が必要である。

---

1) 日本弁護士連合会消費者問題対策委員会編『コンメンタール消費者契約法〔第2版増補版〕』（商事法務，2015年）161頁。
2) 日弁連編・前掲注1）162頁。

「当該事業者」とは，当該消費者契約の当事者で，消費者に対する損害賠償責任を免除される事業者である。

(ウ)　2　号

2号は，上記(ア)の要件に加えて，「当該消費者と当該事業者の委託を受けた他の事業者との間の契約又は当該事業者と他の事業者との間の当該消費者のためにする契約」であること，「当該消費者契約の締結に先立って又はこれと同時に締結されたもの」であること，「当該他の事業者が，その目的物が種類又は品質に関して契約の内容に適合しないことにより当該消費者に生じた損害を賠償する責任の全部若しくは一部を負い，又は履行の追完をする責任を負うこと」が必要である。

「当該他の事業者」，「当該消費者契約の締結に先立って又はこれと同時に締結されたもの」及び「損害賠償責任の全部若しくは一部を負」うとは，前述(8)イ(イ)と同様である。

ウ　効　果

1項の適用がない（ただし，消費者契約法10条適用の余地はある）。

(10)　平成30年改正

平成30年改正（2019年6月15日施行）により，債務不履行，不法行為及び瑕疵担保責任に基づく事業者の損害賠償責任につき，「当該事業者にその責任の有無を決定する権限を付与する条項」は無効となる旨新たに規定された（8条1項1号，同項3号，同項5号）。かかる権限を事業者に付与することは，事業者の損害賠償責任を全て免除するに等しいと考えられたことによるものである。

また，債務不履行及び不法行為に基づく事業者の損害賠償責任につき，「当該事業者にその責任の限度を決定する権限を付与する条項」についても無効となる旨規定された（8条1項2号・4号）。かかる権限を事業者に付与することは，事業者の損害賠償責任を一部免除するに等しいと考えられたことによるものである。

(11)　裁　判　例

購入後約1年10カ月経過後に突発性てんかんと診断された子犬について，

42 第1章 消費者事件の処理に必要な基本的知識

瑕疵担保責任に基づく損害賠償責任を免除する特約は，一定の要件の下で損害賠償責任を負担し，同程度の犬を提供することを定めたものであり，消費者契約法8条1項5号には反しないと判断した事案（東京地判平成16年7月8日ウエストロー・ジャパン），中古車の隠れた瑕疵（走行距離がそのメーター表示の約8倍以上の食い違いがあること）について，瑕疵担保責任に基づく損害賠償責任を免除する合意は，消費者契約法8条1項5号により無効となると判断した事案（大阪地判平成20年6月10日判タ1290号176頁），外国為替証拠金取引において，損害が一定の割合に達したときに即時決済する義務に違反した場合の不法行為または債務不履行に基づく損害賠償責任を免除する約款について，本件約款は，コンピュータシステム等の障害により顧客に生じた損害のうち，事業者に帰責性の認められない事態によって顧客に生じた損害について，事業者が損害賠償の責任を負わない旨を規定したものと解し，本件における債務不履行は事業者の責に帰すべきものと認められるとして，消費者の請求を一部認容した事案（東京地判平成20年7月16日金法1871号51頁），マンション建築計画地内の建物及び賃借権の売買契約において，本件敷地内の他の地権者との権利調整が不調に終わった場合等に，事業者の損害賠償責任を免除する条項は，事業者の債務不履行または不法行為により消費者に生じた損害賠償責任を全部免除する条項であり，消費者契約法8条1項3号により無効とした事案（東京地判平成24年3月5日ウエストロー・ジャパン）がある。

## 2 消費者の解除権を放棄させる条項等の無効 （8条の2）

### ⑴ 趣　　旨

　事業者が契約上の債務を履行せず，又は，事業者から引き渡された目的物に瑕疵がある場合に，消費者の解除権を放棄する条項を認めると，消費者は，契約に不当に拘束され続け，既に支払った代金の返還を受けられず，又は，未払代金の支払義務を免れることができないことになる。そこで，平成28年の法改正において，事業者に債務不履行または瑕疵担保責任が認められる場合に，消費者の解除権をあらかじめ放棄させる条項を無効としたものである。

　なお，本条は債務不履行または瑕疵担保責任に基づく解除権を対象としており，これら以外の解除権については本条の対象とはされていない（もっとも，消費者契約法10条により無効とされる可能性はある。）。

第 2　消費者契約法　43

(2)　民法改正前

ア　要　　件

(ア)　1 号（債務不履行に基づく解除権を放棄させる条項）

a　「解除権」

事業者に債務不履行が認められる場合に，任意規定によって消費者に認められる解除権のことをいう。

b　「放棄させる」

事業者に債務不履行があり，解除権行使の要件を満たす場合に，消費者の解除権を一切認めないとすることをいう。ここでの「放棄」とは，解除権を一切認めないことであるので，解除権の行使期間を限定する条項や，解除権行使の要件を加重するような，解除権の行使を制限する条項は，本号に該当しない。

(イ)　2 号（瑕疵担保責任に基づく解除権を放棄させる条項）

a　「解除権」

事業者から引き渡された目的物に瑕疵があった場合に，任意規定によって消費者に認められる解除権のことをいう。

b　「放棄させる」

1 号と同様である。

イ　効　　果

事業者の債務不履行または瑕疵担保責任に基づいて発生した消費者の解除権を放棄させる条項を無効とするものである。その結果，債務不履行または瑕疵担保責任に基づく解除については何らの定めもなかったこととなり，消費者は民法 541 条や 570 条等により，契約を解除することができる。

ウ　平成 30 年改正

平成 30 年改正（2019 年 6 月 15 日施行）により，1 号・2 号ともに「当該事業者にその解除権の有無を決定する権限を付与する条項」という文言が追加され，債務不履行または瑕疵担保責任に基づく消費者の解除権の有無について，事業者に決定する権限を付与する条項が無効とされることとなった。

(3)　民法改正後

ア　概　　要

改正後民法では，引き渡された目的物に瑕疵があった場合には，引き渡され

44　第1章　消費者事件の処理に必要な基本的知識

た目的物が，種類又は品質に関して契約の目的に適合しないものとして，債務不履行の規定に基づいて解除権が認められることになり，債務不履行責任と瑕疵担保責任を区別する必要がなくなる。そのため，民法改正後は，本条の規定も，債務不履行責任と瑕疵担保責任を区別することなく，事業者の債務不履行に基づく消費者の解除権を放棄させる条項を無効とするものに改正される。

**イ　要　件**

「解除権」，「放棄させる」とは，民法改正前の1号と同様である。

**ウ　効　果**

民法改正前の1号と同様である。

## 3　事業者に対し後見開始の審判等による解除権を付与する条項の無効（8条の3〔平成30年改正〕）

平成30年改正（2019年6月15日施行）により，消費者が，後見開始，保佐開始又は補助開始の審判を受けたことのみを理由として，事業者に対して解除権を付与する条項（ただし，消費者が事業者に対し，物品，権利，役務その他の消費者契約の目的となるものを提供することとされているものを除く。）は無効とされることとなった。

## 4　損害賠償の額を予定する条項等の無効（9条）

(1)　9条1号

**ア　概　要**

消費者契約法9条1号は，消費者契約の解除に伴う損害賠償額の予定・違約金条項が存在する場合，そこに定められた額が「平均的損害」の額を超える場合に，超過部分が無効になると定めている。

本号は，予備校，専門学校，海外留学あっせん業，通信制講座運営業，貸衣装業，結婚式場運営業，冠婚葬祭運営業，納骨堂経営，結婚相手紹介サービス業，探偵業，住宅関連金融業，歯科医院，エステスクール，建築請負業，不動産賃貸業，法律事務所，司法書士事務所，自動車販売・買取業，有料老人ホーム，スポーツクラブなど多様な業種の契約条項で問題となっている[3]。

第2 消費者契約法　*45*

イ　趣　　旨

　情報・交渉力に格差のある当事者間で締結される契約では，事業者が，消費者の契約解除を妨害するために，または，最初から高額なキャンセル料を取ることを見込んで，損害賠償または違約金条項を定めることがしばしば行われてきた[4]。本号は，消費者が不当な出捐を強いられることのないよう，また，解除権の行使を妨げられることがないよう，損害賠償額の予定又は違約金を定めた場合，その額が平均的損害の額を超えるときに，当該超過部分を無効とする趣旨である。

ウ　要　　件

(ア)　「当該消費者契約の解除に伴う」

　事業者からの（消費者の債務不履行を理由とする）債務不履行解除，消費者からの法定解除権・約定解除権の行使による契約の解除，解約告知，合意解除や合意解約等，およそ消費者契約が解消された場合である[5]・[6]。

　契約解除を伴わない高額な違約金等を定める契約条項（例・レンタル DVD の延滞金条項等）や，契約の解除そのものを認めない契約条項については，本号の適用はない。ただし，10 条の適用により無効となりうる（レンタル DVD の延滞金条項等は，後述のように 9 条 2 号の適用もない。）。この点，東京地判平成 25 年 4 月 16 日（ウエストロー・ジャパン，報告書【4】[7]）は，賃貸借契約終了の翌日から明渡し済みまでの倍額賠償条項について，「本件契約の終了事由にかかわらず，本件契約終了後に賃借人が本件建物を明け渡さないことに対する損害金の定めである」ことを理由に消費者契約法 9 条 1 号の適用がないとした（同様の事案として，東京高判平成 25 年 3 月 28 日（判時 2188 号 57 頁，報告書【6】）

---

3)　消費者庁「消費者団体訴訟制度　差止請求事例集（平成 26 年 3 月）」10 頁。
4)　山下良「消費者契約法 9 条 1 号における『平均的な損害』と得べかりし利益—携帯電話通信サービス契約の中途解約違約金条項に係る高裁判決をめぐって—」沖縄法学 43 号 68 頁。
5)　日弁連編・前掲注 1) 166 頁。
6)　落合誠一『消費者契約法』（有斐閣，2001 年）136 頁参照。なお，同書には，合意解約の場合の例として，「解約の申出があった場合は，解約に応じることがあります。ただしその場合は，金○○○円を申し受けます。」という条項が挙げられている。
7)　消費者庁「消費者契約法の運用状況に関する検討会報告書（平成 26 年 10 月）」で紹介されている裁判例を「報告書【○○】」と記載する。

46　第1章　消費者事件の処理に必要な基本的知識

がある。)8)。

　(イ)　「損害賠償の額を予定し，又は違約金を定める条項」

　「消費者が債務不履行をした場合の損害賠償予定条項」と「消費者が何らかの違約をした場合の違約金条項」に限定するものではなく，実質的に損害賠償の予定等と解釈される約定であれば，違約罰，解約料，キャンセル料，事務手数料等の名目の如何を問わない。また，事業者から消費者に対する費用償還請求権，目的物の使用利益償還請求権などを定めた契約条項や，事業者の消費者に対する原状回復義務等の減免を定めた契約条項（前払報酬の不返還を定める条項等）も含まれる9)。

　(ウ)　「これらを合算した額」

　消費者契約には，①消費者契約法9条1号に該当する損害賠償額予定条項のみが規定されている場合，②同号に該当する違約金条項のみが規定されている場合，③両者の条項がともに規定されている場合が考えられ，「これらを合算した額」とは，以上の3つの場合を全てカバーする趣旨である10)。

　(エ)　「平均的な損害」

　a　定　　義

　解除の事由，時期等により同一の区分に分類される複数の同種の契約の解除に伴い，当該事業者に生じる損害の額の平均値を意味する。この「平均的な損害」は，当該消費者契約の当事者たる個々の事業者に生じる損害の額について，契約の類型ごとに合理的な算出根拠に基づき算定された平均値であり，当該業種における業界の水準を指すものではない11)。

　b　考慮要素・判断基準

　平均的な損害の額を算定する際の考慮要素について，法文にも「解除の事由，時期等」（傍点筆者）と規定されているとおり，解除事由や時期以外の事

---

8)　後藤巻則＝齋藤雅弘＝池本誠司『条解消費者三法』（弘文堂，2015年）は，解除を伴わずに請求される損害賠償（目的物返還債務の履行遅滞に基づく損害賠償請求等）についても消費者契約法9条1号の類推適用を考えるか，同法10条による規制を考えることが適切であると指摘している（85頁）。

9)　日弁連編・前掲注1）168〜169頁。

10)　落合・前掲注6）138頁。

11)　消費者庁消費者制度課編『逐条解説　消費者契約法〔第4版〕』（商事法務，2019年）277頁。

項についても総合的に考慮されることになる[12]。

　この点，東京地判平成 14 年 3 月 25 日（判タ 1117 号 289 頁，報告書【152】）は，「解除の事由，時期の他，当該契約の特殊性，逸失利益・準備費用・利益率等損害の内容，契約の代替可能性・変更ないし転用可能性等の損害の生じる蓋然性等の事情に照らし，判断するのが相当である。」と判示している。

　また，最判平成 18 年 11 月 27 日（民集 60 巻 9 号 3437 頁・判時 1958 号 12 頁，報告書【107】）以降は，当該解除が織り込み済みといえる（解除されないことが客観的に高い蓋然性を持って予測される時点よりも前の解除である）場合には，原則として平均的な損害は生じないという規範に則った判断がなされている[13]。

　c　逸失利益

　逸失利益が「平均的な損害」に含まれるかが問題となる。

　この点，京都地判平成 25 年 4 月 26 日は，挙式披露宴実施契約を解約する際のキャンセル料条項の有効性が争われた事案において，消費者契約法 9 条 1 号は民法 416 条を前提とする規定であり，同号の「損害」は民法 416 条にいう「通常生ずべき損害」に対応するものであるから逸失利益が含まれると判断し，控訴審の大阪高判平成 26 年 2 月 21 日も同判断を維持している（最高裁は平成 27 年 2 月 13 日付けで上告不受理決定をして確定）。同様の事案で，京都地判平成 26 年 8 月 7 日（判時 2242 号 107 頁）も「平均的な損害」には逸失利益が含まれると判断している（大阪高判平成 27 年 1 月 29 日は同判断を維持し，最高裁は平成 27 年 9 月 2 日付けで上告不受理決定をして確定）[14]。

　その他，携帯電話利用契約を中途解約する際の解約金条項の有効性が問題となった事案（大阪高判平成 25 年 7 月 11 日ウエストロー・ジャパン，報告書【1】，大阪高判平成 25 年 3 月 29 日判時 2219 号 64 頁，報告書【5】。いずれも最高裁は平成 26 年 12 月 11 日付けで上告不受理決定をして確定），飲食店にパーティーの予

---

12)　日弁連編・前掲注 1) 172 頁。
13)　前掲注 7)「消費者契約法の運用状況に関する検討会報告書」56 頁。
14)　京都消費者契約ネットワーク（KCCN）のウェブサイト参照。同サイトの「申し入れ・差止請求」の「結婚式場関連」に各判決文が掲載されている。
　　なお，解約後の再販売によって代替的な利益を得た場合については，損益相殺によって損害が減少するにすぎず，逸失利益自体が発生しないと解することはできない旨判示している。

約を申し込んだ後に解約をした事案（前掲東京地判平成 14 年 3 月 25 日）でも，逸失利益を考慮して「平均的な損害」を算定している。

　他方，「平均的な損害」に逸失利益は含まれないと判断した裁判例として，携帯電話利用契約を中途解約する際の解約金条項の有効性が問題となった事案（大阪高判平成 24 年 12 月 7 日判時 2176 号 33 頁，報告書【11】。最高裁は平成 26 年 12 月 11 日付けで上告不受理決定をして確定），車両（登録済未使用車）の注文を撤回した事案（大阪地判平成 14 年 7 月 19 日金判 1162 号 32 頁，報告書【150】）がある。

　この論点について，事業者は同種の契約を反復継続して行うものであり，契約が解除されても他の消費者と同種の契約が締結できるような場合，すなわち代替性・転用性（損害回避可能性）が高い場合には，逸失利益は平均的な損害に含まれないと解すべきと考えられている[15]・[16]。

　d　立証責任

　消費者契約法が消費者保護を目的とする法律であること，消費者は事業者にどのような損害が生じうるか把握し難いこと等から事業者に立証責任を負担させるという裁判例も複数存在したが[17]，最高裁は平均的な損害及びこれを超える部分については，事実上の推定が働く余地があるとしても，基本的には当該損害賠償額の予定・違約金条項の全部または一部の無効を主張する消費者において主張立証責任を負うと解している（学納金返還請求事件・前掲最判平成 18 年 11 月 27 日）。

---

15)　山下・前掲注 4）では，「平均的な損害に得べかりし利益の算入を認めるか否かについては，まず事業者の通常の営業努力による損害の回避可能性が問題となり，次に，回避可能性があるとしても，当該契約を締結していたことによる機会喪失の有無が手がかりとなっているといえる。」とし，本文中で挙げた大阪高判平成 24 年 12 月 7 日について「当該契約の特性を踏まえており妥当と思われる。当該契約は大規模通信サービス契約であり，契約者の数の制限なしに随時締結される契約であるから，ある消費者が解約したために，別の消費者との契約を逸するということは考えられない。したがって，損害の回避可能性があり，機会喪失はなかった事案であるということができると思われる。」と評価している（90〜91 頁）。

16)　後藤＝齋藤＝池本・前掲注 8）98 頁には「多くの裁判例も「平均的な損害の額」の算定に際して履行利益を含めるが，その一方で，損害回避可能性を考慮しており，この方向にあるといえる。」とある。

17)　朝倉佳秀「消費者契約法 9 条 1 号の規定する『平均的損害』の主張・立証責任に関する一考察—問題点の検討と裁判例の紹介—』（判タ 1149 号 27 頁以下）。

e 具体的な主張立証方法

具体的な金額を消費者の方で主張立証することは困難な場合が多いが，特商法の継続的役務提供における中途解約に関する損害額の上限額や，（平均的損害とは，当該業種における業界の水準をさすものではないが）同種業者の約款等を参考にする方法，そもそも事業者にできるだけ情報公開をするよう働きかけることが考えられる[18]。

また，当該事業者の内部的事情に属する事実であることを考慮し，文書提出命令あるいは事実上の推定の活用等による運用上の軽減が積極的になされることが期待される[19]。

**エ 効 果**

本号に反する規定は，平均的損害の額を超える部分が無効となるのであり，損害賠償額の予定・違約金条項自体が無効となるものではない。

**オ 裁 判 例**

前掲最判平成18年11月27日（学納金返還請求事件）は，大学の入学試験の合格者と当該大学との間の在学契約における納付済みの授業料等を返還しない旨の特約の有効性について，大学入学に係る学生側と大学側の実情を踏まえたうえで，「当該大学が合格者を決定するに当たって織り込み済みのものと解さ

---

18) 朝倉・前掲注17)において「相手方の主張する事実を否認する場合には，その理由を記載しなければならないのは明らかであるから（民訴規79条4項），例えば，消費者が平均的損害はないと主張し，事業者側がこれを否認する場合においても，事業者は，単に「否認する」あるいは「争う」と認否するだけでなく，その理由として，平均的損害の具体的内容（少なくともいかなる種類の損害がどの程度発生するのか）にまで踏み込んだ認否をすべきであろう。このことは，事業者には，消費者契約の締結段階においてすら，消費者の権利義務についての必要な情報を提供する努力義務があること（消費者契約法3条1項）に鑑みれば当然である。」と指摘されているとおり（34頁），裁判所による適切な釈明権の行使がなされるべきである。

なお，朝倉佳秀「『平均的な損害』の主張立証責任の所在に決着」（NBL849号12～13頁）においても平均的損害の具体的内容にまで踏み込んだ認否をし，「消費者契約法3条の趣旨等を踏まえて，反証として証拠を提出すべきであろう。」との意見が述べられている。

さらに，消費者庁編・前掲注11) 279頁においても，消費者契約法3条1項の趣旨に照らすと，「事業者と消費者との間で「平均的な損害の額」が問題となった場合にも，事業者は消費者に対して必要な情報を提供するよう努めなければならないと解される。」とある。

19) 落合・前掲注6) 140頁。

50　第1章　消費者事件の処理に必要な基本的知識

れる在学契約の解除，すなわち，学生が当該大学に入学する（学生として当該
大学の教育を受ける）ことが客観的にも高い蓋然性をもって予測される時点よ
りも前の時期における解除については，原則として，当該大学に生ずべき平均
的な損害は存しない」とし，学生の納付した授業料等及び諸会費等の全額が平
均的な損害を超えるとし（不返還特約は無効），他方，上記時期以後における解
除については，学生の納付した初年度に納付すべき授業料等及び諸会費等につ
いて平均的な損害を超える部分は存しない（不返還特約は有効）と判示してい
る。

　上記最判に則った判断をした裁判例として，外国語を使用する幼稚園類似の
施設に通園させるための在籍契約における授業料不返還特約について，授業開
始日前に解除の意思表示がなされた本件においては平均的な損害は存在せず，
本件不返還特約は消費者契約法9条1号により無効とされた事案（東京地判平
成24年7月10日（ウエストロー・ジャパン，報告書【18】）），鍼灸学校の入学試
験に合格し当該鍼灸学校との間で納付済みの授業料等を返還しない旨の特約の
付された在学契約を締結した者が入学年度の始まる数日前に同契約を解除した
場合において同特約が消費者契約法9条1号により無効とされた事案（最判平
成18年12月22日（判時1958号69頁，報告書【107-4】））などがある。

　その他，弁護士の委任契約におけるいわゆるみなし成功報酬特約が消費者契
約法9条1号により無効とされた事案（横浜地判平成21年7月10日（判時2074
号97頁，報告書【71】））や，結婚式場利用契約に付された予約取消料条項が，
挙式予定日の1年以上前にされた予約取消しに関する限度で，消費者契約法9
条1号により無効であるとした事案（東京地判平成17年9月9日（判時1948号
96頁，報告書【119】））などがある。


⑵　9条2号
ア　概　　要
　消費者契約法9条2号は，事業者が，消費者契約において消費者が契約に基
づく金銭の支払いを遅延した場合の損害賠償の予定等を定めたときは，年14.6
パーセントを超える損害賠償を定めた場合，年14.6パーセントを超える部分
が無効になると定めている。

　民法420条では，当事者の合意により債務不履行に基づく損害賠償の額の予

定または違約金を決めることができると定め，同条1項後段（民法改正により削除されることとなった。）では，裁判所は予定される損害賠償額または違約金の額を，増減することはできないとされている。しかし，本号は，民法420条の規定にかかわらず遅延損害金の率の上限を年14.6パーセントとして，その超過部分を無効とするものである。

### イ　趣　　旨

消費者が不当な支出を強いられないよう，消費者契約一般において，金銭支払債務の不履行に対する損害賠償額の予定等についてその上限を定めたものである。

### ウ　要　　件

#### (ア)　「当該消費者契約に基づき支払うべき金銭」

売買契約の目的物である商品の代金，役務提供契約における役務の対価，立替払契約における支払金等がこれに含まれる[20]。前述のレンタルDVDの延滞金条項は，本号の対象ではない。

#### (イ)　「消費者が支払期日までに支払わない場合」

消費者が支払うべき金銭債務の履行遅滞（支払遅延）の場合の損害賠償額の予定等（遅延損害金）を対象とするものであり，金銭債務の履行遅滞以外の債務不履行に基づく損害賠償額の予定（違約金）は，本号の対象とならない[21]。

#### (ウ)　「年14.6パーセントの割合」

当該条項が日・月等の単位で損害賠償額の予定（違約金）を定めているときは，これを年利に換算する[22]。

### エ　効　　果

本号に反する規定は，年14.6パーセントの損害金を超える部分が無効となるのであり，規定自体が無効となるものではない。結果として，事業者は年14.6パーセントの範囲で損害賠償を請求することができる。

### オ　利息制限法との関係

利息制限法4条及び7条の規定は，金銭を目的とする消費貸借上の債務の不

---

20)　消費者庁編・前掲注11）280頁。
21)　消費者庁編・前掲注11）280頁。
22)　消費者庁編・前掲注11）281頁。

52　第1章　消費者事件の処理に必要な基本的知識

履行による賠償額の予定又は違約金については，元本の額に応じ一定の額を超える部分を無効とするものであり，消費者契約法9条2号の規定と要件が抵触しているが，上記各規定は金銭を目的とする消費貸借契約の特性を踏まえて設けられたものであり，この場合においては，利息制限法が優先して適用される（消費者契約法11条2項)[23]。

## 5　消費者の利益を一方的に害する条項の無効（10条）

### (1)　本条の趣旨

本法8条ないし9条が事業者の免責条項，消費者の解除権の放棄，違約金・損害賠償額の予定という個別の不当条項の無効を規定しているのに対して，本条は信義則に反して消費者の利益を一方的に害する条項を無効とする一般的な規定である。すなわち，本条においては，消費者契約の条項が，①問題とされる契約条項がなければ消費者に認められていたであろう権利義務関係と，問題の契約条項が規定する権利義務関係とを比較して，後者が消費者の利益を制限し，または消費者の義務を加重する場合であって，かつ，②当該条項の援用によって，民法1条2項で規定されている信義則に反する程度に一方的に消費者の利益を侵害する場合（すなわち，任意規定からの乖離が消費者契約において具体化される民法の信義則上許容される限度を超えている場合）には，当該条項を無効とするものである。

消費者契約法には，不当とされる契約条項の具体的な類型化としては，8条から9条までのわずかな規定しかおかれておらず，これは諸外国の不当条項規制の立法例と比較しても，極めて少ない。それだけに不当な契約条項の拘束から消費者を解放するためには本条を積極的に活用していく必要があり，本条の果たすべき役割は大きい。

### (2)　要　件

10条の適用によって，当該契約条項が無効となるには，次の2つの要件を満たす必要がある。

①　法令中の公の秩序に関しない規定（任意規定）の適用による場合に比し

---

23)　消費者庁編・前掲注11) 311頁。

て消費者の権利を制限し又は消費者の義務を加重する消費者契約の条項であること（第一要件）

② 民法第1条第2項に規定する基本原則に反して消費者の利益を一方的に害する条項であること（第二要件）

第一要件につき，「消費者の不作為をもって当該消費者が新たな消費者契約の申込み又はその承諾の意思表示をしたものとみなす条項」が，第一要件に該当する条項の一例として，平成28年改正法で追加された。また，第一要件にいう任意規定には，法律の明文の規定のみならず一般的な法理等も含まれると解されている（最判平成23年7月15日民集65巻5号2269頁，以下，「任意規定」という場合には，一般的な法理等も含めた「任意規定」を指すものとする。）。

第二要件につき，信義則違反を基礎づけるにあたり考慮すべき事情について，判例は，消費者契約法の趣旨，目的に照らし，当該条項の性質，契約が成立するに至った経緯，消費者と事業者との間に存する情報の質及び量並びに交渉力の格差その他諸般の事情を総合考量して判断されるべきであるとした（前掲最判平成23年7月15日）。もっとも，任意規定の適用による場合との比較という基準を置いて第一要件が明確化を図っている以上，当該条項が任意規定から乖離していること自体を第二要件の該当性判断において考慮すべきと考えられる[24]。

### (3) 解釈上の問題点

### ア 第一要件について

第一要件は，不当条項か否かの判断要素として，民法や商法その他の法令の任意規定からの乖離を基準として取り入れている。任意規定は当事者間に合意がない場合の意思補充あるいは解釈基準とされるが，当事者の利益衡量の上に立った公平な規定であることが多い。これまで任意規定は当事者の合意により排除されるものとして重視されてこなかったきらいがあるが，10条により改めてその内容が注目されることとなった。

従前，ここでいう任意規定は明文の規定がある場合に限られるのかという議論があったが，前掲最判平成23年7月15日は，「ここにいう任意規定には，

---

24) 後藤＝齋藤＝池本・前掲注8）108頁。

明文の規定のみならず，一般的な法理等も含まれると解するのが相当である」として，第一要件における任意規定は明文の規定に限られず一般的な法理等が含まれることを明らかにした。そして，その趣旨を踏まえ，予測可能性を高め，紛争を予防する等の観点から，平成28年改正において，「消費者の不作為をもって当該消費者が新たな消費者契約の申込み又はその承諾の意思表示をしたものとみなす条項」が第一要件に該当する条項の一例として追記された。もっとも，この例示に該当する条項が全て無効となるというわけではなく，それが第二要件にも該当して初めて無効となる。

**イ　第二要件について**

第二要件は，「民法第1条第2項に規定する基本原則に反して」と規定していることから，民法1条2項で無効となるものだけが，10条により無効となるとする見解（確認説[25]）と，民法1条2項で無効となるものだけに限られないとする見解（創造説[26]）がある。この点については，消費者契約法の立法趣旨，および10条はその位置づけから8条ないし9条を包含する一般条項と考えられるところ，8条ないし9条の要件は必ずしも民法の信義則によって無効となったり，権利行使を制限されるものではないことを考えると，民法上の信義則に反しない場合であっても，消費者の利益を一方的に害する場合には10条によって無効となる場合もあり得るとする創造説が妥当である。

「民法第1条第2項に規定する基本原則に反して消費者の利益を一方的に害する」か否かの判断は，その契約条項のために消費者が本来民法や商法その他の法令の任意規定で定められていた権利をどの程度制限されることになるか，あるいは任意規定で定められた義務をどの程度加重されることになるかという消費者側の不利益と，事業者がその契約条項を無効にされることにより受ける不利益を比較考量して判断するほかない。

⑷　**関連判例**

**ア　継続的役務提供において中途解約を許さない条項**

東京地判平成15年11月10日（判時1845号78頁）

---

25)　消費者庁編・前掲注11) 295頁。

26)　日弁連編・前掲注1) 200頁。

#### (ア) 事案の概要

大学医学部専門の学習塾において講習を受けていた受講生が，申し込んでいた，①冬期講習を冬期講習開始前に，②年間模擬試験を中途で，それぞれ解約して，冬期講習受講料全額と模擬試験の未実施分受験料の返還を求めた。塾側は，契約を取り消すことはできないとの合意が成立しており解除は認められないなどと主張した。

#### (イ) 判　旨

本件冬期講習受講契約および年間模試受験契約は，それぞれ準委任契約であり，民法上は当事者がいつでも契約を解除することができるとされているが（民法651条・656条），本件解除制限特約は解除を全く許さないとしているから，同特約は民法の公の秩序に関しない規定の適用による場合に比し，「消費者の権利を制限」するものであるということができる。

また申込者からの解除時期を問わずに，申込者からの解除を一切許さないとして実質的に受講料又は受験料の全額を違約金として没収するに等しいような解除制限約定は，民法1条2項に規定する基本原則に反して，消費者の利益を一方的に害するものというべきである。よって消費者契約法10条により無効である。

### イ　瑕疵担保責任の加重（消費者売主型）

右京簡判平成18年3月10日（兵庫県弁護士会HP）

#### (ア) 事案の概要

中古車買取業者が，消費者から中古車を購入したところ約10日後に接合車であることが判明したとして，代金の返還請求をした事案。

「本契約締結後，売主の認識の有無に係わらず，契約車両に重大な瑕疵（盗難車，接合車，車台番号改ざん車など）の存在が判明した場合には，買主は本契約を解除することができる」との条項が問題となった。

#### (イ) 判　旨

本件約定では，原告である中古車買取業者において重大な瑕疵（盗難車，接合車，車台番号改ざん車等）の存在を知らなかったことについて過失がある場合にも契約を解除することができ，しかも解除権の行使期間に関する定めはないから，解除権行使による原状回復請求権の消滅時効（その時効期間は10年と解される）が完成するまでは解除することができるのであって，これは消費者で

ある売主の義務（瑕疵担保責任）を加重する条項であり，民法1条2項の信義誠実の原則に反して消費者の利益を一方的に害するものであると認められる。したがって，本件約定は消費者契約法10条により無効というべきである。

### ウ　建物賃貸借契約における原状回復義務

大阪高判平成16年12月17日（判時1894号19頁）など。

詳しくは，第2章第3「②　賃貸物件の原状回復を巡る問題」を参照。

### エ　賃貸借契約における敷引特約

裁判例は「敷引特約」が10条に該当するとして無効と判断しているものが多い状況（大阪地判平成17年4月20日（兵庫県弁護士会HP，要旨のみ消費者法ニュース64号213頁，神戸地判平成17年7月14日判時1901号87頁））であったが，最高裁は平成23年3月24日判決（民集65巻2号903頁）および同年7月12日判決（集民237号215頁）の2つの判決により，有効との判断を下している。

### オ　建物賃貸借に関する更新料約定

建物賃貸借における更新料の支払約定に関しては，下級審段階では判断が分かれていた。これを無効とするものとして，京都地判平成21年7月23日（判タ1316号192頁，判時2051号119頁），京都地判平成21年9月25日（判時2066号81頁），大阪高判平成21年8月27日（判時2062号40頁），大阪高判平成22年2月24日（消費者法ニュース84号233頁），大阪高判平成22年5月27日（判例集未登載，平成21年（ネ）第2548号更新料支払請求控訴事件），有効とする裁判例として大阪高判平成21年10月29日（判時2064号65頁）などがあった。

これに対して，最高裁平成23年7月15日判決（民集65巻5号2269頁）は更新料条項を10条には該当せず有効とした。この事案では，建物賃貸借契約の期間は1年で，契約更新の際には，家賃2カ月分の更新料を支払うという更新料条項があった。詳しくは，第2章第3「②　賃貸物件の原状回復を巡る問題」を参照。

### カ　保険料不払による失効条項

最判平成24年3月16日（民集66巻5号2216頁・判時2149号135頁）

#### ⑦　事案の概要

約定の期間内に保険料の払込みがない場合に履行の催告なしに生命保険契約が失効する旨の約款の条項（以下「本件失効条項」という）が，消費者契約法

10条にいう「民法第1条第2項に規定する基本原則に反して消費者の利益を一方的に害するもの」に該当するか否かが問題となった事案。

（イ）判　旨

本件失効条項は，①保険料が払込期間内に払い込まれず，かつ，その後1カ月の猶予期間の間にも保険料支払債務の不履行が解消されない場合に，初めて保険契約が失効する旨を明確に定めるものであり，②約款に，払い込むべき保険料等の額が解約返戻金の額を超えないときは，自動的に保険会社が保険契約者に保険料相当額を貸し付けて保険契約を有効に存続させる旨の条項が置かれており，③保険会社が，保険契約の締結当時，上記債務の不履行があった場合に契約失効前に保険契約者に対して保険料払込みの督促を行う実務上の運用を確実にしているときは，消費者契約法10条にいう「民法第1条第2項に規定する基本原則に反して消費者の利益を一方的に害するもの」に該当しない。

**キ　早期完済に伴う違約金条項**

債務者が支払期限に至る前に返済する場合に，金融業者に対して違約金を支払う旨の契約条項が10条に反して無効であるとして適格消費者団体が差止請求訴訟を提起して認容された事例として，京都地判平成21年4月23日（判タ1310号169頁・判時2055号123頁），その控訴審大阪高判平成21年10月23日（ウエストロー・ジャパン）がある。

**ク　携帯電話利用契約のいわゆる「2年縛り」条項**

適格消費者団体が，携帯電話利用契約の約款中，2年間の契約期間中に料金種別を変更又は廃止する場合に消費者が解除料を支払う旨の条項は，法10条（又は9条1号）により無効であるとして，当該約款に基づく意思表示をすることの差止めを求めた事案について，第一要件の該当性は認めたものの，第二要件について，法の趣旨，目的に照らし，当該条項の性質，契約が成立するに至った経緯，消費者と事業者との間に存する情報の質及び量並びに交渉力の格差その他諸般の事情を総合考量して判断されるべきであるとしたうえで，法10条により無効であるとはいえないとした大阪高判平成25年7月11日（ウエストロー・ジャパン）がある。

**ケ　賃貸物件の明渡遅滞における違約金条項**

適格消費者団体が，不動産賃貸業者が使用している建物賃貸借契約書に含まれる，契約終了後の明渡遅滞の場合に賃料等相当額の2倍の損害金を支払う旨

の条項は，法10条（又は9条1号）により無効であるとして，当該契約の申込み又は承諾の意思表示の停止等を求めた事案について，第一要件の該当性は認めたものの，第二要件について，本件に関する諸事情を総合考慮すると，賃料等相当額の2倍の額という賠償額の定めは，賃貸人に生ずる損害の塡補あるいは明渡義務の履行の促進という観点に照らし不相当に高額であるということはできないとしたうえで，法10条により無効であるとはいえないとした東京高判平成25年3月28日（判タ1392号315頁・判時2188号57頁）がある。

# 第3 ┃ 特定商取引法

## 1 特定商取引法の概要

### 1 消費者被害と特定商取引法

消費者被害の救済のために特定商取引法（「特定商取引に関する法律」，以下「特商法」）が活用される場面は少なくない。同法の旧称は「訪問販売等に関する法律」であり，もともと訪問販売・通信販売・連鎖販売取引を規制していたが，その後，対象取引が拡大され，現在の法律名になった。

また，近年，高齢化の進展，情報通信技術の発達・インターネット取引の普及等，社会経済情勢の変化に起因した消費者被害が増加しているため，平成28年には，行政規制の新設や民事ルールの拡充，法執行力の強化等のため，法改正が行われた（平成29年12月1日施行）。

同法は，消費者取引被害を解決するために必要不可欠であることから，本項でその概要を整理しておく。

### 2 特商法の対象取引と全体の構造

⑴ 特商法は，これまで多数の消費者被害やトラブルを発生させてきた取引について，その「取引類型」に着目してこれを規制することとし，各取引類型に該当した場合の行政規制・刑事罰と民事ルールを定めている。現在，規定されているのは以下の7つの取引である。なお，これとは別に，ネガティブ・オプション（送り付け商法）にかかる民法の特則を規定している（法59条）。

① 訪問販売

自宅などを突然訪問して勧誘を行い契約させる取引，街頭で呼び止めて営業所に同行させ契約させる取引（キャッチ・セールス），目的を隠したり，有利な条件を告げて呼び出して契約させる取引（アポイントメント・セールス）がこれに該当する取引類型である。

② 通信販売

新聞や雑誌，テレビなどで広告し，電話や郵送などで契約の申込みを受ける

*60* 第1章 消費者事件の処理に必要な基本的知識

従来型の通信販売や，ウェブ上に広告し，ウェブ上で契約の申込みを受けるインターネットショッピングなどがこれに該当する。

③ 電話勧誘販売

電話によって商品の購入等を勧誘する販売類型である。

④ 連鎖販売取引

販売活動を行うと利益が得られると告げて，再販売等を行う者を誘引し，商品購入等を勧誘する類型であり，いわゆるマルチ商法がこれに該当する。

⑤ 特定継続的役務提供

身体の美化や知識・技能の向上，心身・身上に関する目的を実現させる有償で継続的に提供される役務であり，エステティック，美容医療（平成28年法改正時の政令改正により追加），語学教授，家庭教師，学習塾，パソコン教室，結婚相手紹介サービスがこれに該当する。

⑥ 業務提供誘引販売取引

仕事を提供するから利益が得られると告げて誘引し，その仕事に必要だとして商品を購入させたり，有償で役務提供を受けさせたりして金銭負担を負わせるもので，内職商法やモニター商法などがこれに該当する。

⑦ 訪問購入

自宅など営業所以外の場所で事業者が物品を購入する取引類型であり，貴金属等の押し買いなどがこれに該当する。

(2) 特商法は，上記の①〜③を一括りとして一章を設けて規定し，④〜⑦についてはそれぞれ単独に一章を設けて規定する。

①〜③については，定義規定のあとに，各取引について行政規制，民事ルールが規定され，更に適用除外が規定されている。④〜⑦については各取引について，定義，行政規制，民事ルールの順に条文が並んでいる。

これらの規定の後に，各取引共通の規定として，消費者団体訴訟，行政処分，刑事罰の規定が置かれている（後掲【特定商取引に関する法律・条文概観】(64頁）参照)。

## 3 定義および適用除外

(1) 上記7類型の取引に該当しなければそもそも特商法の適用がない。したがって，問題となっている消費者トラブルが各取引の定義（要件）に該当する

かどうかというチェックが特に重要である。

(2) 訪問販売・通信販売・電話勧誘販売・特定継続的役務提供および訪問購入には適用除外が定められており（法26条・50条・58条の17），特商法の適用についてはそのチェックも重要である。

訪問販売・通信販売・電話勧誘販売は，平成20年改正で指定商品・指定役務制が廃止され，原則全ての商品・役務が対象となることになったため，逆に適用除外の取引が列挙されることとなった（法26条1項）。同年の改正では指定権利制は維持されたが，平成28年改正においては，指定権利制も廃止され，新たに「特定権利」という概念が導入された（法2条4項）。特定権利には，従来の指定権利のほか，社債その他の金銭債権，株式や合同会社等の社員の持分権なども含まれる。

また，平成28年改正後の通達では，「役務」についての解釈を明確化し，仮に事業者が権利の販売であると主張しても，取引の実態が労務または便益の提供を内容としていると考えられるものは「役務の提供」と理解することとした（「特定商取引に関する法律等の施行について」（通達）（平成29年11月1日）（第2章第11「②会員権商法」参照）。

平成24年改正で導入された訪問購入については，原則全ての物品が対象とされ，適用が除外される物品が列挙されている（法58条の4）。

訪問販売・通信販売・電話勧誘販売・特定継続的役務提供および訪問購入については，「営業のために若しくは営業として」なされた場合が適用除外となる（法26条1項・50条1項・58条の17第1項1号）。事業者であってもこの適用除外にあたらなければ特商法の適用がある（第1章第1「消費者契約法・特定商取引法・割賦販売法の適用対象」参照）。

(3) 連鎖販売取引と業務提供誘引販売取引については適用除外の条文はない。また，もともと指定商品・指定役務・指定権利制も採られていない（ただし，不動産は対象外）。

しかし，いわゆる消費者保護規定（行政規制の多くやクーリング・オフ，取消権などの民事ルール）については「店舗等によらないで行う個人」「事業所等によらないで行う個人」に限定されている。

## 4 民事ルール

### (1) 概　要

特商法は，各取引毎に民事ルールを定めている。

これらは個々のトラブルの具体的な解決に直結するので極めて重要である（後掲【特定商取引に関する法律・条文概観】64頁および第1章第3「②　クーリング・オフ」，第1章第3「③　取消し・解除」参照）。

### (2) クーリング・オフ

通信販売を除く各取引で定められている。期間内であれば無理由で解除できるので，被害救済に極めて有効である。

詳細は第1章第3「②　クーリング・オフ」を参照されたい。

### (3) 取消権

不実告知および事実の不告知についての取消権であり，通信販売・訪問購入を除く各取引について定められている。なお，消費者契約法では，動機に関する事項についての事実の不告知は取消事由に当たらないが，特商法では動機に関する事項についての事実の不告知も取消事由に当たり得る。その点は消費者契約法よりも使いやすい。

詳細は，第1章第3「②　クーリング・オフ」を参照されたい。

### (4) 中途解約権

連鎖販売取引および特定継続的役務提供で定められている。業務提供誘引販売取引にはない。中途解約をした場合の損害賠償の予定に関する制限が法定されており，消費者に有利な解決に利用できる。

詳細は，第1章第3「②　クーリング・オフ」を参照されたい。

### (5) その他

訪問販売については過量販売解除権（法9条の2），通信販売については通信販売解除権（法定返品権）（法15条の3）が規定されている。また，平成28年改正により，電話勧誘販売にも過量販売解除権が導入された（法24条の2）。

## 5 行政規制

(1) 特商法では，取引類型ごとに行政規制が規定されている。各取引類型ごとに特徴的な被害を防止するために規制がなされているが，各取引に共通する規制も多い。共通する規制であっても，取引類型毎に規制の条文が定められている（したがって類似する条文が繰り返して出てくる）。

行政規制は，その内容から，①広告規制，②開示規制，③行為規制に分類することができる（後掲【特定商取引に関する法律・条文概観】64頁参照）。

(2) 事業者が行政規制に違反した場合，行政処分（指示・業務停止・業務禁止等）の対象になることがある。また，主務大臣が，必要があると認める場合には，事業者に対して報告を求めたり，立入検査を行ったりすることもでき，その対象者は，事業者と密接な関係を有する者（親会社等）にも及ぶ（法66条）。さらに，誰もが，主務大臣に対して，行政措置の発動を求めることができること（申出権）も規定されている（法60条）。

平成28年改正では，次々と法人を立ち上げて違反行為を行う事業者に対処するため，業務停止を命じられた法人の取締役やこれと同等の支配力を有すると認められる者等に対して，停止の範囲の業務につき新たに法人を設立して継続することの禁止を命ずること等が規定された（法8条・8条の2等）。また，業務停止命令の期間も最長1年から2年へと延長された（法8条等）。

(3) 特に悪質な行為は，刑事罰の対象となる。また，行政処分を受けた後，これに違反した場合も刑事罰の対象となる。

平成28年改正により，不実告知等による法人への罰金が300万円以下から1億円以下に引き上げられ（法74条1項2号），業務停止命令違反に対する懲役刑の上限が2年から3年に引き上げられるなど（法70条2号），刑事罰が強化された。

(4) 行政規制違反自体は，個々のトラブルの被害回復に直結しないが，不法行為の違法性等の根拠の一つとして指摘し得る。

【特定商取引に関する法律・条文概観】

| | | 訪問販売 | | 通信販売 | | 電話勧誘販売 | | 連鎖販 |
|---|---|---|---|---|---|---|---|---|
| Ⅰ | 定義等 | | | | | | | |
| | 定義 | 法2Ⅰ | | 法2Ⅱ | | 法2Ⅲ | | 法33Ⅰ |
| | 適用除外 | 法26 | | 法26 | | 法26 | | |
| | 指定商品制 | 政令指定除外制。指定権利→特定権利へ（法2Ⅳ） | | | | | | なし ＜不動産は対象外＞ |
| | 保護される範囲 | 「営業のために若しくは営業として」を除外（法26Ⅰ①） | | | | | | 店舗によらないで行う個人（法34Ⅰなど） |
| | | ＜行政処分＞ 禁止行為（法6） 合理的な根拠を示す資料提出（法6の2） 指示等（法7） 業務停止等（法8） 業務禁止等（法8の2） | ＜罰則＞ （注） （法70〜76） | ＜行政処分＞ 合理的な根拠を示す資料提出（法12の2） 指示等（法14） 業務停止等（法15） 業務禁止等（法15の2） | ＜罰則＞ （注） （法70〜76） | ＜行政処分＞ 禁止行為（法21） 合理的な根拠を示す資料提出（法21の2） 指示等（法22） 業務停止等（法23） 業務禁止等（法23の2） | ＜罰則＞ （注） （法70〜76） | ＜行政処分＞ 禁止行為（法34） 合理的な根拠を示す資料提出（法34の2） 指示等（法38） 連鎖販売取引停止等（法39） 業務禁止等（法39の2） |
| Ⅱ | 行政規制 | | | | | | | |
| (ⅰ) | 広告規制 | | | | | | | |
| 1 | 広告の表示義務 | | | 法11 | | | | 法35 |
| 2 | 誇大広告の禁止 | | | 法12, 法12の2 | 法72Ⅰ① | | | 法36 |
| 3 | 承諾していない者に対するメール広告の禁止 | | | 法12の3, 法12の4 | 法72Ⅰ②, ③ | | | 法36の3, 法36の4 |
| 4 | 承諾していない者に対するファクシミリ広告の禁止 | | | 法12の5 | | | | |
| (ⅱ) | 開示規制 | | | | | | | |
| 1 | 財務内容の開示 | | | | | | | |
| 2 | 概要書面の交付 | | | | | | | 法37Ⅰ |
| 3 | 申込書面の交付 | 法4 | 法71① | | | 法18 | 法71① | |
| 4 | 契約書面の交付 | 法5 | 法71① | | | 法19 | 法71① | 法37Ⅱ |
| 5 | 前払式の承諾通知 | | | 法13Ⅰ | 法72Ⅰ④ | 法20 | 法72Ⅰ④ | |
| (ⅲ) | 行為規制 | | | | | | | |
| 1 | 氏名・目的等の明示義務違反 | 法3 | | | | 法16 | | 法33の2 |
| 2 | 不招請勧誘禁止 | | | | | | | |
| 3 | 勧誘の意思確認 | 法3の2Ⅰ ＜努力義務＞ | | | | | | |

| 売取引 | 特定継続的役務提供 |  | 業務提供誘引販売取引 |  | 訪問購入 |  | 項目 |  |
|---|---|---|---|---|---|---|---|---|
|  |  |  |  |  |  |  | Ⅰ　定義等 |  |
|  | 法41Ⅰ |  | 法51Ⅰ |  | 法58の4 |  | 定義 |  |
|  | 法50 |  |  |  |  |  | 適用除外 |  |
|  | 指定7役務（施行令12, 別表4) |  | なし　＜不動産は対象外＞ |  | 政令指定除外制（施行令16の2) |  | 指定商品制 |  |
|  | 「営業のために又は営業として」を除外（法50Ⅰ①) |  | 事業所等によらないで行う個人（法52など) |  | 「営業のために若しくは営業として」を除外（法58の17Ⅰ①) |  | 保護される範囲 |  |
| ＜罰則＞(注)（法70～76) | ＜行政処分＞ 禁止行為（法44) 合理的な根拠を示す資料提出（法43の2, 44の2) 指示等（法46) 業務停止等（法47) 業務禁止等（法47の2) | ＜罰則＞(注)（法70～76) | ＜行政処分＞ 禁止行為（法52) 合理的な根拠を示す資料提出（法52の2, 54の2) 指示等（法56) 業務提供誘引販売取引の停止等（法57) 業務禁止等（法57の2) | ＜罰則＞(注)（法70～76) | ＜行政処分＞ 禁止行為（法58の10) 指示等（法58の12) 業務停止等（法58の13) 業務禁止等（法58の13の2) | ＜罰則＞(注)（法70～76) |  |  |
|  |  |  |  |  |  |  | Ⅱ　行政規制　(ⅰ)　広告規制 |  |
| 法72Ⅱ |  |  | 法53 | 法72Ⅱ |  |  | 広告の表示義務 | 1 |
| 法72Ⅰ① | 法43, 43の2 | 法72Ⅰ① | 法54, 54の2 | 法72Ⅰ① |  |  | 誇大広告の禁止 | 2 |
| 法72Ⅰ②, ③ |  |  | 法54の3, 54の4 | 法72Ⅰ②, ③ |  |  | 承諾していない者に対するメール広告の禁止 | 3 |
|  |  |  |  |  |  |  | 承諾していない者に対するファクシミリ広告の禁止 | 4 |
|  |  |  |  |  |  |  | (ⅱ)　開示規制 |  |
|  | 法45 | 法72Ⅰ⑥, ⑦ |  |  |  |  | 財務内容の開示 | 1 |
| 法71① | 法42Ⅰ | 法71① | 法55Ⅰ | 法71① |  |  | 概要書面の交付 | 2 |
|  |  |  |  |  | 法58の7 | 法71① | 申込書面の交付 | 3 |
| 法71① | 法42Ⅱ, Ⅲ | 法71① | 法55Ⅱ | 法71① | 法58の8 | 法71① | 契約書面の交付 | 4 |
|  |  |  |  |  |  |  | 前払式の承諾通知 | 5 |
|  |  |  |  |  |  |  | (ⅲ)　行為規制 |  |
|  |  |  | 法51の2 |  | 法58の5 |  | 氏名・目的等の明示義務違反 | 1 |
|  |  |  |  |  | 法58の6Ⅰ |  | 不招請勧誘禁止 | 2 |
|  |  |  |  |  | 法58の6Ⅱ |  | 勧誘の意思確認 | 3 |

66　第1章　消費者事件の処理に必要な基本的知識

| | 訪問販売 | | 通信販売 | | 電話勧誘販売 | | 連鎖販 |
|---|---|---|---|---|---|---|---|
| (iii)　行為規制（つづき） | | | | | | | |
| 4　契約拒否者への勧誘 | 法3の2Ⅱ | | | | 法17 | | |
| 5　不実告知 | 法6Ⅰ,法6の2 | 法70① | | | 法21Ⅰ,法21の2 | 法70① | 法34Ⅰ【統括者・勧誘者】,法34の2　法34Ⅱ【一般連鎖販売業者】,法34の2 |
| 6　故意の事実不告知 | 法6Ⅱ | 法70① | | | 法21Ⅱ | 法70① | 法34Ⅰ【統括者・勧誘者】 |
| | 法7Ⅰ②,③ | 法71② | | | 法22Ⅰ②,③ | 法71② | 法38Ⅰ④・省令31②,法38Ⅱ,Ⅲ |
| 7　威迫困惑 | 法6Ⅲ | 法70① | | | 法21Ⅲ | 法70① | 法34Ⅲ |
| 8　公衆の出入りしない場所における勧誘 | 法6Ⅳ | 法70① | | | | | 法34Ⅳ |
| 9　債務の履行拒否・遅延 | 法7Ⅰ① | 法71② | 法14Ⅰ① | 法71② | 法22Ⅰ① | 法71② | 法38Ⅰ①,Ⅱ,Ⅲ |
| 10　過量販売 | 法7Ⅰ④・省令6の3 | 法71② | | | 法22Ⅰ④・省令22の3 | 法71② | |
| 11　迷惑を覚えさせる勧誘 | 法7Ⅰ⑤・省令7① | 法71② | | | 法22Ⅰ⑤・省令23① | 法71② | 法38Ⅰ③,Ⅱ,Ⅲ |
| 12　迷惑を覚えさせる解除妨害 | 法7Ⅰ⑤・省令7① | 法71② | | | 法22Ⅰ⑤・省令23① | 法71② | 法38Ⅰ④・省令31①,法38Ⅱ,Ⅲ |
| 13　判断力不足に便乗 | 法7Ⅰ⑤・省令7② | 法71② | | | 法22Ⅰ⑤・省令23② | 法71② | 法38Ⅰ④・省令31⑤,法38Ⅱ,Ⅲ |
| 14　適合性の原則違反 | 法7Ⅰ⑤・省令7③ | 法71② | | | 法22Ⅰ⑤・省令23③ | 法71② | 法38Ⅰ④・省令31⑥,法38Ⅱ,Ⅲ |
| 15　書類の虚偽記載教唆 | 法7Ⅰ⑤・省令7④ | 法71② | | | 法22Ⅰ⑤・省令23④ | 法71② | 法38Ⅰ④・省令31⑦,法38Ⅱ,Ⅲ |
| 16　生命保険契約への同意 | 法7Ⅰ⑤・省令7⑤ | 法71② | | | | | |
| 17　債務履行のため、虚偽申告をさせる、貸金業者へ連行する、与信契約を締結させる等 | 法7Ⅰ⑤・省令7⑥ | 法71② | | | 法22Ⅰ⑤・省令23⑤ | 法71② | 法38Ⅰ④・省令31⑧,法38Ⅱ,Ⅲ |
| 18　立ちふさがり等 | 法7Ⅰ⑤・省令7⑦ | 法71② | | | | | |
| 19　消耗品の使用誘導 | 法7Ⅰ⑤・省令7⑧ | 法71② | | | 法22Ⅰ⑤・省令23⑥ | 法71② | |

| 売取引 | 特定継続的役務提供 | | 業務提供誘引販売取引 | | 訪問購入 | | | |
|---|---|---|---|---|---|---|---|---|
| | | | | | | | (iii) 行為規制 (つづき) | |
| | | | | | 法58の6 III | | 契約拒否者への勧誘 | 4 |
| | | | | | | | 不実告知 | 5 |
| 法70① | 法44 I, 法44の2 | 法70① | 法52 I, 法52の2 | 法70① | 法58の10 I, IV | 法70① | | |
| 法70① | 法44 II | 法70① | 法52 I | 法70① | 法58の10 II, IV | 法70① | 故意の事実不告知 | 6 |
| 法71② | 法46 I②,③ | 法71② | 法56 I, 法52 I | 法71② | 法58の12 I②,③ | 法71② | | |
| 法70① | 法44 III | 法70① | 法52 II | 法70① | 法58の10 III, V | 法70① | 威迫困惑 | 7 |
| 法70① | | | 法52 III | 法70① | | | 公衆の出入りしない場所における勧誘 | 8 |
| 法71② | 法46 I① | 法71② | 法56 I① | 法71② | 法58の12 I① | 法71② | 債務の履行拒否・遅延 | 9 |
| | | | | | | | 過量販売 | 10 |
| 法71② | 法46 I④・省令39① | 法71② | 法56 I③ | 法71② | 法58の12 I④・省令54① | 法71② | 迷惑を覚えさせる勧誘 | 11 |
| 法71② | 法46 I④・省令39① | 法71② | 法56 I④・省令46① | 法71② | 法58の12 I④・省令54① | 法71② | 迷惑を覚えさせる解除妨害 | 12 |
| 法71② | 法46 I④・省令39② | 法71② | 法56 I④・省令46② | 法71② | 法58の12 I④・省令54② | 法71② | 判断力不足に便乗 | 13 |
| 法71② | 法46 I④・省令39③ | 法71② | 法56 I④・省令46③ | 法71② | 法58の12 I④・省令54③ | 法71② | 適合性の原則違反 | 14 |
| 法71② | 法46 I④・省令39④ | 法71② | 法56 I④・省令46④ | 法71② | 法58の12 I④・省令54④ | 法71② | 書類の虚偽記載教唆 | 15 |
| | | | | | | | 生命保険契約への同意 | 16 |
| 法71② | 法46 I④・省令39⑤ | 法71② | 法56 I④・省令46⑤ | 法71② | | | 債務履行のため虚偽申告をさせる, 貸金業者へ連行する, 与信契約を締結させる等 | 17 |
| | | | | | 法58の12 I④・省令54⑤ | 法71② | 立ちふさがり等 | 18 |
| | 法46 I④・省令39⑥ | 法71② | | | | | 消耗品の使用誘導 | 19 |

## 68　第1章　消費者事件の処理に必要な基本的知識

| | | 訪問販売 | 通信販売 | 電話勧誘販売 | 連鎖販 |
|---|---|---|---|---|---|
| (iii) | 行為規制（つづき） | | | | |
| 20 | 顧客の意に反した申込み | | 法14 I ②・省令16 I　　法71② | | |
| 21 | 断定的判断の提供 | | | | 法38 I ②, II, III |
| 22 | 電子メール広告の承諾請求のための表示 | | 法14 I ③・省令16 II ①, ②　法71② | | 法36の3, 法36の4, 法38 I ④・省令31⑨,⑩, 法38 II, III |
| 23 | 違反業者への承諾請求業務の委託 | | 法14 I ③・省令16 II ③　法71② | | 法38 I ④・省令31⑪, 法38 II, III |
| 24 | 不実告知等の教唆 | | | | 法38 I ④・省令31②〜④, 法38 II, III |
| 25 | 関連商品の債務の履行拒否・遅延の禁止 | | | | |
| 26 | 物品の引渡しの拒絶に関する告知 | | | | |
| 27 | 第三者への物品引渡し時の相手方に対する通知 | | | | |
| 28 | 物品の引渡しを受ける第三者に対する通知 | | | | |
| III | 民事ルール | | | | |
| 1 | クーリング・オフ | 法9（8日間） | | 法24（8日間） | 法40（20日間） |
| | 第三者への対抗 | | | | |
| 2 | 通信販売解除権（法定返品権） | | 法15の3（8日間） | | |
| 3 | 過量販売解除権 | 法9の2 | | 法24の2 | |
| 4 | 取消権 | 法9の3 | | 法24の3 | 法40の3 |
| 5 | 中途解約権 | | | | 法40の2 I |
| 6 | 連鎖販売商品の解除権 | | | | 法40の2 II |
| 7 | 物品の引渡しの拒絶 | | | | |
| 8 | 損害賠償額の制限 | 法10 | | 法25 | 法40の2 III, IV |
| IV | 団体訴権 | | | | |
| | 団体訴訟制度 | 法58の18 | 法58の19 | 法58の20 | 法58の21 |

（注）　罰則について　法70：3年以下の懲役又は300万円以下の罰金（又は併科）
　　　　　　　　　　　法71：6月以下の懲役又は100万円以下の罰金（又は併科）
　　　　　　　　　　　法72 I：100万円以下の罰金
　　　　　　　　　　　法72 II：1年以下の懲役又は200万円以下の罰金（又は併科）
　　　　　　　　　　　法74 I：法人への両罰既定
　　　　　　　　　　　　①70条2号違反の場合　法人に3億円以下の罰金
　　　　　　　　　　　　②70条1号違反の場合　法人に1億円以下の罰金
　　　　　　　　　　　　③71条〜73条違反の場合　法人に各本条の罰金

| 売取引 | 特定継続的役務提供 | 業務提供誘引販売取引 | | 訪問購入 | | |
|---|---|---|---|---|---|---|
| | | | | | (ⅲ) 行為規制 (つづき) | |
| | | | | | 顧客の意に反した申込み | 20 |
| 法71② | | 法56 I ② | 法71② | | 断定的判断の提供 | 21 |
| 法71②, 法72 I ②, Ⅱ | | 法56 I ④・省令46⑥, ⑦ | 法71② | | 電子メール広告の承諾請求のための表示 | 22 |
| 法71② | | 法56 I ④・省令46⑧ | 法71② | | 違反業者への承諾請求業務の委託 | 23 |
| 法71② | | | | | 不実告知等の教唆 | 24 |
| | 法46 I ④・省令39⑦ | 法71② | | | 関連商品の債務の履行拒否・遅延の禁止 | 25 |
| | | | | 法58の9 | 物品の引渡しの拒絶に関する告知 | 26 |
| | | | | 法58の11 | 第三者への物品引渡し時の相手方に対する通知 | 27 |
| | | | | 法58の11の2 | 物品の引渡しを受ける第三者に対する通知 | 28 |
| | | | | | Ⅲ　民事ルール | |
| | 法48 (8日間) | 法58 (20日間) | | 法58の14 (8日間) | クーリング・オフ | 1 |
| | | | | 法58の14 Ⅲ | 第三者への対抗 | |
| | | | | | 通信販売解除権 (法定返品権) | 2 |
| | | | | | 過量販売解除権 | 3 |
| | 法49の2 | 法58の2 | | | 取消権 | 4 |
| | 法49 I | | | | 中途解約権 | 5 |
| | | | | | 連鎖販売商品の解除権 | 6 |
| | | | | 法58の15 | 物品の引渡しの拒絶 | 7 |
| | 法49 Ⅱ | 法58の3 | | 法58の16 | 損害賠償額の制限 | 8 |
| | | | | | Ⅳ　団体訴権 | |
| | 法58の22 | 法58の23 | | 法58の24 | 団体訴訟制度 | |

70　第1章　消費者事件の処理に必要な基本的知識

# ② クーリング・オフ

## 1　はじめに

　クーリング・オフとは，契約の申込みまたは締結後一定期間内は，申込者等が無条件で申込みの撤回または契約の解除を行うことができる制度をいう。

　訪問販売等においては，購入者等が受動的な立場におかれ，契約締結の意思形成において販売業者等の言辞に左右される面が強いため，契約締結の意思が不安定なまま契約の申込みや締結に至り，後日紛争が生じることが少なくない。クーリング・オフの制度は，このような事態による弊害を防ぐために設けられた。特別な理由を要せずに契約が解除できるため，消費者保護の見地からは極めて有力な権利であり，有効に活用することが望まれる。

## 2　クーリング・オフできる取引一覧

### ⑴　法律上の制度

　クーリング・オフには業界で自主的に設けられているもの（例えば，冠婚葬祭互助会）や個別事業者が設けているものもあるが，法律上，設けられているものとしては，以下のものがある。

　このうち，店舗外取引のみに適用があるのが①（アポイントメント・セールスおよびキャッチセールスを除く）・②・⑥（性質上，店舗外のみに限られる）・⑫であり，店舗取引にも適用があるのが①（アポイントメント・セールスおよびキャッチセールスに限る）・③・④・⑤・⑦・⑧・⑨・⑩・⑪・⑬・⑭である。

① 訪問販売　　法定書面受領日から8日間（特商法9条）

② 電話勧誘販売　　法定書面受領日から8日間（同法24条）

③ 連鎖販売取引（マルチ商法）　　法定書面受領日か商品受領日のいずれか遅い日から20日間（同法40条）

④ 特定継続的役務提供（サービス取引）　　法定書面受領日から8日間（同法48条）

⑤ 業務提供誘引販売取引（内職・モニター商法）　　法定書面受領日から20日間（同法58条）

⑥ 訪問購入　　法定書面受領日から8日間（同法58条の14）

⑦　個別信用購入あっせん　　法定書面受領日から8日または20日間（割
　販法35条の3の10・35条の3の11）
⑧　預託取引（現物まがい取引）　　法定書面受領日から14日間（特定商品
　等の預託等取引契約に関する法律8条）
⑨　ゴルフ会員権契約　　法定書面受領日から8日間（ゴルフ場等に係る会
　員契約の適正化に関する法律12条）
⑩　不動産特定共同事業契約　　法定書面受領日から8日間（不動産特定共
　同事業法26条）
⑪　保険契約　　法定書面受領日か契約申込日のいずれか遅い日から8日間
　（保険業法309条）
⑫　宅地建物取引　　クーリング・オフ告知日から8日間（宅地建物取引業
　法37条の2）
⑬　投資顧問契約　　法定書面受領日から10日間（金融商品取引法37条の6
　第1項，同法施行令16条の3）
⑭　共済契約　　法定書面受領日か契約申込日のいずれか遅い日から8日間
　（消費生活協同組合法12条の2（保険業法309条），農業協同組合法11条の19，
　中小企業等協同組合法9条の7の5（保険業法309条），水産業協同組合法15条
　の4）


## (2)　類似の制度等
### ア　通信販売
　通信販売（郵便に限らず，インターネットでの取引も含まれる）では，商品引
渡日から8日間であれば申込みの撤回または契約解除ができる（特商法15条の
3第1項）。ただし，事業者がこれと異なる特約をしている場合には特約が優先
されるので（同法15条の3第1項ただし書），クーリング・オフではなく，類似
の制度といえる。
### イ　電気通信事業法の初期契約解除制度
　一定の範囲の電気通信サービス（携帯電話サービス，インターネット接続サー
ビスなど）については，契約書面の受領日から8日間以内であれば，契約解除
ができる（電気通信事業法26条の3）。一定の範囲の電気通信サービスであれば，
店舗販売や通信販売を含めどのような方法で販売されていても解除が可能であ

72　第1章　消費者事件の処理に必要な基本的知識

るため，クーリング・オフではなく，類似の制度といえる。

## 3　期間制限

### ⑴　法定書面を受領してから8日ないし20日以内の行使

　クーリング・オフは，以下の起算点から8日（訪問販売，電話勧誘販売，訪問購入および特定継続的役務提供）ないし20日（連鎖販売取引および業務提供誘引販売取引）を過ぎた場合，原則として行使できなくなる。

　法はクーリング・オフの起算点につき，「申込者等が第5条の書面を受領した日（その日前に第4条の書面を受領した場合にあつては，その書面を受領した日）」から起算されるとしている（特商法9条1項ただし書）。4条書面は申込書面，5条書面は契約書面である。したがって，契約申込日や契約締結がされても，そこからクーリング・オフ期間が起算するわけではないことに留意する必要がある。

　この起算日の定めは，電話勧誘販売・訪問購入についても同様である（同法24条1項・58条の14第1項）。そして，連鎖販売取引・特定継続的役務提供・業務提供誘引販売取引については，契約書面の受領日（概要書面の受領日は含まない）とされ，さらに，連鎖販売取引で再販売商品受領日が契約書面受領日より遅い場合には，商品受領日とされている（同法40条1項・48条1項・58条1項）。

　なお，クーリング・オフ期間の8日間は，「受領した日……から起算して」とされているところから，初日算入で起算される。したがって，受領日の翌週の同一曜日までクーリング・オフできることになる（火曜日に受領したなら翌週の火曜日までクーリング・オフできる）。

### ⑵　期間の不進行

　上記のとおり，クーリング・オフ期間である8日間を過ぎると，クーリング・オフ権を行使できないのが原則である。しかしながら，クーリング・オフ妨害（下記ア），書面不交付（下記イ），又は書面の記載不備（下記ウ）がある場合には，クーリング・オフ期間は進行しない。

　もっとも，クーリング・オフの期間が進行しないとしても，長期間の不行使が権利濫用と判断される場合がある。

### ア　クーリング・オフ妨害の場合

　法は，訪問販売につき，クーリング・オフを妨害するため不実告知または威迫がなされ，そのためクーリング・オフが行われなかった場合，もう一度クーリング・オフができる旨の書面（特商法施行規則7条の4により記載事項が定められている）を受領した日から8日以内であればクーリング・オフができるとしている（特商法9条1項ただし書）。この場合，事業者には口頭での告知義務もあり（特商法施行規則7条の4第5項），書面交付とともに口頭での告知がなければクーリング・オフ期間は起算しない。

　この定めは，電話勧誘販売・連鎖販売取引・特定継続的役務提供・業務提供誘引販売取引・訪問購入についても同様である（特商法24条1項・40条1項・48条1項・58条1項・58条の14第1項）。

### イ　書面不交付

　上記のとおり，クーリング・オフ期間は法定書面を受領した日から起算される。したがって，そもそも法定書面を受領しなければ，クーリング・オフ期間は進行せず，いつまでもクーリング・オフができる。なお，契約書面は，「契約を締結した」とき「遅滞なく」「交付しなければならない」ので（特商法5条1項，19条1項，37条2項，42条2項・3項，55条2項，58条の8第1項），契約締結後でなく締結前に契約内容を明らかにする書面が交付されても，それは法定書面の交付とはならない（連鎖販売取引の契約書面交付につき，同旨を判示したものとして，京都地判平成19年1月26日裁判所ウェブサイト）。

　書面不交付の場合に，相当期間が経過したにもかかわらず，解除権行使が権利濫用に当たらないとしてクーリング・オフを認めた判例は，以下のとおりである。

① 　篠山簡判平成元年3月15日，木村晋介ほか『消費者取引判例ガイド』（有斐閣，1994年（以下「『消費者取引判例ガイド』」という）221頁
　　　紳士録の訪問販売につき，契約後1年余，商品を受領して47日経過
② 　東京地判平成8年4月18日判時1594号118頁
　　　ゴルフクラブ会員権の購入につき，契約後2年5カ月経過
③ 　東京地判平成16年7月29日判時1880号80頁
　　　着物の購入につき，契約後約10カ月，引渡後約8カ月経過（相続人が主張）

74　第1章　消費者事件の処理に必要な基本的知識

## ウ　記載事項不備書面の交付

### ㋐　はじめに

　特商法（および，法の委任を受けた省令）は，消費者保護の見地から記載事項を決めているのであるから，それは厳格に守られるべきである。したがって，法定記載事項に記載漏れや誤記載・不十分な記載がある場合には，どの記載事項かにかかわらず，法定書面の受領がない（したがって，クーリング・オフ期間が起算しない）と考えるべきである。法文をみても，「申込者等が第5条の書面を受領した日」（9条1項）とあり，書面に記載漏れ・誤記載がある場合には，そもそも「第5条の書面」といえないというべきである。

　したがって，相談にあたっては，交付されている書面を確認し，記載事項に問題がないか精査すべきである。特に商品名が特定されているか（例えば，「ダイヤ指輪」などという記載では不特定というべきである。下記裁判例⑦参照），事業者代表者名・担当者名が記載されているか等に留意すべきである。

### ㋑　裁 判 例

　上記の点に関する判例は，下記のとおりである。

　「○」は記載事項の不備を理由にクーリング・オフを認めたもの，「△」は事業者の落ち度など他の要素も考慮してクーリング・オフを認めたもの，「×」はクーリング・オフを認めなかったものである。判例は必ずしも統一しているわけではないが，クーリング・オフの記載を欠いている場合（④⑤）にクーリング・オフを認める点では共通しているし，近時はクーリング・オフを認める判例が多いといえる。

①　×大阪地判昭和62年5月8日判タ665号217頁

　　代金の支払時期・方法の記載を欠いている事例につき，立替払契約であることを考えると，「右記載が絶対的に必要とは解されない」として，書面の交付があるとした。

②　○大阪簡判平成元年8月16日（『消費者取引判例ガイド』220頁）

　　「商品の引渡時期」の記載がない事例につき，口頭により説明があったとしても法定書面とはいえないとして，クーリング・オフを認めた（割賦販売法4条の3（平成20年改正により削除）につき）。

③　△東京地判平成5年8月30日判タ844号252頁

　　品名欄に「ユニウォール21」，数量欄に「一式」という内容を特定しが

たい表示しかなく,「商標又は製造者名」「支払方法」など法的記載事項の表示がなかった事例につき,訪販法(現:特商法)5条書面に該当しないため,クーリング・オフが進行しないとした(ただし,ナショナルの製品であるかのように偽った点も重視している)。

④ ○東京地判平成6年6月10日判時1527号120頁

ゴルフクラブ会員権の購入で,クーリング・オフについての記載を欠いている事例につき,クーリング・オフを認めた。契約後1年4カ月,代金完済してから8カ月経過後であるが,解除権行使が権利濫用に当たらないと判示した。

⑤ △東京地判平成6年9月2日判時1535号92頁

外壁改装工事(アルミサイディング工事)の請負で,クーリング・オフについての記載を欠いている事例につき,クーリング・オフを認めた。契約から8カ月経過後であるが,業者に紛争発生の原因があることも認定した上で,解除権行使が権利濫用に当たらないと判示した。

⑥ △東京地判平成7年8月31日判タ911号214頁

屋根用パネルの販売・取り付けで,代金の内訳・支払時期,引渡時期,商品の数量等に不備がある事例につき,購入者が老人性痴呆症で,販売員の説明が充分とはいえないなどの事情も総合的に判断し,法定書面に該当しないとし,クーリング・オフを認めた。

⑦ ○大阪地判平成12年3月6日消費者法ニュース45号69頁

ダイヤの購入で,契約書では商品の特定が不十分な事例(契約時に鑑定書・保証書を提示し,後日送付している)につき,書面は購入時に現実に交付されることが必要で,提示されただけでは不十分だとしてクーリング・オフを認めた。

⑧ ○札幌地判平成17年4月28日消費者法ニュース64号209頁(要旨)

ダイヤルース(石)・プラチナリングの購入で,前者は商品引渡時期・担当者の名(氏はあり)・商品数量の,後者は担当者の名・商品数量の記載がない事例につき,クーリング・オフを認めた。

⑨ ○神戸地判平成17年12月19日ウエストロー・ジャパン

ネックレス等の訪問販売で,契約書面上のクーリング・オフ等の記載の活字が8ポイント未満の大きさであった事例につき,クーリング・オフを

認めた。

⑩ ○大阪地判平成 18 年 6 月 29 日消費者法ニュース 69 号 185 頁

　　宝石や絵画の訪問販売で，複数の商品の合計金額の記載しかなく，商品
ごとの価格の記載を欠いていた事例につき，クーリング・オフを認めた。

⑪ ○大阪地判平成 19 年 3 月 28 日消費者法ニュース 72 号 292 頁（要旨）

　　布団・ミネラル還元水の訪問販売で，前者は製造者名や商品の形式・種
類の記載がなく，後者は契約書面がなく口頭の説明に過ぎない事例につ
き，クーリング・オフを認めた。

## 4　クーリング・オフ規定の適用除外

　クーリング・オフができない場合として，訪問販売および電話勧誘販売につ
いては，特商法 26 条が適用除外を定めている。また，特定継続的役務提供に
ついては特商法 50 条が，訪問購入については特商法 58 条の 17 が，それぞれ
適用除外を規定している。

　なお，連鎖販売取引および業務提供誘引販売については，契約の相手方が取
引を店舗等（同法 40 条 1 項）または事業所等（同法 58 条 1 項）によらずに行う
個人である場合にのみ適用があるところ，クーリング・オフ規定を適用除外と
する規定は置かれていない。

　以下では，特に留意すべき除外要件につき述べていく特商法 26 条を中心に
述べるが，同 50 条や 58 条の 17 と共通する除外要件がある場合には，そのつ
ど触れることとする。

### ⑴　「営業のために若しくは営業として締結する」場合（特商法 26 条 1 項 1 号）

　特商法が一般消費者を保護するための法律であるところから設けられた除外
要件である。特定継続的役務提供（50 条 1 項 1 号）および訪問購入（58 条の 17
第 1 項 1 号）についても，同様の除外要件がある。

　詳細については，第 1 章第 3「1　特定商取引法の概要」を参考にされたい。

### ⑵　契約締結後直ちに全部履行されることが通例であるとして政令指定された場合（特商法 26 条 3 項）

政令指定されているものは，路上勧誘・客引きによる海上タクシー・飲食店

での飲食・マッサージ・カラオケボックス利用である（特商法施行令6条）。

### (3) 相当期間にわたる交渉が通例であるとして政令指定された場合（特商法 26条4項1号）

政令指定されているものは，「自動車」「自動車の貸与」である（特商法施行令6条の2）。

### (4) 契約締結後速やかに提供されない場合には利益を著しく害するおそれがあるとして政令指定された場合（特商法26条4項2号）

クーリング・オフが認められると事業者が8日間役務の提供を控える可能性があるが，それでは消費者にとって利便性を欠くことになる場合につき適用除外とした。政令指定されているものは，電気・ガス・熱の供給契約，葬式である（特商法施行令6条の3）。

### (5) 消耗品として政令指定された商品を使用・消費した場合（特商法26条5項1号）

#### ア 政令指定

政令指定されているものは，動植物加工品・織物・コンドーム・生理用品・防殺虫剤等・化粧品等・履物・壁紙・配置薬である（特商法施行令6条の4，別表第三）。指定商品以外（例えば，消火器）は，使用したとしてもクーリング・オフができる。

#### イ 例 外

適用除外になるためには，使用・消費したときはクーリング・オフできない旨を記載した書面を受け取っていることが必要であり（法文上「第4条若しくは第5条……の書面を受領した場合において」とある），かかる書面を受け取っていなければ消費してもクーリング・オフができる。

また，事業者が消費者を促して商品を使用・消費させた場合には適用除外とならない（26条5項1号括弧書）。

#### ウ 使用・消費

「使用」または「消費」とは，消費者自らの行為により当該商品の価値の回復が困難になったことをいう。したがって，容易に包装し直せる商品の包装を

破いただけでは使用・消費とはいえないが，密封されている商品の密封を開けてしまったとき（例えば，缶詰を開けた）には使用・消費といえる。

セット商品の一部を使用・消費したときに，使用・消費した以外の商品をクーリング・オフできるかについては，通常販売されている商品の最小単位を基準に判断することになる。例えば，化粧品セットのうちクリームだけを使用した場合，他の化粧水・口紅等についてはクーリング・オフできる。

(6) **相当期間品質を保持することが難しく，品質の低下により価値が著しく減少するおそれがあるとして政令指定された場合（特商法26条5項2号）**

生鮮食料品等を想定しているが，通常は店舗販売されることが多いこと，ご用聞き（特商法施行令8条1号）・3000円未満の現金取引（26条5項3号）が適用除外とされていることから，現時点では政令は定められていない。

(7) **現金取引で，代金が政令指定額未満の場合（特商法26条5項3号）**

政令指定額は3000円とされているので（特商法施行令7条），3000円未満の現金取引は適用除外となる。

(8) **消費者から自宅に来るように請求して締結した場合（特商法26条6項1号（訪問販売））（電話勧誘販売については，特商法26条7項1号，特商法施行令9条）**

消費者が申込み又は契約締結することを「請求」する場合とされているので，商品についての問い合わせ・資料請求に対し，事業者から訪問したい旨の申出があった場合には該当しない。また，台所の水漏れ修理を要請したところ台所のリフォームを勧誘された場合も本号に該当しない。

訪問購入についても，同様の除外要件がある（58条の17第2項1号）。

本号（26条6項1号）につき，以下の判例がある。

① 仙台簡判昭和59年6月14日 NBL582号52頁（第三者の勧誘）

化粧品の訪問販売を行っていた販売員が，「知り合いの着物屋が来ているので一度見たらどうか」と誘ったため消費者が承諾し，呉服販売業者が訪問したという事例につき，販売業者と消費者間に「平常から呉服の取引があり」，また，消費者が「あらかじめ訪問販売の方法によって呉服を購

入する意思があったとは認められない」として，本号の適用を否定した。

② 東京地判平成 8 年 4 月 18 日判時 1594 号 118 頁

　　ゴルフ会員権の購入につき，業者からのパンフレットの送付・電話勧誘の後，購入する旨の電話がなされたため，訪問のうえ申込書の作成に至ったという事例につき，業者の訪問は「通常のサービスとして行われたもの」で消費者が申込みないし請求したとはいえないとして，本号の適用を否定した。

⑼ **店舗外取引が通例で，購入者の利益を損なうおそれがないとして政令指定された場合（特商法 26 条 6 項 2 号）**

ア　ご用聞き（店舗業者が定期的に巡回訪問し注文を聞くこと）と契約をする場合（特商法施行令 8 条 1 号）（電話勧誘販売については同様の規定がない）

訪問購入についても，同様の除外要件がある（58 条の 17 第 2 項 2 号，特商法施行令 16 条の 3 第 1 号）。

イ　過去 1 年以内に取引がある店舗業者と契約をする場合（特商法施行令 8 条 2 号）（電話勧誘販売については，26 条 7 項 2 号，特商法施行令 10 条）

「当該販売又は役務の提供の事業に関して」と定められているところから，関係のない取引，例えば，自動車販売店が過去に行った不動産取引は本号の取引とは認められない。

過去の契約があっても，クーリング・オフがなされたり，紛争となったものについては取引実績とは認められず，過量販売（特商法 9 条の 2）を目的とする場合も除外される（特商法施行令 8 条 3 号括弧書）。

訪問購入についても，同様の除外要件がある（58 条の 17 第 2 項 2 号，特商法施行令 16 条の 3 第 2 号）。

本号（特商法施行令 8 条 2 号）につき，以下の判例がある。

① 広島高松江支判平成 8 年 4 月 24 日消費者法ニュース 29 号 60 頁

　　前回の取引がクーリング・オフによって解除された場合は本号に該当しない。

② 福岡高判平成 11 年 4 月 9 日（判例集未登載。齋藤雅弘＝池本誠司＝石戸谷豊『特定商取引法ハンドブック〔第 6 版〕』22 頁参照。）

　　以前の 2 回の取引が宝石類で今回が健康布団である事例につき，本号の

適用を否定した。

ウ　過去1年以内に2回以上の取引がある非店舗業者と契約をする場合（特商法施行令8条3号）（電話勧誘販売については，26条6項2号，特商法施行令10条）

過去の契約があっても，クーリング・オフがなされたり，紛争となったものについては取引実績とは認められず，過量販売（特商法9条の2）を目的とする場合も除外される（特商法施行令8条3号括弧書）。

訪問購入についても，同様の除外要件がある（58条の17第2項2号，特商法施行令16条の3第3号）。

エ　書面による承認を受けて行う職場訪問販売（特商法施行令8条4号）（電話勧誘販売については，同様の規定がない）

### (10)　訪問販売に特有の適用除外

上記の他，訪問購入については，消費者が住居から退去（引越しなど）することとしている場合も適用除外とされている（58条の17第2項2号，特商法施行令16条の3第4号，特商法施行規則56条）。そのような場合，不用品をまとめて売却するのが通例であり，消費者の利益や取引の公正が害されないからである。この趣旨からすると，退去に伴う訪問購入が適用除外となるためには，消費者から事業者に対して，主体的に訪問購入に関する連絡（「引越しをするので，荷物を家に取りに来てほしい」と連絡する等）をしたことが必要となる。

## 5　行使方法

### (1)　「書面により」行うこと

#### ア　書面による行使

法文上，クーリング・オフの行使は「書面により」行うとされている（特商法9条1項）。ベストな方法は，配達証明付き内容証明郵便である。簡易書留や特定記録郵便による場合は，書面の写しを手元に残しておくことが望ましい。

#### イ　口頭による行使

それでは，口頭で行った場合はどうか。法が書面を求めているのは，当事者間の権利関係を明確にし，後日紛争が生ずることがないようにするためであるから，口頭であっても，クーリング・オフの意思表示をしたことが明らかであ

れば，あえてその効果を否定する必要はなく，口頭でもかまわないと考えるべきである。判例をみても，大阪地判昭和62年5月8日判タ665号217頁は口頭でのクーリング・オフを否定したが，大阪簡判昭和63年3月18日判時1294号130頁（割販法上のクーリング・オフ）・福岡高判平成6年8月31日判時1530号64頁・広島高松江支判平成8年4月24日消費者法ニュース29号57頁・大阪地判平成17年3月29日消費者法ニュース64号201頁（要旨）は口頭でのクーリング・オフを認めた。

**ウ　ファックス・電子メールによる行使**

ファックスや電子メールは，厳密には書面でない。しかしながら，上記イの場合と同様，クーリング・オフの意思表示をしたことが明らかであれば，有効な行使と認めてよいと考えるべきである。

### (2)　クーリング・オフの意思表示内容

原則としては，法文に従い，申込みを撤回する旨ないし契約を解除する旨を意思表示することになる。ただし，申込み撤回ないし契約解除の趣旨が読み取れれば，クーリング・オフの意思表示と認めてかまわない。

この点，以下の判例がある。

① 　神戸地判昭和63年12月1日判時1321号149頁

旅行先の温泉旅館での展示会で振袖を購入し（展示会商法），帰宅後，すぐ手紙を出したが，礼状とも再考したいとも読めるような文面だった事例につき，「何卒御事情御察知くださいまして御了承いただきたく，おことわり傍々お願い申し上げます」との結びの文を重視し，クーリング・オフ（割販法）の意思表示と認めた。

② 　大阪簡判昭和63年3月18日判時1294号130頁

事業者が品物を持ってきたときに「受取ることはできん，持って帰ってくれ」と受領を拒絶した事例につき，口頭でのクーリング・オフ（割販法）を認めた。

### (3)　発信主義（特商法9条2項等）

クーリング・オフは「書面を発した時に，その効力を生ずる」とされるので，8日以内に発送すればよく，到達する必要はない。

## 6 効　　力

### ⑴　申込みの撤回または契約の解除

クーリング・オフとは，契約の申込み段階にとどまっている場合は申込みの撤回をすることであり，契約が成立した場合は契約の解除をすることである。

契約解除の場合，当事者双方には不当利得による返還義務として原状回復義務が生じる。

#### ア　訪問販売・電話勧誘販売における効力

##### ㈎　事業者の返還義務等

事業者には，消費者から受け取った代金の返還義務が生じる。

事業者は，債務不履行に基づく損害賠償請求ができないことはもちろん，単なる損失補塡の意味を持つ損害賠償・違約金も請求できない（特商法9条3項・24条3項）。

役務提供契約において解除の効果が不遡及の場合，既に支払っていた入会金等を返還請求できないおそれがあるが，金銭（入会金等）返還義務があることが明定されている（同法9条6項，24条6項＝効果の特例）。

##### ㈏　消費者の返還義務

消費者には，受け取った商品の返還義務が生じる。この返還に要する費用は，通例ならば消費者が負担することになるが，クーリング・オフの趣旨を徹底するため，事業者の負担とされている（特商法9条4項・24条4項）。

消費者が商品や役務の提供を受けた後，クーリング・オフした場合，消費者は商品の使用利益（例えば，布団の使用利益）や役務の利用利益を得ることになるから，これらの不当利得返還義務が生じるはずである。しかしながら，クーリング・オフの趣旨を徹底するため，事業者は使用利益・利用利益を請求できないとされている（同法9条5項＝効果の特例。電話勧誘販売については規定がない）。

なお，法は「商品が使用され」た場合を規定し，商品を「消費」した場合については明示していないが，消費者に経済的負担を残さない無条件解除の効果を徹底すべきことなどに照らし，商品を消費した場合も残存商品を返還することのほかは不当利得の返還義務を負わないものと解すべきである（齋藤雅弘＝池本誠司＝石戸谷豊『特定商取引法ハンドブック〔第6版〕』（日本評論社，2019年）

205頁）。

取付工事によって，壁に穴を空けたり，地面を掘り返したといった現状変更をした場合，これらの修復は解除の効果たる原状回復には必ずしも含まれないため，事業者に無償修復を求めうることを明定した（特商法9条7項，24条7項＝効果の特例）。

### イ　訪問販売・電話勧誘販売以外の取引類型における効力

訪問販売については，その効力につき，上記のとおり特定商取引法9条3項ないし7項の特則が設けられている。一方特定商取引法における訪問販売以外の類型については，以下のとおり効力の定めが異なっている。

| | 訪問販売 | 電話勧誘販売 | 連鎖販売取引 | 特定継続的役務提供 | 業務提供誘引販売取引 | 訪問購入 |
|---|---|---|---|---|---|---|
| | 9条 | 24条 | 40条 | 48条 | 58条 | 58条の14 |
| 損害賠償等の請求不可 | 3項 | 3項 | | 4項 | | 4項 |
| 返還費用の業者負担 | 4項 | 4項 | 3項 | 5項 | 3項 | 5項 |
| 商品使用利益の請求不可 | 5項 | 5項 | | | | |
| 権利の行使利益の請求不可 | 5項 | 5項 | | | | |
| 役務の提供対価の請求不可 | 5項 | 5項 | | 6項 | | |
| 役務における金銭返還 | 6項 | 6項 | | 7項 | | |
| 工作物変更にかかる回復請求 | 7項 | 7項 | | | | |
| 関連商品販売契約のクーリング・オフ | | | | 2項 | | |

上記の中で重要なのは，使用利益・利用利益の不当利得につき，事業者からの請求を認めない規定（同法9条5項など）の有無である。

平成20年改正前は，訪問販売についても商品使用利益の請求ができないとの規定が設けられていなかったので，原則どおり，不当利得返還請求で調整されると考えられていた。実務上も8日間という短いクーリング・オフ期間では使用利益がほとんど発生しないので，特に問題も生じないとされていたのであ

るが，書面不交付などのため契約から9日以上経過してもクーリング・オフができる場合が考えられたので，平成20年改正により，消費者保護の見地から商品使用利益につき請求ができないとの規定を設けたものである（消費者庁取引対策課＝経済産業省商務流通保安グループ消費経済企画室編『平成24年版特定商取引に関する法律の解説』（商事法務，2014）87頁・88頁）。

　他方，訪問販売以外の類型については同種の規定が設けられていない。したがって，文理上は，商品使用利益が生じた場合には不当利得返還請求で調整する必要があることになる（前掲『平成24年版特定商取引に関する法律の解説』162頁・251頁・343頁）。しかしながら，消費者に経済的負担を残さないようにするというクーリング・オフの趣旨を徹底するならば，使用利益についても不当利得返還義務を負わないと解する余地もある（前掲『特定商取引法ハンドブック〔第6版〕』525頁・613頁・614頁・713頁・714頁・725頁・726頁参照）。業務提供誘引販売取引につき，法9条5項類推適用により，役務提供対価の請求を認めない内容であっせん解決した事例もある（東京都消費者被害救済委員会報告書「モデル・タレント養成講座等の契約に係る紛争案件」（平成23年5月，東京都生活文化局））。

(2)　クーリング・オフの撤回

クーリング・オフを撤回した場合につき，以下の判例がある。

①　右京簡判平成元年11月21日消費者法ニュース2号21頁（同ニュースでは判決日が12月29日とあるが誤り）

　　学習教材の訪問販売においてクーリング・オフ期間内に口頭で解約の申入れをしたところ，業者から「現物を見て考え直してほしい」と言われたため一旦思いとどまり，商品を見て改めて解約通知をしたという事例につき，クーリング・オフの行使期間の起算日を現物の到着日とする合意があったと評価した。

②　神戸簡判平成17年2月16日消費者法ニュース64号203頁（要旨）

　　クーリング・オフを撤回する意思表示をしても元の契約は復活せず，再契約の申込みと評価され，事業者が再度法定書面を交付しなければ，クーリング・オフの行使期間は進行しないとした。

## 7 片面的強行規定（特商法9条8項）

消費者に不利な特約（例えば，クーリング・オフ権を放棄する）は無効とされる。他方，消費者に有利な特約（例えば，期間延長，店舗契約にも適用）は有効とされる。

## 8 割販法上のクーリング・オフ（割販法35条の3の10・35条の3の11）

### (1) 趣　　旨

平成20年改正前は，割販法上のクーリング・オフは特商法の指定商品等に係るものには適用しないとされていたため，クレジットを利用して特商法上の契約をした場合，まず，特商法でクーリング・オフをした上で，クーリング・オフによる契約無効を抗弁としてクレジット会社に対抗していた。その結果，未払いのクレジット代金の支払拒絶はできたが，既払い金の返還請求ができない不都合が生じていた。

そこで，平成20年改正により，特商法上の取引にかかって個別信用購入あっせん関係受領契約（以下「個別クレジット契約」という。）をした場合，個別クレジット契約自体につきクーリング・オフができるとされ，既払い金の返還請求が認められた（割販法35条の3の10・35条の3の11）。

### (2) 内　　容

訪問販売・電話勧誘販売（割販法35条の3の10）または連鎖販売取引・特定継続的役務提供・業務提供誘引販売取引（同法35条の3の11）の方法による契約で，個別クレジット契約をした場合，個別クレジット契約のクーリング・オフ（申込み撤回・契約解除）が認められる。ただし，通信販売に関しては特商法と同じくクーリング・オフが認められない。

クーリング・オフ期間は，特商法と同じく，法定書面受領日（クーリング・オフ妨害の場合は新たな法定書面受領日）から8日間（訪問販売・電話勧誘販売・特定継続的役務提供）または20日間（連鎖販売取引・業務提供誘引販売取引）である。

行使方法・効果については訪問販売の場合と同じである。すなわち，発信主義（特商法9条2項，割販法35条の3の10第2項・35条の3の11第4項），損害

賠償請求の不可（特商法9条3項，割販法35条の3の10第3項・6項，同法35条の3の11第5項・8項），引渡費用負担（特商法9条4項，割販法35条の3の10第10項・35条の3の11第12項），使用利益等の請求の不可（特商法9条5項，割販法35条の3の10第11項・35条の3の11第13項），原状回復費用負担（特商法9条7項，割販法35条の3の10第14項），片面的強行規定（特商法9条8項，割販法35条の3の10第15項・35条の3の11第15項）につき，特商法と同趣旨の規定が設けられている。なお，役務提供事業者の返還義務（特商法9条6項）に対応する規定はない。

個別クレジット契約がクーリング・オフされた場合，販売契約等もクーリング・オフされたとみなされる（クーリング・オフ連動。割販法35条の3の10第5項・35条の3の11第7項）。この場合の清算は，販売契約と個別クレジット契約の一体性を考慮し，販売業者・消費者・クレジット会社の三者間で，商品・金銭等の流れを巻き戻す形で行われることとなる（下図参照）。まず，①販売業者に交付されている立替金は販売業者からクレジット会社に返還され（同法35条の3の10第8項・35条の3の11第10項），反面，クレジット会社は申込者に立替金を請求してはならない（同法35条の3の10第7項・35条の3の11第9項）。次に，②クレジット会社は申込者に既払い金を返還する（同法35条の3の10第9項・35条の3の11第11項）。そして，③消費者は販売業者に商品を返還し（特に定めなし），販売業者は受け取っている頭金等を消費者に返還することになる（同法35条の3の10第13項・35条の3の11第14項）。

このような清算関係からすると，まずはクレジット会社に対して通知を出すべきである。

【クーリング・オフ連動における清算関係】

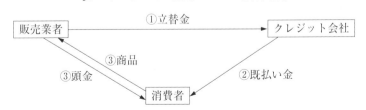

## ③ 取消し・解除

### 1 はじめに

特商法は，特定商取引を公正にし，消費者の損害を防止するために，取引類型に応じて，契約の取消し・解除に関する規定を設けている。民法の一般条項よりも要件が緩やかであることから，特定商取引に関するトラブル解決にあたっては，第1章第3「②　クーリング・オフ」の活用とあわせて，契約の取消し・解除の可否について検討することが有用である。また，あわせて，消費者契約法，割賦販売法，民法の適用の可否について検討することも有用である。

### 2 特商法に基づく取消し・解除

**(1) 訪問販売**

**ア　不実告知・事実不告知による意思表示の取消し**

**㋐　概　　要**

消費者は，販売業者または役務提供事業者が訪問販売で契約の締結を勧誘する際に不実告知または事実の不告知を行ったことにより誤認した場合には，契約の申込みまたは承諾の意思表示を取り消すことができる（法9条の3）。

**㋑　不実告知**

不実告知とは，販売業者または役務提供事業者が訪問販売で契約の締結を勧誘する際，または，訪問販売による契約の申込みの撤回・解除を妨げるために下記の事項について不実のことを告げる行為をいう（法6条1項）。

① 商品の種類及びその性能・品質，権利・役務の種類及びこれらの内容，その他これらに類するものとして主務省令で定める事項（施行規則6条の2で，商品の効能，商品の商標又は製造者名，商品の販売数量，商品の必要数量，役務又は権利に係る役務の効果が規定されている。）

② 商品・権利の販売価格または役務の対価

③ 商品・権利の代金または役務の対価の支払時期及び方法

④ 商品の引渡時期，権利の移転時期，役務の提供時期

⑤ クーリング・オフに関する法9条1項から7項の規定に関する事項

88　第1章　消費者事件の処理に必要な基本的知識

⑥　顧客が当該契約の締結を必要とする事情に関する事項

⑦　当該契約に関する事項で消費者の判断に影響を及ぼすことになる重要な
もの

㈦　**事実不告知**

事実不告知とは，販売業者または役務提供事業者が訪問販売で契約の締結を
勧誘する際，上記①〜⑤の事項について故意に事実を告げない行為をいう（法
6条2項）。

㈢　**取 消 し**

消費者は，販売業者または役務提供事業者の不実告知によって当該告げられ
た内容が事実であると誤認した場合，または，事実不告知によって当該事実が
存在しないと誤認した場合には，契約の申込み・承諾の意思表示を取り消すこ
とができる。ただし，当該取消しは善意でかつ過失がない第三者に対抗するこ
とができない。なお，当該取消しは，民法96条（詐欺または強迫による意思表
示の取消し）の適用を妨げるものではない（法9条の3第2項，3項）。

㈣　**効 果**

不実告知・事実不告知による意思表示の取消しの効果については，第1章
「第5　消費者契約からの解放とその効果」を参照されたい。

㈤　**時 効**

不実告知または事実不告知による意思表示の取消権は，追認することができ
るときから1年間行使しないとき，契約締結から5年間経過したときは，時効
によって消滅する（法9条の3第4項）。

イ　**過量販売契約の解除**

㈠　**概 要**

消費者は，訪問販売によって，通常必要とされる分量を著しく超える商品・
特定権利の売買契約，役務提供契約を締結した場合，契約締結後1年間は，契
約の申込みの撤回または契約の解除を行うことができる（法9条の2）。ただし，
消費者に当該契約を必要とする特別な事情があった場合には適用されない。

㈡　**通常必要とされる分量を著しく超える契約**

a　1回の契約で過量となる場合

消費者は，当該契約に係る商品・特定権利等が，日常生活において通常必要
とされる分量を著しく超える場合には，契約の申込みの撤回または契約の解除

を行うことができる（法9条の2第1項1号）。

　b　複数回の契約で過量となる場合

　消費者は，事業者が，①当該契約の債務の履行により消費者にとって当該契約に係る商品・特定権利等と同種の商品・特定権利等の分量が日常生活において通常必要とされる分量を著しく超えることを知っていた場合，②消費者にとって日常生活において通常必要とされる分量を既に著しく超えていることを知りながら契約を締結した場合も，契約の申込みの撤回または契約の解除を行うことができる（同条1項2号）。

　㈦　行使期間

　過量販売契約解除の行使期間は，契約締結から1年である（法9条の2第2項）。

　㈨　効　　果

　消費者が過量販売契約の申込みの撤回または契約の解除を行った場合，事業者は損害賠償や違約金の支払を請求することができず，引渡し済みの商品等の引取りや返還に要する費用は事業者の負担となる。また，過量販売契約に基づいて引き渡された商品が使用されたり，権利が行使された場合，事業者は，消費者に対して，商品の使用や権利の行使によって得られた利益や対価，金銭の支払を請求することができない。さらに，事業者は，契約に関連して金銭を受領しているときは，消費者に対して，速やかに返還しなければならない。契約に伴って消費者の土地，建物，工作物の現状が変更されたときは，消費者は事業者に対して，原状回復に必要な措置を無償で講ずることを請求することができる（法9条の2第3項・9条3項～8項）。

### ⑵　通信販売

#### ア　契約の解除等

　通信販売をする場合の商品または特定権利の販売条件について広告をした販売業者が当該商品・特定権利の売買契約の申込みを受けた場合において，消費者は，売買契約に係る商品の引渡しまたは特定権利の移転を受けた日から起算して8日経過するまでの間は，契約の申込みの撤回，契約の解除を行うことができる。ただし，販売業者が，申込みの撤回などについての特約を広告に表示していた場合には特約による（法15条の3第1項）。

*90* 第1章 消費者事件の処理に必要な基本的知識

### イ 効 果

契約の申込みの撤回，契約の解除がなされた場合，既に商品の引渡しや権利の移転が行われているときは，引取りや返還に要する費用は消費者の負担となる（同条2項）。

### (3) 電話勧誘販売

#### ア 不実告知・事実不告知による意思表示の取消し

##### (ア) 要 件

消費者は，販売業者または役務提供事業者が電話勧誘販売で契約の締結を勧誘する際に不実告知または事実不告知を行ったことにより誤認した場合には，訪問販売と同様に，契約の申込みまたは承諾の意思表示を取り消すことができる（法24条の3）。

##### (イ) 効 果

取消しの効果等については(1)の訪問販売の項を参照されたい。

#### イ 過量販売契約の解除

##### (ア) 要 件

消費者は，電話勧誘販売によって，通常必要とされる分量を著しく超える商品・特定権利の売買契約，役務提供契約を締結した場合，訪問販売と同様に，契約締結後1年間は，契約の申込みの撤回または契約の解除を行うことができる（法24条の2）。

##### (イ) 効 果

契約解除の効果等については，(1)の訪問販売の項を参照されたい。

### (4) 連鎖販売取引

#### ア 将来に向けた契約解除

##### (ア) 要 件

連鎖販売加入者は，クーリング・オフ行使期間が経過した後は，将来に向かって連鎖販売契約の解除を行うことができる（法40条の2第1項）。この場合，当該契約締結から1年を経過していない連鎖販売加入者は，連鎖販売業を行う者が連鎖販売加入者に対して既に行った連鎖販売業に係る商品の販売に係る契約を解除することができる（ただし，当該商品の引渡しを受けた日から起算

して90日を経過したとき，当該商品を再販売したとき，当該商品を使用または消費したときは解除することができない。）（同条第2項）。

(イ) 効　果

連鎖販売業を行う者は，損害賠償額の予定や違約金の定めがあったとしても，契約の締結及び履行のために通常要する費用の額（商品引渡し後である場合は引き渡された商品の販売価格に相当する額と提供された特定利益その他の金品に相当する額を合算した額，役務提供開始後である場合は提供された役務の対価に相当する額）にこれに対する法定利率による遅延損害金の額を加算した金額を超える額の金銭の支払を連鎖販売加入者に対して請求することができない（同条第3項）。

また，連鎖販売業に係る商品の販売を行った者は，損害賠償額の予定や違約金の定めがあったとしても，所定の額（商品が返還された場合または商品の引渡し前である場合は商品の販売価格の10分の1に相当する額，商品が返還されない場合は商品の販売価格に相当する額）にこれに対する法定利率による遅延損害金の額を加算した金額を超える額の金銭の支払を連鎖販売加入者に対して請求することができない（同条第4項）。

イ　不実告知・事実不告知による意思表示の取消し

(ア) 要　件

連鎖販売加入者は，統括者・勧誘者がその統括者の統括する一連の連鎖販売業に係る連鎖販売契約の締結を勧誘するに際して下記①から⑤の事実について不実告知または事実不告知を行った場合，一般連鎖販売業者が連鎖販売業に係る連鎖販売契約の締結を勧誘するに際して下記①から⑤の事実について不実告知を行った場合で，それによって事実を誤認して，連鎖販売契約の申込みまたは承諾の意思表示をしたときは，その意思表示を取り消すことができる。ただし，当該連鎖販売契約の相手方が，当該連鎖販売契約締結当時，統括者・勧誘者・一般連鎖販売業者がこれらの行為をした事実を知らなかったときは，意思表示を取り消すことができない（法40条の3）。

① 商品の種類及びその性能・品質，施設を利用し，役務の提供を受ける権利・役務の種類及びこれらの内容，その他これらに類するものとして主務省令で定める事項

② 当該連鎖販売取引に伴う特定負担に関する事項

*92* 第1章 消費者事件の処理に必要な基本的知識

③ 当該契約の解除に関する事項

④ その連鎖販売業に係る特定利益に関する事項

⑤ その他，その連鎖販売業に関する事項であって，連鎖販売取引の相手方の判断に影響を及ぼすこととなる重要なもの

(イ) 効　　果

取消しの効果等については(1)の訪問販売の項を参照されたい。


### (5) 特定継続的役務提供

#### ア 将来に向けた契約解除

(ア) 要　　件

特定継続的役務提供契約・特定権利販売契約を締結した消費者は，クーリング・オフ行使期間が経過した後は，将来に向かって契約の解除を行うことができる（法49条1項・3項）。

(イ) 効　　果

役務提供事業者は，特定継続的役務提供契約が解除されたときは，損害賠償額の予定や違約金の定めがあったとしても，所定の額（解除が役務提供開始後である場合は提供された特定継続的役務の対価に相当する額と解除によって通常生ずる損害として政令で定める額（以下の表）を合算した額，解除が役務提供開始前である場合は契約の締結及び履行のために通常要する費用の額として政令で定める額（以下の表））にこれに対する法定利率による遅延損害金の額を加算した金額を超える額の金銭の支払を消費者に対して請求することができない（法49条2項）。

販売業者は，特定権利販売契約が解除されたときは，損害賠償額の予定や違約金の定めがあったとしても，所定の額（特定権利が返還された場合は権利の行使により通常得られる利益に相当する額，権利が返還されない場合は権利の販売価格に相当する額，解除が権利の移転前である場合は，契約の締結及び履行のために通常要する費用の額）にこれに対する法定利率による遅延損害金の額を加算した金額を超える額の金銭の支払を消費者に対して請求することができない（法49条4項）。

**【政令で定める額（特商法施行令別表第 4)】**

| 特定継続的役務 | 契約の解除によって通常生ずる損害の額 | 契約の締結及び履行のために通常要する費用の額 |
|---|---|---|
| エステティックサロン | 2 万円または契約残額の 100 分の 10 に相当する額のいずれか低い額 | 2 万円 |
| 美容医療 | 5 万円または契約残額の 100 分の 20 に相当する額のいずれか低い額 | 2 万円 |
| 語学教室 | 5 万円または契約残額の 100 分の 20 に相当する額のいずれか低い額 | 1 万 5000 円 |
| 家庭教師・通信指導 | 5 万円または 1 ヶ月分の役務の対価に相当する額のいずれか低い額 | 2 万円 |
| 学習塾 | 2 万円または 1 ヶ月分の役務の対価に相当する額のいずれか低い額 | 1 万 1000 円 |
| パソコン教室 | 5 万円または契約残額の 100 分の 20 に相当する額のいずれか低い額 | 1 万 5000 円 |
| 結婚相手紹介サービス | 2 万円または契約残額の 100 分の 20 に相当する額のいずれか低い額 | 3 万円 |

　特定継続的役務提供等契約が解除された場合であって，事業者が消費者に対して，関連商品の販売，その代理や媒介を行っていた場合には，消費者は関連商品販売契約を解除することができる。この場合，関連商品の販売を行った者は，損害賠償額の予定や違約金の定めがあったとしても，所定の額（関連商品が返還された場合は関連商品の通常の使用料に相当する額，関連商品が返還されない場合は関連商品の販売価格に相当する額，契約解除が関連商品の引渡し前である場合は契約の締結及び履行のために通常要する費用の額）にこれに対する法定利率による遅延損害金の額を加算した金額を超える額の金銭の支払を消費者に対して請求することができない（法 49 条 5 項・6 項）。

　イ　不実告知・事実不告知による意思表示の取消し

　㋐　要　件

　特定継続的役務提供受領者等は，役務提供事業者または販売業者が特定継続的役務提供等契約の締結の勧誘に際して，下記①〜⑧の事実について不実告知または事実不告知を行ったことにより，当該事実を誤認し，それによって特定

*94* 第1章 消費者事件の処理に必要な基本的知識

継続的役務提供等契約の申込みまたは承諾の意思表示をしたときは，その意思表示を取り消すことができる（法49条の2）。

① 役務または役務の提供を受ける権利の種類及びこれらの内容・効果，その他これらに類するものとして主務省令で定める事項

② 役務の提供または権利の行使による役務の提供に際し当該役務の提供を受ける者または当該権利の購入者が購入する必要のある商品がある場合には，その商品の種類及びその性能・品質，その他これらに類するものとして主務省令で定める事項

③ 役務の対価・権利の販売価格，その他の役務の提供を受ける者・役務の提供を受ける権利の購入者が支払わなければならない金銭の額

④ ③の金銭の支払の時期及び方法

⑤ 役務の提供期間，権利の行使により受けることができる役務の提供期間

⑥ 当該特定継続的役務提供等契約の解除に関する事項

⑦ 顧客が当該特定継続的役務提供等契約の締結を必要とする事情に関する事項

⑧ その他，当該特定継続的役務提供等契約に関する事項であって，顧客・特定継続的役務の提供を受ける者・特定継続的役務提供を受ける権利の購入者の判断に影響を及ぼすこととなる重要なもの

⑷ 効　　果

取消しの効果等については⑴の訪問販売の項を参照されたい。


## ⑹ 業務提供誘引販売取引——不実告知・事実不告知による意思表示の取消し

ア 要　　件

消費者は，業務提供誘引販売業を行う者が業務提供誘引販売契約の締結について勧誘をする際に下記①～⑤の事実について不実告知または事実不告知を行ったことにより，当該事実を誤認し，それによって業務提供誘引販売契約の申込みまたは承諾の意思表示をしたときは，その意思表示を取り消すことができる（法58条の2）。

① 商品の種類及びその性能・品質，施設を利用し，役務の提供を受ける権利・役務の種類及びこれらの内容，その他これらに類するものとして主務省令で定める事項

第3 特定商取引法 *95*

② 当該業務提供誘引販売取引に伴う特定負担に関する事項

③ 当該契約の解除に関する事項

④ その業務提供誘引販売業に係る業務提供利益に関する事項

⑤ その他，その業務提供誘引販売業に関する事項であって，業務提供誘引
販売取引の相手方の判断に影響を及ぼすこととなる重要なもの

**イ 効 果**

取消しの効果等については(1)の訪問販売の項を参照されたい。

## 3 消費者契約法に基づく解決

特定商取引に関する問題解決にあたっては，消費者契約法の適用の可否について検討することも有用である。詳細については，第1章「第2 消費者契約法」を参照されたい。

## 4 割賦販売法に基づく解決

特定商取引に関して，割賦販売を利用している場合には，割賦販売法の適用の可否について検討することも有用である。詳細については，第1章「第4 割賦販売法」を参照されたい。

## 5 民法に基づく解決

特定商取引に関する問題解決にあたっては，民法の錯誤無効（民法95条）（改正後の錯誤取消し），詐欺・強迫による意思表示の取消し（同法96条），未成年者取消し（同法5条2項），行為能力に関する規定（同法9条・14条2項・17条4項），あるいは信義則や権利濫用などの一般条項の適用の可否について検討することも有用である。

*96* 第1章 消費者事件の処理に必要な基本的知識

# 第*4* ▎ 割賦販売法

## ① 割販法の概要とクレジット契約の仕組み

### 1 クレジット契約と消費者被害

クレジット契約は，代金後払いで高額の商品等を購入できるという利便性がある反面，後払いで手元の資金を要しないため支払総額が見えにくく，特に，分割払いの場合は，1回の支払いが少額で済むため，販売業者の勧誘に対する消費者の抵抗が小さい。また，消費者は，販売業者及びクレジット会社の双方とそれぞれ別個の契約を締結するという認識も薄い。これらのことから，悪質業者が高額の商品を消費者に売りつけたり，高額の役務提供を受けさせたりする際の決済手段として，クレジット契約が利用されることが多く，クレジット契約を伴う消費者被害が生じやすい。

クレジット契約については割販法で規制されているが，昨今，クレジット契約の在り方が変化してきたため，平成28年に割販法の改正が行われ，平成30年6月1日から施行された。そこで，本節では，割販法の概要と改正内容，クレジット契約の仕組み等について説明する。

### 2 割販法の規制対象

割販法の規制対象となる契約の類型は以下のとおりである。

#### ⑴ 割賦販売（割販法2条1項）

「割賦販売」は，二者間の契約で，自社割賦と呼ばれるものである。

その要件は，

①販売業者又は役務提供事業者（以下「販売業者等」という）が，

②指定商品若しくは指定権利を販売し，又は，指定役務を提供するもののうち，

③その代金又は対価を

　ⅰ）2月以上の期間にわたり，かつ，3回以上に分割して受領することを

条件とするもの（割販法2条1項1号），

又は，

ⅱ）リボルビング方式により受領することを条件とするもの（割販法2条1項2号）

である。

　リボルビング方式による支払いとは，販売業者等が，購入者・役務の提供を受ける者（以下「購入者等」という）に，カード等（IDや暗証番号も含む）を交付又は付与し，一定期間ごと（例えば，毎月末）のカード等の利用に係る債務残高を基礎として，あらかじめ定められた方式により算定して得た金額を，当該購入者等から受領することを取引条件とする方式である。リボルビング方式には，定額リボルビング方式（残高のうち一定額を支払う方式），定率リボルビング方式（債務残高の一定割合を支払う方式。ある程度少なくなったところで一括返済する。），残高スライド定額リボルビング方式（債務残高を分類し，分類ごとに弁済額を決める方式。）などがある。

【図1】　割賦販売

(2)　ローン提携販売（割販法2条2項）

　「ローン提携販売」は，与信業者からのローン（借入）を販売業者が保証する，ローンと販売が一体となって提供される販売形態である。

　その要件は，

①販売業者等が，

②カード等を利用者に交付又は付与し，

③その利用者が，販売業者等にそのカード等を提示若しくは通知して又はそれと引き換えに購入した指定商品若しくは指定権利の代金又は提供を受ける指定役務の対価に充てるためにする金銭の借入れであって，

　ⅰ）2月以上の期間にわたり，かつ，3回以上に分割して返還することを条件とするもの

又は,
ⅱ）リボルビング方式により返済することを条件とするもの
に係る購入者等の債務を保証（若しくは保証業者への債務の保証の委託）して,
④指定商品若しくは指定権利を販売し，又は指定役務を提供することである。

【図2】 ローン提携販売

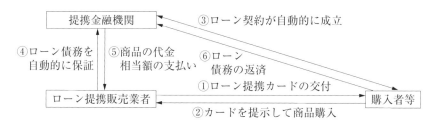

(3) 個別信用購入あっせん（割販法2条4項）

「個別信用購入あっせん」（個別クレジット）とは，購入者等が，販売業者等から商品を購入する際に，個別クレジット業者がその代金を立て替えて支払う取引形態である。包括信用購入あっせんとは異なり，あらかじめ包括的な与信契約（クレジットカード契約）は締結されない。

その要件は，
①個別クレジット業者が,
②カード等を利用することなく,
③購入者等が特定の販売業者から商品・指定権利を購入すること，又は，役務の提供を受ける者が特定の役務提供事業者から役務を受領することを条件として,
④その代金等の全部又は一部に相当する額を，販売業者等に交付し（当該販売業者等以外の者を通じた交付を含む),
⑤購入者又は役務の提供を受ける者から，あらかじめ定められた時期までに当該金額の返還を受けること（ただし，販売契約又は役務提供契約の締結日から2カ月以内に弁済が完了する場合（マンスリークリア方式の取引）は含ま

ない）である。

　なお，個別信用購入あっせんでは，権利については指定権利制が維持されているが，商品及び役務については全てのものが対象となる。

【図3】　個別信用購入あっせん

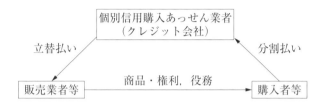

(4)　包括信用購入あっせん（割販法2条3項）

「包括信用購入あっせん」（包括クレジット）の典型は，クレジット会社によるクレジットカード取引である。

　その要件は，

①クレジット会社が，

②購入者等にあらかじめカード等を交付又は付与し，

③その購入者等が販売業者等にそのカード等を提示若しくは通知して又はそれと引き換えに，特定の販売業者から商品若しくは権利を購入し，又は，特定の役務提供事業者から役務の提供を受ける場合に，その代金等に相当する額を，当該販売業者又は役務提供事業者に交付し（当該販売業者等以外の者を通じた交付を含む），

④購入者等から代金・対価に相当する額を

　ⅰ）あらかじめ定められた時期までに受領すること（ただし，マンスリークリア方式の取引は含まない）

　又は，

　ⅱ）リボルビング方式により受領すること

である。

# 【割賦販売法　規制一覧】

| 名称 ＼ 項目 | 割賦販売 個別方式 前払い（1項1号） | 割賦販売 個別方式 後払い 包括方式（1項1号） | 割賦販売 個別方式 後払い リボ方式（1項2号） | ローン提携販売*1 包括方式（2項1号） | ローン提携販売*1 リボ方式（2項2号） | 包括信用購入あっせん 包括方式（3項1号） | 包括信用購入あっせん リボ方式（3項2号） | 個別信用購入あっせん（4項） | 前払式特定取引（6項） | 2月払い購入あっせん（35条の16） |
|---|---|---|---|---|---|---|---|---|---|---|
| 条文（2条） | 1項1号 | 1項1号 | 1項2号 | 2項1号 | 2項2号 | 3項1号 | 3項2号 | 4項 | 6項 | 35条の16 |
| 支払方法 | 2月以上、3回以上の分割払い | 2月以上、3回以上の分割払い | 2月以上、3回以上の分割払い | 2月以上、3回以上の分割払い | 2月以上、3回以上の分割払い | 2月を超える支払い（分割、一括を問わない） | 2月を超える支払い（分割、一括を問わない） | 2月を超える支払い（分割、一括を問わない） | 2月以上、3回以上の分割払い | 2月を超えない範囲内での支払い |
| 対象*6 | 政令指定の商品 | 政令指定の商品・役務・権利 | 政令指定の商品・役務・権利 | 政令指定の商品・役務・権利 | 政令指定の商品・役務・権利 | 全ての商品・権利、政令指定の役務 | 全ての商品・権利、政令指定の役務 | 全ての商品・役務・権利 |  |  |
| 開業規制 | 許可制（11条） | × | × |  |  | 登録制 | 登録制 | 登録制 | 許可制（35条の3の61） | 制約指定の役務（冠婚葬祭、友の会） |
| 取引条件等の表示 | × | 3条1項 | 3条2項 | 29条の2 | 29条の3 | 30条 | 30条の2の3 | 35条の3の2 | × | × |
| 書面交付義務 | × | 4条 | 4条 |  |  | 30条の2の2 | 30条の5の2 | 35条の3の8、35条の3の9*3 | × | × |
| 過剰与信防止義務（加盟店調査） |  | × | × |  |  | 30条の2、30条の2の2 | 30条の2、30条の2の2 | 35条の3の5、35条の3の7*3 | × | × |
| 業務の運営に関する措置 |  | × | × |  |  |  |  | 35条の3の20 | × | クレジットカード番号等の適切な管理 |
| 支払能力調査義務 |  | × | × | 貸金業法*2 | 貸金業法*2 | 30条の5の2 | 30条の5の2 | 35条の3の3、35条の3の4 | × |  |
| 支払能力を超える販売の防止義務 |  | 38条 | 38条 |  |  | × | × | × | × |  |
| 支払停止の抗弁 | × | × | × | 29条の4で、30条の4、30条の5を使用 | 29条の4で、30条の4、30条の5を使用 | 30条の4 | 30条の5 | 35条の3の19 |  | × |
| クーリング・オフ | × | × | × | 特商法による | 特商法による | × | × | 35条の3の10、35条の3の11（特商法と横並びのクーリング・オフ制度） | × | × |
| 過量販売解除 |  |  |  | ×*4 | ×*4 | ×*5 | ×*5 | 35条の3の12（特商法と横並びの解除制度） |  |  |
| 不実告知等による取消し | × | × | × | × | × | × | × | 35条の3の13〜35条の3の16（特商法と横並びの取消制度） | × | × |
| 契約解除の制限 | 5条 | 5条 | 5条 | × | × | 30条の2の4 | 30条の2の4 | 35条の3の17 | × |  |
| 損害賠償等の額の制限 | 6条 | 6条 | 6条 | × | × | 30条の3第1項 | 30条の3第2項 | 35条の3の18 | × |  |
| 所有権留保の推定 | 7条 | 7条 | 7条 | × | × | × | × | × | × |  |
| 適用除外 | 8条 | 8条 | 8条 | 29条の4で8条を準用 | 29条の4で8条を準用 | 35条の3の60第2〜4項 | 35条の3の60第2〜4項 | 35条の3の60第2〜4項 | 35条の3の60第1項 |  |

\* 1　個別のローン提携販売は、個別信用購入あっせんに該当する。

\* 2　販売業者については、貸金業法の適用を受ける金融機関の場合。

\* 3　個別信用購入あっせん業者の書面交付義務は、この書面の交付が、与信契約のクーリング・オフの起算点。通信販売については、交付義務を負わない。（平成25年）

\* 4　個別信用購入あっせん業者のあっせん業の加盟店調査義務も、特定取引について。

\* 5　販売業者等との関係で、特商法の規定の適用。その効果について、金融機関に対し、支払停止の抗弁を主張。クレジット会社に対し、支払停止の抗弁を主張。

\* 6　適用除外は35条の3の60。

## 3 クレジットカード取引の仕組み

### (1) オンアス取引について

クレジットカード取引のもっとも単純な形態は【図4】のような形をとる。クレジット会社が，購入者等との間の契約及び加盟店との間の契約の，2つの契約の当事者となり，それぞれの契約の当事者として，イシュイング機能（クレジットカードを発行する機能）とアクワイアリング機能（販売業者と加盟店契約を締結して，販売業者にクレジットカードの利用環境を提供する機能）の2つの機能を有する場合，すなわちイシュアーとアクワイアラーが同一会社である場合の取引をオンアス取引という。

オンアス取引においては，クレジットカード会社は，加盟店との間で加盟店契約を締結する。他方でクレジット会社は，入会申込者に対して一定の入会審査を行い，審査を通過した申込者にクレジットカード会員資格を与えてクレジットカードを発行（貸与）する。クレジットカード会員（購入者等）は，クレジットカードを加盟店に提示して加盟店と商品販売契約・役務提供契約を締結し，加盟店から商品を購入したり，役務提供を受けたりする。加盟店は，商品代金等をクレジット会社に対して請求し，クレジット会社は，加盟店に一括して代金を立て替えて支払う。クレジット会社は，クレジットカード会員に対して立て替えた商品代金等を請求する。

【図4】 包括信用購入あっせん〈オンアス取引〉

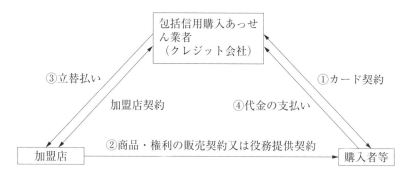

(2) オフアス取引について

オフアス取引とは、イシュイング機能とアクワイアリング機能が分化し、イシュアーとアクワイアラーが異なる会社となる取引のことをいう(【図5】)。

**【図5】 包括信用購入あっせん〈オフアス取引〉**

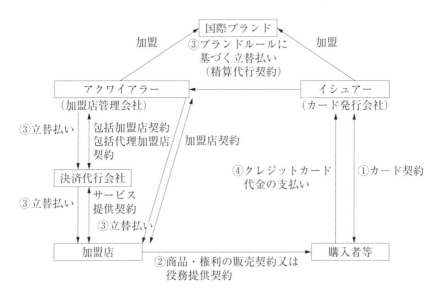

(3) 決済代行について

ア 決済代行業者 (Payment Service Provider, PSP) とは

決済代行とは、クレジット会社(アクワイアラー)と加盟店の間に立って、クレジットカード決済の手続等を行う業務をいい、決済代行業者とは、アクワイアラーと加盟店開拓分野で契約し、通常は加盟店になれない小規模事業者等と提携してその売上伝票をカード決済システムに乗せる事業者である(【図6】)。

決済代行業者は、通常、「包括加盟店契約[1]」をアクワイアラーと締結して

---

1) 商店会や同業者組合などの協同組合、インターネット決済代行業者など一定数以上の店舗を一括して扱う組織または事業者が代表してアクワイアラーとの間で加盟店契約を締結する場合の契約。

自らが加盟店となり，販売業者等の事業者とは決済代行契約を締結するか（包括加盟店型），販売業者等を代理してアクワイアラーと加盟店契約を締結する（包括代理型）。近時，国内では包括代理型が主流となってきている（【図7】）。包括加盟店型では，決済代行業者がアクワイアラーの加盟店となるが，包括代理型では，アクワイアラーと販売業者等との間で直接の加盟店契約関係が成立する。

　また，アクワイアラーと加盟店の契約が国境を越えて行われていることがある（クロスボーダー(越境型)・アクワイアリング）。クロスボーダー・アクワイアリングには，ⅰ）国内の決済代行業者が海外アクワイアラーと契約しているパターン，ⅱ）国内の加盟店が海外の決済代行業者と契約しているパターンがある。クロスボーダー・アクワイアリングについては，加盟店管理を十分に行わない海外のアクワイアラーの加盟店である決済代行業者を経由することによって，悪質加盟店がクレジットカード取引を行うことを可能にし，消費者被害が発生しているとの指摘もある。なお，国際ブランドの規則（レギュレーション）では，原則としてアクワイアラーと加盟店は同一の国・地域内でなければならないとされている。

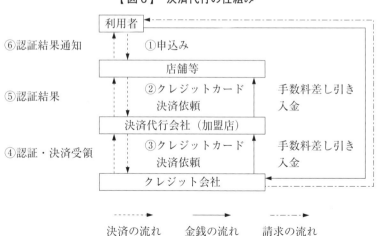

【図6】 決済代行の仕組み

**【図7】 決済代行**

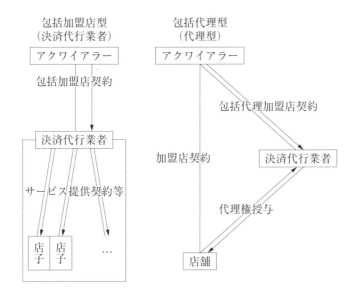

イ 決済代行を利用するメリット

決済代行を利用する店舗等のメリットとしては，①クレジット会社の審査を通らない会社や個人事業主でもクレジットカード決済システムを利用できること，②店舗等は確実に代金を回収できること（ただし，店舗等の支払う手数料は高くなる），③店舗等が新たな決済システムを開発する必要がないこと（決済代行業者のシステムを利用することが多い。決済代行業者のシステムを利用することにより加盟店がクレジットカード番号を自ら取得する必要がなくなることが多い。）という点があげられる。

ウ 決済代行の問題点

決済代行には，利用者側からすると次のような問題点が指摘される。

① クレジット会社の審査を通らないような不良会社でも，カード決済が可能となることがある。なお，国内アクワイアラーは，エステサロンなどの役務提供型の事業者や風俗営業店などとは基本的に契約しないといわれている。

② 利用者にとって，クレジット会社からの請求が，直接取引した業者名ではなく決済代行業者の名によるのでカード利用明細書を見ても何の請求か

わからない。

③　利用者が決済代行業者の介在を知らないため，利用者が知らない間に決済代行業者にカード情報が渡されることがあるが，利用者と決済代行業者とは直接の契約関係にないことから決済代行業者に直接契約責任を問うことができない。

④　国内取引でも海外のアクワイアラーを通して決済代行業者が決済をしている場合（クロスボーダー・アクワイアリングの場合）には，加盟店が国内にあっても外貨決済による請求となり，為替変動リスクを負う。

## ⑷　国際ブランドの仕組み

国際ブランドとは，世界規模で展開するイシュアーとアクワイアラーの間の決済サービスシステムを主宰，所有あるいは管理する団体をいう。国際ブランドには，①カード発行会社（イシュアー）であり，代金回収や加盟店開拓等の全てのカード業務を行うアメリカン・エクスプレス，ダイナース，JCB等と，②銀行やカード会社をメンバーとして，メンバーに統一ブランドのカードを発行させ，世界規模でフランチャイズ組織を展開し，自らはネットワークにより信用照会やセキュリティの運営・管理等を行うVISA，Mastercardがある。VISA，Mastercardは，カード番号と有効期限のみを管理し，基本的個人情報はイシュアーが管理する。そのため，カード番号と有効期限の2つの情報でクレジットカードの決済承認が通る可能性がある。

## ⑸　国際ブランドの取引におけるチャージバック

国際ブランドについては，イシュアー（カード発行会社）が，アクワイアラー（加盟店管理会社）から取引データの提供を受けた後に内容が不当と判断される場合に異議を申し立て，既払代金をアクワイアラーから取り戻す手続が規定されている。この手続をチャージバックという。チャージバック手続を利用するためには，チャージバック手続に規定されているチャージバックリーズン（chargeback reason）がなければならない。また，チャージバックリーズン毎にチャージバックができる期間が定められている。

チャージバックは，イシュアーとアクワイアラー間の紛争解決ルールであってあくまで国際ブランドの組織内の規定によるものであり，自主ルール化され

たものにすぎない。チャージバックの手続主体は，イシュアーとアクワイアラーであり，カード会員は手続主体とはなっておらずチャージバックの請求権はない（【図8】）。また，カード会員がイシュアーに対して，チャージバックをするよう要請し，既払金が返還されたとしても，カード会員には，チャージバックしたものなのか，イシュアーが損失負担しただけなのか知らされることは少ない。

国際ブランドの国際的なチャージバックリーズンは，VISA/Mastercardのオペレーティングレギュレーションによって概要（英文）が明らかになっている。

■チャージバックリーズンの主なもの
・請求遅延（カードを利用した日から一定期間経過後の請求）
・売上げ分割（1つの取引が複数の売上伝票に分けて取り扱われている場合）
・請求金額ミス
・金額の変更
・売上げと取消し伝票などの誤った処理
・二重請求
・伝票写しの返送がない，または判読不能
・サイン漏れ
・インプリント漏れ
・サービスが提供されていない
・商品が届いていない

【図8】 国際クレジットカードでのチャージバック関連手続の流れ　VISA/Mastercard

## (6) VISA，Mastercard 以外の国内取引のチャージバック

国内取引については，国際決済ネットワークを経由していないため，国際ブランドのチャージバックプロセスは機能しない。日本国内決済ネットワーク（CAFIS，JCN，G-NET など）は，決済インフラとして用いられるだけである。

国内取引のチャージバックは，「イシュアーがアクワイアラーに対してカード債権の瑕疵を理由として当該取引に異議を申し立てる行為をいい，これによりアクワイアラーから取り立てられた取引代金を取り戻すことができるもの」をいう。国内取引におけるチャージバックの取り決めは公開されておらず，国際ブランドのような統一ルールによるものではなく，イシュアーとアクワイアラーとの協議の上で処置を決定しているといわれる。また，日本の加盟店業務においては，競争激化などにより加盟店が優位な地位に立つことが多く，国内取引ではチャージバックルールの厳密な運用が行われていないといわれている。

ただし，近時，VISA と Mastercard については国際ブランドに準じたチャージバックを国内取引でも行うことが可能になった。

## 4 平成 28 年割販法改正について

### (1) クレジットカード取引の変化——オフアス取引の一般化

割販法は，包括信用購入あっせんにつき，販売業者，利用者等及び包括信用購入あっせん業者（クレジット会社）の三者間取引（オンアス取引）を想定して規定されたが，昨今のクレジットカード取引の実態をみると，イシュイング機能とアクワイアリング機能が分化されているケース，すなわちオフアス取引が一般化するようになった。

また，近年の EC 取引（Electronic Commerce，電子商取引）の増加等により，中小零細の販売業者を始めとするクレジットカード取引の需要が増加していることなどを背景に，加盟店契約に関して決済代行業者が入ることも多くなった。

従来，クレジットカード発行業務に携わるクレジット会社は，割販法に定める登録を受ける等の規制を受けてきたところ，オンアス取引においては，クレジット会社がイシュアー（クレジットカードの発行業務を行うクレジット会社）とアクワイアラー（クレジットカードの加盟店契約を行う会社）の両者の立場を兼ね

108　第1章　消費者事件の処理に必要な基本的知識

ているため，クレジット会社の自主的な取組みを通じて，悪質加盟店をある程度排除することが可能だった。

　しかし，近年，上述のように，オフアス取引が増加し，海外アクワイアラーを経由した取引や，決済代行業者を経由した取引が増加する中，従前の自主的な取組みのみによっては悪質加盟店の排除は難しくなり，取引環境の適正化を図ることが困難となっている。

　そこで，現実の取引実態に整合的な規制を行うべく，イシュアーとアクワイアラーの各機能に応じた責任負担をすることとし，さらに決済代行業者の制度上の位置付けを明らかにして平成28年に割賦販売法が改正され，平成30年6月1日に施行された。

## (2)　平成28年改正割販法の内容

### ア　改正割販法の事業者

改正割販法上の事業者は，以下のとおり分類される。

| 改正割販法上の事業者 | | 対象事業者 |
|---|---|---|
| クレジットカード番号等取扱業者（改正法35条の16第1項）<br><クレジットカード番号等の適切な管理義務の対象> | （1号事業者）　クレジットカード等購入あっせん業者 | オンアス・オフアスの場合のイシュアー（カード会社） |
| | （2号事業者）　立替払取次業者 | オフアスの場合のアクワイアラー（カード会社） |
| | （3号事業者）　クレジットカード等購入あっせん関係販売業者 | 加盟店（店子） |
| | （　〃　）　クレジットカード等購入あっせん関係役務提供事業者 | 加盟店（店子） |
| クレジットカード番号等取扱受託業者（改正法35条の16第3項）<br><クレジットカード番号等取扱業者に課された指導義務の客体> | クレジットカード番号等取扱業者より委託を受けた者 | 決済代行業者<br><br>クレジットカード番号等取扱業者（3号事業者）から委託を受けたサービスプロバイダー等 |

| クレジットカード番号等取扱契約締結事業者（改正法35条の17の2）<登録義務の対象> | （1号事業者） | オンアスの場合のアクワイアラー（カード会社） |
|---|---|---|
| | （2号事業者） | オフアスの場合のアクワイアラー（カード会社）オンアス・オフアスの場合の決済代行業者 |

＊ 経済産業省「割賦販売法の一部を改正する法律について（平成29年1月）」より


**イ 主な改正内容**

① クレジットカード番号等の適切な管理及び不正利用防止の義務

クレジットカード番号等取扱業者（イシュアー，アクワイアラーのほか，加盟店も含む）に，カード番号等の漏えい，滅失または毀損の防止その他のクレジットカード番号等の適切な管理のために必要な措置を講じる義務が定められた（割販法35条の16）。

② クレジットカード番号等取扱契約締結事業者の登録制

アクワイアラーについて登録制が導入された。また，決済代行業者についても，アクワイアラーと同等の機能，すなわち，加盟店契約についてアクワイアラーから包括的に授権され，実質的に最終決定権限を有し，加盟店調査を行う場合には，登録制の対象とされるようになった。一方，登録アクワイアラーの下で決済代行業者が事業を行う場合，すなわち一次審査を行うにとどまるような場合には登録は不要である（割販法35条の17の2）。

また，外国法人が登録を受けるためには，国内に営業所を有することが必要となった（割販法35条の17の5）。

無登録営業の場合には，3年以下の懲役又は300万円以下の罰金（併科）に処せられる（割販法49条6号）。

③ 加盟店調査等の義務

クレジットカード番号等取扱契約締結事業者（アクワイアラーと一部の決済代行業者）には，以下の加盟店調査義務が課された（割販法35条の17の8）。

ｉ） 初期審査（加盟店契約時）

クレジットカード番号等取扱契約締結事業者は，カード加盟店契約を締結しようとするときには，これに先立って省令で定めるところにより，加盟申込店に関し，カード番号等の適切管理又は利用者による不正利用防止に支障を及ぼ

すおそれの有無に関する事項であって省令に定める事項（加盟店に関する基本的な事項，取扱商品・役務に関する事項，販売形態，苦情の発生状況等）を調査する義務を負う（割販法35条の17の8第1項，省令133条の5・6）。この調査によって，不適合加盟店と判断された場合には，加盟店契約を締結してはならない（割販法35条の17の8第2項）。

　ⅱ）　途上審査（加盟店契約締結後）

　また，クレジットカード番号等取扱契約締結事業者は，加盟店契約締結後も定期的に上記の調査をしなければならない（割販法35条の17の8第3項）。

　ⅲ）　加盟店調査の結果に基づく調査

　苦情が発生し禁止行為等が行われていると認められる場合や，漏えい事故が発生したおそれがあると認められる場合等にも，ⅰ）で記載した事項を調査しなければならない（割販法35条の17の8第3項，省令133条の8）。

　ⅳ）　必要な措置

　定期調査又は苦情発生時等の調査によって，不適合加盟店と判断された場合には，加盟店に対し必要な措置を講じるよう指導し，指導に従わない場合にはクレジットカード番号等取扱契約を解除しなければならない（割販法35条の17の8第4項，省令133条の9）。

　④　事業者に対する改善命令，登録取消し等

　クレジットカード番号等取扱契約締結事業者が規制に違反していると認められるときは，経済産業大臣は当該事業者に対し業務改善命令（割販法35条の17の10）や登録の取消し（割販法35条の17の11）を行うことができる。

　⑤　セキュリティ対策強化とFintechの活用対応

　販売店等にもクレジットカードのセキュリティ対策強化のためクレジットカード番号の管理義務を新たに課した（割販法35条の16第1項3号）。また，書面交付義務について，クレジットカード利用時における加盟店の書面交付義務を情報提供義務として一定程度緩和した（割販法30条の2の3）。

## 5 個別信用購入あっせんおよび包括信用購入あっせんに係る 民事ルール

### (1) 個別信用購入あっせんに係る民事ルール

### ア クーリング・オフ（割販法35条の3の10・11）

第1章第3②「8 割販法上のクーリング・オフ」参照。

### イ 取消権（割販法35条の3の13〜16）

特商法の訪問販売・電話勧誘販売・連鎖販売取引・特定継続的役務提供，業務提供誘引販売の方法による販売契約又は役務提供契約に係る個別クレジット契約について，不実告知等があった場合に個別クレジット契約について取消しを認める規定がおかれている。

取消しの意思表示は，特段の事情がない限りクレジット会社に対してなすべきである。

取消しがなされると，個別クレジット契約は遡及的に無効となる（民法121条参照）。精算のルールは以下のとおりである。

① 個別信用購入あっせん業者から販売業者に対して交付されている立替払金は，販売業者から個別信用購入あっせん業者に返還される（割販法35条の3の13第3項，35条の3の14第3項，35条の3の15第3項，35条の3の16第2項）。

② 個別信用購入あっせん業者は申込者等に立替払金の求償を請求してはならない（割販法35条の3の13第2項，35条の3の14第3項，35条の3の15第3項，35条の3の16第2項）。

③ 申込者等は，個別信用購入あっせん業者に既払金の返還を請求できる（割販法35条の3の13第4項，35条の3の14第3項，35条の3の15第3項，35条の3の16第2項）。

割販法に基づく取消権の行使は追認することができる時から，1年間行わないときは時効によって消滅する。個別クレジット契約の締結の時から5年を経過したときも同様である（割販法35条の3の13第7項，35条の3の14第3項，35条の3の15第3項，35条の3の16第2項）。

なお，個別クレジット契約の取消しの効力は，善意の第三者には対抗できない（割販法35条の3の13第5項，35条の3の14第3項，35条の3の15第3項，

35条の3の16第2項)。

### ウ　個別クレジット契約の過量販売解除

訪問販売の方法による販売契約又は役務提供契約の申込者等は，当該販売契約が過量販売契約（特商法9条の2第1項参照）に該当する場合には，その販売契約に付された個別クレジット契約を解除し，又は，契約の申込みの意思表示を撤回することができる（割販法35条の3の12第1項）。ただし，申込者等に，当該過量販売契約を必要とする特別の事情があった場合は，解除は認められない。

解除が認められる期間は，個別クレジット契約の締結の時から1年である（割販法35条の3の12第2項）。

精算のルールは以下のとおりである。

①　個別信用購入あっせん業者は，申込みの撤回又は解除に伴う損害賠償又は違約金の支払いを請求できない（割販法35条の3の12第3項）。

②　個別信用購入あっせん業者は，立替払いを行っている場合においても，申込者等に対し，その立替払相当額の支払請求はできない（割販法35条の3の12第4項）。

③　個別信用購入あっせん業者は，申込者等から当該個別クレジット契約に関して金銭を受領しているときは，申込者等に対し，速やかにこれを返還しなければならない（割販法35条の3の12第6項）。

④　販売業者等は，過量解除時に，個別信用購入あっせん業者から既に立替払金の交付を受けているときは個別信用購入あっせん業者に当該立替払金を返還しなければならない（割販法35条の3の12第5項）。

過量解除に係る規定は，割販法35条の3の12第5項及び7項を除き強行法規である（割販法35条の3の12第8項）。

### ⑵　包括信用購入あっせん及び包括信用購入あっせんに係る民事ルール

### ア　契約の解除の制限，期限の利益喪失条項の制限

包括信用購入あっせん業者は，包括クレジット契約の支払いの履行がなされない場合でも，20日以上の相当な期間を定めてその支払いを書面で催告し，その義務が履行されないときでなければ，支払いの遅延を理由として契約を解除し又は相手方の期限の利益を喪失させることはできない（割販法30条の2の

4第1項)。

### イ　損害賠償等の額の制限

#### (ア)　解除時の損害賠償等の制限

包括信用購入あっせん業者は，分割方式の包括クレジット契約が解除された場合には，その契約に係る支払総額（現金販売価格又は現金提供価格＋手数料の額）に相当する額にこれに対する法定利率による遅延損害金の額を加算した金額を超える額の金銭の支払いを請求することはできない（割販法30条の3第1項）。

なお，この規定はリボルビング方式には適用されない。

#### (イ)　債務不履行の場合の損害賠償等の制限

包括信用購入あっせん業者は，分割方式の包括クレジット契約について，利用者が支払いを怠った場合であっても，支払総額相当額から既払金額を差し引いた額に法定利率による遅延損害金の額を加算した金額を超える額の金銭の支払いを請求することはできない（割販法30条の3第2項）。

なお，この規定はリボルビング方式には適用されない。

### ウ　抗弁の接続

第1章第4「②　抗弁の対抗」参照。

【参考文献】
・中崎隆『詳説　改正割賦販売法』（金融財政事情研究会，2010年）
・阿部高明『クレジットカード事件対応の実務』（民事法研究会，2018年）
・山本正行『カード決済業務のすべて』（金融財政事情研究会，2012年）
・産業構造審議会商務流通情報分科会割賦販売小委員会「報告書～クレジットカード取引及び前払式特定取引の健全な発展を通じた消費者利益の向上に向けて～」（平成29年5月10日）
・経済産業省商務流通保安グループ商取引監督課「割賦販売法の一部を改正する法律について」（平成29年2月）
・経済産業省商務流通保安グループ商取引監督課「改正割賦販売法に基づく省令改正等について」（平成29年2月）
・産業構造審議会商務流通情報分科会割賦販売小委員会「報告書～クレジットカード取引システムの健全な発展を通じた消費者利益の向上に向けて～＜追補版＞」（平成28年6月2日）
・産業構造審議会商務流通情報分科会割賦販売小委員会「報告書～クレジットカード取引システムの健全な発展を通じた消費者利益の向上に向けて～」（平成27年7

月3日)

・消費者委員会「クレジットカード取引に関する消費者問題についての建議」(平成26年8月26日)

・三菱UFJリサーチ&コンサルティング「オンライン決済，スマホ決済の動向整理」(平成28年度　消費者庁委託調査事業「インターネット消費者トラブルに関する総合的な調査研究　報告書」)

・山本正行「特集　クレジットカード知っておきたい基礎知識　クレジットカード決済のしくみ」(国民生活2012年11月号)

・渡辺達徳「特集　割賦販売法改正に向けての課題と今後の展望　クレジットカード取引の課題と法の見直し」(国民生活2015年12月号)

## 2 抗弁の対抗

### 1 抗弁の対抗とは

　抗弁の対抗とは，【図】のように，割販法の定める信用購入あっせんおよびローン提携販売において，購入にかかる商品の引渡しが未了，契約がクーリング・オフなどによって解消されて代金の支払義務がない，あるいは債務不履行や瑕疵担保責任などによる損害賠償請求権があるなど，消費者と販売業者や役務提供事業者（これらはまとめて「販社」あるいは「販売店」と呼ばれることが多い）間に生じている事由をもって，信用購入あっせん業者やローン提携販売業者（以下まとめて「クレジット会社」とする）の支払請求に対抗（支払拒絶）することができるという法理である（割販法30条の4・35条の3の19・29条の4）。

　広い意味では，割販法の適用のある信用購入あっせんやローン提携販売に限らず，民法の信義則（民法1条2項）などを根拠にして，消費者が販売業者や役務提供業者に主張できる事由をもって，その取引において販売信用を供与したクレジット会社や貸金業者，銀行等からの支払請求に対抗できる法理としても主張されることもあり，これらも含めて「抗弁の対抗」や「抗弁対抗の法理」と呼ばれることもある。

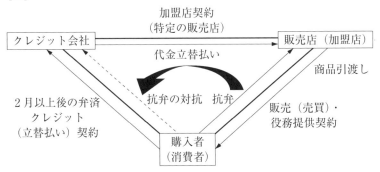

*116* 第1章 消費者事件の処理に必要な基本的知識

## 2 抗弁対抗の法理の導入とその性質

### (1) 割販法改正と抗弁対抗法理の導入

　割販法の規定する抗弁の対抗は，1984（昭和59）年の同法の改正により，当時の「割賦購入あっせん」について導入され，さらに1999（平成11）年の割販法改正により，割賦購入あっせんの抗弁の対抗規定（同法30条の4）が「ローン提携販売」についても準用されることになった（同法29条の4第2項）。

　割賦購入あっせんにおいては，商品の引渡しや役務提供の場面と，その代金相当額の決済の場面とでは消費者の相手方となる事業者が異なっており，それぞれ個別の契約関係に立つことから，販売業者や役務提供事業者（以下，これら業者をまとめていうときは「販売業者等」という）との間の契約意思に瑕疵があったり，販売業者等がその債務を履行しない場合など販売業者等に対して主張し得る事由があっても割賦購入あっせん業者からの支払請求を拒むことができず，他方，販売業者等は代金の回収は終えてしまい，消費者からの主張に誠実に応じるインセンティブが働かないことなどから，これに起因する紛争やトラブルが多発していた。

　そこで，割賦購入あっせんにおける消費者と販売業者等及び割賦購入あっせん業者間では，

① 　割賦購入あっせん業者と販売業者等の間には，購入者への商品販売に関して密接な取引関係が存在していること

② 　このような密接な関係が存在しているため，購入者は，割賦販売の場合と同様に商品の引渡しがなされない等の場合には支払請求を拒みうることを期待していること

③ 　割賦購入あっせん業者は，販売業者等を継続的取引関係を通じて監督することができ，また損失を分散，転嫁する能力を有していること

④ 　これに対して，購入者は，購入に際して一時的に販売業者等と接するに過ぎず，また契約に習熟していない，損失負担能力が低い等割賦購入あっせん業者に比して不利な立場に置かれていること

といった関係・事情がある[1]ことから，クレジット取引における紛争やトラブ

---

1) 　経済産業省商務情報政策局取引信用課編『平成20年版　割賦販売法の解説』（日本クレジット協会，2009年）142頁（以下「経産省解説」という）。

ルを解決するための方策として，抗弁対抗の法理を割販法に規定すべきとの意見が強く出されていたことなどが背景となって，昭和59年の割販法改正において，新たに抗弁の対抗を割賦購入あっせんに認める規定が導入されたものである。

### (2) 抗弁対抗の法理の性質

### ア 確認的規定説

(1)で指摘されている①ないし④のような事由は，昭和59年の割販法改正以前から積み重ねられてきた判例の法理でも繰り返し指摘されてきたものであり[2]，同法に抗弁の対抗を導入した改正は，これら判例の集積の結果なされたものと評価しうる。その意味では，割販法の抗弁対抗の法理は，同法の明文の規定を待つまでもなく，民法法理として承認することが可能である。この解釈を前提にすると，割販法に導入された抗弁の対抗の規定は，このような民法上の法理を確認した規定であると理解できる（確認規定説）。

### イ 創設的規定説（最判平成2年2月20日，最判平成23年10月25日）

もっとも，最高裁は，抗弁対抗の法理は立法による創設的な規定であるとの解釈を示している（最判平成2年2月20日判時1354号76頁，最判平成23年10月25日民集65巻7号3114頁）。すなわち，最判平成2年2月20日（以下「平成2年最高裁判決」という）は，判決理由の中で「昭和59年法律第49号による改正後の割賦販売法30条の4第1項の規定は，法が，購入者保護の観点から，購入者において売買契約上生じている事由をあっせん業者に対抗し得ることを新たに認めたものにほかならない。」と判示し，最判平成23年10月25日（以

---

2) 名古屋高判昭和60年9月26日（判時1180号64頁）は，立替払委託型クレジットの事案で，海外旅行を口実にして英会話教材を販売した事案で消費者の要素の錯誤による意思表示の無効を認め，教材販売契約の無効をもってクレジット会社に対抗できるとした。福岡高判昭和61年5月29日（判タ604号123頁）は，債権譲渡型クレジットの事案で，クレジット会社の顧客に対する譲受代金の請求を信義則に反するとして排斥し，その理由について，購入者と販売会社間のショッピングクレジット契約と販売会社とクレジット会社との間の債権譲渡契約とは法的形式的には別個であるが経済的実質的には密接不可分の関係にあり，顧客の立場からすると販売会社とクレジット会社とは一体として同じ売主の関係にあるものと解するのが相当であるなどとしていた。その他，割販法改正前の裁判例については，前掲注1)「経産省解説」の144頁以下を参照されたい。

*118* 第1章 消費者事件の処理に必要な基本的知識

下「平成23年最高裁判決」という）も，平成2年最高裁判決を踏襲して同様に判示した。これらの判示からすると，最高裁は，割販法の抗弁対抗の法理は同法により新たに創造された規定であるとの解釈（創設的規定説）を採用したと考えられている。

### ⑶ 平成2年および平成23年最高裁判決の射程

最高裁が創設的規定説を採用したことは前記のとおりであるが，平成2年最高裁判決が「購入者が右業者の履行請求を拒み得る旨の特別の合意があるとき，又はあっせん業者において販売業者の右不履行に至るべき事情を知り若しくは知り得べきでありながら立替払を実行したなど右不履行の結果をあっせん業者に帰せしめるのを信義則上相当とする特段の事情があるときでない限り，購入者が右合意解除をもってあっせん業者の履行請求を拒むことはできないものと解するのが相当である」と判示していることを手掛かりに（平成23年最高裁判決も，個品割賦購入あっせんの事案であるが，同様に信義則の適用場面として『特段の事情』について判示している），最高裁は一般的に抗弁の対抗は法の規定がなければ認められないといっているのではなく，信義則の適用の一場面として割販法30条の4によらずに同様の抗弁の対抗が認められる場合があり得ることを判示していると捉え直し，実務的にも信義則の適用が可能な事情を具体的に検討して妥当な解決を図る努力もされるようになった[3]。

この場合，①クレジット会社と販売会社の密接性（人的，物的〔経済面〕），②販売，役務提供事業又は契約へのクレジット会社の関与の程度・内容，③損失回避の能力，機会，努力におけるクレジット会社と購入者との間の格差の程度，④その他（販売業者等の行為の違法性，消費者の要保護性，クレジット会社の加盟店調査義務〔割販法35条の3の5〕の履行状況等）などの事情が判断におい

---

3) 例えば，大阪地判平成6年9月13日（判時1530号82頁）は，英会話学校閉鎖の事案で，クレジット会社と学校とが資金的にも人的構成の面でも密接不可分の関係があること，クレジット会社からの借受けは学校への受講料の支払いのためになされ，クレジット会社の営業対象も受講生に対する受講料相当額の貸付けに限定されていて相互依存的な関係があること，クレジット会社からの貸付金は受講者からの依頼で直接学校に払い込まれており，貸金契約は実質的には立替払契約と同じ内容であること等を前提に，学校閉鎖でいわば貸金契約の目的を達することができなくなった後も，なお貸金債務のみは返済を続けるべきとするのは信義則上許されないとした。

て考慮されるべきである。

## 3 抗弁の対抗が認められるための要件，抗弁事由の範囲と内容

### ⑴ 要 件

割販法の抗弁の対抗が認められるには，その取引がローン提携販売又は信用購入あっせんのいずれかに該当するものであることが必要である。

### ⑵ 抗弁事由の範囲と内容

### ア 販売業者，役務提供事業者に対し商品・権利の販売又は役務の提供につき生じている事由

抗弁事由は「当該商品若しくは当該指定権利の販売につきそれを販売した包括信用購入あっせん関係販売業者又は当該役務の提供につき提供する包括信用購入あっせん関係役務提供事業者に対して生じている事由」である必要がある（割販法30条の4・35条の3の19：なお，これらの条文の書きぶりが多少異なるが，実質的には同じである）。

したがって，取引の対象となった商品や権利の販売や役務提供と関係なく消費者が販売業者等に対して主張しうる事由（例えば，販売業者の社員の運転する車で消費者が事故に遭い，販売業者に対する損害賠償請求権があるなど）は，抗弁事由にはならない。

しかし，抗弁事由は販売会社との売買契約や役務提供契約の内容となる事項あるいはクレジット契約書面等に記載された事項には限定されない（無制限説）。これらの契約内容に含まれるものに限定されるとの説（制限説）もあるが，口頭のセールストークに基づき生じる事由に基づく抗弁（例えば，不実告知や断定的判断の提供などによる意思表示の取消し）や付随的特約による抗弁（例えば，買戻特約）など，商品の販売や役務提供につき販売業者等に対して生じた事由は原則として全て含むと解すべきである。

### イ 対抗できる抗弁事由

クレジット会社に対抗できる事由については，割販法は特に規定していない。経済産業省の通達では「購入者保護の観点から，できるだけ広く解すべきであり，原則として，商品の販売について販売業者に対して主張しうる事由は，およそこれをもってあっせん業者に対抗することができる事由になると解

する」とし（「昭和 59 年改正割賦販売法の施行について」昭和 59 年 11 月 26 日 59 産局第 834 号），「商品の販売の条件となっている役務提供のないこと」も抗弁事由として例示する。

通常，対抗できる抗弁事由と考えられるのは，次のようなものがある。

(ア) **請求権の存在そのものを否定することを理由とする抗弁**

① 契約の不成立

② 意思表示あるいは契約の無効

錯誤（民法 95 条）（改正後の錯誤取消し），公序良俗違反・暴利行為（同法 90 条），取締法規違反を理由とする契約の無効，消費者契約法の不当条項違反（消費者契約法 8 条〜10 条）による無効など。

③ 取消し

詐欺・強迫（民法 96 条），消費者契約法の不実告知，不利益事実の不告知，断定的判断の提供，退去・不退去妨害及び過量販売（消費者契約法 4 条 1 項〜4 項），特定商取引法による不実告知，故意による重要事実の不告知，過量販売（特商法 9 条の 2 など），制限能力者による意思表示（民法 5 条 2 項など。ただし，クレジット契約そのものも取り消し得る）など。なお，クレジット会社は，詐欺による取消しの場合に保護される「第三者」（民法 96 条 3 項）には該当しないと解される。

④ 解除・解約

販売業者，役務提供事業者の債務不履行に基づく解除，特定商取引法などの法律に基づくクーリング・オフ（特商法 9 条），中途解約や商品販売契約の解除（同法 49 条ほか）など。解除の場合にもクレジット会社が保護される第三者（民法 545 条 1 項ただし書）に該当しないことは取消しの場合と同じである。

(イ) **請求権の存在は認めた上，その履行を拒む抗弁**

① 期限の未到来

② 同時履行の抗弁（民法 533 条）

商品の引渡未了，販売条件となっている役務の提供がないなど。

(ウ) **損害賠償請求権**

履行遅滞，履行不能に基づくものだけでなく，債務の履行に伴う積極的債権侵害（商品の搬入時に物を毀損した場合や健康食品を摂取して健康被害を生じさせた場合など）や瑕疵担保責任（民法 570 条，改正後は契約不適合責任に統一）に基

づく損害賠償請求権を有している場合。

### ウ　抗弁の対抗の可否が問題となる事由

#### (ア)　販売店と購入者等との合意解除

最高裁判所事務総局編「信販関係事件に関する執務資料（その2）」（1985年）74頁は、「割賦購入あっせんにおける抗弁の対抗を認める実質上の理由が、割賦購入あっせん業者が購入者に対して加盟店契約を結んでいる販売店をあっせんしている点にあるとすれば、購入者が作り出した一方的事由に基づく事由は、30条の4にいう抗弁事由に該当しないというべきであろう」として、購入者と販売店の合意解除は抗弁権の対抗事由に該当しないとする。

しかし、合意解除に至る理由は、販売店に債務不履行がある場合などが多く、ただ、話合いで契約を解除することになるに過ぎないから、合意解除であるというだけであっせん業者に対抗できないとするのは不当である。

合意解除についても、購入者等と販売店とが通謀してクレジット会社に損害を与える目的で行ったなどの場合でなければ、抗弁を対抗できると考えるべきであろう。

判例としては、前掲の平成2年最高裁判決が「右改正前においては、購入者と販売業者との間の売買契約が販売業者の商品引渡債務の不履行を原因として合意解除された場合であっても、……購入者が右合意解除をもってあっせん業者の履行請求を拒むことはできない」と判示していることの裏返しとして、改正後は債務不履行を理由とする合意解除は抗弁となることを認めていると解する余地がある。

#### (イ)　購入者と販売店の取引がマルチ商法などの欺まん的な取引である場合

欺まん的商法にからむケースで販売店と購入者との契約が公序良俗違反あるいは不法行為に該当する場合について、法によって禁止され、あるいは公序良俗に反して無効とされる契約に積極的に加入した者に、抗弁の対抗の保護を認めることについては消極的な考え方もある。

割販法に抗弁の対抗の規定が導入される以前の事件につき、基本となる契約の違法性をクレジット会社が知っていた場合には、立替払契約自体が公序良俗違反で無効となるとするもの（名古屋高金沢支判昭和62年8月31日判時1254号76頁）、クレジット会社の調査義務違反を理由に、その落ち度に応じて抗弁の対抗を認めるかのような考えに立つもの（福岡地判昭和61年9月9日判時1259

号 79 頁)，あるいはクレジット会社の知・不知にかかわらず，一体性を根拠に対抗することができるとするもの（神戸簡判昭和 60 年 8 月 28 日判タ 577 号 53 頁）などの裁判例がある。

しかし，このような欺まん的な取引で儲けることのできるのは，全体の数パーセントであることを考えると，購入者は，基本的に被害者であること，抗弁の対抗を認めなければ結果としてクレジット会社が公序良俗違反行為を助長，援助することになることなどから，原則として対抗できると考えるべきである。

#### (ウ) 契約後に生じた債務不履行

ゴルフ場未開場の事案についての最判平成 13 年 11 月 22 日判時 1811 号 76 頁は契約上の抗弁対抗を認める条項の解釈として否定したが，割販法の抗弁対抗の規定の解釈の射程の判断であるかは疑問である。

#### (エ) 名義貸し

第 1 章第 4 「③ 名義貸し」を参照されたい。

#### (オ) そ の 他

平成 20 年改正前の割販法では，商品および役務についても政令指定制をとっていたため，指定商品や指定役務を対象にしない取引では，同法の適用はなく同法による抗弁の対抗も認められなかった。現行の割販法はローン提携販売については従前どおりであるが，包括信用購入あっせんおよび個別信用購入あっせんでは権利以外の政令指定制を廃止したので，この問題は立法的に解決された。

しかし，割販法の適用対象外の事案についても，平成 2 年最高裁判決のいう「特段の事情」があるとして，信義則を理由に抗弁の対抗を認めた裁判例が存在する[4]。

#### エ 抗弁の対抗の制限

販売業者等に生じている事由があった場合でも，その事由をクレジット会社に抗弁として主張することが許されない場合がある。

そもそも抗弁の対抗を割販法が認めているのは，購入者（消費者）の保護の

---

4) 前掲注 3)・大阪地判平成 6 年 9 月 13 日，東京地判平成 15 年 1 月 27 日（金判 1164 号 6 頁。ゴルフ会員権が政令指定される前の事案である）など。

ためであるから，消費者側に保護に値しない事由や事情がある場合には，クレジット会社に抗弁の対抗を認めるのは信義則（民法1条2項）に反すると考えられている。

この点については，経済産業省も「販売業者に対して生じている事由が存する場合でも，その事由をもって購入者が割賦購入あっせん業者の支払請求を拒むことが信義に反すると認められるときは，対抗することが出来ない」としている（「経産省解説」143頁）。

しかし，ここにいう「信義に反する場合」とは，単に消費者に何らかの不注意や関与があるという意味ではなく，販売業者等がクレジット契約の不正利用によりクレジット会社から不正な利益を取得しようとする事情（クレジット会社に損害を与えることとなる事情）を，消費者が知りながらあえて販売業者等に積極的に協力した場合（背信的悪意またはクレジット会社に対する害意がある場合）に限定されるものと解すべきである（神戸地姫路支判平成14年3月27日，大阪高判平成16年4月16日［ダンシング事件］http://www.hyogoben.or.jp/hanrei/hanreihtml/033-040416.html）。

なお，どのような場合であれば，信義則違反とされ抗弁の対抗が認められなくなるのかについては，クレジット不正利用の場面で多く問題となるが，クレジットの不正利用が直接問題とはならない場面において信義則に反するとされるおそれがあるのは，クレジット会社からの確認の問い合わせに対し，消費者が積極的に与信を得る目的で虚偽の内容を回答した場合などである。

## 4　抗弁の対抗の効果

### ⑴　抗弁の対抗の効果，既払金返還請求の可否

抗弁の対抗は，条文の文理上は「対抗することができる」とされており，このことから消費者は支払いの拒絶ができるだけであり（抗弁権），既に支払った割賦金の返還請求はできないと解されている（通達も同旨。また，前掲平成23年最高裁判決も既払金返還請求を否定している）[5]。

---

5)　訴訟上，通常は，クレジット会社が消費者に対してクレジット代金支払請求訴訟を提起してきた際の抗弁として主張されることになり，消費者がクレジット会社を相手にクレジット代金の支払債務の不存在確認訴訟を提起できるかについては消極的な考えが強い。なお，支払いを拒絶できる抗弁権の存在確認請求訴訟を提起することは可能であろう。

## (2) 信義則による解決

抗弁の対抗により支払いを拒絶できるか否かというオール・オア・ナッシングの解決ではなく，信義則を根拠に公正妥当な解決を図るべきであるとの指摘もされており，裁判例においても信義則の適用によりクレジット会社の請求を一部に限定したものも複数存する[6]。

---

6) 例えば，東京地判平成 3 年 4 月 17 日（判時 1406 号 38 頁，貸金請求事案）は，信義則を適用し，クレジット会社の購入者に対する請求を貸金残額の約 5 割に限定した。大阪地判平成 2 年 8 月 6 日（判時 1382 号 107 頁，貸金請求事案）も，売買契約と金銭消費貸借契約との密接不可分の関係を前提に，信義則上，売買契約が無効であることを主張して貸金債務の支払いを拒否することができるとした。

## ③ 名義貸し

### 1 はじめに

　いわゆる名義貸しは，第三者の名義を利用して契約を締結することをいう。その類型としては，①名義冒用と②狭義の名義貸しとに大きく分けられる。

　①名義冒用は，契約名義人の知らない間に他人によって勝手に名前が使われて売買等がなされた場合である。②狭義の名義貸しは，知人などから「絶対に迷惑をかけない」などといわれて，知人を実質上の契約者（代金支払者），自分を形式上の契約者とするものである。②の場合，実際に契約を結ぶ行為をするのが名義貸人である場合と，知人自身である場合（名義貸人の名を使って知人が契約行為をすることを承諾している場合）とがあり，名義貸しだということについて相手方が知っている場合と知らない場合とがある。

　従来，狭義の名義貸しについては，単純に名義貸人の責任を肯定する傾向があった。近時は，相手方が名義貸しであることを知っていた場合に，名義貸人の責任を全部ないし一部否定する裁判例も出ていたところ，後述するように平成29年2月21日最高裁判決（民集71巻2号99頁）は，販売店の勧誘により名義貸しをして締結されたクレジット契約について，販売店の告知内容は重要事項に当たるとして不実告知による取消し（割販法35条の3の13）を認めた。この最高裁判決は，販売店と信販会社との密接な関係に着目して販売店の告知内容が不実告知の対象となる旨を判断した重要な判決である。また，名義貸しによって締結された販売契約の無効を信販会社に対抗することが信義則に反するか否かについても，販売店の虚偽説明による契約であることを踏まえた上で信義則違反の認定を行うべきことを求めている点で信義則違反の解釈運用について影響を及ぼす重要な判決である。ただし，不実告知による誤認の有無や意思表示との因果関係の有無等については，個別の購入者ごとに，販売店との関係，名義貸しを承諾するに至った経緯等を考慮して別途検討する必要があるし，信義則違反の有無についても同様の事情の考慮を要するため，名義貸し事案においては契約締結に至った経緯や相手方の関与の実態を丁寧に検討していくことが求められる。

## 2　二当事者間における名義貸し

　名義貸しが問題となる場面としては，銀行や貸金業者から金員を借り入れる際に名義貸しが行われる場合（二当事者間の取引）と，クレジット契約のように販売店と信販会社が関与する取引で名義貸しが行われる場合（三当事者間の取引）とがある。

　まず，二当事者間取引における名義貸しから検討する。

### (1)　名義冒用

　第三者 A が，拾った B の保険証などを利用して，B の名義で，貸金業者 C から金銭を借り入れるといった場合である。

　まず，名義を冒用された B と相手方（貸金業者 C）との間に契約は成立しない。契約は名義冒用者 A と相手方 C との間に成立するのであって，名義冒用の点は，C の錯誤（契約の当事者が誰かということについての錯誤）による無効（改正後の民法 95 条 1 項の「取消し」）ないし詐欺による取消しとして問題となるにすぎない（幾代通『民法総則〔第 2 版〕』（青林書院新社，1984 年）308 頁）。

　ただし，名義を冒用された者が契約を追認すれば，民法 116 条類推適用により契約は遡って効力を生じる（仙台高判昭和 36 年 12 月 12 日下民集 12 巻 12 号 2934 頁。結論としては追認を否定）。追認があったと認定した例として，東京地判平成 8 年 12 月 16 日判時 1612 号 76 頁がある。

### (2)　狭義の名義貸し

　第三者 A から，「お金は自分が返済するので，絶対迷惑をかけない」などといわれ，B（または B の了解を得た A）が，B の名義で，銀行や貸金業者 C から金銭を借り入れるといった場合である。

　この場合，名義貸人 B は，自らないし A（B の代理人または使者）を通じて契約を締結しているといえ，原則として責任があるといわなければならない。名義貸人は自分に契約の法的効果が帰属することを認識しているのであるから，表示と内心的効果意思は一致しており，錯誤ないし心裡留保は存しないといえる（川島武宜＝平井宜雄編『新版注釈民法(3)』（有斐閣，2003 年）292 頁〔稲本洋之助〕）。

ここで，相手方Ｃが名義貸しのことを知っている場合にまで名義貸人の責任を認めるべきかが問題となる。相手方Ｃとしては，名義貸人に経済的信用力があるからこそ契約をすると考えられるが，本来そのためには保証などを求めるべきであるし，他方，名義貸しが義理などのためやむなくなされることがあることを考えるならば，相手方Ｃが名義貸しであることを知っている，あるいは知りうべき場合には，民法93条ただし書（改正後の民法93条1項ただし書）類推適用により，名義貸人に責任を負わせないと考えるべきである。

裁判所は，従来相手方が名義貸しであると知っていたか否かにかかわらず名義貸人の責任を認める傾向にあった（東京地判平成11年10月25日金判1082号48頁，東京高判平成12年4月11日金判1095号14頁など）。

しかし，相手方が名義貸しを知っていた事情を考慮して民法93条ただし書（改正後の民法93条1項ただし書）の類推適用を認める判例も出てきていることに留意すべきである。例えば，最判平成7年7月7日金法1436号31頁は，銀行が住宅ローンの貸付けを行う際，借主が単に名義を貸したにすぎないことを知っていた場合につき，消費貸借上の貸主としての法的保護を受けるに値しないとして，民法93条ただし書の適用ないし類推適用により，貸付金の返還を求めることは許されないとした。ほぼ同旨の裁判例として，広島高岡山支判平成12年9月14日金判1113号26頁，福岡地判平成13年5月18日金判1124号49頁がある。

なお，民法93条ただし書（改正後の民法93条1項ただし書）の類推適用以外の理由により名義貸人の責任を否定したものとして，仙台高判平成9年12月12日判時1656号95頁（金融機関の名義貸人に対する履行請求が権利濫用ないし信義則違反に当たるとした），東京高判平成12年5月24日金判1095号18頁（名義人の関与が少なく，融資契約は名義人ではなく実質上の借主との間で締結されたとした）がある。

## 3　三当事者間における名義貸し

### (1)　問題の所在

三当事者間の取引，特にクレジット契約（立替払契約）は，その契約システム自体において名義貸しという形で悪用される構造的な危険がある。

例えば，金融機関から融資を受けられないような零細な企業が，知人などから名義を借りることで，自らが販売店となるクレジット契約を締結し，立替金

が支払われることで実質的に融資を受けるという形でクレジット契約を利用しうる。

そのため，経済産業省（旧・通商産業省）からも，信販会社に対し，再三にわたり名義貸し等を防止するため加盟店管理の強化が要請されているところである（平成16年12月22日通達など）。

したがって，クレジット契約における名義貸しについては，もともと名義貸しを惹起しやすい構造にあることを充分考慮して解決に臨む必要がある。

### (2) 名義冒用の場合

#### ア クレジット契約成立の有無

クレジット契約における名義冒用は，消費者がクレジット契約について名義を貸した覚えもないのに販売店のセールスマンなどに勝手に印鑑を使われてクレジット契約を締結させられてしまったという場合などである。

この場合，名義人には契約締結の意思がなく名義人と信販会社との間においてクレジット契約は成立していないのであるから，名義人に責任はない。

名義人の責任を否定した裁判例として，福岡地小倉支判昭和60年2月20日判タ554号282頁，門司簡判昭和60年10月18日判タ576号93頁，大阪地判平成3年12月6日判時1416号127頁などがある。

#### イ 電話確認と追認の有無

クレジット契約が成立していないとしても，信販会社からの電話確認に対して名義人が確認の返答をした場合，これを追認とみて，契約が有効に成立するかという問題はある。しかし，追認といえるためには，本来不成立であるクレジット契約を，不成立であることを認識しつつあえて有効にするという意思がなければならず，簡単な内容確認で終わることの多い信販会社からの確認では，通常，このような意思までは認められないと考えられる（同旨。大阪簡判昭和58年3月16日判時1095号137頁，大阪地判昭和58年12月19日判タ520号177頁（大阪簡判昭和58年3月16日の控訴審））。

### (3) 狭義の名義貸しの場合

#### ア 態　様

狭義の名義貸しは，販売店のセールスマンや友人から「支払いについては迷

惑をかけない」などといわれ、社会的な義理あるいは何らかの利益供与を伴うような形で自己の名前を貸し、クレジット契約を締結した場合などである。

これにも様々なケースがあるのであり、契約締結に至った経緯、販売店の関与の有無・程度、信販会社の関与の有無・程度、さらには信販会社の加盟店管理の有無・程度等を考慮に入れて検討することが必要である。

### イ　考　え　方

#### (ア)　販売契約の効力

販売店と名義貸人の間には、外形上販売契約が存するが、そもそも販売契約が成立しているのか、成立しているとしたらその契約は有効かが問題となる（なお、契約としては販売契約に限られず役務提供契約などもありうるが、以下では、便宜上、販売契約・販売店という表現をする）。

この点、販売契約は成立しているが、販売店より名義貸しを頼まれた場合には販売の実体がないのであるから、虚偽表示（民法94条1項）により無効であるということができる（清水巌「クレジット契約と消費者の抗弁権——個品割賦購入あっせんを中心として」遠藤浩ほか監修『現代契約法大系　第4巻』（有斐閣、1985年）288頁）。なお、後記ウ(イ)b②の判例（福岡高判平成16年7月6日）は、販売契約を錯誤により無効であるとした。

#### (イ)　クレジット契約の効力

第1に、名義貸しを信販会社が認識していた場合のクレジット契約の効力を検討する（民法93条ただし書（改正後の民法93条1項ただし書）類推適用の可否）。

上述2の二当事者間の場合と同じ考え方となる。すなわち、名義貸人は、自分に契約の法的効果が帰属することを認識しているのであるから、表示と内心的効果意思は一致しており、錯誤ないし心裡留保は存しない。しかし、信販会社が名義貸しであることを知っている、あるいは知りうべき場合にまで請求を認める必要はなく、民法93条ただし書（改正後の民法93条1項ただし書）類推適用により、名義貸人は責任を負わないと考えられる。

この場合、信販会社に悪意又は過失が認められるべき一般的事情としては、後出の裁判例などから、以下の点が挙げられる。

・顧客の意思確認の方法として、単に「はいはい」と答えていればよいような聞き方をしたか、それとも、実際の購入者でなければわからないような事項（商品の具体的内容、履行時期等）を、顧客から積極的に聞き出す方法

*130*　第1章　消費者事件の処理に必要な基本的知識

をとったか。

・販売店に，他の信販会社が撤退・縮小した，あるいは以前に名義貸しをしたといった事情があったか。

・従前と比べ販売店の取引額が急増したという変化があったか。

・取扱商品の性質上，本来，販売価額にばらつきがあるのが当然なのに，ほとんど同じといった事情があったか（絵画，宝石，着物等）。

・支払回数が画一的であるとか，支払開始時期がほとんど3〜4カ月先であるといった事情があったか。

　第2に，販売契約との関連性ないし割販法30条の4・35条の3の19を考慮し，クレジット契約について販売契約に関する事由を主張できるかを検討する。

　割販法30条の4・35条の3の19は，販売店に対して「生じている事由をもって」信販会社に「対抗することができる」と定めたものであり，これをそのまま適用するならば，販売店からの依頼による名義貸しの場合，販売契約が無効（虚偽表示等）であることを信販会社に対抗することができ，名義貸人は責任を負わないことになる。

　最判平成2年2月20日判時1354号76頁は，割賦販売法30条の4の抗弁接続規定を創設的規定であるとしている。この抗弁接続規定によって信販会社に販売契約が無効であることを対抗し，クレジット契約に基づく支払いを拒絶するという方法が多く用いられてきた。

　ただし，同条の抗弁対抗は例外を認めない絶対的なものではなく，「支払を停止することが信義に反すると認められる場合」には信販会社に販売契約の無効を対抗することはできないとされている（前掲昭和59年11月26日59産局第834号）。

　そこで，どのような場合が信義に反することになるかが問題となる。名義貸し（しかも販売店が関与した場合）といっても，名義貸人の関与の程度はいろいろあるのであり，それを名義貸しとの一事でもって「信義に反する」とするのは不当である。クレジット契約には，名義貸しという形で悪用される構造的な危険が伴っていること，信販会社は加盟店管理を徹底することによって名義貸しをチェックできることから，単に名義貸しであるから信義則に反するというのではなく，「第1に」で述べたような事情を考慮して「信義則違反」と評価

されるか否かが判断されるべきである。従来の裁判例でもそのような判断がされてきた。

### ウ　後記平成 29 年 2 月 21 日最高裁判決以前の裁判例

裁判所は，従前，名義貸人の責任を認める傾向にあったが，近時は，責任を否定ないし減縮する裁判例も多くなっていた。

#### (ア)　責任を肯定した裁判例

責任を肯定した裁判例としては，東京地判平成 5 年 11 月 26 日判時 1495 号 104 頁，東京地判平成 6 年 1 月 31 日判タ 851 号 257 頁，静岡地判平成 11 年 12 月 24 日金法 1579 号 59 頁がある。また，近時の裁判例として札幌高判平成 26 年 12 月 18 日判タ 1422 号 111 頁がある。

これらの責任肯定例は信販会社が名義貸しであることを知らなかったものである。しかし，信販会社が名義貸しであることを知らなかった場合でも，後述するように，信販会社の過失を認めて名義貸人の責任を否定した裁判例，信販会社の加盟店管理義務違反があったとして支払停止の抗弁を認めた裁判例や，民法 418 条類推適用により責任の範囲を減縮した裁判例もあり，信販会社が善意であることだけで責任を肯定するのでは信販会社の加盟店管理や顧客に対する意思確認の実態に対する検討が不十分だと思われる。

#### (イ)　責任を否定した裁判例

a　民法 93 条ただし書（改正後の民法 93 条 1 項ただし書）の類推適用など

信販会社が名義貸しを知っていた場合などに，民法 93 条ただし書（改正後の民法 93 条 1 項ただし書）の適用ないし類推適用により立替払契約の効力を否定し，信販会社からの請求を認めなかったものとして，長崎地判平成元年 3 月 29 日判時 1326 号 142 頁，福岡高判平成元年 11 月 9 日判時 1347 号 55 頁（長崎地判平成元年 3 月 29 日の控訴審。信販会社の営業所長代理が名義貸しを示唆し容認したという事例），東京高判平成 12 年 9 月 28 日判時 1735 号 57 頁がある。

b　抗弁対抗を認めた裁判例

抗弁対抗を認めた裁判例は，対抗できる抗弁事由として，通謀虚偽表示（民法 94 条），錯誤（民法 95 条），クーリング・オフ（特商法 9 条 1 項）を認めた裁判例に分かれる。

① 通謀虚偽表示（民法 94 条）による抗弁対抗

販売店が関与した名義貸しにつき，販売契約が通謀虚偽表示（民法 94 条）に

より無効であり，その無効であることを信販会社に抗弁として対抗できるとしたものとして，長崎地判平成元年6月30日判タ711号234頁，釧路簡判平成12年3月23日（消費者法ニュース43号（2000年）82頁で概要紹介）がある。

②　錯誤（民法95条）による抗弁対抗

販売店が関与した名義貸しにつき，販売契約が錯誤（民法95条）により無効であり，その無効であることを信販会社に抗弁として対抗できるとしたものとして，福岡高判平成16年7月6日（消費者法ニュース62号（2005年）173頁で概要紹介。国民生活センターホームページ・消費者問題の判例集「呉服のクレジット契約における名義貸し」）がある。

③　クーリング・オフ（特商法9条1項）による抗弁対抗

販売契約について特商法9条1項に基づく解除の主張を認め，その解除を信販会社に抗弁として対抗できるとしたものとして，福岡地判平成20年9月19日（国民生活センターホームページ・消費者問題の判例集「名義貸し事案において加盟店管理義務違反で支払停止の抗弁が認められた事例」）がある。

(ウ)　**責任を減縮した裁判例**

名義貸人の責任を認めつつも，民法418条類推適用によって，その責任範囲を減縮したものとして，福岡地判昭和61年9月9日判時1259号79頁（顧客の過失（負担割合）を60％とした），東京地判平成2年10月25日判タ752号184頁（顧客の過失（負担割合）を10％とした），釧路地判平成11年12月27日（消費者法ニュース42号（2000年）92頁で概要紹介。顧客の過失（負担割合）を55％とした），釧路簡判平成12年3月23日（消費者法ニュース43号（2000年）85頁で概要紹介。顧客の過失（負担割合）を45～70％とした）がある。

これらはいずれも，顧客の責任を認めつつも，信販会社の加盟店管理や顧客に対する意思確認が不十分であるとして，民法418条（過失相殺）の類推適用をしたものである。

エ　**平成29年2月21日最高裁判決**

最判平成29年2月21日民集71巻2号99頁・判タ1437号70頁（前掲平成26年12月18日札幌高判の上告審）は，宝飾品等の販売店が，立替払契約の締結を勧誘するに際し，購入者らに「高齢者が布団を買いたいから，ローンを組めないので名前だけ貸してほしい。」，「支払は大丈夫だから，迷惑をかけないから。」などと告げて，販売店の依頼により購入者らに名義上の購入者となるこ

とを承諾させて締結させた立替払契約に関し，割販法35条の3の13第1項により立替払契約の申込みの意思表示を取り消すことができるか否かが争われたクレジット名義貸しの事案である。最高裁は，販売店による上記告知の内容は，割販法35条の3の13第1項6号にいう「購入者の判断に影響を及ぼすこととなる重要なもの」に当たるとして，不実告知取消し規定の適用を認めた。

すなわち，最高裁は，割販法35条の3の13第1項6号は，「あっせん業者と販売業者との間に密接な関係があること」に着目して購入者保護を徹底させる趣旨で，「販売業者が立替払契約の締結について勧誘をするに際し」，契約締結の動機に関するものも含めた重要事項について不実告知をした場合には，あっせん業者がこれを認識していたか否か，認識できたか否かを問わず，購入者の取消権を新たに認めたものであるとした。その上で，立替払契約が「名義貸しという不正な方法によって締結されたものであったとしても，それが販売業者の依頼に基づくものであり」，重要事項について「販売業者による不実告知があった場合には，これによって購入者に誤認が生じ，その結果，立替払契約が締結される可能性もある」から，「購入者は販売業者に利用されたとも評価し得る」のであり，申込みの意思表示を取り消すことを認めても同号の趣旨に反するとはいえないとした。

池本誠司「クレジット名義貸し最高裁判決における反対意見の検討」（消費者法ニュース113号（2017年）76頁）は，この最高裁の判示が，不実告知取消し規定の趣旨を「あっせん業者と販売業者との密接な関係に着目」したものであり，「消費者契約法4条及び5条の特則」であると表現していることなどから，「媒介者の法理」（販売店（加盟店）は信販会社の媒介者であり，媒介者による不当勧誘行為の効力は委託をした信販会社に及ぶという法理）が確認されたものであるとする。

また，平成29年2月21日最判では，平成20年改正割販法施行前に締結された立替払契約については，改正前割販法30条の4第1項により販売業者に対して生じている抗弁事由を対抗することが信義則に反するか否かも争点となった。この点について，最高裁は，高裁判決の判断（保護に値しない名義貸人の背信行為により立替払契約が締結されているから，抗弁対抗は信義則上許されないとした。）を破棄し，購入者が名義貸しに応じた動機やその経緯を前提にしてもなお，改正前割販法30条の4第1項により販売店との間の契約無効の事

由を対抗することが信義則に反するか否かについてさらに審理を尽くさせるために原審に差し戻すこととした。この判示も，販売店の虚偽説明を踏まえた上で抗弁対抗の主張が信義則に反するかの審理を求めたものであることから，「二者間の表示責任としての捉え方ではなく，媒介者である加盟店の虚偽説明による契約であることを踏まえたうえで信義則違反の認定を行うべきことを求めたものである。」と評価されている（池本誠司「クレジット名義貸し最高裁判決における反対意見の検討」消費者法ニュース114号（2018年）79頁）。

### オ　平成29年2月21日最高裁判決を受けた名義貸し事案の対応

㋐　最高裁判決において，不実告知による取消し規定の適用が認められた意義は大きい。抗弁対抗規定の効果は未払金の支払拒絶にとどまるが，不実告知取消しは既払金返還義務にまで及ぶため，不実告知取消しの方が消費者被害救済の効果は強いからである（前掲・池本・消費者法ニュース114号80頁）。今後，同種の事案においては，販売店による不実告知を理由として，信販会社の認識のいかんにかかわらず，クレジット契約の効力を否定することが考えられる。

㋑　他方，従来の，割販法30条の4・35条の3の19による抗弁対抗の主張もその存在意義を依然として有する。販売契約が訪問販売等に該当しない契約類型である場合や，個別クレジットではなく包括クレジットの契約が行われた場合については，不実告知取消し規定の適用がないため，従来どおり，抗弁対抗の主張をしていく必要がある。その場合，抗弁を対抗することが信義則に反するか否かについての解釈の仕方は変わってくる可能性がある。すなわち，最高裁判決が，名義貸し事案について媒介者である販売店（加盟店）の虚偽説明により契約が締結されたことを重視している（媒介者の法理）とみるならば，販売店の不当勧誘行為によって名義貸人が誤認して個別クレジット契約の締結に応じたような場合には原則として名義貸人が保護されると解するべきであり，抗弁対抗の主張が許されないのは，「購入者が，販売業者においてクレジット取引を悪用してあっせん業者に損害を及ぼす意図であることを知りながらこれに積極的に加担したような場合」（旭川地判平成26年3月28日判タ1422号120頁）など限られた場合になるのではないかと解される。

# 第5 ▎ 消費者契約からの解放とその効果

## 1 はじめに——問題の所在

(1)　例えば，特商法では，訪問販売により成立した契約をクーリング・オフした場合，消費者は，受けたサービスの対価を支払う必要はなく，使用した商品の使用利益の返還義務を負わない（詳細は，第1章第3「②　クーリング・オフ」の項を参照）。ところが，訪問販売業者の不実告知などの禁止行為違反を理由に契約を取り消した場合の効果については特別な規定がないので，民法の不当利得として処理することとなり，一般的な解釈によれば，取り消すまでの間に受けたサービスの対価に相当する利得や返品するまでに使用した商品の使用利益を返還する義務を負うという結論となり得る。しかし，この結論を認めると，禁止行為（特商法6条）に該当する違反行為を行って契約を勧誘した業者に，契約が取り消されるまでの間に提供したサービスの対価や消費者が使用した商品の使用利益を，不当利得を理由として請求することを許すことになる。これでは，禁止行為の「やり得」を認める結果となる。このことは，事業者の不実告知等を理由に消費者契約法に基づいて契約を取り消した場合も，同様である。さらに言えば，民法の詐欺や強迫による取消しの場合も，不法原因給付（民法708条）に該当する場合を除いては[1]，業者の「騙し得」「脅し得」という結果を認めることになる。

　この事態は，民法（債権関係）改正により，不当利得の効果が原状回復義務に変更されることに伴い，消費者契約法や特商法の取消しの効果について「給付を受けた当時その意思表示を取り消すことができるものであることを知らなかったときは，当該消費者契約によって現に利益を受けている限度において，返還の義務を負う。」（消費者契約法6条の2，特商法9条の3第5項ほか）と改正

---

1)　筒井健夫＝村松秀樹『一問一答　民法（債権関係）改正』（商事法務，2018年）Q18では，「詐欺等の犯罪行為の被害者が取消権を行使した後においては，詐欺等がそれ自体刑法に抵触する行為であり，『不法な原因』に該当すると考えられるため，加害者から交付された目的物については，被害者は，民法第708条により原状回復義務に基づく返還義務を負わないと考えられる。」としている（36頁）。

136 第1章 消費者事件の処理に必要な基本的知識

されても，変わることはない[2]。

(2) また，連鎖販売取引や業務提供誘引販売取引では，取消しに限らず，クーリング・オフ（解除）の場合についても，訪問販売で認められる効果に関する規定がないので，原状回復義務として，受けたサービスの対価や，使用した商品の使用利益の返還義務を負うと解釈されることになる。

(3) しかし，消費者保護を目的として，民法とは別に取消権や解除権を認めた法律の適用においては，民法のこれまでの不当利得に関する解釈による解決ではなく，民法の特別法で，特に契約からの解放を認めた趣旨に適った効果を認める解釈が求められる[3]。

## 2 「現に利益を受けている限度において，返還の義務を負う」の解釈

### (1) 民法703条と民法121条との異同について

民法703条は，利得者が善意の場合の不当利得による返還義務の範囲について，「その利益の存する限度において」返還すれば足りると規定している。これに対し，民法121条は，制限行為能力を理由として取り消された場合，その行為によって「現に利益を受けている限度において」返還の義務を負うとしている（改正後民法121条の2第2項）。

現在の学説では，両者の表現の違いにかかわらず同じ意味であると解されているが[4]，立法当時は，制限行為能力者の保護の趣旨を貫徹するために，民法703条とは効果が違うとされていた[5]。

### (2) 未成年を理由とする契約取消しについての裁判例

現在の学説の結果として，携帯電話利用契約の未成年者取消しについて，札

---

2) 消費者庁編『消費者契約法逐条解説〔第4版〕』（商事法務，2019年）230頁も同旨。
3) この点，消費者庁は，「現存利益に何が含まれるかについては，民法の解釈に委ねられるものと考えられる。」（消費者庁編・前掲注2）230頁）とするが，疑問である。
4) 坂東俊矢教授は，「民法の起草者は，『現ニ利益ヲ受クル限度』（当時の民法121条）が，『利益ノ存スル限度』（同法703条）の特則であるとしていたが，その後の学説はその双方が同じであると解している。」としている（「未成年者取消権についての市民法理論と消費者法理」現代消費者法3号（2009年）32頁）。

幌地裁平成 20 年 8 月 28 日判決（判例集未登載），釧路地裁帯広支部平成 18 年 7 月 13 日判決（判例集未登載）は，いずれも，未成年者に，利用料相当の現存利益を認めてしまっている[6]。

このような判断では，未成年を理由に取り消しても，将来に向かって解約した場合と何ら変わるところがない。これでは，制限行為能力者を保護するために取消しを認めた法の趣旨が達成できないのではないか，という疑問が生じる。

### (3) 「電子商取引及び情報財取引等に関する準則（平成 30 年 7 月）」

このような考えに対し，準則では，「未成年者は，商品の引渡しを受けているのであればこれを返還する義務を負うが，未成年者の返還義務の範囲は現存利益の範囲にとどまる（民法第 121 条）」とされ，「未成年者が高額のゲームサービス等を既に利用してしまったような場合については，返還すべき現存利益が存在しないと評価され，未成年者はサービス利用料金相当額の返還義務を負わない場合が多いと考えられる。」としている（第 1 章第 6「③ 未成年者の取引」参照）。この考えは，立法当時の考えと同様と思われる（前掲注 5）参照）。

## 3 消費者契約法で認められる取消しの効果についての様々な解釈論

### (1) 消費者庁の見解

消費者庁は，消費者契約法における取消しの効果について，「本法は，情報・交渉力の格差を背景に，事業者の不当勧誘行為によって本来望まない給付

---

5) 梅謙次郎『訂正増補民法要義巻之一』（明治 44 年 3 月）312 頁以下では，「無能力者ハ法律カ特ニ其ヲ保護セント欲シテ之ニ取消権ヲ与フル者ナリ……故ニ其取消ニ因リテ毫モ損害ヲ受ケサルコトヲ要ス　然ルニ若シ無能力者ニシテ……其法律行為ヲ取消スト同時ニ既ニ受取リタルモノハ悉ク之ヲ返還スル義務アルモノトセハ其既ニ費消シタルモノハ更ニ自己ノ囊中ヨリ出タシテ之ヲ償還セサルコトヲ得ス為メニ多少ノ損害ヲ蒙ムルニ至ルヘシ斯ノ如クンハ法律カ保護センカ為メニ之ニ取消権ヲ与ヘタル趣意ヲ貫徹スルコト能ハス」とする。

6) 猪野亨「携帯電話利用契約をめぐる訴訟からみる未成年者保護」（現代消費者法 3 号（2009 年）34 頁）。

を押し付けられやすい消費者に取消権を認めるものであるが，取消権を行使した後の契約の清算の場面において『給付の押付け』や『やり得』が生じ得るとすれば，取消権を認めた趣旨が没却されるおそれがある。」[7]との認識を示し，現状でも，民法（債権関係）改正施行後でも，消費者の返還義務の範囲は現存利益に限定されるとしている。しかし，現存利益について，使用利益の返還を認めるかのような解釈を示しており[8]，なお，不十分である。

(2) **様々な解釈**

これに対し，消費者取引分野において消費者に認められている取消しの効果については，民法の不当利得の解釈をそのままあてはめたのでは，法律の目的が達成できないとする認識を共通とした上で，その不都合を解消するために様々な解釈が示されている。

その主なものとして，以下のものがある[9]。

① 消費者保護という目的から，効果を制限的に解釈する。

② 「やり得」を許す結果を許すべきではなく，信義則上，消費者に返還させるべきではない。

③ 「押しつけられた利得」は利得と評価しない。

④ 客観的な価値の増加があっても，主観的な価値の増加がなく，当該消費者にとっては「利得」がない。

⑤ クーリング・オフの効果規定を参考として処理されるべきである。

⑥ 特商法の取消権は，事業者が重い刑罰が科されている禁止行為に違反し

---

7) 消費者庁編・前掲注2）229〜230頁も同様。他方，前掲注3）では，「民法の解釈に委ねられる」ともしている。

8) 消費者庁編・前掲注2）228頁では，「原物が手元にない場合，その客観的価値を金銭に換算して返還する必要はない。ただし，当該原物を転売したことや，当該原物の給付を受けたことにより他の出費を免れたこと等により消費者に利得が残っている場合には，その利得（転売価格相当額や免れた出費の額等）を返還することとなると考えられる。また，原物を返還することができる場合であってもそうでない場合でも，当該原物を使用したことにより利益を得ている場合は，その使用利益相当分の金銭（例えば，自動車を使用した場合の利益については，レンタカー代等を参考にして金銭に換算することになる。）も返還することとなると考えられる。」としている。

9) 議論の状況や文献紹介を含めて，丸山絵美子「消費者契約における取消権と不当利得法理(1) (2・完)」筑波ロー・ジャーナル創刊号・2号（2007年）。
http://www.lawschool.tsukuba.ac.jp/pdf_kiyou/tlj-01/images/maruyama.pdf
http://www.lawschool.tsukuba.ac.jp/pdf_kiyou/tlj-02/images/maruyama.pdf

た場合に認められており，不法原因給付の趣旨から不当利得の内容が制限されるべき[10]である。

## 4　クーリング・オフの効果について（特に，連鎖販売取引，業務提供誘引販売取引）

(1)　訪問販売や電話勧誘販売で認められるクーリング・オフの効果に比して，特に連鎖販売取引や業務提供誘引販売取引のそれは，極めて限定されており，商品使用利益，権利行使利益，提供済み役務の対価について，これらの支払いを免れる規定が置かれていない。

また，解除の効果については，一般に原状回復義務と解釈されていることから，不当利得の「現存利益」よりも返還する範囲が広くなる。

例えば，消費者庁取引対策課＝経済産業省商務・サービスグループ消費経済企画室編の『特定商取引に関する法律の解説』の連鎖販売取引の部分（平成28年版295頁）では，「契約の相手方は，既に引渡しを受けた商品がある場合には連鎖販売業を行う者に返還しなければならない。この場合，契約の相手方が，引渡しを受けた商品を使用したり，消費している場合には，一般法の原則に戻って，連鎖販売業を行う者は相手方が商品の使用又は消費により得た利益相当額の請求を行うことができる。また，既に提供した役務の対価や既に実施した講習会，研修等の費用についても同様である。」とし，また，東京地裁平成23年12月19日判決（判タ1372号143頁）では，消費して返還できない商品について，客観的価値相当額の範囲で請求を認めている。

(2)　しかし，法が，特に，特定の取引について，クーリング・オフによる契約関係からの解放を認めた趣旨からすれば，原状回復を理由として消費者に損失となることを認めるべきではない。

原状回復の内容として，「商品の使用や消費によって得た利益」や提供を受けた役務について，消費者に利益があるのか，事業者に損失があるのかを厳密に検討すべきである[11]。

---

10)　齋藤雅弘＝池本誠司＝石戸谷豊『特定商取引法ハンドブック〔第6版〕』（日本評論社，2019年）738頁以下。

*140* 第1章 消費者事件の処理に必要な基本的知識

## 5 裁 判 例

### (1) 取消し（不当利得）に関するもの

#### ① 通信サービス利用料

東京高判平成 30 年 4 月 18 日（金判 1546 号 15 頁）は，無線データ通信サービス契約につき，消費者契約法 4 条 1 項の不実告知を理由に取消しを認めたうえ，消費者が支払った利用料について，不当利得返還請求を認めた。

#### ② 自動車の使用利益

東京簡判平成 20 年 1 月 17 日（国民生活センター　記者説明会資料「消費者契約法に関連する消費生活相談の概要と主な裁判例」（平成 20 年 10 月 16 日）／兵庫県弁護士会　消費者問題判例検索システム：080117 東京簡裁　中古車販売　消費者契約法）は，中古自動車の売買契約が走行距離の改ざんを理由に消費者契約法 4 条 1 項 1 号の不実告知による取消しが認められた事案において，裁判所は，車両代金 110 万円の返還を認めた。なお，この訴訟では，販売業者から自動車の利用利益を相殺する旨の主張は出されていない。

### (2) 解除（原状回復）に関するもの

欠陥住宅の売買契約解除と利用利益の返還の可否について，以下の 2 つの裁判例がある。

① 最判平成 22 年 6 月 17 日（民集 64 巻 4 号 1197 頁）は，住宅取得者からの工事施工者等に対する建替え費用相当額の損害賠償請求において，事業者側の居住用利益控除論及び耐用年数伸長論を採用しないとして，住宅を購入後，欠陥住宅であることが分かり，売買契約を解除した場合，契約を解除するまでの居住利益相当額を損害額から控除することを認めなかった。

② 札幌高判平成 23 年 5 月 26 日（消費者法ニュース 89 号 203 頁）は，マンションの設計が耐震性能を欠如したものであったため，錯誤を理由に売買

---

11)　圓山茂夫『詳解　特定商取引法の理論と実務〔第 4 版〕』（民事法研究会，2018 年）477 頁以下。なお，使用利益については，書面不備により契約締結後，相当期間が経過してから問題となるであろうから，書面不備という重大な違法をした業者が，長期間の使用利益を請求することは，信義則により許されないとする。

代金全額の返金請求をした事案につき，使用損害金（居住した期間の居住利益）を控除すべきかについて，民法575条2項本文を類推し，返還すべき売買代金の相当額の利息と使用利益とを同等とみなして，いずれも発生しないものとした。

(3) クーリング・オフ（解除）の効果に関して，以下の2つの裁判例がある。
① 業務提供誘引販売取引（ドロップシッピング）のクーリング・オフ[12]
業務提供誘引販売取引をクーリング・オフし，原状回復として契約金額の返還を請求した事案につき，ドロップシッピング業者から以下の抗弁が主張された。

i 業者が消費者との契約に基づき作成したウェブサイトの価値相当額について消費者が利益を得ていることを理由として，その利益と原状回復請求権との損益相殺。

ii 消費者が注文を受けた取引の相手方への商品配送費用を業者が負担したことを理由として，その利得と原状回復請求権との損益相殺。

iii 消費者が得た販売価格と仕入価格との差額（小売差益・業務提供利益に該当する）は，クーリング・オフの結果として契約のなかった状態に戻すべきであるから原状回復請求から控除すべき。そうでないと，クーリング・オフした業務提供誘引契約の結果，消費者が利益を得ることになってしまう。

これらの業者の主張に対し，裁判所は，iとiiについては，損益相殺は，不法行為や債務不履行による損害賠償との間で認められるところ，消費者が求めているのは，原状回復請求権であるから，損益相殺の適用場面ではないとして退け，iiiの消費者の利益（業務提供利益）は，業務に従事したことによって得た利益であって，従事した事実も購入者との売買契約の事実も，クーリング・オフによっては覆滅しないから，返還義務はないとした。

② 連鎖販売取引における事業者の主張を排斥した裁判例[13]
連鎖販売契約をクーリング・オフした消費者に対し，業者が消費者に支払っ

---

12) 大阪地判平成23年3月23日消費者法ニュース88号266頁。
13) 大阪地判平成22年12月2日判タ1350号217頁。

た特定利益の返還を求めた事案につき，裁判所は，概ね以下のような判断を示し，特定利益の返還請求を認めなかった。

すなわち，連鎖販売契約に基づき，業者からの委託に基づき，消費者が新たな加入者を勧誘したことにより業者から支払われた報酬の支払いの原因となった契約の性質は委任契約であり，委任契約の解除は将来に向かってのみ効力を生じると解するのが相当であるから（民法652条，620条），報酬を返還するという原状回復義務は発生しない。

## 6 ま と め

民法の特別法である消費者契約法や特商法などで特に消費者に認められる取消しやクーリング・オフを主張した場合，その効果についての特別な規定がない現状，また，民法（債権関係）改正の施行に伴い現存利益に限定する規定が設けられる2020年4月以降についても，旧来の民法の不当利得法理での解決では，業者の「やり得」を認める結果，あるいは消費者に新たな出捐をもたらす結果を回避できないように思われる。

消費者に契約からの解放を認めた制度の趣旨，事業者の「やり得」の防止，事業者の不当行為の抑止などの観点から，前述したような新たな不当利得の解釈による解決を求めていくべきである。

# 第6 ▌ 消費者の属性に関わる問題

## ① 消費者契約と適合性原則

### 1 適合性原則の消費者契約への適用

#### ⑴ はじめに

　適合性原則という言葉は，もともと，投資取引分野における業者規制ルールとして知られており，例えば，金融商品取引法では，「金融商品取引行為について，顧客の知識，経験，財産の状況及び金融商品取引契約を締結する目的に照らして不適当と認められる勧誘を行つて投資者の保護に欠けることとなつており，又は欠けることとなるおそれ」がないように業務を行わなければならないとされている（同法40条)[1]。

　また，投資取引ではない消費者取引においても，以下に述べるように，一般に「適合性原則」と呼ばれているルールが盛り込まれているとされている。

　なお，適合性原則という言葉は多様な意味合いで用いられることがあり，投資取引分野におけるそれでさえも多義的に用いられている状況にある。その意味，適用場面についても様々な議論がある。消費者基本法などに謳われている「適合性原則」と金融商品取引法や金融商品販売法で用いられる「適合性原則」とは質的に異なる面が大きく，これらを混同して用いることは，「適合性原則」が「広く」適用されるという効果が期待される反面，「小さなもの・限定されたもの」になっていくのではないかという懸念が表明されることもある。このような問題意識が存在するということには十分な配慮を要する。本項ではその詳細には触れないが，本項で扱う「適合性原則」については，以下『適合性原則』『適合性』と『　』をもって表現するものとするのはその趣旨である。

#### ⑵ 『適合性原則』は消費者法分野にも適用されるルールであること

　『適合性原則』は，消費者法の領域でも，適用されるルールとされる[2]。ま

---

1)　本項は，主として投資取引を除く消費者法分野での適合性原則に関するものである。

た，裁判例にも，『適合性原則』違反を理由として，業者の勧誘を違法とする
ものもある。

　なお，平成17年4月に閣議決定された消費者基本計画においては，『適合性
原則』を「高齢者や若者など消費者の特性（知識，経験及び財産の状況等）に
応じた勧誘を行わなければならないという原則」と定義し，「消費者契約に関
する情報提供，不招請勧誘の規制，適合性原則等について，幅広く検討する。」
とした。また，平成22年の「消費者基本計画」では，「消費者契約法に関し，
消費者契約に関する情報提供，不招請勧誘の規制，適合性原則を含め，イン
ターネット取引の普及を踏まえつつ，消費者契約の不当勧誘・不当条項規制の
在り方について，民法（債権関係）改正の議論と連携して検討します。」（施策
番号42）としていた（これらを受けた消費者契約法の改正等については本項(4)）。

### (3) 消費者法分野における『適合性原則』を定めた法令

　消費者法分野で『適合性原則』を謳った法令には，以下のようなものがあ
る。

　消費者基本法（平成16年改正）は，事業者の責務等として「消費者との取引
に際して，消費者の知識，経験及び財産の状況等に配慮すること」（5条1項3
号）と定めている。この規定は，国民生活審議会消費者政策部会「21世紀型
の消費者政策の在り方について」（平成15年5月）が「事業者は，消費者の知
識，経験，理解力，資力等の特性を考慮した勧誘・販売を行わなければならな
いとする考え方は，消費者契約に広く適用されるべき原則であり，その旨を法
的に明確化する必要がある。また，明らかに当該取引に対する適合性を有しな
い消費者に対し，過大なリスクを伴う商品・サービスを積極的に勧誘・販売し
てはならないとする考え方の導入を，取引類型に応じて検討する必要がある。」

---

2)　宮下修一「適合性原則と民事責任(1)(2・完)」国民生活研究52巻1号1〜19頁（2012
　年），2号34〜55頁（2013年）では，適合性原則は，当事者間の「交渉力格差」及び「情
　報力格差」の存在を前提とするものであるから，従来の投資取引という枠組みを超えて，
　少なくともそうした格差の存在する消費者法の分野では一般ルール化することが可能であ
　り，現段階では，消費者契約法に規定するのがもっとも妥当である，とされる。また，そ
　の際の判断基準として，①当事者の知識・経験・年齢を考慮した「理解力」と②当事者の
　経済状況・契約目的・契約意向を考慮した「必要性」を挙げている。

との提言を受けたものである。

　特定商取引法は，「顧客の知識，経験及び財産の状況に照らして不適当と認められる勧誘を行うこと」[3] を通信販売を除く 6 つの特定取引，すなわち訪問販売（7 条），電話勧誘販売（22 条），連鎖販売取引（38 条），特定継続的役務提供（46 条），業務提供誘引販売取引（56 条），訪問購入（58 条の 12）において指示対象行為とし，その違反を行政処分の対象として，禁止している。さらに，訪問販売，電話勧誘販売，特定継続的役務提供，訪問購入においては「老人その他の者の判断力の不足に乗じ，……契約を締結させること」を，連鎖販売取引及び業務提供誘引販売取引では「未成年者その他の者の判断力の不足に乗じ，……契約を締結させること」をそれぞれ，指示対象行為としている。

　また，貸金業法では，「貸金業者は，資金需要者等の知識，経験，財産の状況及び貸付けの契約の締結の目的に照らして不適当と認められる勧誘を行つて資金需要者等の利益の保護に欠け，又は欠けることとなるおそれがないように，貸金業の業務を行わなければならない。」（16 条 3 項）としている。

　さらに，東京都消費生活条例は，「商品又はサービスに係る取引に際し，消費者の知識，経験及び財産の状況に照らして不適当と認められる契約の締結を勧誘し，又は契約を締結させること」などを「消費者の意に反して，又は消費者にとって不適当な契約と認められるにもかかわらず若しくは消費者の判断力不足に乗じることにより，契約の締結を勧誘し，又は契約を締結させること」に該当する「不適正な取引行為」として禁止している（条例 25 条 1 項 1 号，同条例施行規則 5 条の 2）[4]。

　平成 30 年 6 月 8 日に成立した消費者契約法の一部を改正する法律（令和元年 6 月 15 日施行）では，「消費者契約の締結について勧誘をするに際しては，

---

3)　連鎖販売取引，業務提供誘引販売取引では，「顧客の」ではなく「相手方の」とされている（特定商取引法施行規則 31 条 6 号・46 条 3 号）。

4)　東京都生活文化局「逐条解説東京都消費生活条例条文」（平成 27 年 5 月）では，「消費者にとって不適当な契約と認められる」について，「定収入のない学生に対して，長期の分割払いを前提とした高額な契約を勧める，金融商品の取引経験が乏しい消費者に対して，仕組みが複雑でリスクも大きい金融商品を勧めるなど，消費者の知識・経験や財産状況を考えると勧誘すること自体が不適当と認められる契約をいう。」などの例示をしている。また，関係法令の条文として，本文で引用した特定商取引法の条文のほか，金融商品取引法 40 条（適合性原則）を挙げている（36 頁以下）。

消費者の理解を深めるために，物品，権利，役務その他の消費者契約の目的となるものの性質に応じ，個々の消費者の知識及び経験を考慮した上で，消費者の権利義務その他の消費者契約の内容についての必要な情報を提供すること」（3条1項2号）と定めており，事業者に対する努力義務とはいえ，『適合性原則』の考えをより鮮明に規定したものと理解できる。

### (4) 『適合性原則』を具現化した法令

『適合性原則』を取り込んだ法律として，以下のようなものを指摘することができる。

① 過量契約取消権（消費者契約法4条4項）

平成28年の消費者契約法改正（平成29年6月3日施行）により規定された過量契約取消権は，『適合性原則』違反の契約に取消権を認めたものとして理解することができる[5]。

② 過量販売解除権（特定商取引法9条の2）

特定商取引法が訪問販売に認める過量販売解除権は，『適合性原則』違反の契約に解除権を認めたものとして理解することができる[6]。

なお，割賦販売法では，個別信用購入あっせん業者は，省令の定めにより，購入者等の知識・経験・財産の状況及び契約を締結する目的に照らし適切な業

---

5) なお，『適合性原則』を消費者取引に盛り込むことについては，近時，活発に議論がされており，様々な意見がある。内閣府消費者委員会消費者契約法専門調査会では，第9回審議において『適合性原則』の正面からの導入が検討されたが，むしろ，個々の制度である「情報提供義務」における損害賠償責任や「つけ込み型勧誘」の取消可能性などの議論を経たうえで検討されるべき一般的課題とされた（河上正二「思想としての『適合性原則』とそのコロラリー」（現代消費者法28号（2015年）13頁））。
　平成28年消費者契約法改正により，過量契約取消権は消費者契約法に法文化された。「つけ込み型勧誘」等については，平成30年消費者契約法改正において，消費者の不安を煽る告知や勧誘目的で新たに構築した関係の濫用のような不当勧誘行為について消費者取消権を認めることや，個々の消費者の知識及び経験を考慮した上で必要な情報を提供する措置を講ずるよう努める義務の規定を設けることなどの改正が行われた。
6) 齋藤雅弘弁護士は，過量な取引を何らかの合理的理由なしに行うこと自体が不適合な取引の証左であり，過量販売解除権が「適合性原則」に立脚するものと理解され，契約解除権と構成されたことは「適合性原則」の適用場面を広げるものである，と指摘される（「特定商取引法による過量販売規制の構造と過量販売契約の解消制度」『消費者取引と法——津谷裕貴弁護士追悼論文集』（民事法研究会，2011年）406頁，464頁）。

務を実施しなければならないとし（適切な業務の実施：35条の3の20），この規定を受けた施行規則93条は，過量販売（特定商取引法9条の2）に該当するおそれがあると認められるときには，個別クレジット契約を締結してはならない，としている。

③　過剰与信規制（割賦販売法30条の2の2・35条の3の3・35条の3の4）

割賦販売法の過剰与信規制は，消費者の財産の状況に配慮した規制であり，『適合性原則』に密接に関係した規定といえる。

④　過剰貸付規制（貸金業法13条の2第1項）

「調査により……個人過剰貸付契約その他顧客等の返済能力を超える貸付けの契約と認められるときは，当該貸付けの契約を締結してはならない」とされており，過剰与信規制と同様に消費者の財産の状況に配慮した規定である。


### (5)　業界の指針

事業者団体のなかには，『適合性原則』に適った営業をすべきとする基準を策定しているものが多数ある。以下は，例示である。

①　公益社団法人日本訪問販売協会の自主行動基準（平成28年10月6日）[7]

「ク　消費者本位の考え方に立ち，その消費者の知識，経験及び財産の状況　等に考慮し，常にその消費者に応じた対応を取るように努めるものとする。〔以下略〕

　ケ　当該消費者の判断力不足を認識しながら，それに乗じて勧誘活動を　行ってはならない。（判断力の不足している場合の例：老人又は未成年者等で判断力が不足している場合，認知症，精神疾患又は知的障害等により，判断力が不足している場合等。）」

同協会の賛助会員となっている一般社団法人全国直販流通協会[8]には各種協議会が設置されているが，その各協議会の自主行動基準に，『適合性原則』を順守すべきことが謳われている。

②　中銀カード株式会社　クレジットカード取引に係る自主行動基準[9]

---

7)　http://jdsa.or.jp/category/ethics/

8)　http://www.cyokuhankyo.ne.jp/

9)　http://www.chugincard.co.jp/guideline.htm

「3. ［消費者の状況に応じた対応（いわゆる適合性の原則）］

当社は，クレジット契約に際して，消費者の知識，経験，支払能力の状況等，また，消費者の契約に対する申込意思や判断力の程度に十分配慮して対応する。」

(6) 小　　括

このように，『適合性原則』は，既に，消費者契約における基本的なルールとして存在し，消費者契約における「公序」としての地位を確立していると考えても良い10)・11)。

## 2　消費者契約における『適合性原則』違反を理由とする行政処分例

『適合性原則』は，もともとは，監督官庁による業者規制ルールの一つであり，特定商取引法に基づく行政処分の理由に『適合性原則』違反を理由とするものも少なくない。以下は，『適合性原則』違反を処分理由の一つとした処分例である。詳細については，以下の各ホームページ参照。

①　東京都と消費者庁　平成 26 年 11 月 27 日　投資用 DVD 販売の訪問販売業者　業務停止 3 カ月12)

認定事実：本件商品の売買契約の締結について勧誘をするに際し，本件商品を購入するために学生ローン，消費者金融などを利用しなければならない購入

---

10)　民法（債権関係）の改正に関する中間試案（法制審議会民法（債権関係）部会）（平成25 年 2 月）では，民法 90 条の改正案として，「(2)相手方の困窮，経験の不足，知識の不足その他の相手方が法律行為をするかどうかを合理的に判断することができない事情があることを利用して，著しく過大な利益を得，又は相手方に著しく過大な不利益を与える法律行為は，無効とするものとする。」が提案されていた。これは，適合性原則に著しく違反する法律行為の効果を考える上で，参考になる。

11)　河上正二「『適合性原則』についての一考察──新時代の『一般条項』」（高翔龍ほか編『日本民法学の新たな時代──星野英一先生追悼』（有斐閣，2015 年）607 頁）は，「消費者契約法の冒頭に一般条項的に『本法の適用に当たっては，消費者の年齢・知識，経験，財産の状況及び当該商品取引契約を締結しようとする目的に配慮しなければならない』との一箇条を高く掲げることもまた，新時代に相応しい規範策定態度と言うべきではあるまいか。」としている。

12)　http://www.no-trouble.go.jp/pdf/20141127ac01.pdf

者に対して勧誘を行っており，財産の状況に照らして不相応な勧誘を行っていました，とした（『適合性原則』違反）。

② 中国経済産業局　平成28年2月19日　外壁・屋根等の住宅リフォーム工事の役務を提供していた訪問販売業者　業務の一部（新規勧誘，申込受付及び契約締結）停止12カ月[13]

認定事実：同社は，本件役務提供契約の締結について勧誘をする際，貯金もなく年金生活をしている消費者が「年金生活を送っているので，まとまったお金がない。」などと契約を断っても，「年金担保にしてお金が借りられます。」と提案するなどして消費者の財産の状況に照らして不適当と認められるリフォーム工事契約の勧誘を行っていました，とした（『適合性原則』違反）。

③ 消費者庁　平成28年6月2日　$CO_2$排出権取引の受託及び取次ぎと称する役務を提供していた訪問販売業者　業務停止12カ月[14]

認定事実：同社は，本件役務提供契約の締結について勧誘をするに際し，消費者が投資の知識や経験に乏しいことにつけ込み，$CO_2$排出権取引が複雑で，多額の損失を被るおそれのある大きなリスクを伴う取引であるにもかかわらず，消費者の知識，経験及び財産の状況に照らして不適当と認められる勧誘を行っていました，とした（『適合性原則』違反）。

## 3　『適合性原則』違反と民事効

### (1)　投資取引分野での適合性原則違反と最高裁判決

『適合性原則』違反の契約の効果について定めた法律としては，先に上げた特定商取引法の過量販売に対し解除を認めた規定，消費者契約法の過量契約に取消権を認めた規定があるが，そのほかに，直接民事的効果を認めた規定は見あたらない。裁判例は後述するが，投資取引分野では，最高裁判所の判断が出されているので，参考となる。

投資取引分野の適合性原則については，その当否は別として，「金融審議会第一部会『中間整理（第一次）』」（平成11年7月6日）において，「狭義の適合

---

13)　http://www.caa.go.jp/policies/policy/consumer_transaction/release/pdf/160219kouhyou_1.pdf

14)　http://www.caa.go.jp/policies/policy/consumer_transaction/release/2016/pdf/160602kouhyou_2.pdf

性原則」と「広義の適合性原則」とがあり，前者は「ある特定の利用者に対してはどんなに説明を尽くしても一定の商品の販売・勧誘を行ってはならない」とのルールとされ，前者に違反した販売は無効とみなされ，リスクの移転も認められないとする。後者は「業者が利用者の知識・経験，財産力，投資目的に適合した形で勧誘（あるいは販売）を行わなければならないというルール」であり，「あくまでも業者の内部的な行為規範に関するルールであり，個別の訴訟等において，（中略），私法上の効果に直接連動させて考えるのは困難であるとの意見が大宗を占めた。」とされている。

　判例としては，平成 17 年 7 月 14 日最高裁判決（民集 59 巻 6 号 1323 頁）がある。この判決は，「証券会社の担当者が，顧客の意向と実情に反して，明らかに過大な危険を伴う取引を積極的に勧誘するなど，適合性の原則から著しく逸脱した証券取引の勧誘をしてこれを行わせたときは，当該行為は不法行為法上も違法となると解する」とし，また，「顧客の適合性を判断するに当たっては，（中略）具体的な商品特性を踏まえて，これとの相関関係において，顧客の投資経験，証券取引の知識，投資意向，財産状態等の諸要素を総合的に考慮する必要がある」と判示し，適合性原則違反の勧誘が，民事上も違法とされる場合のあることについて判断を示したものである。なお，この判決中の「著しく」については，最高裁の担当調査官が，私見であると断ったうえで，「『著しく』の要件は，単なる取締法規の違反と不法行為上の違法との二元的理解を踏まえたレトリックという意味合いが強いものと思われ，実質的なハードルの高さを必ずしも意味しないものと解される。」と解説している（最高裁判所判例解説民事篇「平成 17 年度（下）」361 頁 [宮坂正利]）15)・16)。

### (2)　消費者契約の『適合性原則違反』を認めた下級審裁判例

① 　高松高判平成 20 年 1 月 29 日（判時 2012 号 79 頁）

　呉服販売会社及び信販会社が，肝性脳症にかかっている女性に着物などを次々に販売し，与信した行為は，過量販売ないし過剰与信に該当し公序良俗に反するものとして無効になるとともに，これらの取引に係わる従業員の行為は不法行為法上違法となるとされた事例。

　裁判所は，着物など「高額の商品を販売する販売店においては顧客に対する不当な過量販売その他適合性の原則から著しく逸脱した取引をしてはならず，

これと提携するクレジット会社においても，これに応じて不当に過大な与信を
してはならない信義則上の義務を負っている」，「その不当性が著しい場合に
は，販売契約及びこれに関連するクレジット契約が公序良俗に反し無効とされ
る場合もある」等と判示した。

② 東京地判平成20年4月11日（ウエストロー・ジャパン）

当時75歳，無職，年金とこれまでの貯蓄で生活をしていた女性に対し，中
国のマンションの購入を勧め1101号室の4口，1523号室，1803号室，1119
号室の12分の2口を購入させ，合計3656万円余を支払わせた事件につき「原
告の経済状況と70歳後半という年齢からすれば，原告が本心から不動産購入
を希望し，これを決定したものとは認めがたい。また被告Y2は，高齢者に対
し，このような契約をさせるに当たっては，原告にその適合性があることを十

---

15) 平成17年7月14日最判を踏まえた投資取引分野での「適合性原則」に関する議論に
　　ついては，司法研修所編『デリバティブ（金融派生商品）の仕組み及び関係訴訟の諸問
　　題』（法曹会，2017年）に整理がされている。
　　　同書では，平成17年最判を，「狭義の適合性原則」に対応する「排除の論理」（自己責
　　任原則の妥当する自由競争市場での取引耐性のない顧客を後見的配慮に基づいて市場から
　　排除することによって保護するルールをいう。）の側面に着目した判断であるとするが，
　　同最判はこれと異なる側面（「広義の適合性原則」に対応する「投資支援」の側面）に着
　　目した法理の展開を否定する趣旨ではないとする。そのうえで，後者の「投資支援」の側
　　面については，「顧客のニーズに適合しない金融商品であるにもかかわらず，この点につ
　　き誤解を生じさせかねない勧誘を積極的に行うなど，顧客に適合した金融商品の勧誘を要
　　請する適合性の原則から著しく逸脱した勧誘をしてこれを販売したときは，不適合商品勧
　　誘の不法行為を構成する」という枠組みで判断することが考えられるとし，平成17年最
　　判の「入口規制」の側面からの不法行為理論（＝不適合顧客勧誘の不法行為，狭義の適合
　　性原則に対応する）に加え，「投資支援」の側面に着目した不法行為類型（＝不適合商品
　　勧誘の不法行為，広義の適合性原則に対応する）を正面から承認するという立場を示して
　　いる（97～105頁，137～142頁）。また，「適合性原則と民事責任」に関する最近の議論
　　は，立場の違いはあっても，適合性原則が包含する「投資支援」の側面に着目して民事責
　　任を基礎づけようという志向性において共通するものがあるとしている（105頁）。
16) 金融商品販売法では，平成18年の改正により金融商品販売業等の説明義務として「顧
　　客の知識，経験，財産の状況及び当該金融商品の販売に係る契約を締結する目的に照らし
　　て，当該顧客に理解されるために必要な方法及び程度によるものでなければならない」
　　（同法3条2項）が追加された。この改正については，大前恵一朗『Q&A　改正金融商品
　　販売法』（商事法務，2007年）98頁では，「平成18年の本法改正では，適合性原則への対
　　応がさらに強化されました。具体的には，第3条第2項が追加され，業者が説明義務を尽
　　くしたかどうか解釈基準として適合性の原則の考え方を取り入れ，重要事項の説明は顧客
　　の知識・経験・財産の状況・購入目的に照らして，顧客に理解されるために必要な方法及
　　び程度によるものでなければならないこととされました。」と解説されている。

152　第1章　消費者事件の処理に必要な基本的知識

分確認する義務があったというべきであるが，被告Y2がこの点について十分な調査をした事実を認定するに足りる証拠はない。（中略）以上によれば，被告らは，原告に対し，適合性を無視して高額な不動産販売を行い，高齢者が老後のために蓄えた資金まで，投資をさせていたことが認められる。」と判示した。


⑶　実質的に『適合性原則』違反を認め，公序良俗違反を認定した裁判例

　その他，『適合性』という言葉は使われていないが，公序良俗違反を理由として消費者の業者に対する損害賠償請求を認める裁判例の中には，実質的に『適合性原則』の違反をその内容とする裁判例が多い。

　①　大阪高判平成21年8月25日（判時2073号36頁）

　売り主が，買い主に対し，土地売買契約を意思無能力ないし公序良俗違反により無効であると主張した事案。

　裁判所は，本件土地売買契約当時，売り主が，認知症などのために事理弁識能力が著しく低下しており，かつ，不動産仲介業者の従業員から親切にされ，迎合的な対応をする状態にあったこと，同従業員らはこれらを知悉して十分に利用しながら，売り主を本件売買契約締結に誘い込んだこと，買い主は，売り主がそのような事理弁識能力に限界がある状態であったことを，本件売買契約が行われた際の風体，様子から目の前で確認して認識していたと推認することができること，客観的に適正に鑑定された本件土地価格の6割にも満たない売買価格の点で売り主に一方的に不利なものであったこと，等の事情を総合考慮すれば，本件売買は，売り主の判断能力の低い状態に乗じてなされた売り主にとって客観的な必要性の全くない取引といえるから，公序良俗に反し無効である，とした。

　②　岐阜地大垣支判平成21年10月29日（消費者法ニュース83号199頁）

　業者から勧誘を受けた平成13年ころから「アルツハイマー型老年期認知症の影響によって判断能力が低下していた」一人暮らしの女性が，3社から，出展や掲載契約を締結させられた事案。

　判決では，被害女性（原告）を必要以上に褒め称えるなどして執拗に勧誘して契約に至ったと認められること，「特に資産家であるとの事情は認められず，原告の収入，資産状況からみても著しく不相当に多数・多額の契約を締結して

いた」ことなどの事情に照らし、「社会相当性（ママ）に反する契約といわざるを得ない」、「原告の無思慮に乗じて不当な利益を得ていた」として、契約を「暴利行為、非良心的行為ないしは不公正な取引行為として公序良俗に反し無効といわざるを得ない」と断じた。

## 4　まとめ──『適合性原則違反』と公序良俗および不法行為としての違法性

『適合性原則』に反することは、それが著しい場合には、公序良俗違反として、契約は無効となると考えられる。

また、その程度に至らなくても、不法行為の領域では、社会的相当性を逸脱した勧誘として、民事上の違法性を基礎づける根拠となる（後藤巻則＝齋藤雅弘＝池本誠司『条解消費者三法』（弘文堂、2015年）55頁も同旨）[17]。

言い換えれば、事業者は、消費者を勧誘するに際しては、消費者と当該契約との『適合性』に配慮する一般的な注意義務を負うというべきであり、消費者に『適合性』がないことを知って勧誘する場合は、そのことで違法となり、『適合性』に疑義が生じるような事情がある場合には、適合するように配慮すべき義務（情報提供義務や説明義務）が生じ、その不履行は違法となると解される。

事件処理に当たっては、問題とする取引が、当該消費者に『適合』するものであったかどうか、『適合性原則』から判断して相当なものといえるかどうかを検討する必要がある。

---

17)　司法研修所編『現代型民事紛争に関する実証的研究──現代型契約紛争(1)消費者紛争』（法曹会、2011年）53頁以下では、どのような事情があれば社会的相当性を逸脱しているのかの判断について以下の4つの観点から整理することができるとされ、これらの評価根拠事実の重みを判断するに際しては、消費者行動特性を考慮し、社会心理学や行動経済学の知見を参照し、さらに消費者法関連の様々な取締規定も評価、判断の参考資料となるとされている。
　①　情報に関する事業者側の行為態様（主観面も含む）
　②　判断に関する事業者側の行為態様（主観面も含む）
　③　判断主体たる消費者の属性
　④　契約内容（具体的には、給付の不均衡、取引リスク等）

154　第 1 章　消費者事件の処理に必要な基本的知識

**【参考文献】**

・消費者委員会「『消費者契約法に関する調査作業チーム』論点整理の報告」平成 25
　年 8 月

・国民生活審議会消費者政策部会　平成 19 年 6 月 26 日開催　第 7 回消費者契約法
　評価検討委員会配布資料中「2　適合性原則」

・現代消費者法 28 号（2015 年）「特集／適合性原則と消費者法」所収の各論文

## 2 高齢者の取引

### 1 高齢者の消費者被害の現状

内閣府の平成 30 年版高齢社会白書によれば，平成 29 年 10 月 1 日現在のわが国の総人口のうち 65 歳以上の高齢者の占める割合は，過去最高の 27.7％と報告されている。総人口が減少する中で，高齢化率は上昇を続け，令和 18 年（2036 年）に 33.3％で 3 人に 1 人が高齢者となると推計されている。

高齢者は全世帯の半数近くに存在し，高齢者のみの世帯も増加している。身体的に活動力が低下し，情報収集力や分析能力も減退し，悪質商法のターゲットとなりがちである。支援が困難なのは，地域社会と接触が少なくなり，孤立していることも一因である。

統計的にも深刻である。平成 26 年 9 月 11 日，国民生活センターは，認知症等高齢者の消費者トラブルが 1 万件を超え過去最高と発表，同年 12 月 18 日の報道発表では消費者問題に関する項目の 1 番目として「高齢者の消費者被害依然として多く　認知症等の被害者も目立つ」とする。65 歳以上のその多くが判断能力不十分者である可能性が高い高齢者らの相談が全消費者相談の 3 割近くを占めたためである。

その後の類似の調査がないため若干古い資料にはなるが，平成 24 年時点での調査では，認知症，軽度認知障害（MCI）の高齢者を含めると高齢判断能力不十分者は高齢者 3190 万人のうちの 4 人に 1 人以上と考えられ，今後も増加傾向である。

相談内容，販売形態としては，高齢者は自宅にいる時間も多いことから家庭訪問販売や，電話勧誘販売による被害が多いが，その人口の増加と比較するとインターネットの高齢者への普及によりアダルトサイト等のデジタルコンテンツへのアクセスが全年齢と同様に増加し，通信販売の被害件数が増えている（販売形態別の契約当事者 60 歳以上の 2010 年度の件数は，通信販売では 3 万 9582 件，店舗購入では 8 万 4295 件，訪問販売では 4 万 9768 件，電話勧誘販売では 3 万 3000 件，その他では 8199 件であるのに対して，2015 年度の件数は，通信販売では 8 万 1139 件，店舗購入では 7 万 6675 件，訪問販売では 4 万 4182 件，電話勧誘販売で

156　第1章　消費者事件の処理に必要な基本的知識

は4万5389件，その他では1万2925件となっている）[1]。とはいえ，いわゆるアクティブシニアのインターネットによる被害の拡大の一方で，60歳代，70歳代，80歳以上を販売購入形態で相談を区分した場合にそれぞれ一番に多いのは通信販売（60歳代），店舗購入（70歳代），訪問販売（80歳以上）となっており，いわゆる後期高齢者へ向かってはなお典型的な「在宅被害」への対策が必要である[2]。

　また，社会情勢から年々平均契約額は減少傾向にあるが，若年者に比べてであればなお高齢者の消費者被害では被害額も高額化しやすいことについては留意すべきである（2015年度平均契約購入金額60歳代は約112万円に対して，80歳以上は約153万円）[3]。

　これまで，高齢者の消費者として取引をめぐるトラブルについては，認知症など判断能力が低下している高齢者への取組みとして行為能力の問題として取組みが行われてきた。成年後見制度利用促進法が2016年に施行され，翌年には基本計画が策定されるなど，各地方公共団体の責務として成年後見制度利用の体制整備が求められ，実務の運用も変化しているのが実状である。その一方では，成年後見制度の利用までは至らないか，もしくは成年後見制度の利用が可能であっても利用しないいわゆる「アクティブシニア」の取引上の自己決定権を尊重しつつ悪質な取引からいかに保護を行うかについての取組みはいまだ十分とは言い難く，高齢者の取引被害は後を絶たない。

## 2　高齢者の消費者被害の特色

　高齢者が被害に至る背景には，①情報の格差，②判断能力の低下，③交渉力の格差，④学習効果が期待しにくいこと，⑤相談できる人の減少，⑥現金支払いが多いこと，⑦高齢者の不安（お金・健康・孤独）や心情が悪用されることなどが指摘されている。

　例えば孫のような若い営業員が入社したてで契約がなかなかとれないと話すと，つい同情して契約を結んでしまったり，親身になって親切そうに話を聞い

---

1)　国民生活センター「60歳以上の消費者トラブルの変化と実態」（2016年9月8日）。
2)　国民生活センター・前掲注1)。
3)　国民生活センター・前掲注1)。

てくれると恩義を感じて断り切れずに契約をしてしまう傾向があるとも言われる。

そのうえ例え被害にあっても，親族や近隣に知られたくないという差恥心や自尊心，騙された自分も悪いからだと諦めて，誰にも相談せず被害を潜在化してしまうことも理由とされている。再び同様な契約をさせられたり，被害を回復してあげます，損害を取り戻しましょうとの誘いにのって，二次被害に遭う危険性も高い。

こうした高齢者の不安や心理，弱さを巧みに利用する悪質業者の手法に対する理解が重要である。

## 3　相談・受任についての注意点

①　第三者からのものでも安易に断らない

高齢者の相談の多くは親族，福祉関係者など第三者からのものである。積極的に関係者からの相談を受けなければならない。

②　丁寧な説明と意思（能力）確認

また，本人相談の際には消費者被害にあっているということを理解してもらい，次々販売などの被害に引きつづきあうことがないように通常より努力する必要がある。事情聴取と説明には，十分な時間が必要であり，消費者センターがあっせんを行ったり，弁護士が受任したりする場合には，本人意思の確認を行い，それが困難な場合には居住している地方公共団体の社会福祉協議会その他の地域連携ネットワーク参加団体への連絡により，成年後見制度へつなげる必要がある場合もある。

③　早期の事情聴取

本人の記憶力が減退してきているために，事実関係を把握するのも容易ではなく，資料も散逸していることも多い。立証が必ずしも容易ではなく，本人からの聴取も時間とともに記憶が薄れていく速度が速いため，早期に聞き取って記録化すべきである。

④　家族関係への配慮

親族などに被害にあったことを知られたくないというプライドは高齢者の方が高い場合がある。気持ちはできるだけ尊重しつつ，被害実態との衡量や今後の生活面で親族や福祉の援助を得るように説得するなどの配慮が必要である。

*158* 第 1 章 消費者事件の処理に必要な基本的知識

## 4 被害救済のための法制度

### (1) 意思無能力による無効

#### ア 意思無能力とは

権利義務の変動を発生させる法律行為は意思に基づいて初めて成立するものである。そのためには，意思能力が必要である。

意思能力とは「自分の行為の結果を弁識，判断することのできる能力」（谷口知平＝石田喜久夫編『新版注釈民法(1)』（有斐閣，2002 年）246 頁［谷口安平]），「自己の行為の結果について合理的な判断をすることができる認識能力」（鎌田薫ほか編著『民事法 1 総則・物権〔第 2 版〕』（日本評論社，2010 年）とされる。「だいたい 7〜10 歳程の子供の精神能力」（近江幸治『民法講義 I 民法総則〔第 7 版〕』33 頁（成文堂，2018))と記述しているものが見受けられるが，具体的には個人ごと取引ごと，問題となる行為ごとに個別に判断される。法律行為には意思能力があることが当然の前提とされる（通説・判例 明治 38 年 5 月 11 日大審院判決)。意思能力を欠いた場合には法律行為は無効となる。

そこで，認知症などで判断能力が低下している高齢者の場合には意思無能力無効の主張を検討すべきである（改正民法では意思能力につき明文化された（3 条の 2))。

#### イ 意思能力の有無の判断基準

障害の原因や程度だけでなく，取引類型の難易度や本人保護の必要性なども意思能力判断の基準の考慮材料になっている。すなわち意思能力の有無は行為者の具備する認識能力から画一的に導き出せるものではなく，具体的な法律行為の内容・性質・リスク等の個別的な考量と認識能力を勘案して決定される（鎌田ほか編著・前掲『民事法 1』)。「生活状態を認定し，医学上の評価を参考にして，法律行為の内容の難易度との相関関係から意思能力の有無という法的評価を導き出している」（金判 1036 号 42 頁）といえる。

とはいえ，契約締結時には，医師にかかっていないことも多く，その場合，本人の当時の生活状況をよく知る者の証言なども証拠とすべきである。

#### ウ 無効の主張は誰ができるか

意思無能力の主張は，取消しと同様に表意者とその代理人または承継人に限るとするのが通説である（鎌田ほか編著・前掲『民事法 1』)。意思無能力の立証

責任は，主張する側が負うとされる。したがって，相続人などの承継人でない限りは主張の前提として成年後見制度の利用が必要となろう。

### エ　意思無能力無効と不当利得返還

意思無能力により無効となった場合にも，制限行為能力者を保護するための特則である民法121条ただし書（改正後民法121条の2第3項）を類推適用して，現に利益を受くる限度（現存利益）で返還すれば足りるとする学説・判例が有力である。

### オ　裁判例

【意思無能力を認めた裁判例】

・仙台地判平成5年12月16日判タ864号225頁

2回の脳出血により知能障害が生じ，鑑定結果では知能程度は8歳くらい，知能指数46程度と判断された人がした金銭消費貸借契約について，意思無能力を理由に無効とした。また，無効について借主が不当利得返還義務を負う場合でも，民法121条ただし書が類推適用され，現存利益の範囲で返還義務を負うとした。なお，現存利益の不存在の立証は利得者である意思無能力者が負うとしながら，当該不当利得について契約前後の諸事情から経験則上借主に現存利益は存在しないと認定できるとして，借主の返還義務を否定した。

・東京高判平成11年12月14日金法1586号100頁

くも膜下出血の後遺症で脳に障害を有する人が行った銀行との金銭消費貸借契約について，担当者の面前で契約書に自署し印鑑を押印しているが，日常的な金銭の貸借の意味は理解できるとしても，金額が高く複雑な金銭消費貸借契約を締結する判断能力は欠いていたとして意思能力なしとした。後に準禁治産宣告を受けている。

・東京地判平成17年9月29日判タ1203号173頁

母の貸金業者からの借入金債務について，連帯保証しさらに母と共有する不動産に根抵当権を設定した者が，知的障害に罹患し，契約の社会的，法律的意味を理解する能力を欠いていたとして，各契約を無効とした。

なお，貸金業者からの，本件訴訟のために訴訟委任契約を弁護士と締結するに当たり，後見人選任をしていないことから本人の意思能力に問題がないとの主張に対し，意思能力の有無は問題となる個々の法律行為ごとにその難易，重大性なども考慮して行為の結果を正しく認識できていたか否かを中心に判断さ

れるべきところ，社会通念上，自己の利益を守るための弁護士への訴訟委任契約の意味を理解することは，自己がそれ相当の経済的な負担を伴う本件連帯保証契約及び根抵当権設定契約の意味を理解するよりも容易であり，訴訟委任契約の締結について訴訟能力を有していたと認められるが，このことをもって連帯保証契約及び根抵当権設定契約についてもその効果意思を有していたとすることはできないとした。

【意思無能力を認めなかった裁判例】

・東京地判平成 8 年 11 月 27 日判時 1608 号 120 頁

　多発性脳梗塞症により痴呆症状を発症し，入院治療中であり，病院における簡単な計算や質問に答えられなかったり，硬貨を食べようとしたり，趣旨不明のことをしゃべったりする様子が現れるものの生年月日などは正確に答え，リハビリに意欲的に参加したり，気分のよい日には看護婦と会話に興じており，常時判断能力を喪失していたとまではいえないとした。

・熊本地判平成 17 年 8 月 29 日判時 1932 号 131 頁

　被相続人が生前にした 1 億 4000 万円の寄付につき，相続人が寄付当時被相続人は意思無能力で，寄付は無効としてその返還を求めた事案。本人は，当時精神保健法 5 条の精神障害者の認定を受け，86 歳と高齢であり，脳動脈硬化性精神病に罹患し，精神的，知的な能力に問題があったとしながら，日常生活において身の回りのことを自分で行い，財産管理も自ら行っていたこと，精神障害の程度はそれほど重篤ではなかったこと，寄付は自ら申し出たこと，被災者救済のために高額な寄付を行う動機として了解可能であることなど総合勘案し，意思能力なしとまではいえないとした。

### (2)　契約の不成立

　消費者契約では事業者が不適切な勧誘を積極的に行い，消費者が事業者から契約の申込みがなされているとは意識していないことを知りながらあえて契約をさせているような場合に，その事業者の態様の悪質性を考慮して，そもそもの契約が不成立であるとする裁判例がある（東京地判昭和 59 年 6 月 28 日 NBL473 号 27 頁）。

　同裁判例は，北海道の土地の原野商法の被害である。不動産販売業者が X を旅行に連れ出し，北海道の土地を購入するように求め，X は，高血圧で入院

した経歴もあって，土地の特定も面積も売買価格についても理解しないままに売買契約書に指印し1万円を支払った。2日後Xは，取引を白紙に戻してほしいと断ったが，拒否され，結局郵便局と銀行に同行した業者に360万円を支払ってしまったという事案である。裁判所は，「売買契約書と題された書面に指印をしたという事実があっても，その疾病のため，売買契約の内容の重要な部分について，全く理解することのないままにこれを行ったものであるときは，右事実をもって売買契約が成立したと認定することはできない」として，Xの請求を認容。この事案ではXの精神鑑定も行われていないし，診断書も提出されていない。

### (3) 公序良俗違反による無効

　高齢者の無知・無思慮・窮迫等に乗じて不当な行為を行い，あるいはほとんど無価値な物を高価で売りつけるなどした行為について，公序良俗違反による無効の主張を認めた裁判例がある（秋田地本荘支判昭和60年6月27日判時1166号148頁，岐阜地大垣支判平成21年10月29日消費者法ニュース83号199頁，奈良地判平成22年7月9日消費者法ニュース86号129頁等）。詳細は第1章「第7　公序良俗違反」を参照されたい。

　また，公序良俗違反と意思無能力を択一的に主張した事例で，大正10年生まれの女性で，独身，市職員や学校教員としての勤務歴があり，妹が亡くなったあとは1人暮らしになり，入浴や洗濯をせず家の中はゴミが積まれていたものであるが，保佐開始の審判を後に受ける。認知症と妹の死をきっかけとする不安状態のために事理弁識能力が著しく低下しており，かつ受容的態度をとる他人から言われるがままに，自己に有利不利を問わず，迎合的に行動する傾向があり，周囲から孤立しがちな生活状況の中で，不動産仲介業者から親切にされ，同人らに迎合的な対応をする状態にあったこと，不動産仲介業者は，これらのことを知悉して十分に利用しながら，売買契約に誘い込んだこと，さらにこの売買を行う必要性も合理性も全くなくて，売買価格の点でも一方的に不利なものであったこと，不利で有害な取引として，公序良俗に反して無効としたものがある（大阪高判平成21年8月25日判時2073号36頁）。

162　第1章　消費者事件の処理に必要な基本的知識

### (4)　錯誤による無効（民法95条）

　錯誤の要件に該当すれば，契約の無効を主張できる。しかし錯誤の要件は厳格で，要素の錯誤であること，表意者に重過失がないことが必要であり，動機の錯誤については認められにくい。判例では，動機は表示されて意思表示の内容とした場合には無効を認めている。訪問販売などでは，むしろ事業者の勧誘文句によって消費者の購買の動機が形成されることが普通であろう。事業者はむしろその動機に気づいているといえる場合がある。

　改正民法では錯誤の効果を取消しとして再構成しているが，基本的には従前の判例法理の相対的無効，要素の錯誤や動機の錯誤について明文化したもので実務上の影響はないとされる。もっとも，中間試案の段階で，事業者の動機の惹起型について議論され「『惹起型錯誤を動機の錯誤で救済している事案』が多く見られること」（山本敬三「『動機の錯誤』に関する判例の状況と民法改正の方向（下）」NBL1025号（2014年）37頁以下参照）から，それを明文化してわかりやすくしたものという見方からすれば，事業者側に原因のある動機の錯誤を積極的に認める方向に解釈すべきである。

　また，裁判例の中には，高齢者であることを考慮して，重過失の要件が緩和されていると理解できるものがある（東京高判平成6年3月24日金法1414号33頁）。

　同裁判例は，80歳の高齢者が債務者甲の詐欺により，他の債務者Bの借受金債務を連帯保証等する意思で債務者甲の借受債務について連帯保証契約及び根抵当権設定契約をしたもので，高齢者の意思表示は，債務者及び内容に関する錯誤があるとして無効を認めた。重大な過失有りという主張に対しても，保証意思の確認を確実に行うべきところ，関係書類を一束に重ねたうえ，80歳の高齢者に何ら説明せずに上の書類から次々に署名させていること，司法書士による根抵当権登記申請の意思確認についても，司法書士事務所の事務員が電話で確認した点について，司法書士の単なる補助者にすぎず，権限がないばかりか複雑な登記の内容を短時間で確認することは極めて困難であり債務者Bの2200万円の根抵当権を設定するものと思い込んでいたことに鑑みると甲の1億円の債務を連帯保証するという内心の意思も，担保のため極度額1億4000万円の根抵当権を設定する内心の意思もなかったとして，重大な過失があったことを認めるに足りる証拠はないとしたものである。

第6　消費者の属性に関わる問題　*163*

### (5)　詐欺・強迫による取消し（民法 96 条）

詐欺・強迫に該当する場合には，意思表示を取り消すことができる。詐欺に該当するか否かについては，当事者の判断能力や理解能力によって影響を受けるため，判断能力の低下した高齢者の場合には詐欺成立の可能性が高くなると思われる。具体的な欺罔行為について，つまり業者の言動について主張・立証しなければならないが，訪問販売等の被害では，記憶力の減退した高齢者本人の証言しか存在しない場合には，その立証は容易なことではなく，集団的な被害の場合には，同様の被害者の証言や証拠を利用する立証が試みられることとなる。

なお，本条は改正民法において，対抗できない善意の第三者に無過失を明文で要求することとなった点でより被害者である高齢者保護となった。

### (6)　不法行為による損害賠償請求

消費者被害の裁判では，現在は不法行為に基づく損害賠償請求が主流である。なぜなら意思無能力，詐欺，強迫，錯誤などの契約法理は意思表示の過程だけを対象に評価するため，事業者と消費者の情報や交渉力の格差という前提条件を適切に取り込むことが困難であること，また特商法や金融商品取引法等の各種業法は不当勧誘行為禁止規定があっても，民事的効力に結びついていないものがあること，さらに悪質な商法は契約締結段階だけにとどまらず，接近，勧誘方法，消費者の知識，経験，資力まで一連の事情を総合的に評価できるという点が被害実情にも合致しているためである。また不法行為構成をとることで，違法な勧誘行為を行った個人に対しても損害賠償請求をすることが可能となる。

ただ，一連の事情を総合評価して違法性を判断するため，判断基準が不明確であり，相手方や裁判所に認めさせるには，具体的な事実や法令違反の指摘が必要である。

例えば，高齢者の判断能力の低下を知りながら複雑で危険な契約を勧誘したこと，体力や抵抗力の低下した高齢者に執拗な勧誘をしたり，老後の大事な生活資金をリスクの高い取引に投入させたことなどの事実の指摘や，老人その他の者の判断能力の不足に乗じ，訪問販売・電話勧誘販売による契約を締結させることは，「老人その他の者の判断力の不足に乗じ」契約をさせたものとして，特定商取引法7条1項5号・22条1項5号，同法施行規則7条2号・23条2号に違反する行為であることを指摘するなどである（なお，条例の例としては

「不適正な取引行為」の禁止をするものとして東京都消費生活条例 25 条 1 項 1 号，同条例施行規則 5 条の 2 など）。改正消費者契約法（令和元年 6 月 15 日施行）の 3 条の勧誘における情報提供の努力義務の規定，事案によっては後掲する過量販売の禁止（特定商取引法 7 条 1 項 4 号・22 条 1 項 4 号）などを挙げても良い。

　注意すべき点としては，投機的取引であるとして高齢者の場合でも過失相殺が主張されて，判決でも認められることが少なくないため，既述した高齢者の特性を説いて「老いることは過失ではない」ことを相手方，裁判所に理解させる必要がある。

### ⑺　過量販売と契約取消し・解除

　平成 28 年に消費者契約法の改正（平成 29 年 6 月 3 日施行）が行われ，過量契約取消権（同法 4 条 4 項）が制定された。

　なお，特定商取引法でも改正で従前の訪問販売に加えて電話勧誘販売（平成 29 年 12 月 1 日施行）が過量販売解除権を有することになった（特商法 9 条の 2・24 条の 2）。

　割賦販売法では個別信用購入あっせんについて上記の特商法の解除の際に 1 年以内であればクレジット契約の解除や代金返還の請求を定めている（割販法 35 条の 3 の 12）。

　独居高齢者の被害が多く，記憶力や判断能力が低下しているような場合には，そもそも本人からの事情聴取もままならず，そのため立証が困難であるという事情も合わせ，立証負担の軽減を配慮して規定されたものである。

　訪問販売と電話勧誘販売においては，過量販売契約がされた場合に，消費者は，1 年以内であれば，事業者が特別の事情を立証しない限り，無条件で申込みの撤回または契約の解除をすることができ，利用した個別クレジット契約（個別信用購入あっせん関係受領契約）があれば，消費者は申込みの撤回または契約の解除ができる。

　個別クレジット業者については，購入者等に契約締結を必要とする特別の事情を例外とするが，主観的な過量性の認識は要件ではなく，高齢者が次々販売の被害で多重債務に陥り支払いが困難になっているようなときには，過量販売による解除ができないか検討すべきである。詳細については，過量販売の項（第 2 章第 1「⑤　過量販売」）を参照されたい。

### ⑻　適合性の原則

　高齢者の老後の資金を狙い，株式や投資信託などの証券取引，商品先物取引，海外商品先物取引・オプション取引，外国為替証拠金取引，CFD 取引，未公開株取引，社債取引，預託商法など，次から次に新たな金融商品や金融商品まがいの投資被害が発生している。

　「適合性の原則（suitability rule）」とは，投資勧誘に際して，投資の目的，財産状態，投資経験等から判断して不適合な者を勧誘してはならないという原則であり，取引から排除するという狭義の意味だけでなく，顧客に適合した金融商品の勧誘を要請する投資支援という広義の意味も含めて理解される。

　消費者基本法も，事業者の責務として「消費者との取引に際して，消費者の知識，経験及び財産の状況等を配慮すること」（同法 5 条 1 項 3 号）と定めている。

　金融商品取引法などの業法は本来，業者を規制する法で被害者を救済する直接的な手段にはならないとしても，行為規制違反は民事ルールの不法行為や債務不履行，公序良俗違反などの違法性を判断する指標となるものであり，最判平成 17 年 7 月 14 日（民集 59 巻 6 号 1323 頁・判時 1909 号 30 頁）は，適合性原則が民事ルールとして機能することを認め，適合性原則違反が不法行為上も違法となると判示した。

　この「適合性の原則」の法的位置づけは議論があるが，高齢者の取引においては，危険性の高い難解な取引は，財産，収入，投資経験，理解力，判断能力からして適合しないという主張が基本となる。

　複雑な金融商品の内容に深く立ち入りすぎ振り回される必要はなく，その取引の難解性や危険性を適切に指摘して，損害賠償や公序良俗違反の主張の基礎とすることが重要である。

## 5　成年後見制度と成年後見制度の利用の促進に関する法律

　平成 12 年 4 月にそれまでの禁治産・準禁治産宣告制度を改正し，補助類型を加え，後見，保佐，補助の 3 類型の法定後見と，「任意後見契約に関する法律」に定める後見人を自ら選べる任意後見を併せた新たな成年後見制度が施行されて約 20 年が経過した。

　この段階的制度は，超高齢社会が進行している現在社会において，適切な介護サービス選択や財産管理を自らできなくなる高齢者が多数発生する現実を解

決するため，行為能力制限という人権制限と本人の権利擁護の調和を図った制度である。

法定後見制度は，認知症などで精神上の障害を負って判断能力を欠く常況，判断能力が著しく不十分，もしくは不十分となったものは，自ら法律行為を行う場合には自己に不利益な行為を誤って行ってしまうおそれがあり，本人，配偶者，4親等内の親族は後見等開始の審判申立てにより，家庭裁判所は開始審判をすることができると定めたものである（民法9条・11条・15条）。家庭裁判所が選任した後見人等が裁判所の監督の下，本人の意思を尊重しつつ身上監護に配慮した財産管理を行う制度となっている。

法定後見制度を三類型とした趣旨は，本人を制限行為能力者として扱って包括的な代理権を有する「法定後見人」，法定事項について同意権・取消権を持つ「保佐人」，部分的に同意権・取消権を本人同意で付与できる「補助人」と3つの段階的な制度として，後の二者については代理権の付与を本人の同意が無くてはできない事項とし，人権制限を最小限にするように配慮したところにある。また，判断能力があるうちに将来に備えて，予め本人が任意後見人になる者を決め，任意後見契約公正証書を作成して契約し，判断能力の減退が生じたときには，任意後見人に任意後見監督人を付けて，契約を発動させる任意後見契約の制度もあわせて制定し，本人意思の尊重に万全を期した。

ところが，我が国では後見制度利用が全く進まなかった。例えば，後見制度類似の「世話制度」を有するドイツにおいては2013年現在人口8200万人のうち約120万人が制度を利用する一方で，日本においては制定から20年近くが経過した平成28年現在も全人口約1億3000万人のうち約20万人程度しか利用していなかったのである。超高齢社会が世界一の速度で進行する我が国の高齢者の権利擁護は危殆に瀕していると言わざるを得ない状況である。

そこで，成年後見制度の利用の促進に関する法律（平成28年施行）に基づき成年後見制度利用促進基本計画が平成29年3月に閣議決定され，さらなる利用の促進が政府全体の重要施策の取組みとして位置づけられることになった（平成30年4月より厚生労働省内に成年後見制度利用促進室が設置された）。

このようななか，消費者相談の現場においても高齢消費者の相談に際して，高齢者本人の委任能力に疑いがある場合や，解決したとしても今後の二次被害を防ぐ必要があると思われる場合には成年後見制度の利用を積極的に行ってい

くべきと考えられ，高齢者や障害者の消費者相談に関わるものは後見の知識や制度についての理解は不可欠となっているのである。

そこで，判断能力不十分者の消費者被害を覚知し，今後の被害防止や被害回復のための手続に後見申立てが必要と考えた場合には，本人，親族に対して成年後見制度利用の働きかけを検討すべきである（もっとも，任意後見契約は公正証書による契約時に契約能力が必要であり，かつ任意後見人には取消権はないので消費者被害に対して事後的・予防的に検討することは少ない）。

なお，成年後見等の申立てから，後見等開始の決定が出されるまで問題がなければ概ね2～3カ月である（東京家庭裁判所の場合）。特に緊急を要する場合には，家裁に事情を申し入れて開始決定を早めるか，審判確定までの間の保全処分として，本人の財産の保全のために特に必要があるときは後見命令，保佐命令，補助命令（家事事件手続法126条1項・2項，134条1項・2項，143条1項・2項）を求めることができる。

この命令が告知されると直ちに効力が生じるから，本人及び財産管理者は，本人が財産管理者の同意を得ないでした財産上の行為を取り消すことが可能である（家事事件手続法126条7項・134条5項・143条5項）。もっとも財産管理者には，不在者の財産管理人の規定が準用され（同法126条7項・134条5項・143条5項），管理行為を超える行為をなすときは裁判所の許可が必要であり，本人が過去に行った取引について，クーリング・オフによる解約，不実告知による取消し，金員返還請求をする場合には注意する必要がある。

## 6　被害の発見と被害の予防（高齢者見守りネットワーク）

⑴　高齢者の消費者被害の特徴は，その身体的，社会的な状況から，典型的な在宅被害が多いが，自分では気づかない，相談につなげにくい，また被害にあうものが繰り返しの被害（二次被害）にあうことが多い（「狙われ消費者」「ハイリスクの消費者」（消費者庁「『消費者安心戦略』の推進の強化について」（平成26年）より））という問題がある。

そこで，被害の予防のためには，高齢者を孤立させないこと，また被害にあった場合にもできるだけ早期にこれを発見し，被害の拡大防止や被害の早期救済をはかることが重要であり，個別の被害回復の後も二次被害を防ぐために継続的な関わりが必要となる。

168　第1章　消費者事件の処理に必要な基本的知識

　このため，国や地方自治体が高齢者見守りネットワークの構築を支援する必要があり，現在も様々な支援活動が試みられている。

　平成26年度消費者安心戦略の一つに，地域段階での消費者被害防止ネットワークの構築をあげ，平成26年6月の消費者安全法の改正によって，見守りの主体となる地方消費者行政への支援体制を定め，現場における整備が急がれている（同法11条の3ないし11条の6「消費者安全確保地域協議会」，同法11条の7「消費生活協力員」，受託団体等への守秘義務（同法8条の2）など）。もっとも，消費者安全確保地域協議会の設置自体は，平成31年4月末現在の設置自治体数を217団体として総自治体数の12.1％とかなり少ないのが実状であり，より普及させるための方策が必要である。

　すなわち，そもそも高齢者見守りネットワークについては，福祉行政によるものが先行していたり，その構成員がほぼ消費者安全確保地域協議会の予定する構成員と同一であったりなどしており，現実の判断能力不十分な高齢消費者の権利擁護には，必ずしも独自のネットワークの構築は必要なく，既存のネットワークを活用することを積極的に検討するべきである。

　(2)　また，ネットワークには地域の実情に合わせた地域性があり，画一的に定まるものではない。

　地方公共団体の高齢者見守りネットワークにおいては，①被害の発見・連絡のための地域の見守りネットワークの構築，②速やかな相談受付と迅速な対応，③高齢者及び見守りネットワークに対する効果的な情報提供，④消費生活部門と高齢者福祉部門との緊密な連携が必要となるとされる（東京都「高齢者の消費者被害防止のための地域におけるしくみづくりガイドライン平成21年度版」（平成22年））が，実際の見守りは団体・士業相互の連携によって行われるもので，地域包括支援センターのケアマネージャー，ホームヘルパー，訪問看護師，民生委員，地域見守り協力員（区民ボランティア），保健師，社会福祉協議会職員，区職員などが各々被害早期発見のためのネットワークを作り連携し，必要な機関へつなげていける体制が必要である。

　そのため，消費生活センターへの通報を行う仕組みや通報マニュアルをつくるなどの支援や，これらを各々が利用することがあげられる（東京都「高齢者の消費者被害防止のための見守りネットワーク取組事例集」（平成28年），「高齢者見守りハンドブック」（平成31年，東京都消費生活総合センター）など）。

現場で消費者被害救済に当たる弁護士等や消費生活相談員においても，ネットワークから適切な通報がなされるように，①普段から自己の職務地域のネットワークを知るとともに，②高齢者のいる場所へのアウトリーチ手法による現場の確認，相談，施設からの相談などの積極的引受け，③出前講座や見守りポイント・弁護士会や消費生活センターへの連絡先などが書かれたグッズの配布による知識や通報先についての啓発，④広く専門分野が異なる専門職同士の連携を考えるべきである。

　事件解決後の連携としては，成年後見制度利用促進基本計画により中核機関とされる機関（東京都であれば社会福祉協議会が多いが地域によってはNPOなどが担う場所もある）や，高齢者の権利擁護のための総合支援を行うとされている地域包括支援センターを経由して成年後見制度の利用，首長申立てについて検討してもらう，地域の社会福祉協議会が行う金銭管理サービスなど（日常生活自立支援事業（旧地域権利擁護事業））につなぐなどが考えられる。

　高齢者見守りネットワークについては流動的であり，今後も様々な展開が考えられる。今後，高齢者の被害相談の割合が多くを占めるようになることが予想されることから，消費者相談業務に関わるものは業際的な福祉関連についての知識習得と福祉関係者との交流の機会を積極的に持ち，団体相互のつながりを得るようにしてゆかなかければ，十全な被害救済は不可能な時代となるだろう。

**【参考文献】**
・全国消費生活相談員協会消費者情報研究所「判断能力不十分者の消費者被害の救済について～判例研究の立場から～」（平成 16 年 3 月）
・日本弁護士連合会シンポジウム資料「消費者・福祉部門の連携づくり～高齢者・障がいのある人の消費者被害の防止・救済のために～」（2008 年 11 月 27 日開催）
・東京都「高齢者の消費者被害防止のための地域におけるしくみづくりガイドライン平成 21 年度版」（平成 22 年 3 月）
・東京都「高齢者の消費者被害防止のための見守りネットワーク取組事例集」（平成 28 年）
・小林昭彦＝大門匡＝岩井伸晃編著，福本修也＝岡田伸太＝原司＝西岡慶記『新成年後見制度の解説〔改訂版〕』（金融財政事情研究会，2017 年）
・内閣府「高齢社会白書　平成 30 年版」

170　第1章　消費者事件の処理に必要な基本的知識

# ③　未成年者の取引

## 1　未成年者保護の原則

### (1)　未成年者保護の原則

　未成年者は，一般に取引の知識経験に乏しく，判断能力が未成熟であることから，取引において適切な判断ができないおそれがある。

　そこで，民法は，未成年者がその法定代理人の同意を得ないでした法律行為は，取り消すことができるものとして（同法5条1項本文・2項），未成年者を保護している。

### (2)　未成年者と法定代理人

#### ア　未成年者

　現行法下では，未成年者とは，満20歳に達しない者をいう（民法4条）。

　もっとも，満20歳に達しない者でも，婚姻すると成年に達したものとみなされる（同法753条（婚姻による成年擬制））。

　なお，「民法の一部を改正する法律（平成30年法律第59号）」は，成年年齢を満20歳から満18歳に引き下げ，婚姻年齢を男女とも満18歳としたことに伴い，民法753条の規定を削除した（なお，上記改正法附則2条も参照）。

　現行法では，未成年者が婚姻後成年年齢に達する前に離婚し，又は婚姻が取り消された場合，成年擬制の効力はどうなるかという問題がある。

　民法753条の趣旨について未成年者の婚姻生活の独立性確保のみを強調すれば，成年擬制の効力が消滅して未成年者に戻るとの解釈も考えられる。

　もっとも，同条は上記趣旨のほか，婚姻した未成年者は成年者と同一の能力を与えるに足りる程度に精神能力が成熟したことも保障する趣旨であると理解すれば（我妻榮『親族法』（有斐閣，1961年）94頁），離婚し，又は婚姻が取り消された場合であっても成年擬制の効果は消滅しないと考えることになろう。

　なお，戸籍実務は，婚姻適齢（民法731条）に違反した婚姻届が誤って受理された後，適齢に達しないうちに協議離婚した場合，成年擬制の適用はないが（昭和30・5・28民二発201号回答），婚姻不適齢を理由に婚姻取消しの裁判が確定した時点で婚姻適齢に達していた者には引き続き成年擬制が適用されるとす

る（昭 31・2・18 民二発 60 号回答）。

### イ　法定代理人

未成年者の法定代理人は，未成年者の親権者である（民法 824 条。なお，同条は，「代表」と規定するが，代理と同義と解される）。

未成年者の親権者は，父母（同法 818 条 1 項）であり，未成年者が養子であるときは，養親（同条 2 項）である。

親権者がいない場合又は親権者が財産管理権を有しない場合（同法 835 条・837 条参照）は，遺言（同法 839 条）又は請求（同法 840 条）により未成年後見人が付される（同法 838 条 1 号）。

なお，精神上の障害により事理を弁識する能力を欠く常況にある未成年者には，成年後見人を付すこともできる。

### (3)　法定代理人の権限と制限

未成年者の法定代理人は，未成年者の法律行為について，①代理権，②同意権，③取消権，④追認権を有する。

各権限の行使にあたり，次の制限が設けられている。

### ア　親権共同行使の原則

㋐　父母の婚姻中（法律上の婚姻に限る）は，原則として父母が共同して親権を行使する（民法 818 条 3 項本文）。

養父母の場合や実親と養親が夫婦である場合も同様である。

もっとも，父母の一方が親権を行使できないときは（事実上行使できない場合と法律上行使できない場合のいずれも含む），他方が単独で親権を行使する（同項ただし書）。

㋑　父母の一方が他方の同意なしに共同名義で代理行為をした場合は，相手方が悪意である場合を除き，当該代理行為は有効である（民法 825 条）。

では，上記の原則に違反し，父母の一方が他方の同意なしに単独名義で代理行為をした場合，当該行為の効力はどうなるか。

この点について，当該行為を「無効」とした判例がある（最判昭和 28 年 11 月 26 日民集 7 巻 11 号 1288 頁）。

これに対し，学説の多くは，当該行為を無権代理行為として理解している（我妻・前掲書 326 頁など）。

後者の見解によれば，表見代理が成立する場合には，未成年者に契約の効力が帰属することになる。

(ウ)　なお，未成年後見人が複数選任された場合（民法840条2項）についても，未成年後見人の権限を共同行使することが原則とされる（同法857条の2第1項）。

すなわち，一部の未成年後見人が他の未成年後見人の同意なしにした代理行為は，単独名義と共同名義を問わず，無権代理行為となるのが原則である（同法825条は未成年後見に準用されない）。

もっとも，家庭裁判所が未成年後見人の財産管理権について単独行使又は分掌を定め（同法857条の2第3項），当該未成年後見人がその定めにしたがって代理行為をした場合には，例外的に代理行為は有効となる。

### イ　利益相反の場合

(ア)　親権者は，親権者と未成年者との利益が相反する行為については，未成年者のために家庭裁判所に対し特別代理人の選任請求をしなければならない（民法826条1項）。

同条に違反して特別代理人を選任せずに親権者が代理行為をした場合，当該行為は無権代理行為となる（最判昭和46年4月20日家月24巻2号106頁）。

(イ)　民法826条は，未成年後見人にも準用される（同法860条本文）。

もっとも，未成年後見監督人がいる場合，特別代理人の選任は必要なく，未成年後見監督人が未成年者の代理人となる（同法860条ただし書・851条4号）。

### ウ　未成年後見監督人がいる場合

未成年後見監督人がいる場合，未成年後見人は，未成年者に営業の許可，営業の許可の取消し又は営業の制限については，未成年後見監督人の同意を得なければならない（民法857条ただし書）。

### エ　労働契約に関する制限

法定代理人は，未成年者に代わって労働契約を締結してはならない（労働基準法58条1項）。

また，法定代理人は，未成年者の賃金を未成年者に代わって受け取ってはならない（同法59条）。

## 2　未成年者取消権

### (1)　法律行為の取消し

未成年者が法定代理人の同意を得ないで行った法律行為は，取り消すことができる（民法5条1項・2項）。

### (2)　取消権者

未成年者の法定代理人のほか，未成年者自身も単独で法律行為を取り消すことができる（民法120条1項）。

なお，法定代理人は，未成年者がした取消しの意思表示を取り消すことはできない。

### (3)　取消しの方法

取消しは，相手方に対する意思表示によって行う（民法123条）。

### (4)　取消しの効力

#### ア　現存利益の返還

取消しをすると，その契約は，最初から無効であったものとされ，未成年者は「現に利益を受けている限度」において，返還の義務を負うにとどまる（民法121条ただし書（改正後民法121条の2第3項））。

なお，消費者契約法6条の2も参照されたい。

「現に利益を受けている限度」とは，取り消すことができる法律行為によって事実上得た利益が，そのまま，あるいは形を変えて残存している場合の，当該利益の限度をいう（我妻榮『新訂民法総則　民法講義I』（岩波書店，1977年）397頁参照）。

#### イ　具体的検討

##### (ア)　未成年者が借金をした場合

未成年者が借り入れた金銭を浪費したときは，浪費した分は現に利益は残っていないため，残金を返還すれば足りる。

他方，未成年者が，借り入れた金銭を，他者に対する債務の弁済や生活費その他の必要な出費に充てたときは，弁済又は支出した額を返還する必要がある

（大判昭和 7 年 10 月 26 日民集 11 巻 1920 号参照）。

　当該借入れにより，未成年者は手持ちの現金，預貯金の支出を免れ，他から借入れの必要がなくなったといえることから，未成年者には現に利益が残っているものといえるためである。

　なお，未成年者が借金を返済する場合には，貸主に返還を請求された時点からの遅延損害金のみ生じる。

　(イ)　**未成年者がエステその他のサービスを利用した場合**

　当該サービスが未成年者にとって必要な出費ではないときは，利用したサービスの対価を払う必要はない。

　(ウ)　**未成年者が会員権を購入してサービスを利用した場合**

　その受けたサービスが，未成年者にとって必要なものであったときを除き，利用したサービスの対価を払う必要はない。

　また，会員権を利用して商品を安く購入できたときであっても，差額を返還する必要はない。

　(エ)　**未成年者が学習教材を購入した場合**

　学習教材に書き込みをしてしまったときは，その書き込みをした学習教材を，そのまま返還すればよい。

　(オ)　**未成年者が化粧品を購入して一部を費消した場合**

　化粧品の容器ごとそのまま返還すればよい。

　(カ)　**未成年者が購入した商品を紛失してしまった場合**

　現に利益が残っていないので，代金相当額を返還する必要はない。

## 3　未成年者取消権が認められない場合

### (1)　単に権利を得，義務を免れる場合（民法 5 条 1 項ただし書）

　例として，未成年者が負担のない贈与契約の受贈者となる場合，未成年者が無償寄託の受寄者として寄託物を返還する場合が挙げられる。

### (2)　法定代理人の同意を得て未成年者が行った法律行為（民法 5 条 1 項本文）

### ア　法定代理人の事前の同意があること

　法定代理人が，未成年者が法律行為をすることに予め同意を与えた場合，未

成年者が行った法律行為であることを理由に取り消すことはできない。

　他方，法定代理人は，一度法律行為をすることに同意した場合であっても，未成年者が同意に基づいて法律行為をする以前であれば，同意を撤回することができる。

　なお，未成年者が法律行為をした後に，法定代理人が当該法律行為の効力確定につき「同意」した場合は，後述の追認の問題となる。

### イ　同意の内容に合致すること

　未成年者が，法定代理人の与えた同意と異なる内容の契約を締結したときは，取り消すことができる。

### ウ　同意の方法

　法定代理人が父母である場合には，父母が共同で同意した場合でなければ有効な同意があったことにはならない（親権共同行使の原則（上記1(3)ア）を参照）。

　同意は，未成年者にしても，取引の相手方にしてもよい。

　同意は，意思表示であるから，黙示の同意もありうる。

### エ　具体的検討

#### (ア)　クレジットカードを利用した個々の契約と同意の要否

　法定代理人が未成年者のクレジットカード会員契約締結について同意したことをもって，未成年者が同クレジットカードを利用して行う個々の契約についても包括的に同意したものといえるか。

　未成年者としては，クレジットカード会員契約締結によって，現金に代わる決済の手段を得たことになる。

　そして，未成年者がクレジットカード会員契約締結時に法定代理人の予測していなかったような契約を締結し，クレジットカードで決済するということも可能である。

　そうすると，法定代理人が未成年者の会員契約締結自体には同意したとしても，そのことをもって直ちに未成年者によるカードを利用した契約をすることに同意したものと理解すべきではない。

　やはり，クレジットカードを利用した個別の契約締結については，それぞれ法定代理人の同意が必要であると解すべきである。

#### (イ)　家族カードを利用させた場合

　親権者が，未成年者に家族カードを渡して利用させた場合はどうか。

未成年者が利用したカードの代金支払義務を負うのは会員契約をした親権者であるから，未成年者自身の財産が減少するものではない。

もっとも，前述のように，クレジットカードは決済手段にすぎず，親の財布を勝手に持ち出して，そのお財布の中のお金で代金を支払った取引について，未成年者を理由とする取消しが否定されるものではないこととの対比からして，未成年者取消権の適用を否定すべきではない。

この場合，クレジットカードを未成年者に渡した目的が，特定の契約代金の支払いのためであれば，後述する「目的を定めて処分を許した財産」の処分として考えるべきである。

また，クレジットカードで一定の金額まで使うことを認めて渡した場合には，その金額に達するまでの利用は，後述する「目的を定めないで処分を許した財産」の処分として考えるべきである。

(ウ)　携帯電話の料金プランの変更

携帯電話の通信利用契約締結の同意をもって，その後のプラン変更の同意を含むとすることができるか。

継続的契約に対する同意が継続期間中の個別契約に及ぶかの問題である。

例えば，法定代理人が未成年者に最も低額の料金プランで携帯電話の通信利用契約を締結してよいと同意して，未成年者が契約を締結した後，未成年者が法定代理人の同意なく高額の料金プランに変更することが許されるかという形で問題となる。

当初の契約より不利になる可能性があったり，負担が増える可能性の有る場合には，同意の効力は及ばないと解すべきである。


(3)　法定代理人が処分を許した財産の処分（民法5条3項）

ア　「目的を定めて処分を許した財産」の処分（同項前段）

法定代理人が，目的を定めて渡した金銭で，その目的の範囲内でした契約をして金銭を使った場合は，未成年者取消しはできない。

他方，法定代理人が目的を定めて金銭を渡したにもかかわらず，未成年者が定められた目的以外に費消する契約を締結してしまった場合には，未成年者取消しはできる。

イ 「目的を定めないで処分を許した財産」の処分（同項後段）

(ア) 包括的同意

　法定代理人が未成年者に目的を定めずに自由に使ってよいとして渡した金銭の範囲で，未成年者がした契約は，取り消すことができない。

　この「目的を定めないで処分を許した財産」の具体例として，いわゆる「小遣い」が挙げられることが多い。

　もっとも，「小遣い」という名称であれば「目的を定めないで処分を許した財産」と即断することはできず，その性質を分析的に検討する必要がある。

　「小遣い」には，書籍代など目的を限定して渡される部分と，自由に使って良いとされる「目的を定めない」部分とがあることも少なくない。

　この場合，「小遣い」から一定の目的のために使う必要のある金銭を差し引いた残りが，「目的を定めないで処分を許した財産」に該当すると考えられる。

(イ) 使途の制限

　「目的を定めないで処分を許した財産」であっても，特定の目的に使ってはならないと禁止している場合には，取り消すことができると解すべきである。

　そうすると，例えば親が出会い系サイト等の利用を禁止している場合には，未成年者が特に目的を限定していない範囲の小遣いで出会い系サイトを利用したとしても，出会い系サイトの利用契約を取り消すことができることになる。

(ウ) 分割払で契約した場合の「目的を定めないで処分を許した財産」の判断基準

　未成年者が，分割払を利用して商品を購入する契約をした場合に，毎月の支払いは小遣いの範囲内であるが，支払総額が小遣いの範囲を超えるときは，取消しができる。

　未成年者は，契約に基づき1回の分割金だけでなく代金全額の債務を負担する以上，代金支払債務の全額が「処分を許した財産」でなければならない（大分地判平成3年6月27日NBL551号60頁参照）。

　割賦金の支払いを遅滞する等した場合には，残額を一度に支払わなければならなくなり，小遣いの範囲での支払いができなくなるからである。

ウ 未成年者が自ら働いて得た収入の処分

　未成年者が働いて得た賃金や何らかの仕事をして得た報酬についても，民法5条は適用される。

　例えば，親権者が未成年者に「アルバイト代から参考書を購入して，5000

178 第1章 消費者事件の処理に必要な基本的知識

円は小遣い，残りは貯金しなさい。」という条件でアルバイトを許可した場合を考える。

この場合，参考書の購入代金相当額は「一定の使用目的を定めて処分を許した財産」，5000円は「目的を定めないで処分を許した財産」となり，残額は，処分を許されていない財産となる。

このことは，学校を卒業して，就職した場合の賃金についても同様である。

もっとも，就職した未成年者が得た賃金については，通常，法定代理人が未成年者に全て自由な処分を許したとみるべき場合が多いと思われる。

### ⑷　営業を許された未成年者のその営業に関する行為（民法6条）

許可する営業は，その種類を特定する必要があり，種類を特定しない許可，特定の種類の営業をさらに制限する許可は，認められない。

法定代理人は，未成年者がその営業に堪えられないような場合には，その許可を取り消したり，許可の範囲を制限することができる（民法823条2項）。

この許可の取消しや制限には，遡及効がない。

なお，商法5条・9条1項も参照されたい。

### ⑸　詐　術

**ア　趣　旨**

民法21条は，「制限行為能力者が行為能力者であることを信じさせるため詐術を用いたときは，その行為を取り消すことができない。」と規定する。

このような場合，相手方の犠牲において制限行為能力者である未成年者を保護する必要はないからである。

**イ　要　件**

**㈠　「詐術」の意義**

詐術とは，相手方を誤解させるために詐欺的な手段をとることをいう。

単に未成年者が相手方に自分は成年であると告げただけでは「詐術」にあたらないこと，黙秘しただけでは詐術にはあたらないことはおおむね争いがないものと思われるが，具体的にどのような場合に「詐術」にあたるか。

「詐術」にあたるかどうかは，制限行為能力者の言動の内容や，法律行為の性質，契約成立の過程や内容，未成年者と相手方との関係，確認手段の有無や

期待可能性など様々な事情から判断するほかない。

「詐術」について，最判昭和44年2月13日民集23巻2号291頁（準禁治産者（当時）の事例）は，「無能力者が能力者であることを誤信させるために，相手方に対し積極的術策を用いた場合にかぎるものではなく，無能力者が，ふつうに人を欺くに足りる言動を用いて相手方の誤信を誘起し，または誤信を強めた場合をも包含する」と解している。

そのうえで，同判例は，「無能力者であることを黙秘していた場合でも，それが，無能力者の他の言動などと相俟つて，相手方を誤信させ，または誤信を強めたものと認められるときは，なお詐術に当たる」が，「単に無能力者であることを黙秘していたことの一事をもつて」詐術に当たるとすることはできないと判示している。

また，同判例は，「詐術に当たるとするためには，無能力者が能力者であることを信じさせる目的をもつてしたことを要する」としている。

(イ)　相手方の誤信

未成年者が「詐術」を用いたとしても，相手方が誤信しなかった場合には，相手方の保護を要しないから，未成年者取消しは認められる。

(ウ)　詐術と誤信との因果関係

未成年者が「詐術」を用いたとしても，相手方が「詐術」とは無関係に誤信した場合については，相手方の誤信は「詐術」との因果関係を欠くものとして，未成年者取消しが認められる。

ウ　具体的検討

(ア)　18歳未満の未成年者が成年者であると偽ってキャバクラやホストクラブなどの風俗営業店で遊興し，営業者から接客契約に基づく代金の支払を請求された場合

風俗営業等の規制及び業務の適正化等に関する法律22条1項5号は，18歳未満の者を入店させてはならないとする。

健全な風俗の保護という同法の趣旨から，風俗営業店には厳格な年齢確認を行うべき義務があり，安易に「詐術」該当性を認めるべきではない。

少なくとも，厳格な年齢確認を行わないまま未成年者を入店させた場合，未成年者が「詐術」を用いたと評価することはできず，風俗営業店は未成年者取消しによって生じた不利益を甘受すべきである（京都地判平成25年5月23日判

時 2199 号 52 頁参照）。

(イ)　**通信販売，インターネット取引における詐術**

対面取引では，容貌や身分証明書の提示を求めるなどして成年者か否かを比較的容易に判断することができるが，通信販売ではその機会がない。

そのリスクは，通信販売という取引手段を使って利益を得ている事業者が負担すべきである。

インターネット取引では，詐称が容易な確認画面しか用意していない場合，例えば，単に「成年ですか。」との問いに「はい」のボタンをクリックさせて確認するだけの場合には，未成年者が「はい」とクリックしただけでは，なお未成年者取消しは可能と考えられている（「電子商取引及び情報財取引等に関する準則」（平成 30 年 7 月）58 頁）。

## 4　取消権の消滅

(1)　**追認（民法 122 条〜125 条）**

**ア　追　認**

追認とは，取消権者が，取り消すことができる法律行為を確定的に有効とする意思表示をいう。

未成年者の法定代理人は追認権者である（改正後民法 124 条 2 項 1 号，122 条，120 条，13 条 1 項 10 号括弧書）。

未成年者自身は，成年に達するまでは法定代理人の同意を得て追認をすることができ（改正後民法 124 条 2 項 2 号），成年に達した後は単独で追認をすることができる（同条 1 項）。

いずれの場合においても，未成年者取消権を有することを知った後にしなければ効力を生じない（改正後民法 124 条）。

改正後民法は，従来の判例法理（大判大正 5 年 12 月 28 日民録 22 輯 2529 頁）や通説を明文化したものであるから，現行法下の事案においても同様である。

**イ　法定追認（民法 125 条）**

取消権者が，次の行為を行うと，追認したものとみなされる。

法定追認の場合には取消権者が取消権の存在を知っている必要はないとする判例（大判大正 12 年 6 月 11 日民集 2 巻 396 頁）が改正後民法 125 条の下でも同様に妥当するかについては，解釈の余地があろう。

未成年者が成年に達した後にした次の行為は，法定追認となる。

(ア) 全部又は一部の履行

取消権者が債務者として自ら債務を履行する場合のほか，債権者として相手方の履行を受領する場合も含む（大判昭和 8 年 4 月 28 日民集 12 巻 1040 頁）。

代金の支払方法が銀行引落しとなっている場合に，指定した口座から自動的に引き落とされているだけでは，法定追認となる「履行」にはあたらない。

(イ) 履行の請求

追認権者が相手方に請求する場合であり，相手方から履行の請求を受けただけでは法定追認とはならない（大判明治 39 年 5 月 17 日民録 12 輯 837 頁）。

(ウ) 更改（民法 513 条以下）

取消権者が債権者としてする更改，債務者としてする更改のいずれも含む。

(エ) 担保の供与

取消権者が，債務者として物的又は人的担保を提供する場合にかぎらず，債権者としてその供与を受けた場合を含む。

(オ) 取り消すことができる行為によって取得した権利の全部又は一部の譲渡

取消権者が譲渡した場合に限る。

(カ) 強制執行

取消権者が債権者として執行した場合に限る。


(2) 相手方の催告権（民法 20 条）

ア 催 告 権

未成年者と契約をした相手方は，契約を追認するかどうかの回答を，1 か月以上の猶予期間を与えて催告することができる。

イ 催告の相手方

催告の相手方は，追認権者，具体的には，未成年者が成年に達した後であれば本人（民法 20 条 1 項），未成年者のうちは法定代理人である（同条 2 項）。

未成年者が成年に達しないうちは，未成年者に対して「催告」をしても効力は生じない。

ウ 効 果

催告に示された期間内に相手方に回答をしなかったときは，追認したものとみなされる（民法 20 条 1 項・2 項）。

182　第1章　消費者事件の処理に必要な基本的知識

もっとも，後見監督人の同意を要する場合（同法 864 条）や利益相反の場合（同法 826 条）など，特別の方式を要する行為については，取り消すことができる行為を取り消したものとみなされる（同法 20 条 3 項）。

### ⑶　取消権の消滅時効（民法 126 条）

未成年者取消権は，未成年者が成年になった時から 5 年間，未成年者が契約した時から 20 年間で消滅する。

未成年者であった者が自己の行為を了知することは，消滅時効進行の要件ではない（最判昭和 38 年 9 月 6 日集民 67 巻 531 頁）。

## 5　未成年者取消しと不法行為

### ⑴　不法行為による損害賠償責任を負う場合

### ア　未成年者の責任能力

未成年者であっても，「自己の行為の責任を弁識するに足りる知能」を有するときには，不法行為責任を負う（民法 712 条）。

「自己の行為の責任を弁識するに足りる知能」とは，事の是非，善悪を判断できる程度とされる。

では，何歳程度の知能があれば，責任能力があるといえるか。

個人差はあるものの，一応の目安として小学校を卒業する 12 歳程度の知能があれば責任能力があるとされ，自転車事故の事案ではあるが，当時 11 歳の少年に責任を認めた判例もある（大判大正 4 年 5 月 12 日民録 21 輯 692 頁）。

### イ　責任無能力者

未成年者に責任能力がなく，未成年者が不法行為責任を負わない場合には，未成年者を監督すべき者（親権者等）が責任を負う（民法 714 条）。

また，未成年者に責任能力がある場合でも，未成年者を監督すべき者が未成年者に対する必要な監督を怠ったと認められる場合には，未成年者を監督すべき者が不法行為の責任を負うことがある（同法 709 条）。

### ⑵　未成年者取消しにより相手方が被った損害に対する不法行為責任の成否

未成年者が浪費した結果，未成年者に現存利益が認められない場合，未成年者取消権が行使されると相手方に損害が生じる。

この場合に，相手方が未成年者に対して不法行為に基づく損害賠償請求をしたとき，かかる請求は認められるか。

安易にかかる請求が認められてしまえば，未成年者の保護を図った民法121条ただし書（改正後民法121条の2第3項）の趣旨が没却されてしまう。

もっとも，未成年者保護の趣旨から逸脱するような場合には，不法行為責任が認められる場面も否定できないと思われる（須永醇＝小林秀文「未成年者の不法行為に関する一考察」『民事法学の諸問題 薬師寺志光先生米寿祝賀記念論集』（総合労働研究所，1977年）54頁以下参照）。

## 6 訴訟上の取扱い（民事訴訟法28条・31条）

未成年者は，法定代理人の同意があっても単独で訴訟行為はできず，必ず法定代理人が行う必要がある。

ただし，独立して契約をすることができる場合，例えば，許された営業に関する紛争や，労働契約をした場合の賃金請求などについては，自ら訴訟行為をすることができる。

**【参考文献】**
・経済産業省「電子商取引及び情報財取引等に関する準則」（平成30年7月）
・須永醇＝小林秀文「未成年者の不法行為に関する一考察」『民事法学の諸問題 薬師寺志光先生米寿祝賀記念論集』（総合労働研究所，1977年）
・瀬戸和宏「未成年者の契約」（東京都消費生活総合センター，2004年）

*184* 第1章 消費者事件の処理に必要な基本的知識

# 第7 ┃ 公序良俗違反——現代型暴利行為

## 1 はじめに——契約内容規制としての公序良俗違反

契約の内容を規制する手段として公序良俗違反がある。現行民法90条は，「公の秩序又は善良の風俗に反する事項を目的とする法律行為は，無効とする」と定めている。伝統的には，そもそも契約自由が原則であるが，公序良俗違反を理由に契約が無効とされる場合が例外的にあると解されてきた。その際，「公序」は国家秩序を指し，「良俗」とは性風俗を指すものと解され，戦前は，公序良俗違反は，政治的秩序や家族秩序（家制度）を守ることを主な役割としていた。

ところが，1930年代以降，判例は経済的問題についても民法90条を用いるようになった。例えば，大判昭和9 (1934) 年5月1日民集13巻875頁（以下「昭和9年判決」という）は，ドイツ民法138条2項を参考に，相手方の窮迫・軽率・無経験に乗じて過大な利益を得る暴利行為は公序良俗に違反し無効であると判断した。そして，このような動きをうけて，伝統的な通説は，公序良俗を，法を支配する基本理念であるとし，契約自由もこの枠内で認められるにすぎないと理解するとともに，公序良俗の内実を社会的妥当性と一括して理解した。

このような通説のもとでは，公序良俗違反については，①人倫に反するもの（愛人契約など），②正義の観念に反するもの（談合契約など），③暴利行為，④個人の自由を極度に制限するもの（芸娼妓契約），⑤営業の自由を制限するもの（競業禁止特約など），⑥著しく射幸的なもの（賭博に関する契約など）と類型化されて論じられることが多かった[1]。

## 2 現代型暴利行為とは何か

### (1) 暴利行為の現代的意義

昭和9年判決が示した暴利行為論は，「他人の窮迫・軽率・無経験に乗じて，著しく過大な利益の獲得を目的とする法律行為は無効とする」という準則とし

---

1) 我妻榮『新訂 民法総則（民法講義I）』（岩波書店，1965年）271頁以下。

て定式化された。この時代の暴利行為論は，主に代物弁済の予約や高利の約定に関して展開されたが，代物弁済について清算義務を認める判例が確立し，仮登記担保法や利息制限法が整備されるにともない，暴利行為が問題となるケースは少なくなっていった。

これに対して，1980年代半ば（昭和60年代）ころから，下級審裁判例において，特に消費者取引や投資取引に関する紛争に対処するため，この暴利行為に関する準則をより積極的かつ柔軟に活用しようとする動きがみられるようになった。そこでは，伝統的な暴利行為論の定式のうち，①前半部分の「他人の窮迫・軽率・無経験に乗じること」を意思決定過程に関する主観的要素ととらえ，②後半部分の「著しく過大な利益の獲得を目的として法律行為をすること」を法律行為の内容に関する客観的要素ととらえたうえで，両者の相関関係によって不当性を判断し無効を導くという考え方が展開された。

このように1980年代半ば以降に展開された暴利行為のことを特に「現代型暴利行為」と呼ぶことがある[2]・[3]。

### (2) 暴利行為の現代的機能

初めて「現代的暴利行為」という概念を提唱した米倉明教授によれば，現代型暴利行為は，①優越的地位にあることを利用して自己が本来負うべき危険を相手方に転嫁するもの（危険転嫁型），②「拘束性預金」に現れるように，優越的地位を利用して過剰な担保を提供させ，相手方の経済的活動を著しく拘束するもの（過剰担保型），③消費者の無知・軽率に乗じて不当な契約を締結させるもの（不当勧誘型）があるとされる[4]。

---

2) 米倉明「法律行為(26)——公序良俗違反の法律行為」法学教室69号（1986年）39頁，山本敬三『民法講義1——総則〔第3版〕』（有斐閣，2011年）275頁，民法（債権法）改正検討委員会編『詳解・債権法改正の基本方針I——序論・総則』（商事法務，2009年）51頁，廣谷章雄＝山地修『現代型民事紛争に関する実証的研究——現代型契約紛争(1)消費者紛争』（司法研究報告書63輯1号，司法研修所，2011年）54頁，大村敦志『新基本民法1 総則編』（有斐閣，2017年）93頁。なお，米倉明教授と山本敬三教授は「現代的暴利行為」という用語を用いる。

3) 司法研修所編『現代型民事紛争に関する実証的研究——現代型契約紛争(1)消費者紛争』（法曹会，2011年）46頁以下。

4) 米倉・前掲注2）39頁。

186 第1章 消費者事件の処理に必要な基本的知識

また，大村敦志教授は，契約締結過程に関する瑕疵と契約内容の悪性の各観点だけでは契約の拘束力を否定するほどの取引の悪性を検出できないが，両観点を相関させて「併せて一本」的な判断をすれば取引の効力を否定できる場合があるとして，主観的要素と客観的要素に関する判断を消費者契約規制のためにより一層柔軟化していくべきだと主張し，例えば「窮迫・軽率・無経験に乗じる」という主観的要素を緩和して「優越的地位を利用すること」に置き換えることで，オランダ民法の「状況の濫用」法理等も取り込んだ柔軟な解決ができると主張している[5]。

なお，1980年代以降は，公序良俗の理解に関し，契約自由に対抗する「契約正義」を強調する見解[6]（大村敦志），公序良俗違反を媒介とした「憲法的価値」の実現を重視する立場から，個人の国家に対する権利保護請求権という概念を導入することで民法90条の発動を積極的に正当化する見解[7]（山本敬三）が有力に説かれているが，これらの有力説が現代型暴利行為の展開を後押ししたともいえるだろう。

## 3 裁判例

以下では，上記の③不当勧誘型を中心に，消費者事件で公序良俗違反が問題となった裁判例を検討する。

【1】 名古屋地判昭和57年9月1日判時1067号85頁

いわゆる原野商法の事案で，時価せいぜい1万円程度の土地を100万円で消費者に売却する契約を締結した際，事業者が夜間に突然訪問し深夜に及ぶまで執拗に勧誘し，その夜のうちに即決を求めて熟慮の機会を与えなかった点を重視して，このような契約は暴利行為であるとして公序良俗に反し無効であると判示した。

【2】 大阪高判平成16年7月30日判例集未登載

夫を亡くし子供が家を出て心の支えを失い，精神的に不安定な状態にあった主婦を，さらに不幸が起こるという不安に陥らせ，暗示にかかったことを奇貨

---

5) 大村敦志『消費者法〔第4版〕』（有斐閣，2011年）117頁。
6) 大村敦志『公序良俗と契約正義』（有斐閣，1995年）など。
7) 山本敬三『公序良俗論の再構成』（有斐閣，2000年）など。

として易学受講契約を締結させ 138 万 3000 円を支払わせたケースで，そのような受講契約は民法 90 条に違反し無効であると判示した。

【3】 高松高判平成 20 年 1 月 29 日判時 2012 号 79 頁

　肝性脳症にり患している女性に対して着物等を次々に販売した呉服販売会社の販売が過量販売に該当し，取引上の信義則に違反するもので，公序良俗に反し無効であるとともに不法行為法上も違法となると判断した。

【4】 名古屋高判平成 21 年 2 月 19 日判時 2047 号 122 頁

　いわゆるデート商法の事案で，一連の販売方法や販売価格が宝飾品の市場価格に照らして高額であるという契約内容にかんがみると，本件売買契約は，消費者の軽率，窮迫，無知につけ込んで締結させ，女性販売員との交際が実現するかのような錯覚を抱かせ，契約の存続を図るという著しく不公正な方法による取引であり，公序良俗に反し無効であると判示した。

【5】 岐阜地大垣支判平成 21 年 10 月 29 日消費者法ニュース 83 号 199 頁

　大正生まれのアルツハイマー型老年期認知症にり患した女性が，47 万円の対価を支払うことで自己が出品した美術品を書籍に掲載する出版契約やバンコックでの展示会に展示する一連の契約は，消費者の無思慮に乗じて不当な利益を得ていたといえ，暴利行為，非良心的行為ないしは不公正な取引行為として公序良俗に反し無効であると判示した。

【6】 奈良地判平成 22 年 7 月 9 日消費者法ニュース 86 号 129 頁

　呉服業者が，相手方の財産管理能力が認知症のため低下していることを知りながら，親しい友人関係にあるかのように思い込ませて利用し，7 年 7 カ月にわたり必要のない約 3600 万円分の着物・宝石を購入させた事案で，売買契約は民法 90 条に違反するとして，その一部の無効を認めた。

【7】 東京地判平成 24 年 5 月 24 日判例集未登載

　不動産会社が，不動産売買の経験に乏しい 86 歳の一人暮らしの女性から，少なくとも 700 万円以上の価値を持つ不動産を 150 万円で買い取った事案において，高齢者の無知ないし判断能力の乏しさを利用して不動産を，時価を著しく下回る価格で買い取り，不当な利益を得るために締結した不動産売買契約は，公序良俗に反して無効であると判示した。

188　第1章　消費者事件の処理に必要な基本的知識

## 4　債権法改正と暴利行為

　前述のように，暴利行為が民法90条違反の一類型とされたことは判例・学説上確立している。しかし，現行民法90条の文言からそのことを読み取ることは難しい。そこで，国民にとってわかりやすい民法を実現するという観点から，今般の民法（債権関係）改正において暴利行為についての規定を新設すべきかが議論された。

### ⑴　検討委員会案

　民法（債権法）改正検討委員会は，現代型暴利行為論の主張に従い，意思決定過程に関する主観的要素と法律行為の内容に関する客観的要素を考慮することにより，法律行為の無効という効果を認める規定を新設することを提案した。具体的には，「当事者の困窮，従属もしくは抑圧状態，または思慮，経験もしくは知識の不足等を利用して，その者の権利を害し，または不当な利益を取得することを内容とする法律行為は，無効とする。」という規定を置くことを提案した。

　「困窮」は，伝統的な暴利行為の定式の「窮迫」に対応し，「思慮」「経験」の不足は「軽率，無経験」に対応するが，「従属もしくは抑圧状態」および「知識の不足」は，新たに付け加えられた。「従属もしくは抑圧状態」が加えられたのは，既存の関係を利用したり不当な威圧が行われたりした場合にも対処するためであり（裁判例【2】），「知識の不足」が加えられたのは，情報・交渉力の格差を利用して不当な契約がされる場合をも対象とするためであると説明された[8]。また，客観的要素としての「不当な利益を取得することを内容とする」は，伝統的な定式の「著しく過大な利益の獲得を目的」とすることを緩和するとともに，対価は相当でも不必要に多量の物品等を購入させる過量販売（裁判例【6】）も対象とするためであると説明された[9]。

---

8)　民法（債権法）改正検討委員会編・前掲注2）60頁。
9)　民法（債権法）改正検討委員会編・前掲注2）61頁。

## (2) 中間試案

2013 年 3 月に発表された「民法（債権関係）の改正に関する中間試案」は，暴利行為に関し，「相手方の困窮，経験の不足，知識の不足その他の相手方が法律行為をするかどうかを合理的に判断することができない事情があることを利用して，著しく過大な利益を得，又は相手方に著しく過大な不利益を与える法律行為は，無効とするものとする。」という規定を新設することを提案した。

中間試案では，前半の主観的要素について「その他の相手方が法律行為をするかどうかを合理的に判断することができない事情」が加わったことで，裁判例【5】，【6】，【7】のような高齢者の事案をカバーすることができるとされる。しかし，他方で，「著しく過大な利益の獲得」を要件としたことで，裁判例【6】のように不要な物を反復して売買したが，個々の売買の対価自体は適正であるような過量販売のケースをカバーすることができない，という指摘がある[10]。

## (3) 改正後民法 90 条

その後，法制審議会の第 3 ステージに至り，「当事者の一方に著しく過大な利益を得させ，又は相手方に著しく過大な不利益を与える契約は，相手方の窮迫，経験の不足その他の契約についての合理的な判断を困難とする事情を不当に利用してされたものであるときに限り，無効とする。」（部会資料 80B 第 1【甲案】1 頁）という規定の新設が提案されたが，「……であるときに限り」という要件が限定的に過ぎるといった観点からの指摘がある一方で，逆に経済界からは要件が緩やかに過ぎ濫用のおそれがあるとの指摘もあった。このように，明文化すべき適切な要件については意見対立があり，合意形成が困難な状況にあると考えられることから，結局，暴利行為について明文の規定を置くことは見送られた。

なお，現行民法 90 条の「公の秩序又は善良の風俗に反する事項を目的とする法律行為」という要件は「法律行為の内容を問題とする」という意味だったところ，公序良俗に反するかどうかの判断は，法律行為の内容だけでなく，法

---

10) 山本敬三「法律行為通則に関する改正の現況と課題」法律時報 86 巻 1 号（2014 年）17 頁。

190 第1章 消費者事件の処理に必要な基本的知識

律行為のプロセスその他の事情も考慮に入れていることから，改正後民法90条はその点を反映させて，現行民法から「を目的とする」という文言を削除する，という改正にとどめた。

## 5 暴利行為規定が置かれなかった改正民法のもとでの解釈論・立法論

このように現代型暴利行為の明文化は，見送られることとなった。したがって，改正民法施行後も，暴利行為は，公序良俗違反（民法90条）の一類型として判例・学説により認められている法理として運用されることになる。

しかし，今後，ますますの高齢化が進行すると予想される我が国においては，増加する高齢者の消費者被害などの救済策として，暴利行為は極めて必要性の高い制度といえる[11]。そこで衆議院および参議院の附帯決議においては，政府は「情報通信技術の発達や高齢化の進展を始めとした社会経済状況の変化による契約被害が増加している状況を踏まえ，〔下線部は参議院で追加〕他人の窮迫，軽率又は無経験を利用し，著しく過当な利益を獲得することを目的とする法律行為，いわゆる『暴利行為』は公序良俗に反し無効であると明示〔参議院では「規定」〕することについて，本法施行後の状況を勘案し，必要に応じ対応を検討すること」につき特別の配慮を求められている。

他方で，2017年8月4日に出された内閣府消費者委員会消費者契約法専門調査会による消費者契約法専門調査会報告書では，事業者が消費者に不当な働きかけを行って合理的な判断をすることができない状況を作出して契約を締結させた場合（霊感商法・恋人商法など）に消費者取消権を認める新たな規定の導入が提言され[12]，2018年5月に成立した消費者契約法の一部を改正する法律（平成30年法律第54号。2019年6月15日施行）では，いわゆる霊感商法や恋人商法に取消権が認められた。

今回，暴利行為の明文化が見送られたのは，ひとたび根拠条文が与えられれば，一般条項の解釈を通じて行われる法形成よりも大胆な解釈が裁判所によっ

---

11) 山本健司「民法（債権法）改正が与える影響——消費者・消費者契約という観点から」法律のひろば2017年10月号17頁。
12) 山本健司・前掲注11) 17頁。

て取られるのではないか，という懸念に加えて，明文化によって国民が暴利行為という規範の存在を認識することに伴う弊害に対する怖れ，すなわち一般市民（消費者）への警戒心のためではないか，という指摘がある[13]。

　たしかに暴利行為の条文化がなされれば，暴利行為の一層の活用が期待される。しかし，条文のない改正民法のもとでも，従来の解釈は生きている。一般条項だからといって臆することなく，消費者事件において暴利行為論を展開することによって，将来の立法を促すことが肝要ではなかろうか。

---

13) 大村敦志＝道垣内弘人編『解説　民法（債権法）改正のポイント』（有斐閣，2017 年）501 頁［大村］。大村教授は，「ある委員の（会議席上での）表現を借りるならば，『寝た子は寝たままに』しておきたいという願望が，明文化を妨げることになった」と指摘している（501 頁）。

# 第8 ▍ 消費者団体による訴訟制度

## 1 適格消費者団体による差止請求訴訟制度

### 1 消費者団体訴訟制度の創設

消費者契約法施行5年の見直しで行われた消費者契約法の一部改正において，日本で初めて団体訴訟制度が導入され，適格消費者団体に差止請求権が認められた（平成18年5月31日成立，平成19年6月7日施行）。これまで消費者被害に関する訴訟について当事者適格のなかった消費者団体に訴権を付与するものであり，これにより，直接の被害者である消費者の訴え等を待つことなく，適格消費者団体が独自の判断で，消費者被害の発生・拡大防止を目的として，事業者の不当な行為を差止請求しうることとなった。

### 2 制度の概要

#### ⑴ 主　体

全ての消費者団体が差止請求権を行使しうるというわけではなく，行使主体は，内閣総理大臣の認定を受けた適格消費者団体に限られている（消費者契約法2条4項・13条）。

#### ア　適格消費者団体とは

適格消費者団体とは，「不特定かつ多数の消費者の利益のためにこの法律の規定による差止請求権を行使するのに必要な適格性を有する法人である消費者団体（消費者基本法……第8条の消費者団体をいう。……）として第13条の定めるところにより内閣総理大臣の認定を受けた者」である（同法2条4項）。

適格消費者団体については，認定制がとられており，認定申請にあたっては，非常に厳格な適格性の要件が求められている（同法13条）。

認定の有効期間は6年であり，継続して活動するには6年ごとに更新が必要である（同法17条）。

#### イ　適格消費者団体の構成

適格消費者団体においては，意思決定機関である理事会とは別に，検討部門

を設けなければならない。その検討部門には，専門委員として，①消費生活相談に関する事項について専門的知識経験を有する者（消費生活相談に関する有資格者等）と，②弁護士・司法書士等，法律の専門的知識経験を有する者の参加が必要とされており，専門委員の助言を受けられる体制の整備が求められている（消費者契約法 13 条）。

### ウ　適格消費者団体への情報提供

国民生活センターおよび地方公共団体は，適格消費者団体からの求めに応じて，差止請求権の行使に必要な限度で，消費生活相談に関する情報を提供することができることになっている（消費者契約法 40 条）。

### エ　現在，活動している適格消費者団体

令和元年 6 月末日現在，適格消費者団体は，全国に 21 団体存在している。認定を受けた適格消費者団体であるかどうかは，消費者庁のホームページで確認をすることができる。

また，全国各地において，適格消費者団体としての認定申請を目指して活動している消費者団体が複数存在しており，適格消費者団体は今後も増えていくものと考えられる。

## ⑵　差止請求権の法的性質

適格消費者団体の差止請求権は，消費者の利益のために，適格消費者団体に与えられた，固有の実体法上の権利である。

## ⑶　差止請求の対象となる行為

適格消費者団体が差止請求権を行使しうる対象行為は，法律に明記されている。

### ア　消費者契約法

①消費者契約法 4 条 1 項から 4 項の不当勧誘行為（消費者契約法 12 条 1 項・2 項）と，②消費者契約法 8 条から 10 条の不当条項（同法 12 条 3 項・4 項）に大別される。

具体的には，①の不当勧誘行為は，「不実告知」（同法 4 条 1 項 1 号），「断定的判断の提供」（同条 1 項 2 号），「不利益事実の不告知」（同条 2 項）という 3 つの誤認類型と，「不退去」（同条 3 項 1 号），「退去妨害」（同条 3 項 2 号），「不

安をあおる告知」（同条3項3号・5号・6号），「恋愛感情に乗じた人間関係の濫用」（同条3項4号），「契約前の債務内容の実施」（同条3項7号），「契約前に実施した行為の損失補償請求」（同条3項8号）という8つの困惑類型と，「過量契約」（同条4項）が，②の不当条項は，「免責条項」（同法8条），「消費者の解除権を放棄させる条項」（同法8条の2），「後見開始等を理由に解除権を付与する条項」（同法8条の3），「損害賠償の予定条項」（同法9条），「一般条項」（同法10条）が差止請求の対象となる。

### イ 不当景品類及び不当表示防止法

不当表示行為，具体的には「優良誤認表示」と，「有利誤認表示」が差止請求の対象となる（景表法30条1項1号・2号）。

なお，平成20年の法改正で追加されたものであり，平成21年4月1日より施行された。

### ウ 特定商取引に関する法律

特商法が定める行為類型ごとに差止請求の対象となる行為を規定しており，大別すると，①「不実告知」「故意の事実の不告知」「威迫困惑」「断定的判断の提供」といった不当勧誘行為，②著しく虚偽または誇大な表示をする，いわゆる「不当広告」，③クーリング・オフ妨害となる特約，解約等に伴う損害賠償の額の上限を超える特約等の，いわゆる「不当条項」といった，3つに分けられる。

具体的に各行為類型ごとにみると，

i ）　訪問販売については，

「不実告知」「故意の事実の不告知」「威迫困惑」「不当条項」（特商法58条の18），

ii ）　通信販売については，

「不当広告」（同法58条の19），

iii ）　電話勧誘販売については，

「不実告知」「故意の事実の不告知」「威迫困惑」「不当条項」（同法58条の20），

iv ）　連鎖販売取引については，

「不実告知」「故意の事実の不告知」「威迫困惑」「不当広告」「断定的判断の提供」「不当条項」（同法58条の21），

ⅴ）　特定継続的役務提供については，

「不当広告」「不実告知」「故意の事実の不告知」「威迫困惑」「不当条項」

（同法 58 条の 22），

ⅵ）　業務提供誘引販売取引については，

「不実告知」「故意の事実の不告知」「威迫困惑」「不当広告」「断定的判断

の提供」「不当条項」（同法 58 条の 23），

ⅶ）　訪問購入については，

「不実告知」「故意の事実の不告知」「威迫困惑」「不当条項」（同法 58 条

の 24），

が差止請求の対象となる。

　なお，訪問購入を除く行為類型については平成 20 年の法改正で追加され，

平成 21 年 12 月 1 日より施行された。訪問購入については，平成 24 年の法改

正で追加され，平成 25 年 2 月 21 日より施行されている。

### エ　食品表示法

　食品関連事業者による不当表示行為，具体的には，食品表示基準に違反し，

販売の用に供する食品の名称，アレルゲン，保存の方法，消費期限，原材料，

添加物，栄養成分の量若しくは熱量又は原産地について著しく事実に相違する

表示を行う行為が差止請求の対象となる（食品表示法 11 条）。平成 25 年 6 月

28 日に公布され，平成 27 年 4 月 1 日より施行された。

### ⑷　差止請求の要件・内容

#### ア　差止請求の要件

　差止請求権を行使しうるのは，事業者等が，「不特定かつ多数の消費者に対

して」，不当行為を「現に行い又は行うおそれがあるとき」である。

#### イ　差止請求の内容

　不当勧誘行為については，「不当勧誘行為の停止若しくは予防」「不当勧誘行

為に供した物の廃棄若しくは除去その他の不当勧誘行為の停止若しくは予防に

必要な措置」「是正の指示又は教唆の停止」「その他の当該行為の停止又は予防

に必要な措置」（消費者契約法 12 条 1 項・2 項），不当条項については，「不当契

約条項を含む消費者契約の申込等の停止若しくは予防」「当該行為に供した物

の廃棄若しくは除去その他の当該行為の停止若しくは予防に必要な措置」「是

正の指示又は教唆の停止」「その他の当該行為の停止又は予防に必要な措置」（同法12条3項・4項）とされている。

具体的には，当該不当勧誘行為を行わないように，あるいは当該不当条項を使用しないように求めるのはもちろんのこと，不当勧誘文言が記載されている勧誘マニュアルや広告の破棄，不当条項が印字された契約書の破棄，従業員や代理店への周知徹底を求めること等が考えられよう。

### (5) 後訴の制限

1つの適格消費者団体が，確定判決を得たり和解をした場合，原則として，他の適格消費者団体は，請求の内容や相手方が同一の請求をすることができない（消費者契約法12条の2第1項）。

差止請求権が実体法上の固有の権利であることからすれば，他の適格消費者団体による後訴の提起が制限される理由はないはずであるが，蒸し返し訴訟の弊害除去のために，政策的に規定されたものである。

請求の内容や相手方が同一であっても，確定判決等の後に生じた事由に基づくものであれば，蒸し返し訴訟の弊害とはならないことから，後訴の制限はない（同法12条の2第2項）。

なお，複数の適格消費者団体が，同一事業者に対し，同一の請求をすること（重複提訴）は可能である。また，重複提訴がなされる可能性があることから，事業者の負担軽減や訴訟経済の観点より，紛争の一回的解決を図るべく，移送，併合の規定が設けられている（同法44条・45条）。

### (6) 書面による事前の請求

適格消費者団体は，いきなり差止請求訴訟を提起するわけではなく，消費者から寄せられた情報をもとに，まずは，問題のある事業者に対して不当な勧誘行為や約款等の是正申入れを行い，何度かやりとりをした結果，事業者が是正に応じない場合に，差止請求訴訟を提起することとなる。実際，申入れ活動の段階で，事業者が是正に応じるケースは少なくない。

このように，消費者団体訴訟制度は，訴訟上の差止請求権の行使に限られるものではなく，裁判外の請求としても重要な機能を果たしている。

事業者が適格消費者団体の是正申入れに応じない場合には，いよいよ差止請

求訴訟を提起することとなるが，その際，訴訟提起前に，当該事業者に対し，一定の事項（団体の名称や連絡先，請求の要旨および紛争の要点等）を記載した書面により訴訟外で差止請求を行わなければならず，差止請求訴訟を提起することができるのは，当該書面が事業者に到達してから1週間を経過した後とされている（消費者契約法41条）。

### (7)　情報の公表

内閣総理大臣は，消費者被害の防止・救済のために，差止請求に係る判決（確定判決と同一の効力を有するもの及び仮処分命令の申立てについての決定を含む）又は裁判外の和解の概要，当該適格消費者団体の名称及び当該事業者等の氏名又は名称，当該判決又は裁判外の和解に関する改善措置情報の概要について，公表することが義務づけられている（消費者契約法39条）。

これら公表の情報については，消費者庁のホームページで確認することができる。

## 3　差止請求訴訟の裁判例等

各地の適格消費者団体の意欲的な活動により，裁判例も増えてきたが，近年では，健康食品の販売業者による新聞の折込チラシの配布をめぐり，消費者契約法にいうところの「勧誘」の解釈について最高裁が判断を示したものがある（最判平成29年1月24日民集71巻1号1頁）。適格消費者団体が得た判決や和解等の詳細は，消費者庁や各適格消費者団体のホームページで確認することができる。なお，各適格消費者団体のホームページでは，様々な申入れ活動の情報も提供されている。

また，裁判例も含め，一定の成果をあげた事案については，消費者庁のホームページからダウンロード可能な「消費者団体訴訟制度　差止請求事例集」に詳しい。

## 4　適格消費者団体の申入れ活動・和解・勝訴判決の個別受任事件における活用

適格消費者団体が事業者に対して差止請求訴訟を提起し，勝訴判決を得たとしても，その判決の効力が個々の消費者に及ぶわけではない。諸外国にみられ

198　第1章　消費者事件の処理に必要な基本的知識

る援用制度の導入も見送られたことから，個々の消費者が，個別訴訟において，当該勝訴判決の効果を援用することはできない。

　しかしながら，当該勝訴判決の存在・解釈が，個別訴訟の解釈や，裁判外の交渉の場面において影響を及ぼすことは十分に考えられよう。

　適格消費者団体が行っている各種差止めの申入れや，裁判上・裁判外の和解，勝訴判決等，情報のキャッチアップに努め，個別受任事件において是非とも活用されたい。

# ②　特定適格消費者団体による集団的消費者被害回復訴訟制度

## 1　消費者裁判手続特例法の制定

　被害救済・被害防止のためには，加害行為をやめさせるだけでなく，消費者の損害によって事業者が得た利得を吐き出させる必要があるところ，平成18年の消費者団体訴訟制度の立法化にあたり，適格消費者団体に，差止請求のみならず，損害賠償（金銭）請求も与えよという議論があったが，制度の内容が煮詰まっていないこともあって，立法化は見送られた（衆参両院の附帯決議には入った）。

　しかしながら，その後，OECD勧告（加盟国に対し，事業者の取引から生じる消費者の経済的損害の救済を図る仕組みの整備を求める理事会勧告）や，消費者庁及び消費者委員会設置法の制定附則6項で，施行後3年を目途として集団的消費者被害救済制度の導入を検討すべきとされたこと，平成22年3月30日に閣議決定された消費者基本計画においても，平成23年夏を目処に制度の詳細を含めた結論を得るとされたことから，制度実現に向けて，具体的な検討が行われるようになり，消費者庁の「集団的消費者被害救済制度研究会」（平成21年11月〜平成22年8月），消費者委員会の「集団的消費者被害救済制度専門調査会」（平成22年10月〜平成23年8月）において検討を重ねた結果，いわゆる二段階型の集合訴訟制度を創設することとなり，平成25年12月4日，消費者の財産的被害の集団的な回復のための民事の裁判手続の特例に関する法律（消費者裁判手続特例法）が成立し，平成28年10月1日から施行された。

## 2 制度の概要

消費者裁判手続特例法は，新たな訴訟制度として，いわゆる二段階型の集合訴訟制度を定めるものである。

まず，一段階目の手続において，特定適格消費者団体が，事業者に対し，相当多数の消費者に共通する事実上及び法律上の原因に基づき，個々の消費者の事情によりその金銭の支払請求に理由がない場合を除いて，金銭を支払う義務を負うべきことの確認の訴え（これを，「共通義務確認の訴え」という。）を提起する。共通義務確認訴訟を提起できるのは，適格消費者団体の中からさらに内閣総理大臣より特定認定を受けた「特定適格消費者団体」のみである（同法2条10号・3条1項）。

そして，一段階目の手続において事業者に共通義務が存することが確認された場合には，二段階目の手続に移行し，個々の消費者から授権を受けた特定適格消費者団体が債権届出を行い，債権の存否及び内容について，事業者の認否又は裁判所の決定により確定させ（これを，「簡易確定手続」という。），簡易確定決定に対して異議がある場合には，さらに「異議後の訴訟」において確定させることとなる。二段階目の手続は，簡易迅速なものとすべく，破産手続を参考に制度化されている。

さらに，被害回復を実効あらしめるため，特定適格消費者団体は，民事保全法の規定により，仮差押命令の申立てができることとされている（同法56条）。

本制度において，対象となる消費者は，一段階目の手続で事業者に共通義務が認められたことを前提に，通常の訴訟に比較して極めて簡易な二段階目の手続から参加していけばよく，手続参加への心理的・経済的ハードルは格段に下がったと言えよう。これまで被害額が少額である等様々な理由で泣き寝入りせざるをえなかった事案においても，被害回復の途が広がったこととなる。

## 3 一段階目の手続（共通義務確認訴訟）

共通義務確認の訴えは，相当多数の消費者に共通する事実上及び法律上の原因に基づき金銭の支払義務を負うべきことの確認を求めるものであり，多数性，共通性が要件とされている（消費者裁判手続特例法2条4号）。

加えて，裁判所は，事業者に共通義務が認められる場合であっても，事案の

性質や簡易確定手続において予想される主張立証の内容その他の事情を考慮して，簡易確定手続において債権の存否及び内容を適切かつ迅速に判断することが困難であると認めるときには，共通義務確認の訴えの全部又は一部を却下することができるとされており（同法3条4項），支配性の要件も必要とされている。具体的には，二段階目において個々の消費者の損害や損失，因果関係の有無等を判断するにあたり，相当程度の審理を要すると考えられる場合には，支配性を欠くと判断されることになる。

　また，本制度はいかなる事案でも対象になるというものではなく，対象事案が限定されている。すなわち，事業者が消費者に対して負う金銭の支払義務であって，消費者契約に関する一定の請求（①契約上の債務の履行の請求，②不当利得に係る請求，③契約上の債務の不履行による損害賠償の請求，④瑕疵担保責任に基づく損害賠償の請求，⑤不法行為に基づく民法の規定による損害賠償の請求）に限られている（同法3条1項1号〜5号。なお民法改正後は4号（上記④の請求）は削除となり，5号が4号に繰り上がる）。

　さらに，上記③④⑤の損害賠償請求における損害については，立法過程においてこれらも対象とすべきとの議論があったものの，いわゆる拡大損害（同法3条2項1号・3号），逸失利益（同項2号・4号），人身損害（同項5号），慰謝料（同項6号）については，本制度の対象から除外される結果となった（もっとも，国会審議において，施行3年を経過した場合の見直し規定が追加されている〔制定附則5条1項〕）。

　そして，必ずしも勝訴判決を得ることが二段階目に移行するための必須条件ではなく，一段階目の手続において，和解をすることも可能である（同法10条）。

　また，一段階目の手続の判決の効力は，原告たる特定適格消費者団体，被告たる事業者に及ぶほか，当該一段階目の手続を担った特定適格消費者団体以外の特定適格消費者団体や，二段階目の手続で債権を届け出た消費者にも及ぶものである。一段階目の手続において特定適格消費者団体が敗訴したとしても，その判決の効力は個々の対象消費者には及ばない（既判力の片面的拡張）。

## 4　二段階目の手続（簡易確定手続）

簡易確定手続は，一段階目の手続を行った特定適格消費者団体の申立てによ

り裁判所が簡易確定手続開始決定をすることによって開始する（消費者裁判手続特例法14条・19条）。その際，債権の届出期間及び認否期間が定められる（同法21条）。

特定適格消費者団体は，正当な理由がある場合を除き，知れたる対象消費者に対して，被害回復裁判手続の概要，事案の内容，共通義務確認訴訟の確定判決の内容，対象債権及び対象消費者の範囲その他所定の事項を通知するとともに，相当な方法により公告しなければならない。本制度の成否は，二段階目においていかに多くの消費者を糾合できるかにかかっており，対象消費者への通知を十全ならしめるべく，特定適格消費者団体は，事業者が対象消費者の氏名住所等が記載された文書を所持する場合，これを開示するよう求めることができるとされた（同法28条・29条）。

対象消費者は，届出期間内に，一段階目の手続を担った特定適格消費者団体に授権して債権届出を行う（同法30条1項・2項，31条1項）。なお，債権届出を行うことにより，時効の中断（民法改正後の時効の完成猶予及び更新）については，一段階目の共通義務確認訴訟を提起したときにさかのぼって裁判上の請求があったものとみなされる（同法38条）。

事業者は，届出債権の内容について認否期間内に認否を行うが（同法42条1項），認否がない場合や届出債権の内容全部を認めた場合，認否を争う旨の申出が期間内になかった場合には，届出債権の内容がそのまま確定する（同法42条2項・3項，47条1項）。

事業者が認否を争う旨の申出を行った場合には，裁判所が当事者双方を審尋のうえ簡易確定決定を行う（同法44条1項・2項）。

簡易確定決定に対して異議がある場合には，異議の申立てをすることができ（同法46条1項・2項），その場合には，債権届出の際に，債権を届け出た特定適格消費者団体（届出消費者が異議の申立てをした場合には，当該届出消費者）を原告として，簡易確定決定をした地方裁判所に訴えの提起があったものとみなされる（同法52条1項前段）。異議後の訴訟においては，民事訴訟法の規定が適用されることとなるが，訴えの変更（届出消費者の変更や，請求額の変更を内容とするものを除く）や，反訴の提起はできない（同法54条）。

## 5 経過規定

　本制度は，施行前に締結された消費者契約に関する請求（不法行為に基づく損害賠償請求については，施行前に行われた加害行為に係る請求）に係る金銭の支払義務については，適用されないこととされた（制定附則2条）。

　そのため，施行からしばらくの期間は，同じ事業者を相手とする同様の事案であっても，本制度の対象となる消費者とそうでない消費者とが混在する事態が想定される。そのため，政府は，国民生活センターが行う ADR 等の裁判外紛争解決手続の利用促進その他必要な措置を講ずることとされている（制定附則6条）。

　相談を受けた場合には，施行前事案かどうかをまず確認すべきであり，簡易確定手続の開始を待って届出をすれば良い等のアドバイスを一律に行い，時効期間を徒過させることのないよう，留意する必要がある。また，対象消費者には，簡易確定手続において「知れたる消費者」として特定適格消費者団体から確実に通知を受け取れるよう，当該特定適格消費者団体に連絡するようアドバイスすべきである。

# 第9 ‖ 決済手段

## ① 電子マネー

---
**事例1　電子マネーの詐取**

　知らないメールアドレスから，「1000万円，当選おめでとうございます。」とのタイトルのメールを受信した。メール本文に「受取意思のある方は本メールに返信ください。」と記載されていたため返信したところ，権利を確定させるため手数料として1万円必要であり，1万円分の電子マネーのIDを記載して支払って欲しいとのメールが届き，購入した電子マネーのIDを記載したメールを送信した。その後，3日以内に受取手続事務手数料等を電子マネーで支払ってもらえないと当選金の振込みを行えないとの督促メールが何度も届き，急いで合計10万円分の電子マネーのIDを相手方に教えたが，3日後から連絡が取れなくなった。騙されたと思うので返金してもらいたい。

---
**事例2　発行会社の加盟店管理責任**

　著名な芸能人等と交流ができる会員制サイトに登録する権利が当選した旨のメールを受信したため，同メール記載のサイトに会員登録をした。当該サイトに利用登録後，当初は無料でメール交換等が可能であったが，途中から，やり取りを続けるためにはポイントを購入する必要がある旨の表示が出た。そのため，コンビニで電子マネーを購入して，それを用いてポイントを購入し，やり取りを続けた。後日，その会員制サイトがサクラサイトであるとして，運営者が逮捕されたニュースを見て，やり取りをしていた相手がサクラだと気付いた。使用した電子マネーを返して欲しい。

*204*　第1章　消費者事件の処理に必要な基本的知識

## 1　電子マネーを巡る法規制

### ⑴　電子マネーの意味

電子マネーとは法律上定義されている用語ではなく，種類も多種多様であるため，定義が困難であるが，本項では，「非接触タイプのICカード，ICチップを内蔵した携帯端末又はサーバを利用した決済方法・システム」を指すものとする。電子マネーを使用するにあたり，ICチップ等に決済のための価値を記録する必要があるか否かによって規制が異なるため，以下では当該要否に応じた規制を解説する。

### ⑵　前払式電子マネー（プリペイド型）

#### ア　概　　念

電子マネーを使用するためにICチップ等に価値を記録する必要のある類型であり，カード等に内蔵されたICチップに価値が記録されるものをIC型，発行者の管理するサーバ上に価値が記録されるものをサーバ型と呼ぶ。

IC型には交通機関で利用されるSuica，PASMOなどやコンビニエンスストアで利用されるnanaco，WAONなどが該当する。前払いと同時に前払い分の価値を利用でき，ICカード等を決済端末にかざすことで利用される。電子マネーを使用するために価値の前払いが必要となるため，前払式電子マネーと分類される。

サーバ型にはAmazonギフト券，WebMoney，App Store & iTunesギフトカード，Google Playギフトカードなどが該当する。サーバ型電子マネーは，プラスチックカードを購入するなどして前払いを行うが，当該カードを購入して即座に価値を利用できるわけではなく，購入した当該カードに記載されたIDをインターネットサイトで入力することで利用される。

#### イ　規　制　法

本類型の電子マネーはプリペイドカードの一種であり，プリペイドカード同様，前払式支払手段として資金決済法の規制を受ける。

##### ㋐　規制の性質

資金決済法は公法上の規制であり，同法に基づく義務がそのまま発行者の利用者に対する私法上の義務を導くものではない。

(イ)　規制法の改正

　資金決済法は，電子マネーを含む全ての前払式支払手段を利用する消費者保護を目的として立法されたが，立法当初，発行者の破綻による被害を想定した規制を主としていた。しかし，サーバ型前払式支払手段が証票等を提示又は交付せずとも ID をインターネットサイト上で入力して利用できるといった特性を有し，その特性を利用した架空請求等の詐欺被害が増加したことを受け，詐欺被害に遭った利用者保護及び被害防止に向け，資金決済法は平成 28 年に改正された。具体的には，原則表示義務にすぎなかった「利用者からの苦情又は相談に応ずる営業所又は事務所の所在地及び連絡先」の項目を含め，登録申請書記載事項が全て原則として提供義務の対象とされるとともに（資金決済法 13条 1 項），利用者からの苦情の適切かつ迅速な処理のために措置を講じる義務が新設された（同法 21 条の 2）。加えて，法定事由に基づく払戻しを行う際の告知義務も新設され（同法 20 条 2 項），利用者保護が拡充された。

(ウ)　ガイドラインの改正

　架空請求等詐欺被害の防止及び被害回復に向けた体制整備を主眼とした資金決済法の平成 28 年改正を受け，金融庁事務ガイドラインにおいて，詐欺被害が発生した前払式支払手段発行者における被害回復及び被害対応への取組みが監督上の評価事項として明示された。また，第三者発行型前払式支払手段発行者に対して，従前より電子マネーの不適切使用を防止する趣旨から電子マネーで購入できる商品・役務が公序良俗に反するものでないことを確認する必要があるとし加盟店管理義務を規定していたが，公序良俗に反する場合には犯罪行為に該当するなどの悪質性が強い場合のみならず，社会的妥当性を欠き，又は欠くおそれがある場合を広く含むと明記し，加盟店管理義務の範囲を拡大させた。

(エ)　裁判例における発行者の責任

　東京高判平成 28 年 2 月 4 日（消費者法ニュース 113 号 284 頁）は，包括加盟店を通じてサクラサイトを運営する会社に対してサーバ型前払式支払手段による決済手段を提供した前払式支払手段発行者の責任が争点となった事案である。原審（東京地判平成 27 年 6 月 25 日判時 2280 号 104 頁）は，本件の事実関係において，契約上ないし信義則上電子マネー発行者が当該電子マネー利用者に対して加盟店管理義務を負うことはないと判示したのに対し，控訴審は原審同

様契約上ないし信義則上の義務としての加盟店管理責任を否定したものの，「電子マネー発行会社が加盟店の販売している商品や役務が公序良俗に反することを認識しながら，あるいは認識することができたのにこれを認識せず，加盟店契約を継続して決済代行を行った場合は，上記の加盟店に対する確認や対応を怠ったものであり，損害賠償責任を負う余地がある。」と判断枠組みを示した上で，電子マネー発行会社の責任を検討した。なお，結論として，電子マネー発行会社の責任は否定された。しかしながら，公法上の規制にすぎない資金決済法上の加盟店管理義務から一定の場合には私法上も加盟店管理義務を負うと判断されたことは示唆に富むものである。

### (3) 後払式電子マネー（ポストペイ型）

#### ア 概 念

電子マネーを使用するために IC チップ等に価値を記録する必要のないもので，JCB の QUICKPay やドコモの iD，スルッと KANSAI の PiTaPa がこれに該当する。

ポストペイ型電子マネーは，約款上，マンスリークリア方式専用のクレジットカードと理解できる。もっとも後から分割払いにできるサービスが付帯されていることもあり，必ずしもポストペイ型であるからといってマンスリークリアと理解できるわけではない。

#### イ 規 制 法

ポストペイ型電子マネーを規制対象とする法令はない。利用方法に応じて，通常のクレジットカードに準じて割賦販売法の規制に服する。必要に応じてクレジットカード規制の解説（第1章「第4　割賦販売法」）を参照されたい。

## 2 設問に対する回答

### (1) 事例1について

ID を相手方に伝えた時点で，電子マネーの価値を全て相手方に渡したこととなる。迅速な対応が求められる。なお，事例のように業者に ID を伝えるものだけでなく，事業者が指定するインターネットサイト上に ID を入力させることで，当該事業者に送金させられたケースもある。

### ア　発行会社への連絡

IDの記載されたプラスチックカードやレシートが残っている場合は，発行会社に当該IDを伝えて利用を停止するよう連絡をする。

事業者は，消費者からIDを聞き出し購入価値を取得した後，すぐに利用してしまうため，発行者が確認した時には，既に購入価値がなくなっている可能性が高いが，発行会社への連絡が早ければ，事業者が利用する前に使用を停止することが可能な場合もありうる。

### イ　信販会社への連絡

クレジットカードで電子マネーを購入しているようなケースでは，信販会社が背景に詐欺業者がある点を配慮した対応をする場合も考えられるので，信販会社にも請求の停止を求めるのがよい。

### ウ　発行会社への返金交渉

資金決済法上原則として前払式支払手段の払戻しは許されていないが，詐欺被害として利用停止を行った場合に払戻しを行う旨の規定を設けることは金融庁事務ガイドライン上許容されているため，発行者の約款を確認し，返金要求可能か検討し，可能であれば返金を求める。

## (2)　事例2について

事例1と異なり，電子マネー発行者の加盟店において詐欺商法が行われ，決済手段として電子マネーが用いられた場合であり，発行者に責任追及できる可能性がある。

### ア　取引履歴の確認

事業者との取引履歴や加盟店の確認は責任追及のために必須である。そこで，発行会社に対して，その利用履歴や加盟店の開示を求めるべきである。包括加盟店を介している場合，実際の詐欺業者の連絡先等を発行会社が認識していないこともあるので，その場合は包括加盟店から実際の詐欺業者の連絡先等を聞き出すこととなる。

なお，IDの記載されたプラスチックカードやレシートが残っていないとしても，電子マネーを購入したコンビニエンスストアと利用日時がある程度特定できる場合，コンビニエンスストアの協力を得て，コンビニエンスストアのレジの履歴の開示を求め，IDを確認できないか検討する。

208 第1章 消費者事件の処理に必要な基本的知識

### イ　事業者に対する責任追及

　サクラサイトの運営は詐欺に当たるので，不法行為（民法709条）に基づく損害賠償請求を行う。

### ウ　発行者に対する責任追及

　事業者に対する責任追及が功を奏しない場合，前払式支払手段発行者に対して責任追及を検討する。責任追及の可否の検討にあたっては，前記東京高判平成28年2月4日において，前払式支払手段発行者に対して，消費生活センターから加盟店で使用した電子マネーの返金を求められたことがあるか，返金要求の数及び額，利用者の全体数と返金要求の数の比較，返金トラブルの自主的解決の有無等を踏まえ，前払式支払手段発行者が加盟店の販売している商品や役務が公序良俗に反することを認識あるいは認識可能であったか否か検討されていることが参考となる。


【参考文献】
・長谷川恭男「プリペイドカード　基礎知識と新たな動き」（国民生活17号，2013年12月）
・一般社団法人日本資金決済業協会公式ホームページ「事業者のみなさまへ」
・東京都消費生活総合センター「インターネット専用プリペイドカードの悪用に気を付けて！〜架空請求の新しい手口によるトラブルが増加しています〜」（平成26年12月19日）
・独立行政法人国民生活センター「カード，電子マネー…等で支払ってトラブルになっていませんか？―キャッシュレス決済を悪用する業者にご用心！―」（平成26年11月18日）
・独立行政法人国民生活センター「プリペイドカードの購入を指示する詐欺業者にご注意！！〜『購入したカードに記載された番号を教えて』は危ない！〜」（平成27年3月26日）
・上田恵陶奈＝長谷川恭男＝国民生活センター相談情報部「特集　キャッシュレス決済の多様化―前払式支払手段の拡大と課題―」（国民生活36号，2015年7月）
・山本正行「多様化する"キャッシュレス決済"⑶　さまざまな前払式の決済サービス」（国民生活42号，2016年1月）
・堀天子『実務解説　資金決済法〔第3版〕』（商事法務，2017年）
・「特集個人情報保護と消費者」現代消費者法35号（2018年6月）
・阿部高明『クレジットカード事件対応の実務』（民事法研究会，2018年）

## ② 仮想通貨（暗号資産）

― 事例1　仮想通貨を利用した投資詐欺 ―――――――――――――

　Xは，投資セミナーに参加したところ，現在ほとんど流通していない
オルトコインがあり間違いなく高騰するとの説明を受け，有名な海外の仮
想通貨交換業者の代理店であるとするAに100万円を振り込んだ。しか
し，その後連絡がない。Xは，返金等を請求できるか。

― 事例2 ――――――――――――――――――――――――――

　Xは，債務者Bに対する損害賠償請求の勝訴判決を得たところ，Bが
ビットコインを仮想通貨交換業者Cに預けていることがわかった。Xは，
このビットコインに対し，この判決の強制執行をすることができるか。


### 1　仮想通貨とは

#### ⑴　定　　義

　ア　仮想通貨とは，インターネット上で自由にやり取りされ，通貨のような
機能を持つ電子データで，財産的価値を有するものである。法的には，①不特
定の者に対して，代金の支払い等に使用でき，かつ，法定通貨（日本円や米国
ドル等）と相互に交換できる，②不特定の者を相手方として購入及び売却を行
うことができる，③電子的に記録され，移転できる，④法定通貨又は法定通貨
建ての資産ではない，財産的価値をいう（1号仮想通貨：資金決済法2条5項1
号）。また，①不特定の者を相手方として1号仮想通貨と相互に交換を行うこ
とができる，②電子的に記録され，移転できる，財産的価値をいう（2号仮想
通貨：同項2号）。

　現在約2000種類以上の仮想通貨が存在すると言われているが，日本での現
状の仮想通貨の利用は，送金や決済手段としての利用は少なく，多くが投資，
投機目的になっている。仮想通貨の中ではビットコインが有名であるが，
NEM（ネム）等それ以外の仮想通貨をオルトコイン（altcoin）という。さらに

ほとんど流通していない仮想通貨のことを草コインと呼ぶことがある。

**イ** 前払式の電子マネー（Suica など）は，資金決済法上の「前払式支払手段」（資金決済法3条1項）ではあるが，不特定の者を相手方としていないので仮想通貨ではない。オンラインゲームのデジタルコイン，航空会社のマイルやポイントも不特定の者を相手として使用できないので仮想通貨に当たらない。

発行者や発行者から委託を受けた者が，発行済みの仮想通貨の全てについて法定通貨による定額の買取りを保証するような場合は，仮想通貨の価格変動の影響を受けないため，通貨建資産（資金決済法2条6項）に該当し，やはり仮想通貨には当たらない。通貨建資産とは，例えば，預金通貨や企業発行債券等である。

**ウ** 仮想通貨交換業とは，仮想通貨と法定通貨又は仮想通貨同士を交換するサービスをいう。法的には，①仮想通貨と法定通貨又は仮想通貨同士の交換，②①の行為の媒介，取次又は代理，又は，③①，②の行為に際して利用者の金銭・仮想通貨を管理する業務をいう（資金決済法2条7項）。

## (2) 仕組み（【図1】参照）

**ア** 仮想通貨は，法定通貨と異なり国家や中央銀行が発行するわけでもなく，発行者の存在も必要としない。また，特定の銀行や企業などの保証があるわけでもない。さらに，法律上認められた財産権とも言えない単なる電子データである。しかも，仮想通貨を保有するとは，利用者が直接仮想通貨のデータ自体を保有しているわけでもない。ブロックチェーン内に存在する特定（自己）のアドレスへの全ての移転記録と特定（自己）のアドレスから特定（他者）のアドレスへの全ての移転記録の差を計算した結果が，自己の保有する仮想通貨ということになるだけである。さらに，仮想通貨を保有するとは，そのアドレスからのトランザクション（取引記録）を作成するための秘密鍵を排他的に管理していることを意味するにすぎない。

それにもかかわらず仮想通貨が経済的価値を有するのは，暗号技術やブロックチェーンと呼ばれる技術（分散台帳技術）があり，総量が有限であることによる。これらの技術や仕組みにより偽造，改変および複製が困難であり，希少性を有し，さらに取引市場があることから，ビットコインは経済的価値を有するのである。つまり，仮想通貨は，国家による裏付けや何らかの経済的裏付け

があるわけではなく，単純に需要と供給の関係で経済的価値が決まっていることになる。そのため仮想通貨は，極端な価値の変動が起きることになる。

　イ　ブロックチェーン（【図2】参照）とは，トランザクション（例えば，「Aのアドレスから B のアドレスへ 5BTC 移転」というような取引記録）をまとめたブロックを複数の参加者の承認のもと継ぎ足すことで（マイニング），過去のブロックとともに一本の鎖の形にして分散共有する技術をいう。この技術により不可逆的で改ざんや複製が困難となっている。また，過去の全ての取引履歴を誰でもいつでも見ることができるようになっている。例えば，ビットコインの場合は，Blockchain info（https://blockchain.com/ja/）のウェブサイトを利用してインターネット上で見ることができる。

　ウ　仮想通貨は，ウォレットを使って管理される。ウォレット（【図3】参照）とは，仮想通貨を貯めておくためのもので，ウォレットアドレスと公開鍵暗号方式の公開鍵と秘密鍵で構成される。ウォレットは，仮想通貨をあたかも財布のように貯めているイメージであるが，仮想通貨を送金するためには秘密鍵が必要となることから，実態はアドレスと秘密鍵を管理しているにすぎない。利用者自身が管理することもできるが，一般には，仮想通貨交換業者の提供管理するウォレットを利用することになる。この場合，通常，仮想通貨交換業者が秘密鍵を排他管理し，同時に利用者の法定通貨も含めてウォレットで管理しているのが通常である。

　エ　秘密鍵は，単に情報であり，署名に使われ，仮想通貨を支配管理（所持）する唯一の手段である。仮想通貨を所持するとは，秘密鍵という情報を有し，仮想通貨を移転することができることを意味する。この情報を有する者は，誰でも自由にその仮想通貨を移転できる。

　秘密鍵は，乱数から作成される無作為の数値である。

　（例）5E2A08B41C38D372BE4D50A49CCED26A63F2B5AAC32D1779E51D
　　　　E29835229A69

## 【図1】 仮想通貨の仕組み全体

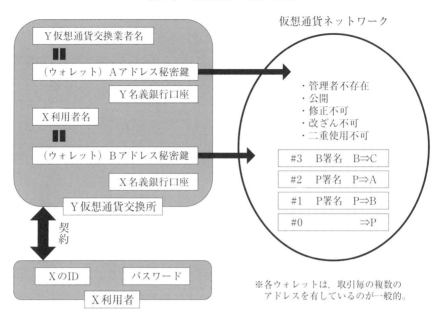

## 【図2】 ブロックチェーン

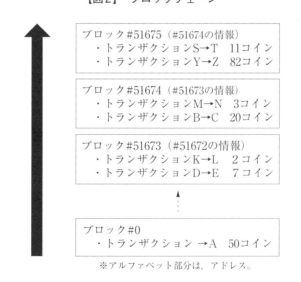

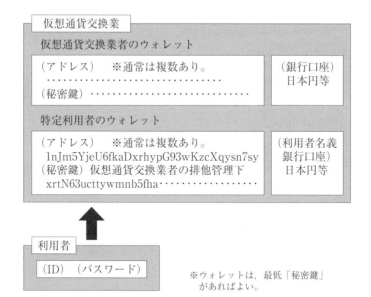

【図3】 ウォレット

(3) **資金決済法**

ア 仮想通貨に関する制度整備として，平成29年4月に改正資金決済法が施行され，仮想通貨交換業者が登録対象として追加された。目的は，マネロン・テロ資金供与規制と平成26年2月の株式会社MTGOXの破綻の経験から対応を求められていた利用者保護である。株式会社MTGOXの破綻は，事業者の破綻によって顧客のビットコインが消失した事例であり利用者保護の必要性が指摘された。

イ 利用者保護の制度として制度化されたのは，①登録制の導入，②利用者への適切な情報提供，③利用者財産の分別管理，④情報の安全管理，⑤委託先に対する指導である。

① 登録制度（資金決済法63条の2）

仮想通貨交換サービスは，金融庁・財務局の登録を受けた事業者のみができる。令和元年8月8日時点において，19社が登録済みであり金融庁のウェブサイトで確認できる。また，各事業者の取り扱い仮想通貨も確認できる。

② 利用者への適切な情報提供（資金決済法63条の10）

仮想通貨の仕組み，リスク及び手数料等の契約内容並びに取引履歴・残高等を利用者へ情報提供することが義務付けられる（仮想通貨交換業者に関する内閣府令（以下，「府令」という）16条・17条）。

③　利用者財産の分別管理（資金決済法63条の11）

利用者から預かった金銭・仮想通貨は，事業者自身の金銭・仮想通貨と明確に区分し，利用者名義の銀行預金等やウォレットとして管理することが義務付けられる（府令20条）。

④　情報の安全管理（資金決済法63条の8）

仮想通貨交換業に係る情報の全てについて必要な措置が求められる（府令12条，13条　金融庁事務ガイドライン第三分冊金融会社関係16（以下，「ガイドライン」という）II-2-3-1）。

⑤　委託先に対する指導（資金決済法63条の9）

一部を業務委託することが認められるが，監督等の措置が求められる（府令15条）。

ウ　もっとも，仮想通貨を用いたデリバティブ取引やレバレッジ証拠金取引などは，資金決済法の規制対象になっていない。

## (4)　外国仮想通貨交換業者（資金決済法2条9項）

外国において登録などして仮想通貨交換業を行っている者でも，日本国内で資金決済法に基づいて登録を受けていなければ，日本国内で仮想通貨交換業を行うことはできない（資金決済法63条の22）。

注意すべきは，登録を受けていなければ，仮想通貨交換業に係る取引の「勧誘」も禁止されていることである。外国仮想通貨交換業者がホームページ等に仮想通貨交換業に係る取引に関する広告等を掲載する行為については，原則として，「勧誘」行為に該当する。例外的に「勧誘」行為に当たらないのは，日本国内にある者との間の仮想通貨交換業に係る取引につながらないような合理的な措置が講じられている場合である。合理的な措置とは，①日本国内にある者が当該サービスの対象とされていない旨の文言が明記されていること（担保文言），及び，②日本国内にある者との間の仮想通貨交換業に係る取引を防止するための措置が講じられていること（取引防止措置等），である（ガイドラインII—4）。

## (5) ＩＣＯ

ICO（Initial Coin Offering）とは，企業等がトークン（仮想通貨等の証票）を発行して資金を調達する資金調達方法である。株式公開などの資金調達方法に代わる新たな資金調達方法である。まだ，規制が整備されておらず国際的な資金調達が可能なため利用が急増している。ただ，仮想通貨自体のリスクと事業について未公開株取引と同様のリスクの両方があり，当初から事業を実施するつもりのない詐欺的なものから事業成功の可能性が低い等事業が実施されないリスクが極めて大きい（金融庁「ICO（Initial Coin Offering）について～利用者及び事業者に対する注意喚起～」（平成 29 年 10 月 27 日））。

さらに，仮想通貨の上場前のプレセールにおいて，未公開株商法と同様の手口で仮想通貨の高騰イメージを利用した消費者被害を生む危険がある。

しかし，この段階では，発行者が仮想通貨を使用できる範囲を限定しているなど資金決済法の規制の対象にならない可能性があり，また，金商法等の規制対象にもならない可能性がある。ただし，「公開を予定している。」とか「上場を予定している。」との説明があると，仮想通貨として仮想通貨交換業者としての登録が問題になり得る。また，発行者等が法定通貨による買取りを保証するように実質的に法定通貨での購入と同視される場合は，金商法の規制対象の可能性がある（集団投資スキーム規制）。

## (6) 金融派生商品（デリバティブ取引）

仮想通貨を利用したデリバティブ取引は，現時点では「金融商品」に含まれず金商法（2条1項・2項）や商品先物取引法の対象外の可能性が高い。仮想通貨を利用したデリバティブ取引は，決済時に仮想通貨の現物交付があれば資金決済法の対象になるが，差金決済取引のみの場合は，資金決済法の規制対象外となる（ガイドラインⅠ-1-2）。現時点では，規制が整理されていない点が問題である。

## (7) 信用取引

仮想通貨交換業者が，利用者に法定通貨の貸し付けを行い信用取引を行う場合（信用買い）や仮想通貨を貸し付けて法定通貨で返済を受ける場合は，貸金業の登録が必要となる（貸金業法）。

216　第1章　消費者事件の処理に必要な基本的知識

## 2　解決のポイント

### (1)　所 有 権

　仮想通貨は，所有権の客体にはならないとされる（ビットコイン引渡請求事件，東京地判平成27年8月5日判例集未登載）。

　本判決は，本件破産会社（株式会社MTGOX）が運営する取引所を利用していた原告が，破産管財人に対し，破産法62条の取戻権に基づき，原告が所有し，被告が管理しているビットコインの引渡しを求めた事案である。

　ビットコインは，所有権の客体として必要な，有体性（民法85条）と排他的支配可能性を欠くとした。

### (2)　管理委託契約等

　仮想通貨等に関する利用者（債務者）と仮想通貨交換業者（第三債務者）との間の管理委託契約等に基づく返還請求権につき債権差押命令が発せられた事案（東京地判平成28年10月14日判例集未登載，金法2079号6頁参照）がある。また，取引所を受託者，利用者を委託者兼受益者とじ取引所に預けた法定通貨及び仮想通貨を信託財産とする信託契約が成立したと構成することも考えられる（信託法2条1項）。

　なお，仮想通貨自体の強制執行については，仮想通貨交換業者がアドレスと秘密鍵の情報を有しているにすぎないため，仮想通貨交換業者に対する仮想通貨自体については代替執行ができない。そのため，間接強制（民事執行法172条）によらざるを得ないが，実効性の点で問題がある。

### (3)　刑事責任

　仮想通貨のデリバティブ取引は，金商法及び商品先物取引法の金融商品等に該当しないとすると，賭博罪（刑法185条・186条）と構成できる可能性がある。

　無登録で仮想通貨交換業を行った者や名義貸しをした者は，3年以下の懲役もしくは300万円以下の罰金，またはその両方が科される（資金決済法107条）。

## 3 設問に対する回答

### (1) 事 例 1

まず，①代理店と称するＡが金融庁・財務局の登録を受けた事業者（登録業者）かどうか，または，みなし仮想通貨交換業者かどうかを金融庁のウェブサイトで調べる。また，②そこに問題のオルトコインが取扱い仮想通貨として登録に記載があるかを確認する。

登録業者であれば，仮想通貨交換業者の交付した説明書及び取引履歴等を入手し，利用者がどのような権利を有するか確認をする。

無登録業者の場合は，代理店としての勧誘もホームページでの取引募集も違法である。詐欺取消しや無効さらに不法行為に基づく損害賠償請求権の行使が考えられる。また，捜査当局，ADR，金融庁及び業界団体等へ苦情等を申し立てることも考えられる（ガイドラインⅢ-1-4）。

### (2) 事 例 2

事例１と同様に，Ｃの登録の有無内容を確認し，その説明書及び取引履歴等を確認する。その内容から，債務者Ｂが，仮想通貨交換業者Ｃに対して管理委託契約に基づく返還請求権等どのような権利を有するか具体的に検討する。この仮想通貨自体の返還請求権を対象とする。ただし，仮想通貨の送付自体を強制執行することは困難であると考えられる。

なお，利用者は，通常，仮想通貨交換業者に仮想通貨だけでなく法定通貨も預けているので，この法定通貨に対する権利行使も同時に検討する必要がある。

## 4 資金決済法，金融商品取引法及び金融商品販売法等の改正 （令和元年5月31日成立）

金融取引の多様化に対応し，金融の機能に対する信頼の向上及び利用者等の保護等を図るための改正で，公布の日から1年内に施行される。

### (1) 資金決済法の改正

・「仮想通貨」の呼称を「暗号資産」に変更した（改正後資金決済法2条5項）。

・暗号資産交換業の定義に，暗号資産の交換等に関しない暗号資産の管理（ウォレットの管理）を業として行うことを追加した（改正後資金決済法2条7項4号）。単なる暗号資産管理業者（カストディ業者）でも暗号資産交換業の登録が必要となった。

・暗号資産交換業者の広告及び勧誘に際し虚偽の表示の禁止等の規定整備（改正後資金決済法63条の9の3）。

・分別管理のための信託銀行等への金銭信託（改正後資金決済法63条の11第1項）。

・暗号資産交換業者が管理する利用者の暗号資産及び履行保証暗号資産（改正後資金決済法63条の11の2）について，他の債権者に優先する優先弁済権を認めた（改正後資金決済法63条の19の2）。ただし，民法333条が準用される。

## (2)　金融商品取引法の改正

### ア　暗号資産デリバティブ取引等

・金融商品の定義への暗号資産追加と，暗号資産デリバティブ取引を規制対象化し（改正後金商法2条24項3号の2及び5号），外国為替証拠金取引（FX取引）と同様の規定整備。

・暗号資産デリバティブ取引を業とする場合の金融商品取引業の登録等（改正後金商法29条の2第1項9号）。

### イ　ICOへの対応

・収益分配を受ける権利が付与された投資型ICOトークンについて，金融商品取引法の規制の対象になるものを明確化した（改正後金商法2条3項）。

・株式と同様に，投資家への情報開示の制度や販売・勧誘規制等を整備（改正後金商法43条の6）。

## (3)　金融商品販売法の改正

・金融商品の販売の定義に，暗号資産を取得させる行為を追加（改正後金販法2条1項6号）。

第9　決済手段　*219*

## 【参考文献】

・金融庁「事務ガイドライン第三分冊　金融会社関係　16　仮想通貨交換事業者関係」

・独立行政法人国民生活センター「投資や利殖をうたう仮想通貨の勧誘トラブルが増加―『必ず値上がりする』などの説明をうのみにせず，リスクが理解できなければ契約しないでください―」（平成 28 年 2 月 18 日）

・独立行政法人国民生活センター「知人からの勧誘，セミナーでの勧誘による仮想通貨の購入トラブルにご注意―『必ず儲（もう）かる』という言葉は信じないで！―」（平成 29 年 3 月 30 日）

・政府広報オンライン「『仮想通貨』を利用する前に知ってほしいこと。平成 29 年 4 月から，『仮想通貨交換業（仮想通貨交換サービス）』に関する新しい制度が開始されました」（平成 30 年 5 月 18 日）

・金融庁＝消費者庁＝警察庁「暗号資産（仮想通貨）に関するトラブルにご注意ください！」（平成 29 年 9 月 29 日）

・金融庁「ICO（Initial Coin Offering）について〜利用者及び事業者に対する注意喚起〜」（平成 29 年 10 月 27 日）

・藤井裕子「仮想通貨等に関する返還請求権の債権差押え」（金法 2079 号（2017 年）6 頁）

・堀天子『実務解説　資金決済法〔第 3 版〕』（商事法務，2017 年）

・松嶋隆弘＝渡邊涼介編著『これ 1 冊でわかる！仮想通貨をめぐる法律・税務・会計』（ぎょうせい，2018 年）

・木ノ内敏久『仮想通貨とブロックチェーン』（日本経済新聞出版社，2017 年）

・杉井靖典『いちばんやさしいブロックチェーンの教本』（インプレス，2017 年）

・「情報通信技術の進展に伴う金融取引の多様化に対応するための資金決済に関する法律等の一部を改正する法律」（令和元年 5 月 31 日成立）説明資料，法律案要綱（金融庁）

220　第1章　消費者事件の処理に必要な基本的知識

# 第*10* ▮ 被害回復に必要な情報

## 1　口座凍結（振り込め詐欺救済法）

─ 事　例 ─

　ある日，X宅に，甲株式会社上場準備室の乙と称する男性が訪問した。乙はXに対し，パンフレットを見せながら，「当社は，来年1月には上場を予定しています。上場すれば，当社の株が何倍にも値上がることは確実です。是非，100株ご購入ください。」などと言って勧誘した。Xは，上場すれば値上がりすると信じ，甲株式会社の株式の購入を申し込み，乙から指定された丙銀行のY名義預金口座に代金の1000万円を振り込んだ。しかし，同日，Xがパンフレットに記載された甲株式会社の所在地を訪ねてみたが，同所には甲株式会社は存在せず，記載された電話番号はデタラメのものであった。騙されたことに気が付いたXは，翌日，Z弁護士に対し，振り込んだ1000万円を取り戻したいと相談した。

### 1　口座凍結とは

　犯罪利用預金口座等に係る資金による被害回復分配金の支払等に関する法律（以下「振り込め詐欺救済法」という）3条1項は「金融機関は，当該金融機関の預金口座等について，捜査機関等から当該預金口座等の不正な利用に関する情報の提供があることその他の事情を勘案して犯罪利用預金口座等である疑いがあると認めるときは，当該預金口座等に係る取引の停止等の措置を適切に講ずるものとする。」と定める。

　同条項に基づき，全国銀行協会は，被害者代理人弁護士が日弁連の統一書式を利用して預金口座等の取引停止等の措置を求めた場合には，当該預金口座等が犯罪利用預金口座等である疑いがあるものと迅速に認定し，取引の停止等の適切な措置を講じる取扱いとしている。

金融機関は，弁護士の判断を信用して当該預金口座について取引停止等の措置を講じる立場であり，当該口座名義人からクレームがあった場合の対応まではできない。したがって，その場合のクレームは申請した弁護士の責任において処理をすることが前提とされている。日弁連の統一書式にも，口座名義人からのクレーム等に対しては弁護士の責任において一切の処理を行う旨が記載されている。

日弁連の統一書式は，日弁連ホームページの会員専用ページから入手が可能である。

振り込め詐欺のほか，未公開株商法や，劇場型社債販売などは，犯罪の疑いが濃厚であるので，口座凍結を行うことも有用な手段の一つである。

## 2 問題点

### ⑴ 被害回復分配金の支払いがなされない場合

弁護士から口座凍結要請を受けた金融機関は，振り込め詐欺救済法に基づき，当該口座を凍結し，預金保険機構のホームページで口座名義人の権利を消滅させる公告手続（失権手続）を行った後，被害者の方から支払申請を受け付け，被害回復分配金を支払う。被害者へ分配される金額は，振込先口座が凍結された時点の残高が上限となるので，凍結までに引き出されてしまった金額は分配の対象とならない。

ただし，次の場合は，被害回復分配金は支払われない。

第1に，凍結された預金残高が1000円未満の場合には，支払手続は行われない（振り込め詐欺救済法8条3項）。

第2に，口座名義人その他債権者らから金融機関に対し権利行使の届出，当該口座の預金の払戻しを求める訴え，強制執行，仮差押え，仮処分等の手続（権利行使の届出等）がなされた場合である。権利行使の届出等は，公告日の翌日から60日間以上の権利行使期間の間になされることを要する（同法5条2項）。権利行使の届出等がなされた場合，預金の失権手続は終了し，金融機関は預金等の払戻しに応じることもあり得る。これを防ぐには，別途，被害者は自らが民事保全手続をとるか，債務名義をとったうえで強制執行の手続をとる必要がある。

第3に，複数の被害者から支払申請があった場合には，複数の被害者に対し

分配金の支払いはなされるが，案分額が分配されるので，額は減少する。これ
を防ぐにも，別途，民事保全手続をとるか，債務名義をとったうえで強制執行
の手続をとる必要がある。

### (2) 弁護士の口座凍結要請につき不法行為の成否が争われた裁判例

東京地判平成 24 年 9 月 13 日（判タ 1384 号 212 頁）は，弁護士が日弁連の統
一書式を用いて口座凍結を要請し銀行に凍結措置をさせたことについて，口座
名義人が同弁護士を被告として不法行為に基づく損害賠償請求訴訟を提起し，
弁護士の口座凍結要請について不法行為の成否が争われた。

同判決は，「被告〔弁護士〕は……三度にわたって直接 B〔被害者〕と面談
し，事実経過を把握するとともに，B が所持していた資料や面談後新たに入手
した資料を精査し，その内容や B の認識していた事実との整合性を確認し，B
の供述の正確性を確かめており，その調査に不十分な点があったとはいえな
い。そして，B の供述する事実経過や被告が収集した各種資料を総合すると，
本件口座が犯罪に利用されていると考えるにつき合理的な理由があったという
べきであるから，被告が法〔振り込め詐欺救済法〕3 条 1 項に基づく措置を求
め，本件停止措置を講じさせた行為は，違法とはいえない」として，口座凍結
要請について不法行為の成立は否定している。同判決が，不法行為の成立を否
定する理由として，単に日弁連の統一書式を用いていることではなく，弁護士
の調査に不十分な点があったとはいえないこと，被害者供述や収集資料からは
当該口座が犯罪に利用されたと考えるのに合理的理由があったことをあげてい
ることには，注意を要する。

## 3 設問に対する回答

X から相談を受けた Z 弁護士としては，日弁連の統一書式を用いて，丙銀
行に対し，Y 名義の預金口座の凍結を申請したうえで，被害回復分配金の申請
をして，振り込め詐欺救済法に基づき，X の被害回復を図ることが考えられ
る。その際には，X に対する事情聴取と資料収集を十分に行い，Y 名義の預金
口座が犯罪に利用されたと合理的に考えられるかを検討すべきである。

また，複数の被害者からの支払申請がなされれば分配金額は案分されるので
減少するし，口座名義人 Y から払戻しの訴えが提起されたり，他の被害者か

ら仮差押えなどがなされれば，口座凍結申請をしても失権手続は終了するので分配金の支払いを受けられなくなる。そこで，Z弁護士としては，民事保全手続や民事訴訟手続をとることも検討することとなるが，口座凍結申請と比較して相応の労力と費用を要する点を十分に説明し，被害者Xとよく協議したうえで，方針を決定すべきである。

【参考文献】
・預金保険機構ホームページ「振り込め詐欺救済法　Q＆A」
・日弁連ホームページ会員専用ページ「振り込め詐欺等不正請求口座情報提供及び要請書」

## 2　弁護士会照会制度

### 1　はじめに

　弁護士会照会制度は，消費者事件の実務を行っていくにあたり非常に有用な制度である。訴訟提起前に当事者を探知・特定したり，詐欺的商法の実態や取引内容を明らかにしたり，違法性を基礎づける事実に係る証拠を収集したりするなど，弁護士会照会制度を効果的に活用することにより，有用な情報が得られる場面が多くある。

　なお，近時個人情報の保護などを理由に弁護士会照会に対する回答を拒否する事例も多いため，弁護士会照会を申し立てたとしても，必ずしも回答が得られるわけではないことに留意する必要がある。

　以下では，消費者事件の実務においてどのように弁護士会照会を活用することができるのか，主な照会先および照会事項を紹介したい。

### 2　相手方情報の探知

(1)　通信会社について，以下の諸点等の照会を行うことができる。
- ・該当電話番号の契約者氏名
- ・契約者住所
- ・電話（FAX）設置場所，利用期間
- ・請求書送付先氏名及び住所
- ・料金支払方法，引き落とし口座

(2)　レンタル・バーチャルオフィス，私設私書箱，電話転送運営会社，電話秘書代行会社については，犯罪収益移転防止法により，郵便受取サービス業者及び電話受け取り代行業者は，公的証明書による本人確認及びその記録の保存が義務付けられている。そのため，上記業者に対し，契約者の本人確認書類に関する照会を行うことができる。

(3)　金融機関に対しては，以下の諸点に関する照会を行うことができる。
- ・口座名義人の住所・氏名，本人確認書類の写し，資料送付先住所等
- ・口座開設年月日

(4)　その他，相手方業者を管轄する行政機関に対する相手方業者情報（免

許，登録の有無等）の照会等が考えられる。

## 3　相手方業者に関する苦情相談内容

(1)　国民生活センターに対して，以下の諸点の照会を行うことができる。
・業者別の苦情件数
・苦情内容
(2)　東京都消費生活総合センターに対しても，上記(1)と同様の内容の照会を行うことができる。

## 4　強制執行時における照会

(1)　金融機関に対し，各支店における口座開設の有無，対象口座の照会回答時の口座残高等を照会することができる。
(2)　フランチャイズ展開をしている相手方業者に関する営業保証金の差し入れの有無を照会する等が考えられる。
(3)　全国宅地建物取引業保証協会に対して，相手方業者の弁済業務保証供託金に関する供託番号，供託金額等を照会することが考えられる。

## 5　そ　の　他

各地運輸局に対する自動車ナンバーに関する照会，宅配業者に対する詐欺商法のパンフレットに係る送付依頼者情報の照会等が考えられる。

消費者事件はその態様が常に変化するものであり，弁護士側も，当該変化に対応して弁護士会照会を有効活用できるよう工夫していく必要がある。

*226* 第1章 消費者事件の処理に必要な基本的知識

# 第 *11* ‖ 国際的取引

---
#### ┌─ 事 例 ─

　Xは，インターネットのサイトでブランド品のバッグが安く販売され
ていたので，利用規約を同意するチェックボックスにチェックした上で購
入申込みをして支払いもしたところ，一見して偽物とわかる商品が海外か
ら送付されてきた。クレームの連絡をしようとサイトをよく見直してみる
と，サイト運営をしているのは海外の事業者であり，利用規約には「準拠
法をカリフォルニア州法とする」と記載されていた。

---

## 1　はじめに

　消費者取引においては，国内事業者と国内消費者との取引のほかに，特に電
子商取引が普及するに従って，意識すると否かを問わず海外事業者との取引を
するケースがみられる。海外事業者が関与する取引についてトラブルが発生し
た場合の法的規律がどのようになるかの知識が必要となる。

## 2　海外事業者との取引に適用される法律

　国内事業者と国内消費者との取引の場合には，日本法によって契約内容や責
任が判断される。他方で，海外の事業者と国内の消費者が取引をした場合，私
法上の法律関係は，日本法によるものとは限らない。アメリカのカリフォルニ
ア州にある事業者が日本の消費者向けにインターネット通販サイトを立ち上げ
て，日本の消費者がそこを通じて商品購入やサービス提供を受けた場合には，
日本法を適用すべきなのか，カリフォルニア州法を適用すべきなのか，あるい
は商品発送国やサービス提供するサーバーがある第三国の法を適用すべきなの
か，当該取引に関係する法域はいくつも考えられる。

　国際的な私法関係についてのどの法域の法を適用するかの法選択の規則の解
釈を担うのは「国際私法」という法分野であり，渉外的私法関係においてどの

法域の法を適用するかの法選択の規則によって適用されるべき法を定める。国際私法によって定められた当該法律関係に適用されるべき法を「準拠法」という。

## 3 法の適用に関する通則法（原則的な準拠法）

(1) 国際的取引において私法分野においていかなる法域の法を適用するのかの選択規則は，日本では「法の適用に関する通則法」（以下「通則法」という）によって定められている[1]。

(2) 物の購入やサービス提供を受けるのは，原則として契約に基づくものであるから，「契約の準拠法」としてどの国の法律が適用されるのかは，通則法7条および8条によって決せられる。同法7条は法律行為の成立及び効力について規定しており，同条によって「契約の成立及び効力」の準拠法は「当事者の合意」によって定められることになる。契約関係については当事者自治の原則が認められており，当事者の意思によることになっているからである。

(3) 「法律行為の方式」（契約の方式）については，成立について適用すべき法によるのが原則であるが（通則法10条1項），越境取引の場合は，申込みまたは承諾の発信地の法のいずれかによってもよいことになっている（同条4項）。

(4) ECサイトでは利用規約を契約内容として契約がなされ，利用規約中に「準拠法」条項が存在するのが一般である。利用規約に同意してECサイトを利用すると，準拠法条項によって取引に関して適用される法律が合意によって指定されていることになり，その指定された法が当該取引に適用される[2]。

(5) 以上の原則的な準拠法の決定方法によると，事例の取引においては利用規約中で準拠法をカリフォルニア州法としているので，事例の取引についてはカリフォルニア州法が適用され，カリフォルニア州法によって契約の成否が判断され成立が認められると効力もカリフォルニア州法によって決まる。

---

1) 「通則法」が適用されるのは，日本で国際的取引が問題になった場合である。通則法はあくまで日本の国内法であるから，海外事業者の所在地等本邦外で裁判になった場合には，その国の裁判所が適用する国際私法によって適用される法律が決定され，当該国の準拠法の指定は必ずしも通則法が指定する準拠法と同じとは限らない。

2) 利用規約に準拠法が明示されていない場合もありうるが，そのときは「最も密接な関係がある地」の法が適用される（通則法8条1項～3項）。本書では通常のモデルを解説するため詳細は国際私法の教科書を参照されたい。

228　第1章　消費者事件の処理に必要な基本的知識

(6)　なお，契約の成立や効力については，カリフォルニア州法によることに
なるが，通則法では行為能力については当事者の本国法によることになってい
るので（通則法4条），各当事者の国籍の属する法律によることになる。日本国
民が取引をした場合，例えば申込者が未成年者であれば，原則として未成年者
取消しの主張が可能となる（民法4条）。

## 4　消費者契約の特例

(1)　利用規約は，海外事業者が定めるものであるから消費者が居住している
地の法律ではなく，海外事業者が都合のよい法域の法（例えば，事業者の所在
地）を準拠法指定していると，日本の消費者は海外の法律にしたがって契約関
係の成立・効力等を考えなければならなくなる。そこで，通則法は消費者契約
の特例（11条）として消費者保護の観点からの選択（消費者の常居所地法の選
択・常居所地法の強行規定の適用主張）ができるようにしている。すなわち，

　・消費者（消費者契約法の消費者と同じ）の常居所地法が本来の選択法（7条）
　　に累積的に適用される（消費者に有利な効果が適用される）。
　・常居所地法の強行規定……日本に常居所があれば，民法の強行規定や消費
　　者契約法・割賦販売法・特定商取引法等の消費者保護法などの私法上の効
　　果（解除・無効・取消しなど）を有する強行規定

の適用を主張することができる（11条1項・2項）。

　方式については，通則法は，契約成立を容易にするように適用される法律を
選択的に広く認めているが，消費者保護の観点から一定の方式を備えることが
必要とされることがあるから（一定の表示がある書面交付等），消費者の常居所
地法の適用を容易にするように特例が定められている（同条3項～5項）[3]。

　ただし，特例となる11条についても，日本国民に対してあらゆる場合に適

---

3)　事業者に対する行政規制については，私法関係を規律する準拠法の選択規則である通則
　法の適用範囲外である。行政規制は，主権の行使にあたるため特段の規定がない限り属地
　主義をとるのが原則であって海外の事業者に対して規制が及ばないと伝統的には解されて
　いたが，近時は域外適用ができるのではないかとも言われ，例えば，消費者庁「海外から
　のインターネット通信販売Q＆A」には，国内在住者向けのインターネットによる通信
　販売には特定商取引法（表示規制等）の適用があるとの立場に基づいた解説をしている
　（http://www.no-trouble.go.jp/qa/foreign.html）。

用されるわけではなく一定の範囲で事業者の利益との調整を図った特則の例外規定（同条6項）があるためこの例外についても注意が必要である。

(2)　事例の取引では，原則的な準拠法の決定方法によれば，カリフォルニア州法が適用されるが，日本の常居所がある消費者が契約した場合，日本法の適用を主張することができ，本物と称して商品販売していた場合には詐欺（民法96条）による取消しなどの主張や，利用規約上に消費者契約法に規定する不当条項等があればその無効を主張することなどができる。

## 5　国際民事訴訟法上の特例

消費者契約から生じる紛争の国際裁判管轄（どの国の裁判所が裁判権を行使するかについての定め）についても，民事訴訟法に消費者契約についての特例がある。民事訴訟法3条の4第1項の規定によれば，消費者の住所が国際裁判管轄の基礎として肯定された扱いとなっているため日本の消費者は日本で裁判を提起することができることになるので，通則法の消費者契約の特例（通則法11条）によって準拠法上日本法の保護をうけられるように日本で裁判を受けることも保障されるようになっている[4]。

## 6　国際消費者取引における紛争解決

国際消費者取引においては，問題なく取引が完了すれば，世界中のあらゆる商品・サービスを購入・利用することができるという利便性を享受できるが，いったんトラブルが発生するとその解決は困難なことが多い。国外の事業者との間の非定型的な連絡・交渉は，外国語で行う必要があることもありうるし，海外事業者と法的紛争解決措置をとろうとしても，その費用や手間は国内のADR・訴訟を利用する場合に比して多大なものとなってくる。消費生活センターのあっせんについても，渉外的法律関係については十分な態勢が整っていないことも多く，国民生活センターでは「越境消費者センター(CCJ)」を設置して，海外の消費者関係機関と連携をして越境取引についての消費者トラブルの解決の助力に努めている。

また，海外事業者との決済においてはクレジットカード決済を利用すること

---

4)　前掲注1)参照。

も多く，国際クレジットカードのチャージバック制度を利用するなどクレジットカード事業者を通じて解決が図られることもある。

　なお，事業者との商品購入のキャンセル処理等にあたっては，商品の返品が必要となることがあるが，偽物等の商標権，著作権等の知的財産権侵害品やワシントン条約等の国際的取引制限があるもの等の輸出入禁止品の購入をした場合には，返品のために海外に商品を送付すると関税法違反等に問われることがあり（輸出禁止品目については，税関のウェブサイトなどで確認できる。），解決に困難をきたすこともあるので注意を要する。


【参考文献】
・経済産業省「電子商取引法及び情報財取引等に関する準則」（平成30年7月）
・国民生活センター越境消費者センター(CCJ)（平成27年4月より消費者庁から移管）ホームページ（https://www.ccj.kokusen.go.jp/）

# 第2章
# 具体的トラブル事例と解決

## 第 *1* ‖ 勧誘方法に問題がある取引

### 1 展示会商法

--- 事 例 ---

　自宅に，和装品の展覧会を案内するハガキが届き，数日後，その業者から電話があり，「ご覧になるだけで良いですから。無料で，お茶菓子も出ます。」などと誘われました。

　展示会場は，大きなホテルの広間でした。華やかな着物や和装小物が飾られていました。私は販売員から声をかけられ，目の前で着物を広げられました。「買わされたら困る。」と思い，「今日はちょっと持ち合わせがなくて。」と言ったのですが，気づいたら，何人もの販売員に取り囲まれ，「お顔が映える色でしょう。」「お綺麗ですよ。」などと口々に言われ，大きな鏡を目の前に置かれて着物を合わせられていました。

　買わなければ帰してもらえない状況だったので，普段なら買わないような高額な着物を買うことにしてしまいました。「持ち合わせがないならクレジットが利用できますよ。」と言われ，いくつかの書類にサインをして，クレジットで支払いました。

　しかし，帰宅してよく考えてみると，支払いも大変だし，着て行く機会もありません。販売業者に電話して「クーリング・オフしたい」と言いましたが，販売業者からは，「あの展示会は1週間開催しましたから店舗販売です。それに，最初に送ったハガキに『即売会があります』と明記してあります。いずれにしてもクーリング・オフはできません。」と言われました。確かにハガキにはすごく小さな字で最後に販売会のことは書いてありました。お金を払わなければいけないのでしょうか。

234 第2章 具体的トラブル事例と解決

## 1 展示会商法とは

展示会や展覧会などの会場で商品を販売する商法である。国民生活センターの消費生活年報（平成20年版）によれば，相談者は60歳～70歳代の女性中心であり，商品は和服，アクセサリー，絵画・書画，家庭用電気治療器具等が多い（なお，平成21年版以降平成26年版までの消費生活年報によれば，上位25の販売方法・手口の中に「展示販売」が登場しなくなった）。

## 2 展示会商法の問題点

不意打ち的な勧誘や閉鎖的な場所における勧誘がなされ契約の押し付けが起こりがちである。具体的には，消費者が「展示会場で商品が販売されることを知らなかった」（販売目的隠匿）とか，「契約するまで帰れなかった」（強引な勧誘，長時間に及ぶ勧誘）などの被害がある。次々販売や過量販売のトラブルにつながることも多い。

## 3 解決のポイント

### (1) 特商法の「訪問販売」にあたらないか

### ア 営業所等における販売にあたるか

店舗販売でなく訪問販売にあたるためには，展示会場が「営業所，代理店その他の主務省令で定める場所」（「営業所等」，特商法2条1項1号）以外にあたる必要がある。展示会場は通常，「営業所」，「代理店」，「露店，屋台店その他これらに類する店」（省令1条1号～3号）にはあたらないので，「前3号に掲げるもののほか，一定の期間にわたり，商品を陳列し，当該商品を販売する場所であって，店舗に類するもの」（「店舗に類する場所」，省令1条4号）にあたらないかを検討する。

通達は，「店舗に類する場所」につき，「①最低2，3日以上の期間にわたって，②商品を陳列し，消費者が自由に商品を選択できる状態のもとで，③展示場等販売のための固定的施設を備えている場所で販売を行うものをいう。具体的には，通常は店舗と考えられない場所であっても，実態として展示販売にしばしば利用されている場所（ホテル，公会堂，体育館，集会場等）で前記3要件を充足する形態で販売が行われていれば，これらも店舗に類する場所での販

売に該当する。」としている。

　この３要件に関し，①や③の要件を形式的に満たしている場合であっても，例えば次に掲げるような手法等により，消費者が自由意思で契約締結を断ることが客観的に見て困難な状況の下で販売が行われているときには，消費者が自由に商品を選択できる状態にあるとは言えず，②の要件を欠くこととなる。

　　○販売員が消費者を取り囲んだり，消費者に強引に商品を使用させ，あるいはその一部を費消させて勧誘すること

　　○高額商品等の特定の商品についてのみ繰り返し勧誘するなど，陳列された商品を自由に選ばせることなく勧誘すること

　　○勧誘に際して，消費者の履き物を隠すことなどによりその場からの消費者の退出を妨げること

　　**イ　店舗販売であってもアポイントメントセールスとして訪問販売にあたらないか**

　展示会場が「営業所等」にあたり，店舗販売がなされたと判断せざるを得ない事案でも，キャッチセールスやアポイントメントセールスであるといえれば，「訪問販売」にあたる。

　アポイントメントセールスの詳細は，第２章第１「③　アポイントメントセールス」を参照されたい。「見るだけでいいから。」と販売する意図を否定して勧誘された場合はアポイントメントセールスにあたる。

　通達は，「例えば，……『見るだけでいいから。』と告げるなど販売意図を否定しているときや，着物の着付け教室と同会場で着物の即売会が行われる場合において，実際には着物を購入しなければ講習自体も受けられないにもかかわらず，着付け教室のみの参加が可能であるように表示するなどしているときには，当該商品について勧誘する意図を告げたことにはならない。また，パーティーや食事会等への招待のように告げながら，パンフレット等に消費者の目に留まらないような小さい文字で『新作商品をお勧めする即売会があります。』と記載するなど，実質的に販売する意図が示されているとは言えない場合は，勧誘する意図を告げたことにはならない。」としている。


⑵　**クーリング・オフ**

　特商法の「訪問販売」にあたれば，商品販売契約や個別クレジット契約を

236 第2章 具体的トラブル事例と解決

クーリング・オフすることができる（特商法9条，割販法35条の3の10）（第1章第3「②　クーリング・オフ」参照）。

### ⑶　退去妨害困惑取消し

「退去妨害」（消費者契約法4条3項2号）がある場合には，契約の取消しが可能である（第1章第3「②　クーリング・オフ」参照）。なお，「退去する旨の意思を示した」には，例えば，展示会場で「帰りたい」「契約するつもりはない」と言った場合や，口頭で明言するだけでなく，「時間がない」旨を伝えたり，身振りで示した場合も含まれる。

なお，特商法の「訪問販売」にあたる場合，威迫して困惑させる行為は，禁止行為として定められており（特商法6条3項），違反に対しては行政処分や罰則の対象となるが（同法7条・8条・70条），取消事由にはあたらない（同法9条の3参照）。

### ⑷　不実告知取消し

販売にあたって重要事項について「不実の告知」（消費者契約法4条1項1号）がある場合，契約の取消しができる（第1章第3「②　クーリング・オフ」参照）。

### ⑸　次々商法，過量販売，モニター商法にあたらないか

展示会商法は，次々商法，過量販売，モニター商法のきっかけや一部であることも多い。本書の該当箇所（第2章第1「⑤　過量販売」，第11「③　サイドビジネス（副業）——内職商法・ドロップシッピング等」）を参照されたい。

### ⑹　民法による解決

⑵～⑸の主張とあわせて，錯誤無効，公序良俗違反，不法行為による損害賠償請求等の主張を検討する必要がある（〈関連判例〉（後述）参照）。

錯誤無効（民法95条）（改正後の錯誤取消し），公序良俗違反（同法90条）により商品販売契約の効力を否定した場合，その抗弁を対抗すれば，クレジット会社に対して未払金の支払拒絶ができる。不法行為による損害賠償請求が認められれば，実質的には既払金の返還請求をなしえたこととなる。クレジット会社に対しては加盟店管理責任を根拠として，販売業者に対しては各種違法・不

当な行為を根拠として主張することとなる。

## 4 設問に対する回答

### (1) 特商法の「訪問販売」にあたる

#### ア 展示会場は「店舗に類する場所」といえず，「訪問販売」にあたる

「店舗に類する場所」といえるためには通達の掲げる3要件全てを満たす必要があり，本件では「商品を陳列し，消費者が自由に商品を選択できる状態」であったとはいえず，②の要件を欠くので，本設問の展示会場は，「店舗に類する場所」とはいえない。したがって「訪問販売」にあたる。

#### イ アポイントメントセールスともいえ，「訪問販売」にあたる

本設問では，ハガキに「即売会があります」と記載されていた事実があったとしても，通達が例示する「招待のように告げながら，消費者の目に留まらないような小さい文字であった」など，「実質的に販売する意図が示されているとはいえない」場合であるといえる。そこで，「郵便……により，勧誘をするためのものであることを告げずに営業所への来訪を要請した」「電話……により，勧誘をするためのものであることを告げずに営業所への来訪を要請した」（特商法2条1項2号，政令1条1号）といえる。

したがって，アポイントメントセールスだとして「訪問販売」にあたると主張することも可能である。

### (2) クーリング・オフできる

(1)で検討したように「訪問販売」にあたるので，契約締結から8日間以内であれば個別クレジット契約自体をクーリング・オフ（割販法35条の3の10第1項1号・2号）したり，商品販売契約をクーリング・オフ（特商法9条）することが可能である。

なお，「クーリング・オフはできない」と販売業者が言った点は，クーリング・オフにつき不実のことを告げたことになり（クーリング・オフ妨害），改めてクーリング・オフができる旨を書面で告げられてからクーリング・オフ期間が進行することになる（特商法9条1項，割販法35条の3の10第1項）。

238　第 2 章　具体的トラブル事例と解決

### (3)　退去妨害困惑取消しできる

　本設問では，「退去する旨の意思を示した」(消費者契約法 4 条 3 項 1 号) 場合にあたる。そして，本件の個別クレジットは，販売業者の媒介によって締結されたとして消費者契約法 5 条 1 項の適用が可能である。

　そこで，追認できる時から 1 年以内であれば (同法 7 条 1 項)，商品販売契約を取り消したうえで (同法 4 条 3 項 1 号) その抗弁を対抗して (割販法 35 条の 3 の 19) クレジット会社に対して未払金の支払いを拒絶したり，個別クレジットを取り消して (消費者契約法 4 条 3 項 1 号・5 条 1 項) クレジット会社に対して未払金の支払拒絶と既払金の返還請求をすることが可能である。


〈関連判例〉

①　東京地判平成 20 年 3 月 28 日判タ 1276 号 323 頁

　ホテル等で行われた展示会での着物等の売買について，「店舗に類する場所」に該当しないと判断し，クーリング・オフを認めた。

②　東京高判平成 20 年 11 月 27 日 (平成 20 年 (ネ) 第 884 号，国民生活センター HP「消費者問題の判例集」で紹介)

　キャッチセールスにより案内された展示会場での絵画の売買について，販売目的隠匿，重要事項の不実告知，退去妨害等を認定した上，販売員，販売会社，代表取締役らの共同不法行為責任を認めた。

第1　勧誘方法に問題がある取引　*239*

## 2　キャッチセールス

---

### 事　例

　20代女性のAは，駅前で，同世代くらいの女性Bから「アンケートにご協力をお願いします」と声をかけられた。化粧品と美顔器を試用し，アンケートに答えると無料エステ券1回分がもらえると言われたので，Aは案内されるまま営業所に移動して，化粧品と美顔器を試用し，アンケートに答えた。

　その後，Aは，Bに「あなたの肌年齢は45歳で，このままではシミ・シワが増え続ける」と言われ，化粧品4点（化粧水，美容液，乳液，美容クリーム）と家庭用美顔器のセットの購入を勧められた。Aは，「通常価格20万円のところアンケート回答者には15万円で提供する」とも言われたが，それでも高いと感じたのでいったんは断った。しかし，さらに「このセットを1カ月使ったお客様の90パーセントが，肌年齢がマイナス10歳になった」などと言われて断りきれず，化粧品4点・家庭用美顔器のセットを購入する申込書に署名・押印した。支払方法は，割賦払いで，翌月から月3万円の5回払いであった。

　⑴　Aは，契約当日の夜，帰宅して冷静になったところ，化粧品・美顔器セットはやはり自分には高額すぎるため契約を解消したいと考えた。購入した商品はいずれも未使用であるが，契約を解約できるか。

　⑵　Aは，美顔器のみを使用して1カ月ほど経ったが，特に効果を感じられないので契約を解約したいと考えている。この場合，契約を解約できるか。

　⑶　Aは，美容クリームのみを使用して3日経ったが，肌に合わないため解約したいと考えている。この場合，契約を解約できるか。また，使用した美容クリームの支払いはどうなるか。

*240* 第2章 具体的トラブル事例と解決

## 1 キャッチセールスとは

キャッチセールスとは，事業者が，路上などの営業所以外の場所で呼び止めて，営業所等に誘い込み，営業所等において，商品・指定権利の売買契約や役務提供契約の申込みを消費者から受けまたは消費者と契約を締結するものをいう。本事例のようにアンケート依頼として声をかける手法が典型的であり，特商法2条1項2号に規定する「訪問販売」の一類型である。なお，キャッチセールスのうち，路上や喫茶店などの営業所等以外の場所において契約を締結する等の場合は，特商法2条1項1号の訪問販売類型にあたる。

## 2 問 題 点

キャッチセールスの問題点は，消費者が販売目的を秘匿されたまま営業所等に誘い込まれ，本当に必要か検討する余裕がない状態で，あるいは甘言・欺罔・威迫等を用いられて契約の必要性や商品の代金や性能・品質等につき冷静な判断ができない状態で，高額商品の購入契約の申込みや締結をしてしまうところにある。

なお，近年，事業者が，アルバイト募集を装ったり，路上でモデル・タレントのスカウトを装ったりして，主に若い女性をターゲットとして営業所等に誘い込み，高額の化粧品や宝石，エステ等の契約を締結させるなど手口は様々で巧妙化しており，訪問販売規制が適用されるかどうか微妙なケースも多い。

## 3 解決のポイント

### (1) 特商法による解決
### ア クーリング・オフ

前記のとおり，キャッチセールスは特商法上の「訪問販売」として規制されるため，クーリング・オフの対象となる（第1章第3「②　クーリング・オフ」参照）。

ただし，「使用若しくは一部の消費により価額が著しく減少するおそれがある商品として政令で定めるものを使用し又はその全部若しくは一部を消費したとき」（特商法26条5項1号）は，クーリング・オフの適用が除外される。同号にいう政令（特定商取引に関する法律施行令）の別表第3には，具体的な商品

類型が指定されている（適用除外参照）。なお，クーリング・オフの規定の適用が除外されるには，その旨を申込書面や契約書面にも記載しておく必要がある（省令6条4項）。

### イ　特商法の取消し

事業者が特商法6条1項の「不実告知」に違反した結果，消費者が誤認をして申込みまたは承諾の意思表示をしてしまった場合，その意思表示を取り消すことができる（特商法9条の3）（特商法の取消しについての詳細は，第1章第3「③取消し・解除」参照）。

### (2)　消費者契約法による解決

本事例のようなケースは，「消費者」と「事業者」との間になされた「消費者契約」に該当することから（消費者契約法2条1項〜3項），消費者契約法が適用され，要件を満たす場合には取消しをすることができる（消費者契約法についての詳細は，第1章第2「②　消費者契約の取消し」参照）。

### (3)　民法による解決

契約締結の勧誘態様によっては，民法上の錯誤（民法95条），詐欺・強迫（民法96条）に該当する場合がある。その場合には，売買契約の無効や取消しを主張することができる。

## 4　設問に対する回答

### (1)　特商法のクーリング・オフ

事例(1)の場合は，契約締結当日であり，クーリング・オフ期間内であるから，クーリング・オフをすることができる。また，商品はいずれも未使用のままであるから，適用除外の問題は生じない。

事例(2)の場合は，契約締結日から1カ月を経過しているため，クーリング・オフの行使は困難と思われる。しかし，法定記載事項を記載した申込書面・契約書面の交付がないときやこれらの書面の受領からは8日が経過していないとき，あるいは受領した書面に不備があるときには，クーリング・オフをすることができる。また，使用を開始した美顔器は，政令別表第3で定める商品にあたらないから，適用除外の問題は生じない。

242 第2章 具体的トラブル事例と解決

事例(3)の場合は，まず，契約締結日から3日であり，クーリング・オフ期間内であるから，クーリング・オフの要件は満たしている。

次に，Aが消費した美容クリームは政令別表第3・5号で指定する「化粧品」に該当することから，購入したセット商品のうち美容クリームのクーリング・オフをすることはできないが，その他の未使用化粧品および美顔器については，クーリング・オフをすることができる。したがって，Aは，美容クリームのばら売り価格に相当する金額のみ代金は支払う必要がある。

### (2)　特商法の取消し

事例(1)ないし(3)のいずれにおいても，Bは，契約締結の勧誘に際して，Aに「このセットを1カ月使ったお客様の90パーセントが，肌年齢がマイナス10歳になった」という商品の性能について述べているが，これが何の根拠もない事実と異なる内容のものであり，これによってAがそれを事実であると誤認して化粧品・美顔器のセットを購入した場合には，Aは，申込みの意思表示を取り消すことができる。

清算方法について，いずれの事例においても，Aは，残存している商品は返還すべきであるが，事例(3)においても，美容クリームの費消分の代金については，押しつけられた利得であり，Aにとって価値がないものであるから，Bに支払う必要はない（第1章「第5　消費者契約からの解放とその効果」参照）。

### (3)　消費者契約法による解決

事例(1)ないし(3)のいずれにおいても，Bは，契約締結の勧誘に際して，Aに「このセットを1カ月使ったお客様の90パーセントが，肌年齢がマイナス10歳になった」と商品の性能，すなわち質について述べており，重要事項にあたる。そして，一般消費者を基準としても，そのような商品の質が強調されなければ本事例の契約をしなかったであろうといえることから，当該事項は契約を締結するか否かについての判断に通常影響を及ぼすべきものに該当する。そしてBの勧誘文言が何の根拠にも基づかない事実と異なる内容であり，Aがその内容が事実であると誤認したことによって化粧品・美顔器のセットを購入した場合には，Aは，申込みの意思表示を取り消すことができる。

清算方法については，(2)特商法の取消しの場合と同様である。

## (4) 民　　法

　民法上の錯誤（民法95条），詐欺・強迫（民法96条）に該当する場合には，売買契約の無効や取消しを主張することができる。また，本事例では，Aがいったん契約締結を断ったにもかかわらず，Bはさらなる勧誘行為を行っている。これは，再勧誘の禁止（特商法3条の2第2項）に違反する行為である。再勧誘の禁止に違反しても，特商法上では民事的な効果は規定されていない。しかしながら，このような特商法上の違反行為は不法行為（民法709条）の違法性を基礎づける事実になりうる。

### 【参考文献】
・丸山絵美子「消費者契約における取消権と不当利得法理(1)(2・完)」筑波ロー・ジャーナル創刊号（2007年3月）109頁以下，同2号（同年12月）85頁以下

244　第2章　具体的トラブル事例と解決

## ③　アポイントメントセールス

─ 事　例 ─────────────────────────────

　自宅に「アンケートに答えて下さい。市場調査にご協力を！　協力して
くれた人にはもれなく粗品進呈。」というはがきが郵送されてきたので，
会場として指定された○○宝石店に行きアンケートに答え粗品をもらっ
た。その後，ネックレスや指輪等の購入を勧められ，「そういうつもりで
来ていませんから」とか「持ち合わせがありませんから」と言って断って
も複数の人達に囲まれるようにして執拗な勧誘を受けた。そのため，怖く
て帰れず，また「クレジットなら支払いは大丈夫」などと言われ断り切れ
ないと諦めて，60万円の指輪を60回払いのクレジットで購入する契約を
その場でしてしまった。

　指輪の代金60万円を支払わなければならないか。また，指輪の代金を
一部支払ってしまった場合はどうか。

──────────────────────────────────────

## 1　アポイントメントセールスとは

### (1)　アポイントメントセールスの実態

　アポイントメントセールスとは，事業者が販売目的を隠匿して，または，他
より著しく有利な条件で購入等できる旨告げて営業所等へ呼び出す誘引方法を
ともなう販売方法をいう。例えば，「安く旅行やスキーに参加できる会に入会
するチャンス」とか「くじに当選したので景品を取りにきてください」といっ
た誘いの電話やハガキなどが突然消費者に届き，これに応じて出向いていくと
実は高額な商品購入の執拗な勧誘が行われたり，「貴方だけ特別有利に」など
と勧誘されることが典型である。

### (2)　アポイントメントセールスに対する法規制

　アポイントメントセールスは，特商法においては2条1項2号の規定する
「訪問販売」の一類型である。アポイントメントセールスに該当する「その他

政令で定める方法」は，以下の２つである（政令１条）。

・一号　電話，郵便，信書便，電報，ファクシミリ若しくは電磁的方法[1]により，若しくはビラ若しくはパンフレットを配布し若しくは拡声器で住居の外から呼び掛けることにより，又は住居を訪問して，当該売買契約又は役務提供契約の締結について勧誘をするためのものであることを告げずに営業所その他特定の場所への来訪を要請すること（目的隠匿型呼出販売）。

・二号　電話，郵便，信書便，電報，ファクシミリ若しくは電磁的方法により，又は住居を訪問して，他の者に比して著しく有利な条件で当該売買契約又は役務提供契約を締結することができる旨を告げ，営業所その他特定の場所への来訪を要請すること（当該要請の日前に当該販売又は役務の提供の事業に関して取引のあった者に対して要請する場合を除く。）（有利条件型呼出販売）。

## 2　問　題　点

　アポイントメントセールスの問題点は，たとえ消費者が営業所等において取引を行ったとしても，その誤認的な誘引方法のため，購入意思のなかった消費者に対して不意打ち的に勧誘が行われることが多く，本来の訪問販売と同等かそれ以上に悪質業者による被害が生じる危険性が大きいところにある。

　なお，有利条件型呼出販売の問題点は，「あなただけ特別有利に」という勧誘方法が消費者の冷静な判断力を失わせることから，健全な取引として通常に行われている既存得意客に対する有利な条件提示（以前に取引のあった顧客に対する「お得意様優待」の方法など）は有利条件型呼出販売から除外されている。

---

1)　「電磁的方法」とは，「電話番号を送受信のために用いて電磁的記録を相手方の使用に係る携帯して使用する通信端末機器に送信する方法」（いわゆる SMS），「電子メールを送信する方法」及び「その受信をする者を特定して情報を伝達するために用いられる電気通信を送信する方法」（いわゆる SNS のメッセージ機能等）が対象となる（省令11条の2）。

246 第2章 具体的トラブル事例と解決

## 3 解決のポイント

### (1) 販売事業者との関係

### ア 特商法のクーリング・オフ（販売契約のクーリング・オフ）

アポイントメントセールスは，特商法上の「訪問販売」として規制されるため，クーリング・オフの対象となる（同法9条）（クーリング・オフについての詳細は，第1章第3「2 クーリング・オフ」参照）。

### イ 消費者契約法の取消し

勧誘にあたって，「退去妨害」（消費者契約法4条3項2号）がある場合には，契約の取消しが可能である。消費者契約法の取消しについての詳細は，第1章第2「2 消費者契約の取消し」を参照されたい。

### ウ そ の 他

事業者の行為態様によっては，民法上の錯誤無効（民法95条）（改正後の錯誤取消し），詐欺取消し（同法96条1項），公序良俗違反（同法90条），不法行為（同法709条）に該当する可能性もある。

また，特商法6条4項は特定顧客（同法2条1項2号）に対し，「公衆の出入りする場所以外の場所において，当該売買契約又は当該役務提供契約の締結について勧誘をしてはならない」と規定し，違反した者には3年以下の懲役又は300万円以下の罰金（併科あり）が科せられる（同法70条1号）ほか，指示（同法7条），業務停止命令（同法8条）の対象となる。

### (2) クレジット会社との関係

### ア 割販法のクーリング・オフ（個別クレジット契約のクーリング・オフ）

アポイントメントセールスと同機会に個別クレジット契約が締結された場合は，個別クレジット契約もクーリング・オフの対象となる（割販法35条の3の10第1項2号）。このクーリング・オフによって，販売事業者との間の販売契約も同時に申込みの撤回または契約の解除がされたものとみなされる（同法35条の3の10第5項）（第1章第3「2 クーリング・オフ」参照）。

### イ 個別クレジット契約の取消し

個別クレジット契約においても，退去妨害がなされた場合には，消費者契約法に基づいて契約を取り消すことができる（消費者契約法4条3項2号，5条1

項)。

### ウ 抗弁の接続

販売事業者との関係で，クーリング・オフや取消し等（特商法，消費者契約法，民法）の事由があるときには，これをもってクレジット会社（個別信用購入あっせん業者）に対抗することができる（割販法35条の3の19）。

## 4 設問に対する回答

### (1) 個別クレジット契約のクーリング・オフ

本件事例は，アンケートおよび市場調査の案内のはがきという「郵便」の方法により「売買契約の締結について勧誘をするためのものであることを告げずに」，○○宝石店店舗という「営業所」への来訪が要請され，当該場所において指輪の販売行為が行われたものであるから，特商法2条1項2号，政令1条1号が定めるアポイントメントセールスに該当する。そして，本件の代金支払いは，割販法における個別信用購入あっせんに該当するクレジット契約であるから，法定書面を受領した日から起算して8日以内であれば個別クレジット契約をクーリング・オフすることができる（割販法35条の3の10第1項2号）。なお，書面の記載内容に不備があれば法定書面が交付されたとはいえない。そして，個別クレジット契約のクーリング・オフをもって，販売事業者との間の販売契約も解除されたものとみなされる（割販法35条の3の10第5項）。

よって，適式なクーリング・オフを行えば，指輪の代金60万円は支払う必要はなく，クレジット会社からの支払請求を拒絶することができる。また，代金を支払ってしまった場合も，既払金の返還を請求できる。

### (2) 個別クレジット契約の取消し

「『そういうつもりで来ていませんから』と言って断っても複数の人達に囲まれるようにして執拗な勧誘を受けた」ことは「退去妨害」に該当し，個別クレジット契約を取り消しうる（消費者契約法4条3項2号，5条1項）。クレジット契約の取消しができた場合には，未払金の支払いを拒み，既払金の返還請求ができる。

248　第2章　具体的トラブル事例と解決

### (3)　その他の主張

　その他，仮に本事例において一般客が入場できないような店舗内の閉鎖的な
1室に通されていた場合には不特定多数の一般人が自由に出入りすることはな
いため，「公衆の出入りする場所以外の場所」に該当する。かかる違法性の高
い行為であることは公序良俗違反（民法90条）や不法行為における違法性を基
礎づける事情として主張しうると考えられる。

第1 勧誘方法に問題がある取引　*249*

## 4　電話勧誘販売

> ── 事　例 ──
>
> 　ある日，Aのもとに，水産業者から「水産加工品の無料ご奉仕キャンペーンです。アンケートに答えるだけで，無料奉仕品を差し上げます。すぐに，○○へ電話してください！」などと記載されたハガキが届いたので，Aは○○へ電話した。Aが業者の質問に答えていくと，「カニがお好きなようですが，今なら，無料奉仕品と一緒に，通常，2万円のカニを今回限り1万円でご購入いただけます。」などと言われた。Aは，無料奉仕品を貰うつもりでアンケートに答えただけだったので，当初，カニの購入を断ったが，業者に執拗に勧誘をされて電話を切らせてもらえず，強引に契約させられた。
>
> 　後日，Aのもとに業者から荷物が届き，Aは，代引きで1万円を払ったが，水産加工品と一緒に小ぶりなカニ1杯が入っていただけで，1万円でも高すぎると感じた。Aは，業者に直ちにキャンセルを申し込んだが，業者は，開封済みだし，生鮮食品だからダメだと取り合わない。キャンセル・返金を受けることはできないか。

### 1　電話勧誘販売とは

　特商法2条3項が「電話勧誘販売」を定義している（詳細は，第1章第3「1特定商取引法の概要」参照）。電話勧誘販売は，販売業者等が電話をかけて勧誘する場合のほか，販売業者等が販売目的を明らかにしないで消費者に電話をかけさせて勧誘した場合や（政令2条1号），販売目的であることは明らかだが，他の者に比べて著しく有利な条件で契約できる旨を告げて電話をかけさせて勧誘する場合（同条2号）も含む。

*250* 第2章 具体的トラブル事例と解決

## 2 問題の所在

### (1) 電話による勧誘行為の特性

電話勧誘販売は，販売業者が突然一方的にアプローチを行うため不意打ち性が高く，また電話の特性上，業者に匿名性がある。消費者はセールスの電話か否か分からずに電話に出てしまい，販売業者の執拗な勧誘を受けることになりやすく，電話では業者から虚偽説明があっても見破ることは難しい。さらに，契約条件を仔細に確認せずに口頭で取引が行われ，後で，業者との間で「言った言わない」の争いとなるケースも多い。業者への連絡手段が電話のみの場合も多く，トラブルになった後に業者に連絡が取れず，被害回復が困難な場合もある。

### (2) 被害の状況

PIO-NET の統計[1] によれば，電話勧誘販売の苦情相談の件数は，2014 年度に 8 万 9954 件，2015 年度に 7 万 9763 件，2016 年度に 6 万 8971 件，2017 年度に 5 万 8053 件，2018 年度に 5 万 9802 件であり，店舗外販売の形態別では，通信販売 29 万 6275 件，訪問販売 7 万 6602 件に次いで 3 番目に多い（2018 年度）。

年齢層をみると，70 歳以上は 39.3％，60 歳代が 18.0％と，高齢者の割合が突出している（2018 年度）。

主な商品・役務等は，①インターネット接続回線（32.3％），②電気（9.5％），③商品一般（7.4％），④健康食品（5.6％），⑤他の役務・サービス（2.9％）であった（2018 年度）。高齢者の「ファンド型投資商品」等の劇場型勧誘の被害も多い[2]。

消費者庁の意識調査によると，消費者の 3 割近くが，電話による勧誘を「なかなか断ることができない」「全く断ることができない」と回答しており[3]，明確に拒絶の意思表示を行うことができない消費者ほど，不本意な契約に巻き

---

1) 独立行政法人国民生活センター「2018 年度の PIO-NET にみる消費生活相談の概要」（令和元年 8 月 8 日）。
2) 独立行政法人国民生活センター「2013 年度の PIO-NET にみる消費生活相談の概要」7頁（平成 26 年 8 月 7 日）。

込まれているおそれがあると指摘されている[4]。「話を聞いているうちに欲しくなり，契約した」のは1.0％にとどまり，多くが「断ったが，勧誘を続けようとしたため，電話を切るのに苦労した」(23.6％)，「一度電話を切ったにもかかわらず，再度かかってきた」(19.6％)，「断ったら，怒鳴られたり暴言を吐かれたりした」(4.4％)，「断ったが切らせてもらえず，強引に契約させられた」(0.9％)，「話を聞いていくうちに，断れなくなり契約してしまった」(1.3％)，「怖くて断ることができず，契約してしまった」(0.4％) と回答しており，執拗・威迫的な勧誘が行われている実態が窺える[5]。

## 3　解決のポイント

　電話勧誘販売に該当し，クーリング・オフ期間内であれば，クーリング・オフができる（特商法24条1項。クーリング・オフの詳細は，第1章第3「② クーリング・オフ」参照）。電話勧誘販売（同法2条3項）の該当性，法定書面（同法18条，19条）の交付の有無や適用除外事由（同法26条）の有無がポイントになる。

## 4　設問に対する回答

　(1)　本件では，Aは，業者から，販売目的を告げられずに電話をかけさせられ，その電話において，カニを購入するよう勧誘され，その申込みを承諾して売買契約を締結しており，電話勧誘販売に該当する。

　(2)　法定書面の交付があったと認めるべき事情は窺われず，その交付がなければ，クーリング・オフ期間は問題にならない。

　(3)　商品が生鮮食品でもクーリング・オフができるか。特商法26条5項は，適用除外事由として，「その使用若しくは一部の消費により価額が著しく減少するおそれがある商品として政令で定めるものを使用し又はその全部若しくは

---

3)　消費者庁「消費者の訪問勧誘・電話勧誘・FAX勧誘に関する意識調査について」Q38（平成27年5月13日）。
4)　内閣府消費者委員会・第8回特定商取引法専門調査会（平成27年7月22日）「【資料1】訪問販売・電話勧誘販売等の勧誘に関する問題についての検討(3)（消費者庁提出資料)」16頁。
5)　消費者庁・前掲注3) Q29。

252　第2章　具体的トラブル事例と解決

一部を消費したとき」（同項1号），「相当の期間品質を保持することが難しく，品質の低下により価額が著しく減少するおそれがある商品として政令で定めるものを引き渡されたとき」（同項2号）を規定するが，同規定は，法定書面の交付があることを前提としており，本件では問題とならない。

　なお，同項1号の規定に基づく政令6条の4・別表第三では，本件のような食用の海産物を指定していない。また，現在，特商法26条5項2号に対応する政令条項も定められていない。したがって，海産物などの生鮮商品も適用除外にならず，クーリング・オフできる。

　(4)　よって，Aは，クーリング・オフの書面を発することにより，カニの売買契約をクーリング・オフでき，業者に対し，1万円の返還を求めることができる。また，カニ等の返品に要する費用は業者の負担となり（特商法24条4項），業者は，消費者に対し，損害賠償又は違約金の支払いを請求することはできない（同条3項）。

　(5)　なお，本件の契約は消費者契約であるから，通常2万円であるということが事実と異なるのであれば，物品の対価という，契約をするか否かの判断に通常影響を及ぼすべきものについての不実告知があったといえ，消費者契約法による取消しを行って，返金を請求することもできる（消費者契約法4条1項1号・5項2号）。

## 5　過量販売

--- 事　例 ---

　母（75 歳）は，単身独居の年金生活者です。信販会社の督促状が母宛に届いていたので母に尋ねると，母は，約 4 年前から，複数の業者の訪問販売を受け，クレジットを組んで着物を次々購入し，全部で 11 件，合計 560 万円の契約をしていたようです。母は着物を全く着ませんし，買わされた着物も箪笥に入れっぱなしで未使用でした。全て解約し，返金してもらえないのでしょうか。

### 1　過量販売とは

　過量販売とは，消費者の日常生活において通常必要とされる分量を著しく超える商品・特定権利の売買契約，役務提供契約をいう。
　関連項目として，第 1 章第 2「②　消費者契約の取消し」，第 1 章第 3「③取消し・解除」も参照されたい。

### 2　問 題 点

　過量販売を行う事業者は，効率的に利益を上げるべく，高齢者や若年者等の勧誘を断る力の弱い人を集中的に狙って販売を繰り返す実態があり，勧誘方法に問題がある例は少なくない。その背景には「ずさんな与信審査によるクレジット等の存在」が指摘され[1]，顧客の支払能力を無視した販売行為の展開という形で問題が顕在化している[2]。

---

1)　消費者庁取引対策課＝経済産業省商務・サービスグループ消費経済企画室編『平成 28 年版　特定商取引に関する法律の解説』（商事法務，2018 年）106 頁。
2)　後藤巻則＝池本誠司『クレサラ叢書解説編　割賦販売法』（勁草書房，2011 年）219〜220 頁以下。

254　第2章　具体的トラブル事例と解決

## 3　解決のポイント

### ⑴　販売業者に対する主張

### ア　特商法上の過量販売解除

### ㋐　要件・効果

特商法は，訪問販売及び電話勧誘販売につき，①1回の契約で過量となる場合（同法9条の2第1項1号・24条の2第1項1号），②複数回の契約で過量となる場合（同法9条の2第1項2号・24条の2第1項2号）[3]，契約締結後1年間，契約の申込みの撤回又は解除を認める（過量販売解除権）。上記②の場合，上記①と異なり，事業者の過量性の認識を立証する必要がある。

適用除外事由の存在（同法26条），消費者に当該契約を必要とする特別な事情があること（同法9条の2第1項ただし書・24条の2第1項ただし書）は，事業者の抗弁になる。

過量販売解除の効果にはクーリング・オフに関する規定（同法9条3項～8項・24条3項～8項）が準用される（同法9条の2第3項・24条の2第3項）。解除の対象となる契約は，上記①の場合は当該契約の全部であり，上記②の場合は過量となる以降の契約である。

### ㋑　「通常必要とされる分量を著しく超えていること」（過量性）

個別事案ごとの判断になるが，原則的な目安は，通常人の契約行動における購入分量である[4]。例えば，消費者は「外形的要件（例えば，一人暮らしの高齢者が布団10枚以上を購入させられたこと等）」を立証することで解除を主張できると説明されている[5]。また，公益社団法人日本訪問販売協会は，「『通常，過量には当たらないと考えられる分量の目安』について」と題する指針において，商品・役務ごとに目安となる分量を提示しており，参考になる。

具体的な検討の際は，商品・役務の内容，種類，性質，性能・機能・効能，重量・大きさ・数量，用途，耐用年数・使用期間・保存期間等のほか，家族構

---

3)　9条の2第1項，24条の2第1項の各2号は，前段で，当該契約の債務の履行により初めて過量となる場合を，後段で，既に過量な状態に更に契約する場合を定める。

4)　齋藤雅弘＝池本誠司＝石戸谷豊『特定商取引法ハンドブック〔第6版〕』（日本評論社，2019年）205頁。

5)　前掲注1）106頁。

成や生活状況（職業，交友関係，趣味・嗜好，消費性向等），財産状況，契約目的に照らして適合した商品若しくは特定権利の分量か（役務であれば，回数，期間若しくは分量か）などが考慮事情として考えられる。

### (ウ) 事業者の過量性の認識

同一業者であれば，勧誘担当者が異なっても自社の契約実績を把握できるはずであるから，過量性の認識有りと評価できる。他方，複数業者の場合，勧誘時に同種商品等を既に多数購入した話をしたとか，各業者が相互に連携していたとかいった事情を通じて，過量性の認識を立証することが考えられる。

### (エ) 他の救済方法

他の救済方法として，クーリング・オフ（特商法9条・24条），不実告知等の取消権（同法9条の3・24条の3）がある。

### イ 消費者契約法

過量な内容の消費者契約の取消し（消費者契約法4条4項）については，第1章第2「② 消費者契約の取消し」を参照されたい。

## (2) 信販会社に対する主張

### ア 割販法上の過量販売解除

個別クレジットの契約締結時より1年間，特商法9条の2，24条の2に該当する取引に係る個別クレジット契約の申込みの撤回又は解除ができる（割販法35条の3の12）。ただし，消費者に当該契約を必要とする特別の事情がある場合（同条1項ただし書），適用除外事由に該当する場合（同法35条3の60）は，適用されない。

過量販売解除の効果により，信販会社は，消費者に対し，既払金の返還義務を負い（同法35条の3の12第6項），損害賠償・違約金も請求できない（同条3項・4項）。立替金相当額の返還義務は，販売業者が負う（同条5項）。消費者が販売業者に直接支払った金銭（頭金等）は，販売業者から返還を受ける。

過量販売解除を行使する場合，まず，信販会社へ通知を発し，同時又はその後に販売会社へ通知を発する。販売会社へも通知を発するのは，クーリング・オフのように，基礎となる販売契約も当然に撤回，解除される旨の規定（同法35条の3の10第5項参照）がないからである。また，販売会社への通知を，信販会社への通知と同時又はその後とするのは，同法35条の3の12第4項およ

び5項の各ただし書を単純に解釈すると，個別クレジット契約に先行して販売契約を解除すると，あたかも信販会社が消費者に立替金相当額の返還を請求できるかのように読めなくもないからである。

### イ　他の救済方法

抗弁の接続による未払金の支払拒絶（割販法30条の4・29条の4第2項・35条の3の19），クレジット契約の締結につき媒介委託を受けた第三者の行為による意思表示の取消し（消費者契約法5条1項）のほか，個別クレジット契約では，クーリング・オフ（割販法35条の3の10・35条の3の11），不実告知等の取消権（同法35条の3の13）がある。

なお，信義則を理由に，公序良俗違反により無効である販売契約と一体的な立替払契約の効力を否定する余地がある（最判平成23年10月25日民集65巻7号3114頁）。

### (3)　損害賠償請求による解決

販売業者，信販会社に対する不法行為等に基づく損害賠償請求が考えられる。

過量販売行為に対する販売業者・信販会社等の不法行為責任等の成否が問題になった裁判例として，大阪地判平成20年1月30日判時2013号94頁，大阪地判平成20年4月23日判時2019号39頁，高松高判平成20年1月29日判時2012号79頁，東京地判平成20年2月26日判時2012号87頁，東京地判平成23年11月28日判タ1390号263頁，東京地判平成26年1月29日消費者問題ニュース159号6頁などがある。

## 4　設問に対する回答

訪問販売の事案であるから，法定記載事項の不備やクーリング・オフ妨害の有無を検討し，クーリング・オフ期間内であれば，売買契約と個別クレジット契約をクーリング・オフできる（特商法9条1項，割販法35条の3の10）。その期間経過後でも，本人は着物を全く着ず，現に未使用であるから，1件目の契約で過量となる場合，その契約について，売買契約・個別クレジット契約の過量販売解除の主張が考えられる（特商法9条の2，割販法35条の3の12。なお，日本訪問販売協会の上記指針は，着物につき，過量に当たらない分量の目安を1人1

セットとする）。1件目の契約で過量とまでは評価し難いときでも，各業者の役員構成，勧誘担当者の登場の経緯・時期，各勧誘時に以前の着物の購入状況が話題になったか等の事情を通じて事業者の過量性の認識を立証し，2件目以降の契約につき，過量契約解除を行う余地がある。

クーリング・オフ又は過量販売解除をした場合，既払金は信販会社から回収（販売業者に直接支払った頭金等は販売業者から回収）する。引取費用は販売業者の負担になるから，着物は販売業者に着払いで返送できる。なお，過量販売解除権を行使する場合，まず，信販会社へ通知を発し，同時又はその後に販売会社へ通知を発する。

もっとも，本事例では約4年前から取引しており，売買契約・個別クレジット契約締結時から1年を経過したものは過量販売解除ができない。

しかし，一定の不実告知により誤認して契約した場合，追認できる時から1年間，契約締結の時から5年間は，売買契約と共に個別クレジット契約を取り消すことができる（特商法9条の3第4項，割販法35条の3の13第7項）。

また，消費者契約法4条4項の過量契約の取消権は，追認できる時から1年間，契約締結の時から5年間，売買契約について行使でき，抗弁の接続により信販会社への未払金を支払拒絶し得る。

その他，販売業者へ損害賠償請求すること（信販会社に加盟店管理義務違反等による不法行為責任が成立する場合もある），信義則を理由として，公序良俗違反により無効な売買契約と一体的な個別クレジット契約の無効を主張することも考えられる。

**【参考文献】**
・消費者庁取引対策課＝経済産業者商務・サービスグループ消費経済企画室編『平成28年版　特定商取引に関する法律の解説』（商事法務，2018年）105頁以下，197頁以下
・齋藤雅弘＝池本誠司＝石戸谷豊『特定商取引法ハンドブック〔第6版〕』（日本評論社，2019年）718頁以下，758頁以下
・齋藤雅弘「特定商取引法による過量販売規制の構造と過量販売契約の解消制度」津谷裕貴弁護士追悼論文集刊行委員会編『消費者取引と法――津谷裕貴弁護士追悼論文集』（民事法研究会，2011年）400頁以下
・後藤巻則＝池本誠司『クレサラ叢書解説編　割賦販売法』（勁草書房，2011年）290頁以下，218頁以下

258　第 2 章　具体的トラブル事例と解決

・日本弁護士連合会消費者問題対策委員会編『改正特商法・割販法の解説』（民事法研究会，2009 年）55 頁以下，101 頁以下
・独立行政法人国民生活センター「次々販売のトラブル」（平成 19 年 12 月 7 日）
・独立行政法人国民生活センター「深刻な高齢者の消費者トラブル」（平成 15 年 11 月 25 日）

第1　勧誘方法に問題がある取引　　*259*

## 6　催眠商法

---
**事　例**

　買い物をしていたところ，「本日の特売品！　日用品が安く買えます!!」というチラシをもらい，その会場に出かけました。会場に到着し，販売会が始まると，入り口のドアが閉められ，司会者が「さあ，たまご1パック！　限定1ダース！　10円で販売します。欲しい人は手を上げて！」などと言って，次々と商品を示し配っていきました。閉め切られた会場ということもあって，参加者たちは，だんだん興奮し，競い合うように手を上げるようになりました。いくつかの日用品の販売が行われたあと，司会者が「これが最後です。本日の目玉商品！　この磁気マットレスを使えば腰痛や肩こりが治ります！　腰痛・肩こりで悩んでおられる方にピッタリ！　通常価格の半額の20万円でどうぞ！　限定20人の方！　はい，欲しい人は手を上げて！」と言いました。参加者たちは，我先にと手を上げました。私は，長い間，腰痛や肩こりに悩まされていたこともあり，他の参加者がこれだけ一斉に手を上げているのだから買わなくてはいけないと思い，手を上げました。そうしたところ，私もその20人の中に入ることができ，その場で購入の申込書に署名・押印しました。司会者から「よかったですね」と言われ，大変得した気分で家路につきました。

　しかし，数日間，購入した磁気マットレスを使用しても腰痛や肩こりが良くなる気配はなく，よくよく考えてみるとかなり高額の商品を買ってしまったと後悔するようになりました。この場合，磁気マットレスを返品して，支払った代金を返してもらうことはできるのでしょうか。

---

### 1　催眠商法とは

　催眠商法とは，閉め切った会場に人を集め，無料で日用品を配ったり，格安で日用品を販売したり，また，巧みな話術を駆使して参加者を興奮状態に陥れ，参加者が冷静な判断能力を失ったところで高額な商品を売り付ける商法で

ある。

最近では，数カ月以上の長期間にわたり展示会を開催し，販売員の話術や次回来場時の割引券，スタンプカードなどにより，高齢者等を継続的に会場に通わせ，販売員と親しくなったところで高額な商品を次々と販売する例がみられる。

「新製品普及会」という業者による被害が最初の催眠商法であるといわれているため，「新製品普及会」の頭文字をとって「SF商法」と呼ばれることがある。

## 2　問　題　点

催眠商法がトラブルになる原因は，消費者が，興奮した状態で商品の購入を決めるため，その商品の品質・性状・価格・必要性を冷静に判断できないことにある。また，催眠商法の主催者である業者は，特定の店舗や住所をもたないことが多く，「返品できない」「アフターケアが受けられない」といった苦情も見受けられる。

近時の催眠商法では，高齢者が，販売員との間で信頼関係があるように錯覚し，「断るのが申し訳ない」といった感覚に陥る場合や，身近に相談できる人がいないため，被害に遭っているという意識がなく，被害を認識するのが難しいという問題もある。

## 3　解決のポイント

### ⑴　特商法による解決

催眠商法は，販売行為が「営業所等」以外の場所で行われることが多く，また，販売行為が「営業所等」で行われる場合であっても，誘引方法がいわゆるキャッチセールスやアポイントメントセールスなどの特定顧客からの申込みや特定顧客との売買契約に該当し，特商法の「訪問販売」に該当することが多い。

問題となっている契約が訪問販売に該当し，特商法の適用を受ける場合，申込書面（特商法4条）または契約書面（同法5条）を受け取った日から起算して8日間が経過するまでの間，または，受領した書面が法定記載事項を満たしていない場合には，書面によりクーリング・オフをすることができる（同法9条

第1　勧誘方法に問題がある取引　*261*

1項）。

　また，販売業者の不実告知または事実不告知により契約者が誤認した場合（特商法9条の3）や，購入した商品が過量な場合（同法9条の2）には，クーリング・オフとは別に取消権が認められる。

### (2)　その他の法的解決手段

　商品の販売に当たり，重要事項について，事業者の不実告知または事実不告知により契約者が誤認した場合，特商法と同様，不実告知（消費者契約法4条1項1号）・事実不告知（同条2項）による取消権が認められる。また，特商法には規定されていない断定的判断の提供類型（同法4条1項2号）・困惑類型（同条3項）などに該当する場合には，消費者契約法の取消権の行使が有用と考えられる。

　さらに，特商法のクーリング・オフおよび取消し，消費者契約法の取消しが困難な場合には，民法上の詐欺取消し（民法96条），錯誤無効（同法95条）（改正後の錯誤取消し），公序良俗違反による無効（同法90条），さらには不法行為に基づく損害賠償請求（同法709条）も検討されるべきである。

## 4　設問に対する回答

### (1)　特商法による解決

　本事例において，販売会場が「営業所等」以外の場所に該当する場合には，磁気マットレスの購入は「訪問販売」に該当する（特商法2条1項1号）。また，販売会場が「営業所等」に該当する場合でも，相談者は磁気マットレスの販売であることを告げられずにチラシによる勧誘を受け販売会場へ赴いているため，特商法2条1項2号・特商法施行令1条1号により，いわゆるアポイントメントセールスとして，「訪問販売」に該当するものと考えられる。そこで，相談者は，特商法9条により，行使期間内または契約書面に不備があれば，クーリング・オフが可能である。

　また，相談者は，販売員から「この磁気マットレスを使えば腰痛や肩こりが治ります！」「通常価格の半額の20万円でどうぞ！」という話を聞いて磁気マットレスの購入をしている。腰痛や肩こりが治るという磁気マットレスの効能は，特商法6条1項1号の「商品の……性能若しくは品質」に，販売価格は

同項2号の「商品……の販売価格」に該当する。購入した磁気マットレスが，腰痛や肩こりに全く効果がない場合や磁気マットレスの購入価格が通常の販売価格の半額でない場合には，販売員の説明は事実と異なるものであるため，特商法6条1項の不実告知に該当する。したがって，磁気マットレスの効能や通常の販売価格が事実と異なる場合には，特商法9条の3により取り消すことができる。

### (2) 消費者契約法による解決

磁気マットレスの効能は消費者契約法4条5項1号の「物品……の質」に，販売価格は同項2号の「物品……の対価」に該当し，それぞれ重要事項（同条1項1号）に当たる。そして，購入した磁気マットレスが腰痛や肩こりに全く効果がない場合や購入価格が通常の販売価格の半額でない場合には，「この磁気マットレスを使えば腰痛や肩こりが治ります！」「通常価格の半額の20万円でどうぞ！」という話は，その内容が客観的に真実又は真正でないものといえ，重要事項について不実の告知があったものといえる。したがって，磁気マットレスの効能や通常の販売価格が客観的に真実又は真正でない場合には，特商法による取消しと同様，消費者契約法4条1項1号により，取り消すことができる。

# 7 恋人（デート）商法

---

### 事 例

　私（30 代女性，未婚，会社員）は，SNS で知り合った男性 A から誘われて A と初めて食事をした際，A から今後も会いたいと言われ，私も A に好感を持ったことから，その後，A とデートを重ねるようになり，次第に A に恋愛感情を抱き，A と両想いだと感じるようになっていました。数回目のデートで，A から「同僚に紹介したい。」などと言われたので，後日，A の勤務先である宝石販売会社の B 社に行きました。

　B 社では，A は「僕の運命の人です。」などと言って職場の同僚に私を紹介し，「せっかくだから。」などと述べて，宝石を次々と出して私に着けてくれました。

　ところが，A は，「よく似合うよ。」などと述べ，合計 300 万円の宝飾品の購入を勧めてきました。私は，急な勧誘に戸惑いましたが，好意を抱いていた A の勧誘を断りづらかったので，結局，そのまま勧誘を受けました。その間，A からは「君には安物をつけてもらいたくない。」「同僚の前で断るなんて，僕に恥をかかせる真似はしないでほしい。」「君なら断るなんてことはしないと思うけど，もしそうなったら，拒絶されたショックで僕も冷めちゃいそうだよ。職場も居辛くなるし，そのときに君との関係を考え直すことになっても，仕方ないよね。」などと言われ，また A が席をはずした際には，A の上司であるという男性 C が現れ，「A にとってあなたは特別な存在だと聞いている。」などと言われました。

　私は，これ以上断ると A に嫌われてしまい，A との交際関係が終わってしまうと思い，クレジット（いわゆる個別クレジット契約）を組んで，合計 300 万円のダイヤのネックレスとイヤリングを購入してしまいました。

　ところが，それから 8 日ほど経つと，A と連絡が取れなくなり，B 社を訪ねても，C から「委託販売員だった A は店にいない。いなくなった人の連絡先を，あなたに勝手に教えられない。」などと言われました。

## 1 デート商法とは

デート商法とは，消費者に恋愛感情その他の好意の感情を抱かせ，それにつけ込んで商品等を販売する手口である。「恋人商法」ともいう。

従来，未成年から 20 代前半の若者を中心に，アクセサリー，絵画，学習用教材等の商品をクレジットを組んで購入させるケースが多かったが，最近では，30〜40 代の消費者が婚活サイトで知り合った異性に勧誘され，銀行融資を受けて投資用マンションを購入させられる被害も発生している[1]。

## 2 問 題 点

本商法は，典型的には勧誘目的を告げずに消費者に接近し，恋愛関係等の特殊な関係ないし状況を巧みに作出した上で，それに付け込み，高額な商品を購入させる点に特徴があり，社会的相当性を逸脱し，著しく不公正な販売方法と評価される。

従来，このような商法を直接規制対象とする法律はなかったが，平成 30 年消費者契約法改正により，これを念頭においた取消権が新設された（改正後消費者契約法 4 条 3 項 4 号，2019 年 6 月 15 日施行）。もっとも，同号は，「消費者が，社会生活上の経験が乏しいこと[2]・[3]から，……勧誘を行う者に対して恋愛感情その他の好意の感情[4]を抱き，かつ，当該勧誘を行う者も同様の感情を抱いているものと誤信していること」を事業者が知りながら，これに乗じ

---

1) 独立行政法人国民生活センター「婚活サイトなどで知り合った相手から勧誘される投資用マンション販売に注意!!—ハンコを押す相手は信ジラレマスカ？—」（平成 26 年 1 月 23 日，同ホームページ）
2) 「社会生活上の経験が乏しい」との要件の解釈について，衆議院「消費者契約法の一部を改正する法律案に対する附帯決議」（第 196 回国会閣法第 31 号・平成 30 年 5 月 23 日）は，「年齢にかかわらず当該経験に乏しい場合がある」とし，参議院「消費者契約法の一部を改正する法律案に対する附帯決議」（第 196 回国会閣法第 31 号・平成 30 年 6 月 6 日）は，「社会生活上の経験の積み重ねによる判断が困難な事案では高齢者でも本要件に該当し，救済され得る」としている。

　本要件は消費者委員会・専門調査会において提案されていなかったものであるが，担当国務大臣は，「この要件を設けたとしても，高齢者の被害事例を含め，消費者委員会において検討されていた具体的な被害事例は基本的に適用対象となる」と答弁している（第196 回国会衆議院本会議議事録 5 頁・平成 30 年 5 月 11 日）。

て[5]，消費者に対し，契約をしなければ「当該勧誘を行う者との関係が破綻することになる旨を告げ[6]」て困惑させたことが要件となっているため，改正法施行後も，全てのデート商法が同号の取消権の対象となるわけではない。

## 3　解決のポイント

### ⑴　基本的な考え方

そこで，デート商法への対応としては，まずは特商法の訪問販売（いわゆるアポイントメントセールスやキャッチセールスを含む）に当たりクーリング・オフができないか，消費者契約法の不実告知や退去妨害に当たり取消しができないかなどを検討することになるが，実際には民法の一般規定（不法行為，公序良俗違反）によらざるを得ない場合が少なくない。

また，代金支払いのため個別クレジット契約を締結させる事案が多いため，信販会社に対する未払金の支払拒絶及び既払金の返還請求も検討を要する。

---

3)　平成30年改正消費者契約法の制定経緯を踏まえ，「社会生活上の経験が乏しいこと」は，独立した要件ではなく，消費者が「好意の感情」を抱き，勧誘者も「同様の感情」を抱いていると誤信したことを判断する一要素と位置付けられるとの解釈をすべきだとするものとして，伊吹健人＝森貞涼介「つけ込み型勧誘取消権の新類型の活用法──不安をあおる告知，恋愛感情等の感情に乗じた勧誘──」（現代消費者法41号（2018年）16頁）。

4)　伊吹＝森貞・前掲注3）16頁は，友人関係，先輩・後輩関係等のあらゆる人間関係における好意の感情を広く含むとしている。好意の感情とは，他者に対する親密な感情をいうが，その程度ないし性質は，恋愛感情と同程度に特別な好意であることを要するとの見解がある（消費者庁編『逐条解説消費者契約法〔第4版〕』（商事法務，2019年）83頁）。

5)　消費者契約法専門調査会報告書（平成29年8月）5頁以下では「関係を新たに築く」との要件が提案に含まれていたが，改正後消費者契約法4条3項4号の規定では，「関係を新たに築く」こと（勧誘者による恋愛感情等の「作出」）は問題とされていないため，そうした作出は必要ではないと考えられる（伊吹＝森貞・前掲注3）16頁）。

6)　「告げる」の意義につき，政府参考人は，口頭による場合に限定されず，書面や電子メールで知らせるなど，消費者が実際に認識し得る「対応の方法」であれば「告げる」に該当するとの見解を示している（第196回国会参議院消費者問題に関する特別委員会議事録6号27頁・政府参考人発言）。

　直接的に関係の破綻に言及している必要があるかどうかについて，政府参考人は，「直接的に関係の破綻に言及していなくても，実質的に考えまして，契約を締結しなければ関係が破綻するということを想起させるような言いぶりなどにおいて相手方に実際に認識し得るような対応であれば含まれる」との見解を示している（前同27頁）。

　なお，「告げる」には，「態度等」も含むとの見解として，伊吹＝森貞・前掲注3）17頁。第44回消費者契約法専門調査会議では，消費者制度課担当者は，「黙示のものも含まれ得ると思う」とする（議事録11〜12頁）。

266 第2章 具体的トラブル事例と解決

## (2) 販売業者に対する民法上の主張

### ア 不法行為に基づく損害賠償請求

本商法の悪質性等から，販売業者の一連の勧誘行為が違法と評価され，損害賠償請求権が認められる場合がある。

不法行為の成立を認めた裁判例として，①仙台地判平成16年10月14日判時1873号143頁（事業者が，被害男性（20代）が通常人より判断力に乏しく収入も低いことを認識しながら，女性従業員にデート商法による勧誘を行わせ，女性従業員との親密な雰囲気に飲み込まれて購入を断れない被害男性をして貴金属等の購入契約を6回にわたり締結させ，支払総額646万5699円のクレジットを組ませた後，クーリング・オフの撤回に向けた執拗な働きかけをしていた事案），②京都地判平成19年12月19日裁判所ウェブサイト（男性販売員が勧誘目的を秘して無差別に異性に電話をかけ，誘い出した被害女性に飲食代を奢るなどして良好な関係を築いた後，事務所に連れて行き長時間にわたる勧誘をし，契約締結後にはクーリング・オフを差し控えさせる言動をしながら，2カ月弱の間に，市場価格の概ね4倍以上の値段で装飾品の購入契約を4回にわたり締結させ，クレジットを組ませる等して合計304万5000円の支払負担をさせた事案），③東京地判平成26年10月30日金判1459号52頁（男性販売員が，当初から，不動産業者と提携して投資用マンションの購入を勧誘する目的で，金銭に余裕のある30歳以上の女性を対象とするため年齢を偽って結婚紹介所のウェブサイトに登録し，男女の交際目的であると誤信させた被害女性に近づき好意を抱かせた後，交際や結婚に対する被害女性の願望を利用して，冷静な判断をさせる機会や情報を与えず，投資適格の低いマンションを購入させた事案）などがある。

### イ 公序良俗違反による無効

本商法の悪質性等から，販売契約が公序良俗違反により無効（民法90条）になる場合がある。

名古屋高判平成21年2月19日判時2047号122頁は，若い女性販売員が勧誘目的を秘して20代前半の独身男性を呼び出し，今後の交際等を匂わせる言動をしながら，ファミリーレストランで長時間にわたり宝飾品の購入を勧誘し，後から加わった男女3，4名の仲間と共に購入を迫るなどし，クレジット契約を組んで指輪等3点を合計157万5000円で購入させた事案について，「一連の販売方法や契約内容（販売価格が本件宝飾品の市場価格に照らして不均衡

である。）等に鑑みると，本件売買契約は，Xの軽率，窮迫，無知等に付け込んで契約させ，女性販売員との交際が実現するような錯覚を抱かせ，契約の存続を図るという著しく不公正な方法による取引であり，公序良俗に反して無効である」としている。

### (3) 信販会社に対する主張

**ア** 割販法上の一般的な手段については，第1章第4「①　割販法の概要とクレジット契約の仕組み」を参照されたい。

**イ** 信販会社から個別クレジット契約の締結について媒介委託を受けた販売業者が，例えば退去妨害により消費者を困惑させ，個別クレジット契約を締結させた場合には，消費者は同契約を取り消すことができる（消費者契約法4条3項2号・5条1項）。

なお，本商法により次々と商品を購入させた事案で，販売会社が以前のクレジット契約を解約するためと説明して個別クレジット契約を媒介して締結させた事件について，個別クレジット契約の目的となる役務の質（効果・効能・機能）ないし用途に不実告知があることを理由に消費者契約法5条1項による個別クレジット契約の取消しを認めた裁判例がある（大津地長浜支判平成21年10月2日消費者法ニュース82号206頁）。

**ウ** 公序良俗違反により販売契約が無効となる場合，個別クレジット契約も無効となるかは，重要な論点である。

前掲名古屋高判平成21年2月19日は，売買契約が公序良俗に反し無効であることにより立替払契約も目的を失って失効するとして，信販会社に対する既払金の返還請求を認めたが，同事件の上告審は，「販売業者による公序良俗に反する行為の結果をあっせん業者に帰せしめ，売買契約と一体的に立替払契約についてもその効力を否定することを信義則上相当とする特段の事情があるときでない限り，売買契約と別個の契約である購入者とあっせん業者との間の立替払契約が無効となる余地はない」とした上で，上記特段の事情がないとして，既払金の返還請求を否定した（最判平成23年10月25日民集65巻7号3114頁）。

268　第2章　具体的トラブル事例と解決

## 4　設問に対する回答

(1)　本設問では，まず，SNSによるデートの申込みからB社への誘い出しまでの一連の行為を勧誘目的不告知による来訪要請と捉えることができれば，いわゆるアポイントメントセールスとして「訪問販売」に該当し（特商法2条1項2号，同法施行令1条），相談者は，信販会社との間の個別クレジット契約及びB社との間の販売契約をクーリング・オフすることができ，信販会社に対して未払金の支払いを拒絶できるだけでなく，既払金の返還請求をすることができる（割販法35条の3の10第1項・5項）[7]。

(2)　また，Aは，勧誘目的を告げずにデートを重ねて恋愛関係を築いたうえで，Cと役割分担をしながら，相談者が勧誘を断り切れない状況・関係を利用して同人に高額な宝飾品を購入させており，このような勧誘は社会的相当性を逸脱し，また著しく不公正な販売方法であるから，A，CおよびB社は相談者に対して不法行為責任（共同不法行為責任，使用者責任）を負い，また，相談者とB社との間の販売契約は公序良俗違反により無効となると考えられる。

他方，前記のとおり，判例によれば，販売契約が無効とされても，原則として個別クレジット契約は無効とはならず，また，信販会社に加盟店管理義務違反等に基づく損害賠償責任が認められるのも例外的な場合に限られる。したがって，上記(1)の構成と異なり，原則として，信販会社に対して未払金の支払拒絶や既払金の返還請求又は損害賠償請求をすることはできず，相談者としては，販売業者からの回収を目指すことになる。

---

7)　本設問では，改正後の消費者契約法4条3項4号による取消しも可能であると考えられる。すなわち，相談者は，Aへの恋愛感情を抱き，Aも同様の感情を抱いていると誤信した状態で，B社に赴いたところ，同所で，Aは，同僚に対し，相談者を「僕の運命の人」などと恋愛関係を意識させる文句で紹介し，Cも，Aが席をはずした際，Aから勧誘を受けている途中の相談者に対し，Aにとって相談者は「特別な存在」と聞いているなどと，相談者のAに対する恋愛感情やその誤信状態を助長する発言をしているのであって，事業者であるB社は，相談者の恋愛感情及び誤信状態を認識していたといえる。B社の上記認識のもと，Aにより，相談者が契約を断れば「冷めちゃいそう」「君との関係を考え直すことになっても，仕方ない」などという，契約をしなければAとの関係が破綻することを想起させる発言がなされており，B社は，相談者の誤信状態「に乗じ」たといえる。そして，Aの上記発言を受けて，相談者は，Aの勧誘に戸惑い困惑しつつ，契約の締結に至っている。よって，本号の定める取消しの要件を満たすと考えられる。

第1　勧誘方法に問題がある取引　*269*

## ⑧　訪問購入

---

### ─ 事 例 ─

　ある日，一人暮らしのＡ子さん（70歳）の自宅に突然，「不要な着物を買い取ります。訪問してもよいですか？」という電話があった。Ａ子さんには処分してもよい着物があったことから，明日，来訪するよう伝えた。

　翌日，若い男性が来訪したが，着物についてはざっと見ただけで，「鑑定をしてあげますから，不要な宝石や貴金属はありませんか？」と尋ねた。Ａ子さんは「ありません。」と回答すると，男は「絶対にないのか。うそになるよ。」としつこく言うので，Ａ子さんは，母の形見の18金のネックレスなどの宝石５点を見せた。すると男は，全部まとめて２万円で買い取ると一方的に言って，代金と領収書を渡した。見せた宝石はいずれも10万円以上もした高価なもので，中には母の形見もあったことから納得できなかったが，Ａ子さんは怖くて断れず，男は宝石を持って帰っていった。

　契約の翌日，Ａ子さんは，男が置いていった名刺に記載された電話番号に連絡し，契約を解消したいと申し出たが，電話に出た男は「クーリング・オフはできません。そもそも宝石は全て第三者に売ってしまったから取り戻すことはできません。」と回答した。

　契約から２週間経った今，Ａ子さんは宝石を取り戻すことができるだろうか。

---

### 1　訪問購入とは何か

　訪問購入とは，物品の購入を業として営む者が営業所等以外の場所において，売買契約の申込みを受け，または売買契約を締結して行う物品の購入のことをいう（特商法58条の4）。「押し買い」が典型例である。

　訪問購入をめぐるトラブルは，平成22年頃から急増し，全国の消費生活セ

270　第2章　具体的トラブル事例と解決

ンターに多くの苦情が寄せられるようになった。訪問購入は，業者が消費者の自宅に訪れて行われる。そのため高齢者や女性がトラブルに巻き込まれ，認知症の高齢者が被害に遭うことも少なくなかった。

　訪問購入では，購入業者が一方的に低額な買取価格をつけ，消費者にゆっくり考える機会や余裕を与えることなく代金を置いて貴金属を持ち去る事例が多く，消費者がキャンセルを申し出ても，威迫的な対応で解約を拒絶する悪質な業者が多く見られた。もっとも，特定商取引法は，販売業者が営業所等以外の場所で物品を販売する取引については「訪問販売」として規制対象としているが，事業者が消費者から物品を買い取る類型の取引は，特定商取引法の規制を及ぼすことは困難であった。そこで，平成24年の特定商取引法改正により，「訪問購入」が新たに規制対象に追加されることになった（平成25年2月21日施行）。

## 2　特定商取引法による規制

### (1)　規制対象

　特商法58条の4が定める「訪問購入」とは，①物品の購入を業として営む者が，②営業所等以外の場所において，③売買契約の申込みを受けまたは同契約を締結することによる④物品の購入である。

#### ア　購入業者

　訪問購入の主体は，物品の購入を「業として」行う者であるから，売買契約を締結して物品の所有権を取得することを反復継続して行うことが必要である。必ずしも営利性は必要ではなく，法人・個人を問わない。

#### イ　営業所等以外の場所

　「営業所等以外の場所」の意義は訪問販売の場合と同じである。「営業所等」は特商法2条1項1号に基づいて特商法施行規則1条がその内容を規定している。

#### ウ　売買契約の申込みを受けまたは売買契約を締結することによる購入

　取引の相手方から売買契約の申込みの意思表示を受けた購入業者がこれを承諾したり，または，購入業者が売買契約の申込みを行い，相手方がこれを承諾したりすることで売買契約を締結して行うことがこれにあたる。

第1 勧誘方法に問題がある取引　*271*

### エ　物品の購入

売買契約の目的物は「物品」でなければならず，不動産は除かれる。「売買契約の相手方の利益を損なうおそれがないと認められる物品」または訪問購入に関する法の規制の対象となった場合に「流通が著しく害されるおそれがあると認められる物品」として，政令16条の2に列挙されている物品は除かれる。具体的には，①自動車（二輪のものを除く。），②家庭用電気機械器具（携行が容易なものを除く。），③家具，④書籍，⑤有価証券，⑥レコードプレーヤー用レコードおよび磁気的方法または光学的方法により音，影像またはプログラムを記録した物が除外されている。

### オ　適用除外

事業者間取引，海外にいる人に対する契約，国・地方公共団体が行う訪問購入，特別法に基づく組合・公務員の職員団体・労働組合がそれぞれの組合員に対して行う訪問購入，事業者がその従業員に対して行った訪問購入は，全て適用除外となる（特商法58条の17第1項）。また，「その住居において売買契約の申込みをし又は売買契約を締結することを請求した者に対して行う訪問購入」（同条2項1号）や御用聞きの形態による訪問購入など（同項2号）は，特商法58条の6第1項および58条の7から58条の16までの規定は適用されない。

### (2)　行政規制

### ア　氏名等の明示義務

事業者は，訪問購入を行うときには，勧誘に先立って，相手方に対して①事業者の氏名（名称），②契約の締結について勧誘をする目的であること，③購入しようとする物品の種類を告げなければならない（特商法58条の5）。勧誘をしようとする事業者の素性や目的もわからないまま取引の相手方が勧誘に晒されることを予防する趣旨である。

### イ　不招請勧誘の禁止・勧誘受諾意思の確認義務

事業者は，訪問購入にかかる売買契約の締結についての勧誘の要請をしていない者に対し，営業所等以外の場所において，勧誘をし，又は勧誘を受ける意思の有無を確認してはならず（特商法58条の6第1項），勧誘の要請を受けた場合であっても，事業者は勧誘に先立って，相手方に勧誘を受ける意思がある

ことを確認しなければならないとともに（同条2項），訪問購入に係る売買契約を締結しない旨の意思表示をした者に対し，その訪問時においてそのまま勧誘を継続することや，その後改めて勧誘することが禁止されている（同条3項）。訪問購入が不意打ち勧誘型取引のひとつであることを踏まえ，取引の相手方が突然に意に沿わない勧誘に晒されることで不当な買取りによる被害に遭わないようにする趣旨である。

### ウ　書面交付義務

事業者は，契約の申込みを受けたときや契約を締結したときには，物品の種類や購入価格，物品の特徴等を記載した書面を直ちに相手方に渡さなければならない（特商法58条の7・58条の8）。事業者に書面交付義務を課すことで，相手方がその認識や理解が不正確で曖昧なまま契約締結となることを防止するとともに，後述するクーリング・オフ権の行使を実効あらしめる意義もある。

### エ　禁止行為

売買契約の締結について勧誘を行う際，または契約の申込みの撤回（契約の解除）を妨げるために，①事実と違うことを告げること，②故意に事実を告げないこと，③相手を威迫して困惑させること，④売買契約の対象となる物品の引渡しを受けるため，引渡し時期その他物品の引渡しに関する重要な事項について，故意に事実を告げない，事実と違うことを告げる，または相手を威迫して困惑させることは，禁止される（特商法58条の10）。

## (3)　民事効

### ア　クーリング・オフ

訪問購入の際，売買契約の相手方が契約を申し込んだり，契約を締結したりした場合でも，法律で決められた書面を受け取った日から数えて8日間以内であれば，相手方は事業者に対して，書面により申込みの撤回や契約の解除（クーリング・オフ）ができる（特商法58条の14第1項）。

また，事業者が，クーリング・オフに関する事項につき事実と違うことを告げたり威迫したりすることによって，相手方が誤認・困惑してクーリング・オフしなかった場合には，上記期間を経過していても，相手方はクーリング・オフができる。

ここで民法の原則では，契約が解除された場合，第三者の善意・悪意を問わ

ず，第三者の権利を害することができないとされているが（民法 545 条 1 項），特定商取引法では，訪問購入により物品を買い取られた相手方を保護するため，クーリング・オフを実行した場合，第三者が善意無過失でない限り，相手方は第三者に対しても物品の所有権を主張してその返還を請求することができるとされている（特商法 58 条の 14 第 3 項）。ここで，「善意無過失」とは，第三者が，引渡しを受けた物品が訪問購入によるものでクーリング・オフされる物品であることを過失なく知らないことをいい，善意無過失の立証責任は，第三者に転換されたと解されている。

　なお，クーリング・オフを行った結果，第三者が物品の返還義務を負う場合，第三者から物品の返還を受けるのに必要な費用は，売買契約の相手方との関係では，物品の返還義務を負う購入業者の負担となる（特商法 58 条の 14 第 5 項）。

#### イ　引渡し拒絶権

　売買契約の相手方は，クーリング・オフ期間内は債務不履行に陥ることなく，事業者に対して契約対象である物品の引渡しを拒むことができる（特商法 58 条の 15）。訪問購入の場合，貴金属などを引き渡した後すぐに第三者に転売されると，その返還を受けることが事実上困難になることから，売買契約上物品の引渡日が約定されている場合でも，クーリング・オフができる期間はその実効性を確保するため，売買契約の相手方は物品の引渡しを拒絶できるものとした。

### 3　他の法律による規制

　自宅に訪問して執拗に物品を買い取らせるよう迫った場合，当該売買契約を消費者契約法 4 条 3 項 1 号を根拠に契約を取り消すことは可能である。しかし，特定商取引法が改正された現在，同法の適用をまず考えるべきであろう。

### 4　近時の裁判例

　ラジオ放送のコマーシャルを聞いて絵画の鑑定を依頼した消費者を訪問した業者が絵画を 10 万円で購入したところ，消費者が当該絵画は有名画家による真作であるとして，当該絵画の引渡しと引渡執行が不能となったときの代償請求として 160 万円の支払いを求めた事例がある（東京地判平成 27 年 9 月 15 日判

274　第2章　具体的トラブル事例と解決

例集未登載）。購入業者は，本件売買契約は「その住居において売買契約の申込みをし又は売買契約を締結することを請求した者に対して行う訪問購入」（特商法58条の17第2項1号）に当たり，特商法58条の14第1項に基づく解除の規定は適用されないと主張した。

　しかし，特商法58条の17第2項1号の適用除外事由があるというためには，相手方が契約の申込み又は締結をする意思をあらかじめ有し，その住居において当該契約の申込み又は締結を行いたい旨の明確な意思表示があることが必要であり，見積もりを依頼した場合など，相手方が明確な取引意思を有しないまま，契約準備に当たる行為のために購入業者に対して自宅への来訪を求めた場合は，これに当たらないとして，裁判所は，特商法58条の14第1項に基づく解除を認めた。ただし，当該絵画が真作であるとの立証がなされていないとして，購入業者に対し，本件売渡動産の代金相当額から本件売渡絵画の価格を控除した9万円の返還を命じた。

## 5　本事例の解決

　本事例では，購入業者がA子さんに対し法定書面を交付したかが明らかでないが，仮に交付していた場合でも「クーリング・オフはできません。そもそも宝石は全て第三者に売ってしまったから取り戻すことはできません。」と回答しており，申込みの撤回等に関する事項につき不実が告げられたことによりA子さんは誤認し，それによってクーリング・オフ権の行使が妨げられているといえる。したがって，クーリング・オフ期間は進行していないことになり，契約から2週間経った時点においてもA子さんはクーリング・オフすることができる。

　また購入業者が宝石を第三者に売却したとしても，第三者が，引渡しを受けた物品が訪問購入によるものでクーリング・オフされる物品であることを過失なく知らなかったことを主張立証しない限り，A子さんは宝石を取り戻すことができる。

第1 勧誘方法に問題がある取引　*275*

# 9　ネガティブ・オプション（送り付け商法）

---

**事 例**

　春の叙勲を受けた父のもとに叙勲者名簿が郵送されてきたが，代金として5万円の請求書も同封されていた。家族に確認したところ，誰も注文した覚えがなかった。叙勲者名簿には「購入を希望されない場合は5日以内に返送してください。返送されない場合は購入の意思表示をされたものとみなします。」などと書かれた書面が同封されていた。叙勲者名簿は返送しなければならないか。返送しない場合，叙勲者名簿の代金を支払わなければならないか。

---

## 1　ネガティブ・オプションとは

　ネガティブ・オプションとは，注文（商品購入の申込み）を受けていないのに，販売業者が商品を一方的に送り付けるなどして消費者に押し付け，代金を請求する商法である。「送り付け商法」「押し付け商法」とも呼ばれる。

　押し付けられる商品は，書籍・雑誌，新聞，名簿・紳士録，ビデオソフト，生鮮食品等の商品であることが多い。販売業者は，請求書や振込用紙を同封するか，代引きを利用して代金を請求する。

## 2　問 題 点

　消費者は商品を受け取った以上，あるいは送付された商品に同封してあった「〇日以内に購入しない旨の意思表示（返品）をしなければ，購入したものと取り扱う」という書面の記載に法的効力があるものと誤信し，意思表示（返品）しなかった以上，代金支払義務があると思い込み，あるいは販売業者とのトラブルを回避したいという意識から，代金の支払いをしてしまう。また，商品が手元にあるため，対応に苦慮してしまう。

276 第2章 具体的トラブル事例と解決

## 3 解決のポイント

### (1) 基本的法律関係（民法）

　販売業者が請求書と商品を一方的に送り付けてきても，それは売買契約の申込みにすぎない。消費者は申込みに対する諾否通知義務を負わないから（商法509条参照），消費者が申込みに対する承諾をするか，承諾の意思表示と認めるべき事実（商品の使用・消費等。改正後民法527条）がないかぎり，売買契約は成立しない。したがって，消費者に売買契約に基づく代金支払義務は発生しない。

　もっとも，売買契約が成立しない以上，送り付けられた商品の所有権は消費者に移転しない。したがって，消費者は勝手に商品を処分することはできないし，販売業者が商品を引取りにきたときは返還する義務がある。ただし，消費者に商品の返送義務はない。

　民法659条（無償受寄者の保管義務。改正後，無報酬の受寄者の注意義務）を類推適用して，消費者は自己の財産と同一の注意をもって商品を保管する義務を負うとする説もあるが，消費者は送付された商品を預かること自体承諾したとはいえないから，民法659条が定める保管義務を消費者に課すという解釈には疑問がある。ただし，消費者が商品を占有している際に，その責めに帰すべき事由により商品を減失・損傷した場合には，損害を賠償する責任が生じる（民法191条本文）。

### (2) 特商法

　特商法59条1項は，消費者が売買契約の申込みや売買契約の締結をしていない商品について，販売業者が一方的に，売買契約の申込みをして，その商品を送付した場合には，商品の送付があった日から起算して14日を経過する日（消費者が販売業者に対して商品の引取請求を行った場合，その引取請求の日から起算して7日を経過する日の方が早ければその日）までに，消費者が申込みを承諾するか，あるいは販売業者が商品を引き取らなければ，販売業者が商品の返還請求権を喪失すると規定して消費者の保護を図った。

　以下，本条の適用，解釈について注意点を記載する。

　ア　本条は権利及び役務について規制の対象としていないが，商品であればその種類を問わず適用の対象としている。

イ　同項にいう「送付」とは「ある場所又は人から他の場所又は人に物を送り届けること」であり，送り届ける手段は限定されない。例えば，相手方の留守の間に商品を置いていった場合，相手方の了解なしに強引に商品を置いていった場合等も本条の「送付」に該当する（通達（特定商取引に関する法律等の施行について（平成29年11月1日））第6章1）。

ウ　本条にいう「商品の引取り」は，販売業者が実際に消費者から商品を引き取ることを要する。引取りのため訪問したが留守だった場合や消費者が電話に出られなかった場合等は「商品の引取り」をしたことにはならない。他方，消費者が引取りを拒絶した場合は，保護に値せず本条の適用はない。

エ　特商法は一般消費者を保護するための規定であるから，「商品の送付を受けた者のために商行為となる売買契約の申込み」については，適用がない（同条2項）。

### (3)　事例の検討

以上のとおり，消費者と販売業者との間で売買契約は成立せず，売買代金支払義務は生じない。商品の返送義務も生じない。販売業者が上記期日までに商品の引取りに来た場合には返品に応じなければならないが，商品受領日から14日間，引取請求から7日間のいずれかが経過した場合には，消費者において商品の処分が可能である。

なお，上記期間経過前に商品を使用・消費してしまうと，申込みに対する承諾と扱われてしまう（民法526条2項。商品の梱包を開いただけでは承諾の意思表示と認めるべき事実とはいえない）。ただし，使用・消費したという事実の主張・立証責任は，代金請求を行う販売業者側にある。

消費者としては，商品を受け取ってしまった場合には，商品が送り付けられてきた日を明確に記録しておくべきである。また，販売業者に対する返送義務はないが，料金着払いで販売業者に返送する方法や，特商法59条1項の規定に基づき，販売業者に対し7日以内の引取りを要求することも考えられる。

なお，代金を支払ってしまった場合には，代金支払行為は特定の商品を購入する意思表示とは評価できないから契約は成立していないとして，販売業者に返還請求できる。ただし，ネガティブ・オプションを行うような悪質な事業者から金員の返還を受けることは事実上難しい。

*278* 第2章 具体的トラブル事例と解決

# 第*2* ▌ 欠陥商品

## ① 製造物責任法

### 1 趣　旨

　製造物責任法は，製造業者等が引き渡した製造物の欠陥により他人の生命，身体又は財産を侵害したときは，これによって生じた損害を賠償する責任を製造業者等に負わせるとするものであり，故意又は過失を要件とする不法行為（民法709条）の特則である。

　製造物責任法制定前は，製品の欠陥によって損害が生じた場合において被害者が製造業者等の責任を追及しようとするときは，製造業者等の故意・過失を立証する必要があった。しかし，こうした主観面の立証は困難であることに加えて，製品の製造過程に関する情報等，故意・過失の立証にとって必要な情報が事業者側に偏在し被害者がアクセスできないことが故意・過失の立証をより困難ならしめ，被害救済に困難を来していた。

　このような事態を打開すべく，製造物責任法は，責任原因を故意・過失という主観的なものではなく，「欠陥」という客観的なものとすることによって，製造業者等に対する責任追及の困難さを軽減したものである。

### 2 要　件

　製造物責任を負う要件は，①製造業者等であること，②製造物であること，③当該製造物に欠陥があること，④損害の発生，⑤欠陥と損害との間の因果関係，⑥免責事由（相手方の抗弁：開発危険の抗弁，部品製造業者の抗弁）がないこと，である。

#### ⑴　製造業者等であること（2条3項）

　「製造業者等」とは，①当該製造物を業として製造，加工又は輸入した者（1号），②製造業者として表示をした者（2号前段　例：「製造元○○」「輸入者○○」の肩書で自己の名称を表示している場合），製造業者と誤認させるような表示を

した者（2号後段　例：自己の名称やブランド名を表示している場合），③実質的
な製造業者と認めることができる表示をした者（3号　例：「発売元」「販売元」
の肩書で自己の名称を表示している場合）のいずれかをいう。

## (2)　製造物であること（2条1項）

　製造又は加工された動産をいう。不動産は対象とならない。ただし，不動産
の一部となった動産であっても，引き渡された時点で動産であり，その動産に
欠陥があり，当該欠陥と損害との間に因果関係がある場合には製造物責任を負
う（例：エレベーター，ガラス窓ないしその部品）。

　「製造」とは原材料に手を加えて新たな物品を作り出すことをいう。「加工」
とは，動産を材料としてこれに工作を加え，その本質は保持させつつ新しい属
性を付加し，価値を加えることをいう。

　例えば，食品について，加熱（煎る，煮る，焼く），味付け（調味，塩漬け，
薫製），粉挽き，搾汁は「製造又は加工」にあたるが，単なる切断，冷凍，冷
蔵，乾燥などは「製造又は加工」にあたらない。生乳，鶏卵，冷凍・冷蔵した
肉・魚は未加工，牛乳，小麦粉，砂糖，菓子，ジュース，ハム・ソーセージは
加工されたものとなる。

　中古品，廃棄物，再生品は「製造又は加工された動産」に含まれる。

## (3)　欠陥（2条2項）

### ア　定　　義

　「欠陥」とは，①当該製造物の特性，②その通常予見される使用形態，③そ
の製造業者等が当該製造物を引き渡した時期，④その他の当該製造物に係る事
情を考慮して，当該製造物が通常有すべき安全性を欠いていることをいう。

### イ　欠陥判断の基準時

　製造業者等が当該製造物を引き渡した時点の社会通念に照らし，欠陥と判断
されるような性状が当該製造物に存在したか否かにより判断される。

### ウ　判断要素

　①当該製造物の特性，②通常予見される使用形態，③当該製造物を引き渡し
た時期，④その他の当該製造物に係る事情の4つの判断要素を総合考慮する。

280　第2章　具体的トラブル事例と解決

⑺　**当該製造物の特性（①）**

　当該製造物にはどのような危険性があるのか，また，その危険性が顕在化・現実化しないようにどのような工夫がされているかを判断する要素である。具体的には，「製造物の表示」，「製造物の効用・有用性」，「価格対効果」，「被害発生の蓋然性とその程度」，「製造物の通常使用期間・耐用期間」等が挙げられる。

　【製造物の表示】

　事故につながりうる誤使用を避けるための使用上の指示・警告が求められる製造物かどうか，または，ある製造物にとって指示，警告の有無や適切・不適切により欠陥の有無が判断されうるかどうかという事情。指示・警告が適切になされていない場合に，これを「指示・警告上の欠陥」と評する場合もある。

　【製造物の効用・有用性】

　当該製造物の効用・有用性の内容および程度。当該製造物の効用・有用性の程度とその危険性の程度の比較である。例えば，最先端の医薬品や医療機器は，患者の生命を救うという高い効用や緊急性があるので，副作用が生じても欠陥と評価されないことが多いが，医薬部外品や化粧品はそのような効用や緊急性がないので，副作用等はあってはならず，安全性の確保が重視される。

　【価格対効果】

　同じ価格帯に属する同種製品には，少なくとも当該価格帯における平均的な安全性が求められるという事情。

　【被害発生の蓋然性とその程度】

　ある製造物につき，一定の内容の製品事故が生じる一般的な蓋然性および発生する被害の重大性。

　【製造物の通常使用期間・耐用期間】

　通常想定される使用期間や耐用期間をはるかに超えて使用されたことにより製造物の経年劣化による事故が生じうるが，このような場合には，引渡しの時点では欠陥はなかったと判断することが妥当なこともあることにかんがみ，当該製造物の通常の使用期間や耐用期間はどの程度かという事情。

⑻　**通常予見される使用形態（②）**

　製造物の使用に際しての事情であり，「製造物の合理的に予期される使用」や「製造物の使用者による損害発生防止の可能性」が挙げられる。通常予見さ

れる使用形態は，製造業者等が予定する使用方法のみを指すのではない。当該製造物の使用者の年齢，性別，成熟度，当該製造物の危険性や使用方法の周知性を考慮して，たとえ誤った使用方法でも（たとえ取扱説明書記載の使用方法と異なる使用方法をしたとしても），そのような使用方法が合理的に予見されるという場合は「（通常の）誤使用」あるいは「予見される誤使用」とされ，その合理的に予見される使用方法により危険性が顕在化・現実化してしまった場合には当該製造物の設計や製造に欠陥があると判断される。

　しかし，通常予見することができないような異常な使用方法を使用者がした場合は「（狭義の）誤使用」となり，当該製造物に欠陥はないと判断される。すなわち，「通常予見される使用形態」は「誤使用」と表裏の関係にある。

#### ㈦　当該製造物を引き渡した時期（③）

　製造業者等が当該製造物を引き渡した時期，すなわち，流通におかれた時期における事情であり，当該製品が製造業者によって引き渡された時点での社会通念に基づいて要請される安全性の程度を考慮する。製品が引き渡された時点での技術水準を踏まえ合理的なコストアップの範囲内で安全性を高める代替設計，代替構造等が実現できるかという点を考慮する考え方もある。

#### ㈢　その他の当該製造物に係る事情（④）

　危険の明白さ（包丁のように当該製造物の危険性やその回避方法が一般に周知されていれば欠陥とされることはない），製品のばらつき状況（同じ工程で製造加工されても品質にばらつきがあり不良品が混じることがあるが，不良品であるという理由で責任を免れることはできない），天災等の不可抗力（天災が製造物に不測の影響を与えて事故が発生しても製造業者は責任を負わないが，事故を誘発する原因となるような自然現象に対する防護策を講じなかったことが欠陥となる場合がある）等が考慮される。

### エ　欠陥の3類型

　欠陥について，実務上次の3つの類型に分類されて主張されることが多い。なお，この類型化は，アメリカの判例法上発展してきたものである。

#### ㈠　製造上の欠陥

　製造物が設計・仕様どおりに作られず安全性を欠く場合である。製造上の欠陥については，設計仕様に合わせて製造された他の製品と比較するという方法（標準逸脱基準）が，欠陥を判断する際の重要な手法の1つとなる。

282 第2章 具体的トラブル事例と解決

#### (イ) 設計上の欠陥

製造物の設計自体の安全性が欠けていたために，完成した製造物の安全性を欠く場合である。

#### (ウ) 指示警告上の欠陥

製造物とともに提供すべき適切な指示・警告を欠いている場合である。

なお，この分類は，択一的なものではない。

### オ 行政上の安全規制と欠陥判断

行政上の製品安全規制は，製品事故防止を目的として製品の製造・販売に際して充足すべき最低基準を定めた取締規定であると同時に，企業の製品安全対策や消費者の購入・使用にかかる評価のガイドラインとしての意味を持っている。これに対し，製造物責任法は，製品事故が発生した場合の被害救済のためのルールを定めるものである。製品安全規制は製造物責任法と代替する関係ではなく，相互に補完する関係にあると位置づけられる。それゆえ，行政上の安全規制が遵守されているからといって，欠陥がないとして免責されるわけではない。

### (4) 損害の発生

当該製品の欠陥にもとづく「拡大損害」をその対象としており，製品それ自体が毀損したことによる損害は民法の不法行為責任や契約責任の問題として処理され，製造物責任法は適用されない（3条ただし書）。

### (5) 欠陥と損害の間の因果関係

欠陥と損害の間に相当因果関係が必要である。

## 3 免責事由（4条）

3条の場合において，製造業者等は，次の各号に掲げる事項を証明したときは，同条に規定する賠償の責めに任じない。

### (1) 開発危険の抗弁

### ア 定 義

当該製造物を引き渡した時点における科学・技術知識の水準によっては，欠

陥があることを認識することが不可能であったことを製造業者等が証明したときは免責される（1号）。

#### イ　立法趣旨

開発危険とは，製品を流通においた時点における科学・技術知識の水準によっては，そこに内在する欠陥を発見することが不可能な危険をいう。製造業者に開発危険についてまで責任を負わせると，研究・開発及び技術開発が阻害され，ひいては消費者の実質的な利益を損なうことになりかねないことから，当該欠陥が開発危険に相当することを製造業者が立証したときには製造業者を免責することにした。なお，これまでに開発危険の抗弁が認められた裁判例はない。

#### ウ　具体的な要件

##### ㋐　科学又は技術に関する知見

欠陥の有無を判断するに当たって影響を受けうる程度に確立された知識の全てであり，また，特定の者の有するものではなく，客観的に社会に存在する知識の総体を指すものである。すなわち，他に影響を及ぼしうる程度に確立した知識であれば，初歩的な知識から最高水準の知識までの全てが含まれることになり，おのずから，免責されるためには，当該欠陥の有無の判断に必要となる入手可能な最高水準の知識に照らし欠陥であることを認識することができなかったことを証明することが必要となる。したがって，開発危険の抗弁の認否に当たっては，入手可能な最高の科学・技術の水準が判断基準になると解される。

##### ㋑　当該製造物に欠陥があることを認識することができなかったこと

開発危険の抗弁は，裁判時において当該製造物が欠陥を有すると判断される場合に，製造業者等が立証を行い，製造物の引渡時における科学または技術の知識によってはこれを認識することができなかったと客観的に認められたとき，その製造業者等を免責するものである。製造業者等の具体的な個々の企業の規模や技術水準によって左右されるものではない。

### (2)　部品・原材料製造業者等の抗弁

#### ア　定　　義

当該部品・原材料の欠陥がもっぱら当該部品・原材料を組み込んだ他の製造

284 第2章 具体的トラブル事例と解決

物の製造業者が行った設計に関する指示のみに起因し，欠陥の発生について過失がなかったことを部品・原材料の製造業者が証明したときは免責される（2号）。

### イ　立法趣旨

製造物責任が当該製造物の欠陥に着目して損害賠償責任を認めるものである以上，部品・原材料自体に設計上の欠陥が存在したとすれば，仮にそれがこれらを組み込んだ他の製造物の製造業者が行った設計に関する指示に基づくものであったとしても，当該部品・原材料の製造業者は損害賠償責任を負うのが原則であるが，①部品・原材料の製造業者は，製造物本体の製造業者の行う設計に関する指示に従わざるを得ず，それゆえに欠陥が生じるケースがあり，②部品・原材料の製造業者に対し，製品本体の製造業者と同程度までの回避可能性や帰責性を問うことは困難であり，製品本体の製造業者と同様の責任を負わせるのは公正を欠く。そこで，部品・原材料製造業者が，部品・原材料の欠陥について，製造物本体の製造業者の行った設計に関する指示のみに起因し，その欠陥の発生について過失がなかったことを立証した場合は免責することにした。

### ウ　具体的な要件

(ア)　当該製造物が他の製造物の部品または原材料として使用されたこと

(イ)　製造物本体の製造業者の「設計に関する指示」に起因すること

(ウ)　当該部品・原材料の欠陥が，「専ら」製造物本体の製造業者の行った設計に起因すること

(エ)　部品・原材料製造業者に欠陥が生じたことについて過失がないこと

## 4　責任期間（期間の制限）（5条）

(1)　3条に規定する損害賠償の請求権は，被害者又はその法定代理人が損害及び賠償義務者を知った時から3年間行わないときは，時効によって消滅する（1項前段）。その製造業者等が当該製造物を引き渡した時から10年を経過したときも，同様とする（1項後段）。

(2)　5条1項後段の期間は，身体に蓄積した場合に人の健康を害することとなる物質による損害又は一定の潜伏期間が経過した後に症状が現れる損害については，その損害が生じた時から起算する（2項）。

(3)　なお，製造物の引渡しから10年の責任期間については，平成29年製造物責任法改正で，除斥期間ではなく，消滅時効の期間だとされた（改正後5条1項2号）。

また，同改正によって，人の生命又は身体を侵害した場合の損害賠償請求権の消滅時効期間は，損害及び賠償義務者を知った時から5年間とされた（改正後5条2項）。

## 5　立証上の問題——推定法理

訴訟において，最も問題となるのは，欠陥の特定の程度である。製造物責任が問題となる訴訟においては，事業者側が原告に対して，事故発生の機序に至るまで詳細に立証するよう求めることが多い。

しかしながら，製造物についての技術資料は事業者側に偏在すること，原告にはそもそも技術的な知見が不足していること，時には当該製造物が焼損等により存在せず再現実験等の検証が不可能である場合もあること等により，原告が欠陥の有無・内容・事故発生の機序等を技術的に正確に立証することは難しい。こうした立証を全て原告側に負わせるとすることは，被害者保護を本旨とする本法の目的を逸脱するものであって相当ではない。

なお，製造物責任法制定時には，原告側の立証負担の軽減のため，推定規定を導入することが検討されたが，裁判において事実上の推定を活用することで立証負担の軽減は可能という理由で，導入が見送られた。しかし，事実上の推定を活用した裁判例も存在はするものの（携帯電話火傷事件（仙台高判平成22年4月22日判時2086号42頁）等），実務上，事実上の推定が十分活用されているとは言い難い。

## ② 欠陥商品事故への対応（初期対応，裁判外対応）

### 1 はじめに

欠陥商品事故においては，被害発生後，事件に対応する各段階により，①交渉や訴訟を開始する前の事前調査・証拠収集・原因究明の段階の問題点，②訴訟以外の選択肢である ADR による解決や救済基金による救済，③訴訟を選択した場合の欠陥の判断基準と立証の問題点について知る必要がある。

### 2 初期対応

#### ⑴ 事故による被害発生後の対応

欠陥商品事故と疑われる事故の相談を受けた場合，そもそもこれを欠陥商品の事故と位置付けて良いのかという事件性の有無が問題となる。したがって，相談者は事件性の確認と評価を行うための事実面と技術的知見の調査活動を行うとともに，初期の段階で可能な限りの客観的証拠を確保しなければならない。

欠陥商品事故において，事故原因の究明のために最も重要なことは，事故を起こした商品そのものを保全することである。情報量にも技術的知見にも欠ける被害者側としては，最初の段階において，可能な限り速やかな基礎事実の調査と証拠収集活動を行わなければ話が始まらない。事後的に裁判になった際に証拠として提出するためにも，事故直後の事実調査と，初期の証拠収集活動は重要である。そして，弁護士が代理人となり示談交渉または訴訟として事件を正式に受任する前に，いわゆる「調査受任」として，事前の事実調査と証拠の収集・保全，技術的知見と類似先例の調査等を行って，予めある程度立件可能かどうかの事件の見通しを立てることが必要となる。

#### ⑵ 事故原因等の基礎事実の調査と客観的証拠の確保

#### ア　現場保全

火災が起きた場合，東京都内の場合，原則５分以内に消防車がかけつけるようになっている。消化活動が行われ，鎮火が確認されるまでは現場への立ち入りは禁止され，鎮火すると消防によって火災原因の調査（鑑識）が行われる。放火の可能性があるため，消防の調査と警察の捜査が終了するまでは，一般人

は現場へ立ち入ることができない。

　消防や警察から，火災原因となった電気製品等を持ち帰って詳しく調べたいと言い出されることがあるが，その際に，廃棄処分せず，返却するよう申し入れしておかないと処分されてしまうことがある。また，返却後に別途鑑定に出すことも想定し，復元できるようあまり細かく壊して調べないよう申し入れをしておくことも必要である。

　消防の調査と警察の捜査の終了後に，一般人が火災現場に立ち入ることができるようになるが，火災現場の隅から隅まで丹念に写真をとり，消防や警察が持ち帰らなかった証拠物等の収集をする必要がある。現場に散乱している細かい部品等の，製品に詳しくない一般人からすれば不要と思われるようなものであっても，専門家からすると事故原因を分析する際に必要になることもあるため，すぐに片づけ等をせず，できる限り事故当時のままに現場を保全し，専門家に見せるまでは廃棄をしないことが望ましい。

　また，製造業者等が，事故品を引き取ると申し出てくる場合もあるが，重要な証拠であるので安易に引き渡してはならない。

### イ　証拠の収集・保全

　具体的な証拠収集方法を以下に列挙する。

　①　被害者及び家族らからの詳細な事情聴取と，被害者手持ち証拠（製品の取扱説明書，保証書，修理履歴を示す資料等）の確保に努める。

　②　事故品そのものの確保（警察・消防署等へ任意提出する場合でも，所有権放棄はしない）と，事故発生現場の現状確認（部屋のどこに設置されていたかを写真，ビデオ等で記録にとって確認）と証拠の確保（写真・ビデオ撮影，目撃証言の確保）をする。

　③　公的機関による事故調査記録等（実況見分調書，火災原因判定書，鑑識結果書，消防や救急の活動報告書等）が作成されている場合，弁護士会照会，文書送付嘱託，調査嘱託，文書提出命令申立て等の方法により送付を要請して確保する。

　裁判所に刑事手続が係属しているような場合には，犯罪被害者保護法3条により，当該刑事事件が係属する裁判所に対して刑事記録の開示を申請したり，起訴前や不起訴処分の場合には，民事の損害賠償請求訴訟提起後に係属裁判所を通じて検察庁に対する文書送付嘱託申立てを行って証拠を確保する。

人身被害が発生している場合，診療記録を入手して確保する。

④　製造業者に対する情報開示請求，訴え提起前における証拠収集の処分という形で関連証拠を確保する。製造業者が保有していると思われる証拠は，具体的には以下のとおりである。

・同一製品の販売時製品添付資料（説明書，注意書き，危険告知書，効能書，副作用，禁忌等の告知書面）。

・報告書（アクシデント・レポート），クレーム情報，対策会議の議事録，対策マニュアル等の社内文書。

・製品開発過程に関わる資料として，開発企画書，設計図書，構造計画書，部品指定書，試作品製造仕様書，試作品検査書，耐久実験・耐環境実験記録，その他の評価書や会議録，開発途中の試行錯誤の記録等，医薬品等の場合であれば動物実験・臨床実験等の検査データ。

・製品量産化決定後の資料として，製品仕様書，製品設計図，部品仕様書・指定書，製品検査仕様書等。

・販売開始後の生産管理上の資料としては，製品ごとの製造番号，製造年月日，ロット番号，出荷記録。

⑤　同型の代替品を店舗やインターネットショップ等で入手する。解体や実験のために，余裕があれば複数台用意する。事故発生を受け，メーカーの方で販売中止や部材の一部変更の措置をとることがあるため注意する。

### ウ　情報収集

証拠の保全の他，一般に公開されている製品安全情報（事故情報・リコール情報・ヒヤリハット（インシデント）報告・クレーム情報等）の調査を行い情報入手する必要がある。

広く一般に公開されている情報を収集するか，行政機関等に対し情報公開法に基づいて文書の開示を請求するか，弁護士会照会で回答を求めるかによって，取得できる情報の範囲は異なる。

消費者庁新設以降は，行政機関の有する消費生活用品の安全情報は，従前に比較すると，一般消費者に向けてスムーズに公開されるようになってきているが，それでも情報が得られない場合には，情報公開法に基づいて製品安全情報を入手したり，弁護士が受任している場合には弁護士会照会をすることも１つの手段として考えられる。

被害者側が製品安全情報を探索する窓口としては，以下のようなものが考えられる。

① 独立行政法人「製品評価技術基盤機構」(NITE（ナイト）)

全国の製品事故情報が最も多く収集されており，従来は，年に1回,「事故情報収集制度報告書」を発行していたが，現在は，同機構ホームページ上において，最新の事故情報を公開すると共に，以前の事故情報についてはインターネット上で検索できるようにしている。リコール情報，クレーム情報等も紹介している。

② 独立行政法人「国民生活センター」

国民生活センターのホームページでは，消費生活相談データベースPIO-NET（パイオネット）情報の一部が公開されており，インターネットで検索ができる。パイオネットとは，国民生活センターと全国の消費生活センターをネットワークで結び，各消費生活センターに寄せられる相談情報の収集・登録を行うシステムである。ネット上で検索できる情報には限りがあるが，弁護士会照会制度を用いることで，より詳細な情報の取得も可能である。

また，国民生活センターは「消費者被害速報」「消費者被害注意情報」「消費者被害警戒情報」をマスコミに公表したり，「国民生活」(ウェブ版)を発行したりしており，これらもホームページ上で公開されている。

③ 消費者庁

NITEと国民生活センターの事故情報は，消費者庁に集約されており，1週間に1回ペースで，同庁ホームページ上において一般消費者向けに情報公開される仕組みとなっている。また，リコール情報サイトでは，消費者庁が独自に収集した情報も併せて掲載されている。

④ 国土交通省

自動車の欠陥に関しては，国土交通省ホームページ内に「自動車のリコール・不具合情報」というコーナーがあり，情報検索ができる。

⑤ 独立行政法人「医薬品医療機器総合機構」(PMDA)

医薬品等の副作用等による被害について情報検索が可能である。医薬品の添付文書情報，副作用情報，禁忌情報，緊急安全性情報（イエローレター：緊急に安全対策上の措置をとる必要があると判断された場合，厚生労働省からの配布指示に基づき，製造販売業者が作成する情報），安全性速報（ブルーレター：緊急安

全性情報に準じ，一般的な使用上の注意の改訂情報よりも迅速な安全対策措置をとる必要があると判断された場合に，厚生労働省からの配布指示に基づき，製造販売業者が作成する情報）等が公開されている。同機構においては，多くの医薬品等による患者の被害について，無過失補償制度を設けている。

⑥　関連省庁や独立行政法人等

以上のほか，食品，健康食品等，製品関連分野毎の情報開示もあるので，関連する省庁や独立行政法人等のホームページを検索してみるべきである。

⑦　類似判例の調査

当該事故品と類似する製品事故に関する過去の判例について調査し，当該事例との共通点，援用できる判例法理が存在しないかどうかチェックすることも重要である。


## (3)　事故原因の究明と専門的知見の確保

以上の方法により，事実確認，客観的証拠の確保，一般的知見の情報収集等を行った後は，収集した情報を分析・検討する必要がある。しかし，多くの場合，技術畑については非専門家である相談担当者の手に余ることもあるため，公的な原因究明機関の手を借りるか，関連分野の専門家を頼る必要がある。

第三者機関による原因究明は，その中立性に照らすとその後の交渉や訴訟における証拠価値が高いといえるが，適切な機関が見つからなかった場合には，被害者側自身で独自のルートで専門家にアクセスし協力を要請するしかない。第三者機関による原因究明で事故原因不明とされた場合にも，更なる原因究明のためには独自に専門家に要請するしかない。

原因究明機関としては，以下のような機関が考えられる。

①　原因究明機関としての消費生活センター

全国各地に存在することから，被害者としては相談先として利便性が高い。しかしながら，地域格差もあり，例えば東京都消費生活センター等は設備が充実しているが，全ての地域の消費生活センターで十分な人的・物的設備があるとは限らず，体制の不十分さも指摘されている。

②　国民生活センター

消費生活センターよりも検査機器が充実しているため，より実効性のある原因究明が期待できるが，専門性という意味では限界もある。商品テストに対応

可能な原因究明機関がホームページに紹介されている。

国民生活センターの商品テストは，一般消費者からの申請は受け付けておらず，消費者からの苦情を受けて，各地の消費生活センターが国民生活センターに商品テスト依頼をする流れになっている。ただし，商品テストの対象は，多数の被害が出ている事案に限られるわけではなく，個別事案における商品テストにも対応しているため，消費生活センターに対し商品テストの要望を出してみる等の働きかけを行ってみるのも1つの手段といえよう。

③　独立行政法人「製品評価技術基盤機構」(NITE)

事故品を被害者側から NITE に引き渡し，結論が出たころに，弁護士会照会または訴訟提起後の文書送付嘱託等により，その資料の開示を求めることが可能である。公的な原因究明機関の中では最も充実しているが，行政目的達成のための事故究明機関という位置づけなので，弁護士が介入して民事訴訟を提起する等の民事的な紛争が生じた場合には，NITE としてはそれ以降の調査や原因究明を差し控えることになっている。

NITE のホームページにおいても「原因究明機関ネットワーク総覧」という NITE が連携している原因究明機関のリストが公開されている。

④　消費者安全調査委員会

消費者庁の消費者安全調査委員会は，消費生活上の生命・身体被害に係る事故の原因を究明するための調査を行うと共に，他の行政機関等によって調査が行われている場合は，これらの結果の評価を行い，必要に応じて意見を述べ，あるいは調査委員会自ら調査を行い，報告書や評価書をホームページ上で公開している。消費者等から事故原因調査等を行うことを求める申出制度も設けられている。ただし，同委員会による事故原因調査は個別事案の救済・解決のためのものではないため留意する必要がある。

⑤　専門家への独自アプローチ

適した原因究明機関が見つからない場合には，関連分野の文献を探索して専門分野が近いと考えられる研究者や技術士，私的な研究機関に対して，独自のルートを開拓するしかない。また，欠陥商品事故を多く扱っている弁護士や弁護士の団体にアクセスして，専門家のバックアップを要請するための援助を得ることも1つの方法であろう。

なお，専門家の選定にあたっては，内容と費用を総合して，信頼できる機関

に依頼することが必要である。

## 3　裁判外対応

### (1)　訴訟外の解決・救済手段の意義

　事故後，可能な限りの証拠保全・情報収集をすることに加え，相談担当者としては，製造物責任を追及するにあたっての主張立証責任の負担や，時間と費用面の負担があることを相談者に十分説明し，今後の見通しについてもアドバイスをする必要がある。

　製品事故の事案は，技術的な専門性が高く，様々な分野の協力が必要であることが多い。そのため，被害が大きくない事案などでは，相談者が，費用と見込まれる賠償額との「費用対効果」から訴訟に踏み切ることを躊躇することも少なくない。

　とはいえ，現実に被害が発生していることを放置することはできない。また，製品事故は，このまま放置してしまうと，同様の後発被害の可能性があるし，場合によっては今後の重大事故に繋がりかねない。

　そこで被害者側の事情，意向，事件の見通し等の諸事情を勘案して，場合によっては訴訟ではなく裁判外の紛争解決手段（ADR）を用いることも解決・救済の選択肢として考慮すべきである。

　具体的には，次に述べる各種 ADR 等の制度がある。

　また，製品によっては，一定の被害救済制度を設けているものがある。製品の欠陥の技術的詳細の特定や製造者の過失の有無を問題とせず，一定の被害救済がなされるものも存在するので，製品事故の相談においては，これらの利用の可能性についても常に留意しておく必要がある。

### (2)　裁判外の紛争解決手段

　裁判外の紛争解決手段としては，簡易裁判所による民事調停や弁護士会の ADR センターが代表的であるが，それ以外でも，以下のようなものがある。

　①　各地の消費生活センター

　各地の消費生活センターのうち，比較的人口の多い都市部に所在するものについては商品テストの体制があり，比較的単純な構造の製品事故については，ADR の機能を果たし得る可能性がある。

② 国民生活センター

国民生活センターにおいても，「紛争解決委員会」（平成21年4月発足）という ADR 機関を設置しており，商品テストの依頼と共に，その結果を受けて，紛争解決委員会による解決を求めることも考えられる。

③ 各地の消費者被害救済委員会

都道府県においても，条例により消費者被害救済委員会を設けている地域もあり，そのような機関に事件の解決を依頼することも考えられる。ただし，体制上，技術的な原因究明まで期待するのは難しいようである。

④ 業界団体の「PL センター」

各製品分野の業界団体においても，「家電製品 PL センター」，「生活用品 PL センター」，「化学製品 PL 相談センター」，「医薬品 PL センター」，「消費生活用製品 PL センター」，「防災製品 PL センター」など，相談・ADR の制度を設けている。

自動車の欠陥に起因する事故については，「公益財団法人自動車製造物責任相談センター」の運営する相談・斡旋・審査の制度が存在する。同制度においては，相談・斡旋の段階までは厳密な原因究明は行わず，当事者間の歩み寄りによる金銭決着を試みる。斡旋までで解決が図られなかった場合には，当該製造者か他の競業事業者の協力を得て可能な限り原因究明を行って裁定を行う仕組みとなっている。しかし，欠陥の有無の判定が困難な事案がほとんどであり，「欠陥」が認められた事例は極めて少ないのが現状である。

これら業界団体の PL センターについては，専門性については担保されるという評価もあるが，業界団体である性質上，その公正・中立性については，懸念されるという評価もある。

### (3) 各種被害救済制度

製品によっては，一定の救済制度が存在するものもある。

① 業界団体が主体の被害救済制度

主として業界団体が実施主体となり，消費者に危害・危険を及ぼしうる製品を対象製品として指定し，自主基準によって安全性を検査したうえで，基準をみたす製品には所定のマークを貼付し，もしマークの付いている製品に事故が発生して消費者に損害が生じた場合には，業界団体が一定の損害賠償を代償す

る制度である。

代表例として，「BL マーク」（優良住宅部品認定制度に基づく住宅部品に関するもので，一般財団法人ベターリビングが運営），「ST マーク」（一般社団法人日本玩具協会が定める一定の基準をみたした玩具を対象とするもので，市販の玩具の90％がマーク付きである），等がある。

② SG マーク

これらに類似するものとして，消費生活用製品安全法による「SG マーク」の制度がある。これは，同法に基づき，一般財団法人製品安全協会が，一般消費生活用製品を対象に，特定の品目にかかわる安全基準の制定と対象製品の事故による人的損害の塡補を結び付けた制度である。対象となるのは同協会が審査して安全と認定した製品であり，人身事故の支給額の上限は1億円までである。

③ 医薬品等の副作用救済制度

医薬品及び再生医療等製品による被害（ただし一部は除外されている）に対しては，「独立行政法人医薬品医療機器総合機構」（PMDA）が行う「医薬品副作用被害救済制度」「生物由来製品感染等被害救済制度」等が存在する。

医薬品等の副作用により生じた健康被害の救済を民事責任とは切り離して製薬企業の社会的責任に基づいて図ることを目的としている。

医薬品等の副作用により，入院治療を必要とする程度の医療を受けた場合には，医療費，医療手当が給付される。また，日常生活が著しく制限される程度の障害がある場合（機構で定める等級で1級・2級の場合）には，障害年金等が支払われる。死亡の場合には，遺族年金・一時金等が支払われる。

⑷ ま と め

ADR 等を利用するメリットは，法律的な請求原因の主張立証が困難な場合にも柔軟な解決が期待できることや訴訟に比べて費用が安いこと，原因究明や紛争処理を行う場合に企業側の出頭と協力を得られやすく，かつ技術専門知識を備えた人材の確保を含め，関連業界の有する技術的な知見やノウハウの蓄積を活用できることなどが挙げられる。

ただし，裁定機能がある場合などを除き，ADR 等では双方の合意がなければ解決できないため，訴訟に比べて解決水準が低くなることが多いことも指摘せざるを得ない。また，ADR 等によっては，その人選等で，公正・中立性に懸念があるという指摘がなされているものもある。

第 2　欠陥商品　*295*

## ③　事　　例

── **事例 1　事故原因の特定（製品起因性），欠陥の判断基準・立証（冷 ──
　　凍庫事件）**

　飲食店を営む X1 は，Y 社の製造した業務用冷凍庫を購入し，店舗内に，冷凍庫の背面を壁から少し離した状態で設置し，食材を冷凍保存するために使用していた。ところが，それから 5 年後のある日の夜中，飲食店で火災が発生し，同店舗を全焼させたばかりか，X2 が経営する隣の服飾店まで延焼した。

　消火後の実況見分の結果，鋼鉄製である冷凍庫が焼損していること，冷凍庫の前面の塗装がほとんど残存していたこと，冷凍庫背部のサーモスタットが入っている部分の焼損状況が激しかったこと，背面の鉄板を取り除くと内部の断熱材が前面にわたり黒く煤けていたこと，冷凍庫の裏側の壁の焼損の程度が著しいこと等が判明した。

　X1 および X2 は，Y に対し損害賠償を請求したい。

## 1　問　題　点

　X1 および X2 は Y 社に対し，製造物責任，債務不履行，不法行為に基づく損害賠償責任を追及することが考えられるが，製造物責任を追及するにあたっては，主に，①本件火災は本件冷凍庫を発生源とするものか（製品起因性），②本件冷凍庫に欠陥があったか，③欠陥商品によって火災が発生した場合，その焼失による近隣への拡大損害と失火責任法の適用関係はどうなるかを検討することになる。

　この点，本事例においては，火災の発生状況が不明であることから，事故の発生原因が欠陥製品にあることをいかに立証していくかという点と，被害者側にとって欠陥の特定が極めて困難な状況にあることから，欠陥の判断基準とその立証方法とが，重要な問題となってくる。

296　第2章　具体的トラブル事例と解決

## 2　解決のポイント

### (1)　事故原因

ア　本件火災が本件冷凍庫を発生源とするものか，本件火災は夜中に発生しており，目撃者がいないことから，特に問題となる。本事例のように事故原因を直接証明することができない場合，被害者側としては，①当該製品自体の焼損状況，②火災の発生した建物内の焼損状況，③建物内の焼損部位と当該製品との位置関係，④当該製品の特性，⑤当該製品と類似の製品による火災例，⑥他の原因の不存在等を総合的に検討し，多くの間接事実を主張立証することで事故の発生源が当該製品にあることを推認していくことになる。

当該製品自体の焼損状況（①）や建物内の焼損状況（②），建物内の焼損部位と当該製品との位置関係（③）等を知るにあたっては，事故後に原因調査にあたった消防や警察等の機関から実況見分調書や火災原因判定書等の関係資料を入手することが考えられる。また，当該製品の確保も必要である。この点，当該製品を消防や警察等に任意提出する場合においては，これを廃棄処分されないよう注意を要する。

イ　本事例において，X1・X2としては，冷凍庫の前面の塗装がほぼ残存しているのに対し，背部のサーモスタットが入っている部分や内部の断熱材が激しく焼損していること（①），本件冷凍庫の裏側にあたる板壁の焼損の程度が著しいこと（②・③），本来外部からの火で燃える蓋然性の低い鋼鉄製の冷凍庫それ自体が焼損していること（④）等から，本件冷凍庫の内部から発火して裏側の壁に燃え移ったといえることを主張立証していくことになろう。

加えて，冷凍庫や冷蔵庫からの発火による火災の報告例（⑤）を調査し，これを主張立証することも考えられる。

この点，Yからは，タバコやガス漏れ，放火等火災につき他の原因がある（⑥）との反論がなされることが予想される。これに対し，X1・X2としては，タバコの使用やガス漏れ，放火等の事実が認められないこと，周囲に発熱するものが存在しないこと等他の原因が見当たらないことを丁寧に主張立証し，他の原因を排斥していくことが重要となる。

## (2) 欠　　陥

　ア　X1は，本件冷凍庫を，冷凍庫本来の使用目的に従い，食材の冷凍保存のために使用していたものである。にもかかわらず，通常火が出ることの考え難い冷凍庫が発火し，本件火災の発生源となっていることから，X1・X2としては，「製造上の欠陥」または「設計上の欠陥」があったことを主張立証していくことになる。

　イ　欠陥の有無を判断するにあたっては，①当該製造物の特性，②通常予見される使用形態，③当該製造物を引き渡した時期等を総合的に検討する必要がある。

　まず，当該製造物の特性（①）について，X1・X2としては，そもそも冷凍庫から火が生じ，火災が発生する蓋然性が低いことを主張立証すべきである。また，本件冷凍庫の欠陥が製造上の欠陥と設計上の欠陥のいずれかについては，本事例の事情のみからでは明確でないが，仮にサーモスタットの故障によると考えられるのであれば，製造上の欠陥と位置付けられる。かかる場合は，サーモスタットとこれに関連する部品や配線等が設計書・仕様書等の標準から逸脱していたかを検討することが必要になる。

　さらに，X1・X2としては，X1が冷凍庫の背面を壁から少し離した状態で設置し，冷凍庫本来の使用目的に従い，本件冷凍庫を食材の冷凍保存の用途で使用していたこと（②）等も主張立証していくべきである。

　ウ　当該製造物の特性（①）の検討に際しては，製造物の「通常使用期間・耐用期間」も考慮する必要がある。この点，本件冷凍庫は5年前に購入したものであることから，かかる長期使用製品の瑕疵によって損害が発生した場合，これが「欠陥」といえるかが問題となる。

　まず，X1・X2としては，5年前の製造業者からの引渡時点において既に欠陥が存在したことを主張立証することになる。もっとも，製造物が通常想定される使用期間や耐用期間を超えて使用された場合，その経年劣化によって事故発生の危険性が高まることは，経験則上否定しがたく，使用期間が長くなればなるほど，欠陥の認定が難しくなってくる。

　この点について，X1・X2は，冷凍庫という長期使用を予定している製品の特性から，5年程度の使用期間であれば，欠陥があったといえるとの事実上の推定により判断されるべきと主張することが考えられる。

298　第2章　具体的トラブル事例と解決

**エ**　仮に発火部分が冷凍庫背面のサーモスタットらしいという事実はわかったとしても，その中のどの部位に欠陥が存在したのか，発火のメカニズムはどのようなものか，製造上の欠陥と設計上の欠陥のいずれか等について，これらを具体的に特定し立証することは，被害者側にとって非常に困難である。そこで，X1・X2としては，発火部位がサーモスタットらしいことや燃焼経路等を可能な限り主張した上で，「事実上の推定」等により立証責任の軽減を求めることになろう。

### (3)　製造物責任法と失火責任法との関係

　製造物の欠陥に起因して火災が発生し，それが第三者たるX2の所有する家屋にまで拡大して損害を発生させた場合，Yは失火責任法によって免責されることがあるか。製造物責任が無過失責任であるのに対し，失火責任法の責任は重過失がある場合に限られることから，失火責任法との関係が問題となる。

　失火責任法は，木造家屋が密集するわが国では火災の例も多く，軽微な過失による失火者に重い責任を負わせるのは酷だとの趣旨から制定されたものである。しかし，近時は失火責任法制定時とは事情が異なり，同法は制限的に適用されることが多いこと，また，製造業者は被害者側に比し賠償に耐えるだけの資金力を有している場合が多いこと等からすると，失火責任法による免責を適用する余地はない。

　X2としては，製造物責任法の趣旨が優先され，製造物責任が肯定されると主張することになろう。

## 3　設問に対する回答

　本事例は，「三洋電機冷凍庫発火事故製造物責任訴訟事件」（東京地判平成11年8月31日判時1687号39頁，判タ1013号81頁）を題材にしたものである。なお，同裁判例の冷凍庫は，製造物責任法施行前に引き渡されたものであったため，同法の適用は受けなかったものであるが，製造物責任法上の責任の追及にあたって参考となる事案である。

　同裁判例では，まず，火災の発生原因につき，冷凍庫それ自体の焼損状況，本件板壁の焼損状況，冷凍庫と板壁の位置関係，本件冷凍庫のサーモスタットの焼損状況，冷蔵庫の発火による火災例，他の原因の不存在等の間接事実を認

定し，冷凍庫から発火したことを推認している。

そして，原告が冷凍庫本来の使用目的に従って使用していた場合に冷凍庫から発火したときは，火災当時，通常有すべき安全性を欠いていたとし，「欠陥」を肯定した。その上で，特段の事情が認められない限り，製品が流通に置かれた時点において，欠陥が存在していたと推認されるとし，製造者に製品を設計，製造し，流通に置くに際して安全確保義務違反の過失があったとし，被告の不法行為責任を認めている。

## 4　参考判例

欠陥要件や製品起因性について重要な判断をした裁判例①仙台高判平成22年4月22日判時2086号42頁（以下「携帯電話発熱事件」という），②名古屋地判平成11年6月30日判時1682号106頁（以下「オレンジジュース事件」という）を紹介する。

### ⑴　携帯電話発熱事件
### ア　欠陥の判断基準

製造物責任法2条2項には，欠陥の意義，考慮要素の記載はあるが，具体的な判断基準などは明らかでない。この点，携帯電話発熱事件において，裁判所は，事実上の推定法理を活用し，欠陥の判断基準を示す重要な判断をしている。

同事件は，Xが，Y社製造の携帯電話をズボンのポケットに入れたまま数時間こたつに入っていたところ，携帯電話が異常に発熱して，足にやけどを負ったと主張し，Y社に対し，製造物責任に基づく損害賠償請求等をした事案である。

同事件において，裁判所は，「本件携帯電話について通常の用法に従って使用していたにもかかわらず，身体・財産に被害を及ぼす異常が発生したことを主張・立証することで，欠陥の主張・立証としては足りるというべきであり，それ以上に，具体的欠陥等を特定した上で，欠陥を生じた原因，欠陥の科学的機序まで主張立証責任を負うものではない」と判断した。

裁判所の上記判断によると，欠陥の主張立証は，①製造物を通常の用法に従って使用していたこと，②当該製品によって身体・財産に被害が及んだこと

300　第2章　具体的トラブル事例と解決

（製品起因性）で足りる。

### イ　製品起因性

裁判所は，①Xの熱傷の受傷時期，熱傷の位置及び形状が，Xの主張と一致することから，当該熱傷が当該携帯電話に関連して生じたものと推認するのが自然であること，②Xの熱傷は低温熱傷であること，③当該携帯電話が低温熱傷をもたらす程度に発熱することはあり得ること，④当該携帯電話以外にXの熱傷の発生源がないこと，Xがこたつの熱のみで熱傷を負ったとはいえないことを理由に製品起因性を肯定した。

### ⑵　オレンジジュース事件

Yの製造・販売するオレンジジュースを飲んだ際，その中に入っていた異物によって喉を負傷したとするXが，Yに対し，製造物責任に基づく損害賠償請求等をした事案である。当該ジュースは捨てられており，Xの胃を検査しても異物は発見されなかったことから，Xが喉を負傷したか，本件ジュースに異物が入っていたかが争点となった。

裁判所は，診断書の記載等から，Xが喉を負傷した事実を認定した上で，①Xの受傷が本件ジュースを飲んだ直後であること，②本件ジュースの販売からXがこれを飲むまでの間に異物が混入する機会がなかったこと，③Xの口腔内にあらかじめ異物が存在していたとは考えられないこと，④製造過程において異物が混入する可能性は否定できないことを理由に製品起因性を肯定した。

---

### ━━ 事例2　誤使用の反論が予想される事例（カプセル玩具事件）━━

　2歳10カ月のX1が，Y社製造のカプセル入り玩具のカプセルを，ボール代わりにして遊んでいたところ，カプセルを誤飲してしまった。X1の母親X2がカプセルを取り出そうとしたが手の入る隙間がなく，119番通報を受け駆けつけた救急隊員もカプセルを取り出せず，病院搬送後，医師によりカプセルが取り出された。X1はカプセルが取り出されるまでの約30分間窒息状態にあったため，低酸素脳症による後遺障害が残った。X1およびX1の両親X2・X3はYに対し，損害賠償請求をしたい。

## 1 問 題 点

本事例において，X1，X2およびX3がYに対し製造物責任を追及するにあたっては，主に設計上の欠陥が認められるかが問題となる。本件カプセルは，玩具を封入する包装容器であるのに，X1がこれを玩具として使用して事故が起きているため，Yからは誤使用の反論がされることが予想される。

欠陥の存否については，①当該製造物の特性，②その通常予見される使用形態，③その製造業者が当該製造物を引き渡した時期等が総合的に考慮されて判断されることとなるが，この事例では，②に関わる誤使用の反論を中心に検討する。

## 2 解決のポイント

(1) 上記②通常予見される使用形態に関し，消費者が製造業者の想定した使用方法以外の使用をして事故が起きた場合，製造業者からは誤使用のために事故が起きたものであり欠陥はないとの反論がされることが多い。

しかし，製造業者が想定する使用方法から外れた誤使用であっても，そのような使用方法が合理的に予見される場合は，通常予見される使用形態（②）に含まれ，このような「予見される誤使用」については，その使用方法に対しても安全でなければ，欠陥と評価されることがあり得る。また，当該製造物につき判断能力の未熟な児童の使用が予見される場合，そのような者が通常とり得る使用方法については，合理的に予見される使用方法であり予見される誤使用であると解すべきである。すなわち，使用者の属性，製造物が置かれた場所，使用場所，製造物の性質に照らして合理的に予見される範囲の使用方法は，誤使用であっても，通常予見される使用形態（②）に含まれると考えるべきである。

なお，誤使用が問題となる場合は，因果関係や過失相殺も問題となることが多い。

(2) 本事例における通常予見される使用形態（②）について，Yから，子どもが遊ぶことが予定されているのはカプセルの中の玩具であって，包装容器であるカプセルで遊ぶことは想定されておらず，誤使用であるとの反論がされることが予想される。これに対しては，カプセルはプラスチック製の球体で，通

常の玩具の包装容器とは異なり耐用性があるため，ボール等の玩具へ転用することが可能であるし，玩具を取り出した後に耐用性のあるカプセルを幼児が玩具に転用することは，ごく普通のことであるから，カプセルを幼児が遊びに用いることは通常予見される使用形態であることを主張立証していくことになる。

　なお，製造物の特性（①）については，当該カプセルが幼児の口腔内に入る大きさであったこと，一旦幼児の口腔内に入った場合に取り出しにくい形状であったことを主張立証していくことになる。

## 3　設問に対する回答

　(1)　本事例は，鹿児島地判平成20年5月20日（判時2015号116頁）を題材にしたものである。

　(2)　出典となった裁判例では，製造物の特性（①）に関し，当該カプセルが直径40ミリメートルの球体であること，3歳未満の幼児でも最大開口量が40ミリメートルを超えることは珍しくないことから，当該カプセルには3歳未満の幼児の口腔に入る危険性があったことを認めた。

　なお，被告が，一般社団法人日本玩具協会作成の基準（ST基準）中の幼児の玩具の直径についての基準を満たしていると反論したのに対し，ST基準を満たすことのみで，当該カプセルが幼児の窒息防止のための十分な安全性を有していたとは認められないと判断した。

　(3)　次に，通常予見される使用形態（②）に関し，玩具を取り出した後に，カプセル自体が玩具として遊びに用いられることも，通常予見される使用形態の一つであると判断した。

　さらに，当該カプセル玩具の対象年齢が7歳とされていた点について，当該カプセルは3歳未満の幼児でも転がして遊ぶといった単純な遊びにより容易に玩具に転用ができること，対象年齢を満たす幼児に3歳未満の弟や妹がいることは何ら珍しいことではなく，当該カプセルが3歳未満の幼児の手に渡ることも当然あり得ること，一般に，幼児は玩具に強い関心を向け，手にしようとする傾向があること等を指摘して，3歳未満の幼児が当該カプセルで遊ぶことは通常予見される使用形態（②）であるとした。

　(4)　以上より，設計上の欠陥が認められた。

第2　欠陥商品　　303

(5)　なお，自宅内での幼児の窒息事故を防止する注意義務は一次的には幼児の両親にあるとして7割の過失相殺がされた。

## 4　参考判例

　　（こんにゃくゼリー事件：神戸地姫路支判平成22年11月17日判時
　　　2096号116頁，大阪高判平成24年5月25日判例集未登載）

　1歳9か月の幼児がこんにゃく入りゼリーを食べ，喉に詰まらせ窒息死した事案で，裁判所はこんにゃく入りゼリーの特性の一部はこんにゃく自体の特性であること，事故報道等によりこんにゃく入りゼリーの特性は認知されていたこと，幼児に与える場合は保護者等が切り分けて与えるべきであり，切り分けずに与えて誤嚥しても，それは欠陥を徴表するものではないことから，設計上の欠陥はないと判断した。なお，幼児がこんにゃく入りゼリーを大人の介助のないまま自ら食べることは，通常予見される使用形態（②）ではないとしている。また，指示・警告上の欠陥についても，商品の外袋に危険性を周知するのに十分な表示がされていたとして，認めなかった。

　この判例は，全体を通して，消費者の通常の行動を理解していないものであって，妥当でないといえよう。

---

### ── 事例3　指示・警告上の欠陥（強化耐熱ガラス製食器事件）──

　小学3年生であるXが，学校で給食を食べ終わった後に，Y社が製造する学校給食用に使用されていた強化耐熱ガラス製の食器を返却しに行こうとしたところ，近くの児童の肘がXの肘に当たり，Xは誤って食器を床に落下させた。食器は破損し，その鋭利な破片が周囲に飛び散り，Xは右目を負傷した。

　本件食器は，糸底のない形状で，有害物質の溶出がなく，割れにくいが，割れた場合には細かく鋭利な破片が広範囲に飛散するという性質を有していた。

　また，本件食器の商品カタログには「ショックに強く丈夫」との記載があるものの，破損の危険性および破損した場合に予想される破片の飛散状況についての記載はなかった。また，本件食器の使用要項の表紙には，「熱にも，ショックにも強いガラス食器」と大きく記載され，特徴の筆頭

に「ショックに強い，ガラスでありながら一見陶磁器のようで，しかも丈夫さはその数倍！」と記載されていた。同使用要項には，破損の危険性については取扱いの注意事項として記載されているものの，破損した場合に予想される破片の飛散状況についての記載はなかった。さらに，取扱説明書には，特徴の第1番目に「独自の構造で，多少のショックでも割れにくい性質をもっている」ことが挙げられていた。他方，取扱い上の注意欄に，「一般のガラス製品や陶磁器より丈夫にできていますが，決して『割れない』，『欠けない』ということではありません。」と破損の可能性があることのほか，「割れた場合，音をたてて，鋭利な破片となって割れることがあります。」と破片の危険性についての一応の注意喚起はなされていた。

XはYに対し，製造物責任法3条に基づき損害賠償請求をしたい。

## 1 問 題 点

XがYに対して製造物責任を追及するにあたっては，主に①設計上の欠陥が認められるか，②指示・警告上の欠陥が認められるかという点が問題となり，①については，特に本件食器の効用・有用性と安全性をどのように考えるかという点が重要となる。また，その他に，因果関係や過失相殺が問題となり得る。

## 2 解決のポイント

### (1) 設計上の欠陥が認められるか

ア 欠陥の存否については，①当該製造物の特性，②その通常予見される使用形態，③その製造業者が当該製造物を引き渡した時期等が総合的に考慮されて判断される。

イ 本事例の場合は，①当該製造物の特性に関し，本件食器が破損した場合に，細かく鋭利な破片が広範囲に飛散する性質を有すること，本件食器の形状が糸底がなく持ちにくい形であったことについて主張立証する必要がある。

また，②通常予見される使用形態に関し，本件食器は学校給食に用いられて

いたことから，当然に小学校低学年の児童による使用が予見されるので，高度の安全性が要求されるということを主張立証していくことになろう。

これに対し，Yからは，当該食器には割れにくく扱いやすい，有害物質の溶出がないという給食用食器としての効用・有用性があるという反論がされることが予想される。

この点については，学校では児童の安全・健康が何より優先されるべきであるから，学校給食に用いられる食器については，有用性よりも安全性を重視すべきである。

### (2)　指示・警告上の欠陥が認められるか

**ア**　製造物とともに提供すべき適切な指示・警告を欠いている場合が，指示・警告上の欠陥である。

当該製造物の危険性を消費者が正確に認識できる情報を提供していない場合は，指示・警告上の欠陥が認められる。損害賠償請求をするに当たっては，指示・警告の文言や記載の態様（記載の場所・順序・文字の大きさ等）からして，当該製品の危険性を消費者が認識できたかどうかについて，丁寧に事実関係を主張することが重要である。

**イ**　本事例の場合は，(i)取扱説明書および使用要項には，取扱い上の注意として，破損の可能性・危険性の記載があり，取扱説明書には割れた場合に鋭利な破片となって割れることがあるとの記載はあるが，それだけでは，割れる危険性のある食器についての一般的な注意事項にとどまること，(ii)商品カタログ等に本件食器の割れにくさが強調されて記載されているのに対し，一旦割れた場合には通常の陶磁器等に比べて危険な割れ方をすること（鋭利で細かい破片が広範囲に飛散すること）について記載がないことから，本件食器の危険性を消費者が正確に認識できる情報をYが提供していないと主張していくこととなる。

## 3　設問に対する回答

(1)　本事例は，奈良地判平成15年10月8日判時1840号49頁を題材にしたものである。

(2)　出典となった裁判例では，設計上の欠陥について，①製造物の特性に関

し，給食用食器として軽くて取り扱いやすい，有害物質の溶出がないといった有用性があることを考慮し，割れた場合は細かく鋭利な破片が広範囲に飛散するという危険性は割れにくさという有用性と表裏一体をなすものとされ，設計上の欠陥は認められなかった。

(3) また，指示・警告上の欠陥について，まず，当該食器が割れた場合の危険性を考慮すれば，当該食器が必ずしも通常の陶磁器等に比べて安全性が高いものとはいえないとしたうえで，消費者としては，当該食器の購入・使用を検討するに当たり，割れにくさと割れたときの危険性という表裏をなす性質の両面を十分認識して初めて，割れにくさを重視して購入・使用するか，あるいは割れた場合の危険性を重視して購入・使用をしないという選択を的確になしうるといえ，購入した消費者に対しても，割れた場合の危険性について注意喚起し，使用方法につき十分な警告をする必要があるとした。

そのうえで，当該食器のカタログ等の記載では，本件食器が陶磁器のような外観を有しながら，より割れにくい安全な食器であり，仮に割れた場合にも，その危険性が一般の陶磁器とさほど変わらないと認識するのが自然であると考えられると判断し，当該食器の各表示は，割れた場合の危険性について，消費者が正確に認識し，購入の是非を検討するに当たって必要な情報を提供していないのみならず，当該食器を使用する消費者に対し，十分な注意喚起を行っているものとはいえないとして，指示・警告上の欠陥を認めた。

(4) なお，因果関係については，当該食器の危険性が陶磁器等よりはるかに高いことを小学校の教諭らが認識していれば，給食用食器としての採用・導入を見合わせたり，給食用食器として採用した後でも，児童らに危険性を周知徹底させるなどの適切な対処を行うことは十分可能であったから，表示上の欠陥と事故発生の結果との間には相当因果関係があるとした。

(5) また，製造業者による過失相殺の主張に対しては，表示上の瑕疵が重大であること，学校用食器として異常な用法によって生じた事故ではないこと等から，過失相殺しなければ公平を失するといえるまでの事情は認められないとして，過失相殺を認めなかった。

## 4 参考判例

（イレッサ薬害事件：最判平成 25 年 4 月 12 日民集 67 巻 4 号 899 頁）

末期の肺がん患者に処方される抗がん剤から生じる副作用の記載が問題となった事案である。最高裁は，がん治療に当たる医師が使用することを前提に，医師が副作用を認識するのは困難ではなく，抗がん剤の添付文書の記載は不適切とは言えないとして，製薬会社の製造物責任を否定した。指示・警告上の欠陥に関する判断であるが，医療用医薬品についてのもので，他の製品の欠陥が問題となる場合に当てはまる説示ではない。

---

### 事例4　開発危険の抗弁（アマメシバ事件）

母A・娘Bの親子は，C会社が製造し，痩身効果や血糖値を低下させる効果が絶大であるなどと広告・宣伝されていた健康食品を購入し，数カ月間にわたり摂取した。この健康食品の原材料は，「アマメシバ」という植物であった。C社は，これを輸入して加熱殺菌して，乾燥させて，健康食品にしていた。

A・Bは，摂取後1年近く経過してから，突然，2人とも急性の肺障害（閉塞性細気管支炎）に罹患し，最終的に身体障害等級3級の認定を受けるほどの重症な呼吸障害に陥った。

アマメシバについては，以下の事実が判明していた。

・この件の数年前から台湾で（種類が違う）アマメシバの生ジュースの飲用者に同様の肺障害に罹患したケースが多発し，死亡者も出たことから，行政指導で生産中止の措置がとられていた。

・欧米の医学雑誌にもアマメシバの摂取と肺障害との関連性を指摘する文献が複数掲載されていた。

・日本国内でもアマメシバの摂取者に類似の肺障害例が数件存在し，摂取した近親者も同時に同じ症状に陥った。

これに対して，C社側は，

・食品安全委員会を通じた動物実験でもラットの死亡例がなく，疾患の原因となるような毒素も検出されなかったので「欠陥」がない。

・台湾の事例はアマメシバの種類と摂取方法が異なる。

・本件の健康食品に関する国内の被害事例は数例に過ぎない。

・同様の症状は膠原病の一種である「シェーグレン症候群」によっても発症するためアマメシバとの因果関係がない。

*308* 第2章 具体的トラブル事例と解決

・仮に欠陥が存在したとしても，台湾のケースや医学論文への掲載等の詳細な情報は，本件健康食品の製造・販売時に知り得なかった。

と反論している。本件について，製造物責任を問うことはできるのか。

## 1 問 題 点

本事案における問題点は，①植物の乾燥粉末であっても「製造物」に該当するか，②医学的機序の具体的な解明抜きに，被害事例多発という疫学的証明や医学文献の記載という間接的な事実のみにより「欠陥」と認定できるか，③他の被害報告との用法の違いや他原因介在の疑いがあっても，因果関係が認められるか，④販売時に危険の存在について製造者が知り得なかった場合においても責任は認められるか，⑤親子で疾患を発症していることから，何らかの体質や素因が関与しているとして素因減額が認められるか等である。

## 2 解決のポイント

### ⑴ 製 造 物

本件では，アマメシバを輸入して加熱殺菌して，乾燥させて，健康食品にしていた。このように食品を加熱・乾燥させただけで，「製造物」と言えるのかが問題となる。

これについては，自然に生育する動植物由来の食品であっても，流通に置く前に製造者等の手を加えることによって新たな物品を作り出したり（製造），その本質は保持させつつ新しい属性を付加し，価値を加える（加工）場合には，「製造物」に該当するとされている。

例えば，東京地判平成14年12月13日（判時1805号14頁）は，料亭の料理として供されたイシガキダイのアライに毒素が含まれていて食中毒被害が発生したとの事案について，イシガキダイをさばいて内臓を除去して三枚におろし，氷水でしめてアライにして提供するという調理は「加工」に該当するとして料亭側の製造物責任を肯定している。

## (2) 欠　　陥

「粉末あまめしば」の摂取による閉塞性細気管支炎の罹患の機序は，必ずしも明らかになっていないとされる。被害者側は，類似食品による外国の被害多発例の存在やアマメシバの摂取と閉塞性細気管支炎の関連性を疫学的に指摘する複数の医学文献の存在を指摘しているが，これで，「欠陥」の存在が認定されるかが問題となる。

　この点につき，製造業者側は，製造販売許可を得る際の食品安全委員会の検査において毒素が検出されず，ラットを使った動物実験によっても死亡例がなかったことを指摘している。

　製品事故においては，欠陥の存否が当事者間の中心的な争点となり，その形式的な主張立証責任は被害者側に課されている。しかし，多くの場合，その欠陥の内容，原因を具体的に特定することは，被害者側にとって，事実上の不可能を強いるに等しい結果となりかねない。

　特に，本件のような食品事故や医薬品の副作用被害など自然科学的な要素が多く不断に進展する医学によっても解明されていない生体の機能など複雑困難な要素が内在する場合は，尚更である。

　そこで，経験則上，欠陥の具体的な原因事実を推認させる「不相当に危険な製造物の性状」の存在を主張立証することができれば，欠陥の存在について一応の推定が成立し，その推認を破るに足りる事実を事業者が主張立証できない限り，欠陥の存在が認められるものと解すべきである。

　具体的には，当該製造物が通常の用法に従って用いられていたにもかかわらず，身体や財産に通常生ずべきでない異常な被害が生じた事実を主張立証すれば足り，欠陥の箇所や具体的原因，その被害の発生機序についてまで主張立証する必要はないものというべきである。

## (3)　因果関係

　因果関係の存否の判断に関しては，民法の不法行為責任と同様の考え方で高度の蓋然性が必要であるとされている（最判昭和50年10月24日民集29巻9号1417頁（東大ルンバール事件））。その立証は「一点の疑義も許されない」まで科学的に究明すべき「自然科学的証明」ではなく，「経験則に照らして全証拠を総合検討し」，「通常人」を基準として，「疑を差し挟まない程度に真実性の

確信を持ちうる」程度に立証すれば足りる。具体的な数個の間接事実を前提として，その積み上げにより，経験則を適用して「事実上の推定」を働かせ，因果関係の存在を肯定する手法がとられる。

本件では，摂取と発症の事実，摂取と発症との関連性，発生時期（時間的接近性や同時期であることなど），他原因の否定などの事実を主張立証していくことになろう。

### ⑷　開発危険の抗弁

製造物責任が問題となる事案においては，事業者側から，しばしば，開発危険の抗弁を主張されることがある。題材となった事案においても，製造者は，当時，「粉末あまめしば」は健康食品の一種であると理解しており，本件「粉末あまめしば」が人体に悪影響を及ぼす危険なものであるとの認識は全くなく，その摂取によって閉塞性細気管支炎を発症する可能性があるとは考えてもいなかったし，また，その可能性を予見することもできなかったと開発危険の抗弁の主張をしていた。

ここでは，「科学又は技術に関する知見」（製造物責任法4条1号）に関する水準が問題となる。開発危険の抗弁は，製造物責任の立法趣旨からすれば，あくまで例外であることから，この水準は，個々の製造者や業界の平均的な水準ではなく，製品の「規範的」製造者からみて入手可能な最高の科学・技術知識の水準とすべきである。

したがって，およそ問題となっている科学的知見が海外であっても研究誌に掲載されたような場合には，その知見の内容が関連業界一般に周知される以前であったとしても，この抗弁が認められる余地はないのである。

### ⑸　素因減額

製造物責任が認められたとしても，その損害について争われることがある。その1つが素因減額論である。素因減額論は，被害者の損害発生・拡大について，事故そのものだけでなく当該被害者自身の元々の身体的素因が関係している場合には，事故そのものの損害に対する因果的影響力が限定されたものとなるから，損害の公平な分担という見地から，民法722条2項の類推適用で損害額を減額させるという理論である。

しかし，本来，加害者は，被害者のあるがままの状態を受け入れなければならないのが原則である。そして，被害者側の身体的素因が通常の健常者と大きく隔たる「疾患」と評価される場合，その身体的素因による損害の発生・拡大の予見が困難であるため，例外的に損害額を減額するのである。こうした例外的な取扱いであることに鑑みれば，仮に，被害発生・拡大に，何らかの遺伝的素因が関係するとしても，その要因，寄与の程度等が明らかになっていなければ，直ちに健常者と大きく隔たる「疾患」とは評価できない。

## 3　設問に対する回答

本事案は，「健康食品・粉末あまめしば」の製造物責任に関し，製造者等の賠償義務を認めた名古屋地判平成19年11月30日判時2001号69頁を題材としたものである。なお，同事件は控訴審である名古屋高裁において，製造者との関係で平成21年2月26日に原審の判断を基本的に維持する判決が下され（ただし，損害額としては4割を減額），最終的には，最高裁で控訴審の判決が確定している。

判決では，当該健康食品は，植物であるアマメシバを加熱して，乾燥・粉末化した後に滅菌処理したのであるから，製造・加工にあたり「製造物」であるとした。

「欠陥」については，①被害者らが当該健康食品のパッケージや説明書に記載されていた通常の用法・用例を守って摂取していたこと（つまり誤使用がなかったこと），②通常の使用方法によっても閉塞性細気管支炎が生じうること，③本件以前から台湾の被害事例とアマメシバ摂取との関係を指摘する複数の医学文献が存在したことなどを理由として，「欠陥」の存在を認定した（控訴審判決もこれを踏襲している）。

因果関係についても，①被害者らが「粉末あまめしば」を摂取し，閉塞性細気管支炎を発症したこと（摂取と発症の事実），②加工アマメシバの摂取と閉塞性細気管支炎との関連性（摂取と被害との関連性），③親子で同時期に摂取して，同時期に発症したこと（発生時期等），④他原因の否定という間接事実の積み重ねで因果関係を肯定した（控訴審判決もこれを踏襲している）。

開発危険の抗弁については，名古屋地裁判決は，「科学又は技術に関する知見」とは，「当該製造物をその製造業者等が引き渡した当時において，科学技

術に関する諸学問の成果を踏まえて，当該製造物の欠陥の有無を判断するに当たり影響を受ける程度に確立された知識の全て」とした。その上で，原告らが本件「粉末あまめしば」を最初に購入した時期より以前から医学雑誌において台湾の症例が紹介されていたこと，野菜あまめしばの摂取により肺障害となった症例を知ることは可能であったこと，権威が高いとされる医学雑誌にも掲載されたことから，「粉末あまめしば」の欠陥の有無を判断するに当たり影響を受ける程度に確立された知識であったということができるとして，開発危険の抗弁の主張を排斥した（控訴審判決もこれを踏襲している）。

　他方で，題材となった事案の控訴審判決では，摂取者全てが肺障害を発症したわけではないこと，国内の半数の症例について近親者の発症を見ていること，本件自体も親子で発症していることから，閉塞性細気管支炎の発症には遺伝的素因が介在しているとして，損害額のうち4割の減額を認めた。しかし，遺伝的素因が本当に寄与しているのか，その寄与の程度も明らかになっていないのであるから，通常の健常者と大きく隔たる「疾患」と評価することはできないのであり，素因減額を行った名古屋高裁判決には大きな疑問があると言わざるを得ない。


【参考文献】
・消費者庁消費者安全課編『逐条解説　製造物責任法〔第2版〕』（商事法務，2018年）
・日本弁護士連合会消費者問題対策委員会編『実践PL法〔第2版〕』（有斐閣，2015年）

# 第3 ┃ 居宅を巡るトラブル

## 1 欠陥住宅

--- 事例1 ---

Aは，仲介業者の媒介により，㈱B販売から，木造3階建ての家を自宅として購入したところ，しばらくして，ドアが閉まらない，ちょっとした振動で建物が揺れる，雨漏りがするなどの不具合が生じてしまった。

本件建物は，㈱C建設が施工し，設計・工事監理は一級建築士Dが行っている。

Aは，誰にどのような責任を追及できるか。

--- 事例2 ---

上記の例で，Aが一級建築士Dに設計・工事監理を依頼し，㈱C建設と請負契約を締結して自宅を建築した場合はどうか。

### 1 論点と基本的な考え方

#### (1) 欠陥住宅問題とは

消費者が，売買ないし請負等により取得した住宅に欠陥（瑕疵）があった場合，自身や家族のための平穏で安定した生活の基盤であるはずの建物が，逆に，日々，被害を生じさせるものとなる。そのため，重要な消費者被害の1つとなっている。

平成7年1月17日に発生した阪神・淡路大震災での悲惨な被害（死者6,434名，建物の全壊約10万5,000棟，半壊約14万5,000棟等）について，当時の建設省住宅局長が，「阪神・淡路大震災では，鉄骨部分の溶接部分の不良，木造住宅の耐力壁の不足等，施工の不良や明らかな違反が原因と見られる被害が多数発生した。」との被害実態を確認し，遅まきながら，建物の安全性確保のため

314 第2章 具体的トラブル事例と解決

の施策が必要であることが認識された。

さらに，平成17年11月17日に発覚した耐震強度偽装事件〔千葉県内の一級建築士が構造計算書を偽装し，建築基準法上必要な耐震強度1（保有水平耐力）に対して，これを大きく下回る強度しかなく，震度5程度の地震によって倒壊する危険のあるマンション等が21棟あることが公表された事件。最終的に約100棟の偽装が判明した。〕によって，よりいっそう深刻な被害の実態があることが確認された。


### (2) 主な論点

① 瑕疵担保責任（改正前の民法570条・634条。構造耐力上主要な部分及び雨水の浸入を防止する部分に関する瑕疵については，住宅の品質確保の促進等に関する法律94条・95条）における瑕疵の意味

平成29年5月に成立した改正民法では，売買，請負の規定から「瑕疵」という表現がなくなり，「契約内容に適合しない」という表現になった（売買に関して，改正後民法562条〜566条。請負については，売買に関する規定を有償契約に準用する同559条に基づく562条，563条，および636条）。

そこで，民法改正後は，従来の「瑕疵」にあたるかどうかの論点は，「契約内容に適合しない」か否かの論点となる。

この改正による「瑕疵」ないし「契約内容不適合」の意味については，後述する。

なお，新築住宅に関する，売買，請負における瑕疵担保責任について，構造耐力上主要な部分又は雨水の浸入を防止する部分の瑕疵について，10年の瑕疵担保責任を規定した品確法では，民法改正後も，「瑕疵」という表現を維持し，「瑕疵」とは，「種類又は品質に関して契約の内容に適合しない状態をいう。」とする定義規定を置く予定である（改正後の品確法2条5項）。

② 設計者，施工者等の不法行為責任の成立要件

③ 損害論の中核となる，瑕疵の是正補修方法の考え方（是正補修に要する工事費用が損害の中心となる）


### (3) 改正民法について

前記のとおり，売買，請負について，民法から「瑕疵」との表現がなくな

り，担保責任，損害賠償，契約解除等の根拠規定が改正されるので，改正民法の根拠規定を，以下のとおり整理しておく。

### ア 民法改正前

#### ㋐ 売買の瑕疵担保責任（改正前民法570条，566条）

「隠れた瑕疵」がある場合に，契約目的達成不可能な場合には契約解除ができ，そうでない場合には，損害賠償請求のみができる。

#### ㋑ 請負の瑕疵担保責任（改正前民法634条，635条）

「瑕疵」がある場合に，瑕疵の修補請求，瑕疵修補に代わる損害賠償請求ができる。

土地の工作物については，契約解除ができない（改正前民法635条）。

### イ 民法改正後

#### ㋐ 売 買

以下，いずれも，改正前民法の瑕疵（改正後の「契約内容不適合」）が，「隠れた」ものであることは，要件ではない。

・追完請求権（改正後民法562条）

「引き渡された目的物が，種類，品質又は数量に関して契約の内容に適合しないものであるとき」は，「目的物の修補，代替物の引渡し又は不足分の引渡しによる履行の追完を請求」できる（ただし，売主は，買主に不相当な負担を課するものでないときは，買主が請求した方法と異なる方法による履行の追完をすることができる）。

・代金減額請求権（改正後民法563条）

「種類，品質又は数量に関して契約の内容に適合しないものであるとき」は，代金減額請求ができる。

・損害賠償請求（改正後民法415条，債務不履行の一般原則による）

・契約解除（改正後民法541条，542条，債務不履行の一般原則による）

なお，「種類又は品質に関して契約の内容に適合しない」場合には，買主は，不適合を知った時から1年以内に売主に通知しないと，追完，代金減額，損害賠償の各請求，契約解除ができないこととなる（改正後民法566条。なお，売主が引渡し時に，不適合を知り，又は重大な過失によって不適合を知らなかった場合には，1年以内の通知がなくても，各請求等ができる。同条ただし書）。

316　第2章　具体的トラブル事例と解決

(イ)　請　　負

・瑕疵修補請求等の追完請求権（改正後民法559条で，売買の規定562条を準用）

・報酬減額請求権（改正後民法559条で，売買の規定563条を準用）

・損害賠償請求（改正後民法415条，債務不履行の一般原則による）

・契約解除（改正後民法541条，542条，債務不履行の一般原則による）

　なお，仕事の目的物が「種類又は品質に関して契約の内容に適合しない」場合には，注文者は，不適合を知った時から1年以内に請負人に通知しないと，追完，報酬減額，損害賠償の各請求，契約解除ができないこととなる（改正後民法637条1項。なお，請負人が引渡し時または仕事の終了時に，不適合を知り，又は重大な過失によって不適合を知らなかった場合には，1年以内の通知がなくても，各請求等ができる。同条2項）。

### (4)　基本的視点

　**ア**　地震の多発するわが国において，建物の安全性を確保するために，建築基準法1条は，「この法律は，建築物の敷地，構造，設備及び用途に関する最低の基準を定めて，国民の生命，健康及び財産の保護を図り，もつて公共の福祉の増進に資することを目的とする。」と定めて，同法および同法施行令，大臣告示において，最低基準を具体的に定めて，これらの基準を遵守した建物のみが建築されるように制度を組み立てている。

　したがって，売買，請負においても，かかる建築基準法令が遵守されるべきことが，最低限必要であるとの考え方が出発点になる。

　なお，下級審判例の中には，建築基準法令を軽視するかのような判断もあるが，後記のとおり，最高裁は，次々と欠陥住宅被害救済を実現する判決を行っているから，事案処理においては，自信を持って，建築基準法令の遵守が最低限必要との視点を譲らないことが必要である。

　**イ**　瑕疵の有無については，売買，請負とも，契約で合意された性能品質を下回る場合には，瑕疵と評価される。また，当事者間の意思解釈として，最低基準である建築基準法令に適合した建物であることが，最低条件となるはずであるから，建築基準法令違反がある場合は，瑕疵と評価されるべきである。

　なお，建築基準法令違反でも，同法令は余力をみており，実質的に安全性は確保されているなどとして，瑕疵を否定する判例もあるが，実質的な安全性の

有無の議論は，工学上の議論となってしまうので，裁判所では，最低基準を定めた建築基準法令違反か否かによって，法律上の瑕疵の存否が判断されるべきであるとの主張を堅持すべきである。

民法改正後は，従来の「瑕疵」との表現に代わり，「契約内容不適合」（「種類又は品質に関して契約の内容に適合しない」場合をいう。）との表現となるが，従来の，いわゆる主観的瑕疵（契約当事者が取り決めた品質・性能を欠く場合）に限らず，客観的瑕疵（契約目的物が，通常有すべき品質・性能を欠く場合。最低限の基準を定めた建築基準法令違反がその典型例）も，少なくとも，住宅に関しては，契約当事者が，契約に明記しなくても，その合理的意思解釈として，当然，建築基準法令その他の基準に適合していることを当然の前提としているはずであるから，「契約内容不適合」に該当すると解するべきである。

なお，以下の論述で用いる，「瑕疵」は，上記解釈による「契約内容不適合」と同じ意味である。

**ウ**　また，建築基準法令違反がある場合には，施工者等に，原則として不法行為責任が成立する。

## 2　最高裁判例の動向

欠陥住宅事件については，ここ数年，以下のとおりの消費者保護に資する最高裁判例が相次いでいる。

### (1)　重大な瑕疵の場合には取壊し建替費用相当額が損害として認められる

最判平成 14 年 9 月 24 日（判時 1801 号 77 頁・判タ 1106 号 85 頁）は，請負人に，建替費用相当額の損害賠償責任を認めることは，契約上の履行責任に応じた損害賠償責任を負担させることであって，請負人にとって過酷とはいえないとして，建替費用相当額の損害賠償責任を認めた。

請負契約の場合に，建替費用相当額の賠償請求を認めることは，実質的に契約解除と同等の効果をもたらすことになるところ，かかる結果は，建物については契約解除ができないとする民法 635 条ただし書の趣旨に反し許されないとする解釈があったが，最高裁が，請負契約の場合にも，建替費用相当額の賠償請求ができることを明確にした（なお，改正民法では，635 条は削除されたので，土地工作物についての解除の可否という論点はなくなった）。

### (2) 契約違反は瑕疵

最判平成 15 年 10 月 10 日（判時 1840 号 18 頁・判タ 1138 号 74 頁）は，請負契約において，約定に反する太さの鉄骨が使用された場合には，構造安全性には支障がないとしても瑕疵と評価すべきことを認め，契約違反でも構造計算上安全性に問題がないとして瑕疵を認めなかった原判決（大阪高裁）を破棄した。

契約に違反した以上，構造計算等如何にかかわらず，請負人に法的責任が生じ得ることを明らかにした重要な判決であり，契約で約束された性能ないし品質を欠く以上欠陥と評価すべきという考え方の根拠となる判断である。

### (3) 建築士の責任

最判平成 15 年 11 月 14 日（民集 57 巻 10 号 1561 頁）は，建物建築時に，行政機関（建築主事ないし指定確認検査機関）（建築基準法 6 条・6 条の 2）に対して提出することが必要な建築確認申請書に，自ら工事監理を行う予定がないのに，自らが工事監理を行う旨の記載をした一級建築士について，明確な工事監理契約書を作成していない場合でも，建築士法および建築基準法において，「建築物を建築し，又は購入しようとする者に対して建築基準関係規定に適合し，安全性等が確保された建築物を提供すること等のために，建築士には建築物の設計及び工事監理等の専門家としての特別の地位が与えられていることにかんがみると，建築士は，その業務を行うに当たり，新築等の建築物を購入しようとする者に対する関係において，建築士法及び法（建築基準法）の上記各規定による規制の潜脱を容易にする行為等，その規制の実効性を失わせるような行為をしてはならない法的義務があるものというべきであり，建築士が故意又は過失によりこれに違反する行為をした場合には，その行為により損害を被った建築物の購入者に対し，不法行為に基づく賠償責任を負うものと解するのが相当である。」と判断し，現行法制度のもとで，住宅の安全性確保のための建築士の責任の重大性を明確にした。

### (4) 施工者等の不法行為責任

**ア** 最判平成 19 年 7 月 6 日（民集 61 巻 5 号 1769 頁）は，「建物は，そこに居住する者，そこで働く者，そこを訪問する者等の様々な者によって利用され

るとともに，当該建物の周辺には他の建物や道路等が存在しているから，建物は，これらの建物利用者や隣人，通行人等（以下，併せて「居住者等」という。）の生命，身体又は財産を危険にさらすことがないような安全性を備えていなければならず，このような安全性は，建物としての基本的な安全性というべきである。」とし，「建物の建築に携わる設計者，施工者及び工事監理者（以下，併せて「設計・施工者等」という。）は，建物の建築に当たり，契約関係にない居住者等に対する関係でも，当該建物に建物としての基本的な安全性が欠けることがないように配慮すべき注意義務を負うと解するのが相当である。そして，設計・施工者等がこの義務を怠ったために建築された建物に建物としての基本的な安全性を損なう瑕疵があり，それにより居住者等の生命，身体又は財産が侵害された場合には，設計・施工者等は，不法行為の成立を主張する者が上記瑕疵の存在を知りながらこれを前提として当該建物を買受けていたなど特段の事情がない限り，これによって生じた損害について不法行為による賠償責任を負うというべきである。居住者等が当該建物の建築主からその譲渡を受けた者であっても異なるところはない。」と判示し，施工者等に不法行為責任が成立するのは，建物の基礎や構造躯体にかかわる瑕疵があり，社会公共的にみて許容し難いような危険な建物になっている場合等，違法性が強度の場合に限られるとした原審を破棄した。

　イ　上記アの最判平成 19 年 7 月 6 日により差し戻された事件について，福岡高裁平成 21 年 2 月 6 日判決（判時 2051 号 74 頁・判タ 1303 号 205 頁）は，「『建物としての基本的な安全性を損なう瑕疵』とは，建物の瑕疵の中でも，居住者等の生命，身体又は財産に対する現実的な危険性を生じさせる瑕疵をいうものと解され」るとして，当該事案では，かかる危険性は生じていないとして，請求を棄却した。

　かかる福岡高裁判決に対して，最判平成 23 年 7 月 21 日（判時 2129 号 36 頁）は，「『建物としての基本的な安全性を損なう瑕疵』とは，居住者等の生命，身体又は財産を危険にさらすような瑕疵をいい，建物の瑕疵が，居住者等の生命，身体又は財産に対する現実的な危険をもたらしている場合に限らず，当該瑕疵の性質に鑑み，これを放置するといずれは居住者等の生命，身体又は財産に対する危険が現実化することになる場合には，当該瑕疵は，建物としての基本的な安全性を損なう瑕疵に該当すると解するのが相当である。」と判示して，

あらためて，前記福岡高裁判決を破棄して，差し戻した。

欠陥住宅に関する不法行為責任を限定した福岡高裁判決が誤りであることを明確にしたものである。

### (5) 居住利益・耐用年数伸長利益は，損益相殺として控除してはならない

最判平成22年6月17日（民集64巻4号1197頁）は，「購入した新築建物に構造耐力上の安全性にかかわる重大な瑕疵があり，倒壊の具体的なおそれがあるなど建物自体が社会経済的価値を有しない場合，買主からの，工事施工者等に対する建替え費用相当額の損害賠償請求において，買主がそれまで当該建物に居住していた利益を損害額から控除することは許されず，また，建替えにより結果的に建物の耐用年数が伸長するとしても，これを利益とみることはできず，損益相殺の対象とはならない」と判示した。

取壊し建替えが必要となるほどの欠陥住宅については，これに居住せざるを得なかったこと等は，消費者にとっては利益でなく，損害から控除を許さないこととした重要な判例である。

## 3　実務上の留意点

### (1) 深刻な被害であること

住宅は，財産的価値が高く，生活の拠点であることから，欠陥住宅被害は，単なる財産的被害ではなく，消費者に深刻な精神的被害をもたらすものである。そのため，被害状況について，被害者から具体的に聴取することが必要不可欠である。

### (2) 技術訴訟であり，専門家の協力が必要不可欠であること

瑕疵の主張，瑕疵を是正補修するために必要な工事方法の主張等，瑕疵による損害を具体的に主張立証するためには，建築士の助力が必要不可欠である。建築士の協力なくして勝訴はあり得ない。

### (3) 瑕疵判断の実際

ア　瑕疵とは，住宅（建物）が，契約内容に適合していないこと，契約内容どおりの性能ないし品質を欠いていることであるが，瑕疵の存否については，

現実の施工状態を確定したうえで，当該施工状態が，瑕疵判断の基準に適合しているか否かを判断することにより，決定される。

　イ　現実の施工状態は，建築士による現地調査で確定すべきである。

　ウ　瑕疵判断の基準は，契約内容（設計図書，工事代金内訳書等），建築基準法令，日本建築学会作成の建築工事標準仕様書等の技術基準である（東京地方裁判所建築訴訟対策委員会の「建築鑑定の手引き」（判時1777号3頁）参照）。

　エ　建築基準法令について

　建築基準法令は，木造，鉄筋コンクリート造，鉄骨造等の建物の構造ごとに，具体的に遵守すべき技術的基準を規定している（建築基準法施行令36条以下）。

　例えば，木造建物の筋かい（柱と梁に囲まれた四角形の構面に斜めに入れてある材料）について，「圧縮力を負担する筋かいは，厚さ3cm以上で幅9cm以上の木材を使用したものとしなければならない。」「筋かいは，その端部を，柱とはりその他の横架材との仕口に接近して，ボルト，かすがい，くぎその他の金物で緊結しなければならない。」（施行令45条）等と規定し，鉄筋コンクリート造の例では，「鉄筋の末端は，かぎ状に折り曲げて，コンクリートから抜け出ないように定着しなければならない。」（施行令73条）等と規定している。

　そのため，欠陥住宅事件の検討にあたっては，建築基準法令の確認が必要不可欠である。

　オ　前提資料の確認

　また，契約内容の確定等のためには，売買契約書，請負契約書等の契約書面のほか，建築基準法に基づく建築確認済証等の入手が必要である。

　また，住宅の品質確保の促進等に関する法律に基づく住宅性能評価を受けている住宅については，その住宅性能評価書が契約内容となるので，性能評価を受けているか否かの確認も必要である。


⑷　特定住宅瑕疵担保責任の履行の確保等に関する法律（平成19年成立）について

　前記の耐震強度偽装事件において，売主が倒産したために，瑕疵担保責任が有名無実と化したことから，特定住宅瑕疵担保責任の履行の確保等に関する法律により，宅地建物取引業者である売主，建設業の許可を受けた請負人につい

322　第2章　具体的トラブル事例と解決

ては，瑕疵担保責任履行の支払資金を確保させるために，建築戸数に応じた一定額を供託するかまたはこれに代えて賠償責任保険に加入することを強制することとした。

　平成21年10月1日以降に引渡しのされた住宅について，同法の適用がある（制定附則1条）。

　そこで，同日以降引渡しのされた住宅については，売主ないし請負人について，供託の有無，瑕疵担保損害賠償責任保険の加入の有無を確認することも必要不可欠である。

### (5)　瑕疵担保責任除斥期間について

　ア　住宅の品質確保の促進等に関する法律94条・95条により，平成12年4月1日以降に締結された新築住宅の契約（売買，請負）については，構造耐力上主要な部分および雨水の浸入を防止する部分に関する瑕疵については，引渡し時から10年間，売主ないし請負人は，瑕疵担保責任を免れないこととなった。

　イ　しかしながら，売買契約の場合には，瑕疵担保責任は，瑕疵を知った時から，1年以内に，責任追及を行うことが必要である（民法570条・566条3項）。したがって，引渡し時から10年以内でも，瑕疵を知った時から1年を経過してしまうと瑕疵担保責任が追及できないこととなる。この責任追及は，裁判外で足りるから，不具合現象を確認した場合には，できる限り早期に，内容証明郵便により瑕疵担保責任を追及することを通知しておくことが安全である。

　また，改正後の民法では，前記のとおり，売買，請負とも，契約内容不適合を知った時から1年以内に通知をしておかないと，追完請求等の請求権，契約解除権を失うことがあるので注意を要する（改正後民法566条・637条）。

### (6)　改正民法による消滅時効期間について

　改正民法は，債権の消滅時効期間を改正し，権利を行使することができる時から10年間（改正前民法166条1項・167条1項，改正後民法166条1項2号）のほか，「債権者が権利を行使することができることを知った時から5年間」（改正後民法166条1項1号）による消滅時効制度を新設した。そのため，契約内

容不適合を理由とする損害賠償請求権は，契約内容を知った時から5年間で消滅時効となると考えられるので注意を要する。

### (7) 東京地裁建築集中部における審理の進め方について

　東京地裁では，瑕疵一覧表書式（エクセル）を準備しており，この一覧表で，瑕疵に関する主張と反論を整理して審理を進めるのが一般的で，他の地裁でも同様の方式を取っている。

　また，争点整理を進めながら，専門委員の関与を得て訴訟手続を進めるか，あるいは，専門家調停委員の関与を得るために調停手続で進行することとするのが一般的である。争点となる瑕疵が構造上重大なものか，多数の瑕疵が主張されているか等により，いずれの手続で進行するか，当事者の意見を確認して選択されている。

### (8) 住宅の品質確保の促進等に関する法律（品確法）について

　平成11年6月15日に成立した品確法により，①住宅性能表示制度，②瑕疵担保責任の強化（前記の期間10年の強行化），③裁判外紛争解決機関の創設等がなされている。

　住宅性能表示制度は，新築住宅について，住宅性能評価機関による日本住宅性能表示基準に基づく性能評価を表示する制度である。設計段階における性能評価，建設段階における性能評価があり，建設段階における建設住宅性能評価書の交付された住宅に関する紛争については，住宅紛争処理機関（各地の弁護士会が担当）における調停等の裁判外紛争処理制度がある。

　また，前記の特定住宅瑕疵担保責任履行確保法に基づく責任保険に加入している住宅に関する紛争についても，上記住宅紛争処理機関での紛争処理制度を活用できることとなっている。

## 4　設問に対する回答

　(1)　事例1・2とも，建築士の協力を得て，契約内容ないし建築基準法令違反の瑕疵が主張できることを検討することが必要である。

　(2)　上記(1)の追及が可能な場合，事例1（売買契約事案）については，まず，売主に対して，瑕疵担保責任（民法改正後は，契約内容不適合に基づく追完請求，

減額請求，損害賠償請求ないし契約解除に基づく請求）を追及すべきである。また，施工者，設計者，工事監理者に対しては，不法行為責任を追及し，仲介業者に対しては，不法行為責任の追及を検討すべきである。ただし，仲介業者は，不動産売買の専門家ではあるが，建築については専門家ではないため，瑕疵について認識可能性があることが責任追及の条件となる。

(3) 事例2（請負契約事案）の場合，施工者に対しては，瑕疵担保（民法改正後は，契約内容不適合に基づく追完請求，減額請求，損害賠償請求ないし契約解除に基づく請求），不法行為責任の追及，設計者，工事監理者に対しては，債務不履行，不法行為責任の追及が検討対象となる。

## 【参考文献】

　被害救済のための実務対応については，日本弁護士連合会消費者問題対策委員会編『欠陥住宅被害救済の手引〔全訂四版〕』（民事法研究会，2018年），日本弁護士連合会編『消費者法講義〔第5版〕』（日本評論社，2018年）中の「第12章　住宅と消費者」等を参照されたい。

　裁判官が執筆した書籍として，大阪地裁建築・調停部所属の裁判官によるものとして，小久保孝雄＝徳岡由美子編著『リーガル・プログレッシブ・シリーズ　建築訴訟』（青林書院，2015年），東京地裁建築集中部所属の裁判官によるものとして，齋藤繁道編著『最新裁判実務大系第6巻　建築訴訟』（青林書院，2017年）がある。

## ② 賃貸物件の原状回復を巡る問題

---

**事 例**

　月額家賃 10 万円でマンションを借り，「敷金」名目で 20 万円を家主に支払いました。2 年間の契約期間が満了したので建物の明渡しを済ませ，家主に敷金の返金を求めたのですが，賃貸借契約書に「敷金は，本契約が終了し借主が明渡し後，本契約に基づく一切の債務，電気・水道・ガス等の未払金及び損害金を差し引き，借主にその差額を返還する。」，「損害金の例：畳・襖・壁，床，天井・ガラス・ドア・その他の汚損，破損」と書かれていること，また，「明渡しのときは，原状に復するものとする。」と書かれていることを理由に，クロスの汚れやフローリングの傷等の修繕や室内清掃費用に 30 万円かかったので返せない，不足分の 10 万円を支払うようにと言われています。支払わなければなりませんか。

---

### 1　消費者と建物賃貸借契約

#### ⑴　消費者からの苦情・相談件数

　消費者から全国の消費生活センターに寄せられる賃貸アパート・マンションに関する苦情・相談件数は，商品別では第 5 位に位置し，平成 30 年度には 32,342 件，相談全体の 3.3％を占めている（国民生活センター「2018 年度の PIO-NET にみる消費生活相談の概要」より）。そのうちでも退去時の修繕費用，敷金返還等でのトラブルに関するものが多い，と指摘されている。

#### ⑵　消費者契約法の適用
#### ア　法施行との関係

　消費者契約法施行前に締結された賃貸借契約であっても，消費者契約法施行後（平成 13 年 4 月 1 日以降）に合意で更新された契約については，消費者契約法の適用がある（大阪高判平成 16 年 12 月 17 日判時 1894 号 19 頁）。

　また，借地借家法による法定更新の場合であっても消費者契約法の適用を認

めるのが通説と思われる。ただし，双方異議がなければ自動的に更新されるという自動更新条項がある契約で，更新に際して協議がなされたとか，新たに書面が作成されたという事情がないケースで更新後の契約に関して消費者契約法の適用を否定したものがある（大阪高判平成 19 年 9 月 13 日判例集未登載）。

**イ　家主の事業者性**

賃貸人が転勤のために自宅を賃貸した場合であっても，転勤が長期間であったり，賃借人が交代しているなど反復継続性が認められるなら，事業者と解されよう。1 回限りの賃貸であっても，募集・管理を業者に任せているか，家主の意思等から総合的に反復継続性を判断する（賃貸人の事業者性を認めた裁判例として，京都簡判平成 20 年 8 月 27 日（判例集未登載），否定した裁判例として，関西方面でいわゆる分譲貸しといわれる形態（自ら取得した住戸を貸す）に関する京都地判平成 16 年 7 月 15 日（判例集未登載），大阪高判平成 19 年 6 月 19 日（判例集未登載）。日弁連消費者問題対策委員会編『コンメンタール消費者契約法〔第 2 版増補版〕』（商事法務，2015 年）42 頁も参照されたい）。

## 2　退去する賃借人の原状回復義務

### ⑴　民法と特約

**ア　民　法**

㋐　改正後の民法 622 条の 2 は，「敷金」を「いかなる名目によるかを問わず，賃料債務その他の賃貸借に基づいて生ずる賃借人の賃貸人に対する金銭の給付を目的とする債務を担保する目的で，賃借人が賃貸人に交付する金銭」と定義し，賃貸物の返還を受けた場合の賃貸人の敷金返還義務を明記した。

これは，敷金に関する判例法理を明文化したものである。

㋑　そのうえで，改正後の民法 621 条は，原状回復義務として以下の内容を規定する。

・賃借人は，賃貸物を受け取った後に生じた「損傷」がある場合，賃貸借契約が終了したときは，その「損傷」を原状に復する義務を負う。

・上記「損傷」には，通常の使用収益によって生じた賃貸物の損耗や，賃借物の経年変化は含まれない。

・上記「損傷」があっても，賃借人の責めに帰すことのできない事由によるときは，賃借人は原状回復義務を負わない。

改正前の民法には明文規定がなく，616条，597条1項，598条を根拠とし
て説明されることがあった。

### イ　特　　約

ただし，上記規定はいずれも任意規定であるため，契約自由の原則から，異
なる内容の特約をなすことは原則として可能である。

しかし，賃借人の原状回復に関する特約については，その成否ないし効力に
ついて，以下のとおり，厳格に検討すべきである。

### (2) 判　　例

### ア　原状回復特約

最判平成17年12月16日判時1921号61頁は，消費者契約法施行前の事案
について，原状回復特約について，以下のように述べて合意が成立していない
との判断を示し，賃借人を保護する結論を導いた。

すなわち，上記最判の判旨は，①「賃貸借契約は，賃借人による賃借物件の
使用とその対価としての賃料の支払いを内容とするものであり，賃貸物件の損
耗の発生は，賃貸借という契約の本質上当然に予定されているものである。そ
れゆえ，建物の賃貸借においては，賃借人が社会通念上通常の使用をした場合
に生ずる賃借物件の劣化又は価値の減少を意味する通常損耗に係る投下資本の
減価の回収は，通常，減価償却費や修繕費等の必要経費分を賃料の中に含ませ
てその支払いを受けることにより行われている」，②「そうすると，建物の賃
借人にその賃貸借において生ずる通常損耗についての原状回復義務を負わせる
のは，賃借人に予期しない特別の負担を課すことになるから，賃借人に同義務
が認められるためには，少なくとも，賃借人が補修費用を負担することになる
通常損耗の範囲が賃貸借契約書の条項自体に具体的に明記されているか，仮に
賃貸借契約書では明らかでない場合には，賃貸人が口頭により説明し，賃借人
がその旨を明確に認識し，それを合意の内容としたものと認められるなど，そ
の旨の特約が明確に合意されていることが必要である」である。

このように，通常損耗の補修を賃借人に負担させる合意が有効に成立する場
合の要件を挙げた上，当該事案における契約書の内容では通常損耗補修特約の
内容が具体的に明記されているということはできないし，入居説明会において
も，通常損耗補修特約の内容を明らかにする説明はなかったといわざるを得な

328 第2章 具体的トラブル事例と解決

い，として，特約の合意は成立していないとした。

　この事案は特定優良賃貸住宅に関するもので，通常損耗の修補は賃借人が行うべき旨が抽象的には記載・説明されているケースであったが，賃借人が負担することになる通常損耗の範囲の契約書面自体への具体的な記載，それが明確になされていない場合における口頭での説明とそれを賃借人が明確に認識して合意した，との要件を充たしていないとされており，合意成立の基準としてはかなり厳格なものが求められている。

　**イ　敷引特約**

　第1章第2 ③「5　消費者の利益を一方的に害する条項の無効（10条）」参照。

　**ウ　クリーニング特約，鍵交換費用特約，定額補修分担金特約等**

　いわゆる通常損耗に関する原状回復特約のほか，賃借人に負担を課すさまざまな特約が存在する。これらの特約についても，上記最判平成17年12月16日を指標として，特約の成否および有効性を厳格に検討すべきである（上記最判以後の各特約に関する裁判例について，太田秀也「賃貸住宅の原状回復特約―特にクリーニング特約―についての一考察」（RETIO 80号（2011年1月）111頁以下）の別表が参考になる）。


**(3)　消費者契約法による特約の無効**

**ア　問題の所在**

　消費者契約法10条は，前段において，「その他の法令中の公の秩序に関しない規定の適用による場合に比して消費者の権利を制限し又は消費者の義務を加重する消費者契約の条項」との要件を設けているが，上記最判平成17年12月16日が述べるとおり，賃借物件の損耗の発生は，賃貸借という契約の本質上当然に予定されているものであるから，賃借人は，特約のない限り，通常損耗等についての原状回復義務を負わず，その補修費用を負担する義務も負わないとの一般法理からして，自然損耗や通常損耗について賃借人に原状回復義務を負わせる特約が，10条前段の要件を満たしていることに争いはない（上記敷引特約に関する最判平成23年3月24日民集65巻2号903頁も10条前段要件該当性は認めている）。

　問題となるのは，10条後段が要求している「民法第1条第2項に規定する基本原則に反して消費者の利益を一方的に害するもの」かどうかという点である。

### イ　消費者契約法 10 条により無効とした裁判例

　消費者契約法施行後の事案では，通常損耗の補修を賃借人に義務づける特約に関して，同法 10 条により無効とする裁判例がいくつかでている。

　例えば，大阪高判平成 16 年 12 月 17 日判時 1894 号 19 頁は，「原状回復特約により自然損耗等についての原状回復費用を賃借人に負担させることは，賃借人の二重の負担の問題が生じ，賃貸人に不当な利得を生じさせる一方，賃借人には不利益であり，信義則にも反する。」ことや原状回復の必要性を賃貸人が決定する点，契約当時に原状回復に関する負担を具体的に認識できる情報が賃借人に与えられていない点などの事情を総合して，賃借人に信義則に反して一方的に不利益である，としている。

　同趣旨の裁判例としては，大阪高判平成 17 年 1 月 28 日（兵庫県弁護士会HP），東京簡判平成 17 年 11 月 29 日（裁判所ウェブサイト）などがある。


### ⑷　国土交通省「原状回復をめぐるトラブルとガイドライン」

　国土交通省住宅局「原状回復をめぐるトラブルとガイドライン（再改訂版）」（平成 23 年 8 月）は，賃借人が借りた当時の状態に戻すものではないということを明確にし，原状回復を「賃借人の居住，使用により発生した建物価値の減少のうち，賃借人の故意・過失，善管注意義務違反，その他通常の使用を超えるような使用による損耗・毀損を復旧すること」と定義して，その考え方に沿って基準を策定している。

　具体的にどのような損傷が誰の負担となるか，例えば「テレビ，冷蔵庫等の後部壁面の黒ずみ（いわゆる電気ヤケ）」「壁に貼ったポスターや絵画の跡」は賃貸人負担，「タバコ等のヤニ・臭い（喫煙等によりクロス等が変色したり，臭いが付着している場合）」「壁等のくぎ穴，ネジ穴（重量物をかけるためにあけたもので，下地ボードの張替えが必要な程度のもの）」は賃借人負担となるなど，詳細に規定されているので参考にされたい。

　例外的に特約が有効となる場合については，上記最判平成 17 年 12 月 16 日を受けて，①特約の必要性があり，かつ暴利的ではないなど，客観的・合理的理由が存在すること，②借主が特約によって通常の原状回復義務を超えた修繕等の義務を負うことについて認識していること，③借主が特約による義務負担の意思表示をしていること，を要件としている。

330　第2章　具体的トラブル事例と解決

　ガイドラインは民事効を有するものではないが，制定の趣旨・経緯から，特約に上記の要件がない場合は，「明確な合意がない」あるいは「消費者契約法10条に反する」として無効であるとすべきである。

## 3　本事例の解決

### ⑴　原状回復費用の負担

　本事例で家主は，契約書に，返還する敷金から差し引く損害金の例として「畳・襖・壁，床，天井・ガラス・ドア・その他の汚損，破損」と記載されていること，「明渡しのときは，原状に復するものとする。」と記載されていることを理由に，クロスの汚れやフローリングの傷等の修繕や室内清掃費用に30万円かかったので敷金は返せない，と主張している。

　契約書の記載内容自体が曖昧なものであるが，仮に通常損耗分を含む補修費を賃借人に負担させる条項であると解されるならば，前記最判平成17年12月16日をもとにすれば，賃借人が負担する通常損耗の範囲を具体的に明記しているものではないし，またそれについて賃貸人が明確な説明をし，賃借人が納得したという事実もないので，特約の合意が成立していないと考えられる。

　また消費者契約法10条によっても，このような特約は無効と考えられる。

　本事例では損耗の原因まで明らかでないが，賃借人は自らの故意・過失による損耗によって修補が必要である場合でない限り（その立証は賃貸人がなす必要がある），敷金から修補費等を差し引かれることはない。

### ⑵　結　　論

　よって，賃借人は敷金20万円全額の返還を求めることができる。また不足金として請求されている10万円は支払う必要がない。

【参考文献】
・国土交通省住宅局「原状回復をめぐるトラブルとガイドライン（再改訂版）」（平成23年8月）（同省ホームページ）
・東京都都市整備局住宅政策推進部不動産業課『賃貸住宅トラブル防止ガイドライン（第3版）』（平成30年3月）（東京都住宅政策本部ホームページ）
・京都敷金・保証金弁護団編著『Q & A　敷金・保証金トラブル〔改訂版〕』（ぎょうせい，2010年）

## 3 有料老人ホーム

---

#### ── 事 例 ─────────────────────────────

　男性A（75歳）は，妻B（73歳）とともに，自宅を売却して，終身介護付き有料老人ホームに入居した。

　施設のパンフレットには，「医療機関との連携により24時間医療体制完備」，「夫婦で同じ居室に入居可能」，「徹底した終身介護で安心の老後を」と広告表示されていた。妻Bには若干認知症の症状が出始めていたが，施設運営事業者の担当者の説明では，「御夫妻の状況でもうちならば対応できますし，同室入居も大丈夫です。」とのことであった。なお，当該施設の入居一時金は，1人当たり3,000万円とのことであった。

　ところが，入居して間もなく，Aは，当該施設につき，①専門スタッフが少なくて妻Bに対する介護が行き届かない，②医療機関の対応が可能なのは昼間のみ，③入居前には説明されていなかった（重要事項説明書にはあり）管理料等，諸費用月額20万円を徴収される等々，事前の案内と話が違っていることに気付いた。しかも，入居後妻Bの認知症状が急激に悪化し，世話がかかるようになると，施設側は「奥さんだけ認知症専用棟に移って頂けませんか。」と求めるようになった。Aは，「話が違う。」と拒否していたが，そのストレスもあって，夜間に狭心症発作を起こすなどして長期入院となり，結局2人とも退所することになった。

　Aは施設設営事業者に対して，入居一時金合計6,000万円について，できるだけ返して欲しいと申入れしたが，施設側から，入居時の契約に基づき，入居一時金から大幅な控除がなされた返還額が提示された。

---

## 1　有料老人ホームをめぐるトラブル

　有料老人ホームの相談内容の多くが，「契約・解約」に関してのものとなっている。

　トラブル増大の背景には，施設数ばかり急激に増加し，監督体制や法規制等

332　第2章　具体的トラブル事例と解決

の整備が追い付いていないこと，新規参入した事業者の中には，介護保険導入
による資金需要だけを当て込んだ悪質事業者や，財産的基盤や熟練した人員が
欠如した状態で参入した事業者が存在すること，介護業界の賃金が低額である
ため，優秀な人材が定着しにくいなどの事情がある。

## 2　問　題　点

　有料老人ホームに入居申込みをするのは，高齢者（とりわけ75歳以上の後期
高齢者）が多く，若者に比べ，体力・健康状態や判断・交渉能力が低下した者
である。このため，契約時に，契約内容や入居条件，業者の体質や経営基盤な
どについて，十分な情報収集や比較検討ができていないことも少なくない。

　また，従前居住していた自宅を処分してしまっていたり，介護を受ける身と
いう立場の弱さから，不満を言いにくい立場にあることも多い。

## 3　解決のポイント

### (1)　有料老人ホームとは

　老人福祉法29条1項において，有料老人ホームとは，①老人を入居させ（以
下「入居サービス」という），②当該老人に対して「入浴，排せつ」，「食事の介
護」，「食事の提供」，「洗濯，掃除等の家事」又は「健康管理」の少なくとも一
つのサービス（以下「介護等サービス」という）を供与する施設として定義され
ている。

　有料老人ホームを設置しようとする者は，あらかじめ，施設所在地の都道府
県知事に所定の事項を届けなければならない（老人福祉法29条1項）。

　もっとも，同項の規定に基づく「届出」の有無にかかわらず，入居サービス
及び介護等サービスの実施が認められるものは，全て有料老人ホームに該当す
るものとして取り扱われる。

### (2)　重要事項説明書による情報開示の義務

　有料老人ホームの設置者は，前述したような契約における重要事項に関し，
入居者又は入居しようとする者に対し，重要事項説明書により情報開示しなけ
ればならないこととされている（老人福祉法29条5項，同施行規則20条の7・20
条の8，厚生労働省「有料老人ホーム設置運営標準指導指針」（以下，「厚労省ガイド

第3　居宅を巡るトラブル　*333*

ライン」という）の重要事項説明書様式）。

### (3)　合理的対価性のない入居一時金徴収の禁止

平成23年老人福祉法改正により，有料老人ホームにおいては，家賃，敷金及び介護等その他の日常生活上必要な便宜の供与の対価として受領する費用を除くほか，権利金その他の金品を受領してはならないこととなった（老人福祉法29条6項）。従来は，入居者が一生涯施設に住み続けられる「権利の対価」として，入居時に高額な入居一時金が徴収されることが一般的に行われていたが，平成24年4月1日以降の契約に関しては，入居時に業者が徴収しうる前払金は，賃料，介護サービス料，敷金等，合理的対価性の認められるものに限定され，合理的対価性のない入居一時金の徴収はできないこととなっている。

### (4)　3カ月以内の解約・死亡の場合

平成23年老人福祉法改正により，入居時に前払金（終身にわたって受領すべき家賃等の全部または一部を前払金として一括して受領するもの）を受領する場合，「入居日から」（契約日からではない）3カ月を経過するまでの間に，契約が解除されたり，入居者が死亡して契約が終了した場合には，業者は，当該受領した前払金から，1カ月分の家賃等の費用を30で除した額に入居の日からの日数を乗じた金額を控除した額に相当する額を返還しなければならないとされた（老人福祉法29条8項，同施行規則21条1項1号・2項1号）。当該規定は，平成24年4月1日以降に締結された契約から適用される。

### (5)　前払金算定の基礎として想定した期間経過前の解約・死亡の場合

平成23年老人福祉法改正により，入居時に前払金を受領する場合，当該前払金の算定の基礎として想定した入居者が入居する期間が経過するまでの間に契約が解除され，または入居者が死亡した場合には，業者は，受領した前払金から，入居がなされなかった期間分の家賃等に相当する額を返還しなければならないとされた（老人福祉法29条8項，同施行規則21条1項2号・2項2号）。当該規定も，平成24年4月1日以降に締結された契約から適用される。

## (6)　各自治体の指針

　各自治体は，前記厚労省ガイドラインを踏まえながら，各地の事情に応じて独自の「有料老人ホーム設置運営指導指針」を策定し，これに基づく行政指導を行っている。内容的には，「上乗せ」または「横出し」を行っていることがあるので，事件処理に当たっては，施設所在地の地方の指針を入手して援用する必要が生ずることがある。

## (7)　不当表示の禁止

　不当景品類及び不当表示防止法（景表法）5条1号において，優良誤認表示が禁止され，同条2号において，有利誤認表示が禁止されているが，有料老人ホームに関しては，同条3号の指定告示として，「有料老人ホームに関する不当な表示」（平成16年公正取引委員会告示第3号）というものがあり，その解釈基準として，「『有料老人ホームに関する不当な表示』の運用基準」（平成16年6月16日事務総長通達第11号，平成18年3月3日事務総長通達第1号変更，平成18年10月12日事務総長通達第13号変更）が存在する。その他，公益社団法人有料老人ホーム協会の「有料老人ホームの広告等に関する表示ガイドライン」も存在する。

　当該規制の基本的性格は，行政規制であって，直接の民事的効力を有するものではないが，消費者契約法をはじめとする民事法規の解釈基準を導き，根拠づけをする理屈としては援用できる。

## (8)　消費者契約法9条1号による無効主張

　消費者契約の解除に伴う損害賠償の額を予定し，または違約金を定める条項であって，これらを合算した額が，事業者の「平均的な損害」を上回る部分については，無効とされている（消費者契約法9条1号）。

　「損害賠償の額を予定し，又は違約金を定める条項」とは，その形式的な文言に関わらず，実質的に損害賠償の予定等と解釈され得る契約内容をも含むと解され，入居一時金の短期償却制度が実質的に損害賠償の予定と解釈されるのであれば，本号を主張しうるケースもあろう。

## ⑼ 消費者契約法 10 条による無効主張

民法 1 条 2 項の基本原則に反し，消費者の利益を一方的に害する条項は，無効である（消費者契約法 10 条）。

入居保証金の償却特約に関して，消費者契約法 10 条違反を認めた裁判例としては，大阪高裁平成 22 年 8 月 31 日判決（判例集未登載）がある。

当該事案において，控訴人は，5 年間で償却する約定で，600 万円の入居金を支払って被控訴人の高齢者用介護サービス付マンションに母親を入居させていたところ，2 年後，賃貸借契約の終了に伴い，入居金の返還を求めたものであったが，大阪高裁は，入居金の法的性質は，賃貸借契約から生ずる控訴人の債務の担保，医師及び看護師による 24 時間対応体制が整った居室への入居の対価及び入居後の医師・看護師らによるサービスの対価としての性質を併有するところ，同マンションには被控訴人が宣伝していたような 24 時間対応体制の実態はなく，被控訴人が対価に相当するサービスを提供していないのに 1 年ごとに 120 万円を取得することは，民法の一般規定による場合に比較して消費者である控訴人の権利を制限するものであるから，本件約定は，消費者契約法 10 条により無効であるとして，控訴人の入居金返還請求を認めた。

## ⑽ 消費者契約法 4 条 1 項 1 号・2 項による取消権の行使

不実の告知（消費者契約法 4 条 1 項 1 号），不利益事実の不告知（同条 2 項）については，消費者契約法上の取消権を主張しうる。

前述したとおり，有料老人ホームの設置者は，入居者又は入居しようとする者に対し，重要事項説明書により情報開示しなければならないこととされており（老人福祉法 29 条 5 項，同施行規則 20 条の 7・20 条の 8，厚労省ガイドラインの重要事項説明書様式），事業者の不実告知もしくは不利益事実の不告知が消費者契約法 4 条 5 項の「重要事項」に該当し，これによって誤認して契約を締結したと認められる場合には，取消主張が認められると考えられる。

なお，有料老人ホームに関して消費者契約法上の取消権が争われた裁判例としては，東京地裁平成 18 年 11 月 9 日判決（ウエストロー・ジャパン）が存在するが，入居契約締結に際し，夫婦の一方の第 1 契約が存在することによって他方の第 2 契約の入居一時金を減額するという利益事実だけを告げ，他方において当該契約が東京都の有料老人ホーム設置運営指導指針の定める基準に合致し

336　第2章　具体的トラブル事例と解決

ていないとの説明をしなかったことが，不利益事実の不告知に該当する，との原告の主張に対し，当該判決は，「〔消費者契約法4条4項（現5項）の重要事項に該当するためには〕消費者契約である本件第2契約にかかる契約の内容あるいは取引条件であることを要するところ，本件指針は本件契約にかかる内容あるいは取引条件ではないから，本件指針（存在とその内容）そのものが『重要事項』とならないことは明らかである。」，「『当該重要事項について当該消費者に不利益となる事実』とは，『当該告知により当該事実が存在しないと消費者が通常考えるべきもの』に限られているのであって，上記の告知〔第1契約が存在することによって第2契約の入居一時金を減額することを告げたこと〕によって，本件指針が存在しないと消費者が通常考えるべきものといえないこともまた明らかである。」等と述べて，原告側の主張を斥けている。

### ⑾　民法上の解決手段（民法90条・95条・415条・709条等）

　消費者契約法上の取消権の1年の行使期間の制限を徒過し，不当条項規制の要件にも該当しないなど，消費者契約法による救済が困難な場合には，説明義務違反等の一般的な構成によって，債務不履行による解除・原状回復や，不法行為責任の主張を行うことが考えられる。

　この場合の不法行為における違法性，あるいは公序良俗違反の根拠付けの1つとして，上記の景表法違反の点，あるいは老人福祉法・同政省令・厚労省ガイドライン，協会の標準契約等からの顕著な逸脱を主張することが考えられる。

## 4　設問に対する回答

### ⑴　老人福祉法29条8項による返還要求

　設問のケースの場合，施設退去の時期が，入居から3カ月以内という状況であれば，何よりもまず先に老人福祉法29条8項，同施行規則21条の契約解除の主張を検討すべきである。なお，前述のとおり，当該規定は，平成24年4月1日以降に締結された契約から適用される。この場合の契約解除の意思表示は，書面によって行っておくべきである。

　また，仮に入居から3カ月を経過していた場合であっても，施設側が入居一時金から差し引いた金額が，入居期間分の家賃等の費用として合理的対価性を

欠く場合には，同様に老人福祉法 29 条 8 項，同施行規則 21 条を根拠に，返還要求すべきである。この場合，施設側が差し引いた金額に合理性・対価性があるか否かが争点となるであろう。

### (2)　消費者契約法による無効・取消主張

設問のケースにおいて，退去時の入居一時金の精算に関する規定が不合理な内容であると認められる場合には，当該精算条項の定めそれ自体が不当条項であるとして，消費者契約法 9 条または 10 条に基づく無効主張を検討すべきである。

なお，東京地裁平成 21 年 5 月 19 日判決（判時 2048 号 56 頁），東京地裁平成 18 年 11 月 9 日判決（ウエストロー・ジャパン），東京地裁平成 22 年 9 月 28 日判決（判時 2104 号 57 頁），名古屋高裁平成 26 年 8 月 7 日判決（裁判所ウェブサイト）は，入居一時金の償却条項に関して消費者契約法 10 条等の適用を否定しているが，これらは，老人福祉法改正法施行前に締結された契約の事案であるため，改正後に締結された契約に関しては，異なる判断がなされる可能性がある。消費者契約法 10 条違反を認めた裁判例としては，大阪高裁平成 22 年 8 月 31 日判決（判例集未登載）がある。

不当条項による解決も難しいということになると，次に，不実の告知または不利益事実の不告知による消費者契約法上の取消権の主張が考えられる。本事例においては，パンフレットで，「医療機関との 24 時間連携」，「夫婦同居の個室」，「徹底した終身介護」等と表示していただけでなく，勧誘時にも同室入居が大丈夫等と説明していたわけであるから，「昼間だけしか医療機関の対応を依頼できない」，「介護専門スタッフが少なくて介護が行き届かない」という体制しかなかったにも関わらずこのような説明を行ったことは，不実の告知に該当する可能性がある。

また，夫婦同居と説明されていたのに，妻 B の認知症状が悪化した場合には別棟への移動を要求されるということも，不利益事実の不告知に該当する可能性がある。

なお，勧誘時の表示・説明内容と現実との乖離が「重要事項」（消費者契約法 4 条 5 項）に該当するかどうか，という問題があるが，「重要事項」であることの根拠付けには，①老人福祉法・同施行規則・告示・厚労省ガイドライン等の

規制，②景表法の表示広告規制と過去の排除措置や警告事例，③協会の標準契約書，④国民生活センターの被害報告・調査報告書や東京都被害救済委員会の解決事例，⑤厚生労働省の調査報告等（後掲【参考文献】6〜8）を利用して裁判所の理解を得られるように主張・立証すべきである。

なお，管理諸費用月額20万円の徴収について，重要事項説明書には記載されているものの勧誘時に説明されなかった，との点についても，事情によっては消費者契約法4条の取消権主張の余地はある。細かい字でびっしりと書かれた重要事項説明書や契約書を，単に交付しさえすれば，業者として説明義務を果たしたとはならないと考えるべきである。

また，入居してからある程度経過している場合，消費者契約法7条による1年の取消権の行使期間の問題がある。この場合，「追認をすることができる時」という起算点の吟味が必要である。医療機関との24時間連携や介護職員の不足等については，入居してすぐに認識可能と考えられるので，1年以上経過してしまうと，行使期間を徒過したと判断される可能性が高い。しかし，妻Bの認知症状が増悪してから別棟への移動を求められた，という点は，その時点で初めて知ったことであろうから，その事実を告げられた時点が起算点となろう。

### (3) 民法上の主張（民法90条・95条・415条・709条等）

行使期間や時効の問題などから，前述のとおり，説明義務違反等を主張し，民法の主張を展開することも考えられる。

この場合にも，業者にどのような説明をすべき義務があったのか等については，①老人福祉法・同施行規則・告示・厚労省ガイドライン等の規制，②景表法の表示広告規制と過去の排除措置や警告事例，③協会の標準契約書，④国民生活センターの被害報告・調査報告書や東京都被害救済委員会の解決事例，⑤厚生労働省の調査報告等（後掲【参考文献】6〜8）を使って，裁判所を説得する必要がある。

### (4) ADR の利用

公益社団法人全国有料老人ホーム協会に所属している有料老人ホームについては，入居者と入居施設側との直接の話し合いで解決がつかない場合，同協会において苦情相談を受け付け，同協会から両者に対して斡旋案を提示している

第3 居宅を巡るトラブル　*339*

（相談先：「公益社団法人全国有料老人ホーム協会」TEL03-3272-3781 代表）。それで
も，話し合いが付かない場合には，外部の第三者を交えた「苦情処理委員会」
を協会内に設置し，解決を委託する場合もある。この ADR にどの程度の有用
性があるかは不明であるが，相談を受けた入居者側が費用をかけずに早期の解
決を希望している場合や，事案の内容と証拠等に照らして正面からの解決が困
難な事案等については選択肢に入ると考えられる。

## 【参考文献】

1 「有料老人ホームをめぐる消費者問題に関する調査研究―有料老人ホームの暮ら
　しが快適であるために―（概要）」（平成 18 年 3 月 3 日国民生活センター）
2 「調査研究報告　第三者がとらえた高齢者ホーム―入居者が快適に暮らせるため
　に―（概要）」（平成 19 年 3 月 7 日国民生活センター）
3 「『有料老人ホーム』に関する相談の概要―MECONIS 情報から―」（平成 19 年
　東京都消費生活総合センター）
4 「有料老人ホーム等の表示・広告に関する調査・指導結果報告書」（平成 17 年 7
　月東京都生活文化局）
5 「東京都消費者被害救済委員会報告　医療体制の充実をうたった有料老人ホーム
　の契約トラブルをあっせん解決」（平成 21 年 10 月 15 日東京都生活文化スポーツ
　局）
6 「未届の有料老人ホームに該当しうる施設に対する指導状況等におけるフォロー
　アップ調査の結果について」（平成 22 年 1 月 13 日厚生労働省）
7 「有料老人ホームについて」（平成 22 年 4 月 9 日厚生労働省老健局）
8 「未届の有料老人ホームに対するフォローアップ調査結果」（平成 21 年 12 月 21
　日総務省・消防庁）
9 内田耕作「有料老人ホームの取引の適正化と不当表示規制」（平成 19 年 7 月「彦
　根論叢」第 367 号）
10 葛西文二＝黒河健一郎「中部地区における有料老人ホームを営む事業者 3 名に
　対する排除命令について」（平成 16 年「公正取引」641 号 67 頁）
11 岩堀吉一＝清水敬「有料老人ホームを営む事業者 2 社に対する排除命令につい
　て」（平成 18 年「公正取引」670 号 62 頁）
12 森宮勝子「介護ビジネス研究（Ⅳ）―有料老人ホームの消費者問題―」（平成 18
　年「経営論集」16 巻 1 号 101～115 頁）
13 東京地判平成 21 年 5 月 19 日（判時 2048 号 56 頁）
14 東京地判平成 18 年 11 月 9 日（ウエストロー・ジャパン）
15 大阪高判平成 22 年 8 月 31 日（判例集未登載）
16 東京地判平成 22 年 9 月 28 日（判時 2104 号 57 頁）
17 名古屋高判平成 26 年 8 月 7 日（裁判所ウェブサイト）

340 第2章 具体的トラブル事例と解決

# 4 リフォーム工事

―― 事 例 ――――――――――――――――――――――――――

　Aさんは，25年前に一戸建て住宅を購入し，現在，居住しているが，購入時の住宅ローンの支払いが未だ10年残っている。

　ある日，リフォーム業者の営業担当者がAさんの自宅を訪問し，「当社は役所から業務委託を受けた会社です。Aさん宅を点検したところ，耐震基準を満たしておらず直ちにリフォームをしなければ危険です。当社に工事を依頼すれば，当社の提携金融機関で，住宅ローン残高に今回のリフォーム工事代金を加えた金額で借換えをすることができ，毎月の返済額も今より低額に抑えることができます。工事代金の支払いは，一旦，信販会社とクレジット契約を締結してもらいますが，支払開始時までに，借換え手続を完了させますから，クレジット会社への支払いはしなくて大丈夫です。」などと説明して勧誘した。

　Aさんは，役所の委託業者から安全性を理由にリフォーム工事の必要性を指摘された上，リフォーム工事を依頼しても毎月のローン返済額も安くなるという説明を信じ，リフォーム契約を締結し，業者の指示どおりにクレジット契約も締結した。

　その後，リフォーム工事は完了したが，リフォーム業者が役所とは全く関係のない会社であり，しかも，Aさん宅はもともと耐震基準を満たしていたことが判明した。また，借換えプラン自体に無理があり，借換えが出来なかったため，Aさんは，従来の住宅ローンの返済に加え，クレジット代金の支払いを抱えることになった。

　Aさんは，業者に騙されたと思い，信販会社への支払いを止め，既払金も取り戻したいと考えている。

第3 居宅を巡るトラブル　*341*

## 1 「借換えリフォーム工事商法」・「悪徳リフォーム工事商法」・「かたり商法」とその問題点

(1)　借換えリフォーム工事とは，リフォーム業者が，住宅ローンにリフォーム工事代金を上乗せして借換えをしても，依頼者の負担が増えないなどと説明してリフォーム工事を勧誘する商法である。

たしかに，借換えの際，従来の住宅ローンの金利よりも低い金利で借換えすることができれば，場合によっては，借入額が増えても，月々の返済額を従前の返済額より少なくしたり，早く返済を終わらせることができることがある。

顧客は，リフォームができる上に，借換え後に月々の返済額が増えないことに目を奪われ，工事の内容や代金の妥当性について深く考えずに契約に応じてしまう傾向がある。

しかし，顧客の資力や年齢等の事情によっては，金融機関による住宅ローンの借換えの審査が通らず，借換えができないこともある。この場合，リフォーム工事代金の負担が増えることになる。

(2)　悪質リフォーム工事とは，主に判断能力の乏しい高齢者等を対象として，訪問販売により執拗な勧誘を行い，不安を煽る言動や虚偽の説明によって客観的に必要のないリフォーム工事契約を締結させる商法である。

知識や情報不足，判断力の衰えから，工事の必要性や契約内容を理解できないまま契約を締結させられてしまうが，工事の必要性に関する説明が虚偽であったり，工事内容に照らし工事代金額が不当に高額であったりする場合がある。

(3)　かたり商法とは，一般に，業者が，役所などの公的機関や大手企業と関連があるかのように装い，これにより消費者を信用させ，その商品やサービスを購入する義務があるかのように虚偽の事実を告げて商品やサービスを販売する商法である。

公的機関等に対する信頼や安心感を利用して，相手を誤信させ，不要な商品やサービスを売りつける点に問題がある。

## 2　解決のポイント

### ⑴　リフォーム工事契約について
### ア　特商法によるクーリング・オフ

リフォーム工事契約が，訪問販売などの方法により締結された場合には，特商法によるクーリング・オフが可能な場合がある（同法9条1項，第1章第3「[2]　クーリング・オフ」参照）。

### イ　特商法による取消し

訪問販売によるリフォーム工事契約の締結において，業者が，顧客に対して，客観的に基準を満たしているにもかかわらずこれに違反していると説明していた場合，これは「不実の告知」に該当する（特商法6条1項6号）。この場合，顧客は，当該リフォーム工事契約を取り消しうる（同法9条の3第1項1号）。（第1章第3「[3]　取消し・解除」参照）。

### ウ　消費者契約法による取消し

業者が，顧客に対して，耐震基準を満たしているにもかかわらず，耐震基準を満たさず危険であるのでリフォーム工事が必要だという説明は，消費者契約法4条5項3号の重要事項に該当するので，同法4条1項1号によりリフォーム工事契約を取り消しうる（第1章第2「[2]　消費者契約の取消し」参照）。

なお，換気扇設置の事例において，建物への換気扇等の設置の必要性および相当性に関する重要事項について業者から顧客へ告げられた内容が事実と異なるなどとして，同条項に基づく契約の取消しを認めた裁判例がある（東京地判平成17年3月10日ウエストロー・ジャパン）。

### エ　民法の意思表示規定による取消し，無効主張

かたり商法の場合のように自身の身分を騙っている場合や工事の必要性，借換えの可能性について故意に虚偽の説明をした場合には，錯誤無効（改正後の錯誤による取消し。民法95条）や詐欺取消し（民法96条）を主張しうる。

### ⑵　クレジット契約について
### ア　割販法のクーリング・オフ

訪問販売などの方法により締結された役務提供契約に伴うクレジット契約についても，クーリング・オフができる場合がある（割販法35条の3の10第1

項)。なお，顧客がクレジット契約のクーリング・オフを行った場合，原則として，リフォーム工事契約もクーリング・オフされたものとみなされる（同条5項）。

**イ　割販法に基づくクレジット契約の取消し**

訪問販売などの方法により締結されたリフォーム工事契約の場合で，顧客に対し，工事契約またはこれに伴うクレジット契約に関する不実の告知等を行った場合，当該クレジット契約を取り消すことが可能である（割販法35条の3の13第1項）。

**ウ　抗弁の対抗**

顧客は，リフォーム会社に対して主張できる抗弁を信販会社に対しても対抗できる（割販法35条の3の19）。

## 3　設問に対する回答

### ⑴　クレジット契約のクーリング・オフと取消し

クレジット契約について，割販法上の法定書面（割販法35条の3の9）が交付されていなかったり，交付されていても交付日から8日以内であれば，Aさんは，クーリング・オフすることができる（同法35条の3の10）。

既にクーリング・オフ期間を経過しているときでも，工事の必要性に関する説明等が不実の告知にあたるとして，クレジット契約の取消し（割販法35条の3の13第1項6号）を主張できる可能性がある。

クレジット契約をクーリング・オフしたり，取り消した場合，Aさんは，信販会社に対して，未払金の支払拒絶及び，既払金の返還を請求することができる。

### ⑵　抗弁対抗

Aさんは，クレジット契約のクーリング・オフや取消しが出来ない場合，業者に対するクーリング・オフや取消しを理由に，クレジット会社への支払いを拒むことができる。

### ⑶　リフォーム工事代金相当の利得について

Aさんがリフォーム工事により受けた利得については，訪問販売による

クーリング・オフが認められる場合には、リフォーム工事という役務の対価を支払う必要はない（特商法9条5項）。もちろん、業者は、損害賠償を請求し得ない（同条3項）。

取消しの場合にも、業者に利得の返還請求を認めると、業者に「欺し得」を認めることとなるので、返還請求は認められない（第1章「第5　消費者契約からの解放とその効果」参照）。


**【参考文献】**

・独立行政法人国民生活センター特別調査事務局「［特別調査］『訪問販売によるリフォーム工事』に係る消費者トラブルの現状と被害防止のための方策（概要）」（平成14年8月21日、同ホームページ）

*345*

# 第*4* ┃ 不動産投資

## 1　投資用マンション

---
**事　例**

　私の職場に，投資用マンション販売の勧誘電話が何度もかかってきて，「駅近の物件なのですぐに入居者がつきます。購入いただければ，絶対に利益が出ますよ。」などと執拗に勧誘されました。購入するつもりもなく，大変迷惑をしていましたが，一度話を聞いたうえではっきりと断らないと，いつまでも職場に電話がかかってきてしまうと思ったので，一度会って話をすることにしました。

　職場近くのホテルの喫茶店で担当者に会ってみると，「家賃収入で十分に住宅ローンの返済ができますし，住宅ローンの返済が終われば現物資産が残るので，安全確実な貯蓄のようなものです。このご時世，年金もきちんと払われるか分からないのですから，現物資産をお持ちになって老後に備えてはいかがですか。また，節税にもなりますから，実質的な利回りはもっと大きくなりますよ。この物件については，当社で家賃保証をすることもできます。」などと説明されました。非常に得な話のように思えたのでついその気になり，1,500万円の物件を35年ローンで購入してしまいました。

　ところが，家賃保証はついていたのですが，住宅ローンの返済のほうが家賃収入より多く，さらに，固定資産税や管理費の支払いも入れると完全に赤字です。絶対に利益が出るという担当者の説明と異なっており，この契約を解消したいのですが，可能でしょうか。

---

## 1　投資用マンションの被害実態

⑴　投資マンションの悪質な勧誘による被害は近年問題になっており，国民

生活センターも度々注意喚起をしている（「ますますエスカレートするマンションの悪質な勧誘―増加する「強引・脅迫」「長時間」「夜間」勧誘―」）平成 22 年 11 月 25 日，国民生活センターホームページ）「20 歳代に増える投資用マンションの強引な勧誘に注意！―マンションへの投資にはリスクがあり，必ず儲かるわけではありません―」（平成 31 年 3 月 28 日，同ホームページ）。

　(2)　国民生活センターが公表する投資用マンションの相談内容としては，勧誘を断ると暴力をふるわれる被害，強引な勧誘，脅迫まがいの勧誘，長時間・夜間に及ぶ勧誘，断定的判断の提供・不実告知による勧誘，販売目的を告げずにする勧誘，プライバシーを脅かす営業実態などが挙げられている。さらに，平成 23 年ころから，婚活サイトなどで知り合った相手から将来のための財産形成や資産運用を口実にいわゆるデート商法的な手口によって投資用マンションを購入させられるというトラブルが多数発生している。

　(3)　このように，現在，投資用マンション販売については，暴力的・脅迫的な勧誘や迷惑を及ぼす勧誘，あるいは欺瞞的な勧誘が横行しており，その勧誘行為自体が刑事罰に該当する場合も見られる。

　一方，投資用マンションの勧誘文言に不実告知や断定的判断の提供が含まれて，後にトラブルとなる場合も多い。

　投資用マンションについて，販売業者が述べる勧誘文言としては，「賃料収入で住宅ローンの返済ができ，返済が終われば不動産がそのまま残るのであるから貯蓄のようなものである。」や，「家賃保証をつけるから将来にわたって安心である。」，「不動産所得がマイナスになれば確定申告によって所得税，住民税の節税になる。」などといった内容であるが，そのとおりに実現しない場合がほとんどである。

　新築マンションの場合には，購入した途端に，中古マンションとして価格が下落するのが一般であり，一方，投資用マンションの場合，販売業者が利益を得るために，同程度のマンションに比べて販売価格が高く設定されている場合も多い。ローンの返済についても，低金利のときはよいが，金利変動のリスクに晒され，高金利になってしまうこともある。また，管理費，修繕積立金の負担，固定資産税の負担もあり，当初説明を受けていた収支プランと異なる場合も見られる。さらに，投資用マンションを賃貸する場合，賃借人が確保できて滞納がない場合は良いが，賃借人が確保できなかったり，また，滞納する賃借

人が居座るような状況となることもあるし，賃借人が退去した際には，原状回復費用を負担することとなったり，また，築年数がたてば，リフォームをしないと賃借人を確保できなくなる可能性もある。賃料保証についても，その保証期間が短期間だけで終わったり，更新があっても，従前の保証金額より減額変更される例も見受けられる。

上記のようなリスクを十分に説明したうえで，高額物件である不動産の購入をすすめる販売業者は少なく，むしろ十分な説明をしない悪質な業者が多く存在するのが実情であり，多くの消費者トラブルが生じている。

## 2 解決のポイント

### (1) 特商法による解決の可能性

投資用マンションの被害事例は電話勧誘によって始まり，自宅や喫茶店などの営業所以外の場所で契約が締結されるなどするので，その勧誘形態や契約締結状況からすれば，特商法の「訪問販売」や「電話勧誘販売」に当たり，クーリング・オフ（特商法9条・24条）や取消権（同法9条の3・24条の3）を行使できる可能性がある。

しかし，「宅地建物取引業者」による「宅地建物取引業」については，特商法の適用除外とされているため（同法26条1項8号ロ），投資用マンション被害の多くには，特商法の適用がない。

ここでいう「宅地建物取引業者」とは，宅地建物取引業法2条3号で定義されている者であり，同法3条1項による許可を受けている業者を指し，「宅地建物取引業」とは，同法2条2号で定義されるもので，宅地若しくは建物（建物の一部も含む）の売買・交換，または宅地・建物の売買・交換・貸借の代理・媒介をする行為で業として行うものを指す。したがって，宅地建物取引業の許可業者がマンションの販売をしたり，販売の代理・媒介を行う場合は，特商法の適用除外にあたり，同法のクーリング・オフや取消権は行使できない。

逆にいえば，無許可業者が行う投資用マンションの販売については，特商法の適用除外の対象とならず，「訪問販売」や「電話勧誘販売」の要件を満たせば，同法によるクーリング・オフや取消権の行使が可能である。

348　第2章　具体的トラブル事例と解決

### (2) 宅地建物取引業法による解決

上記のとおり，特商法による解決は多くの場合困難であるが，宅地建物取引業法にもクーリング・オフ制度があり，これが認められれば，宅建業者は，受け取っていた手付金その他の金銭をすみやかに買主に返還しなければならず，また，撤回や解除に伴う損害賠償や違約金の支払いを請求することもできなくなるので，消費者被害の救済となる。

宅地建物取引業法のクーリング・オフの要件は，①宅地建物取引業者が自ら売主となる宅地・建物の売買契約において，②事務所等以外の場所で買受けの申込みまたは売買契約を締結すること，とされ，以下に整理するように多くの制限があって，適用範囲はかなり狭くなっている（同法37条の2）。

#### ア　主体の制限

宅地建物取引業者が自ら売主となる場合に限られる。

#### イ　場所の制限

クーリング・オフができるのは「事務所等以外の場所」での契約であるが，クーリング・オフができない「事務所等」とは，次の場所である（宅地建物取引業法施行規則16条の5）。

(ｱ)　事務所

(ｲ)　継続的に業務を行うことができる施設のある場所で，宅地建物取引士が置かれているもの

(ｳ)　一団の宅地建物（10区画または10戸以上）の分譲の案内所で，宅地建物取引士が置かれているもの

(ｴ)　事務所等で売買契約に対する説明をした後，展示会等催しをする場所で宅地建物取引士が置かれているもの

(ｵ)　他の宅地建物取引業者に媒介や代理を依頼した場合，同取引業者の(ｱ)〜(ｴ)の場所

(ｶ)　買主の方から売買契約の説明を受けることについて申出をした場合，買主の自宅や勤務先

#### ウ　行使時期の制限

買主が宅地建物取引業者より，法定事項が記載された書面の交付があった日から8日以内に行使しなければならない（宅地建物取引業法37条の2第1項1号）。

### エ　履行による制限

宅地建物の引渡しを受け，かつ，代金の全額を支払った場合，クーリング・オフはできなくなる（同法37条の2第1項2号）。

なお，宅地建物取引業法では，重要な事実の不告知および不実告知（同法47条1号），断定的判断の提供（同法47条の2第1項），契約の締結または契約の申込み撤回・解除についての威迫行為の禁止（同条2項）が規定されており，違反行為は行政処分の対象となる（同法65条2項・66条1項9号）。これらの行為について，行政上の違法だけでなく民事上も違法になる旨を主張し，不法行為による損害賠償請求によって被害救済を図ることも検討すべきである。

### (3) 消費者契約法による解決

**ア**　投資用マンションの被害例は，ほとんどの場合，「消費者」と「事業者」との間の消費者契約であり，消費者契約法の適用がある。そのため，同法の不実告知，断定的判断の提供，不利益事実不告知や不退去・退去妨害を理由とする取消しによって，問題を解決することが考えられる。

**イ**　本事例の場合，「駅近の物件」の「駅近」とはそのマンションの「質」であり，「重要事項」に該当し（消費者契約法4条5項1号），「駅近」という説明が客観的に見て事実に反する場合は，不実告知（同条1項1号）に該当し，取消しが認められる。

「家賃収入で十分に住宅ローンの返済ができます。」と言われた点については，例えば，将来における賃料収支のシミュレーションを示されて，最低限，これだけの賃料収入があることは確実である旨の説明を受けていれば，将来において当該消費者が受け取るべき金額について，断定的判断の提供を受け，その旨誤認した場合と言いうるから，同項2号により取消しが可能となる。シミュレーションが客観的事実と異なれば不実告知取消し（同項1号）もできる。

その他，固定資産税や，管理費，修繕積立金の負担について何ら説明していなかった点については，不利益事実の不告知に該当する可能性があるし，実質的な利回りなどを保証していたのであれば，それについても断定的判断の提供に該当する可能性があり，消費者契約法によって取り消しうる。

## (4) 民法による解決

投資用マンションの被害事例は，前述のとおり，刑法の犯罪行為に該当したり，上記の宅地建物取引業法の行為規制に違反するなど，極めて悪質なものも多く，民事上も不法行為を構成する場合も多いと考えられる。その場合は，不法行為による損害賠償請求によって被害回復を図ることになる。

その他，民法上の錯誤（民法95条），詐欺・強迫（同法96条），公序良俗違反（同法90条）に該当するかについても検討すべきである。

## (5) 銀行ローンについて

投資用マンション案件では，ほぼ全て，銀行ローンが組まれている。そして不動産取引には割賦販売法の適用がないので，売買契約の効力が否定されてもローン契約が残ってしまう関係にある。

銀行が投資用マンションの勧誘方法の違法性を知りうべき場合には，信義則によって支払いを拒絶できる場合がありうると考えられる。

なお，婚活サイト利用案件で銀行に対するローンの支払義務の有無が争われた事件において，売買契約とローン契約とは経済的，実質的に密接な関係にあるということができるところ，「本件売買契約が無効とされる場合には，売主と貸主との関係，売主の本件消費貸借契約手続への関与の内容及び程度，売主の公序良俗に反する行為についての貸主の認識の有無，程度等に照らし，売主による公序良俗違反の行為の結果を貸主に帰せしめ，売買契約と一体的に金銭消費貸借契約についてもその効力を否定することを信義則上相当とする特段の事情がある場合には，本件消費貸借契約も無効となると解するのが相当である。」とした裁判例がある（ただし，事例のあてはめとしては無効としなかった）（東京地判平成26年10月30日金判1459号52頁）。

第4　不動産投資　*351*

## ② 原野商法の二次被害

---

**事　例**

(1)　二次被害①——サービス提供型（測量代名目の請求）

　Xは，昭和50（1975）年，「別荘地として開発中で，値上がり確実なので，転売すれば儲かる。」等と勧誘されて，T県N市所在の甲土地を2000万円で購入した。しかし，別荘地の計画は頓挫し，仲介した不動産業者も廃業してしまい，土地の買い手がつかないまま，40年以上経過した。

　平成×年×月×日，Y不動産の社員と名乗る者が突然自宅を訪ねてきて，「中国人の投資家が土地の購入を希望している。しかし，売却するためには土地を測量して境界を明確にする必要があるので，測量代を50万円払って欲しい。」等と勧誘した。Xは，処分に困っていた土地が売れるならばよいと思って50万円を支払った。

(2)　二次被害②——土地取引型（税金対策名目の土地交換）

　その後，Y不動産の仲介で甲土地を売却することになったが，Y不動産の社員が，「売却するだけでは不動産の譲渡益が出て所得税がかかる。税金対策のために，別の土地と交換する形にしたほうがよい。」と言ってきた。そこで，Xは，Xを売主とする甲土地の売買契約と同時に，Xを買主とするG県I市の乙土地の売買契約を締結し，甲土地の売却額と乙土地の購入価額の差額500万円をY不動産に支払った。

---

## 1　原野商法とその二次被害とは

### (1)　原野商法とは

　原野商法とは，取引困難な山林や原野を，近くに新幹線や高速道路ができるので値上がりする等の虚偽の事実を述べて勧誘し，時価の数倍〜数百倍の高値で売りつける手法であり，高度成長期に入り土地の価格が急騰した昭和40年代後半ころから行われるようになった。

　最近は，山林や原野の取引だけでなく，別荘地等の開発計画が途中で頓挫し

352　第2章　具体的トラブル事例と解決

取引が困難になった土地を高値で売り付ける手法等，事実上取引が困難な土地を時価よりも高値で売りつける手法を広く原野商法と呼んでいる。

### (2)　二次被害

　近時，かつて原野商法の被害にあった者を対象とした二次被害が目立っている。原野商法の二次被害には「サービス提供契約型」と「土地取引型」がある。

　「サービス提供型」とは，事例の(1)のように，土地の売却のために必要であると偽って高額な調査費，測量費，造成費，広告費等を支払わせるものである。

　「土地取引型」とは，事例の(2)のように，土地を譲渡するだけでは税金がかかるので土地を交換して税金対策をする等の名目で他の取引困難な土地を売りつけるものである。

　実際の事例をみると，当初は，「サービス提供型」で数十万円を騙し取り，被害者が業者を信用するようになると「土地取引型」に移行して土地の交換差額等の名目でさらに数百万円単位の金銭を騙し取り，被害者の手元に当初所有していた土地とは別の処分困難な土地の登記名義が残るという事案が多い（なお，業者は宅地建物取引業者の免許を受けている者も受けてない者も登場するので，以下では，特に宅地建物取引業者の免許を受けている者をさす場合は「宅建業者」，免許をうけていない不動産業者等を広く含む場合は「業者」ということにする）。

## 2　問題点

### (1)　「宅地」該当性

　原野商法の案件では，取引の対象土地が「宅地」に該当するかによって，クーリング・オフする際の適用条項，保証協会からの弁済業務保証金受領の可否が異なる。よって対象土地の「宅地」該当性が問題になる。

　ここで「宅地」とは，建物の敷地に供せられる土地をいい，都市計画法の用途地域[1]内で道路，公園，河川その他政令で定める公共の用に供する施設の用

---

1)　第一種低層住居専用地域，第二種低層住居専用地域，第一種中高層住居専用地域，第二種中高層住居専用地域，第一種住居地域，第二種住居地域，準住居地域，田園住宅地域，近隣商業地域，商業地域，準工業地域，工業地域又は工業専用地域（都市計画法8条1項1号）。

に供せられているもの以外の土地をいう（宅建業法2条1号）。国土交通省のガイドライン「宅地建物取引業法の解釈・運用の考え方」によれば，「現に建物の敷地に供せられている土地に限らず，広く建物の敷地に供する目的で取引の対象とされた土地をいうものであり，その地目，現況の如何を問わない」とされている。

　原野商法において購入させられる土地には，地目が原野や山林であり，用途地域内の土地ではなく，水道や電気も通っていないものが多く，「宅地」と認められない可能性が高い。

　しかし，別荘地として開発計画があった土地等の場合，水道や電気が通っていたり，かつて区画整理されていた形跡があったり，わずかながら別荘地として実際に利用している人がいたりして「宅地」と認めうる場合もあるので，「原野商法」という言葉のイメージに惑わされず実態を調査する必要がある。

### (2)　契約解消の方法

　次に，「土地取引型」で土地を取得した場合は，取得時に不動産取得税，保有時の固定資産税・都市計画税等の税負担があり，土地の管理にかかる責任も生じるおそれがある。また，土地を譲渡した場合には，譲渡所得税等の税負担が生じる場合がある。よって，これらの課税や責任を回避するために，契約の解消を検討する必要がある。

### (3)　損害回復の方法

　また，「サービス提供型」で業者に調査費，測量費等を支払った場合や，「土地取引型」で土地の交換差額等の名目で金銭を支払った場合は，支払った金額相当の損害をどのように回復するかが問題になる。原野商法に関与する業者は会社設立から数カ月程度の短期間で廃業することが多く，業者自体の責任追及が困難な場合が多い。そこで，誰にどのように請求して損害の回復を図るかが問題になる。

354　第 2 章　具体的トラブル事例と解決

## 3　解決のポイント

### ⑴　契約解消の方法
### ア　サービス提供型において特に検討すべき方法
### ㋐　特定商取引法に基づくクーリング・オフ

原野商法は一般に訪問販売で行われていることから，特定商取引法 9 条に基づくクーリング・オフが考えられる。

### ㋑　契約の債務不履行解除

業者が，測量費，広告費等を支払ったにもかかわらず，業者が測量も広告もしないという場合には，契約を債務不履行解除して契約を解消することが考えられる。

### イ　土地取引型において特に検討すべき方法
### ㋐　特定商取引法 9 条に基づくクーリング・オフ

原野商法は一般に訪問販売で行われていることから，「サービス提供型」と同様，特定商取引法 9 条に基づくクーリング・オフが考えられる。

しかし，特定商取引法 26 条 1 項 8 号ロは，宅建業者が行う宅地の販売を除外しているので，「宅地」の販売に該当する場合，特定商取引法 9 条に基づくクーリング・オフはできない。同条によるクーリング・オフができるのは「宅地」以外の取引の場合のみである。

### ㋑　宅地建物取引業法 37 条の 2 に基づくクーリング・オフ

宅建業者が行う「宅地」の販売については，宅地建物取引業法 37 条の 2 に基づくクーリング・オフが考えられる。しかし，同条 1 項 2 号は宅地の引渡しを受け，かつその代金の全部を支払ったときは適用除外されるので，現実には行使できないケースも多いであろう。

### ウ　サービス提供型・土地取引型に共通する契約解消の方法
### ㋐　消費者契約法による取消し

業者が「将来この土地の値段は必ず上がる」「この土地は高値で売却できる」というように断定的な判断を示して勧誘して販売したときには，「断定的判断の提供」による取消しが可能である（消費者契約法 4 条 1 項 2 号）。

また，「近くに駅ができる」「新幹線ができる」「高速道路ができる」などと事実に反する勧誘をする場合は「不実の告知」による取消しが可能である（消

費者契約法4条1項1号）。ただし，不実告知は「重要な事項」についてなされる必要があり，駅・新幹線・高速道路ができるという事実が「重要事項」にあたるか問題となりうる。

（イ）　**特定商取引法9条の3第1項による取消し**

訪問販売の場合，業者が商品の代金等に関し①不実のことを告げ，それにより申込者（購入者）が告げられた内容が事実であると誤認した場合，また②故意に事実を告げられなかったため，申込者が当該事実は存在しないと誤認した場合，申込みまたはその承諾の意思表示を取り消すことができる（特定商取引法9条の3第1項）。

特定商取引法による取消しの場合，動機の部分（例えば，近くに高速道路が開通すること）については「重要事項」に含まれるのかといった解釈上の問題は生じない（同法6条1項7号に動機部分が含まれている。）。

ただし，クーリング・オフの場合と同様，宅建業者による「宅地」の販売の場合は，適用除外とされており，特定商取引法による取消しはできない。

（ウ）　**民法上の無効・取消しの主張**

民法上の詐欺取消しや錯誤の主張も考えられる。錯誤を認めた裁判例としては東京地判昭和58年6月29日判タ508号128頁などがある。

また，暴利行為として公序良俗に反し，無効であることを主張することも考えられる。

エ　**契約解消後の後始末——登記の抹消（引取り）**

売買契約が無効・取消し・解除された場合には，買主から売主に対し，売買契約に基づく所有権移転登記の抹消登記請求（登記の引取り）が可能である。この場合，請求の趣旨は「被告は，原告に対し，別紙物件目録記載の土地について，○○法務局○○年○○月受付第○○号所有権移転登記の抹消登記手続をせよ。」とするのが一般であるが，法務局によって求める言い回し（「錯誤」や「詐欺」などの原因を付す）が変わる場合があり，判決に基づいて登記する段階で問題が生じることもあるので，事前に管轄の法務局に相談したほうがよい。

（2）　**損害の回復**

ア　**土地取引型の場合——営業保証金，弁済業務保証金の受領**

土地取引型の場合，宅建業法は，宅建業に関し損害を受けた場合の損害を担

保するため営業保証金や弁済業務保証金の制度を設けており，一定の要件に該当すれば，ここから弁済を受けることができる（宅建業法27条・64条の8）ので，これにより金銭的な損害を回復することが考えられる。

ここで，営業保証金とは，宅建業者が，主たる事務所につき1000万円，その他の事務所ごとに500万円を供託しなければならないものである（宅建業法25条，同法施行令2条の4）。仮に，供託をしていれば，それの仮差押えなど検討すれば良い。

しかし，営業保証金の供託に代えて，保証協会へ加入した上で，弁済業務保証金を納付する方法が認められていて，この場合，保証協会が認証をして弁済業務保証金が支払われることになる（上限は供託の場合と同じ）。

弁済業務保証金を受領するには，①原野商法を行った業者が保証協会の会員であること，②業者と消費者との取引が，宅建業に関する取引であること，③その取引によって生じた債権であること，④保証協会の認証を受けること，が要件となる（宅建業法64条の8）。このうち，②について，取引の目的物である土地が「宅地」であるかが問題となる。

弁済を受けるためには，まず，保証協会に苦情申立てをする。この際には，直接保証協会を訪問して手続を行う。保証協会は大きく分けて，全日本不動産協会（「全日」，ウサギのマーク）の不動産保証協会と，全国宅地建物取引業協会（「全宅」，ハトのマーク）の宅地建物取引業保証協会があり，所属する協会が受付窓口となる。

ただし，この請求は早い者勝ちで，先に申請した者が優先的に保証金の還付を受けることになる。

### イ　サービス提供型・土地取引型に共通する損害回復の方法──不法行為責任

損害回復のため関係者への不法行為責任を追及することが考えられる。

ここで，原野商法を行う業者は短期間で廃業することが多いため，業者だけを請求の相手にした場合には，その業者自体から損害を回復することが困難である。そこで原野商法に様々な形で関与した者に対して不法行為責任を追及することが考えられる。

### ㈠　個人の責任追及の対象

#### a　役員・従業員等

責任追及の対象として，不動産業者の代表取締役・取締役などの役員や直接被害者を勧誘した営業社員等がまず考えられる。

この点，役員は会社の登記からわかるが，代表取締役等は実際には会社に関与していないダミーであることが多い。また，営業社員については，被害者に名乗っていた名前が偽名であることも珍しくなく，特定困難であることが多い。

#### b　宅地建物取引士（宅建士）

宅建士には，業者が宅地建物取引業免許を取得するにあたって各事務所に設置することが求められている専任の宅建士と個々の取引で重要事項の説明を行う契約書記載の宅建士への責任追及が考えられる（両者は同一人物であることも多い）。

重要事項の説明を行った宅建士については説明義務違反等を理由に不法行為責任を追及することが考えられる。

一方，専任の宅建士については，名義貸しであることも多く，取引に関与していないので責任はないなどと反論されることも多いが，契約関係や対価などを明らかにさせた上で，名義貸しの責任（不法行為の幇助責任）を追及することが考えられる（これを認めた裁判例として，秋田地大曲支判平成29年9月22日（消費者法ニュース115号269頁）や東京高判昭和54年9月3日（判時945号50頁）等がある）。

#### c　司法書士

最近の原野商法では，司法書士を使わずに，直接業者自ら登記をすることが多く，司法書士は対象とすることはできない場合がほとんどである。

### ㈡　違法性の主張

①説明義務違反，②詐欺，③暴利・公序良俗違反が考えられる。

①や②については，録音などがあると良いが立証が困難なケースも有るので，PIO-NETなどで同じ業者の同種手口の相談が寄せられていることを明らかにし，組織的に同種事案が行われているとして間接的に立証することを検討する（行政処分がされている業者もいる。）。

③については，原野商法で取引されている土地の場合，近隣の土地でも原野

358 第2章 具体的トラブル事例と解決

商法による相場よりも高額な取引事例があることが多いので，取引事例比較法によって不動産価格の鑑定を行った場合，不当に高額な鑑定価格になることがありうる。よって，鑑定の際には，鑑定を担当する不動産鑑定士等にこの点に配慮するよう促す必要がある。

### ウ　不動産業者や宅建士の調査について

#### ㋐　国土交通省のホームページ

国土交通省のホームページにある宅建業者等企業情報検索システムで宅地建物取引業の登録の有無と番号などの内容，宅地建物取引業保証協会加入の有無，所属する協会（全日か全宅か）が確認できる。

#### ㋑　免許申請書等の閲覧

宅建業者は都道府県に免許申請する際に，役員，専任の宅地建物取引士，従業員，株主等の氏名や住所（一部）を記載しているので，免許申請書等や宅建業者名簿を閲覧してこれを確認することができる。

宅建業は5年更新であるが（宅建業法3条2項），古い申請書は破棄されており開示されないし，廃業や免許取消しなどで免許が失効されると閲覧ができなくなるので，早めに確認しておくのが望ましい。ただし申請時のままで更新されず，代表者と宅建士の二人しか名簿に記載がない例が大半である

#### ㋒　弁護士会照会

宅建業者が廃業等で免許が失効されると，上記手段では閲覧できない可能性がある。この場合でも弁護士会照会で，開示してもらえる場合もある。

#### ㋓　宅建士の住所

宅建業者の専任宅建士であれば，業者名簿で確認できるが，業者名簿の閲覧が出来ない場合や，専任でない契約書記載の宅建士の場合，登録の都道府県と番号（東京なら，東京第○○号）がわかれば，住所，電話番号，本籍，勤務先などが登録されており，弁護士会照会をすると開示される場合が多い。

## 4　設問に対する回答

事例の⑴のサービス提供型については，「3　解決のポイント」で示した方法により契約を解消し，損害の回復を図ることになる。

事例の⑵の土地取引型についても，「3　解決のポイント」で示した方法により，損害の回復を図ることになる。この場合，契約の解消は主に登記を原野商

法による被害以前の状態に回復する目的でなされることになろうが，過去の原野商法の被害で保有していた土地を譲渡した場合，①せっかく手放した土地を取り戻したくないと依頼者が強く望むこともありうる一方で，②土地を譲渡したという形を残すと譲渡所得課税等のリスクが生じうる。これらの点を踏まえて契約の解消を図るか検討する必要がある。

**【参考文献】**
・独立行政法人国民生活センター「多発する原野商法の二次被害」（平成18年7月6日，同ホームページ）
・独立行政法人国民生活センター「相談件数が過去最高に！原野商法の二次被害トラブルが再び増加 ―『買いたい人がいる』『高く売れる』などのセールストークをうのみにしないこと―」（平成25年8月1日，同ホームページ）

*360* 第2章 具体的トラブル事例と解決

# 第5 ┃ 教育・教養

## 1 大学の入学金・授業料

---
**事 例**

　X1は，「入学することを確約できる」としてY大学の入学試験（推薦入試）を受けて合格し（12月27日），入学金および前期授業料を納期限の12月4日までに納付したが，翌年3月13日に入学辞退届を提出した。X2も，Y大学入学試験（一般入試）を受けて合格し，入学金および前期授業料を納期限の3月25日までに納付したが，3月29日電話で辞退する旨を告げ，4月3日に辞退届が到達した。

　Y大学の入学試験要綱には，「いったん納入された納付金は，いかなる理由があっても返還しません」という規定がある。入学金や前期授業料の返還を求めることはできるでしょうか。

---

## 1 入学金等に関する問題点

　多くの私立大学は，国立大学より早期に入学試験，入学金・授業料等（あわせて学納金という）の納付期限を設定している。そして，多くの受験生は，翌年にどこかの大学に入学したいと考えているから，入学の権利自体は可能な限り保持したいと考え，第一希望校の合格発表前に学納金を納付している。

　この学納金につき，従前は一旦納付したものは返還しない等の特約が設けられていたが，平成13年4月に消費者契約法が施行されるに伴い，不返還特約の有効性を争う多くの訴訟が提起された。これを受け，文部科学省も，従前の扱いを見直すよう指導し，平成15年度の入試からは，多くの私立大学で，授業料等の納付期限あるいは返還申出期限を国公立大学の後期日程入試の合格発表後に設定するようになっている。

## 2 解決のポイント

### (1) 学納金返還請求の問題点・争点

学納金返還請求については，①在学契約の性質，②在学契約を解除できるのか，③解除の結果，給付のない部分について返還請求できるのか，④本来返還請求できるとして，不返還特約は有効なのか（民法 90 条，消費者契約法 9 条 1 号・10 条）が問われる。

これらについては，最判平成 18 年 11 月 27 日で判断がされている。同日には，16 件の同旨判決の言渡しが行われており，公刊物として，(a)民集 60 巻 9 号 3437 頁，(b)民集 60 巻 9 号 3597 頁，(c)民集 60 巻 9 号 3732 頁（これらは判時 1958 号 12 頁・判タ 1232 号 97 頁に①〜③として掲載），(d)判時 1958 号 61 頁・判タ 1232 号 82 頁，(e)判時 1958 号 62 頁・判タ 1232 号 89 頁に掲載されている。以下では，代表例として(a)を「最判」として引用し，他については，適宜，「最判 b 〜 e」として引用する。

### (2) 在学契約の性質

在学契約は，教育役務・対価の支払いを中核要素としつつ，「部分社会を形成する……大学の構成員としての……地位を取得」するという要素も有するので，「有償双務契約としての性質を有する私法上の無名契約」である（最判）。

### (3) 在学契約の解除，返還請求

「教育を受ける権利を保障している憲法 26 条 1 項の趣旨や教育の理念にかんがみると，……学生は，原則として，いつでも任意に在学契約等を将来に向かって解除することができる」。そして，入学辞退は解除の意思表示と評価できる（最判）。

この点，下級審では，在学契約を準委任契約類似の無名契約として，民法 651 条準用により解除を認めるものが多かったが，最判はこの立場を取らず，契約解除についても憲法 26 条 1 項等を根拠としている。

そして，解除の結果，提供を受けることもない授業料等については，大学は返還する義務を負う（自治会費・同窓会費等の「諸会費等」についても同じ）（最判）。

362　第2章　具体的トラブル事例と解決

　他方，入学金については，「学生が大学に入学し得る地位を取得する対価の性質を有する」もので，「その納付をもって学生は上記地位を取得するものであるから，その後に在学契約等が解除され，あるいは失効しても，大学はその返還義務を負う理由はない」（最判）。


### (4)　不返還特約

### ア　不返還特約の性質

　不返還特約のうち，入学金に関する部分は，性質上返還義務を負うものでないから「注意的な定めにすぎない」。他方，「授業料等に関する部分は，在学契約の解除に伴う損害賠償額の予定又は違約金の定めの性質を有する」（最判）。

### イ　公序良俗違反性

　大学選択の自由を過度に制約する等「著しく合理性を欠くと認められるものでない限り，公序良俗に反するものとはいえない」（最判）。

　この点に関し，消費者契約法施行前に，医科大学に720万5000円を納付した事案につき，最判 c は，「厳しい定員管理が必要」，「附属病院の設置が義務付け」られ，「経費も他の学部に比べて格段に高額」などから，「相当高額」でも公序良俗違反といえないとした。

### ウ　消費者契約法9条1号違反（授業料・諸会費等）

　在学契約には消費者契約法の適用がある（なお，最判 d は同法9条1号が憲法29条に違反するものではないとした）。そして，大学が解除者を相当数見込んで合格者を決定していること，同一学部・学科の試験を複数回実施していること，補欠合格の措置を講じていること等の実情の下では，「当該大学が合格者を決定するに当たって織り込み済みのものと解される在学契約の解除，すなわち，学生が当該大学に入学する……ことが客観的にも高い蓋然性をもって予測される時点よりも前の時期における解除については，原則として，当該大学に生ずべき平均的な損害は存しないものというべきであ」る（最判。鍼灸学校につき同旨として最判平成18年12月22日判時1958号69頁・判タ1232号84頁）。

　したがって，入学年度が始まる4月1日の前後で区別し，解除が3月31日までにされた場合には，不返還特約は無効となり，4月1日以降になされた場合は，原則として，「初年度に納付すべき範囲内のものにとどまる限り」不返還特約は有効となる（最判。例外として下記3参照）。

### エ　消費者契約法 10 条

同法 9 条 1 号によって無効とならない部分につき，同法 10 条違反とはならない（最判）。

## 3　設問に対する回答など

学納金返還請求については平成 18 年判決で決着がついたといえるが，下記のような事例には注意を要する。

### (1)　X1 について（入学を確約した場合）

入学を確約して受験している事例（最判 a の事案の一つ）である。

この点，最判は，専願・第一志望・入学確約が出願資格とされている推薦入学の場合は，有利な条件で入学できる等から，「当該解除を前提として他の入学試験等によって代わりの入学者を通常容易に確保することができる時期を経過していないなどの特段の事情がない限り」，授業料等の返還を要しないとし，特段の事情の有無を審査するために差し戻した（差戻審は返還を否定）。X1 は 3 月 13 日に辞退した事例であるので返還は認め難いが，一般入試が行われている時期であれば「特段の事情」が認められる可能性もあるので，他の入試日程との兼ね合いを検討すべきである。

### (2)　X2 について（口頭での辞退）

入学辞退届が 4 月 3 日に到達しているが，3 月 29 日に口頭（電話）で辞退しているという事例（最判 a の事案の一つ）である。

この点，最判は，解除は口頭でも足りるとし，入試要綱が書面での解除を要するとしていても，同じとした。したがって，3 月末までに辞退がなされている X2 については，授業料等につき返還が認められる。

### (3)　入学式欠席条項がある場合

入試要項等に，『入学式を無断欠席した場合には入学を辞退したものとみなす・入学を取り消す』等と記載されている場合，無断欠席によって「黙示に解除されることがあることは，当該大学の予測の範囲内であり」，欠席の場合，授業料等の返還を要する（最判 b。最判 e は口頭で辞退と扱うといわれた場合につ

き同旨)。なお，4月7日まで補欠合格の通知がない場合には不合格となるとの募集要項があった場合につき，最判平成22年3月30日判時2077号44頁・判タ1323号102頁は，4月1日以降の解除を織り込み済みではないとして，返還を否定した。

第 5　教育・教養　*365*

## ② 予備校，家庭教師

--- 事例 1 ---

受験予備校の「高い合格率」を謳う宣伝や，説明会での「浪人生全員合格」という説明に惹かれて，子どもを入学させることにし，入学金 10 万円および 1 年分の授業料 60 万円の合計 70 万円を一括で支払いました。ところが，入学後，実際の合格者はほとんどいないことが判明しました。そこで，その受験予備校を辞めることにしました。受験予備校との契約書には中途解約に関する記載がありませんが，支払った入学金・授業料は返還されるのでしょうか。

--- 事例 2 ---

家庭教師派遣会社と子どもへの家庭教師派遣契約を締結し，1 年分（60 回派遣）の料金 48 万円およびテキスト代 24 万円の合計 72 万円を一括で支払いました。ところが，家庭教師の派遣を 2 回受けた後，急に家庭教師が派遣されなくなりました。支払った料金の返還を求めることはできるのでしょうか。

### 1　予備校・家庭教師等に関する問題点

教育への関心の高まりから，予備校・学習塾・家庭教師等の利用者は多い。授業料等については，月謝制の場合もあるが，1 年分の授業料を事前に一括で支払う場合も多い。高額になりがちであり，入学金や授業料に関するトラブル，経営縮小や経営破綻に伴ってサービスを受けられなくなるトラブル等が発生している。

### 2　解決のポイント

#### (1)　特商法による解決

予備校や家庭教師派遣会社との契約が，特商法の「特定継続的役務提供」に

該当する場合には，同法の適用対象となりクーリング・オフ等の行使ができる。

### ア　適用対象

特商法41条1項1号・施行令11条・同別表4で7役務が指定されている。中高大学等の入学試験のため，または小中高校等の補習のための学力の教授が対象とされ，事業者が場所を用意する場合（学習塾・予備校）は同別表5項，それ以外の場所で提供される場合（家庭教師・通信指導）は同別表4項に該当する。ただし，5項は小中高校生等に対する教授が対象とされているため，浪人生のみを対象とする場合は該当しない（なお，通達により，現役生・浪人生双方を対象とする場合は，全体として本役務に該当するとされている）。また，これらは，役務提供期間が2カ月を超え，かつ金額が5万円を超える場合に対象となる。

### イ　取消し

不実告知等があれば契約を取り消し得る（特商法49条の2）。第1章第3「③取消し・解除」を参照。

### ウ　クーリング・オフ

特定継続的役務提供契約を締結した場合，特商法42条2項の書面（契約書面）を受領した日から起算して8日間が経過するまでは，クーリング・オフをすることができる（同法48条1項）。この場合，役務提供があったとしても，事業者は対価の請求ができない（同条6項）。また，その契約にあたって締結された関連商品の販売契約（代理・媒介も含む）についてもクーリング・オフをすることができる（同法48条2項）。関連商品は施行令14条1項・同別表5第3項で指定されており，予備校や家庭教師については，書籍，カセットテープ，CD，DVD等，ファクシミリ装置及びテレビ電話装置が指定されている。

### エ　中途解約

特定継続的役務提供契約は，クーリング・オフ期間を経過した後においては，将来に向かって契約を解除することができる（特商法49条1項）。契約を解除した場合に役務提供事業者が請求できる損害額の上限は制限されている（同条2項）。関連商品の解除もでき，損害額の上限は制限されている（同条5項・6項）。

第5 教育・教養 *367*

⑵ **消費者契約法による解決**

一般的に，予備校や家庭教師派遣会社との契約は，「消費者」と「事業者」との間になされた「消費者契約」に該当することから（消費者契約法2条1項～3項），消費者契約法による取消しが考えられる。第1章第2「②　消費者契約の取消し」を参照。

## 3　設問に対する回答

⑴ **特商法による解決**

事例1において，契約したコースが浪人生のみを対象とした場合には特商法の対象外となるが，現役・浪人混合コースであれば特商法の適用を受ける（通達・消費者庁「特定商取引に関する法律等の施行について」（平成29年11月1日），通商産業省産業政策局消費経済課編『Q＆A改正訪問販売法「特定継続的役務」』（日本消費者協会，2000年）161頁）。

また，受験予備校における合格率や合格者数は，授業内容や指導内容と密接に関連しており，特商法44条1項1号「役務……の種類及びこれらの内容又は効果」ないし8号「判断に影響を及ぼすこととなる重要なもの」に該当する。本件では，「浪人生全員合格」という説明を行っているが，実際の合格者はほとんどいないことから，受験予備校の説明は不実告知にあたり，したがって，契約を取り消すことができる（同法49条の2第1項1号）。その他にも消費者に不利益となる事実を，予備校が故意に伝えなかった場合にも取消しが可能である（同項2号）。なお，取り消した場合，それまでに何らかの役務提供（授業）を受けていたら，クーリング・オフについては同法48条6項のような規定がないので，不当利得として負担を要するのではないかとの問題がある。この点については第1章「第5　消費者契約からの解放とその効果」を参照されたい。

法定書面が交付されていない場合（そもそも書面が交付されなかったり，交付されたが法定記載事項が書かれていない場合）には，クーリング・オフをすることができる。本事例では，中途解約に関する記載がないということなので，法定記載事項（特商法42条2項5号）の記載を欠いていることになり，クーリング・オフが可能といえる。そして，クーリング・オフをした場合，それまで役務提供を受けていたとしても，事業者は役務の対価を請求できないので（同法

48条6項），入学金・授業料全額の返還請求をなし得る。

　さらに，法定書面が交付されており不備がないとした場合であっても中途解約が可能である。契約を中途解約した場合，受験予備校が請求できる損害額の上限は，授業料1カ月分または2万円の低い額となるため，本事例では損害額の上限は2万円となる。

　事例2においても，家庭教師派遣会社との契約は特定継続的役務提供に該当するため，事例1と同様，クーリング・オフや中途解約を検討することとなる。

　そして，事例2においてクーリング・オフや中途解約が可能な場合，テキストは関連商品に該当するため，テキスト購入契約も解除をすることができる。多くの場合，テキストや附属商品の購入は家庭教師派遣会社そのものではなく別の販売業者からの購入となるが，派遣会社が代理ないし媒介を行っている場合（多くの場合はこれらに該当する。A書店に本があるから購入するようにといった場合には該当しない）には購入契約も解除ができる。そもそも事例2では家庭教師の派遣もなされなくなっているのであるから，まず民法上の債務不履行責任の追及が考えられるところである。しかし，家庭教師派遣会社の帰責性が認められても，他業者から教材を購入した場合，購入契約も解除できるか問題となるところであり（消費者としては，一体であり解除できるとの主張をすることになる），特商法が関連商品購入契約について解除を認めているメリットは大きいものがある。

### ⑵　消費者契約法による解決

　事例1において，受験予備校の合格率は，当該予備校の実績を示すものであり，授業内容や指導内容と密接に関連するため，役務の質に関連する事項といえる。したがって，受験予備校の合格率は，消費者が契約を締結するか否かについての判断に通常影響を及ぼすべき重要事項と考えられる。そして，この重要事項について事実と異なる説明がなされ，消費者がその説明を事実と誤認して契約を締結していることから，消費者はその意思表示を取り消すことができる。なお，取り消した場合，それまでに何らかの役務提供（授業）を受けていたら，不当利得として負担を要するのではないかとの問題がある。この点については，第1章「第5　消費者契約からの解放とその効果」を参照されたい。

事例2においても，仮に，重要事項について事実と異なる説明がなされ，消費者がその説明を事実と誤認して契約を締結していれば，事例1と同様に契約を取り消すことが考えられる。

## (3) 民法による解決

契約締結時の勧誘の態様によっては，民法の錯誤（民法95条），詐欺・強迫（同法96条）に該当する場合がある。そのような場合には，契約の無効や取消しの主張，不法行為に基づく損害賠償請求をすることが考えられる。また，授業内容が本来予定されていたものと異なるような場合には，債務不履行解除（同法541条），損害賠償請求（同法415条）をすることが考えられる。

特に事例2においては約束された役務提供がなされていないのであるから，債務不履行解除をなし得る。

370　第2章　具体的トラブル事例と解決

## ③　資格商法（士商法）

### 事例1　資格商法

　勤務先に電話があり，「私どもは，社団法人日本○○認定協会といいます。今般，○○という資格が国の資格として認定されることになったことから，その資格取得のサポートを行っている団体です。この資格取得には，本来，国家試験を受けなくてはなりませんが，当研修講座を受講すれば，今回は自宅での履修のみで資格が授与されます。教材料・受講料として，50万円必要ですが，独立や転職にも非常に有利です。」と熱心に勧誘された。最初は断っていたが，「おたくの会社の役員が特別にあなたを推薦してくれた。」などと言って，執拗に勤務先に電話があり，曖昧に返事をしていると，電話越しに大声を出され，承諾をするまでは電話攻勢をかけるなどと言われて周りの目を気にせざるを得ない状況になってしまった。結局，内容も信じてしまい，とうとう50回の分割でクレジット契約をしてしまい，既に6カ月ほどクレジット代金を支払った。しかし，最近，○○という資格が国家資格に認定された事実がなく，役員の推薦もなかったことを知ったので，解約して返金を求めたい。

### 事例2　二次被害

　数年前，ある業者の勧誘で資格講座を受講したが，代金の支払い，および，講座の受講のいずれについても終了したと思っていた。ところが，最近，勤務先に「あなたは通信講座の未修了者リストに載っている，抹消手続をして欲しければ登録抹消料を支払え。」と言われ，「全て受講した。」と言うと，「あなたの契約は生涯サポート契約になっている。どうしても契約を終了したいのならば，解約料の代わりに最終講座として約70万円の講座を受けてもらいます。」と言われ，何度も断っていると「契約違反は犯罪だ。」「上司に言いつけるぞ。」等と執拗に強迫的な電話を受けるようになり，仕方なく，1カ月ほど前にクレジット契約で講座を申し込んだ。解約できないか。

## 1 資格商法とは

資格商法とは，「講座を受講するとそれだけで資格が取れる」等との触れ込みで講座受講といった役務提供や教材等の物品販売を行う商法のことであり，多くが士業資格の取得をうたっていることから，「士（さむらい）商法」ともいわれる。対象となる資格は，公的資格（士業資格など）のほか，民間の資格（「近々公的資格になる」と偽るケースもある。）や，中には全く実在しない架空の資格の場合もある。さらに，受講等の契約後数年たってから，「資格を取得するまでは解約できない。」「名簿から削除して欲しかったら，○十万円必要。」といった電話がかかってきて，強迫的な勧誘文句から追加の支出を余儀なくされる二次被害事例も多く，最近では，「○○協会の被害者がたくさんいる。団体訴訟を提起するから預託金を指定口座に振り込んで欲しい。」といった全くの架空請求（三次被害）の事例もみられる。

## 2 被害事例の特徴

典型的な被害事例は，業者が名簿等の個人情報を元に勤務先等に電話をかけ，あたかも当該講習を受ければ当該資格を取得できるかのように誤認させる勧誘を行い，相手が勧誘を明確に断ることができない性格の人物とみるや執拗な電話攻勢を職場にかけ，上司や同僚の目があることから十分な反論ができないところにつけ込んで，どんどん業者側のペースで契約締結をさせてしまうパターンである。いったん契約に応じたら，いわゆる「かもリスト」に登載され，これが類似業者間に出回るため，その後は他業者からも頻繁に勧誘がなされる。次々と教材購入をさせられて，気がつけば数百万円のクレジット契約を締結していたというケースも少なくない。また，事例2のような二次被害の事例においては，以前の契約を盾にして，消費者にあたかも追加契約の義務や契約が存続しているかのような錯覚を起こさせ，中には，「追加契約をしなければ犯罪になる。」「追加契約をしなければ，勤務先への電話を止めない。」「契約違反を上司に告げる。」といった強迫的な言動を行う等，極めて執拗かつ悪質な勧誘が行われる場合も多い。

372　第2章　具体的トラブル事例と解決

## 3　解決のポイント

### ⑴　特定商取引法による規制

　電話勧誘販売（特商法2条3項）に当たる場合は，事業者名・契約の勧誘目的等の明示義務（特商法16条），再勧誘の禁止（同法17条），書面交付義務（同法18条・19条），勧誘行為規制（同法21条・22条）等の規制がある。

　また，クーリング・オフ（同法24条）及び不実告知による意思表示の取消し（同法24条の3第1項1号，21条1項）がある。

　特定商取引法による規制の詳細は，第1章「第3　特定商取引法」参照。

### ⑵　割賦販売法による規制

　電話勧誘販売（特商法2条3項）に当たる場合は，個別クレジット業者（「個別信用購入あっせん業者」）についても書面交付義務がある（割販法35条の3の9）。

　また，購入者が個別クレジット業者に対して書面でクーリング・オフ通知を行えば，個別クレジット契約のみならず，販売・役務提供契約も，通知発送時点で，申込みの撤回または契約が解除されたとみなされる（同法35条の3の10第5項）。さらに，不実告知による個別クレジット契約の申込みまたは承諾の意思表示の取消しがある（同法35条の3の13第1項各号）。

　割賦販売法による規制の詳細は，第1章「第4　割賦販売法」参照。

## 4　事例の検討

### ⑴　契約は成立しているか

　電話勧誘販売の場合には，申込書面や契約書面が作成されていないだけでなく，執拗な電話に対し，商品の内容も理解しないまま，「ええ」「うん」「はいはい」というような曖昧な返事をしたり，合いの手を入れたりしたに過ぎない等，そもそも契約が成立しているといえるか疑わしい場合がある。

　そこで，契約の解消等を検討する前に，まずは契約の成立についても検討すべきである。事例1や事例2の設問では契約の成立自体を疑わせる事情があるとはいえないが，相談を受けた際は，この点についても相談者から聴取する必要がある。

### ⑵　特定商取引法・割賦販売法による解決

　契約の成立を争うことが困難な場合には，まず，クーリング・オフ（特商法24条，割販法35条の3の10）を検討し，クーリング・オフ期間が経過したと考えざるを得ない場合には，販売業者による不実告知等による売買契約等や個別クレジット契約の取消しを検討する（特商法24条の3第1項，割販法35条の3の13第1項）。これらが可能であれば事例1の場合には個別クレジット契約及び役務提供契約及び商品の売買契約の解消をすることができ，未払金の支払拒絶のみならず，既払金の返金も受けられることになる。

### ア　事例1について

　「○○が国家資格として認定されることになった」という勧誘が行われている。しかし，そもそも，○○という資格が国家資格に認定されるという事実自体がないのであるから，当該講座が「国家資格を取得できる講座」であるとの不実告知といえる。

　特商法による解決については，相談者は，かかる不実告知について誤認をして講座の申込みをしている。このような商品購入等の動機付けとなる背景・事情は，「電話勧誘顧客が当該売買契約又は当該役務提供契約の締結を必要とする事情に関する事項」に該当するものとして講座の申込みを取り消すことができる（特商法21条1項6号，24条の3第1項1号）。同各号は，平成16年の特商法改正において不実告知の対象事項を列記した際，当時急増していたトラブルに対応するため，明示的に規定されたものである。ほかにも「あなたが購入しないと，販売単位の最低口数に達しないので，他の購入希望者に迷惑がかかる」と告げることなどが同各号に該当しうる。

　また，割販法による解決としては，当該不実告知は当該売買契約等や個別クレジット契約に「関する事項」であって，購入者等の「判断に影響を及ぼすこととなる重要なもの」（割販法35条の3の13第1項6号）に該当して取り消すことができる。

　なお，ここで事例1とは異なり，「国家資格になる予定があることについては真実であったが，資格取得には当該講座を履修するだけでは足りず，国家試験の合格が必要であった場合」についても検討すると，かかる勧誘も，事例1と同様に，商品購入等の動機付けとなる背景・事情に関する不実告知があったものといえ，事例1と同様の規定に基づき，特商法により当該講座の申込み

374　第2章　具体的トラブル事例と解決

を，割販法により個別クレジット契約の申込みを取り消すことができる。

イ　事例2について

事例1と同様に，販売業者の欺瞞的な勧誘文句は，商品購入等の動機付けとなる背景・事情に関する不実告知があったものといえ，事例1と同様の規定に基づき，特商法により当該講座の申込みを，割販法により個別クレジット契約の申込みを取り消すことができる。

### ⑶　消費者契約法による解決

#### ア　事例1について

「国家資格を取得できる講座」という不実告知があるため，不実告知による取消し（消費者契約法4条1項1号）が考えられる。

そこで，「重要事項」該当性を検討すると，ある資格が国家資格になるかどうかは，当該資格の価値や評価に関わるものであるため，有償で当該資格を取得するための講座の申込みをするにあたって「消費者の当該消費者契約を締結するか否かについての判断に通常影響を及ぼすべきもの」といえる。

したがって，事例1では講座の申込みを取り消すことができる。

なお，ここでも「国家資格になる予定があることについては真実であったが，資格取得には当該講座を履修するだけでは足りず，国家試験の合格が必要であった場合」について検討すると，国家試験を合格しなくても，講座の受講をしさえすれば国家資格を取得できるということは，国家試験の受験よりも容易かつ確実に国家資格を取得できることを意味するのであるから，「当該消費者契約を締結するか否かについての判断に通常影響を及ぼす」ものといえ，「重要事項」に該当するといえよう（同条5項1号）。したがって，この場合も講座の申込みを取り消すことができる。

#### イ　事例2について

また，事例2の「あなたは通信講座の未修了者リストに載っている」については「全て受講した」と返答して切り抜けたものの，さらに「あなたの契約は生涯サポート契約になっている」ことから契約の終了には解約料が必要であるという説明は事実ではないであろう。そこで，事例1と同様に不実告知による取消し（消費者契約法4条1項1号）を検討する。ここでも「重要事項」の該当性が問題となるところ，事例2の「生涯サポート契約の解約に必要な解約料」

という「損害」を回避するために「約70万円の講座を受講することが必要である」と説明されているのであるから,「講座の受講」が,損害を回避するために「通常必要であると判断される」といえ,「重要事項」に該当する（同条5項3号）。

そして,消費者契約法上の取消しを個別クレジット業者に対抗し,未払金の支払いを拒絶できる（第1章第4「2 抗弁の対抗」参照）。

### (4) 民法の規定による解決

事例1は,「○○という資格が国の資格として認定された」「役員の推薦」「独立や転職にも非常に有利」,事例2は,「あなたは通信講座の未修了者リストに載っている,抹消手続をして欲しければ登録抹消料を支払え。」「あなたの契約は生涯サポート契約になっている。」といった欺瞞的な言辞をもって消費者に商品・役務または動機に誤認を生じさせていることから詐欺による取消し（民法96条1項）が検討されよう。さらに,事例2の場合には「契約違反は犯罪だ。」「上司に言いつけるぞ。」等の強迫的言動も存在するから,強迫による取消し（民法96条1項）も検討することになる。

また,事例1,事例2のいずれについても不法行為に基づく損害賠償請求（民法709条）を検討することになるが,その際,不法行為の違法要素として,上記各欺瞞的な勧誘行為のほか,再勧誘禁止（特商法17条）ほかの禁止行為違反等の行政法規違反行為を違法要素として摘示する必要がある。この場合,販売会社に対する請求では,クレジット会社に対する既払金はもちろん,クレジット会社に対する残債務を「損害」として請求することになる。強引かつ詐欺的な勧誘による資格商法につき,販売業者に不法行為の成立を認めた裁判例として,東京地判平成20年2月26日（判時2012号87頁）がある。

376　第2章　具体的トラブル事例と解決

# ４ 留　　　学

## 事例1

　米国の大学の看護コースへの留学を希望していたので，留学の案内雑誌に広告が載っていた留学コンサルティング業者の説明を受けることにした。業者の相談担当者に英語力に不安があることを伝えたが，希望のコースであれば英語力は問われないから大丈夫だと言われたので安心した。相談担当者から，希望の大学の看護コースには申込時期の制限があり早く申込みをする必要があると言われたので，すぐに業者と契約をすることにし，契約手続の際に，入会金52万5000円を支払った。

　その後，TOEFL を受験しスコアを希望の大学に送ったところ，自分の英語力では入学できないと言われてしまった。そこで，業者に自分の英語力でも受け入れてくれる留学先を教えて欲しいと言ったが，1カ月経っても何の連絡も情報提供もなかった。

　そこで，業者に解約と入会金の返還を申し出たが，業者からは申込書に入会金は返還しないと書いてあるので返還はしないと言われてしまった。

## 事例2

　海外留学の斡旋を留学コーディネート業者に申し込み，1年間の予定で海外留学することになった。業者には留学先の1年分の学費と業者に対する手数料等を一括して支払った。

　ところが，留学直前に，業者から，突然，「経営不振により倒産することになった。今後のことについては再度連絡する。」との通知が届いた。不安になって留学先に確認すると，業者から留学先には3カ月分の学費しか納入されていないとのことであった。その後，業者とは一切連絡は取れなくなっている。1年間留学する予定だったので，勤務先も退職している。今後どうしたらよいか。

## 1　留学等斡旋サービスについて

### ⑴　留学等斡旋サービスとは

　留学等斡旋サービスとは，留学や海外での語学研修，海外インターンシップ，ワーキング・ホリデー制度などを利用した海外渡航を考えている人に対して，留学先選定，留学先への留学手続，滞在先の紹介，ビザの申請，航空券の手配，留学予定地の現地情報の提供，現地でのサポートなど様々なサービスを提供するものである。留学コンサルティング，留学コーディネート，留学手続代行サービスなどと呼ばれることもある。

　業者の実態は，語学学校が語学講座の延長として留学等斡旋サービスを行っているもの，旅行代理店が留学等斡旋サービスを行っているもの，留学斡旋に専門化した業者など様々である。

### ⑵　トラブルの増加とその背景

　近時，留学等斡旋サービスに関するトラブルが増加している（独立行政法人国民生活センター「増加する『留学等斡旋サービス』トラブル」（平成17年5月10日），消費者庁「留学等あっせんサービスをめぐるトラブルと消費者へのアドバイス」（平成22年7月15日）参照）。

　その背景として，業者の大半が中小零細事業者で財務基盤が弱いことが挙げられる。財務基盤の弱い事業者は，目先の資金繰りのために顧客に一時に多額の支払いを要求しがちになる。また，顧客の支払いのうち将来の留学実費に充てる部分は本来預り金等として分別管理しなければならないはずなのに，業者は資金繰りが苦しくなり目先の運転資金のために使ってしまいがちである。その結果本来留学先に支払うべき資金がなくなってしまい別の顧客からの代金の支払いをこれに充てようとするという自転車操業を繰り返し，果ては倒産に至ることもある。

　消費者庁や国民生活センターは，事前に業者を比較検討するよう呼びかけているが，大半の業者は上場企業ではないことから財務内容等について信頼性のある情報が開示されているわけではない。

378 第2章 具体的トラブル事例と解決

### (3) 留学サービス審査機構（J-CROSS）の設立

このような状況を受けて，留学サービスの事業者団体である一般社団法人海外留学協議会，留学・研修等協議会とNPO法人留学協議会が協議を重ね，消費者が適正な事業者を選択できるように自主ルール「留学サービス認証基準」を作成した。そして，各事業者のルールへの適合性を審査する第三者認証機関として「留学サービス審査機構（J-CROSS）」を設立した。

「留学サービス認証基準」では，①重要事項の説明義務・重要事項説明書交付義務，②契約書の交付義務，③8日間のクーリング・オフ・違約金の明示義務，④海外機関への支払義務，⑤広告・表示規制，⑥前受金の保全義務等を定めている。今後は，留学サービス審査機構（J-CROSS）の認証を受けているかが業者を選ぶ判断基準の一つとなろう。

## 2 問 題 点

### (1) 契約勧誘段階での問題

#### ア 強引な勧誘による契約締結

無料カウンセリングを勧められ説明を聞くだけだというので出向いたところ長時間拘束されて契約を急かされた事例，資料請求をしたら呼び出されて強引に申込書を書かされた事例など，業者が強引に契約締結をさせる事例がある。

#### イ 虚偽説明による勧誘

本当は語学力が必要なのに語学力がなくても留学先は受け入れてくれると説明して契約をさせた事例，ワーキングホリデービザが必要だが空きがもうすぐなくなると説明して契約を急がせたがその後ビザが取れないことが明らかになった事例など，積極的な虚偽説明による勧誘により契約に至る事例もある。

### (2) 契約締結段階での説明の問題

#### ア 提供するサービスの内容についての説明の問題

消費者は，業者に対して，留学先候補の情報提供，留学先となる学校からの必要書類の取り寄せ，ホームステイ先や寮などの滞在先の紹介，ビザの申請，航空券の手配，滞在先の食生活・衛生事情・治安などの現地情報の提供，現地でのサポートなど多岐にわたるサービスが提供されると期待する。しかし，当該業者が提供するサービス内容について事前に具体的な説明を行わず，サービ

スの範囲について契約書等の書面上も明記されていないことが多いため，提供されるサービス内容が曖昧なまま契約に至ることがある。そして契約後に，消費者側が，必要なサービスが提供されないと業者に苦情をいうと，業者側が当該サービスは契約内容に含まれていないなどといってトラブルになる事例がある。

### イ　代金・手続費用の額・支払時期等についての説明の問題

実際の費用負担は，入学時，ビザ申請時，滞在先との各契約時，渡航時にその都度発生するものであるにも関わらず，消費者は詳細な説明を受けることなく多額の一時金の支払いを業者から求められることがある。また，支払われた一時金のうち，どこまでが業者へ支払われる費用で，どこからが留学の際に実際に必要な費用（学費，滞在費，ビザ申請費，航空運賃，海外旅行保険料等）かが曖昧なことがある。さらに，学費等は，支払時の為替レートの影響を受けるが，その為替レートの説明が実勢と大きく異なっていたという事例も見受けられる。申込みの際に，申込書の控えや契約書等を消費者に交付しない酷い業者もある。

### (3)　提供するサービスの内容の問題

契約後に，業者が留学に必要な準備や留学先での生活について十分な説明をしない，契約後情報提供を求めても何もしないなど，業者が消費者の期待するサービスを提供しない事例がある。

また，本人が行ったビザの申請手続について事前に業者の担当者に書面の確認をしてもらっていたにもかかわらず現地の空港で不備を指摘された事例，同じくビザに不備があったケースでとりあえず観光目的で入国し現地で入国目的を変更すればよいとアドバイスされたが現地に行くと日本国内でしか手続ができないと指摘された事例など，ビザ取得にかかわるサービスに問題がある事例も多い。

さらに，渡航後に受講を予定していた講座が定員割れで開講していなかった，この点について渡航前に既に決まっていたにもかかわらず業者が情報を入手していなかった事例もある。また，業者には留学先への授業料相当額を支払っているのに，留学先からは授業料を受け取っていないと言われて受入れを拒否される事例もある。

380　第2章　具体的トラブル事例と解決

### (4)　入会金の不返還，高額な解約手数料の請求等

### ア　多額の解約手数料

　業者とトラブルが生じて消費者が契約の解約を求めたところ，入会金を返還しない，入会金の○○％が解約手数料だと言って入会金の一部しか返還しない，解約手数料といって年会費の××％相当額を請求してくるというように，入会金の不返還・高額の解約手数料をめぐってトラブルになる事例が多い。そもそも契約書が消費者に渡されておらず，契約段階で解約手数料について消費者が説明を受けていないといった事例も多い。

### イ　業者の倒産

　契約後に業者が倒産してしまい，サービスを受けられずしかも入会金・年会費等の既払金の返還を受けることができないというケースもある。留学等斡旋業者への支払いは数十万～数百万に及ぶことがあるため，業者が倒産した場合消費者が被る被害も大きくなる。学費を業者を通じて留学先に支払うことになっており，消費者が学費を業者に支払って留学したところ，業者が学費を留学先に全額納付しないまま倒産してしまったため，消費者が留学途中で学費未納の状態で退学に追い込まれるといった事例もある。

　留学斡旋に専門化した業者が破産した例としては，平成20年9月に破産手続開始申立てを行った株式会社ゲートウェイ21，平成22年7月に破産手続開始申立てを行った株式会社サクシーオがある。いずれも専門業者としては業界内で有力といわれていたが，帝国データバンク・東京商工リサーチによれば年間売上は最盛期でも20数億円程度で規模的には決して大きな会社とはいえない。

　留学等斡旋サービスを行っていた語学学校が破産した例として，平成19年に会社更生を申し立て結局破産した株式会社ノヴァ（留学等斡旋サービスは子会社が行っていた），平成22年に破産手続開始申立てをした株式会社ジオスがある。

### (5)　留学等斡旋サービスに対する法規制

### ア　包括的な法規制がないこと

　留学等斡旋サービスにおいて提供されるサービスは多岐にわたるが，そのサービス全体を包括的に規制する法律等はない。

**イ　留学先に関する情報提供・出願手続代行業務に対する規制もないこと**

　また，留学等斡旋サービスの中心的業務である留学先に関する情報の提供や学校への出願手続を代行する業務についても特別な法規制はないので，登録や許認可なしに誰もが自由に営業できる。よって，サービスの遂行能力の乏しい業者，財務基盤の弱い業者，詐欺的な業者が跋扈しやすい。

**(6)　旅行業法の規制を受ける場合**

**ア　旅行業に該当する場合**

　留学等斡旋サービスで提供されるサービスに，旅行業法上の「旅行業」に該当するサービスが含まれている場合には同法による規制を受ける。

　ここで「旅行業」に該当するサービスとは，業者が，語学研修ツアー等を自ら企画し，参加者を募集するケースや，業者が直接航空チケットの販売や宿泊の手配をするケースなどが該当する（「旅行業」の定義については旅行業法2条1項参照）。

**イ　旅行業者の義務及び禁止行為**

　旅行業法上，旅行業者には登録制が採られ（旅行業法3条），料金を国土交通省令の基準に従って定めこれを掲示する義務（同法12条），旅行業約款を定め観光庁長官の認可を受ける義務（同法12条の2），取引条件の説明義務（同法12条の4），対価に関する事項，旅行業務取扱管理者の氏名等記載した書面の交付義務（同法12条の5）等を負う。

　また，旅行業法では，誇大広告の禁止（旅行業法12条の8），掲示した料金以上の料金を収受する行為の禁止（同法13条1項1号），重要事項について故意に事実を告げず又は不実告知をする行為の禁止（同条同項2号），債務の履行を不当に遅延する行為の禁止（同条2項）が定められている。

　もっとも，旅行業法は，旅行業務に関する取引の公正の維持，旅行安全の確保および旅行者の利便の増進を図ることを目的とする行政法規であり，同法規違反が直ちに不法行為法上の違法を構成するわけではない。

**ウ　営業保証金制度**

　旅行業者は，登録を受けた後に営業保証金を供託し，そのことを国土交通大臣に届け出なければ事業を開始することができない（旅行業法7条）。この営業保証金は旅行会社が倒産などで旅行が実施されないことになった場合に消費者

を保護するために設けられている。

営業保証金の額は，旅行業登録の種類（取り扱う業務の範囲に応じて第1種〜第3種に分かれる）と前年度の取引額に応じて決められる（詳細は旅行業法施行規則別表参照）。

### ⑺ クーリング・オフについて

旅行業法にクーリング・オフの規定はない。

留学等斡旋サービスの契約形態をみると，店舗で契約するケースが圧倒的に多く，次いで多いのがインターネット等を通じて通信販売で契約するケースで，訪問販売や電話勧誘販売によって契約するケースはきわめて少ないとされる（前掲「増加する『留学等斡旋サービス』トラブル」参照）。よって，留学等斡旋サービスにおいて特定商取引法・割賦販売法によるクーリング・オフが適用されるケースは少ないと考えてよい。

ただし，前述の「留学サービス審査機構（J-CROSS）」の認証を受けている業者の契約書には，少なくとも8日間のクーリング・オフを認める条項があるので，クーリング・オフが可能になる。

## 3　解決のポイント

### ⑴　消費者契約法上の主張

語学力が必要なのに語学力がなくても留学先は受け入れてくれると説明して契約をさせるなど，虚偽の説明によって締結した契約の申込みまたは承諾の意思表示を不実告知（消費者契約法4条1項1号）を理由に取り消し，不当利得返還請求をすることが考えられる。また，強引な勧誘で契約締結に至った事例については，消費者契約法の取消事由のうち威迫困惑類型（同条3項）に該当すると主張することが考えられる。

高額の解約料については，消費者契約法9条1号に基づき，消費者契約の解除に伴う損害賠償を予定し，または違約金を定める条項であって，額が事業者に生ずる平均的な損害の額を超えるものとして，その超えた部分について無効であると主張することが考えられる。入会金等の不返還についても入会金の不返還が実質的には損害賠償の予定または違約金に相当するとして同様の主張をすることが考えられる。

ここで，平均的な損害額とは，同一事業者が締結する多数の同種契約事案について類型的に考察した場合に算定される平均的な損害額という趣旨とされる。平均的な損害額の立証方法については，留学等斡旋業者の解約手数料の額が平均的損害額を超えるものかが問題になった裁判例等が見当たらないことから一般論的に述べることは困難であるが，国土交通大臣告示に係る標準旅行業約款の取消料の定め等が参考になろう。

### (2)　民法上の主張

虚偽の説明による勧誘については，詐欺（民法96条1項）や錯誤（同法95条）を主張し，不当利得返還請求をすることが考えられる。

また，サービスを提供しない，サービスの内容が不十分であるといったケースについては債務不履行責任を追及することも考えられる。

虚偽の説明による勧誘その他の不当な勧誘，契約時の説明が不十分な点，契約書の不交付については不法行為責任を追及することも考えられる。この場合，違法性は，旅行業法が適用される事例については，取引条件の説明義務（旅行業法12条の4），対価に関する事項，旅行業務取扱管理者の氏名等記載した書面の交付義務（同法12条の5），誇大広告の禁止規定（同法12条の8），重要事項について故意に事実を告げずまたは不実告知をする行為の禁止規定（同法13条1項2号）等を根拠に基礎付けることが考えられる。ただし，先に述べたとおり，旅行業法の各規定は行政処分の根拠規定であるから，旅行業法違反だから直ちに不法行為責任の判断において違法と評価されるわけではない点は注意を要する。

### (3)　業者の倒産対策

#### ア　一般的な倒産対策

一般論としては，業者が破産・民事再生等の法的手続を採った場合は，破産手続・民事再生手続において債務不履行・不法行為に基づく損害賠償請求，不当利得返還請求等を破産債権・再生債権として届け出て，法的手続の中で債権の回収を図ることが考えられるが，一般に法的手続の場合，多額の回収は望めないであろう。

業者が経営破綻しても法的手続をしない場合は債権者破産の申立てをするこ

と等が考えられるが，この場合，申立てをする債権者が，高額な予納金を支払わなければならないことがネックになる。

**イ　業者が旅行業者に該当する場合**

業者が旅行業者に該当する場合は，営業保証金や業者が旅行業協会の社員である場合に納付した弁済業務保証金から弁済を受けることも考えられる。

営業保証金から返済を受けるには，当該旅行業者が登録している行政庁に所定の申立書を提出する（その際，自分が権利を有することを証する書面を添付する。旅行業者営業保証金規則２条２項）。その後，登録行政庁の一定の手続を経て配当金額が決定され，「証明書」が旅行者に送付されるので，これを営業保証金が供託されている法務局に持参し，払渡しを受ける。

弁済業務保証金から返済を受けるには，当該旅行業協会が定める弁済業務規約に従い，当該旅行業協会に対して申請する。

ただし，旅行業法施行規則別表で定められた営業保証金・弁済業務保証金の額では被害額の一部しか弁済されないことが多い。

### ⑷　消費者庁への相談

従前，旅行業法は国土交通省（およびその外局である観光庁）の所管であったところ，消費者庁設置後は，行為規制については消費者庁と国土交通省の共管となる。具体的には，旅行業者等の業務の運営に関し，取引の公正，旅行の安全または旅行者の利便を害する事実があると認めるときに業務改善命令を発する権限は観光庁長官の専権に属するが（旅行業法18条の３第１項），消費者庁長官は，旅行者の正当な利益の保護を図るため必要があると認めるときは，観光庁長官に対し，業務改善命令に関し，必要な意見を述べることができる（同条３項）。そして，消費者庁長官は，この意見を述べるために必要があると認めるときは旅行業者にその業務に関し報告させることができ（同法70条２項），特に必要があるときは，旅行業者等の営業所若しくは事務所に立ち入り，帳簿書類その他の物件を検査し，または関係者に質問させることができる（同条４項）。また，消費者庁長官は，旅行者の正当な利益の保護を図るため必要があると認めるときは，観光庁長官に対し，資料の提供，説明その他必要な協力を求めることができる（同法72条）。

このような消費者庁の権限からすれば，留学等斡旋業者が旅行業者に該当す

る場合は，情報提供の趣旨で，消費者庁に相談することを考えてみてもよいかもしれない。

### (5) その他関係機関への相談・情報提供

消費者庁以外で相談・情報提供の対象となる相談窓口として，以下のものがある。これらの関係機関への相談・情報提供を通じて業者に働きかけを行うことも考えられる。

- ・一般社団法人留学サービス審査機構（J-CROSS） TEL 03-5227-5022
- ・特定非営利活動法人留学協会 TEL 03-5282-8600
- ・一般社団法人日本旅行業協会 TEL 03-3592-1266
- ・一般社団法人全国旅行業協会 TEL 03-6277-8310（代表）
- ・一般社団法人日本ワーキング・ホリデー協会 TEL 03-6304-5858
- ・観光庁観光産業課 TEL 03-5253-8111（国土交通省代表）
- ・文部科学省高等教育局学生支援課 TEL 03-5253-4111（代表）

## 4 事例について

### (1) 事例1について

「希望のコースであれば英語力は問われないから大丈夫だと言われた」と説明を受けた点については，民法上の詐欺取消し，消費者契約法の不実告知取消しの主張をすること，説明義務違反として不法行為に基づく損害賠償請求を主張すること等が考えられる。

次に，業者に顧客が自分の英語力でも受け入れてくれる留学先を教えて欲しいと言ったが何の連絡も情報提供もなかった点については債務不履行責任を追及することが考えられる。この場合，契約上業者が提供するサービスの内容についてどのような記載があるかを確認する必要があるが，情報提供がサービス内容として明記されていない場合は契約上の付随義務として情報提供義務がある等の主張をすることが考えられる。

申込金を返還しないとの点については，申込金の不返還が事実上違約金に該当し，額が事業者に生ずる平均的な損害の額を超えるものとして，その超えた部分について無効であると主張することが考えられる。

## (2) 事例2について

　まず，業者の「倒産」処理の方針を確認する必要がある。そして，破産・民事再生・会社更生等の法的手続が採られるのであれば，当該手続内で債権届出等必要な手続を行うことになる。任意整理が行われたり，何ら手続を行わず放置されるようなケースでは債権者破産の申立て等も視野に入れることになるが，この場合単独の依頼者で対応するのは予納金の確保等の面で難しいので，弁護団結成の動きがないか等を確認する必要がある。

　また，並行して営業保証金または弁済業務保証金の返還手続を進める必要があるので，業者が登録している行政庁・旅行業協会を確認する必要がある。

　ただし，これらの手続によっても入金があるまでは相当の期間を要するので（営業保証金の返還手続も申込みから返還まで最低でも数カ月を要するようである），未払いの学費等については，自分で工面することを検討せざるを得ない。

## 5　旅行業関連

　旅行業関連については，第2章第6「１　旅行」も参照されたい。

### 【参考文献】
・平成17年5月10日独立行政法人国民生活センター公表資料「増加する『留学等斡旋サービス』トラブル」
・平成22年7月15日消費者庁公表資料「留学等あっせんサービスをめぐるトラブルと消費者へのアドバイス」
・平成23年11月25日消費者庁公表資料「留学サービスに関する新たな認証制度について」
・平成24年4月26日消費者庁公表資料「一般財団法人『留学サービス審査機構（J-CROSS）』による『留学サービス』認証の実施について」
・一般社団法人留学サービス審査機構ホームページ（http://www.jcross.or.jp）

# 第6 ▌ 旅行，運輸

## 1 旅　　行

---

**事例1　旅行内容の変更**

　A旅行業者が主催する海外パックツアー(最少催行人数2人)に新婚旅行で参加した。そのツアーは，宿泊するホテルが運航する船で，クルージングするプランが組み込まれていた。しかし，以下の事情で，クルージングをすることができなくなった。それぞれの事情で，旅行業者にどのような請求ができるでしょうか。

　(1)　当日乗船するのは，私と新妻の2名だけだったが，クルージングは6名からしか運行することはできないこと，事前に旅行業者から2名しか乗船者がいないことは聞いていないことを理由に，ホテル側から運行を拒否された場合

　(2)　当日，ハリケーンのため，クルーザーの運行が中止になった場合

---

**事例2　旅行中の事故**

　B旅行業者が募集した海外パックツアーに参加したが，旅程中のバスが事故を起こし怪我をしました。バスの移動はパックツアーに含まれていたもので，B社の責任を問いたいが可能でしょうか。

---

## 1 旅行をめぐる消費者トラブルについて

### (1) 旅行業とは

　旅行業とは，旅行者や運送または宿泊のサービス（以下「運送等サービス」という）を提供する者のため，自社以外の事業者による運送等サービスの提供について，契約の代理，媒介，取次ぎ等を行う事業のことをいう（旅行業法2条1項）。

## ⑵　旅行業の種類

旅行業の種類は，第1種旅行業，第2種旅行業，第3種旅行業，地域限定旅行業者に分かれており，いずれであるかによって業務の範囲がそれぞれ異なる。旅行業者の業務の範囲によって，営業保証金[1] や基準試算額[2] についても違いが生じてくる。

## 2　問題点（問題の所在やトラブルの背景）

### ⑴　トラブルの内容

実際に消費生活センターや旅行業協会に寄せられている苦情・相談の内容としては，パック旅行における①取消料（キャンセル料）等の解約をめぐるトラブル，②旅行の内容に関するもの（条件変更や手配不十分など）が特に多いようだが，最近の傾向では，インターネットを利用した契約に伴うトラブルが増えてきている。全国の消費生活センター等に寄せられた海外手配旅行に関する相談件数は，2009年度〜2014年度までの約5年間で，合計2920件だった。そのうち，インターネットによる申込みについての相談は，全体の46.7％を占める。そして，2009年度以降は年々増加傾向にあり，2012年度以降50％を超えている[3]。

### ⑵　トラブルの背景

旅行業者を頼らず，個人で交通機関や宿泊先を手配した場合，旅行先でトラブルに見舞われても，旅行者はトラブルの相手方の交通機関や宿泊先とそれぞれ個別に直接交渉しなければならない。特に相手方が海外の会社等であると，その交渉が困難な場合が多いが，海外の交通機関や宿泊先と直接交渉をした以上やむを得ない。旅行者としても，そのような場合は，直接相手方に苦情を伝

---

[1]　営業保証金とは，旅行業者と旅行業者と取引をした旅行者の保護を図るため，万一の場合のための担保として，旅行業者が供託する一定の金額のことをいう（旅行業法8条1項）。

[2]　基準資産額とは，旅行業者の安定した経営を維持するために業務の範囲に応じて有していることが必要とされる資産をいう（旅行業法6条1項10号，同法施行規則3条参照）。

[3]　独立行政法人国民生活センター「インターネットで申し込む手配旅行に関する消費生活相談の概要」国民生活2015年1月号9頁。

え，できる限りの対応を受けることで仕方ないと受容する場合が多いようだ。

しかし，旅行業者を利用する場合，旅行者は，信用できる業者だと信じ，企画された旅程については旅行業者が万全の手配をしてくれ，トラブルの際にも的確に対応してもらえるものと期待する。そのような場合，自分で直接海外の会社等に手配することのリスクを避けるために旅行業者に手配を依頼しているということもあり，この期待を裏切られた場合には，旅行者と旅行業者との間のトラブルが発生しやすい傾向にある。従前から，旅行者からの苦情の大半は，このパック旅行に集中している。そこで以下では，パック旅行をめぐるトラブルについて中心的に述べる。

パック旅行の場合，旅行者の多くは海外の運送・宿泊機関などと直接交渉するのが困難だからこそ旅行業者に依頼するという側面があるから，旅行者は，旅行中のトラブルについても旅行業者の第一次責任と考えるのが自然といえる。しかし，後述のとおり，旅行業者の自身の債務は旅行の手配にあり，旅程中のホテルや交通機関の利用は当該各機関と旅行者間の契約であり，その不履行の責任は当該各機関が負うべきで旅行業者には原則的には責任はないと考えられている。裁判例も基本的にその考えに従う。そのため旅行業者の責任を認めさせるには，後述の手配債務や旅程管理債務などに債務不履行があるかを検討することが重要となる。

## 3 解決のポイント

### ⑴ 旅行をめぐるトラブルに関する関連規定
#### ア 旅行業法

旅行業法は，旅行業務に関する取引の公正の維持，旅行の安全の確保および旅行者の利便の増進を図ることを目的とする法律であり（1条），旅行業者の登録（3条〜6条の4），営業保証金（7条〜9条），旅行業務取扱管理者（11条の2・11条の3），料金の掲示（12条），取引条件の説明（12条の4），書面交付（12条の5），広告規制（12条の7・12条の8），旅程管理（12条の10・12条の11），禁止行為（13条），旅行業協会による苦情解決（45条）等を規定する。

#### イ 旅行業約款・標準旅行業約款
##### ㋐ 概　　要

約款は，事業者が同種取引を定型化し効率的に処理するために利用される。

約款を利用した契約が成立すれば，約款は契約内容を構成する。旅行業者は旅行業約款を定めて観光庁長官の認可を受けなければならない（12条の2第1項）が，観光庁長官および消費者庁長官が定めた標準旅行業約款を使う場合は，その認可を受けたものとみなされる（12条の3）。標準旅行業約款は，①募集型企画旅行契約の部，②受注型企画旅行契約の部，③別紙特別補償規程，④手配旅行契約の部，⑤渡航手続代行契約の部，⑥旅行相談契約の部に分かれる。旅行業者が企画するパックツアーは「募集型企画旅行」とされ（募集型企画旅行契約の部（以下この項において「募集型約款」という）2条1項），修学旅行のように旅行者の依頼により旅行業者が企画するのは「受注型企画旅行」とされる（受注型企画旅行契約の部2条1項）（以下は募集型約款を中心に述べるが受注型約款もほぼ同様の規定をもつ）。募集型約款は，契約の申込み・予約・成立時期（5条〜8条），契約内容の変更（13条〜15条），旅行者の解除・旅行業者の解除（16条〜20条），旅程管理業務（23条），旅行業者の責任（27条），特別補償（28条），旅程保証（29条），営業保証金（31条），その他を規定する。旅行業者の債務の内容やキャンセル料の発生などは，旅行業法とこの約款が直接の解釈根拠となる。

### ㈠　企画旅行契約における標準旅行業約款上の主な義務内容

　旅行者と旅行業者との間で締結される旅行契約には，旅行業法上および標準旅行業約款上，「企画旅行契約」と「手配旅行契約」の2種類がある。おおまかに区別を述べると旅行業者による計画性がある場合には，企画旅行，それがない場合には，手配旅行とされる。企画旅行については，旅行業者が旅行の計画を行うという特徴から，標準旅行業約款上，旅行業者は，主に以下の義務を負う。

### ①　手配義務

　旅行業者は，企画旅行契約において，旅行者が計画に定める旅行日程に従って，運送・宿泊その他の旅行に関するサービスの提供を受けることができるように，手配する義務（手配義務）を負う（募集型約款3条，受注型約款3条）。企画旅行における手配義務は，請負的な性格を有する「手配の完成債務」であり，旅行業者は，旅行計画の実施に必要な，運送機関や宿泊施設を予約し確保する義務を負う。旅行業者の債務は旅行の手配で足り，旅行業者自身が運送・宿泊サービスを提供する債務を負うわけではない。これが，旅行トラブルにつ

いて旅行業者の第一次責任を否定する根拠となっている。

② 旅程管理義務

募集型企画旅行においては，旅行業者が上記①の手配義務を尽くしたにもかかわらず，当初予定された旅行計画どおりの旅行ができない事情が生じることがある。その場合，旅行業者は，できるだけ計画に沿った旅行サービスの提供を受けられるようにする必要な措置を講じ，また，必要な措置を講じたにもかかわらず，旅行内容を変更せざるを得ないときには，最少の費用増加でできるだけ最初の旅行計画の変更を最小限に止めるような代替サービスを手配する義務を負う。この義務を旅行管理義務という（募集型約款 23 条）。

③ 安全確保義務

企画旅行業者において，旅行業者が，旅行者に対し，旅行中の旅行者の生命・身体・財産の安全を確保する義務をいう（募集型約款 25 条・26 条・27 条 1 項参照）。具体的には，裁判例上，事前調査義務，サービス機関選定上の義務，危険排除措置義務等の履行を要求される（東京地判平成元年 6 月 20 日判時 1341 号 20 頁）。

④ 説明義務等

旅行業者が，旅行計画を旅行者に代わって立てることになるため，旅行者に対する必要な指示（旅行業法施行規則 32 条 4 号），旅程変更の場合の説明（募集型約款 13 条）なども求められる。最近の裁判例では，旅行開始後オーバーブッキングによりパンフレット記載のホテルに宿泊できなかった事例で，前日になってその旨告げられ，説明が可能になった時点で速やかな説明がなかったケースについて，説明義務違反による慰謝料の支払いが命じられた（東京地判平成 27 年 2 月 18 日判例集未登載）。

⑤ 責任，特別補償，旅程保証

・賠償責任

旅行業者に故意・過失があった場合にその賠償責任が生じるのは当然である。ただし募集型約款 27 条はその請求の手続を制限し，手荷物の損害賠償を，15 万円を限度とするなど旅行業者の責任を限定している（これは消費者契約法上の問題が含まれよう）。

・特別補償

旅行者の生命・身体・手荷物に生じた一定の損害については，旅行業者の責

任の有無を問わず，特別補償規程で定めるところにより一定額の補償金および見舞金が支払われる（募集型約款 28 条）。

・旅程保証

天変地異などの限定的な事由以外の事由で契約内容に重要な変更が生じた場合には旅程保証として変更補償金が支払われる（募集型約款 29 条）。

#### ㈦　無認可約款の問題

無認可約款は，契約上有効だが，契約の内容となるには，当該約款が，事前に旅行者に開示され，旅行者が約款の内容を知ることができる機会が確保されていることが必要となる（改正後民法 548 条の 3 第 1 項）。

そして，無認可約款のうち，標準旅行業約款の規定に比べて消費者を不利に取り扱うような契約条項は，原則として消費者契約法 10 条に反し無効と解される。また，相手方（旅行者）の利益を一方的に害する条項（いわゆる①不当条項②不意打ち条項）については，事前に旅行者に開示されていたとしても，契約の内容となることはない（改正後民法 548 条の 2 第 2 項）。

#### ウ　消費者契約法

たとえ行政の認可を受けた約款を用いた契約であっても，消費者の利益を一方的に害する条項は無効である（消費者契約法 10 条）。特に旅行業者の免責条項やキャンセル料規定などは消費者契約法 8 条・9 条の趣旨からその適否を子細に検討すべきである。

#### エ　民法，会社法等

民法は私法の一般法であり，契約解除や損害賠償といった点については，契約一般を規律する民法に従った解決がなされる。また，旅行業者の契約違反や手配・管理態勢が悪質な場合には，会社法上に規定される取締役に対する損害賠償責任を追及する規定により解決を図ることも検討されるべきである。


#### ⑵　トラブルが起きた場合の対応策

#### ア　旅行業協会への相談

日本旅行業協会と全国旅行業協会は，法定業務のひとつとして，旅行業者からの苦情解決業務を行っている。無料で相談に応じ，事案によっては，旅行業者との解決に向けたあっせんを行ってもらえる。上記いずれかの協会の会員である旅行業者とのトラブルであれば，一定の解決が得られる可能性がある。

## イ　消費生活センターへの相談

　各地消費生活センターでも，電話や面談による消費者相談（無料）により助言を受けることができる。旅行のトラブルの相手方が，旅行業者以外の交通機関・ホテル・観光施設等でも相談に応じてもらえる。事案によっては，旅行業者との解決に向けたあっせんを行ってもらえる。

## ウ　弁護士への相談

　直接旅行業者に苦情を述べ，旅行業協会に相談しても納得できない場合には，弁護士に相談し，最終的に裁判で争う場合の見込み等について弁護士の意見を聞くことにより方針を決めることがよいであろう。その際に，ADRによる解決にするのか調停・訴訟等の裁判手続による解決とするのかについて，助言を受けることができよう。

# 4　設問に対する回答等

## (1)　事例1

## ア　(1)のケース

　募集型企画旅行においては，旅行業者は，旅行計画を立てた上でパンフレットなどに旅行日程を記載して旅行者を募集するため，旅行者は，旅行日程に記載されている旅行に関するサービス（運行，宿泊，その他旅行日程に記載された一切のサービスを含む。）が確保できているものと期待する。そのため，募集型企画旅行において，旅行者は，計画した旅行日程に従い，旅行者が旅行サービスの提供を受けることができるように，手配する義務（手配義務）を負う（募集型約款3条）。手配義務の履行にあたっては，旅行業者は，その専門知識と調査能力を駆使して，十分な旅行サービスを提供する能力のあるサービス提供機関を利用しなければならず，適切なサービス機関の選定を誤った場合には，手配義務違反を構成し，旅行業者の債務不履行となる。

　このケースの場合，ホテル側が事前に乗客が2名であると連絡を受けていないことを理由に運行を拒否していることから，A旅行業者が事前にホテルと十分に連絡を取っていなかった可能性が極めて高く，手配債務を尽くしていなかったといえる。したがって，手配義務違反があったとして，債務不履行に基づく損害賠償請求をすることができる。

　損害額については，クルージング料金に相当する金額が財産的損害となる。

394　第2章　具体的トラブル事例と解決

ただ，募集型企画旅行の場合は，料金の内訳が示されないため，クルージング料金が明確とならない場合には，民事訴訟法248条を適用して，損害額を認定することになると考える。

さらに，この旅行において，クルージングが重要なポイントになっている場合には，旅行者の楽しみが奪われたことになるため，それに対する慰謝料の請求も考えられる。

なお，このケースでは，A旅行業者は，損害賠償責任を負うので，旅行保証制度による変更補償金は支払われない。既に旅行者がこれを受け取っていた場合には，損害賠償金から変更補償金を控除した額が支払われることになる。

### イ　(2)のケース

A旅行業者が，事前にホテルとの間で旅行者のためにクルージングができるように手配していた場合は，その後，天候の悪化によってクルージングが中止になっても，旅行業者に手配義務違反はない。悪天候によるクルージングの中止は，旅行者の安全確保のためやむを得ない判断といえる。

もっとも，A旅行業者は，できるだけ計画に沿った旅行サービスの提供を受けられるようにする必要な措置を講じ，また，必要な措置を講じたにもかかわらず，旅行内容を変更せざるを得ないときには，最少の費用増加でできるだけ最初の旅行計画の変更を最小限に止めるような代替サービスを手配する義務（旅程管理義務）を負う。A旅行業者が，この義務を尽くさなかった場合には，旅行者は，債務不履行に基づく損害賠償請求をすることができる。

なお，A旅行業者が，旅程管理義務を尽くしていた場合は，債務不履行は認められないが，悪天候による旅行内容の変更は，旅程保証の対象となるため，変更補償金の支払いを請求することができる。


### (2)　事例2

募集型企画旅行契約においては，旅行業者は，あらかじめ，自らの専門知識と経験を駆使して，旅行計画を作成し，このような旅行計画の安全性を信頼した旅行者を募集することを営業して利益を得ているため，専門家として予想される危険を回避すべく合理的な判断を行い，添乗員等の指示に従って受動的に身体を移動させていくことになる旅行者の生命・身体の安全を確保するべき契約上の義務を負っている（安全確保義務）。そして，募集型約款27条1項には，

旅行業者が故意または過失により旅行者に損害を与えたときには損害賠償義務を負うと規定しているが，ここでいう「過失」には，安全確保義務違反が含まれると考えられている（山田希「旅行中の事故と旅行業者の安全確保義務」名古屋大学法政論集 254 号（2014 年）695 頁）。

そして，海外パックツアーに関する安全確保義務について判断した裁判例（前掲東京地判平成元年 6 月 20 日）では，以下のような事情を考慮し，旅行業者の安全確保義務を否定している。すなわち，本事例は，交通の頻繁な幹線道路における事故であり特に危険な旅程を選択した訳ではないため，旅程行程設定に関する過失はなく，旅行先の国における法令上資格のある運送機関と運転手を手配したため，運送サービス提供機関選定上の過失はなく，車体の老朽，酩酊運転や著しいスピード違反，一見して危険と分かる天候といったような外観や客観的状況から危険性が容易に判断しうる状況にもなかったことから添乗員の運行停止義務違反，旅程変更義務違反もないとされた。

事例 2 について，危険な旅程を選択したにもかかわらず安全確保の対策をとらず，または，法令上資格のない運送機関あるいは運転手を手配し，または，車体の老朽，悪天候等，外観や客観的状況から危険を容易に判断しうる状況にもかかわらず，添乗員が運行停止や旅程変更を行わなかったことで本件バスの事故が発生した場合には，安全確保義務違反が認められ，B 旅行業者に対し債務不履行に基づく損害賠償請求をすることができる。

なお，安全確保義務違反が認められない場合であっても，企画旅行の場合には，標準旅行業規約に基づき，旅行業者には特別補償義務が生じる。

## (3) 旅行業者の倒産

旅行業者が倒産した場合は，破産債権として届け出ることの他に，営業保証金，弁済業務保証金から弁済を受けることが可能である。営業保証金から返済を受けるには，当該旅行業者が登録している行政庁に所定の申立書を提出する（その際，自分が権利を有することを証する書面を添付する。旅行業者営業保証金規則 2 条）。その後，登録行政庁の一定の手続を経て配当金額が決定され，「証明書」が旅行者に送付されるので，これを営業保証金が供託されている法務局に持参し，払渡しを受ける。弁済業務保証金は，旅行業者が旅行業協会に加入している場合である。ここから返済を受けるには，当該旅行業協会が定める弁済

業務規約に従い，当該旅行業協会に対して申請する。これは申請順に支払われるべき，というのが裁判例である（東京高判昭和55年10月2日判タ430号150頁）。なお，募集型海外企画旅行を行う旅行業者は，法定の弁済業務保証金に加え上乗せの支払いを受けられるボンド保証制度に自主的に加入している場合がある。その場合は，旅行者はここからも返済を受けられる。

## 【参考文献】

・兵庫県弁護士会消費者保護委員会編『旅行のトラブル相談Q&A』（民事法研究会，2016年）
・佐々木正人『改正旅行業法・約款の解説〔最新改訂版〕』（中央書院，2005年）
・山田希「旅行中の事故と旅行業者の安全確保義務」名古屋大学法政論集254号（2014年）695頁
・一般社団法人日本旅行業協会ホームページ（https://www.jata-net.or.jp）
・一般社団法人全国旅行業協会ホームページ（http://www.anta.or.jp）
・国民生活センター広報部「インターネットで申し込む手配旅行に関する消費者生活相談の概要」（2015年1月。http://www.kokusen.go.jp/wko/pdf/wko-201501_03.pdf）

第6 旅行, 運輸　397

# ② 宅 配 便

---
**事例 1**

　長年大切にしてきた時計を知人に 40 万円で譲ることにし, 宅配便で送ろうとしましたが, 運送中に紛失してしまいました。業者は, そもそも 30 万円超の荷物は取り扱うことができないもので, せいぜい 30 万円の限度でしか賠償できないと言いますが, 我慢するしかないのでしょうか。

---
**事例 2**

　知人の結婚式のお祝いに記念品をインターネットのショッピングモールで注文しました。お祝い品として, 送達日時も結婚式の前日と指定して注文したのですが, 宅配業者の過失で配達が遅れ, 結婚式に間に合いませんでした。どのような請求ができるのでしょうか。

---

## 1　宅配便におけるトラブル

　宅配便は, 低額な運賃によって大量の小口の荷物を迅速に配送するサービスとして, 広く普及している。他方, 送付した品物が紛失 (事例 1)・滅失・毀損したり, 指定日時に届かなかった (事例 2) といったトラブルが生じているし, 届け先が不在がちでなかなか配達・受領ができないという事例も生じている。事例 1 は荷送人, 事例 2 は荷受人からの請求が問題となっている。

## 2　宅配便事業の法規制

　宅配便契約は, 荷送人 (発送者) が運送人 (宅配業者) に荷物の運送を依頼する契約である。「宅配便」自体は法律上定義されていないが, その事業は, 貨物自動車運送事業法 2 条 2 項所定の「一般貨物自動車運送事業」のうち, 同条 6 項所定の「特別積合せ貨物運送」に該当する。そして, 一般貨物自動車運送事業は国土交通大臣の許可制となっている (同法 3 条)。

*398* 第2章 具体的トラブル事例と解決

## 3 標準約款

### ⑴ 約款・標準約款の意義

一般貨物自動車運送事業者は,「運送約款を定め,国土交通大臣の認可を受けなければならない」とされているが(貨物自動車運送事業法10条1項),「国土交通大臣が標準運送約款を定めて公示した場合……において,一般貨物自動車運送事業者が,標準運送約款と同一の運送約款を定め……たときは,その運送約款については,第1項の規定による認可を受けたものとみなす。」(同条3項)とされている。宅配便の標準約款としては,「標準宅配便運送約款」(平成2年運輸省告示第576号,最終改正:平成31年国土交通省告示第321号)が存する。

約款の認可は,消費者の利益も考慮した合理的なものなので(同条2項),宅配便のトラブルが生じた場合には,基本的に標準約款(ないしは個別に認可された約款)に従って解決が図られる。

### ⑵ 標準約款の主な内容

### ア 引受拒絶

宅配業者は,「荷造りが運送に適さないとき」など一定の場合に運送の引受けを拒絶できるとされ(標準約款6条),同条6号は火薬類などの危険品とともに各事業者の定める一定の荷物の引受けを拒否できるとされている。その例として,大手Y社の場合は,現金・有価証券・クレジットカード・受験票などとともに,荷物価格が30万円を超えるものを拒否できるとされている(事例1参照)。

### イ 荷物の引渡予定日

送り状には荷物引渡予定日が記載されるが,「使用目的及び荷物引渡日時」を記載した場合(ゴルフ宅配便など)でなければ,「交通事情等により,荷物引渡予定日の翌日に引き渡すことがあります」とされている(標準約款3条1項9号,10条)。

### ウ 立証責任

荷物の滅失・毀損・遅延については,宅配業者に注意を怠らなかったことの立証責任がある(標準約款21条)。

#### エ　損害賠償額の制限

宅配業者の賠償責任については，故意・重過失の場合を除き，制限額が定められている（標準約款25条。詳しくは後出4・5参照）。

#### オ　責任の消滅・除斥期間

宅配業者の責任は，荷物の損傷について，実際の引渡日から14日以内に通知を受けない限り消滅する（標準約款24条1項）。したがって，受領者はすみやかに荷物の中身を確認することが必要である。

また，宅配業者の責任は受領日（全部滅失の場合は引渡予定日）から1年以内に裁判上の請求がないときは消滅する（除斥期間。ただし，損害発生後，合意により期間を延長できる。同27条1項・2項）。

### 4　事例1の解決

#### (1)　債務不履行責任の有無（標準約款23条2項）

事例1は，荷物が紛失（滅失）した事例であるが，そもそも引受拒絶の対象荷物であったというものである。

宅配業者は引受拒絶の荷物を定めることができ（同6条6号イ），宅配業者が該当荷物であることを「知らずに」運送を引き受けた場合，荷物の滅失・損傷・遅延について責任を負わないとされている（同23条2項）。

この条項については，一般消費者への認知度が高いとはいいがたく，トラブルとなることがある。まず，消費者保護の観点から，宅配業者に過失がある場合には免責を主張できないと解すべきである（標準約款制定に関与した三好紳介運輸事務官・阿部三夫弁護士による『標準宅配便約款の解説：逐条解説』（運輸図書，1986年）94頁）。

また，具体的あてはめにおいても，宅配業者が「知っていた」等と主張することが考えられる。この点につき，運送品（宝石類）の紛失について，荷受人が宅配業者に対して不法行為責任を求めた最判平成10年4月30日判時1646号162頁・判タ980号101頁の下級審の判断が参考になる。本件は，荷送人において，品名も価格も記載しなかったケースであるが，第1審は，品名・価格が空欄のまま受理された場合には「引受制限荷物であっても運送する意思であると推認され」るとし，控訴審も，高価品の明示を促すこともなく引き受けた場合に，免責を主張することは「信義則上許されない」とした（最判は，この

点につき，直接触れていないが，上告棄却であり，高裁の判断を是認しているといえる）。

したがって，事例１の場合，品名・金額を記載しないで発送した場合には，宅配業者の免責は認めがたいが，虚偽の品名・金額を記載した場合には免責が認められるといえよう。

## ⑵ 損害賠償額の制限（標準約款 25 条 1 項・6 項）

では責任が認められるとして，その賠償額はどのように考えるべきか。

標準約款は，荷物が紛失（滅失）した場合には，送り状に記載された「責任限度額」の範囲内で荷物の価格を賠償するとし，故意・重過失があった場合には一切の損害を賠償するとしている（同 25 条 1 項・6 項。消費者契約法 8 条 1 項 2 号からしても故意・重過失のときの一部免除は認められない）。

では，故意・重過失の主張・立証はどのようになされるべきなのか。宅配便利用者は主に一般消費者で，宅配過程中の過失の程度を調査することは極めて困難であること，他方，宅配業者は自己の支配領域内で生じた紛失の経緯を調査することは可能であることから，宅配業者には重過失が推定されるとも考えられる（上記最判の第 1 審判決は同旨を述べ，重過失を認めた。ただし，控訴審は，引受時，店頭に約款・案内パンフレットが掲示・備え付けしていることをもって重過失がないと認定し，最判もこれを認めた）。したがって，消費者としては，紛失の経緯につき，宅配業者に調査を求め，紛失過程において重過失と思えることがあればそれを主張する（全額賠償を求める）とともに，引受時の約款掲示の有無等にも留意すべきである。

## ⑶ 不法行為責任の追及

以上の説明は，消費者（荷送人）から宅配業者に対し，契約に基づく債務不履行責任を求めるものである。これとは別に，不法行為責任の追及ができるかにつき，上記最判は，請求権の競合を認めた上で，低額・大量・小口の配当を目的とする宅配便において責任限度額の設定が合理的であること，また，当事者の合理的意思からして，責任限度額の定めは不法行為責任にも適用されるとした。

## 5 事例2の解決

### (1) 消費者（受取人）からの請求の可否

事例2は通信販売で配送を依頼したが，宅配業者の過失で遅延したという事例である。

宅配業者への依頼者（契約当事者）は通信販売会社であり，消費者は第三者でしかない。したがって，まずは通信販売会社に宅配業者への対応を求めることになるが，通信販売会社が適切に対応してくれないといった場合，消費者から宅配業者に対して直接請求ができるのかが問われる。

この点，商法581条1項（平成30年改正。平成31年4月1日施行）は，運送品が到着ないし全部滅失したときには，荷受人（消費者）が「物品運送契約によって生じた荷送人の権利と同一の権利を取得する」と定めているので，直接，契約上の責任追及をなしうる（同条項は任意規定なので，別の合意を妨げないが，標準約款には荷受人の権利に関する特約がないので，同条項が適用される。なお，平成30年改正前も同旨の条項として旧583条1項があるが，到達遅延の場合に限られていたので，不着の場合は不法行為責任の追及のみとなる）。また，不法行為責任の追及もなし得る（前掲最判平成10年4月30日）。

### (2) 損害賠償額の制限

では，消費者はどのような請求ができるのであろうか。

商法581条1項により取得するのは荷送人の権利であるから，約款に従って処理される。本事例のように，使用目的・引渡日時を定めたときは，当該日時に引渡しがなされなかったことにより，債務不履行責任が生じるが，賠償額は，「その荷物をその特定の日時に使用できなかったことにより生じた財産上の損害」で，送り状記載の責任限度額内とされている（標準約款25条4項2号。なお，目的・日時を定めなかったときは，引渡予定日の翌日を経過した場合に責任を負い，賠償額は運賃等の範囲内とされる（同10条1項・25条4項1号））。ただし，宅配業者に故意・重過失があった場合には，宅配業者は一切の賠償責任を負うとされている（同25条6項）。

賠償は「財産上の損害」に限られ，精神的損害の請求はできない。財産上の損害としては，ゴルフ宅配便の遅延の場合であれば，貸クラブ代や貸クラブが

ないためにプレーできなかった場合の交通費・宿泊費が考えられる（前掲『標準宅配便約款の解説』105 頁）。本事例であれば，結婚の祝いに間に合わせるため，他の品物を購入したといったケースであれば，代替品の購入価額を損害として考え得る。重過失については，4⑵参照。

　次に，不法行為責任の追及についてはどうか。前掲最判平成 10 年 4 月 30 日は，第三者（荷受人）からの責任限度額を超える請求の可否が問われたものであるが，「宅配便によって荷物が運送されることを容認していたなどの事情が存するとき」には約款の規定が第三者にも妥当するとした。本事例においても，消費者は宅配便での配送を容認していたと思われるので，結局，商法 581 条 1 項に基づく請求と同じ結果となる。


【参考文献】
・三好紳介＝阿部三夫『標準宅配便約款の解説：逐条解説』（運輸図書，1986 年）

第6　旅行，運輸　*403*

## ③　引越し

┌─ 事　例 ─────────────────────────────
　引越しをすることになったので，自分で荷造りをして，段ボールに書
籍・食器などと記載して，業者に依頼した。引越しが終わって荷物を確認
したら，一部の食器が割れ，パソコンも動作がおかしくなっていた。どの
ような請求ができるのでしょうか。
└──────────────────────────────────

### 1　引越サービスにおけるトラブル

　進学・転勤・結婚などで引越しをすることが多くなっているが，利用者に
とって日常的なことではないため，いろいろなトラブルが生じている。トラブ
ルの多い例としては，①破損・損傷（本件事例），②荷物の紛失，③荷物の未
着，④配送ミスなどが挙げられる。

### 2　引越サービスの法規制

　引越サービス契約は，荷送人（発送者）が運送人（引越業者）に引越荷物の
運送を依頼する契約である。

　「引越サービス・引越便」自体は法律上定義されていないが，その事業は，
貨物自動車運送事業法2条2項所定の「一般貨物自動車運送事業」に該当し，
国土交通大臣の許可制となっている（同法3条）。

### 3　標準約款

#### ⑴　約款・標準約款の意義

　一般貨物自動車運送事業者は，「運送約款を定め，国土交通大臣の認可を受
けなければならない」とされているが（貨物自動車運送事業法10条1項），「国
土交通大臣が標準運送約款を定めて公示した場合……において，一般貨物自動
車運送事業者が，標準運送約款と同一の運送約款を定め……たときは，その運
送約款については，第1項の規定による認可を受けたものとみなす。」（同条3

項）とされている。引越サービスの標準約款としては，「標準引越運送約款」
（平成 2 年運輸省告示第 577 号，最終改正：平成 31 年 3 月 8 日国土交通省告示第 321
号）が存する（同 31 年改正の施行は同年 4 月 1 日（附則 1））。

　約款の認可は，消費者の利益も考慮した合理的なものなので（同条 2 項），
トラブルを生じた場合には，基本的に標準約款（ないしは個別に認可された約
款）に従って解決が図られる。


## (2)　標準約款の主な内容

### ア　適用対象

　平成 30 年改正前は，「一般貨物自動車運送事業により行う運送のうち車両を
貸し切ってする引越運送及びこれに附帯する荷造り，不要品の処理等のサービ
ス」に適用されるとされていた。同年改正により，「運送のうち車両を貸し
切ってする」との部分が削除され，車両 1 台で複数の利用者の引越しを行う場
合（積み合わせ運送）も適用対象とされるようになった（標準約款 1 条 1 項本文）。
これは，今後，単独世帯数の増加が見込まれ，積み合わせ運送による引越しの
増加が予想されることに対処したものである。ただし，一定容量のパック料金
型（事業者が「提供する定型の容器を用いて定型で行う運送」）については，容
量・価格が決まっており特段見積りの必要もないことから，引越業者が引越運
送約款によらない旨を予め告知した場合には適用されない（同項ただし書）。

### イ　見積りの無料

　引越業者は，事前に見積りを行い，受取日時・引渡日・運賃等の合計・内訳
等を記載した見積書を発行することになっており，運賃内訳については，搬
出・積込み・取卸し・搬入・荷造り・開梱作業等に応じて，内容毎に区分して
記載する（標準約款 3 条 1 項～3 項。内訳について，平成 30 年改正前は積込み・取
卸しだけが例示されていたが，他の作業も例示に加えられた）。

　そして，この見積りは無料であり（発送地・到達地の下見を行った場合の下見
費用は別），見積りの際に内金・手付金等を請求することもできない（同 3 条 4
項・5 項）。

### ウ　引受拒絶

　引越業者は，現金・有価証券・宝石貴金属・預金通帳・キャッシュカード・
印鑑等，荷送人において携帯できる貴重品や火薬類などの危険品，動植物・ピ

アノ・美術品・骨董品等の運送にあたって特殊な管理を要するもの等の引受けを拒否できるとされている（標準約款４条２項）。

この４条２項所定の荷物につき、引越業者は、該当荷物であることを知って引き受けたときに限り、荷物の滅失・損傷・遅延について責任を負うとされている（同24条１項）。したがって、利用者は貴重品等も引越荷物に加えようとするならば、きちんと告知しておく必要がある。

### エ　壊れやすいもの等（本事例の場合）

利用者は、荷物を渡す際、壊れやすいもの（パソコン等含む）や変質・腐敗しやすいもの等、運送上特段の注意を要するものの有無・種類・性質を引越業者に告知する必要がある（標準約款８条１項）。この申告があった場合、引越業者は種類・性質に応じた特段の注意でもって運送することを要するが、利用者がこれを申告せず、引越業者が過失なくしてその存在を知らなかった場合には、引越業者は「運送上の特段の注意を払わなかったことにより」生じた滅失・損傷・遅延について責任を負わない（同24条２項）。

### オ　見積り以上の請求ができない

見積りをした後に内容に変更が生じた場合、利用者の責任による場合を除き、引越業者は増額を請求できない（標準約款19条４項２号）。

### カ　キャンセル料

標準約款は解約手数料（キャンセル料）の上限を定めており、受取日の前々日は見積額の20％以内、前日は30％以内、当日は50％以内とし、３日以前はキャンセル料を取ることができない（21条１項・２項）。ただし、引越業者は３日前までに内容変更の有無につき確認をする必要があり（同３条７項）、これを行わなかった場合にはキャンセル料を取ることができない（同21条１項ただし書）。

このキャンセル料規定は、平成30年改正で変更されたもので、それまでは、前日10％以内、当日20％以内、２日前以前はキャンセル料を取ることができないとされていた。

### キ　立証責任

荷物の滅失・損傷・遅延については、引越業者に注意を怠らなかったことの立証責任がある（標準約款22条）。

406　第2章　具体的トラブル事例と解決

**ク　損害賠償額の制限**

荷物の滅失・損傷の場合は，直接生じた損害を賠償する義務が存する（標準約款26条1項）。

他方，遅延の場合は，受取りないし引渡しの遅延によって直接生じた「財産上の損害」を運賃等の範囲内で賠償するとされているが，引越業者に故意・重過失があった場合は一切の賠償責任を負う（同条2項・3項）。

**ケ　責任の消滅・除斥期間**

① 荷物の一部滅失・損傷の場合

利用者が荷物を受け取った日から3カ月以内に通知を発しない場合，引越業者の責任は消滅する（標準約款25条1項）。ただし，引越業者が荷物の損傷を知って引き渡した場合には消滅しない（同条2項）。そして，利用者が上記通知を発した場合，及び，引越業者が荷物の損害を知って引き渡した場合でも，荷物が引き渡された日から1年以内に裁判上の請求がされないときは，消滅する（除斥期間。ただし損害発生後，合意により期間を延長できる。同27条1項・2項）。

② 荷物の全部滅失・遅延の場合

利用者は，上記①の通知をする必要がないが，荷物の引渡しがされた日（全部滅失の場合は，引渡しがされるべき日）から1年以内に裁判上の請求がされないときは消滅する（除斥期間。ただし損害発生後，合意により期間を延長できる。標準約款27条1項・2項）。

## 4　事例の解決

本事例は，一部の食器が割れ，パソコンも動作がおかしくなっていたというものである。

上記3⑵エ記載のとおり，壊れやすいもの（パソコン等含む）については，その有無・種類・性質を引越業者に告知する必要がある（標準約款8条1項）。

本事例の場合，利用者は段ボールに食器と記載していたのであるから，告知があったといえる。したがって，引越業者は，食器が壊れないよう特段の注意でもって運送することを要することになり，特段の注意を怠らなかったことを証明しない限り，破損について責任（食器の時価の賠償）を負う（同22条，24条2項）。ただし，荷造りの責任は利用者にあるので（同7条1項），利用者が

適切な梱包をしなかった場合にまで責任追及できるものではない。

　パソコンについても，段ボールにパソコン等と記載していたのであれば，告知があったといえ，適切な梱包をしているならば，引越業者の責任が問題となる。この点，引越業者のホームページを見ると，データ損傷については責任を負わないと記載しているものが多いが（作動不良について記載しているものもある），約款に記載がない以上，特約とは認められない。ただし，引越しにより作動不良やデータ喪失が生じたかどうかが争われる場合が多く，これは利用者に立証責任があるので，なかなか困難な立証を求められることになる。したがって，利用者としては，外観の写真を撮ったり，データのバックアップをしておく等の事前措置をしておくことが必要である。

## 5　その他のトラブル

　①破損・損傷の例としては，タンスに傷が付いた，引越先で壁や床を傷つけたといったトラブルがある。これらは，そもそも引越しのときに損傷が生じたかが争いになるケースであり，標準約款で対応できるものではない。引越業者によっては，見積り時等に傷の有無の確認（写真を含む）を行うところもあるが，利用者としても，引越業者と傷等の確認をするなり，事前に写真を撮っておくなどの対処をすることが望ましい。

　また，②紛失の例として，運送を頼んだのに荷物の一部が運送されなかった（どこに行ったかわからない），ゴミとして処分されたといったトラブルがある。これらは，そもそも引越しに際し，どのような荷物の運送を依頼したかが争いになるケースであり，標準約款で対応できるものではない。引越業者によっては，見積り時等に詳細なリストを作成する場合もあるが，利用者としては，リストの作成を求めたり，少なくとも気になる品物についてだけでも運送対象に入っていることの文書での確認を求めることが望ましい。

**【参考文献】**
・引越輸送制度研究会編著／運輸省貨物流通局監修『標準引越運送・取扱約款の解
　説：逐条解説』（運輸図書，1986 年）

408　第2章　具体的トラブル事例と解決

# 第7 ┃ 美容医療

## ⓵ エ ス テ

─ 事　例 ─

　私は，Aエステティックサロンに入会し，1回の施術料金が2万円の美
顔コース（10回）を申し込み，入会金1万円と美顔コース料金20万円の
合計21万円を支払いました。また，契約をした際，効果を上げるため必
要だと言われて専用化粧水と乳液（各5,000円）を2本ずつ購入しました。
専用化粧水と乳液はその場で受け取り，その日からそれぞれ1本をあけて
使っています。1回目の施術を受けたところ，肌が赤くなるなど，かえっ
て肌が荒れてしまい，不安になったので，やめようと思いましたが，担当
者から「まだ肌がエステに慣れていないだけで，エステと専用化粧品の使
用を続ければ大丈夫。」などと言われたため，通い続けました。しかし，
その後も肌荒れは改善しませんでした。エステには週1回のペースで通
い，現在5回目の施術を受け終わったところです。専用化粧水と乳液は開
封したものについてはほとんど使ってしまっています。

　もうエステには行きたくないし，開封していない専用化粧水と乳液はい
らないので返したいと思っています。今からでも契約をやめられるでしょ
うか。契約をやめた場合，お金は返ってくるのでしょうか。また，Aエ
ステティックサロンに対して，肌が荒れてしまったことについて何か言え
ないでしょうか。

### 1　エステの法的規制

　「人の皮膚を清潔にし若しくは美化し，体型を整え，又は体重を減ずるため
の施術を行うこと」を目的とするいわゆるエステサービスは，契約は，特定継
続的役務の1つとして特商法の規制対象となっている（特商法41条，政令12

条，別表第4)。具体的には，美顔，痩身，体型補正，脱毛などのための施術を行うことを指す。

## 2　特定継続的役務提供の特徴と問題点

特定継続的役務提供契約は，長期多数回にわたる役務提供を内容とする高額な契約を締結させるケースが多く，実際に受けてみなければ内容の善し悪しの判断ができない，役務提供者によってサービスの内容や質が異なることが多いうえ，受け手の個性によっても効果等が異なるなど，契約時の適合性判定が難しいという問題がある。また，受け手の都合により，サービスを受けることができなくなる場合もある。

## 3　解決のポイント

### (1)　特商法による解決

### ア　適用対象

特商法の対象となるエステサービスは，期間が1カ月を超え，支払金額が5万円を超えることを要する（特商法41条，政令11条）。

期間は，契約書面の記載事項である「役務の提供期間」を指す（特商法42条2項4号）。なお，チケット制やポイント制の場合は，有効期限が記されていればそれが役務提供期間となり，有効期限の定めがなければいつまでも利用できるものであるから1カ月の指定期間を超えるものとして扱われる。

金額は，契約書面の記載事項である「役務の対価その他の役務の提供を受ける者が支払わなければならない金銭の額」を指す（特商法42条2項2号）。施術費用の他，入会金や関連商品購入費用を含む総額で判断する。

### イ　クーリング・オフ（特商法48条）

特定継続的役務提供契約は，営業所で締結した場合でも，クーリング・オフが認められる。適用要件等に関しては，第1章第3「②　クーリング・オフ」を参照されたい。

また，政令で指定された関連商品についてもクーリング・オフすることができるが（特商法48条2項本文，政令14条1項　別表第5)，消耗品を使用または消費した部分についてはクーリング・オフできない（特商法48条2項ただし書，政令14条2項　別表第5)。また，単に「推奨品」とされた場合には，クーリン

410　第2章　具体的トラブル事例と解決

グ・オフの対象となる関連商品にはあたらないが，「推奨品」か「関連商品」かについては，注意が必要である[1]。

### ウ　中途解約（特商法49条）

クーリング・オフ期間を経過した場合であっても，中途解約を行うことができる。中途解約については，第1章第3「③　取消し・解除」を参照されたい。

なお，「提供された役務の対価に相当する額」については，英会話教室の中途解約における損害賠償額の算定に関し，役務提供事業者が役務受領者に対して法49条2項1号に定める法定限度額を超える額の金銭支払いを求める契約規定は無効と判断した判例が参考となる（最判平成19年4月3日民集61条3号967頁）。

また，関連商品販売契約が解除された場合，消費者は使用した当該関連商品の通常使用料相当額は負担する必要がある（特商法49条6項参照）。

### (2)　民法による解決

### ア　やむを得ない事由による中途解約（民法656条・651条2項）

エステサービスは，法律行為でない事務の委託であり，民法上の準委任契約（民法656条）に該当するところ，準委任契約における「やむを得ない事由」がある場合には，受任者である事業者の損害を賠償することなく，利用者はエステ契約を中途解約することができる（同法651条2項）。すなわち，この場合には特商法49条（中途解約権）を適用する場合と異なり，損害賠償金を要せずに解除できることになる。

やむを得ない事由による中途解約としては病気，転勤による場合なども考えられ，特商法よりも有利な解決が期待できる。

### イ　債務不履行による解除（民法541条）

より美しくなることを目的としてエステの契約を締結しているにもかかわらず，肌が荒れるなど，債務の本旨に従った履行がない場合は，民法上の債務不履行による解除も考えられる。

---

1)　消費者庁取引対策課＝経済産業省商務・サービスグループ消費経済企画室編『平成28年版　特定商取引に関する法律の解説』（商事法務，2018年）348頁。

### ウ　損害賠償請求

#### ㋐　注意義務違反

エステサロンおよびその従業員は，肌を荒らしたりしないよう注意して施術をする義務があるところ，その義務を怠って消費者に肌荒れなどの皮膚障害等を生じさせた場合には，当該義務に違反したといえ，エステ事業者は，債務不履行責任，あるいはエステ施術者の不法行為責任（民法709条）およびエステ事業者に対する使用者責任（同法715条）が成立する。ただし，消費者が皮膚障害の発生を認識していながら医療機関で受診しなかったり，医療機関ではない業者あるいはその従業員の説明等に疑問を抱きつつも長期にわたり施術を受け続けたなどの事情がある場合には過失相殺の可能性もあることに注意を要する（東京地判平成13年5月22日判タ1120号210頁参照）。

#### ㋑　説明義務違反

エステ施術を行う場合は，より美しくなりたいという消費者の主観的な願望を満たすことを目的としているため，同人の判断に資するように，エステ施術者は，施術前に，施術の内容，実施方法，実施による効果について説明する義務がある。反面，エステ施術は，医療行為と異なり身体への侵襲の程度が低いことから，その施術により通常生じるとは考えられない危険性や後遺症的症状について常に説明すべき義務があるとまではいえないとされている（札幌地判平成16年11月26日判タ1205号213頁参照）。個別ケースごとに施術内容や使用する化粧品等の具体的事情に即してエステ施術者の説明義務違反の有無を検討すべきである。

## 4　本件の場合

まず，特商法42条2項に定める契約書面を受領しているか確認し，書面の受領がないまたは書面の記載に不備がある場合には，書面にてクーリング・オフの意思表示を行う。未使用の化粧品について，関連商品販売契約の解除も合わせて行う。この場合に，消費者は使用済みの化粧品代金以外の22万円の返還を求めることができる。

クーリング・オフが認められない場合には，中途解約とし，契約時の支払金額から既履行分の料金および損害賠償額を差し引いた額の返還請求を行う。この場合の損害賠償の上限は，入会金1万円および施術費20万円の合計21万円

から既履行分の料金 10 万円（2 万円×5 回分）を差し引いた額の 10％である 1 万 1000 円と 2 万円を比較した低い額である 1 万 1000 円となる。また，使用済みの化粧品は，購入費用が使用料相当額となる。消費者は，解除に伴う原状回復義務により未使用の化粧品の返還義務を負うが，未使用の化粧品購入費用の返還も請求できる。つまり，消費者は，21 万円から 11 万 1000 円を控除した金額に未使用化粧品代金 1 万円を合わせた 10 万 9000 円の返還請求ができる。

　民法上の請求を行う場合には，債務不履行あるいは使用者責任に基づく損害賠償を検討することとなる。


**【参考文献】**
・東京都ホームページ『商品等の安全問題に関する協議会』報告「エステティックサロンにおけるレーザー等を利用した脱毛機の安全性について」(https://www.shouhiseikatu.metro.tokyo.jp/anzen/kyougikai/h15/)（平成 16 年 7 月）

第7 美容医療 *413*

## ② 美容医療

---
**事 例**

Aは，かねてより，自身のほうれい線付近にあるしわ・たるみの状態を気にしていた。

そこで，Aは，しわ・たるみの効果的な改善方法がないか，インターネットで検索したところ，ヒアルロン酸注射を用いてしわ・たるみを改善する方法があることを知った。

Aは，インターネットで検索した美容医療に関する情報を比較して，低廉な価格で施術が受けられることを宣伝しているB医療機関に電話をかけ，予約をとり，C医師による診察を受けた。

診察において，Aは「ほうれい線付近にヒアルロン酸注射を打ってほしい。」旨C医師に相談したが，C医師からは「ヒアルロン酸注射だけでは効果が持続しない。」「効果を長く持続させるには，ヒアルロン酸ではなく，別の注射を打つ必要がある。」と説明された。

Aは，C医師の説明を受け，ヒアルロン酸注射ではなく，別の注射を打つこととした。価格は，ヒアルロン酸注射よりも高価だったが，Aは，別の注射の方が効果は持続すると考え，そのように決断した。

しかし，半年ほど経過してAが自分の顔をみても，ほうれい線付近にあるしわ・たるみの状態が，注射前と比較して，あまり変わっていないように感じた。

注射のために支出した費用を返還請求することはできるか。

---

### 1 美容医療とは

「美容医療」について，特商法施行令別表第4の2では，「人の皮膚を清潔にし若しくは美化し，体型を整え，体重を減じ，又は歯牙を漂白するための医学的処置，手術及びその他の治療を行うこと（美容を目的とするものであつて，主務省令で定める方法によるものに限る。）。」と定義づけられている。

414　第2章　具体的トラブル事例と解決

ここにいう「主務省令」とは，特商法施行規則31条の4各号のことを指し，脱毛等の個別施術が法定されている。

もっとも，上記の定義はあくまで特商法に基づく規制にかからしめる場合に問題となるのであって，現実には，様々な形で，様々な施術が，美容医療として，実施されている。

## 2　問　題　点

保険診療は，健康保険等の公的医療保険制度により施術内容や価格が定められており，その範囲において，治療がなされることとなる。診療報酬制度が存在するため，患者が負担する費用も，医療費の総額の一部にとどまる。

他方，自由診療は，施術内容および価格を自由に決定することが可能である。施術内容と価格は，患者と医師との間で締結される診療契約に委ねられている。

しかし，施術内容は専門性が高く，患者が自ら積極的に診療契約の内容や価格に対して意見を述べることは難しく，医師が提示した契約書等に言われるがままにサイン等をしてしまい，施術を受けるものの，後日「こんな施術を受けるつもりではなかった。」等と，紛争化する例が後を絶たない。

実際に，国民生活センターのPIO-NET（全国消費生活情報ネットワークシステム）に寄せられる美容医療に関する相談は，近年は年間2000件前後で推移している（政府広報オンライン「美容医療サービスの消費者トラブル　サービスを受ける前に確認したいポイント」https://www.gov-online.go.jp/useful/article/201307/1.html）。

## 3　解決のポイント

### ⑴　適用すべき法令など

### ア　民　　　法

美容医療に関する紛争も，医療機関（医師）を相手方とする場合には，私人間の紛争であるため，適用すべき法律は民法となる。

また，患者と医療機関（医師）との間には，診療契約の締結に基づき，各種の権利義務関係が生じることとなる。

診療契約の法的性質については，準委任契約（民法656条）の一種とみるのが一般的である。

したがって，診療契約の履行過程において債務不履行があり，損害との間の

相当因果関係があれば，損害賠償が認められることとなる。

他方で，損害賠償を求める理由として，不法行為責任（民法709条・715条）を理由とすることも可能である。

### イ　医療法

医療法は，病院等の開設・管理等に関する法律である。

2014（平成26）年6月の改正により，医療事故調査制度が新設され，医療に起因し，又は起因すると疑われる死亡であって，死亡を予期しなかった場合について，医療法6条の10以下の規定に従い，医療事故調査を実施する必要がある。

また，医療法は，広告に対する規制も定めている（医療法6条の5以下）。広告規制違反があったとして，そのことが直ちに個別の契約（意思表示）の効果を左右するということにはならないが，患者の側からすれば，広告は，提供される医療の内容に関する重要な情報であり，広告内容が，患者が受けられることを期待する医療の内容と大いに関連するといえる。医療広告規制については，2017（平成29）年6月に医療法改正がなされ，インターネット上の広告についても，一定の規制に服することとなった[1]。

### ウ　その他

美容医療事案において検討することがあり得る法律として，景表法，消費者契約法，特商法がある。

特に，特商法については，2017（平成29）年6月に公布された同法施行令により，美容医療（「人の皮膚を清潔にし若しくは美化し，体型を整え，体重を減じ，又は歯牙を漂白するための医学的処置，手術及びその他の治療を行うこと（美容を目的とするものであつて，主務省令で定める方法によるものに限る。）」）が特定継続的役務として追加されている（特商法施行令・別表第4の2）。

### (2)　医療記録の入手と検討

美容医療においても，診療録が作成されれば，医師法24条に基づき，5年間の保存義務が生じる。

---

1)　平成29年改正の内容については，医療広告ガイドライン（正式名称：医業若しくは歯科医業又は病院若しくは診療所に関する広告等に関する指針，https://www.mhlw.go.jp/file/06-Seisakujouhou-10800000-Iseikyoku/0000209841.pdf）が詳しい。

診療録の入手方法については，任意開示による場合と，証拠保全（民事訴訟法234条以下）による場合の2通りがある。

事案に応じて，どちらかを選択することとなるが，いずれにせよ，診療録を入手することは，患者になされた医療行為の内容を確認する上では必要不可欠である。

診療録を入手しても，実際になされた行為の特定が難しい場合は，医療機関に説明を求めることも必要である（民法645条に基づく顛末報告義務の履行請求）。

### (3) 医学的知見の検討

美容医療領域に関する法的問題点を検討するに際しては，医療事件という側面があることに留意する必要がある。

すなわち，美容医療に限った話ではないが，医療の分野においては，臨床研究や医学文献の公表などを通じて，日々医学的知見の蓄積がなされている。

行われた施術の内容を理解するためには，医学文献の調査や，協力医の探索・ヒアリング等，積極的に実施する必要がある。

### (4) 注意義務の検討

医療機関（医師）が負う注意義務の内容は，手技上の注意義務，検査義務など事案によって様々であるが，美容医療領域においてたびたび問題となるのが説明義務である。美容医療は，医学的必要性・緊急性に乏しい医療行為であり，患者の美容目的を達成するために実施されるものであるから，施術の方法や利点のみならず，施術の欠点や危険性等につき，患者が正確に理解し自己決定する機会を提供すべきであり，医療機関（医師）に課される説明義務の内容もこれに相応するものが求められる。

例えば仙台地判平成29年9月28日（裁判所ウェブサイト）は，「美容整形手術は，疾病や外傷に対する治療と異なり必要性や緊急性に乏しく，また，患者の有する一定の美容目的を達成するために実施するものであるから，医師としては，患者に対し，当該手術を受けるか否かの判断に必要な情報を十分に提供する必要があり，実施予定の手術の内容とともに，手術に付随する危険性，欠点等のマイナス面，他の選択可能な治療方法の内容等をできる限り具体的に説明すべき注意義務を負い，患者が当該手術を受けないという選択肢を実質的に

確保しなければならない」と判示しており，参考になる。

## 4　設問に対する回答

### (1)　診療のきっかけについて

　Aは，インターネット上の情報をもとに，廉価なヒアルロン酸注射を打ってもらおうと考えていたということである。Aが，仮に，しわ・たるみの除去術についてインターネット上の情報で過度な期待や誤解をしている可能性があれば，C医師は，この期待や誤解を解消すべきであった（東京地判平成17年11月24日医療訴訟ケースファイル Vol.2 458頁参照）。

### (2)　別の注射について

　C医師は「ヒアルロン酸注射だけでは効果が持続しない。」「効果を持続させるには，ヒアルロン酸ではなく，別の注射を打つ必要がある。」と説明したとのことである。

　『別の注射』とは，いったいどのような成分を内容とするものなのか，B医療機関（C医師）に説明を求め，その説明内容（特にAの関心事であった，効果の持続期間）について，医学文献等による客観的な裏付けがあるのかどうかを検討する。

　B医療機関（C医師）の説明内容に客観的な裏付けがなければ，説明義務違反と損害（施術費用の支出）との間の因果関係を検討する。

　例えば，別の注射が，ヒアルロン酸注射より相当程度高価であり，Aはヒアルロン酸注射を打ってもらおうと考えB医療機関の予約をしたこと等の事実から，仮にAが『別の注射』の効果等についての正しい説明を受けていれば『別の注射』を受けなかったのだから，支出した施術費用を返金すべきであるという主張をすることがあり得る。

### (3)　そ　の　他

　(2)で指摘した事実は，消費者契約法4条1項1号または同条2項に基づく取消し，錯誤無効（民法95条（改正後は錯誤による取消し））などの検討においても参考となる。

*418*　第2章　具体的トラブル事例と解決

# 第 *8* ‖ 定期購入

―― 事　例 ―――――――――――――――――――――――――

　Xは，「ダイエット効果，絶大」，「通常価格は1か月分5,000円である
ところ，初回のみお試し価格500円で購入できる」というY社の広告を
スマートフォンで見つけて申し込んだ。

　しかし，サプリメントの効果をあまり感じられなかったXは，2か月目
以降のサプリメントは不要であると思い，2か月目以降は不要であるとの
申入れをしたところ，Y社から「本件契約は5回の定期購入の契約であ
り，途中で解約することはできない。解約する場合には，通常価格との差
額4,500円と違約金として残り4回分の代金相当額の5割，10,000円を支
払ってもらう。」と言われた。改めて広告画面をスクロールしていくと，
下の方に小さな文字で「5カ月以上の購入が条件です。」との文言と中途
解約の場合の違約金の定めが記載されていた。

―――――――――――――――――――――――――――――――


## 1　問　題　点

　化粧品や健康食品の通信販売において，「1回目90％オフ」，「初回実質無料
（送料のみ）」などと，「お得」であることを強調するが，実は，数か月間の継
続購入が条件となっている定期購入契約であることがある。この場合，定期購
入であることの説明文の文字が小さかったり，お得を強調するページから離れ
た箇所に表示されていて，注文をする際には定期購入であることが分かりにく
い画面になっているなどの理由で，消費者の誤解を招き，トラブルとなること
がある。

　通信販売においては，このような消費者の意図しない契約をした場合の扱い
が問題となる。

## 2 解決のポイント

通信販売は，特商法で規制され（2条2項・11条〜15条の3），また，広告については，景品表示法で有利・優良誤認表示が規制されている（5条）。また，インターネットを通じた取引については，電子契約法が適用される。

### (1) 特定商取引法の規制

通信販売の広告について定める特商法11条5号，省令8条7号は，「商品の売買契約を2回以上継続して締結する必要があるときは，その旨及び金額，契約期間その他の販売条件」の表示を義務付けている。

また，特商法14条で禁止される「顧客の意に反して……申込みをさせようとする行為」として，省令16条1項で次のような顧客が容易に認識できるような表示が求められている。

①電子契約の申込みであることを容易に認識できるような画面設定義務

②電子契約における確認訂正画面の設定義務

③書面の送付が申込みとなることを容易に認識できるような書面表示義務

この点に関しては，「インターネット通販における『意に反して契約の申込みをさせようとする行為』に係るガイドライン」が定められている[1]。

### (2) 「打消し表示に関する実態調査報告書」について

消費者庁は，平成29年7月に上記報告書を公表している。これは，「調査報告書」とのタイトルであるが，事実上ガイドラインの性質を有している。

上記報告書によれば，「広告の『強調表示』[2]は事実に反するものでなければ問題になることはないが，対象商品・サービスの全てについて，無条件，無制約に当てはまるものと一般消費者に受け止められるため，仮に例外などがあるときは，その旨の表示（いわゆる打消し表示[3]）を分かりやすく適切に行わなければ，その強調表示は，一般消費者に誤認され，不当表示として……景品表示

---

1) なお，ガイドラインに関するQ&Aを参照されたい。http://www.caa.go.jp/policies/policy/consumer_transaction/amendment/2016/pdf/amendment_171220_0001.pdf

2) 事業者が，自己の販売する商品・サービスを一般消費者に訴求する方法として，断定的表現や目立つ表現などを使って，品質等の内容や価格等の取引条件を強調した表示。

*420* 第2章 具体的トラブル事例と解決

法上……問題となるおそれがある」，としている。

打消し表示が適切であるか否かについては，文字の大きさ，強調表示との文字のバランス，打消し表示の配置箇所，打消し表示の背景との区別，ウェブ広告においては，強調表示と打消し表示が1スクロール以上離れているか，などが判断要素とされている。

### (3) 景品表示法

上記報告書でもいわれているように，定期購入の表示が一般消費者に分かりにくい場合には，景品表示法の有利・優良誤認表示に該当する可能性がある。

### (4) 電子契約法の規制

電子契約法では，「消費者がその使用する電子計算機を用いて送信した時に当該電子消費者契約の申込み又はその承諾の意思表示と異なる内容の意思表示を行う意思があったとき。」（3条2号）に該当する場合，「当該申込み又はその承諾の意思表示に際して，電磁的方法によりその映像面を介して，その消費者の申込み若しくはその承諾の意思表示を行う意思の有無について確認を求める措置を講じた場合」でないときは，消費者に重過失があっても，錯誤（民法95条）を主張できる。

## 3 設問に対する回答[4]・[5]

### (1) 錯誤の主張

本件は，Xが，Y社の広告を正確に理解せずに，誤解して申し込んだ事案である。

すなわちY社の表示によれば「1カ月目500円，2カ月目以降5,000円のサ

---

3) 強調表示からは一般消費者が通常は予期できない事項であって，一般消費者が商品・サービスを選択するに当たって重要な考慮要素となるものに関する表示。

4) 独立行政法人国民生活センター「相談急増！『お試し』のつもりが定期購入に!?—低価格等をうたう広告をうのみにせず，契約の内容をきちんと確認しましょう—」（2016年6月16日，http://www.kokusen.go.jp/news/data/n-20160616_1.html）

5) 東京都消費生活総合センター「東京都消費者被害救済委員会があっせん解決 いわゆる健康食品の定期購入に係る紛争」（2017年9月13日，http://www.metro.tokyo.jp/tosei/hodohappyo/press/2017/09/13/17.html）

プリメントを 5 カ月以上販売する」ということになるが，X は Y 社の広告の
ウェブページを見て「1 カ月分のサプリメントを 500 円で購入する」つもりで
申し込んだものであり，X の申込みには錯誤がある。

この場合，Y 社が電子契約法 3 条ただし書に定められている消費者の契約締
結意思の有無の確認を求める措置を講じているかどうかが問題となる。本件で
は，広告のウェブページの一番下に小さな文字で「5 カ月以上の購入が条件で
す。」という注意書きがされていただけであり，上記「措置」が講じられてい
たとはいえないと考えられる。その結果，仮に X に重過失が認められるとして
も，民法 95 条ただし書が適用されず，X は，Y 社に対し，本件契約の錯誤
無効を主張することができる。

したがって，契約は無効であり，Y 社の X に対する代金請求も違約金の請
求も認められない。


### (2)　違約金の定めの効力の有無

仮に定期購入の合意につき，無効の主張も，取消しも不可能な事案の場合，
そのような継続的供給契約においては，民法 651 条の類推適用などにより，中
途解約権が認められるべきである。この場合，中途解約における「違約金」と
して，その金額が「当該消費者契約と同種の消費者契約の解除に伴い当該事業
者に生ずべき平均的な損害の額を超えるもの」といえる場合には，当該超える
部分については無効となる（消費者契約法 9 条 1 号）。

本件では，「解約する場合には違約金として 10,000 円」すなわち残り 4 カ月
分の購入代金の 50％に相当する金額が請求されている。しかし，そのサプリ
メントは他の顧客に売却することができるから，「平均的な損害」を超えると
考えられる。したがって，平均的な損害を超える部分については違約金を支払
う必要はない。

# 第9 ▎食　　品

## ① 食品表示

### 1　食品表示法

食品を摂取する際の安全性及び一般消費者の自主的かつ合理的な食品選択の機会を確保するため，食品衛生法，農林物資の規格化等に関する法律（JAS法）及び健康増進法の食品の表示に関する規定を統合して食品の表示に関する包括的かつ一元的な制度として，平成25年に食品表示法が制定された。一般消費者の利益の増進を図るとともに，食品衛生法，健康増進法及び日本農林規格等に関する法律による措置と相まって，国民の健康の保護及び増進並びに食品の生産及び流通の円滑化並びに消費者の需要に即した食品の生産の振興に寄与することを目的としている（1条）。食品表示法制定後の，現行の食品表示に関する法律の規定状況は【図表1】のとおりである。

### 2　食品表示基準の構成

食品表示法に基づいて食品表示基準（平成27年内閣府令第10号）が制定され，食品表示に関するルールが定められている。基準の構成としては，食品を「加工食品」「生鮮食品」「添加物」の3区分に分類した上で，それぞれについて「一般用」「業務用」「上記以外の販売者」の3区分に分類し（すなわち，3×3＝9種類の区分），区分ごとに食品の性質等に照らし記載すべき項目が共通ルールとしてまとめられている。具体的には，「横断的義務表示」（例えば一般用加工食品の場合，食品表示基準3条），「個別的義務表示」（同4条），「義務表示の特例」（同5条），「推奨表示」（同6条），「任意表示」（同7条），「表示の方式等」（同8条），「表示禁止事項」（同9条）などが定められている。

また，食品表示基準には25の別表が付されており，この別表の一部は従来のJAS法で定められていた食品の「品質」に関する表示事項（原産地，原材料名，内容量等），食品衛生法で定められていた国民の健康の保護を図るために必要な「衛生」に関する表示事項（添加物，保存方法，加熱を要する旨等），及び

**[図表 1] 現行の食品表示に関する法律**

| 食品衛生法 | JAS法 | 健康増進法 | 食品表示法 |
|---|---|---|---|
| 目 的 | 目 的 | 目 的 | 目 的 |
| 飲食に起因する衛生上の危害の発生を防止(1条) | 適正な認証及び試験等の実施を確保するとともに、飲食料品以外の農林物質の品質表示の適正化の措置を講ずることにより、農林物質の品質の改善並びに生産、販売その他の取扱いの合理化及び高度化並びに農林物質の生産及び流通の円滑化及び一般消費者の合理的な選択の機会の拡大を図る(1条) | 栄養の改善その他の国民の健康の増進を図るための措置を講じ、もって国民保健の向上を図る(1条) | 食品を摂取する際の安全性及び一般消費者の自主的かつ合理的な食品選択の機会を確保するため、食品表示を確保するための基準の策定その他の必要な事項を定めてその適正を確保し、一般消費者の利益の増進を図るとともに、食品衛生法・JAS法と相まって、国民の健康の保護及び増進並びに食品の生産及び流通の円滑化並びに消費者の需要に即した食品の生産の振興に寄与する(1条) |
| 表示関係<br>*販売の用に供する食品等に関する表示についての基準の策定および当該基準の遵守 など | 表示関係<br>*製造業者が表示すべき表示の基準の策定 *品質に関する表示の基準の遵守 など | 表示関係<br>*栄養表示基準の策定および当該基準の遵守 など | **食品表示法へ一本化** |
| 表示関係以外<br>*食品、添加物、容器包装等の規格基準の算定 *不衛生食品や規格規準に適合しない食品等の販売禁止 *都道府県知事による営業の許可、施設基準 など | 表示関係以外<br>*日本農林規格（JAS規格）の制定 *同規格による格付 など | 表示関係以外<br>*基本方針の策定 *国民健康・栄養調査等の実施 *保健指導等 *受動喫煙の防止 *特別用途食品に係る許可 など | **食品表示法制定後も各法律で規制される** |

健康増進法における国民の健康の「保健」を図るために必要な表示事項（栄養成分表示等）が移行した形となっている。

## 3　一般用加工食品

　加工食品とは，「製造又は加工された食品」のことであり（食品表示基準2条1項1号），食品表示基準別表第1に記載されている。「製造」とは，その原料として使用したものとは本質的に異なる新たな物を作り出すこと，「加工」とは，あるものを材料としてその本質は保持させつつ，新たな属性を付加することをいう（消費者庁食品表示企画課「食品表示基準Q&A」）。その種類は，冷凍食品，レトルト食品，水産練製品，乳加工品など多岐にわたる。

　一般用加工食品の表示ルールは食品表示基準3条〜9条に規定されているところ，全ての食品に共通の横断的義務表示として「名称」「保存の方法」「消費期限又は賞味期限」「原材料名」「添加物」「内容量又は固形量及び内容総量」「栄養成分（たんぱく質，脂質，炭水化物及びナトリウムをいう。）の量及び熱量」「食品関連事業者の氏名又は名称及び住所」「製造所又は加工所の所在地及び製造者又は加工者の氏名又は名称」が定められている。また，平成29年9月1日公布・施行の食品表示基準の一部を改正する内閣府令により，全ての加工食品について，重量割合上位1位の原材料の原産地を義務表示の対象とすることが義務付けられた。ただし，一定の条件を満たす場合には，過去の実績等を踏まえた「又は表示」，「大括り表示」を認めるとともに，中間加工原材料は，「製造地表示」を認められるなど例外も多い制度となっている。

## 4　一般用生鮮食品

　「生鮮食品」とは，「加工食品及び添加物以外の食品」であり，食品表示基準別表第2に掲げられている（食品表示基準2条1項2号）。この別表第2では，生鮮食品を「農産物（きのこ類，山菜類及びたけのこを含む。）」「畜産物」「水産物（ラウンド，セミドレス，ドレス，フィレー，切り身，刺身（盛り合わせたものを除く。），むき身，単に凍結させたもの及び解凍したもの並びに生きたものを含む。）」の3つの分類としている。

　一般用生鮮食品については，全てにおいて「名称」「原産地」を表示しなければならない（食品表示基準18条1項）。また，一定の要件に該当する場合に

おいて必要な表示について，同2項に規定されている。例えば，放射線を照射した食品について放射線照射に関する事項，遺伝子組換え農産物について所定の事項（後記7），乳児用規格適用食品について乳児用規格適用食品である旨などである。また，食品の特性に応じて必要な表示事項は食品表示基準別表第24に規定されており，例えば，「玄米及び精米」について「名称」「原料玄米」「内容量」「調製年月日，精米年月日又は輸入年月日」「食品関連事業者の氏名又は名称，住所及び電話番号」，「しいたけ」について「栽培方法」，「水産物」について「解凍した旨（凍結させたものを解凍したものである場合に限る。）」「養殖された旨（養殖されたものである場合に限る。）」などである。

## 5 添 加 物

「添加物」とは，「食品の製造の過程において又は食品の加工若しくは保存の目的で，食品に添加，混和，浸潤その他の方法によつて使用する物」をいう（食品衛生法4条2項）。

添加物については，「名称」「添加物である旨」「保存の方法」「消費期限又は賞味期限」「内容量」「栄養成分（たんぱく質，脂質，炭水化物及びナトリウム）の量及び熱量」「食品関連事業者の氏名又は名称及び住所」「製造所又は加工所の所在地及び製造者又は加工者の氏名又は名称」を表示しなければならない（食品表示基準32条1項）。また，一定の要件に該当する場合において必要な表示について，同2項に規定されている。例えば，「特定原材料に由来する添加物」について「アレルゲン」，「製剤である添加物」について「成分（着香の目的で使用されるものを除く。）及び重量パーセント」，「アスパルテーム又はこれを含む製剤」について「L-フェニルアラニン化合物である旨又はこれを含む旨」などである。

## 6 保健機能食品

いわゆる健康食品と呼ばれるものについては，法律上の定義はないものの，一般には，広く健康の保持増進に資する食品として販売・利用されるもの全般を指して言われることが多い。このうち，食品表示基準の下，国が定めた安全性や有効性に関する基準等を満たした「保健機能食品」についてのみ，機能性を表示することが許されている。逆にいうと，いわゆる健康食品であっても，

426 第2章 具体的トラブル事例と解決

「保健機能食品」に該当しないものについては，機能性を表示することはできない。

　保健機能食品には，①特定保健用食品：食品の有効性や安全性について製品ごとに国の審査を受け，消費者庁長官の許可を得て特定の保健の用途に適する旨を表示できる食品，②栄養機能食品：食品表示基準別表第11の対象成分を含むものとして，国が定める基準に従い当該栄養成分の機能性を表示することができるもの，③機能性表示食品：事業者の責任で，科学的根拠を基に商品パッケージに機能性を表示するものとして，消費者庁に届け出られた食品，の3類型がある。

　これら保健機能食品については，機能性の表示が許容されていることから，消費者としては総じて健康に良いものとの印象を抱きがちであるが，例えば特定保健用食品と機能性表示食品とでは国の審査を経て許可を受けているのか，それとも事業者の責任で表示しているに過ぎないのかという大きな違いがあるのであり，合理的な食品選択の観点からは表示の意味をよく知っておくことが重要である。

## 7　遺伝子組換え食品

　遺伝子組換え（組換えDNA技術応用）食品とは，他の生物から有用な性質を持つ遺伝子を取り出し，その性質を持たせたい植物などに組み込む技術（遺伝子組換え技術）を利用して作られた食品のことをいう。現在，日本で流通している遺伝子組換え食品には，①遺伝子組換え農作物とそれから作られた食品，②遺伝子組換え微生物を利用して作られた食品添加物がある。遺伝子組換え食品については，人体への影響，環境への影響の主に2点が問題点として指摘されている。人体への影響としては，例えばアレルギーを引き起こす物質や毒性物質が新たに作られたり，増えたり，あるいは栄養素の配合が大きく変化していないかなどが問題となる。環境への影響としては，新たに栽培されるようになった遺伝子組換え農作物が，本来その環境中にいた植物や動物に有害な影響を与えないかが問題となる。

　遺伝子組換え食品に関する表示としては，安全性等が確認された農産物と，それらを主たる原材料とする加工食品のうち，大豆，とうもろこし，ばれいしょ，なたね等8作物及び加工食品33食品群について，「遺伝子組換えのもの

を分別」,「遺伝子組換え」「遺伝子組換え不分別」等の表示が義務付けられている（食品表示基準3条，9条，18条，別表第17・第18）。なお，スーパーなどの陳列食品で良く見られる「遺伝子組換えではない」は任意表示である。

## 2 食品・サプリメント等の摂取による危害

　食品・サプリメント等の摂取による危害については，食品・サプリメント等が「製造又は加工された動産」である場合には，欠陥製品による被害の問題として捉えることができる。この場合は，第2章「第2 欠陥商品」を参照されたい。

428　第2章　具体的トラブル事例と解決

## ③　健康食品等の送り付け商法

――　事例　サプリメントのお試し購入　――

　Xは，インターネットの広告で「ダイエット効果あり」というY社の
サプリメントを発見した。通常価格は5,000円であるところ，「1か月目は
無料（送料500円のみ）」と記載されていたので，ウェブサイト上で契約を
申し込んだ。数日後，1か月目のサプリメントと500円の請求書が届いた。

　サプリメントの効果をあまり感じられなかったXは，2か月目以降のサ
プリメントは不要であると考えていた。ところが，1か月後に，2か月目
のサプリメントが払込用紙と一緒に送られてきた。そこで，業者に確認し
たところ，「本件契約は5か月の定期購入の契約であり，途中で解約する
ことはできない。解約する場合には違約金として20,000円を支払っても
らう。」と言われた。改めて広告を見返したら，ウェブページの一番下に
小さな文字で「5か月以上の購入が条件です。」という注意書きがされて
いたが見落としていた。

### 1　問題点

　本事案における問題点は，①契約の内容及び個数，②錯誤の主張の可否，③
その他の取消権等の行使の可否，④違約金の定めの効力の有無等である。

### 2　解決のポイント

　本件では，前提として，XとY社との間においていかなる契約が成立して
いたのかを検討する必要がある。そのうえで，1か月限りの「お試し購入」と
考えていたXが，20,000円の支払いを逃れる（1か月目の500円の支払いのみで
済ませる）ために，いかなる法的主張をすべきかが解決のポイントとなる。す
なわち，定期購入が条件であることを見落として締結した本件契約の錯誤無効
を主張することができないか，あるいは本件契約を解除することができない
か，また，違約金の支払いの請求に法的効力があるのかを検討することとなる。

## 3 設問に対する回答

### (1) 契約の内容及び個数

本件では，そもそもXとY社との間において，いかなる契約が成立したかを検討する必要がある。すなわち，契約は当事者の合意により成立するところ，Xは「1か月分のサプリメントを500円で購入する」意思を有しているのに対して，Y社は「1か月目は500円，2か月目以降は5000円のサプリメントを5か月以上販売する」意思を有していた。この場合における本件契約の内容及び個数が問題となる。

例えば，購入確認画面で「数量1個」「代金500円」と表示されていた場合には，Xの意思としては「代金500円の商品を1個購入する」意思しか認められず，5か月以上の定期購入の契約を認定することはできない。また，Y社から注文確認メールが送られているような場合には，それがXの契約の申込みに対する承諾といえるところ，そこに「数量1個」「代金500円」と記載されているような場合には，もはや当事者の合意はその限りにしか認められない。

なお，特商法11条5号に基づく省令8条7号は，「商品の売買契約を2回以上継続して締結する必要があるときは，その旨及び金額，契約期間その他の販売条件」を表示しなければならないとしている。また，通達（特定商取引に関する法律等の施行について（平成29年11月1日））においては，「例えば，『初回お試し価格』等と称して安価な価格で商品を販売する旨が表示されているが，当該価格で商品を購入するためには，その後通常価格で○回分の定期的な購入が条件とされている等，申込者が商品の売買契約を2回以上継続して締結する必要がある場合の表示義務事項である『その他の販売条件』には，それぞれの商品の引渡時期や代金の支払時期等が含まれる。」とされている。

### (2) 錯誤の主張の可否

5か月以上の定期購入の合意が成立していると認められる事案においては，その旨の表記を見落としていたあるいは誤って申込みをしてしまったなどという錯誤（民法95条）の主張をすることが考えられる。

この場合，Y社が電子契約法3条ただし書に定められている消費者の契約締結意思の有無の確認を求める措置を講じているかどうかが問題となる。すなわ

ち，定期購入が条件である旨の記載を見落とした消費者に重過失が認められる場合，錯誤の主張ができないものと考えられそうである（民法95条）。もっとも，表示される画面の範囲が限定されていたり，ワンクリックで簡単に操作ができたりしてしまうという特性を有する電子消費者契約については，特別法の規定が適用される。すなわち，電子消費者契約においては事業者が，当該申込みの意思表示に際して，電磁的方法によりその映像面を介して，その消費者の申込みの意思表示を行う意思の有無について確認を求める措置を講じた場合を除いて，上記民法95条の適用が除外され表意者に重過失があった場合でも錯誤を主張できる。

　本件では，広告のウェブサイトの一番下に小さな文字で「5か月以上の購入が条件です。」という注意書きがされていただけであり，上記「措置」が講じられていたとはいえないと考えられる。その結果，民法95条が適用されず，Xは，Y社に対し，本件契約の錯誤を主張することができる。

　なお，特商法11条5号に基づく省令8条7号に関する通達（特定商取引に関する法律等の施行について（平成29年11月1日））においては，「1回の契約で複数回の商品の引渡しや代金の支払いを約することとなる場合は，法第11条第1号から第3号までの規定により，買い手が支払うこととなる代金の総額等の条件を全て正確に記載しなければならない。」とされている。

### ⑶　その他の取消権等の行使の可否

　本件のような通信販売においては，特商法15条の3に基づく法定返品権を行使することも考えられる。もっとも，通常は商品の引渡しから8日間が経過していたり，申込みの撤回等法定返品権について特約が定められていたりしており，同条による申込みの撤回等は難しいケースが少なくない。

　法定返品権に関する特約が有効となるためには，「当該広告に表示」するなどの措置が講じられなければならない（同条1項ただし書）。そこで，「返品の可否」・「返品の条件」・「返品に係る送料負担」について，消費者にとって容易に認識することができるように表示されていたか後者については，当該特約が「広告に表示」されていたか確認する必要がある。例えば，商品を購入する際に表示される画面の範囲内に返品に関する特約について記載がないような場合には，「当該広告に表示」されているとはいえない。

(4) 違約金の定めの効力の有無

　仮に定期購入の合意が成立していると認められる事案であったとしても，そのような継続的供給契約においては，民法651条の類推適用などにより，中途解約権が認められるべきであろう。この場合，中途解約における「違約金」として，その金額が「当該消費者契約と同種の消費者契約の解除に伴い当該事業者に生ずべき平均的な損害の額を超えるもの」（消費者契約法9条1号）といえる場合には，当該超える部分についての特約は無効となる（第1章第2「3　消費者契約の条項の無効」参照）。

　本件では，「解約する場合には違約金として20,000円」すなわち残り4か月分の購入代金に相当する金額が請求されている。しかし，そのサプリメントを他の顧客に売却することもできるであろうから，その全額が上記「平均的な損害」を超えないとはいえないであろう。


(5) そ の 他

　なお，上記のようなお試し購入のつもりで定期購入の契約をさせられるケースは，特商法上の電話勧誘販売による方法でなされることも少なくない。その場合には，同法24条による申込みの撤回等，過量販売に係る同法24条の2による申込みの撤回等，あるいは事実の不告知に係る同法24条の3による取消しについて，それぞれ検討をすることが考えられる。

　なお，いずれの場合にも，不利益事実の不告知に係る消費者契約法4条2項に基づく取消しも思い浮かぶところではあるが，インターネットや新聞広告が同上にいう「勧誘」に該当するか否かは争点となり得る（第1章第2「2　消費者契約の取消し」参照）。

432 第2章 具体的トラブル事例と解決

# 第10 ‖ 宗教関係ビジネス
##   （いわゆる霊感商法，易断等）

---
**事例1**

　Aは難病を患っていた小学生の長男の病状を思い悩んでいたところ，新聞に折り込まれていた「○○易断の××人生相談」の広告チラシを目にした。当該広告には，観相志納金（鑑定料）が2,000円であることや，「人に言えない夫婦間の愛情問題，家族，子供の問題，原因不明の病気などに関するものは，迷信，縁起などに迷わずこの機会に運命学の専門家の診断と指導を受け，原因を解明し，悩みを解消させて幸せな人生を送って下さい。」などと書かれていた。Aは，長男の健康を取り戻せるのではないかと期待して，都内某ホテルで実施された人生相談会に出向き，2,000円の鑑定料を支払ったところ，「鑑定師」は，運勢を鑑定するしぐさをした上で，「母方のご先祖が成仏していないため，長男に悪さをする」，「ご先祖のお祓いをしないと，お子さんの生命がない」，「早くしないと，お子さんが大変なことになります」などと申し向けて，子の病状を案じる被害者の恐怖感・不安感をことさら煽った上で被害者に対し，「ご先祖の供養を完全にするには，通常の鑑定料2,000円とは別に，お祓料として200万円が必要です」と言い，その結果，Aは，金銭的余裕がないにもかかわらず，長男の生命を救うにはお祓いをお願いするしかないと信じ込まされて，親戚から多額の借金をしてまで，金200万円を支払わされた。

---
**事例2**

　Bは，池袋の街を歩いていたところ，見ず知らずの中年女性に声を掛けられ，「あなたは今転換期にあります。何か悩みがありませんか。運勢鑑定の偉い先生に相談してみませんか。」と言われ，運勢鑑定をやっている事務所に連れて行かれた。そこで，「偉い先生」と称する女性から，「運勢鑑定」を受け，家族構成や悩みごとを聞かれ，財産のことを聞かれたため，不動産，預貯金，退職金等について話をし，家系図を作成した。その

上で，Ｂは，「偉い先生」から「先祖がたくさんの人を殺していてこれが原因でいろいろ不吉なことが起きないようにする必要がある。夫の先祖の因縁をふりはらうことが必要。そのために印鑑を購入しなくてはならない。」と申し向けられ，不安感，恐怖感をあおられ，当初 400 万円の印鑑を勧められ，次に 320 万円の印鑑を勧められ，そんなお金はないと言うと，いくらなら支払えるのかと聞かれ，結局 120 万円の印鑑を購入させられた。印鑑購入後，儀式をやると言われ，もう一度，運勢鑑定を行う事務所に行ったところ，ビデオを見せられ，家系図の解説を受け，いろいろ先祖因縁の話をされ，あなたは家系の中心人物だから大勢の地獄にいる先祖を救うため，因縁を払うためにお金を天に捧げる必要があると言われ，4,000 万円の「お布施」を要求されたが，そんなお金がないというと，いくらなら出せるのかと言われ，1,000 万円というと，では，とりあえず，1,000 万円を出しなさいと言われ，1,000 万円を支払わされた。

## 1　霊感商法，開運商法等とは

　霊感商法とは，超自然的な能力がある者（霊能者，占い師等と称する場合が多い）を装った売り手が，被害者の抱えている不安や問題を巧妙に聞き出し，その不安や問題について，水子の霊，霊界の因縁や先祖の因縁等のせいであるなどと申し向けて，その不安感・恐怖感をあおった上で，「不安や問題から解放されるために必要」等と信じ込ませ，物品（壺や多宝塔の美術品，高麗人参エキス，印鑑，数珠（念珠），表札，水晶など）を高額で購入させたり，あるいは，「お祓い料」「供養料」，「お布施」等の名目で多額の金銭を支払わせるものである。物品の販売を伴わず，金銭のみを供養料等の名目で支払わせる事案の場合，霊視商法と呼ぶ場合もある。

　最近よくみられるのは，新聞チラシ等では相談料 2,000 円か 3,000 円などと表示して，この相談料であたかも人生の悩みが解決するかの如き宣伝をしてホテル等の会場に来場させ，実際には悪い卦を申し向けて来場者の不安をあおり，来場者の懐の具合に応じて数十万から数百万を払わせるという手口である。

人であれば誰でも避けることのできない，本人および家族の人間関係，健康，経済状態等の問題，不安に付け込む商法であり，勧誘被害を受けた者の被害も深刻であるが，勧誘者側の団体に取り込まれて，自らも「加害者」となってしまう可能性もある。なお，被害者側が加害者側に対して，損害賠償等を請求する事案だけではなく，鑑定師等が「鑑定料」の支払いを請求する訴訟を提起等する事案も散見される。

この種の被害は今でも数多く発生している。いわゆる開運商法については，相談件数も多く，国民生活センターは，雑誌広告やダイレクトメール広告での比較的安価なブレスレットや数珠を入口として，高額な物品や祈祷などの契約をさせる業者についての注意喚起を続けている（「開運ブレスレットや数珠の購入をきっかけに，"除霊のため""運気を上昇させるため"と，次々に開運商品を売りつける手口に要注意！」（国民生活センター2012年2月2日公表，http://www.kokusen.go.jp/news/data/n-20120202_1.html），「『幸運』を手に入れるつもりが『不幸』を招くことも…―請求金額が高額化！！開運グッズや祈祷等を次々と勧める業者にご注意―」（国民生活センター2014年6月9日公表，http://www.kokusen.go.jp/news/data/n-20140609_1.html））。

## 2 問 題 点

### (1) 信教の自由との関係

「宗教」を表に出した被害の救済過程においては，加害者側から，「信教の自由」を強調した反論がなされることが多い。しかしながら，内心における信仰の自由は絶対的に保障されるとしても，布教，資金集め，儀式などの宗教活動の自由については，信仰に基づく行為が他者の人権と衝突する可能性がある以上，一定限度の制約を受けることは当然である。また，信教の自由については，宗教団体（法人格の有無を問わない）が公権力と対峙する場合と，一私人（消費者）と対峙する場合を区別して論じなくてはならない。

一私人（消費者）と対峙する場面において，宗教法人として認証されているが故に，宗教団体であるが故に，あるいは，宗教活動であるが故に，宗教団体以外の団体や個人に許されない行為が，宗教活動であることを理由に正当化することを許してはいけない。宗教活動といえども，社会的相当性の範囲を逸脱すれば，民事上の不法行為となることは当然であり，刑罰法規の構成要件に該

当すれば，犯罪として立件され，有罪判決を受けることも当然である（参考になる裁判例として「憲法で保障された信教の自由は，それが内心の信仰にとどまる限り私法秩序上違法と評価されることはないが，宗教的行為として外部的な行動を伴い外界との交渉を生ずる場合には，その行為が，いかに当該宗教上の教義に則り，教義上では正当化されるものであったとしても，市民法の定める法律関係からみて社会的に是認し難い違法なものであると評価され，民法上の不法行為に該当するとされることがあるのは当然である。」としたものがある（東京地判平成12年12月25日判夕1095号181頁））。

なお，宗教上の行為と称しつつ，加害行為に際して申し向けている先祖の因縁等が当該宗教団体の教義の内容等の間に何らの関係がなく，単に，金銭収奪のためにこじつけている場合もあり，違法性を基礎づける事情として利用しうる場合もあるので，注意が必要である。

### (2) 法律上の争訟性

たしかに，裁判所が教義の内容や信仰対象の価値自体を審理し，裁判の対象とすることは許されないし，教義そのものの反社会性を問う訴訟は「法律上の争訟」（裁判所法3条）に該当しない。しかしながら，相談を受ける弁護士として，常に留意しておかなくてはならないのは，宗教関係ビジネスの消費者被害救済においては，教義の内容や信仰対象の価値自体が法的判断の対象となっている訳ではないことである。

教義や信仰対象の価値を捨象し，外形的な加害行為の行為態様と，被害の実態について判断を求めることは，当然に「法律上の争訟」（同法3条）に該当する。宗教法人法86条も，「この法律のいかなる規定も，宗教団体が公共の福祉に反した行為をした場合において他の法令の規定が適用されることを妨げるものと解釈してはならない。」と規定している。

なお，加害者の動機，手口，行動，組織性等を考える際に，教義の内容等を判断要素とすることは当然にあるが，これは，教義の内容や信仰対象の価値自体を法的判断の対象としているものではないことはいうまでもない。

*436* 第 2 章 具体的トラブル事例と解決

## 3 解決のポイント

### (1) 民事的救済

### ア 契約法上の救済

　暴利行為・犯罪行為（詐欺罪，恐喝罪，特定商取引法違反等）による公序良俗違反（民法 90 条），錯誤（同法 95 条），詐欺又は強迫による取消し（同法 96 条），契約締結上の過失，説明義務違反等の構成が可能である。

### イ 不法行為法による救済

### (ア) 不法行為責任追及の利点

　不法行為（民法 709 条）の活用による救済は積極的に考えるべきである。契約法上の救済に比べ，慰謝料，弁護士費用の請求が可能な点，共同不法行為（同法 719 条），使用者責任（同法 715 条）の活用により，直接の加害行為実行者だけではなく，組織，指揮系統上の上位者，主宰者，黒幕，広告塔等の関係者の責任を広く問いうる点でメリットが大きい。

　使用者責任について若干補足する。統一協会による事案であるが，福岡地方裁判所は，「原告らに対する献金勧誘行為を行った被告の信者らのうち，多くの者が被告に献身し，その指揮に従っていたものと認められるので，被告と右信者らとの間には実質的な指揮監督の関係があったものと認められ，したがって，右信者らは，民法 715 条に定める被告の被用者の地位にあるものと断ずるのが相当である。そして，次に，右信者らの献金勧誘行為について考えるに，そもそも右勧誘行為の対象は宗教的活動の場における献金であり，しかも，右判示のようにその帰属先は被告と認められるのであるから，被告の宗教的活動に密接に関連しているものといえるばかりでなく，右判示の事実によれば，献金勧誘行為そのものが被告の教義に基づく実践行為であると認められ，あまつさえ，（中略）に対しては被告の福岡教会において祝福の宗教的儀式も執り行われているのであるから，民法 715 条に定める被告の『事業の執行につき』という要件を十分に充足しているものと認めるのが相当である。」（福岡地判平成 6 年 5 月 27 日判時 1526 号 121 頁）との判断を示している。

### (イ) 違法性の判断についての裁判所の基本姿勢

　ただし，宗教団体等が宗教的教義の実践として，あるいは，布教の一環として，献金を求めることや，宗教的な意義を有する物品の販売などを行うこと自

体は直ちに違法となるものではないし，易断による鑑定料の支払いを求める行為等もその全てが違法となるものではなく，また，信者の勧誘態様や勧誘時に説かれる内容が，科学的知見に照らして荒唐無稽であるとしか理解し得ないものであったり，宗教上の物品や行為に対する支出が経済取引上の対価関係と比較して高額であると評価されたりするものであっても，その一事をもって直ちに違法性を有するということはできない，というのが裁判所の基本的な姿勢である。

### ㈡ 違法性の判断基準

しかしながら，当該献金等の勧誘行為，物品の販売行為を目的・手段・結果を総合的に判断して，社会的相当性を逸脱する場合には，不法行為責任を免れない。統一協会による霊感商法，献金の勧誘の違法性を認めた裁判例として，「当該勧誘が，献金等を含む宗教的教義の実践をしないことによる害悪を告知するなどして，殊更に被勧誘者の不安や恐怖心の発生を企図し，あるいは，不安や恐怖心を助長して，被勧誘者の自由な意思決定を不当に阻害し，被勧誘者の資産状況や，生活状況等に照らして過大な出捐をさせるようなものであると認められるような場合には，当該行為が形式的には宗教的活動の名の下に行われているとしても，もはや社会的相当性を逸脱したものとして違法の評価を免れないというべきである。したがって，社会的相当性を逸脱して不法行為となるか否かの判断は，当該勧誘が被勧誘者の不安や恐怖心の発生を煽り，助長するような内容のものであるか否か，被勧誘者の資産状況や，生活状況に照らして過大な出捐をさせるようなものであるか否かを社会通念に従って総合的に判断してされるべきものである。」（東京地判平成19年5月29日判タ1261号215頁），あるいは，いわゆる易断に伴う金銭請求の違法性を認定した裁判例として，「しかしながら，易断に伴う金銭請求が，相手方の窮迫，軽率等に乗じ，ことさらその不安，恐怖心を煽るなどの方法や，自分に特別な能力があるように装い，その旨信じさせるなどの不相当な方法で行われ，その結果，相手方の正常な判断が妨げられた状態で支払が……行われたような場合には，社会的に相当な範囲を逸脱した行為として，違法性を帯び，不法行為となるというべきである」（神戸地洲本支判平成19年12月25日消費者法ニュース75号227頁），同事件の控訴審判決（大阪高判平成20年6月5日消費者法ニュース76号281頁）も，神戸地裁洲本支部判決の結論を維持した上で，判断基準について，「易断によ

る鑑定料の支払又は祈祷その他の宗教的行為に付随して祈祷料の支払を求める行為は，その性格上，易断や祈祷の内容に合理性がないとか，成果が見られないなどの理由によって，直ちに違法となるものではない。しかしながら，それに伴う金銭要求が，相手方の窮迫，困惑等に乗じ，殊更にその不安，恐怖心を煽ったり，自分に特別な能力があるように装い，その旨信じさせるなどの不相当な方法で行われ，その結果，相手方の正常な判断が妨げられた状態で，過大な金員が支払われたような場合には，社会的に相当な範囲を逸脱した違法な行為として，不法行為が成立するというべきである。」と判断し，さらに，2度にわたって200万円を支払わせた行為について「本件鑑定1の際の控訴人の言動は，親族や健康上の多くの悩みを抱えて相談に訪れた被控訴人に対し，今年中に死ぬとか，水子が被控訴人の足にすがって泣いているとか，子どもが未亡人になるかもしれないなど，被控訴人にとって不吉な事実を次々と告げ，殊更に被控訴人の不安を煽った上で，控訴人が水子供養をすれば被控訴人やその子らに生じる害悪を取り除くことができるかのように装って被控訴人をしてその旨信じさせ，正常な判断が妨げられた状態で，鑑定料もしくは祈祷料名下に著しく高額の金員を支払わせたものであり，社会的に相当な範囲を逸脱した違法なものといわざるを得ない。また本件鑑定2における控訴人の言動についても，具体的な害悪の告知こそされていないものの，本件鑑定1の影響下から脱し切れていない被控訴人の，控訴人を信じたいという心情につけ込み，200万円という鑑定料としては著しく高額な金員を支払わせたものであって，これまた社会的に相当な範囲を逸脱した違法なものといわざるを得ない。」との判断を示しており，裁判所の判断の枠組みを知る上で参考となる。

(エ)　**違法性認定のポイント**

　手段の違法性・不当性を認定させる最大のポイントは，自由な意思決定が阻害されていたか否かであり，宗教性の秘匿，勧誘時における意図の秘匿，不安感・恐怖感を煽る言動，害悪の告知，虚偽の事実の告知，断定的判断の提供，即断・即決を迫る言動，被害者の窮迫・誤解に乗じる言動，優越的な地位の存在，畏怖・誤信させられた後の離脱困難性，等について，なるべく，教典，勧誘に用いられた資料，被害者が取ったノート等の資料を参照しつつ，丹念な聞き取りを行う必要がある。

　結果の違法性・不当性については，被勧誘者の資産状況（負債，破産歴）や，

第 10　宗教関係ビジネス（いわゆる霊感商法，易断等）　*439*

生活状況の把握が重要となる。献金や物品購入のために借金をしている場合，老後の生活資金等がなくなるまで献金している場合には，手段の違法性・不当性を推認させる有力な間接事実ともなる。

　㈺　**目的の違法性・不当性を裁判所に認定させることの重要性**

　上記した裁判例や後に紹介する裁判例もそうであるが，目的には言及せず，手段と結果のみに着目して判断する裁判例も多いが，目的の違法性・不当性を裁判所に認定させない限り，被害期間が長期間にわたり，献金や物品購入を多数回繰り返し，しかも，個々の献金や物品の購入がさほど高額とはいえない事案については，個別的な「脅し」等がなくても被害者は加害者から言われるがままに金銭を支払っていることが多く，被害救済が困難となるため，そもそも加害者の活動が組織的な金銭収奪に向けられていることの立証はとても重要であり，加害行為のシステム化，目的の違法性を基礎づけるノルマや組織的な指示の存在，加害者にとって唯一の勧誘手段であること等はその基礎づけ事実となる。マニュアル等の客観的な証拠の入手に努める等して，「目的」の違法性・不当性を認定させる努力をすべきである。他の類似事案を担当している弁護士との意見交換から，加害行為のシステム化に関する手がかりが得られることも少なくはない。

　いわゆる自己啓発セミナー被害の事案ではあるが，同様の目的・手段・結果という法律構成から違法性を立証した事案について，最初の勧誘時から一貫した加害意図を裁判所が認定した事案においては，数千円単位の被害についても認定されている（東京地判平成 19 年 2 月 26 日判時 1965 号 81 頁，同事件の控訴審東京高判平成 21 年 5 月 28 日判例集未登載，東京地判平成 21 年 12 月 25 日判例集未登載）。統一協会による献金，物品被害の事案について，「本件のように継続的に特定の宗教団体が関わった事案において違法か否かを評価するにあたっては，当該宗教団体の信者の個々の勧誘行為等が違法であるか否かを個別事情から判断するとともに，個々の勧誘行為だけをとらえれば，勧誘を受けた者の自由な意思決定が制約されたとはいえない場合であっても，それ以前に当該宗教団体の信者が不相当な方法により勧誘をしており，この影響が消滅していない状態で，勧誘を受けた者が一定の金員の出捐をしたときには，その者の自由な意思決定が不当に制約された状態で前記出捐等がされたといえ，当該信者の勧誘行為は，全体として違法の評価を受ける」（東京高判平成 23 年 11 月 16 日判例

集未登載）という判断も見られるところであり，「教え込み」のプロセスを丹念に明らかにすることにより，救済される被害の範囲を大幅に拡大することも可能である。

また，統一協会の事案について，布教の対象となる対象者が帰依するか否かを決断する前に，対象者について当該宗教の教義について，少なくともその概要を説明し，対象者が自由意思で帰依するか否かの選択をする機会を与えておくことが必要であるのにそうしていないことが結果的に対象者の信教の自由（信じるか否かの選択をする自由）を侵害したものであって，布教行為自体を違法行為と捉え，信者にさせられたこと自体を損害と捉え，信者となった後の金銭的な支出等について損害賠償請求を認めた裁判例もある（札幌地判平成26年3月24日判例集未登載）。

　㈎　その他の裁判例

　上記したもの以外に，不法行為責任が争われた裁判例としては，以下のようなものが挙げられる。

　霊感商法につき，統一協会に対し不法行為責任を認めたものとして，福岡地判平成6年5月27日判時1526号121頁，奈良地判平成9年4月16日判時1648号108頁，東京地判平成9年10月24日判時1638号107頁，東京高判平成10年9月22日判時1704号77頁（東京地裁平成9年判決の控訴審），大阪高判平成11年6月29日判タ1029号250頁（奈良地裁平成9年判決の控訴審），福岡地判平成11年12月16日判時1717号128頁，広島高判平成12年9月14日判時1755号93頁がある。上記奈良地裁平成9年判決は，民法709条の責任を認め，他は，使用者責任（同法715条）を認めている。

　長期信者の高額献金訴訟（正体を隠した入信勧誘等により信者となって10～20年等長期間信者として言われるがままに献金を続け，全てを失って何らかのきっかけで脱会した信者が，それまでの多額の献金について損害賠償を求めた訴訟）について，東京地判平成18年10月3日判タ1259号271頁，東京地判平成19年5月29日判タ1261号215頁，福岡地判平成22年3月11日消費者法ニュース85号306頁等。

　霊視商法につき，宗教法人に対し不法行為責任（同法715条）を認めたものとして，大阪地判平成10年2月27日判時1659号70頁がある。

　足裏診断をうたっていた法の華三法行に対し不法行為責任（同法709条）を

認めたものとして，福岡地判平成 12 年 4 月 28 日判タ 1028 号 254 頁，大阪地判平成 12 年 11 月 13 日判タ 1084 号 200 頁がある。

その他，不法行為責任を認容したものとして，神戸地判平成 7 年 7 月 25 日判時 1568 号 101 頁，東京地判平成 9 年 5 月 27 日判タ 942 号 267 頁，広島高判平成 10 年 9 月 22 日判タ 1002 号 211 頁，東京地判平成 12 年 9 月 27 日判タ 1050 号 145 頁，東京地判平成 26 年 3 月 26 日消費者法ニュース 101 号 338 頁，さいたま地判平成 26 年 2 月 24 日消費者法ニュース 101 号 335 頁（電話占いの事案）がある。

### ウ　消費者契約法による救済

事例 1・事例 2 のような事案については，勧誘に際して告知されている内容について，消費者契約法 4 条 1 項 1 号（不実告知）が存在するとして取消しの意思表示をすることも考えられる。あるいは，自宅や職場におしかけられたり，あるいは，鑑定会場からの退去を妨げられる等の事情がある場合には，消費者契約法 4 条 3 項を理由として取消しの意思表示をすることも考えられる。

### エ　特定商取引法による救済

平成 19 年 7 月 15 日，経済産業省は，祈祷等に関する相談が急増していることを受けて，特定商取引法の適用対象となる指定役務に占い後の祈祷サービスを追加した。それまで，占いは指定役務に指定されていたが，占い後に祈祷料名下に金銭を支払わせる行為は指定されていなかったため，被害拡大防止のために指定役務の追加が行われた。平成 21 年 12 月に指定商品・役務が廃止される法改正がなされた後も，当然，特定商取引法の規制対象となっている。

特定商取引法 2 条 1 項 1 号・2 号に該当する勧誘・契約の締結が行われている場合，法定書面受領後 8 日以内ならばいつでもクーリング・オフが可能となる。法定書面の交付がなされていない場合，書面に不備がある場合には，何時でもクーリング・オフが可能である。


### ⑵　破　　産

宗教被害についてだけいえることではないが，被害者を総体として救済し，あるいは，被害拡大を阻止するためにも，問題となっている団体に対する債権者破産の申立てを検討すべきである。宗教法人の破産は宗教法人法上の解散事由となる（宗教法人法 43 条 2 項 3 号）。

442　第2章　具体的トラブル事例と解決

### ⑶　宗教法人法に基づく解散命令

　宗教法人法81条1項は，裁判所の宗教法人に対する解散命令の制度を設けている。「法令に違反して，著しく公共の福祉を害すると明らかに認められる行為をしたこと」（同項1号）などが要件となる。これまでの適用例として，オウム真理教（東京地決平成7年10月30日判タ890号38頁，東京高決平成7年12月19日判タ894号43頁，最決平成8年1月30日民集50巻1号199頁），霊視商法の明覚寺（和歌山地決平成14年1月24日訟務月報48巻9号2154頁）がある。被害を受けた損害賠償債権者も，利害関係人として，管轄裁判所への請求の権利を有する。


### ⑷　行政処分

　宗教法人に対して，経済産業省が業務停止命令を発したケースも存在する。経済産業省は，宗教法人幸運乃光による易断・祈祷名目の金銭騙取行為について，特定商取引法の違反行為（①不実告知（特商法6条1項），②本件契約を締結させ，または本件契約の解除を妨げるための威迫・困惑（同法6条3項），③本件契約締結目的隠匿の上での，公衆の出入りする場所以外での勧誘（同法6条4項），④勧誘目的等の不明示（同法3条），⑤法定書面不交付（同法5条1項），⑥本件契約の解除によって生ずる債務の一部の履行の拒否（同法7条1項1号），⑦顧客の財産状況に照らした不適当勧誘（同法7条1項4号および同法施行規則7条3号））を認定し，同法8条1項の規定に基づき，平成20年3月26日付で，3カ月の業務停止命令を発している。なお，宗教法人幸運乃光による被害事案について，東京地裁は，「易断を行う者が，専ら相談者から財産的利益を得ることなどを目的としており，その目的を達成するために，相談者が悩みにより窮迫した状況等にあることに乗じて，不安や恐怖心をあおり，鑑定料・祈願料等名下に不相当に高額の金員の支払を求めこれを収受した場合には，これらの行為は，社会的相当性を逸脱するものとして，不法行為を構成する」と判示した上で，「被告幸運乃光は，短期間の研修によって，鑑定師を育成し，……マニュアルである修法要諦を身に付けさせていたところ，当該修法要諦には，相談者を不安や恐怖に陥れ，祈願へと導く方法が記載されていたこと，鑑定師は，被告幸運乃光の指示と管理に基づき，人生相談会を実施していたところ，これに伴う経費を自ら負担するとともに，売上げが低ければ鑑定師の身分を失うことさえあっ

たことから，自らの地位を守り，利益を上げる（黒字を出す）ためには，上記修法要諦に基づき，相談者を祈願へと導き，より多額の祈願料を取得するしか方法がなかったこと，被告幸運乃光は，組織的かつ計画的に，鑑定師をして，人生相談会を訪れた相談者を不安や恐怖に陥れる言辞を弄させることにより，祈願へと導き，相談者から不相当に高額の金員を祈願料名下に収奪することを目的として，人生相談会を実施していた」と認定し，慰謝料額を一部原告について減額した他は，全額の損害賠償を命じており（東京地判平成23年8月22日判例集未登載），実務上大いに参考になる。

被害者が多数存在する事案においては，被害拡大の阻止，民事訴訟を有利に運ぶ手段として行政庁への被害申告も検討されるべきである。

### (5) 刑事事件

刑事告訴，刑事告発は被害救済，被害防止のために極めて効果的なものであり，「宗教」であってもそれが法令違反の行為であれば，許容されないことを明らかにするためにも，積極的に刑事事件化を図るべきである。

自己の行う祈祷，鑑定などの行為に全く効能がないにもかかわらず，あるいは，霊能力等がないにもかかわらず，あたかもあるかのように偽った場合，詐欺罪となる（最決昭和31年11月20日民集10巻11号1542頁，名古屋地判平成8年6月18日判例集未登載，富山地判平成10年6月19日判タ980号278頁，名古屋地判平成11年7月19日判例集未登載，青森地判平成11年11月18日刑集57巻11号1092頁等）。特に，名古屋地判平成11年7月19日判例集未登載が「本件では，明覚寺所属の僧侶らが右認定のシステムに則って被害者らから『供養料』の拠出を求めた行為が詐欺罪に問われているのであるが，被害者らが『供養料』を拠出するに至る一連の過程では，『霊能』が重要な機能を果たしており，その『霊能』が如何なるものであったかが，詐欺罪の成否を判断する前提として大きな意味をもっている。」として，「霊能」がどんなものであったかを認定した上で，「しかしながら，本件において審理・判断の対象とされるべき『霊能』は，明覚寺における教養としての『霊能』の如何ではなく，」，「本件において明覚寺が『ちらし』で現に標榜し，明覚寺所属の僧侶である実行行為者が満願寺を訪れた被害者らに対して実際に告げていた『霊能』が如何なるものであったか」が問題となるとしている点が大いに参考になる。すなわち，「実行

444 第2章 具体的トラブル事例と解決

行為者が被害者らに告げていた『霊能』は，弁護人らが主張するような『加持力』といった抽象的・観念的な教養のレベルのものではなく，相談者ら個々の具体的な悩みごとの『根源』を個別的に鑑定・識別して具体的に特定したうえで，その具体的な悩みごとを『供養』により解決することができる能力を意味していたものと認められる。」とし，「以上に認定した『鬼業即知法』ないし『鬼業鑑定』の実態，『入信面談』において，実行行為者らが被害者らに『霊能』により鑑定したとして特定・指摘した『霊障』を導くに至った経緯の実情，実行行為者らが受けた研修等の実態，『相承之事』授与の実情等は，『霊能』がなかったことを認める実行行為者らの供述が真実であることを十分に裏付けている。実行行為者らには，『霊能』はなかったことは明らかである。」として詐欺罪の成立を認めている点であり，教義上云々という想定される弁解を喝破する上で大いに参考となる。同様に，「私には特別な力があると信じていた」という弁解を論破する上で参考となるのは，東京地判平成17年7月15日判時1933号131頁であり，法の華三法行の幹部信者の「天声を信じ被告人Aは天行力を送ることのできる特別な人間と信じていたのだから詐欺の故意も共謀もなかった」という主張について，「『天声』であれば詐欺等の社会規範から逸脱する事柄であっても，教団幹部として，従順に遂行してきたのであって……それがいかに信仰を背景とするものであろうと，社会規範による規制を受けるのは当然である。また，それ以前に，Bは，一方で，教団は歴とした宗教であり，修行は確実に病気を治したり問題を解決するものではないと考えていたにもかかわらず，他方で，本件各犯行においては，教団の宗教性を殊更に秘匿し，判示のとおり，そのような考えとは全く異なる欺罔文言が申し向けられている実態を十分に認識し，時に自らも面談フォローの際には欺罔文言を申し向けて修行参加を勧誘したり，新人天仕らに宗教性の秘匿方法や虚偽体験談の指導までしていたのであって，たとえ被告人Aの天声，天行力あるいは教団の教義を信じていたとしても，その教義等の理解とは異なる言動を見れば，詐欺罪の犯意に欠けるところは何らないというべきである。」と述べて否定している。

　また，統一協会（世界基督教統一神霊協会）の信者2人が被害者の主婦に対し，堕ろした子や病死した夫が成仏できずに苦しんでいると言って脅して1,200万円を献金させた事案について，恐喝罪で懲役2年6月（執行猶予5年）

の判決が言い渡されている（青森地判昭和59年1月12日判例集未登載）。

平成19年11月以来，統一協会信者が組織的に行っている霊感商法の手口による印鑑，数珠等の販売行為に対する，特定商取引法違反（同法6条3項・威迫・困惑行為の禁止，同法70条「3年以下の懲役又は3百万円以下の罰金に処し，又はこれを併科する」（平成21年12月1日改正法施行以前は「2年以下の懲役又は3百万円以下の罰金に処し，又はこれを併科する」））を理由とする摘発が続いており，平成19年秋以降，3年間で10件約40名の信者が摘発され，刑事処分の対象となっている。平成21年11月10日には，東京地方裁判所において，統一協会との関係を認定した上で，印鑑販売会社「新世」の代表者に対し，懲役2年（執行猶予4年），罰金300万円，同社の取締役に対し，懲役1年6月（執行猶予4年），罰金200万円の懲役刑と罰金刑を併科する判決も言い渡されている（消費者法ニュース83号289頁）。

また，高麗人参液をガンに効くなどと言って売る行為について，薬事法違反での捜査が行われたこともある。

本来であれば，特定商取引法違反ではなく，詐欺罪，組織的詐欺罪による摘発がなされるべき事案も多く，積極的に刑事告訴や被害届の提出を検討すべき分野である。

## 4 受任，相談に際しての注意点

(1) 相談に来る被害者自身，自分自身が被害に遭ったという事実を受け止め切れていないことも多いし，加害者，加害者の説く教義等について疑問を抱きつつも，その教義等から離れることについて不安な心理状態にあることも多い。今まで，絶対的な真実，真理であると信じていた「信仰」を離れたのであるから，不安定になるのは当然であり，突然，フラッシュバックのように不安感，恐怖感に捉われることも多い。特に，信者歴の長い被害者について言えることであるが，「信じる」という行為は，情緒的な決定であり，理性的な決定ではないことを十分に理解する必要がある。被害者について非合理的，迷信的等と批判する言動は慎まなくてはならない。被害の前提となっているのは，「教団は正しい。教祖は正しい。教義は正しい。」と思い込まされていることにあるが，「教団は正しい。教祖は正しい。教義は正しい。」については，いわゆる二世信者以外では，元々存在しなかった筈であるから，どのようにして，

「教団は正しい。教祖は正しい。教義は正しい。」という前提が教え込まれていったのかを丹念に聴き取る必要がある。聴き取りは，時系列表を作りながら，客観的な事実関係を丹念に固めて行くべきである。教団内や集団内で通用する「専門用語」は日常用語とは大幅に違う場合も多いので，注意が必要である。加害者や教義等について過度に批判したりすることは避け，被害者自身が被害に遭ったという事実を受け止め，納得しない限り，事件処理は順調には進まないことを念頭におく必要がある。

　(2)　事件の内容によっては，リスク分散の観点から，単独で受任するのではなく，複数の弁護士で事件を担当すべき事案も多い。全国霊感商法対策弁護士連絡会（https://www.stopreikan.com/，TEL：03-3358-6179）は，統一協会による霊感商法の事件だけではなく，宗教被害の問題に取り組む弁護士のネットワークであり，全国霊感商法対策弁護士連絡会に支援を求めることを考えてもよい。全国霊感商法対策弁護士連絡会は，牧師等の宗教関係者やカウンセラー，被害者の会等，弁護士以外の専門家や団体とも交流があるため，そのネットワークを活用することが役に立つ場合もある。日本脱カルト協会（JSCPR，http://www.jscpr.org，Email：info@jscpr.org／FAX：03-5539-4879）は，1995年11月にオウム事件の強制捜査をきっかけとして設立され，破壊的カルトの諸問題，カルトに関わる個人および家族へのカウンセリング経験についての交流およびカルト予防策や社会復帰策等の研究をおこない，その成果を発展・普及させることを目的とした任意団体であり，相談機関ではないが，情報提供をしたり，同会のメンバーが相談に応じたりもしており，情報源として役に立つ。

　(3)　宗教被害の事案の場合には，相談が本人ではなく，家族や知人等からの場合も多い。被害者である本人が被害に遭っていると自覚していない，すなわち，加害者のことを信じている，あるいは，加害者の説く教義等を現に信奉していることも多い。このような場合，被害者自身が被害に気がつく，あるいは，脱会しない限り，損害賠償請求等の法的な対応を取ることは難しい。このような場合には，当該宗教に関する問題に詳しい牧師等の宗教関係者，カウンセラー等に相談することが考えられる。あるいは，被害者の会，被害者家族等に参加し，当該教団に家族等が入信した経験を持つ他の者と経験や情報を共有し，脱会に向けた働きかけの手法等を検討することも考えられる。

## 【参考文献】

・日本弁護士連合会「反社会的な宗教的活動にかかわる消費者被害等の救済の指針」（平成 11 年 3 月 26 日，https://www.nichibenren.or.jp/library/ja/opinion/report/data/1999_13_1.pdf）

・山口広＝滝本太郎＝紀藤正樹『Q & A 宗教トラブル 110 番〔第 3 版〕』（民事法研究会，2015 年）

・紀藤正樹『マインド・コントロール』（アスコム，2012 年）

・消費者法ニュース別冊『宗教トラブル特集号』（2003 年 9 月）

・日本脱カルト協会編『カルトからの脱会と回復のための手引き〔改訂版〕』（遠見書房，2014 年）

・日本弁護士連合会消費者問題対策委員会編『宗教トラブルの予防・救済の手引―宗教的活動にかかわる人権侵害についての判断基準』（教育史料出版会，1999 年）

・日本弁護士連合会消費者問題対策委員会編『宗教トラブルはいま―判例と報道から見えてくるもの』（教育史料出版会，2003 年）

448　第2章　具体的トラブル事例と解決

# 第 *11* ‖ 副業，内職，マルチ

## 1 マルチ商法

---
**事例1**

　Aは，SNS上で実業家を名乗るBと知り合い，「海外の旅行会社X社が運営している旅行クラブがある。会員登録すると，海外のホテルを格安で利用できる。登録費用10万円と月会費5万円が掛かるが，他の人を紹介するとX社から紹介料10万円をもらえる。」と勧誘を受けた。Aは，安い費用で旅行ができる上に，人を紹介すれば元が取れると考えたので，登録することにした。Aは，指定されたサイトにアクセスして会員登録し，登録費用等15万円をクレジットカードで決済した。その際，Aは契約書面を受け取っていない。

　1カ月後，Aは，友人を勧誘したが上手くいかず，簡単に儲けることができない上に，月会費を払い続けることができないと考えた。そこで，Aは，X社との契約を解消したいと考えた。

---
**事例2**

　Cは，友人Dから，「儲かる投資話がある。自分の知り合いが説明するので，喫茶店に来てほしい。」と言われた。指定された喫茶店に行くと，勧誘者Eがおり，「1口100万円で投資すると，Y社から3カ月ごとに9万円の配当を受け取ることができ，1年後には元本の償還を受けることができる。また，他の人を紹介したり，自分が紹介した人が更に他の人を紹介した場合は，その人の投資額の10％がボーナスとしてもらえる。実際に，Dは，自身が紹介した人が他の人を紹介することで，数百万の利益を得ている。」と勧誘された。Cは，Eから契約書面の提供を受けた上で，指定された口座に100万円を振り込んだ。なお，契約書面の「紹介者」欄には，Dの名前が記載されていた。

　それから1カ月後，Y社が数年前から自転車操業の状態であったことが

第 11　副業，内職，マルチ　　449

ニュース報道された。そのため，Cは，Y社との契約を解消したいと考えた。それに加えて，Cは，自身を騙したDやEの責任も追及したいと考えている。

---
**事例3**

　Fは，友人Gから，「ためになる話がある。」と言われて，喫茶店に呼び出され，「Z社の投資用教材のDVDがあって，これで勉強して投資をすれば，絶対に大きな利益を得ることができる。自分もこのDVDで勉強してFX取引をしたが利益を得られた。」などと勧誘を受けた。Fは友人Gからの話であり，しかも，絶対に大きな利益が得られるということだったので，Gが持参していたクレジット契約書に署名捺印をし，クレジットを組んでDVD30万円の購入契約をZ社との間で締結した。Fは，Gから契約書面の交付を受けた。

　Fは購入したDVDを見てFX取引をしたが，利益は得られず，DVDは全く役に立たなかった。そのことを友人Gに相談したところ，Gから，「このDVDを人に紹介して契約に至った場合には10万円の紹介料がもらえる。また，契約数が多くなれば，組織内での地位が上がっていく。」などと説明された。

　Fは友人Gが紹介料欲しさのために自分を勧誘したことが分かったので，この取引自体をやめたい。

---

## 1　「マルチ商法」とは

### (1)　「マルチ商法」とは

　「マルチ商法」とは，アメリカの「マルチ・レベル・マーケティング・システム」あるいは「マルチ・レベル・マーケティング・プラン」という商法が1960年代にわが国に入ってきて広まり，その略称が呼称として定着したものであり，法律上の用語ではない。典型的には，販売組織に加盟して販売員になった者に販売活動をさせ，その下にピラミッド状に販売組織を作ることによって利益が得られるような仕組みのビジネスのことをいう。販売員は配下の

加入者を増やすことが必要となるが，加入させることで利益（「リクルート利益」）を得ることとなり，その利益が大きいことを強調されて勧誘される商法である。

なお，上記のピラミッド状の組織（「ピラミッド型」などと呼ばれる）とはやや異なり，化粧品・健康食品・洗剤などの消耗品を販売する組織で，これらの消耗品の反復売買による小売マージンが大きいものの，その他にリクルート利益が得られる形態の商法（「リピート型」などと呼ばれる）があるが，後述のとおり，通常，特商法の「連鎖販売取引」に該当するため，この商法も「マルチ商法」の一つに分類されることが多い。

マルチ商法の被害は，若者を中心に多く見られ，20歳代の被害は他の年齢層に比べて突出して多い。最近では，従来から多くみられる健康食品や化粧品に加え，投資用DVD教材の被害（事例3）が目立っている。また，海外事業者を相手方とするトラブル（事例1）や，SNSをきっかけとしてトラブルに巻き込まれるケース（事例1）が多くみられるようになっている（「平成29年度版消費者白書」153〜154頁）。


⑵　「ねずみ講」との関係

前記のピラミッド型のマルチ商法に類似したシステムとして「ねずみ講」がある。「ねずみ講」とは，金品を払う参加者が無限に増加することを前提として，先に加入した会員が，少なくとも2倍以上の倍率で増加する後から加入した会員が出捐する金品によって，当初の出捐額を超える金員を受け取れる仕組みになっている金融組織をいう。

無限に会員が増加することはあり得ず，破綻必至であることから「ねずみ講」は「無限連鎖講の防止に関する法律」によって全面的に禁止され，同法に違反すると刑事罰が科される。

「ねずみ講」は「マルチ商法」と異なり商品の販売や役務の提供を介在せず，金品の配当組織そのものである点が指摘されるが，「マルチ商法」と称して商品の販売等を介在させていても，実質的に金品の配当組織であり無限連鎖講防止法の要件に該当すれば，同法違反となる。

## 2 「マルチ商法」の問題点

「マルチ商法」は，商品を介在させているものの，販売員を勧誘して増加し続けることを前提としており，「ねずみ講」と同様に破綻必至である。破綻するまでに，上位会員は下位会員が拠出する資金によって大きな利益を上げ，一方，下位会員は説明を受けていたような利益を得られないどころか，大きな損害を抱えてしまい，途方に暮れるという状況となる。被害者は多数に及び，大きな社会問題となることもしばしばである。

また，新たな参加者を勧誘して利益を得ることが「マルチ商法」の特徴的な手法であるので，新たな参加者を勧誘するために強引な手法が行われることとなる。しかも，勧誘は知人・友人・家族など親しい人に対して行われるため，友人や家族との信頼関係が失われることになる。

## 3 解決のポイント

### (1) 法規制の概説

**ア** 「マルチ商法」については，特商法が「連鎖販売取引」と定義して規制している（特商法 33 条以下）。

「ねずみ講」（無限連鎖講）が無限連鎖講防止法によって全面禁止になっているのに対し，「マルチ商法」は特商法を遵守さえすれば行えることになっているが，非常に厳しい規制が課されており，この規制を遵守して取引を展開することは極めて困難である[1]。業者の中には「特定商取引法で認められた商法」「経済産業省に認められた商法」などとして勧誘するものも見られるが，同法は個別の商法にお墨付きを与えるわけではないから，このような勧誘は後述の不実告知に該当する。

**イ** 一般社会で「マルチ商法」と呼ばれるような商法でも，特商法の「連鎖販売取引」の要件に該当しなければ同法の規制がかからず，「マルチまがい商法」などと呼ばれてきたが，同法の定義要件は脱法行為を取り込む方向で拡大

---

1) 産業構造審議会流通部会の昭和 49 年 12 月の答申「特殊販売の適正化について」では，「マルチ商法」については，実質的に禁止措置を講ずることが必要であるが，その具体的措置として，一方でその損害を被ることのないよう予防措置を講じるとともに事後的な救済策も十分用意されなければならないこと，としていた。

されてきたため，現在は「マルチ商法」的な商法で同法の規制がかからない取引はほとんど想定できない状況となっている。

ウ　一方，前記1(1)の「リピート型」は，2人以上の勧誘を前提とする典型的な「マルチ商法」(「ピラミッド型」)ではないが，「連鎖販売取引」の定義要件に該当すれば特商法の規制がなされる。

エ　「マルチ商法」は，特商法以外にも，前述の無限連鎖講防止法のほか，出資法，金融商品取引法，特定商品預託法などの法律に違反している場合が少なくないので，その点も注意が必要である。


### (2)　特商法による規制

特商法による「連鎖販売取引」についての法規制が，「マルチ商法」被害の救済について最も直接的であるので，同法の規制を概観する。

#### ア　特商法の規制における注意点

(ア)　まず，特商法の連鎖販売取引の規制対象は，消費者契約に限られず，事業者間契約や営業のための契約も含まれる。

(イ)　次に，特商法は，連鎖販売取引事業者の行っている事業全体を連鎖販売取引として規制しているのではない。連鎖販売取引事業者の個々の取引内容について，後述の要件に当たるか否かが個別に判断され，該当すれば規制がなされる。

(ウ)　さらに，指定商品制を取っていないとともに適用除外もないので，全ての商品・権利・役務が対象となりうる（ただし，不動産は対象外）（後記イ(イ)参照）。

#### イ　「連鎖販売業」「連鎖販売取引」の定義

(ア)　「連鎖販売業」とは，「物品の販売（そのあっせんを含む）または有償で行う役務の提供（そのあっせんを含む）の事業」であって「連鎖販売取引」をするものをいう。

そして「連鎖販売取引」とは，以下の要件にあたる取引である（特商法33条1項）。

【商品販売の場合】

① ａ）商品を再販売する者を／ｂ）受託販売する者を／ｃ）販売のあっせんをする者を

② 特定利益を収受しうることをもって誘引し

③ その者と特定負担を伴う

④ 商品の販売または商品の販売のあっせんに係る

⑤ 取引をするもの（取引条件の変更を含む）

【役務提供の場合】

① a) 同種役務を提供する者を／b) 役務提供をあっせんする者を

② 特定利益を収受しうることをもって誘引し

③ その者と特定負担を伴う

④ 役務の提供または役務の提供のあっせんに係る

⑤ 取引をするもの（取引条件の変更を含む）

(イ) ここでいう「商品」は,「物品」および「施設を利用し又は役務の提供を受ける権利」を指す。「物品」という用語が使われているところから不動産は対象に含まれないが,指定商品・権利・役務制をとっておらず,適用除外もないので,広く商品・権利・役務の取引が対象となる。なお,特商法33条1項が「物品（施設を利用し又は役務提供を受ける権利を含む。）」と規定していることから,連鎖販売取引の目的となる「物品」には,「施設を利用し又は役務の提供を受ける権利」以外の権利（例.出資して配当を得る権利）は含まれないという解釈が導かれる（この点については,「施設を利用し又は役務提供を受ける権利」は例示に過ぎず,その他の権利も含まれるという見解がある（齋藤雅弘＝池本誠司＝石戸谷豊『特定商取引法ハンドブック〔第6版〕』（日本評論社,2019年）499頁））。

(ウ) 商品の再販売・受託販売・販売あっせんをする者や,役務についての同種役務提供者・あっせん者とは,要するに連鎖販売取引への参加者・加入者である。

(エ) 「特定利益」とは,「その商品の再販売,受託販売,販売のあっせん,同種役務の提供,その役務の提供のあっせんをする他の者が提供する取引料その他の省令に定める利益の全部または一部」と定義されるが（特商法33条1項）,ここでいう「他の者」とは組織の他の加盟者のことで,①現に加盟している者のほか,②加盟しようとする者も含む。

省令では以下の3種が定められている（例示は「特定商取引に関する法律等の施行について」（平成29年11月1日）。以下「通達」）。

454　第2章　具体的トラブル事例と解決

① 他の者が提供する取引料によって生じるもの（特商法施行規則24条1号）

=「あなたが勧誘して組織に加入する人の提供する取引料の○○％があなたのものになる。」

② 他の者に対する販売や役務提供により生じるもの（同条2号）

=「あなたが勧誘して組織に加入する人が購入する商品の代金（提供を受ける役務の対価）の○○％があなたのものになる。」

③ 他の者が取引料の提供などを行う場合に，当該他の者以外が提供する金品により生じるもの（同条3号）

=「あなたが勧誘して組織に加入する人があれば統括者から一定の金銭がもらえる。」

要するに新規参加者や下位の参加者の支払う金品が参加者に分配されるものをいい，自己消費の場合（単に割引購入できる場合）や小売利益（一般消費者に販売して得る利益）は含まれない。つまり，組織の内部の者（組織に加盟しようとする者を含む）が提供する金銭が「特定利益」の源泉となる仕組みなので，結局，特定利益を得るためには，新規加盟者を増やし，組織を拡大しつづけなければならないことになる。

(オ)　「特定負担」とは，「その商品の購入もしくは役務の対価の支払いまたは取引料の提供」と定義されるもので，参加者が組織に加入するため，あるいは昇格などの取引条件変更のために行われるあらゆる金銭的負担のことである。

**ウ　連鎖販売取引における規制対象者**

特商法によって規制の対象となる者は下記の四者である。

(ア)　**連鎖販売業を行う者**

組織の本部（統括者）または組織の側に立って連鎖販売取引を行う者である（特商法33条2項参照）。

(イ)　**統 括 者**

連鎖販売業にかかる商品に自己の商標を付したり，経営を行うなど「一連の連鎖販売業を実質的に統括する者」である（特商法33条2項）。

いわゆる「本部」としての法人などがこれにあたる。

(ウ)　**勧 誘 者**

統括者がその統括する一連の連鎖販売業に係る連鎖販売取引について勧誘を行わせている者である（特商法33条の2）。

例えば，本部から委託を受けて，説明会等で専ら勧誘を行う者（例えば，各地域で説明会を主催する地域代理店の地位にいる者）である。

会員Aが他の会員Bを探してきて本部に紹介し，本部が会員Bと契約するというような形態の場合には，本部が当該会員Aに勧誘を行わせているものと解されることから，当該会員Aは「勧誘者」に該当する（通達）。

#### ㈑　一般連鎖販売業者

連鎖販売業を行う者のうち，統括者と勧誘者以外の者をいう（特商法33条の2）。

### エ　連鎖販売取引において保護される者＝無店舗個人

連鎖販売取引の相手方（要するに参加者）に定義上の制限はないが，特商法上，無店舗個人（「店舗等によらないで行う個人」（特商法34条など））のみを保護の対象とする規定も多い。

後述オの行為規制の多く（同法34条・37条・38条）や書面交付義務，クーリング・オフ，中途解約，取消権などは，無店舗個人相手に限定されている。

### オ　行政規制の内容

連鎖販売取引について，特商法は厳しい規制を行っている。

氏名目的明示義務（特商法33条の2），不実告知・事実不告知禁止（同法34条1項・2項），威迫困惑行為禁止（同条3項），公衆の出入する場所以外での勧誘禁止（同条4項），広告規制（同法35条〜36条の4），書面交付義務（同法37条），債務履行拒否の禁止（同法38条1項1号），断定的判断の提供の禁止（同項2号）などである。規制に反すると指示や業務停止の行政処分がなされるが，統括者・勧誘者・一般連鎖販売業者によって内容が区別されているほか，勧誘者が一定の禁止行為を行った場合に，統括者が連座して行政処分される制度がとられている（同法38条・39条）。

### カ　民事ルール

特商法に定められた民事ルールは下記のとおりであり，被害回復のために直接的に利用されることとなる。

#### ㈠　クーリング・オフ

クーリング・オフ（特商法40条）の詳細については，第1章第3「②　クーリング・オフ」を参照されたい。なお，連鎖販売取引については，以下の点を付言しておく。

まず，再販売をする商品（＝権利を除く）の最初の引渡しを受けた日が契約

書面受領日の後の場合は，引渡日から起算するという例外が設けられている（同法40条1項・2番目の括弧書）。

次に，クーリング・オフの効力に関しては，訪問販売のような規定がないので一般法理に従うことになる。すなわち，解除されると連鎖販売業者・参加者ともに原状回復義務を負う。その際，参加者が得た特定利益は，参加者の新規勧誘行為等を原因として発生しており，連鎖販売取引とは別個の委任契約に基づき発生した利益であるとして，解除の将来効（民法652条・620条）に基づき返還義務がないとされている（大阪地判平成22年12月2日判タ1350号217頁）。なお，連鎖販売契約を締結する者とその連鎖販売取引に伴う特定負担についての契約を締結する者が異なる場合（特商法37条1項括弧書）は，特定負担についての契約の締結を行った者が，既に受け取った商品代金，役務の対価又は取引料を返還しなければならない。

　㈡　**中途解約権**

上記のクーリング・オフ期間経過後は，中途解約権を行使できる（特商法40条の2）。その詳細については，第1章第3「③　取消し・解除」を参照されたい。

　㈢　**取　消　権**

統括者・勧誘者が不実告知や事実不告知をし，それによって無店舗個人の参加者（「連鎖販売加入者」）が誤認して契約の意思表示をした場合，契約者は契約の取消しができる（特商法40条の3第1項）。一般連鎖販売業者による不実告知も同様である（同項）。

詳細については，第1章第3「③　取消し・解除」を参照されたい。

## ⑶　クレジット契約の処理

連鎖販売契約が特商法上のクーリング・オフ等により解除または取消しになった場合，クレジット契約の処理方法については，第1章第4「①　割販法の概要とクレジット契約の仕組み」を参照されたい。

## ⑷　その他の法律による解決

### ア　消費者契約法

不実告知，断定的判断の提供，又は退去妨害等が行われた場合は，消費者契

約法上の取消し（消費者契約法4条・5条）の可否を検討することになる。詳細については、第1章第2「2　消費者契約の取消し」を参照されたい。なお、消費者契約法の適用については、連鎖販売取引の契約者は個人であっても「事業として又は事業のために」契約を締結しているのではないかが問題になるが、連鎖販売取引の末端の被勧誘者は事業者と評価できないし、また末端でなくても相手方との間に情報の質・量及び交渉力の格差が大きく、社会通念上それが事業の遂行と見られる程度にあるとは言い難い場合はやはり事業者に当たらないというべきである（日本弁護士連合会消費者問題対策委員会編『コンメンタール消費者契約法〔第2版増補版〕』（商事法務、2015年）39頁）（ただし、当該連鎖販売取引のために店舗の一部を改装した個人について、消費者性を否定した判例がある（前掲大阪地判平成22年12月2日））。

### イ　不法行為・公序良俗違反

「マルチ商法」やねずみ講については、破綻必至の商法であったり、その勧誘の欺瞞性などから違法性が認められ、統括者・勧誘者・連鎖販売事業者などに対して不法行為責任が成立しうる（民法709条）。

また、マルチ商法に関する契約が公序良俗違反により無効（同法90条）となる場合もある。

以前から不法行為責任や公序良俗違反が認められた裁判例は多い（前掲『特定商取引法ハンドブック〔第6版〕』540頁以下）。

近時の裁判例として、①健康食品の販売を仮装して会員に利益を分配する取引システムが実質的には無限連鎖講にあたり、強度の反社会性を有して公序良俗に違反するとされ、販売会社の破産管財人による幹部会員らに対する配当金等について不当利得返還請求が認められた事例（八葉物流破産管財事件、東京地判平成18年5月23日判時1937号102頁）、②実質的にはいわゆるねずみ講にあたる取引について、契約自体を公序良俗に反する違法な取引として、契約金を支払った被害者らの、会社、代表者及び契約勧誘員に対する共同不法行為に基づく損害賠償請求が認められた事例（アースウォーカー事件、さいたま地判平成18年7月19日裁判所ウェブサイト）、③充電器の連鎖販売取引について、収益（インセンティブ等）の見込みがないのに勧誘したとして、会社に対する共同不法行為に基づく損害賠償請求が認められた事例（メディアクロス事件、大阪地判平成21年12月25日消費者法ニュース83号226頁）、④フェリーが就航する確実

458 第2章 具体的トラブル事例と解決

な状況になかったのに，確実に就航する，代理店になれば就航後何もしなくて
も利益配分を受けることができる等と喧伝するマルチ商法を行った会社及びそ
の役員に対して共同不法行為に基づく損害賠償請求が認められた事例（東京地
判平成24年8月28日消費者法ニュース94号139号）などがある。

　いわゆる後出しマルチ（商品の購入に係る勧誘時点では，別の人に商品を紹介し
て購入させる（又は，連鎖販売組織に加入させる）ことで儲けられることを告げず
に，商品購入後にその旨を告げるマルチ勧誘方法）の事例に関して，FXソフト等
には勧誘内容に見合う実体がないにもかかわらず，そのような事実を告げずに
勧誘し契約締結に至らせたことは，社会的相当性を欠く違法なものとして損害
賠償請求を認めた事例がある（学生マルチ（後出しマルチ）事件，大阪地判平成
26年9月19日消費者法ニュース102号323頁，なお，後出しマルチ案件で詐欺・不
法行為とするものとして，東京地判平成28年11月10日ウエストロー・ジャパン）。

## 4　設問に対する回答

### ⑴　事例1

### ア　準拠法

　X社は海外の事業者であるが，当事者間で準拠法が選択されていない。し
たがって，法の適用に関する通則法（以下「通則法」という）11条2項・5項
により，日本法が適用される（詳細については，第1章「第11　国際的取引」参
照）。

### イ　特商法上の手段

　リゾート会員権という「施設を利用する権利」の販売をあっせんする者（＝
A）を，紹介料という「特定利益」を収受しうることをもって誘引し，Aは登
録費用・月会費という「特定負担」を伴っているため，「連鎖販売取引」に該
当する。

　そして，Aは，契約書面（特商法37条2項）の交付を受けていないため，
クーリング・オフ期間は進行しない。したがって，契約から20日間経過後で
あっても，クーリング・オフが可能である（前記3⑵カ㋐参照）。

### ウ　クレジット契約の処理（前記3⑶参照）

　Aはクレジットカードで決済しており，包括的クレジットを利用している。
したがって，個別クレジットの場合と異なり，割販法上のクーリング・オフ

（割販法35条の3の13）を行使できない。

　Aは，クレジット会社に対し，未払分については抗弁（A・X社間の契約のクーリング・オフ）の対抗（同法30条の4）により，請求を拒否することになる。

　また，既払分については，クレジット会社に対し，チャージバック（クレジット会社が販売店（X社）に対し，カード売上代金の返還を求めること）を要請することになる。

## ⑵　事　例　2
### ア　特商法上の手段

　Y社は，「出資を受けて資金を運用し，収益を配当する役務の提供」を行っているから，Cは，Y社と新規参加者との間の「役務の提供をあっせんする者」である。Y社は，ボーナスという「特定利益」を収受し得ることをもってCを誘引し，Cは，100万円の出資という「特定負担」を伴っているから，「連鎖販売取引」に該当する。

　Cは契約書面（特商法37条2項）の交付を受けており，交付時から20日間以上経過しているため，原則としてクーリング・オフできない。もっとも，契約書面の記載に不備がある場合は，クーリング・オフ期間が進行しないため，クーリング・オフが可能である（前記3⑵カ㈠参照）。クーリング・オフをした場合，Cは，X社に対して，支払った100万円の返還を請求できる。

　仮にクーリング・オフができない場合でも，本件では中途解約（同法40条の2第1項）が可能である（前記3⑵カ㈡参照）。中途解約した場合，契約が将来に向かって無効になるとともに，Y社側からの損害賠償請求の額が制限される（同法40条の2第3項）。

### イ　民法上の手段
#### ㈠　Y社に対する責任追及

　Y社の勧誘手法は，新規加入者の拠出金を原資として高配当を支払い，新規加入者が無限に増加しなければ破綻必至のものであるから，ねずみ講類似の要件を備えている。したがって，CとY社との間の契約は，公序良俗（民法90条）に違反して無効である（東京地判平成27年3月30日ウエストロー・ジャパン（以下「L&G判決」という）参照）。

460 第2章 具体的トラブル事例と解決

そこで，Ｃは，Ｙ社に対して，出資金の不当利得返還請求（民法703条）または不法行為に基づく損害賠償請求（同法709条）をすることになる。

### (イ) Ｅ（直接の勧誘者）に対する責任追及

Ｅに対する責任追及としては，不法行為に基づく損害賠償請求（民法709条）が考えられる。

ここで特に問題となるのは，Ｅの故意・過失の有無である。Ｙ社の事業は，年利36％（3カ月ごとに9％）という通常ありえない高配当であったから，Ｅは，いずれ同社の事業が破綻する可能性を認識できたといえる。したがって，少なくともＥに過失が認められるから，Ｃは，Ｅに対して，不法行為に基づく損害賠償を請求しうる。

### (ウ) Ｄ（間接の勧誘者）に対する責任追及

Ｄに対する責任追及についても，不法行為に基づく損害賠償請求が考えられる。

Ｄは，Ｃを直接勧誘したわけではない。しかしながら，Ｄは，契約書面において自身を「紹介者」とすることで，Ｅを介して自身が紹介者としてのボーナスを受けることを明示又は黙示に承諾しており，勧誘行為をＥに委託していたと評価できる（L&G判決参照）。したがって，ＤがＣを直接勧誘したと評価できる。

また，Ｄの故意・過失の点については，Ｅの場合と同様，いずれ同社の事業が破綻する可能性を認識できたといえるから，少なくとも過失が認められる。

よって，Ｃは，Ｄに対し，不法行為に基づく損害賠償（民法709条）を請求しうる（L&G判決参照）。


### (3) 事 例 3

### ア 「連鎖販売取引」に該当しないこと

本事例は，いわゆる「後出しマルチ」（前記3(4)イ参照）である。すなわち，Ｆは投資用教材のDVD購入に係る勧誘時点では，当該DVDを別の人に紹介して購入させると紹介料として10万円がもらえること（特定利益）を告げられていないため，「特定利益を収受しうることをもって誘引」されたという要件には該当しない。したがって，「連鎖販売取引」には該当しない。もっとも，Ｆが契約の申込み・締結をしたのが喫茶店であることから訪問販売に該当する

ので，同取引によるクーリング・オフや取消権を検討する必要がある。

### イ　特商法上の手段

本件契約の締結は，喫茶店という「営業所等以外の場所」において行われているため，「訪問販売」（特商法2条1項）に該当する。

Fは契約書面（同法5条）の交付を受けているため，交付時から8日間以上経過している場合，原則としてクーリング・オフ（同法9条1項）ができない。もっとも，契約書面の記載に不備がある場合は，クーリング・オフ期間が進行しないため，クーリング・オフが可能である。

また，「これ（DVD）で勉強して投資すれば，絶対に大きな利益を得ることができる」との説明は，不実告知に該当する。したがって，取消し（同法9条1項）が可能である。

### ウ　消費者契約法・民法上の手段

「これ（DVD）で勉強して投資すれば，絶対に大きな利益を得ることができる」との断定的判断の提供が行われているため，消費者契約法4条1項2号に基づく取消しが可能である（前記3⑷ア参照）。

また，勧誘内容（勉強して投資すれば利益を得られる）に見合う実態がDVDに無く，その事実をFが知りながら勧誘した事実があれば，不法行為責任が成立する可能性がある（前記3⑷イ参照）。

### エ　クレジット契約の処理（前記3⑶参照）

本件では個別クレジットを利用しているため，クレジット契約自体のクーリング・オフ及び取消しが可能である（割販法35条の3の10）。また，クレジット会社に対し，クーリング・オフや取消し等の抗弁を対抗することも可能である（同法30条の4）。

## 5　相談を受ける際の注意点

### ⑴　被害者が加害者となってしまう可能性

マルチ商法の特徴として，被害者が加害者になってしまうという点が挙げられる。

被害者もいったん，組織に入って他の者を勧誘すれば，特商法上の「勧誘者」や「一般連鎖販売業者」となるのであり，行為規制の対象となり，また広告の表示義務違反・誇大広告・不実告知・威迫困惑勧誘・公衆の出入りする場

所以外での勧誘などについては刑事罰の対象にもなる。

マルチ商法を継続している相談者にはこのような危険性を十分指摘し，直ちにその商法から離脱するよう説得すべきである。

### (2) 家族からの相談

マルチ商法に入り込んでしまった者の家族からの相談も多い。本人はその組織を完全に信じ込んでしまい，被害と認識していない場合などである。

本人から依頼を受けなければ対応できないが，家族から本人へ上記(1)のように法律上処罰される危険性があることや，人間関係を壊してしまう問題性を話してもらい，本人に被害を受けていることを気付かせる必要がある。

### (3) 他の形態の取引との関係

マルチ商法は，訪問販売や業務提供誘引販売取引に該当する場合も少なくない（事例3参照）。

連鎖販売取引の要件検討とは別個に，これらの取引への要件該当性を検討し，該当すれば同取引によるクーリング・オフや取消権の行使も考えるべきである。

### 【参考文献】

・齋藤雅弘「ねずみ講，投資・利殖詐欺，マルチ商法」（上）現代消費者法2号（2009年3月）129頁，同（下）・同3号（同年6月）120頁

第11　副業，内職，マルチ　*463*

## ② 会員権商法

> ─ 事　例 ─
>
> 　突然，自宅に「リゾート施設を利用できる会員権の販売をしています。」
> との電話があり，長時間，話を聴かされました。後日，資料が送られてき
> て，再び電話で強引に誘われて断り切れず，契約書にサインして業者に送
> りました。
>
> 　① 　入会金の 100 万円は，業者から指示された信販会社とクレジット契
> 　　　約を結んで支払うことになりました。契約したものの，後で冷静に考
> 　　　えてみると，私には必要ない契約なので，支払いを止めてもらうこと
> 　　　はできますか。
> 　② 　簡単に予約が取れるとの説明だったにもかかわらず，なかなか予約
> 　　　が取れないので，解約したいのですが，これまで支払った会費は戻り
> 　　　ますか。
> 　③ 　利用しにくいことが分かった段階で契約をやめればよかったのです
> 　　　が，やめるための手続をとらず，7 年前から年会費の支払いをしなく
> 　　　なり，契約から 10 年以上経ちました。最近になって，業者から会費
> 　　　を請求する手紙が送られてきました。

## 1　会員権商法とは

　会員組織を運営する事業者が，会員契約を結ぶことによって様々な施設や
サービスを利用できると説明して消費者を勧誘したり，販売業者が，第三者が
運営する施設やサービスを利用できる会員権を消費者に販売することがある
が，トラブルが生じることも多い。これらを総称して会員権商法と呼ぶ。

## 2　問　題　点

### ⑴ 「会員権」の特商法における位置づけ

契約当事者（販売業者）が直接サービスの提供をするのではなく，販売業者

464 第2章 具体的トラブル事例と解決

と何らかの契約関係にある第三者がサービスの提供をする場合は,「権利」と
いえる。サービスの提供を受けることのできる権利を「会員権」という形で表
しているといえるからである。これに対し,契約当事者が自らサービスの提供
をし,その権利を「会員権」として販売する場合は,「役務」といえる。

平成20年の改正で,「商品」と「役務」は政令指定制が廃止され,「役務」
については,該当性を問題とする必要がなくなったが,「権利」は政令指定制
が残された。ただ,政令指定権利制度は,指定権利の範囲が狭く,指定されて
いない権利に関する訪問販売や電話勧誘販売の被害が多発したことから,平成
28年の改正で,規制対象となる権利の範囲が拡大され,名称も「指定権利」
から「特定権利」に改められた(特商法2条4項)。会員権は,一般的には施設
を利用する権利であり,国民の日常生活に係る取引で販売されるものであるか
ら,原則,特定権利に当たり特商法の適用対象となる(同項1号)。

### (2) ゴルフ会員権の場合の規制

「ゴルフ場等に係る会員契約の適正化に関する法律」は「ゴルフ場その他ス
ポーツ施設又は保養のための施設であって政令で定めるもの」を対象としてい
るが,現在のところ,ゴルフ場以外は,政令で定められていないため,ゴルフ
場のみが本法の対象となっている。ゴルフ場とそれ以外の施設の利用について
の契約が一体となっている場合(いわゆる複合型施設)も本法の対象となる。

同法では,事業者は,施設が開設された後でなければ会員契約を締結しては
ならないこと(4条),書面の交付(5条)等を義務付けられ,8日のクーリン
グ・オフの制度も定められている(12条)。

なお,同法が適用されても,特商法は適用除外となっていない。

### (3) 共有会員制リゾートクラブの場合の規制

会員が施設の全部又は一部の所有権を共有する共有会員制の会員契約もあ
る。この場合には,施設の共有持分の販売を伴うので,宅地建物取引業に該当
し,宅地建物取引業法が適用される(旧建設省平成元年9月27日経動発第54号
通達)。契約締結に当たっては,重要事項の説明(同法35条,旧建設省平成2年
7月3日経動発第178号通達),契約締結後の書面の交付(同法37条)等が要求
され,8日のクーリング・オフの規定の適用もある(同法37条の2)。

同法が適用される場合には，特商法は適用除外となる（特商法26条1項8号
ロ）。

### (4) 出資法2条による規制

会員契約の預託金の形式を仮装して，会員に一定の金員を預けさせ，満期後
には預けた金額のほとんどが返還されることを保証すると共に，同一系列の施
設で使えるクーポンが受け取れるなど，当初預けた金額以上を得られるなどと
して勧誘する事例は，特別の規定がある場合を除いて，「何人も業として預り
金をしてはならない」とする出資法2条違反に該当する可能性がある。

## 3　本設問の解説

### (1) 事例①の設問

本事例は，電話勧誘販売に該当する。サービスを提供するのが勧誘した業者
とは異なる主体である場合，「権利」の販売と考えられるが，特商法の特定権
利のうちの「施設を利用する権利」に該当するので，特商法の適用がある。法
定書面を受領した日から8日間以内であればクーリング・オフが可能である
（特商法2条3項・24条）。

個別クレジット契約についても，同様に法定書面を受領した日から8日間以
内であればクーリング・オフが可能である（割販法35条の3の10第1項）。こ
の場合，個別クレジット業者に対してのみクーリング・オフの通知をしても，
会員権販売契約についても解除されたものとみなされる（同条5項）。

また，会員権販売事業者との関係でクーリング・オフや取消事由，解除事由
等があれば，信販会社からの支払請求を拒むことができる（抗弁の対抗。割販
法35条の3の19）。

### (2) 事例②の設問

クーリング・オフ期間が経過して，クーリング・オフができない場合でも，
実際は予約がなかなか取れないにもかかわらず，簡単に予約が取れると説明し
ている点につき不実告知があったとして，契約の取消しができる（特商法21
条・24条の3）。取消権を行使したときは，販売契約は最初から無効であったこ
とになり（民法121条），契約当事者である消費者及び事業者は，相互に既に履

行を受けたものを不当利得として返還することになる。改正民法（債権関係）が施行される 2020 年 4 月 1 日以降は，特商法に規定が設けられ，事業者は原状回復義務を負うが，申込者（消費者）は，現存利益の範囲で返還義務を負えば足りる（特商法 24 条の 3 第 2 項，9 条の 3 第 5 項）。よって，消費者は，これまで支払った会費を戻してもらえる（なお，原状回復義務につき，第 1 章「第 5 消費者契約からの解放とその効果」参照）。

### ⑶　事例③の設問

　会費を支払う契約になっているにもかかわらず，契約の解除ないし退会の手続等をとっていなかった場合，原則として，会員には未払会費の支払義務が存在することになる。

　しかし，施設の利用ができない等の理由で未払いになっていた場合には会費支払義務自体が生じないこともあり得る（神戸地判昭和 60 年 1 月 22 日判タ 552 号 212 頁参照）。

　また，会費支払義務について，消滅時効期間（債権者が権利を行使することができることを知ったときから 5 年間（改正後民法 166 条））が経過している部分については消滅時効を援用できる。

## 3 サイドビジネス（副業）
### ──内職商法・ドロップシッピング等

---
**事例1**

　私は，「当社が紹介する簡単なパソコン入力作業を自宅で行うだけで，月5万円以上の収入が確実」との広告を見て，その広告主に電話をしました。すると，従業員から，「仕事を紹介するためには，パソコンと教材のセットを20万円で購入する必要がある。もっとも，月々5万円の収入は確実であるからすぐに元が取れ利益が上げられる。」と言われました。私はすぐに利益が上げられるのであれば20万円の支出もやむを得ないと思い，契約をすることにしました。

　ところが，その後，ほとんど仕事は紹介されず，利益を上げることはできませんでした。私は支払った20万円を返してもらうことができるでしょうか。

---
**事例2**

　私は，ある業者のホームページに「あなたが行う仕事は，顧客からの注文メールを受けてこれを転送することと入金の確認だけ」，「1日15分パソコンに向かうだけでネットショップの運営が可能」，「最低でも月に10万円の利益が出て，半年ほどで元がとれます。」などと書いてあるのを見かけました。私はこれなら簡単で確実に副収入が得られると思い，業者に話を聞くと，ホームページに記載されたことと同様の説明をされたため，資料を請求し，送られてきた資料に同封されていた契約書に必要事項を記入して，返送しました。そして，契約金50万円を振り込み，業者が私のショップサイトを開設しました。

　しかし，そのサイトを見て商品の注文をしてくる客はほとんどおらず，説明のような収入は得られませんでした。業者との契約を解約して，契約金を返してもらうことはできないでしょうか。

---

## 1 内職商法，ドロップシッピングとは

### (1) 内職商法とは

内職商法とは，「内職をあっせんするから在宅で高収入が得られる」等の宣伝文句で勧誘し，その内職をするために必要な商品や教材を購入させたり，登録料や保証金などの名目で金員を支払わせる商法をいう。内職の種類としては，宛名書き，チラシ配り，パソコンのデータ入力，ホームページ作成等，諸々のものがある。

### (2) ドロップシッピングとは

ドロップシッピングとは，ネットショップの運営方法の一形態であり，卸売業者等と契約することにより，在庫を持たずにネットショップを開設し，顧客からの注文を受けると，その注文情報を卸売業者等に転送して，商品を卸売業者等から顧客に直送させるというものである。ネットショップ運営者は，自由に小売価格を決めることができるので，卸価格と小売価格の差額が利益になり，手軽に副収入が得られるなどと宣伝される。

## 2 問題点

内職商法は，内職収入等の利益が得られるとの期待をあおりながら，実質は単なる商品の販売等を目的とする欺瞞的な取引であることが多い。ドロップシッピングも仕組み自体は違法なものではないが，近年一部の業者が，「ネットショップのホームページ作成，広告，SEO 対策（検索結果の向上対策），商品発送等の業務はすべて当社が行うので，契約者は注文の受付や入金確認等の簡単な業務を担当するだけで簡単に副収入が得られます。」などと告げて，契約者に高額な契約金を支払わせるトラブルを引き起こしている[1]。内職商法もドロップシッピングも，説明されたような収入が得られないため，契約者には支払った購入代金や登録費等の損失が生じ，また，借金やクレジット債務が残

---

1) ドロップシッピングのトラブルについては，独立行政法人国民生活センター「各種相談の件数や傾向」中「アフィリエイト・ドロップシッピング内職」(2019 年 4 月 26 日更新, http://www.kokusen.go.jp/soudan_topics/data/affiliate.html) 参照。

される。

最近では，ドロップシッピングやアフィリエイトに関する被害が増加している。

## 3　解決のポイント

### ⑴　特商法による解決手段

### ア　業務提供誘引販売取引について

特商法では，いわゆる内職商法やモニター商法など，利益が得られることを謳って，その利益を得るために必要だからという理由で商品や役務提供の契約をする取引を，業務提供誘引販売取引として規制している（51条）。業務提供誘引販売取引に該当すると，契約者が，事業所を持たないで行う個人の場合には，クーリング・オフ（58条）や禁止行為（52条）に違反した場合の取消権（58条の2）が認められている。

### イ　業務提供誘引販売取引の定義

法律の条文は複雑だが，簡単に言えば，販売の目的たる商品を使用する仕事を提供する，その仕事に従事すれば収入が得られる（「業務提供利益」という）と説明して，その商品を販売するものである（商品の購入などの負担を「特定負担」という）。商品に不動産は含まれないが，権利の販売，役務提供取引は対象となる。商品等の販売は，業者自ら販売する場合だけではなく，購入をあっせんする場合も含み，従事する業務も業者自ら提供する場合だけではなく，あっせんする場合も含まれる。業者から提供またはあっせんされた業務に従事することが必要であるから，契約者が自ら仕事を見つけて収入を得る場合は該当せず，また，「従事」することが要件となっているので，単に購入した物品を預託してその預託利益を得る場合も該当しない。また，提供される業務は，購入した商品や提供された役務を利用するものでなければならない。

### ウ　業務提供誘引販売取引の該当性

以上の要件から，ドロップシッピングやアフィリエイトを行うことを勧誘された場合に，業務提供誘引販売取引の該当性が問題となる。

この点，大阪地判平成23年3月23日（判タ1351号181頁）は，ドロップシッピングの事案ついて，業者はホームページ作成等の役務の提供を行い，そのホームページを利用した販売業務ないし注文取次業務に従事することにより

470　第 2 章　具体的トラブル事例と解決

利益（業務提供利益）を収受し得ることをもって誘引し，契約者に契約金（特定負担）を支払わせている事案について，ネットショップの運営主体は実質的に業者であり，契約者はその運営の一部の作業を業者の指示のもとに従属した立場で行っていたと評価されるとして，業務提供誘引販売契約に該当すると判示していることが参考になる。

### (2)　その他の法的解決手段

#### ア　消費者契約法

内職商法の契約者も，基本的に，消費者契約法 2 条 1 項の「消費者」に当たると解されている[2]。また，本件のようなドロップシッピングの契約者も，予定されている労務が個人生活上の範囲に含まれており，社会通念上，情報の質，量及び交渉力が事業の遂行とみられる程度にあるとはいえず，消費者契約法 2 条 1 項の「消費者」にあたると解される[3]。

消費者契約法の適用が認められれば，事業者の不実告知または不利益事実の不告知により契約者が誤認した場合，特商法と同様，消費者契約法 4 条 1 項 1 号（不実告知）・2 項（不利益事実の不告知）による取消権が認められる。また，業者の説明内容によっては，断定的判断提供と評価される場合もある。

#### イ　民　　法

詐欺取消し，錯誤無効（改正民法では「錯誤による取消し」），公序良俗違反による無効，さらには不法行為に基づく損害賠償請求も検討されるべきである。

---

2)　消費者庁消費者制度課編『逐条解説　消費者契約法〔第 4 版〕』（商事法務，2019 年）105 頁は，「『事業性』については，単に内職の回数や利益の存在によって判断するものではなく，それらを始めとして，契約の段階における事業者の意図（本当に内職をさせる意図があったのか，それとも単に内職をさせることを口実にして内職のための材料や機械を高い金額で購入させる意図だったのか。前者であると認められた場合には，本法の問題ではなく債務不履行の問題となる）等の諸々の要素を含めて，全体として事業とみなすことが適当であるか否かにより判断されるものと考える。」としている。なお，第 1 章「第 1　消費者契約法・特定商取引法・割賦販売法の適用対象」参照。
3)　第 1 章「第 1　消費者契約法・特定商取引法・割賦販売法の適用対象」参照。

## 4　設問に対する回答

### ⑴　事　例　1

　本事例において，特商法上，内職収入が「業務提供利益」に，パソコン等の購入費が「特定負担」に該当し，特商法 51 条 1 項の業務提供誘引販売契約として，行使期間内または契約書面に不備があれば，クーリング・オフが可能である（特商法 58 条 1 項）。また，「月 5 万円以上の収入は確実」との説明にもかかわらず，ほとんど仕事は紹介されず，利益を上げることができなかったことから，「業務提供利益に関する事項」（同法 52 条 1 項 4 号）または，「業務提供誘引販売業に関する事項であつて，業務提供誘引販売取引の相手方の判断に影響を及ぼすこととなる重要なもの」（同項 5 号）について不実告知がなされたものといえ，特商法 58 条の 2 第 1 項 1 号により取り消すことができる。次に，消費者契約法上，「月 5 万円以上の収入は確実」との点は，「消費者契約の目的となるものに関し，……将来において当該消費者が受け取るべき金額」（消費者契約法 4 条 1 項 2 号）について断定的判断をしたものといえ，同条項により取り消すことができる。

　なお，クーリング・オフや取消しの効果については，第 1 章「第 5　消費者契約からの解放とその効果」を参照されたい。

### ⑵　事　例　2

　本事例において，ホームページを利用した販売業務ないし注文取次業務に従事することによる小売差益が「業務提供利益」に，契約金が「特定負担」に該当する。そして，業務の提供の点について，本件ショップサイトの運営主体が実質的に業者であり，契約者はその運営の一部の作業を業者の指示のもとに従属した立場で行っていたと評価されるような実態があれば，特商法 51 条 1 項の業務提供誘引販売契約として，行使期間内または契約書面に不備があれば，クーリング・オフが可能である（特商法 58 条 1 項）。また，本件契約が業務提供誘引販売契約に該当する場合には，「最低でも月に 10 万円の利益が出て，半年ほどで元がとれます。」との説明にもかかわらず，説明通りの収入が得られなかったことから，「業務提供利益に関する事項」（同法 52 条 1 項 4 号）または，「業務提供誘引販売業に関する事項であつて，業務提供誘引販売取引の相手方

の判断に影響を及ぼすこととなる重要なもの」（同項5号）について不実告知がなされたものといえ，特商法58条の2第1項1号により取り消すことができる。

前述のように，本事例におけるドロップシッピングの契約者も，消費者契約法2条1項の「消費者」にあたると解され，「最低でも月に10万円の利益が出て，半年ほどで元がとれます。」との点は，「消費者契約の目的となるものに関し，……将来において当該消費者が受け取るべき金額」（消費者契約法4条1項2号）について断定的判断をしたものといえ，同条項により取り消すことができる。

なお，クーリング・オフや取消しの効果については，上記のとおりである。

# 第 *12* ┃ 必勝法商法(パチンコ，競馬)・情報商材

---
**事 例**

　Ｘが購入したスポーツ新聞に「すごい競馬情報を提供します」と宣伝するＹ社の広告が掲載されていた。広告に掲載されていたＹ社の担当者の電話番号（携帯電話）に電話をして問い合わせてみると，Ｙ社の担当者から「当社は馬主や調教師から特別な情報を入手しています。必ず勝てる情報です」などと勧誘された。ＸはＹ社の担当者の言葉を信用し，情報料として請求された50万円をＹ社から指定されたＺ名義の預金口座に送金した。後日，Ｘが相談した弁護士が調査したところ，広告に掲載されていた電話番号の携帯電話は，レンタル業者の名義のものであることがわかった。

---

## 1　必勝法商法・情報商材

### ⑴　必勝法商法とは

　必勝法商法とは，事例のような競馬の他，パチンコ・パチスロなどのギャンブルにつき，「確実に勝てる」などと，業者が提供する情報に従えば確実に勝てるかのごとく称して勧誘し，情報を高額な価格で買わせる商法をいう。ギャンブル以外では，「ロト6」などの数字選択式宝くじにつき，「当選番号を事前に教える」などと勧誘し，高額な情報料や預託金を支払わせるものがある（「ロト6」の当選番号は，抽選の翌朝の新聞に掲載されるが，抽選それ自体は毎週月曜から金曜の18時45分から行われるうえインターネットで生中継されるため，翌朝の新聞に掲載される前に当選番号を知ることができる。このことを知らない消費者は，業者が発表の前に当選番号を当てたように感じてしまう）。パチンコ・パチスロに関しては，「指定する店で2時間打ち続ければ確実に儲かる。打ち子の登録には2万円が必要」などと勧誘して「打ち子」（店が繁盛していることを装うためにパチンコ店に雇われてパチンコを打つ者のことであり，「サクラ」ともい

474　第2章　具体的トラブル事例と解決

う）を募集する商法もある。


### (2)　情報商材とは

　情報商材とは，「誰でも簡単に儲かる」などの儲け話や，「○○すれば，確実に痩せられる」といった各種成功法等種々の「情報」を，インターネットを通じて販売するものを指す。購入すると，冊子やDVDが送られてくることもあれば，PDFファイルをダウンロードする方法や，交付されたIDとパスワードを入力してサイトにアクセスして内容を閲覧する方法もあり，情報の媒体は様々である。

　情報の内容も，誰でも知っているような情報や実現が到底不可能と思われる情報，社会通念上問題があるような行為を実践させようとするようなものなどであり，代金に見合う価値があるような情報が提供されることはほとんどない。

　情報商材は，インターネットを通じて販売されるため，書籍のように店頭で内容を確認した上で購入の意思決定をするということができない。また，販売するものが「情報」であるから，あらかじめ開示してしまうと対価を得ることができなくなるなど，もともと事前に中身を知らせて購入させる方法がないものである。そのため，消費者は基本的に業者の広告を頼りに取引することになるが，実際に行われている広告には，「必ず収益が上がる」，「必ず恋人ができる」などと利益や効果が確実に見込めるかのごとき文言が使用されており，消費者に過度の期待を抱かせるものや，誤認を生ぜしめるものが多い。

　また，ほとんどの場合，広告において，利益や効果が出ない場合には代金全額を返還する旨が記載されているため，これを信じた消費者が気軽に申込みをしてしまうことがあるが，実際に業者に返金を求めても，返金が拒まれることも少なくない。

　情報商材の事案においても，下記の必勝法商法における解決法と同様の方法によって解決を目指すことが多くなると思われる。


## 2　問　題　点

### (1)　「確実に勝てる」「必ず勝てる」などの勧誘

　必勝法商法では，「必ず勝てる」「確実に勝てる」などと言って，「攻略法」

「必勝法」などと称される情報に従えば，競馬等のギャンブルに確実に勝てるかのような勧誘がなされる。

しかしながら，競馬やパチンコ・パチスロなどのギャンブルの結果は偶発的に決まるものであり，確実に勝てる情報など存在しない。競馬の予想は，出走馬の血統，体調，得意コース，過去の成績等の情報を分析した上でなされるのであるが，あくまで予想の域を出ず，確実に勝てる情報など存在しない。

また，パチンコ・パチスロについても，業界団体は確実に勝てる攻略法は存在しない旨を公にしており，打ち子・サクラの募集も詐欺にあたるとしている。

必勝法商法において，業者は，実際は存在しない確実に勝てる情報を，さも存在するかのように装い，消費者に高額な金銭を支払わせるのである。

### (2) 「確実に」などの言葉を用いる以外の虚偽的な勧誘手口

必勝法商法では，情報に従っても勝てない顧客が抗議すると，「今度は間違いない」などとして，さらに情報を売りつけようとしてくる例がしばしばある。また，広告では「無料」などの言葉が用いられているにもかかわらず，実際に申し込もうとすると，有料であるといわれる事例がある。

パチンコ・パチスロの事例では，顧客が業者の事務所を訪問すると，パチンコ台が設置されており，実際にその台で顧客に「攻略法」を試させて，顧客に「攻略法」が真実であると思い込ませるなどの勧誘方法が用いられる例もある。

## 3 解決のポイント

### (1) 契約の取消し・無効

### ア 断定的判断の提供（消費者契約法4条1項2号）

消費者契約法4条1項2号は，事業者が「当該消費者契約の目的となるもの」に関し，「将来における変動が不確実な事項につき断定的判断を提供」し，消費者が「当該提供された断定的判断の内容が確実であるとの誤認」をした場合には，消費者は契約を取り消すことができるとする。

必勝法商法の場合の勝ち馬（競馬），パチンコの出玉数やメダルの獲得数（パチスロ），当選番号（ロト6等）のような将来における変動が不確実な事項に関し，事例のように「確実に勝てる」などの断定的な判断の提供がなされて

いる場合，消費者契約法4条1項2号に基づく契約の取消しが可能である。

消費者契約法4条1項2号による取消しを認めた裁判例として，東京地判平成17年11月8日判時1941号98頁，名古屋地判平成19年1月29日兵庫県弁護士会HP，福岡地判平成19年2月20日国民生活センター報道発表資料（平成20年10月16日公表），神戸地尼崎支判平成21年2月27日日弁連消費者問題ニュース130号，名古屋地判平成23年5月19日消費者法ニュース89号138頁などがある。

### イ　不実告知（消費者契約法4条1項1号）

上記のように，競馬，パチンコ，パチスロのようなギャンブルにおいて，確実に勝てる情報は存在しないから，「必ず勝てる」，「間違いなく勝てる」などの勧誘文言は，消費者契約法4条1項1号の「不実告知」に該当し，消費者契約法4条1項1号に基づく契約の取消しが可能である。

### ウ　民法に基づく取消し（改正後の民法95条・民法96条）

必勝法商法の被害者は，実際には存在しない「確実に勝てる」情報が存在すると誤信して契約しており，法律行為の基礎とした事情についての認識が真実に反する錯誤がある。

また，「確実に勝てる情報」は存在しないのに，これが存在するかのように装って勧誘することは詐欺にあたるといえる。

したがって，改正後の民法95条1項2号・2項，同法96条1項に基づき，情報の売買契約の取消しが可能である。

### エ　無効（改正後の民法90条）

およそ「確実に勝てる情報」が存在しないにもかかわらず，存在すると称して勧誘し，契約をさせる行為は公序良俗違反として改正後の民法90条により無効であるといえる。

### (2)　不法行為に基づく損害賠償請求

「確実に勝てる情報」など存在しないにもかかわらず，あたかも存在するかのように虚偽の説明をする勧誘行為は詐欺行為にあたり違法なものである。

したがって，不法行為責任に基づく損害賠償請求が可能である。契約の取消しや無効の主張では，契約当事者たるY社に対してしか返還請求ができないが，不法行為の主張によれば，役員や従業員に対する請求も考えられる。ま

た，事業者に口座を提供した者や，携帯電話を使わせた者に対しても，詐欺行為を幇助したとして，共同不法行為に基づく損害賠償を請求する余地がある。

不法行為による損害賠償請求を認めた裁判例は，情報提供会社の責任を認めたものとして前掲の名古屋地判平成 19 年 1 月 29 日，情報提供会社および代表取締役の共同不法行為責任を認めたものとして名古屋地判平成 21 年 4 月 24 日消費者法ニュース 80 号 229 頁および前掲の名古屋地判平成 23 年 5 月 19 日がある。パチンコにおける「サクラ・打ち子」勧誘の事案で，業者の不法行為責任を認めたものとして，千葉簡判平成 18 年 11 月 29 日消費者法ニュース 71 号 274 頁（ただし，欠席判決）がある。

携帯電話のレンタル業者が詐欺行為を幇助したとして共同不法行為責任を認めた事案として，東京地判平成 24 年 1 月 25 日消費者法ニュース 92 号 290 頁（ただし，未公開株の売買の事案），高松地判平成 29 年 4 月 6 日消費者法ニュース 112 号 304 頁（ロト 6 の事案）がある。また，ロト 6 事案の詐欺行為を行った者に預金口座を提供したことについて，詐欺行為を幇助したとして共同不法行為責任を認めた事案として，東京地判平成 28 年 3 月 23 日判時 2318 号 40 頁がある（なお，上記の高松地判平成 29 年 4 月 6 日は，預金口座提供者に対する共同不法行為責任も認めている）。

### (3) 広告掲載会社や広告代理店に対する損害賠償請求

必勝法商法を行う業者の広告がスポーツ新聞や雑誌に掲載されている事案では，広告を掲載した会社や，広告を提供した広告代理店に対し，不法行為責任が認められる場合もあり，大阪地判平成 22 年 5 月 12 日判時 2084 号 37 頁では，パチンコ情報を提供する会社の広告を掲載した雑誌発行会社の他，広告代理店の不法行為責任が認められた。

もっとも，この判決で問題となった雑誌は，パチンコ専門雑誌であり，雑誌社や広告代理店が攻略法広告の問題点を知りやすい状況にあったという特殊性があり，この判決によって広告媒体の責任が認められることが一般化されたとまでは言いがたい。

### (4) 回収可能性

必勝法商法を行う業者は，当初から事業継続の意思はなく，ある程度の金額

を稼いだ後は，財産を隠匿したり行方をくらませたりするため，回収可能性が問題となる例がある。

そのため，事業者に対する請求は早期に行うことが肝要であり，役員や従業員，その他関連する業者等に対する責任追及も検討する必要がある。

また，送金口座がわかる場合には，速やかに「犯罪利用預金口座等に係る資金による被害回復分配金の支払等に関する法律」3条に基づく口座凍結をさせるべく，金融機関に要請を行うべきである。日本弁護士連合会のホームページの会員専用ページには，各金融機関に通用する統一の書式があり，弁護士が口座凍結の要請を行う場合はこれを利用するとよい。ただし，口座凍結ができるのは犯罪利用の疑いのある預金口座であり，凍結を要請する前に犯罪利用の疑いがあるといえるかどうかの検討を怠ってはならない（犯罪性のない債権回収の事案において，相手方の預金口座の凍結要請を行った弁護士に対して業務停止の懲戒処分が行われた例がある）。

## 4 設問に対する回答

Xは，Y社に対し，民法や消費者契約法に基づく契約の取消しや無効を主張して，情報料の返還を請求することができる。また，不法行為を主張して，Y社に損害賠償を請求するだけでなく，同社の役員や従業員に対して損害賠償請求をすることも考えられる。

情報料の送金先であるZ名義の預金口座については，犯罪利用の疑いのある口座として速やかに金融機関に口座凍結を要請することを検討すべきであり，その他，預金口座を提供したZや携帯電話のレンタル業者に対する損害賠償請求も検討するべきである。

【参考文献】
・独立行政法人国民生活センター「『絶対儲かる』『返金保証で安心』とうたう情報商材に注意！―情報商材モール業者を介して購入した事例から見る問題点―」（平成22年3月17日）
・独立行政法人国民生活センター「簡単に高額収入を得られるという副業や投資の儲け話に注意！――インターネット等で取引される情報商材のトラブルが急増」（平成30年8月2日）

# 第 *13* ▌ 冠婚葬祭

## ① 結婚式場

---
**事 例**

　X は，ある結婚式場 Y を見に行ったところ，その式場が気に入ったため，該当式場を運営する Y に対し，申込金として 20 万円を支払い，その後，X は，他の式場が気に入ったことから，挙式日の 181 日前に，Y にキャンセルの連絡をすると共に，申込金の返還を請求した。

　しかしながら，Y は，約款の予定日の「364 日以降 180 日目前までは，申込金の 50％ 及び印刷物等の実費をキャンセル料として申込金から控除する」との条項に基づいて，181 日前の解約の場合は，申込金の半額をキャンセル料として受領していることから，申込金の 50％ の 10 万円の返還は行えないと主張した。

　この際，X は，Y に対して，申込金 10 万円の返還を請求できるか。

---

## 1　結婚式場におけるトラブル

　結婚式場におけるトラブルとしては，契約解除の際に支払った申込金が返還されない，また，契約解除の際にキャンセル料を請求されたとの，契約解除時の金員に関するトラブルが相談件数としては多いようである[1]。したがって，以下では，契約解除時の金員に関するトラブルに関して，上記事例と共に論じる。

---
I)　独立行政法人国民生活センター「トラブルになってからでは遅い！結婚式トラブルへの備えとは―『キャンセル料』『打合せ不足』に関するトラブルが後を絶ちません」（2015年 11 月 5 日，http://www.kokusen.go.jp/news/data/n-20151105_1.html）参照。

*480*　第 2 章　具体的トラブル事例と解決

## 2　申込金およびキャンセル料を巡るトラブル

### ⑴　申込金およびキャンセル料を巡るトラブルの問題点

　解除時に，「申込金が返還されない」また「キャンセル料を請求された」と
いった解除時の金銭に関するトラブルでは，申込金の返還を拒む条項または
キャンセル料を請求する条項が，解除に伴う損害賠償の予定または違約金と考
えられることから，消費者契約法9条1号の適用を検討することとなる（なお，
結婚式場では，キャンセル料条項を含む公益社団法人日本ブライダル文化振興協会
の約款[2]を参考にした約款が広く用いられているようであるため，当該結婚式場の約
款上のキャンセル料条項を検討することになることが多いと思われる）。

　この際，①申込金の返還を拒む条項が「損害賠償の額を予定し，又は違約金
を定める条項」（消費者契約法9条1号）に該当するか（キャンセル料は「損害賠
償の額を予定し，又は違約金」を定めた金員であることが明らかであるため，この
問題は生じない。），また，②同号の適用がある場合に消費者が解除時に支払う
金額が，「当該事業者に生ずべき平均的な損害」として相当かとの点が問題と
なる。この点は，上記事例でも同様となる。

### ⑵　「損害賠償の額を予定し，又は違約金を定める条項」

　まず，事例のような申込金の返還を拒む条項が①「損害賠償の額を予定し，
又は違約金を定める条項」に該当するかとの点について検討する。

　この点，消費者契約法9条1号は，事業者が消費者から解除等に伴い実際に
被った損害以上の金員を取得することを防止する規定であることから，実質的
に損害賠償の予定等と評価される場合には「損害賠償の額を予定し，又は違約
金を定める条項」に該当する。そして，事例において，Yは申込金の返還を解
除に伴う違約金として拒んでいると実質的に評価できるため，申込金の返還を
拒む条項は「損害賠償の額を予定し，又は違約金を定める条項」に該当する。

　この問題点に関して，事業者が，入学金に関する最判平成18年11月27日

---

2)　公益社団法人日本ブライダル文化振興協会「結婚式場・披露宴会場におけるモデル約款」
　（https://www.bia.or.jp/wp-content/uploads/2017/03/c9266f05bfd4ad4f5716f6e78044f379.
　pdf）参照。

（民集 60 巻 9 号 3437 頁）を引用し，申込金が挙式披露宴を行う権利を確保した権利金である旨の主張を行った裁判例[3] がある。しかしながら，同裁判例では，申込金の返還を拒む条項が実質的にキャンセル料と変わらない性質を有していると判断できること，および，最判が前提とする事実関係が挙式披露宴の予約の際には存在しないことから，申込金を返還しない条項が「損害賠償の額を予定し，又は違約金を定める条項」と判断されている。

### (3)　「平均的な損害」

#### ア　はじめに

次に，②同号の適用がある場合に解除時に支払義務の生じる金員が「当該事業者に生ずべき平均的な損害」といえるかについて検討する。

「平均的な損害」は，事業者に本件解除の際に生じた具体的な損害ではなく，同一事業者が締結する多数の同種契約事案について類型的に考察した場合に算定される平均的な損害の額を指す。

そして，この考えを前提としつつ，「平均的な損害」に逸失利益が含まれるかとの点について，結婚式場に関する東京地裁平成 17 年 9 月 9 日判決，京都地裁平成 26 年 8 月 7 日判決において，履行利益が「平均的な損害」に含まれることを前提にそれぞれ下記のとおりの判断を行った。

#### イ　裁判例

①　東京地判平成 17 年 9 月 9 日（判時 1948 号 96 頁）

消費者が事業者に申込金 10 万円を支払った後，婚姻予定日の約 1 年前に予定をキャンセルした際に，事業者が「90 日以上前に申込みを取り消した場合の取消料として実費総額及び申込金 10 万円を支払う」条項に基づいて，10 万円の返還を拒んだ。そのため，消費者が同条項の消費者契約法 9 条 1 号の無効を前提に，申込金の返還を請求した事例である。

同判決では，事業者の逸失利益が「平均的な損害」に含まれることを前提に，逸失利益について，挙式予定日の 1 年未満の時期に予約を行った組が約 80％，1 年以上前の時期に予約を行った組が約 20％であることを認定したうえ

---

3)　京都地判平成 25 年 4 月 26 日（判例秘書），京都地判平成 26 年 8 月 7 日（判時 2242 号 107 頁）。

482　第2章　具体的トラブル事例と解決

で，事業者が予約日から1年以上先の日に挙式が行われ利益を得る可能性は相当少ないこと，および，1年以上前に予約が解約されたとしても1年以上後の時期に新たな予約が入ることを期待できることから，事業者が喪失する逸失利益が「平均的なものとして想定し得るものとは認めがたい」とすると共に，事業者が履行に備えて何らかの出捐をしたり，他からの予約を受け付けなかったなどのその他の損害も認められないとし，「平均的な損害」が観念できないとし，上記の条項全てを無効として，請求を全額認容した。

②　京都地判平成26年8月7日（判時2242号107頁）

適格消費者団体が，事業者に対し，挙式披露宴実施契約のキャンセル料に関する条項（この条項は，前述した日本ブライダル事業振興協会のモデル約款とほとんど同じ内容である。）が消費者契約法9条1号に反するとして，キャンセル料条項を内容とする意思表示の差止め及び契約書の破棄等を請求した事案である。

同判決は，消費者契約法9条1号が民法416条の逸失利益が含まれる「通常生ずべき損害」を前提として，消費者が不当な出捐を防止する趣旨から定められたことから，「平均的な損害」には，逸失利益が含まれるとした。

そのうえで，「平均的な損害」は，逸失利益−損益相殺すべき利益＝（解除時見積額の平均×粗利率）−（解除時見積額の平均×粗利率×再販率）＝解除時見積額の平均×粗利率×（1−再販率）＝解除時見積額の平均×粗利率×非再販率で求められるとした。

このような算定式で，当該結婚式場のデータを基に計算した場合に算出される「平均的な損害」額が，キャンセル料条項のキャンセル料を上回るため，裁判所は適格消費者団体の請求を全て棄却した。

なお，適格消費者団体は同判決後控訴したが，大阪高裁に控訴を棄却され（大阪高判平成27年1月29日），その後上告受理申立てをするも最高裁に上告不受理の決定をされた（最決平成27年9月2日）[4]。

**ウ　事例の検討**

東京地判平成17年9月9日と同様に当該結婚式場の具体的な予約率等のデータを用いて，180日以上前の平均的損害が殆ど生じないと抽象的に観念す

---

4)　前掲注1)参照。

ることが可能であれば申込金の半額 10 万円を返還しない条項を全て無効と主
張することが可能とも考えられる。

　しかしながら，京都地判平成 26 年 8 月 7 日の控訴が棄却され，上告受理申
立ても不受理となったことからすれば，京都地判平成 26 年 8 月 7 日の具体的
な算定方法（解除時見積額の平均×粗利率×非再販率）で算出された平均的な損
害額がキャンセル料条項の金額を下回らない限り，消費者契約法 9 条 1 号より
キャンセル料条項を無効とすることは難しいと考えられる。

　そのため，本事例のキャンセル料条項は，京都地判平成 26 年 8 月 7 日の
（解除時見積額の平均×粗利率×非再販率）との算定方法等を用いた場合に，
当該結婚式場の具体的なデータによって算出された「平均的な損害」額がキャ
ンセル料条項を下回ったときにのみ無効となり，「キャンセル料－平均的な損
害」の金額を返還請求できるものと考えられる。訴訟においては同裁判例を参
考にするだけでなく，消費者側としては，「平均的な損害」を根拠付ける消費
者側に有利な算定方法を主張することで「平均的な損害」がキャンセル料を下
回るよう試みるべきと思われる。

**【参考文献】**
・梅村悠「結婚式場利用契約における申込金の不返還条項の有効性」ジュリスト
　1352 号（2008 年）146～149 頁

*484* 第2章 具体的トラブル事例と解決

# 2 互 助 会

---

**事例1　勧誘の際のトラブル**

　X（80歳）は，冠婚葬祭互助会（以下「互助会」という）から勧誘の電話を受けたが，「申し込むつもりはない。」と断りを入れていた。

　しかし，ある日，互助会の外務員が「近くに来たのでご挨拶したい。」と自宅にやってきて，しつこく勧誘をされたため，結局，互助会に加入してしまった。

　Xは後悔しており，解約し，今後，掛け金を支払わないようにしたいが，可能か。

---

**事例2　実際に利用する際のトラブル**

　Y（50歳）は，葬儀代一式が割引になるとの勧誘を受け，互助会に加入していた。その後，Yの母が亡くなったため，葬儀を行うために互助会の割引サービスを受けようとしたところ，基本料金だけが割引であり，お布施，戒名料，お車代など，葬式の際に必要と思われる様々なサービスについては割引対象外であるとして，通常料金が請求された。話が違うので，解約し，支払った掛け金を取り戻したいが，可能か。

---

**事例3　解約の際のトラブル**

　(1)　Z（70歳）は，10年前に互助会の契約をし，掛け金の支払いも終えている。しかし，他の互助会に変えたいと思い解約を申し出たところ，解約はできないし，他の互助会に変えることもできないと言われた。Zは，解約することができないか。

　(2)　Zが解約手続に手間取っている間に，Zが加入していた互助会が倒産してしまった。Zは，支払った掛け金をどのように取り戻したらよいか。

## 1 互助会とは

互助会とは，加入者が毎月一定額の掛金を前払金として払い込むことにより，冠婚葬祭の儀式を執り行う際，各種儀式の役務の施行あるいは取次ぎといったサービスが受けられるシステムである。

加入者の利点は，割引価格で儀式に対するサービスが利用でき，かつ，加入時に約束された冠婚葬祭の契約内容が保証されるという点にある。

互助会の加入契約は，昭和48年に前払式特定取引業として割賦販売法の規制対象となり，平成13年からは消費者契約法，平成21年から特定商取引法が適用されようになっている。

## 2 問 題 点

### (1) 「掛け金」「積み立て」「満期」という表現による誤解

互助会では，加入費用を「掛け金」，月額の支払いを「積み立て」，支払いを終えることを「満期」と表現していることがある。そのため，加入者が，互助会との加入契約を，保険契約や預貯金と同様なものと誤解し，実際に儀式を行う際，あるいは解約を申し出た際に積み立てた金額相当の金銭的給付が受けられると誤解していることも多い。

しかし，互助会の掛け金の支払いは，預貯金や保険などと異なり，あくまで将来的なサービス（役務）の予約をし，加入者はその費用を前払いしているにすぎない。サービスを利用するときには，貯めた金額を執り行う儀式の費用の一部に充当する形で，将来の負担を軽減しようというのが互助会の目的である。

したがって，掛け金の支払いが完了し，サービスを利用する段階において，何らかの金銭給付を受けられる性質のものではない。また，将来執り行う儀式の代金の一部を支払っているという性質上，互助会側に非のない，申込者側の都合による中途解約の場合には，支払った掛け金全額が返還されることまでは保証されておらず，契約条項に従って，一定の解約手数料が差し引かれることになるため，トラブルになりやすい。

486 第2章 具体的トラブル事例と解決

## (2) 契約期間が長期間であることによるトラブル

互助会は，加入してから実際に利用するまでに長期間経過することが通常である。したがって，実際に利用したいと思った時には，契約書，加入者証といった契約書類が散逸しており契約内容の確認ができないといったことも散見される。

また，契約締結時がサービス利用時よりも何十年も前になることも多く，当初，どのような説明を受けたのかが加入者にとって曖昧になっていることがあり，実際に利用しようとした際に，加入者が期待していたサービス内容と異なるということが少なくなく，トラブルになりやすい。

## (3) 契約の範囲に関するトラブル

儀式の内容は地域によって差があり，様々な費目があって複雑である。そのため，互助会への掛け金（前払金）が充当できるサービスがなにか，また互助会に加入していることの特典として割引が受けられる場合，どの範囲のサービスが割引対象となるかということを加入者が正確に把握しておらず，トラブルになりやすい。

## (4) 解約手数料に関するトラブル

互助会の加入契約については，解約手数料を差し引くとの条項の差止めを求め，適格消費者団体が互助会事業者を訴える裁判が相次いだ（大阪高判平成25年1月25日判時2187号30頁，福岡高判平成27年11月5日判時2299号106頁等）。

これらの判例では，性質上個々の契約との間における関連性が認められる費用を「平均的な損害」（消費者契約法9条1号）に含むとして，合理的な解約手数料の算定を行っている。なお，中途解約が問題となるのは，儀式施行前であるため，積極損害のみが問題となり，消極損害は含まれない。

このような社会的な流れを受け，また，上記大阪高判の判決を受け，平成25年7月から5カ月間，経済産業省において「冠婚葬祭互助会の解約手数料のあり方等に係る研究会」が開催され，合理的な解約手数料の額について一定の整理がなされたが，この点については，依然としてトラブルになりやすい。

## 3 設問に対する回答

### (1) 事例1

ア 互助会の加入契約は，外務員の戸別訪問によって締結されている例が多く，事例1もそのケースである。事例1は，特定商取引法（以下，「特商法」という）の訪問販売に該当するため，クーリング・オフ（特商法9条1項）が可能である。したがって，法定書面の交付を受けるまではいつでも，法定書面を受領してから8日間は，Xは無条件で契約の解除が可能である。

なお，特商法の適用がない販売形態であっても，業界団体である一般社団法人全日本冠婚葬祭互助協会（以下「全互協」という）の標準約款には，クーリング・オフ（8日間）の定めを置くよう推奨されているため，消費者が，実際に加入している契約内容を確認し，約款に基づくクーリング・オフが可能かどうかを検討する必要がある。

イ 事例1では，Xが契約を締結しない旨の意思を表示しているにもかかわらず，互助会の外務員がしつこく勧誘を行っている点が，特商法3条の2第2項の禁止行為に該当する。当該互助会は指示処分（特商法7条）や，業務停止命令（特商法8条）の対象となり，勧誘の態様の悪質性によっては，公序良俗違反，不法行為に基づく損害賠償の可能性もありえる。

ウ また，事例1では，互助会の外務員が「ご挨拶」などと口実をつけて自宅に訪れ，強引な勧誘を行っている。Xに対する勧誘の際，不実の告知，故意の不告知，威迫困惑及び販売目的隠匿勧誘（特商法6条）といった禁止行為に該当する行為があれば，当該互助会が罰則及び行政処分の対象となる他，民事的効力としては，特商法による取消し（特商法9条の3第1項），消費者契約法による取消し，錯誤無効（現行民法95条，改正後民法95条では錯誤取消し），詐欺取消し，契約不成立といった主張が考えられる。

勧誘の態様の悪質性によっては，公序良俗違反，不法行為に基づく損害賠償の可能性もありえる。

### (2) 事例2

ア 実際にサービスを受けようとした際に，サービスの内容が消費者の認識と異なるということは，契約締結の際，十分な説明を互助会外務員から受けて

488　第2章　具体的トラブル事例と解決

いない可能性（パンフレット等の記載が誤解を招く表現である，など）が考えられる。

　**イ**　この点，全互協は，加盟互助会に対し，消費者に互助会のシステムを十分理解してもらうために，契約約款を消費者に交付し，約款に基づき，契約内の役務内容と，契約外の役務内容があることを明確に説明し，消費者の同意を得ることを推奨している。

　**ウ**　したがって，事例2のYのケースでは，実際の勧誘（契約内容の説明）がどのようになされたのか，契約書，契約約款のみならず，勧誘の際に使用された広告，チラシ，パンフレット等の申込者に手渡された資料などを精読し，不実の告知，故意の不告知（特商法6条）といった禁止行為に該当する行為があれば，特商法による取消し（特商法9条の3第1項），消費者契約法による取消し（消契法4条），錯誤無効（現行民法95条，改正後民法95条では錯誤取消し），詐欺取消し，契約不成立といった主張を行い，支払済みの掛け金（代金）の返還を求めていくことが考えられる。


　⑶　**事例3**
　**ア**　**事例3−⑴**
　かつては，消費者からの契約解除を限定的に認める約款が作成されていたが，現在は，消費者が合理的な解約手数料を支払うことによって解約を自由に行うことができるよう全互協の標準約款が改められている。

　また，昭和59年2月から平成13年3月までのモデル約款では，60日以内の返金が義務づけられていたが，平成13年4月以降の契約については，解約申請書類を互助会側が受理してから，45日以内の返金が義務づけられ，それ以前の契約についても割賦販売法の目的・趣旨により，できる限り現行の基準に基づいて解約対応するよう指導が行われている。

　このように，解約に際しては解約手数料が発生するものの，解約をすること自体は可能であるため，全互協の標準約款等を根拠として，解約に応じない互助会と交渉していくことになる。

　**イ**　**解約手数料をめぐる問題**
　解約金条項については，既に述べたように，適格消費者団体によっていくつか差止め訴訟が提起されており，高等裁判所における裁判例がいくつか出され

ている（前掲・大阪高判平成25年1月25日，福岡高判平成27年11月5日）。

これらの判例の考え方は，まず，訪問販売に当たるものについては特商法10条1項4号が消費者契約法9条1号に優先して適用され，それ以外については消費者契約法9条1号（平均的損害）が適用されるとし（前掲・福岡高判平成27年11月5日），その枠組みの中で，個々の契約と関連性が認められる必要経費がいかなるものかを検討し，互助会に生じた損害を算定するものである。

損害には一般的に積極損害（費用）と消極損害（逸失利益）があるが，互助会契約では，契約時点に履行期を定めることは不可能であり，履行期の定めのない契約となるから，加入者からの施行請求前の段階における消極損害の認定が困難であるため，解約に伴う損害は積極損害に限ったものとなる。

ウ　事例3−(2)

割賦販売法の規制により，互助会は，加入者から預かっている金額の2分の1に相当する金額について，保全措置を講じなければならない（割賦販売法18条の3）。したがって，互助会が倒産等万が一の状態に立ち至った場合でも，加入者の前払金の半分は保証されることになる。

**【参考文献】**
・公益社団法人全国消費生活相談員協会「冠婚葬祭互助会110番」報告書（平成26年4月）
・独立行政法人国民生活センター「見守り新鮮情報第260号」（平成28年8月30日）
・経済産業省「冠婚葬祭互助会の解約手数料のあり方等に係る研究会報告書」（平成25年12月27日）
・経済産業省関東経済産業局「解約返金できないと言われた互助会の契約（平成19年2月）」（http://www.kanto.meti.go.jp/sodan/shohishasodan/20070329sssaikin2gatu.html）
・一般社団法人全日本冠婚葬祭互助協会ホームページ（https://www.zengokyo.or.jp/）

490　第2章　具体的トラブル事例と解決

# 第 *14* ▎ 結婚情報サービス

---
#### 事例1

　結婚相手紹介サービス業者に1年コースを申し込み，24万円（入会金，1年分の会費，過去1年半分の登録済み会員情報料）を支払った。サービス内容として，「最初に過去1年半分の登録済み会員情報を見ることができ，気に入った人が見つかると，業者に申し出て，相手が応じれば見合いを設定してくれる」と説明を受けた。入会後20人くらいのデータを見て，複数の人に交際を申し込んだが，1度しかお見合いはできなかった。思っていたよりもお見合いできる回数が少ないため，2カ月程度で解約を申し出たところ，解約料14万円であり，10万円しか返金しないと言われた。解約料の内容は，既に一括で提供した情報料が10万円であり，その他入会金2万円，2カ月分の会費2万円については返還しないとの説明であった。事前にこのような説明は受けていない。

---

---
#### 事例2

　結婚相談所に入会金10万円を支払って会員になった。その後お見合いをし，お見合いをした女性と交際することにしたら，「成婚料」として50万円を請求された。「成婚料」が発生するとの説明は事前になく，契約書にも記載されていなかった。

---

## 1　結婚相手紹介サービスとは

結婚を希望する男女に対して，異性を紹介することを目的とするサービスである。

## 2　結婚相手紹介サービスの問題点

結婚相手紹介サービスは，相手の希望や相性の要素が大きく，相手が見つか

るかどうかきわめて不確実性の高いサービスであり，また，事業者によって仕組みもまちまちである。特に，料金体系として，一般に前金制の課金システムをとっているケースが多く，中途解約にあたっての消費者との間でのトラブルが発生しやすい。そのため，平成16年1月から，特定継続的役務の対象となった。

## 3 解決の指針

### (1) 特定商取引法の規制

特定商取引法の規制対象となる結婚相手紹介サービスとは「結婚を希望する者への異性の紹介」（政令別表第4第7号第1欄）であり，役務の提供の期間が2カ月を超え，金額が5万円を超える場合に特定商取引法が適用される（特商法41条1項，政令11条，別表第4第7号第2欄）。

#### ア 行為規制

事業者は，説明時に概要書面を交付し，契約時に契約書面を交付する義務を負う（特商法42条）。また，誇大広告，サービス内容等について不実を告げること，故意に事実を告げないこと，及び威迫して困惑させること等の行為が禁止されている（特商法43条・44条・46条1項3号，特商規39条）。

#### イ 民事ルール

民事ルールとして，クーリング・オフ制度（特商法48条），中途解約（同法49条），契約取消し（同法49条の2）の規定がある。

##### (ア) クーリング・オフ

特定商取引法48条は，消費者が，特定商取引法42条2項の契約書面を受領してから8日を経過するまで，クーリング・オフをすることができるが，弁護士のところに相談に来たときは既に8日を経過していることがほとんどであろう。

しかしながら，特定商取引法42条2項では，サービスの内容，料金，クーリング・オフ制度，中途解約の清算方法などを記載した契約書面の交付を義務づけているところ，消費者に渡される契約書にはこれらが記載されていないケースが少なくない。

この場合は，クーリング・オフ期間の起算日が存在しないため，契約後8日を過ぎていてもクーリング・オフが可能である（東京高判平成22年9月22日判

例集未登載，大阪地判平成 20 年 5 月 9 日消費者法ニュース 81 号 182 頁)。

　(イ)　**中途解約**

　結婚相手紹介サービスでは，契約時から時間が経ってトラブルが生じる例が多く，クーリング・オフだけでは不十分である。このため特定商取引法 49 条は，中途解約と清算ルールを法定している。

　消費者は，契約書面を受領してから 8 日間を経過しても，将来に向かって契約を解除することができ (特商法 49 条 1 項)，役務提供後の中途解約においては，事業者は，「提供された役務の対価」に，法定解約料として「2 万円又は契約残額の 20％に相当する額のいずれか低い額」(政令 15 条，政令別表第 4 第 7 号第 3 欄) を加算した額を超える支払いを請求することはできない (特商法 49 条 2 項)。

　(ウ)　**契約取消しなど**

　第 1 章第 3 「③　取消し・解除」参照 (特商法 49 条の 2)。

## (2)　消費者契約法による解決

　第 1 章第 2 「②　消費者契約の取消し」参照 (消費者契約法 4 条)。

## 4　事例 1 について

### (1)　クーリング・オフ

　解約までに 2 カ月が経過しており，消費者が契約時に特定商取引法 42 条 2 項の契約書面を受領している場合には，クーリング・オフはできない。ただ，相談を受けた弁護士としては，特商法 42 条 2 項，特商法施行規則 33 条・34 条に則して，消費者が受領した契約書に不備がないか点検する必要がある。

### (2)　中途解約

　「提供された役務の対価」はどのように計算されるのかが問題となる。

　ア　1 年で 24 万円のコースを，2 カ月で中途解約した場合，提供済み役務対価は，以下のように考えることが，消費者の予想に合致しているといえる。

　　　例：1 カ月あたりの単価 24 万円÷12 カ月＝2 万円

　　　　　提供された役務は　2 万円×2 カ月＝4 万円

　以上を前提とすると，法定解約料は，「2 万円」と契約残額 (24 万円－4 万円)

× 20％＝「4万円」を比較して低い額である2万円となる。したがって事業者は，6万円（2カ月分の役務の対価である4万円＋2万円）を請求でき，消費者に18万円を返還することになる。

**イ** ところが，結婚相手紹介サービスでは，契約直後に既存会員の情報を一括で提供したことに対して，高い割合の対価を請求する場合がある。短期間のうちに中途解約したにもかかわらず，高額な解約料を請求するのである。

**ウ** しかし，契約直後に既存会員の情報を一括で提供されたとしても実際に利用できるデータはほんの一部であるし，消費者は契約初期を逃すと残りの期間の確率は低いというようには予想しておらず，契約期間中はほぼ同質のサービスが受けられると考えるのが通常である。

現実的に考えても，最初に多数の紹介を得ても，同時に多数の相手と交際をすることは難しく，契約期間中は，平均的なサービスが提供される仕組みが合理的であるといえる。

にもかかわらず，上記のような料金設定を無条件で認めてしまうと，事業者が解約料稼ぎを目的に恣意的に料金設定できるということになってしまい，中途解約を認めて清算ルールを規定した特定商取引法の趣旨に反する。

「提供された役務」とは，サービスを受けた期間に応じて算定することが原則であり，事業者が例外を主張するのであれば，それに合理的な根拠がある旨を証明する必要がある。

**エ** 依頼を受けた弁護士としては，解約料は6万円であり，業者に対して18万円の返還を求めるべきである。

**オ** なお，中途解約の規定は「前各項の規定に反する特約で特定継続的役務提供受領者等に不利なものは，無効とする」（特商法49条7項）と片面的強行規定であることが明示されていることから，仮に契約書に「一括で情報提供した分12万円については返還しない」との特約が規定されていたとしても無効と考えられる。

## 5　事例2について

⑴　結婚相手紹介サービスは，サービスを受け続けることで徐々に成果が現れるパソコン教室や語学教室などと異なり，結婚相手に出会えば目的が達成され契約期間内でも退会することになる。

494　第2章　具体的トラブル事例と解決

　このような退会の場合に，成功報酬として「成婚料」が請求されるケースがある。ただし一口に「成婚料」といっても，結婚式や結納など形として明らかなものから，口約束も含めた婚約なども「成婚」としている場合があり，「成婚」の範囲は曖昧である。

　(2)　そもそも成功報酬として「成婚料」を請求する場合には，契約書に「成婚」とはいかなる場合を指すか明確に示し，請求する範囲・金額をも明確に記載しなければならず，これらの記載のない成婚料を請求することはできない。

　よって，50万円の支払義務はない。

　(3)　なお，特商法では，結婚相手紹介サービスが「結婚を希望する者への異性の紹介」とされていることを考慮すると，交際をすることとしただけで「成婚料」を請求するとの契約書の記載は，問題がある。

# 第 *15* ‖ 決済・支払い

## ① 債権回収（サービサー法と弁護士法 72 条・73 条）

---

**事 例**

　Aのもとに，債権回収会社と名乗る B 社から，「あなたが利用していた有料サイト X（運営会社は C 社）の未納料金に係る債権を当社が譲り受けましたので，○年○月○日までに 30 万円を下記の口座に振り込んでください。」という請求の通知が届いた。A は確かに数か月前に有料サイト X を利用していたが，料金支払いは怠っていた。また，A のもとには，C 社から，債権を B 社に譲渡したという通知も届いていた。しかし，A は B 社のことを知らないので支払いたくないと思っている。A は，B 社の請求に応じなければならないのか。

---

### 1　本件の問題点

　本件では，C 社から，Aのもとに債権譲渡通知が届いているから，債権譲渡の債務者対抗要件は備えている（民法 467 条 1 項）。

　本件の債権譲渡は，C 社が債権の回収を行う目的で B 社に債権譲渡を行っていると思われるので，弁護士法 72 条・73 条に違反していないかが問題となる。仮に，弁護士法 72 条・73 条に形式的に違反しているように見えても，B 社の債権回収が弁護士法 72 条・73 条の特例法であるサービサー法で認められるものであれば，A は B 社の請求に応じなければならない。これに対し，サービサー法で認められるものでない場合，A は B 社の請求を拒否できるのかが問題となる。

## 2 「債権管理回収業に関する特別措置法」（サービサー法）について

「債権管理回収業に関する特別措置法」（サービサー法）は，弁護士法72条・73条の特例として，債権回収会社（サービサー）が業として「特定金銭債権」の管理及び回収を行うことを認めたものである（同法1条）。

### (1) 債権回収会社（サービサー）とは

債権回収会社（サービサー）とは，サービサー法に基づき，債権管理回収業について，法務大臣の許可を受けた株式会社をいい，株式会社以外の団体や個人がなることはできない。法務大臣の許可を受けた債権回収会社かどうかは，法務省のホームページで確認することができる。

法務省の許可を得るためには，資本金5億円以上の株式会社であること，債権回収業の許可を取り消されたことがある場合には，それから5年以上が経過していること，取締役に弁護士が選任されていること等が必要である（同法4条・5条）。

### (2) 債権回収業務

債権回収会社が回収できる債権は，銀行など金融機関の貸付債権，リース債権，クレジット債権など「特定金銭債権」として法定されているものに限定される。

サービサー法で規定された債権管理回収業とは，弁護士又は弁護士法人以外の者が，①委託を受けて特定金銭債権の管理及び回収を行う業務，②他人から特定金銭債権を譲り受けて，訴訟等によって管理及び回収を行う業務の2つで（同法11条），①の場合は，債権回収会社は債権者の代わりに交渉の窓口となるが，②では，債権回収会社自体が債権者となる。

債権回収会社は，①名義貸しをすること（同法14条），②業務遂行に当たり，人を威迫し又はその私生活・業務の平穏を害するような言動により，相手方を困惑させる行為をすること（同法17条1項），③利息制限法に定める制限額を超える利息・賠償額の支払いの約定がなされている債権について，利息制限法の制限額内に引き直さずに履行の要求を行うことなどは禁止され（同法18条5

項1号），また，相手方の請求があった場合には，商号や取立て従事者名等を
明示しなければならない義務がある（同法17条2項）。

## 3 弁護士法について

### ⑴ 弁護士法72条・73条について

弁護士法72条では，弁護士又は弁護士法人でない者が，訴訟事件などの法
律事件に関して，法律事務を取り扱うことなどの非弁行為が禁止され，また，
弁護士法73条では，他人の権利を譲り受けて，訴訟等によって，その権利の
実行を業とすることはできないと定められている。

### ⑵ 弁護士法73条に違反する行為

最判平成14年1月22日（民集56巻1号123頁）では，「弁護士法73条の趣
旨は，主として弁護士でない者が，権利の譲渡を受けることによって，みだり
に訴訟を誘発したり，紛議を助長したりするほか，同法72条本文の禁止を潜
脱する行為をして，国民の法律生活上の利益に対する弊害が生ずることを防止
するところにあるものと解される。このような立法趣旨に照らすと，形式的に
は，他人の権利を譲り受けて訴訟等の手段によってその権利の実行をすること
を業とする行為であっても，上記の弊害が生ずるおそれがなく，社会的経済的
に正当な業務の範囲内にあると認められる場合には，同法73条に違反するも
のではないと解するのが相当である。」と判示されている。また，同判例では，
社会的経済的に正当な業務の範囲内の行為であるか否かは，債権譲受けの方
法・態様，権利実行の方法・態様，債権回収会社の業務内容やその実態等を審
理し，当該会社の行為が濫訴を招いたり紛議を助長したりするおそれがないか
どうかや弁護士法72条の潜脱行為に当たらないかを含めて，判断する必要が
あるとしている。

また，弁護士法73条は，公益を目的とする規定であり，これに違反する行
為が処罰の対象とされていることからすると（同法77条），弁護士法73条に
違反する債権譲渡は無効と考えられる（東京地判平成26年11月19日ウエスト
ロー・ジャパン）。なお，債権の譲受け及びその権利の実行がそもそも弁護士法
73条に違反しない場合には，債権回収を行おうとする会社がサービサー法所
定の許可を得ていないことは問題にならないと考えられる（東京地判平成27年

498 第2章 具体的トラブル事例と解決

7月30日ウエストロー・ジャパン)。

## 4 設問に対する回答

まず，Aは，B社がサービサー法上の法務省の許可を得た債権回収会社に該当するかを確認することが考えられるが，仮にB社が上記債権回収会社に該当するとしても，本件ではそもそも，有料サイトXの利用料金債権はサービサー法上の特定債権に当たらないため，B社はサービサー法に基づいて債権回収を行うことはできない。

次に，B社の債権譲受け及び債権回収が，弁護士法73条に反しないかが問題となる。弁護士法73条に反するかは，B社の債権譲受け及び債権回収が，社会的経済的に正当な業務の範囲内にあると認められるかを，B社の債権譲受けの方法・態様，権利実行の方法・態様，B社の業務内容やその実態等を考慮し，当該会社の行為が濫訴を招いたり紛議を助長したりするおそれがないかを考慮して判断することになる。B社の債権回収等が弁護士法73条に反する場合には，C社からの債権譲受けは無効になるため，AはB社の請求に応じなくてよいが，弁護士法73条に反しない場合にはAはB社の請求に応じる必要がある。

### 【参考文献】
・高中正彦『弁護士法概説〔第4版〕』(三省堂，2012年) 345頁以下
・日本弁護士連合会調査室編著『条解弁護士法〔第4版〕』(弘文堂，2007年)
・法務省「債権回収会社(サービサー)制度—債権管理回収業に関する特別措置法—」(http://www.moj.go.jp/housei/servicer/kanbou_housei_chousa01.html)

第15　決済・支払い　*499*

## ② カードの不正利用
## （キャッシュカード，クレジットカード）

---
**事例 1　キャッシュカードの不正利用**

　A は B 銀行に預金していたが，施錠して駐車していた自動車内に置いてあったカバン（B 銀行のキャッシュカードと運転免許証在中）を C に盗まれた。A はキャッシュカードの暗証番号を自己の生年月日にしていた。

　以下の場合，A は，B 銀行に対し，責任を問えるか。

　(1)　預金払戻停止がなされる前に，C が，盗んだキャッシュカードを使用し，B 銀行から A の預金を引き出した場合

　(2)　預金払戻停止がなされた後，A が，B 銀行に対しキャッシュカードの再発行を依頼し，B 銀行がこれに応じて再発行カードを A に郵送したところ，郵送途中に A の家族になりすました C が再発行カードを詐取し，C が，詐取した再発行カードを使用し，B 銀行から A の預金を引き出した場合

---
**事例 2　クレジットカードの不正利用**

　X はクレジット会社 Y 社とクレジット契約を締結していたが，Z が勝手に X のクレジットカードを利用して商品を購入した。

　以下の場合，X は Y に対し責任を負うか。

　(1)　X が財布（Y 社クレジットカード 1 枚および運転免許証在中）を紛失し，クレジットカードの暗証番号を自分の生年月日にしていたところ，財布を拾った Z が，運転免許証記載の生年月日から暗証番号を割り出してクレジットカードを無断使用した場合

　(2)　Z と同居する 19 歳の長男 A が，X のクレジットカード情報を無断使用し，A の携帯電話を用いて，カード上の識別情報のみを入力の上，インターネット上の有料アダルトサイトに頻繁にアクセスしたところ，X が Y 社から多額の利用料金を請求された場合

*500* 第2章　具体的トラブル事例と解決

## 1　キャッシュカードの不正利用

### (1)　預金者保護法とは
### ア　「カード等」の意義（法2条3項）

「カード」は，預貯金者およびその口座に関する一定の情報が記録されており，預貯金の預入れや引出しの際に，正当な権限者であることを証することのできる証票である。典型はいわゆるキャッシュカード（ICカード含む）であるが，携帯電話内蔵のICチップに情報が記録され，ICチップをATMに近づけることにより預貯金を引き出せるようにしたものも「カード」に該当すると解される。

また，「カード等」の「等」には預貯金通帳も含まれる。

### イ　預貯金者保護の内容
### (ア)　偽造カード等による払戻し・借入れの効力の特例（法3条および4条）

法3条本文は，偽造カード等を用いて行われる機械式預貯金払戻し等について，債権の準占有者（改正後の「受領権者としての外観を有する者」）に対する弁済の効力（民法478条）の適用を排除し，原則として無効とする（法3条の帰結である）。例外的に，①預貯金者の故意により払戻し等が行われたとき，または，②金融機関が払戻しについて善意・無過失であって，預貯金者の重過失により払戻しがなされた場合には，有効となる旨定めている（法4条1項）。

預貯金者はカード等が偽造されたものであることの立証責任を負わず，かつ，金融機関が上記①，②の立証責任を負う。

払戻しではなく，金銭借入れの場合も同様である（法4条2項）。

### (イ)　盗難カード等による払戻しの場合の補填請求権（法5条）

盗難カード等を用いて行われた機械式預貯金払戻し等については，預貯金者は，金融機関に対し，一定の要件を満たす場合に当該払戻しの額に相当する金額の補填を求めることができる（法5条）。すなわち，盗難にあった預貯金者は，①盗難後，速やかに金融機関に盗取の事実を通知し，②金融機関の求めに応じて遅滞なく盗取の状況等を十分説明し，③金融機関に対し，捜査機関に被害届等を提出した旨の申告等，を行った場合には，払戻しの額に相当する金額の補填を求めることができ（同条1項），金融機関は，原則として全額補填しなければならない（同条2項）。

例外は，以下のとおりである。

まず，盗難カード等による不正な払戻しでない場合，または払戻しが補填の求めをした預貯金者の故意による場合，補填義務はない（法5条2項本文）。

次に，金融機関が善意・無過失で預貯金者に過失（重過失を除く）がある場合には，補填金額は補填対象額の4分の3に相当する金額となる（法5条2項ただし書）。

さらに，金融機関が善意・無過失で，預貯金者に重過失がある場合（あるいは預貯金者の一定の近親者の払戻しがなされたか，預貯金者が盗難後の金融機関への説明において重要事項について虚偽説明をした場合）には，金融機関に補填義務はない（法5条3項1号）。

また，著しい社会秩序の混乱の場合も補填義務はない（同項2号）。

上記例外事由の立証責任は金融機関が負担する。

なお，金銭借入れの場合も5条1項～3項記載の内容と同趣旨の規定が存在する（法5条4項）。

### ウ　インターネットバンキングおよび窓口払戻しについて

インターネットバンキングおよび窓口払戻しは預金者保護法の対象ではない。しかし，全国銀行協会は，会員銀行に対し，インターネットバンキングおよび窓口払戻しを含めた預金等の不正な払戻し一般について，預金者保護法の趣旨を踏まえ，預貯金者の立場に立った対応を促し，預金者保護法と類似した預金規定の参考例，および「重大な過失または過失となりうる場合」を発表している。これらについても預金者保護法の趣旨に照らし解釈されるべきである。

### (2)　問　題　点

ア　偽造カードか盗難カードかで保護の方法が異なる。したがって，両者の区別が問題になる。

「偽造カード」とは，真正カード等以外のカード等その他これに類似するものをいい，「盗難カード」とは，盗取された真正カード等をいう。「盗取」とは，窃盗または強盗により奪われた場合をいい，横領の場合は含まれないと考えられる。恐喝の場合には，預金者保護法の適用においては強盗と同視できる場合が考えられる。

502 第2章 具体的トラブル事例と解決

法文上真正カードは預貯金者に「交付」されたカードであることを要するため，預貯金者に交付されることなく詐取されたキャッシュカードは「盗難カード」に該当せず，「偽造カード等」に該当する（交付前に詐取された再発行キャッシュカードについて，大阪地判平成20年4月17日判時2006号87頁）。

**イ　預貯金者の「過失」（法5条2項ただし書），「重過失」（法4条，5条3項・4項）の内容**

預貯金者に「過失」がある場合，盗難カード等の場合には，金融機関の補塡額は4分の3に軽減され，預貯金者に「重過失」がある場合，預貯金者は保護されない（法4条1項・5条3項）。

そのため，いかなる場合に預貯金者の「過失」「重過失」が認められるかは重要である。

まず，「過失」については，盗難カード等の被害の場合，暗証番号を生年月日等の類推されやすいものとしていただけで直ちに預貯金者の過失は問えず，①金融機関が預貯金者に対し，生年月日等の類推されやすい暗証番号から別の番号にかえるよう，複数回にわたり，電話やダイレクトメール等によって個別的，具体的に働きかけたにもかかわらず，②預貯金者が，生年月日等の類推されやすい暗証番号にしたまま，かつ，③そのカードが当該暗証番号を推測させる書類等と一緒に盗取された場合には，他の諸事情も勘案して過失が認定されてもやむを得ない場合が多い。預貯金者が深夜飲酒の上，ATMの近くに見知らぬ人間を伴い，その視野の中において暗証番号の入力操作を行ったりしたこと等から，暗証番号を適切に管理する注意義務に違反したとして預貯金者の過失を認定し，銀行を無過失とした判決例がある（東京地判平成22年12月28日金法1924号113頁）。

「重過失」は，故意と同視し得る程度に注意義務に著しく違反する場合をいうとの理解を前提に，①預貯金者が他人に暗証番号を知らせた場合，②預貯金者が暗証番号をカード上に書き記した場合，③預貯金者が自らカードを安易に他人に渡した場合，その他これらと同等程度以上に注意義務違反が著しい場合に限られる。

## (3)　解決のポイント

事案の解決に当たっては，金融機関は，預貯金者が安心して利用できるシス

テムを構築する義務があることを前提に，安易に預貯金者の重過失・過失が認められることのないようにすべきである。

### (4) 事例1に対する回答

#### ア 事例1−(1)

まず，(1)イ(イ)①乃至③を忘れないようにしなければならない。その上で，Aの過失・重過失の有無が問題となる。

生年月日等の類推されやすい暗証番号にしたまま，かつキャッシュカードを暗証番号が推測される書類等（例えば運転免許証や健康保険証）と一緒にしていても，それだけでは，預貯金者の過失とは評価されない。

また，カードを自動車内に置いていたことをもって過失の要素と評価できるかという問題がある。全国銀行協会の「重大な過失または過失となりうる場合」では肯定的であるが，施錠された自動車は施錠された自宅と同様に考えられるのであって，施錠した自動車にカードを置くことは放置にあたらず，何ら過失の要素として評価すべきではない。

したがって，Aは，預金者保護法5条2項本文に基づき，B銀行に対し，払戻額全額の補填を請求できる。

#### イ 事例1−(2)

前掲大阪地判平成20年4月17日は，Aに再発行カードの交付がないことから真正カード等にあたらず「偽造カード等」にあたるものとして法4条1項の適用可否の問題とした。そして，Aの「重過失」は認められる余地がないから，B銀行のCに対する払戻しは無効であり，B銀行はAに払戻額全額の補償義務があると判示した。

## 2 クレジットカードの不正利用

### (1) 会員規約による支払免除および損害塡補制度

#### ア クレジットカードの不正利用

クレジットカードは不正利用により莫大な損害が利用者にふりかかるリスクがある。

カードの所有権はカード会社にあり，カード会員はカードを借りているということになるからカードおよび暗証番号の管理につき善管注意義務を負うと考

504 第2章 具体的トラブル事例と解決

えられるが，利用者のリスクからいえば善管注意義務を強調するのは妥当とは思われない。

**イ 会員規約による支払免除**

クレジットカード不正使用の場合，直接規定する法律はなく，まず，当事者間の契約すなわち会員規約の規定が問題になる。

会員規約の内容が消費者の権利を不当に制限するものであれば，消費者契約法10条の不当条項に該当し，無効である。

実際の会員規約の規定はカード会社により異なるが，一般的には，

① 他人が利用した場合のクレジットカード代金は原則としてカード会員が負担する。

② ただし，例外的に，会員が，速やかに，紛失・盗難の事実を所管の警察署に届出し，所定の紛失届・盗難届をカード発行会社に提出した場合には，カード会社の届出受理日から60日前以降に発生した代金については支払免除する旨の内容が多いといわれる。

**ウ 損害填補制度**

会員規約の支払免除規定とは別に，クレジットカードには通常，保険による損害填補制度が存在する。

ただし，これにも例外がある。カード会社によって異なるが，通例，

① 紛失・盗難につき，カード会員に故意・重過失がある場合

② カード会員の家族・同居人などが不正使用した場合

③ 戦争・地震等の秩序混乱状態で紛失・盗難が生じた場合

④ カード会社が紛失・盗難届を受理した日の61日以前に生じた損害などについては補償がされないと規定されていることが多い。

**(2) 問 題 点**

会員規約のうち上記(1)ウ①の場合には，どのような場合が「重過失」にあたるかが問題となるところ，規約と法律の違いはあるものの，預金者保護法4条，5条3項の「重過失」の考え方は参考になる。会員規約上(1)ウ②の家族・同居人による不正使用はカード会員の主観的要件を問わないとされている。

第 15　決済・支払い　*505*

### (3)　解決のポイント

(1)ウ②については，カード会員の主観的要件を問わない規定を有効とした判決例がある（大阪地判平成 5 年 10 月 18 日判時 1488 号 122 頁・判タ 845 号 254 頁，東京地判平成 28 年 5 月 17 日ウエストロー・ジャパン）。一方，かかる規定の適用を排除して，カード会社の責任を認めた判決例も存在する。

すなわち，未成年者が親のクレジットカードを不正利用して，自分の携帯電話からクレジットカードの識別情報を入力の上（その際，カード会員本人確認情報の入力を要求していなかった），インターネット上の有料アダルトサイトに頻繁にアクセスして，その親が金 285 万円余の請求を受けた事案において，長崎地佐世保支判平成 20 年 4 月 24 日（消費者法判例百選 230 頁・金判 1300 号 71 頁・消費者法ニュース 76 号 220 頁）は，「カード会員の家族の不正使用の場合，保障されない。」とする規定の適用には，カード会員の重過失の存在を要件とするとの前提の下に，未成年者の親の責任を否定した。クレジットカードの場合も，キャッシュカードの場合と同様，不正使用を防止する技術的な対応はクレジットカード会社の義務であることを前提に，カード会員自身に重過失等があるかを具体的事案に照らして吟味すべきである。

### (4)　事例 2 に対する回答

#### ア　事例 2 −(1)

キャッシュカードの場合とパラレルに考えられる。すなわち，単に生年月日等の類推されやすい暗証番号にしたまま，かつクレジットカードを暗証番号を推測される書類等と一緒にしても，それだけでは，預貯金者の過失とは評価されない。財布紛失の状況によっては過失を問われる可能性はあるが，「重過失」と評価されることは考えにくい。

したがって，Y 社の補償規定が適用される結果，X は Y に対し責任を負わないと考えられる。

#### イ　事例 2 −(2)

本事例は上記長崎地裁佐世保支部判決の事案を簡略化したものである。上記に述べた同判決の判旨に従って，X は，Y 社に対し責任を負わないと考えられる。

*506* 第2章 具体的トラブル事例と解決

## 【参考文献】

・高見澤昭治＝齋藤雅弘＝野間啓編著『預金者保護法ハンドブック』（日本評論社，2006年）
・山岸憲司＝片岡義広＝内山義隆編『リース・クレジットの法律相談〔第3版〕』（青林書院，2010年）
・福崎博孝「有料サイトの利用とクレジットカードの支払いをめぐる訴訟における未成年の子の親の責任」現代消費者法3号（2009年）39頁
・島川勝＝坂東俊矢編『判例から学ぶ消費者法〔第2版〕』（民事法研究会，2013年）

# 第16 ∥ 金融商品

## 1 金融商品と不法行為

### 1 概　要

　消費者が金融商品取引により被害を受けた場合に，その被害を回復する手段としては契約の効果そのものを争う方法（契約の不成立・無効・取消し・解除等）も検討されなければならないが，多くの場合は損害賠償請求による被害回復を検討することが中心となる。損害賠償請求には，大きく分けて債務不履行に基づく損害賠償請求（債務不履行構成）と不法行為に基づく損害賠償請求（不法行為構成）とがあり，それぞれメリット・デメリットがあるが（弁護士費用が賠償請求の範囲に含まれるか，遅延損害金の発生時および時効などについて検討されたい。），被害者勝訴判決の大部分は不法行為構成を採用している。そこで本項では，不法行為に基づく損害賠償請求により金融商品取引被害の回復を図る場合に検討すべき典型的な違法行為の類型についてその概要を整理する。

　ただし，各違法要素は別個・独立に存在するものではなく，一連一体として評価すべき場合が多いことに留意されたい。

### 2 適合性原則違反

#### (1) 意　義

　適合性原則とは，顧客の知識，経験，財産の状況および契約を締結する目的などに照らして不適当と認められる勧誘を行ってはならないという原則である。

#### (2) 法　令　等

・金商法40条1号

　　「金融商品取引業者等向けの総合的な監督指針」Ⅲ−2−3−1

　　「協会員の従業員に関する規則」7条5号（日本証券業協会）

・商品先物取引法215条

508　第2章　具体的トラブル事例と解決

「商品先物取引業者等の監督の基本的な指針」Ⅱ－4－2
「商品先物取引業務に関する規則」4条1項（日本商品先物取引協会）

### (3) 判　　例

最判平成17年7月14日（民集59巻6号1323頁・判時1909号30頁・金判1222号29頁）は適合性原則違反が不法行為上も違法となることや適合性の判断基準を次のとおり示した重要な裁判例であり，以下のように判示している。

「証券会社の担当者が，顧客の意向と実情に反して，明らかに過大な危険を伴う取引を積極的に勧誘するなど，適合性の原則から著しく逸脱した証券取引の勧誘をしてこれを行わせたときは，当該行為は不法行為法上も違法となると解するのが相当である。」

「顧客の適合性を判断するに当たっては，単に……取引類型における一般的抽象的なリスクのみを考慮するのではなく，……具体的な商品特性を踏まえて，これとの相関関係において，顧客の投資経験，証券取引の知識，投資意向，財産状態等の諸要素を総合的に考慮する必要があるというべきである。」

## 3　説明義務違反

### (1) 意　　義

投資家は，取引の仕組みやリスクなどについて十分な情報を得た上でなければ，適切な投資判断を行うことはできない。そして，金融商品取引業者は，一般投資家に比して，金融商品に関する業務全般を取り扱い，金融に関する膨大な情報と経験を蓄積し，分析する専門的能力を有している。

そこで，金融商品取引業者には，取引の内容や顧客の知識経験に応じて，取引に伴う投資内容を十分に理解し自己責任において投資判断をなし得るための情報を提供し説明する信義則上の義務があるといえる。

そして，説明という行為が投資家の理解のために行われる以上，投資家の理解を得ることができないような行為は説明とはいえないのであり，金融商品取引業者の説明義務は投資家に理解させる義務を含んでいることは当然であり，その意味で，説明義務は，単なる「告知義務」ではないことには留意すべきである。

## ⑵　法　令　等

　金販法 3 条 1 項は，顧客に対する説明事項を定め，同法 4 条 2 項は，説明の方法について，「顧客の知識，経験，財産の状況及び当該金融商品の販売に係る契約を締結する目的に照らして，当該顧客に理解されるために必要な方法及び程度によるものでなければならない」と定めている。さらに，同法は説明義務違反の際の損害賠償責任ついても定めている（金販法 5 条・6 条 1 項）。

　また，金商法 37 条の 3，金商業等府令 80 条 1 項は，契約締結前交付書面の交付義務という形で，金融商品取引業者の説明義務を定めている。同交付義務に違反する場合には罰則も用意されている（金商法 205 条 12 号）。

　さらに，「金融商品取引業者等向けの総合的な監督指針」IV - 3 - 3，「主要行等向けの総合的な監督指針」III - 3 - 3 を参照されたい。

## ⑶　判　　例

　判例上も金融商品取引業者に説明義務があることは認められてきた。

　代表的なものとしては，ワラントの勧誘の違法性が問題となった事案における，東京高判平成 8 年 11 月 27 日（判時 1587 号 72 頁）およびこれを是認した最判平成 10 年 6 月 30 日（証券取引被害判例セレクト 10 巻 84 頁）等がある。

　なお，最判平成 23 年 4 月 22 日（民集 65 巻 3 号 1405 頁）は，契約締結前における契約締結の可否にかかる説明義務違反の場合，説明義務違反を理由とする損害賠償請求を債務不履行責任として構成することはできないというべきであるとしたので注意が必要である。

　また，近時，デリバティブ関係訴訟において，説明義務違反を否定する最高裁判例が複数出されている。最判平成 25 年 3 月 7 日（集民 243 号 51 頁）および最判平成 25 年 3 月 26 日（集民 243 号 159 頁）は，金利スワップ取引が問題となった事案で，清算金の具体的な算定方法について説明義務があったとはいいがたいなどとして説明義務違反を否定した。

## 4　断定的判断の提供

### ⑴　断定的判断の提供の禁止の意義，法令等

　金商法 38 条 2 号は，「金融商品取引業者等又はその役員若しくは使用人は」，「顧客に対し，不確実な事項について断定的判断を提供し」て，「金融商品取引

510 第2章 具体的トラブル事例と解決

契約の締結の勧誘をする行為」をしてはならない旨定めている。そして，同法違反は，行政処分の対象となっている（金商法52条1項7号）。

また，金販法4条は，「金融商品販売業者等は，金融商品の販売等を業として行おうとするときは，当該金融商品の販売等に係る金融商品の販売が行われるまでの間に，顧客に対し，当該金融商品の販売に係る事項について，不確実な事項について断定的判断を提供し，又は確実であると誤認させるおそれのあることを告げる行為を行ってはならない」旨規定している。そして，同法違反は損害賠償責任を負うことになり（金販法5条），顧客が当該損害賠償請求を行う場合には，損害額及び因果関係が推定され（元本欠損額が損害額と推定される），金融商品販売業者等は無過失責任を負う（金販法6条1項）。

さらに，消費者契約法4条1項柱書および2号は，「事業者が消費者契約の締結について勧誘をするに際し」，「物品，権利，役務その他の当該消費者契約の目的となるものに関し，将来におけるその価額，将来において当該消費者が受け取るべき金額その他の将来における変動が不確実な事項につき断定的判断を提供」したことにより，「当該提供された断定的判断の内容が確実であるとの誤認」をし，「それによって当該消費者契約の申込み又はその承諾の意思表示をしたときは，これを取り消すことができる」旨定め，断定的判断による契約の申込みの意思表示もしくは承諾の意思表示を行ったときは，当該意思表示を取り消すことができるとしている。

なお，「断定的判断の提供」とは，その字義からは狭い概念のように感じられるが，「断定的判断の提供」として法が禁止しているのは，確実性の誤解の可能性のある告知を伴う勧誘まで含んでいることには留意するべきである（金商法38条2号は，「確実であると誤解させるおそれのあることを告げて」契約の締結もしくは取引の勧誘等をしてはならない旨定めている）。

(2) 判　例

金融商品販売業者が，投資取引の勧誘を行うにあたり，投資対象の価格の値上がりの可能性等について誇張した表現を用いることはよくあるが，その勧誘方法が，社会通念上相当といえる範囲を超えてなされた場合および断定的判断の提供により顧客の正当な認識の形成または自由な意思決定が妨げられた場合には，金融商品販売業者は不法行為に基づく損害賠償責任を負うことになる。

この点については，最判平成 9 年 9 月 4 日（民集 51 巻 8 号 3619 頁・証券取引被害判例セレクト 6 巻 93 頁）がある。最判は，断定的判断の提供と不法行為の成否との間には，「社会通念上許容された限度を超える」か否かという基準を要求するという立場を採用している。

その他，断定的判断の提供の違法性を認めた判例として，最判平成 8 年 10 月 28 日（金法 1469 号 51 頁）がある。

## 5 過当取引

### ⑴ 意 義

過当取引とは，金融商品取引業者が，顧客の口座を「支配」し，顧客の信頼に乗じて，金額・回数において過当な取引を行わせることをいい，金融商品取引業者の目的は，顧客に過当な取引を行わせて，それに伴う手数料を稼ぐことにあり，その結果，顧客は著しい損害を被ることとなる。

上記過当取引の違法性の実質的な根拠から，過当取引として認められるための要件としては，従来から，①取引の過当性，②口座の支配性，③業者の故意・悪意性が取り上げられ，多くの裁判例においても指摘されている。

もっとも，これら要件に拘泥するのではなく，投資対象商品のリスクの高さや手数料額の大きさなどをも考慮して総合的に判断することが重要である。

### ⑵ 法 令 等

金商法 36 条 1 項は，誠実公正義務を金融商品取引業者に課すとともに，金商法 40 条柱書および同条 2 号，金商業等府令 123 条 1 項 1 号は，「あらかじめ顧客の注文の内容を確認することなく，頻繁に当該顧客の計算において有価証券の売買」が行われる状況にならないようにしなければならないとしている。

さらに，金商法 161 条 1 項，有価証券の取引等の規制に関する内閣府令 9 条，金融商品取引法第二条に規定する定義に関する内閣府令 16 条 1 項 8 号イもしくはロ，金商業等府令 123 条 1 項 13 号ロ乃至ホを参照されたい。

### ⑶ 判 例

大阪地判平成 18 年 4 月 26 日（判時 1947 号 122 頁・判タ 1220 号 217 頁）は，投資信託の乗換売買を中心に，仕組債（EB・バスケット債），国内株式，外国

株式，外国債券といった取引が約2年半にわたって展開され損失が生じたという事案において，証券会社が一般投資家に勧誘を行う際には，「当該顧客の知識・経験，投資目的，資金力に照らして，不適切に多量・頻繁な投資活動に勧誘し，自己の利益を図ってはならないという義務を負っている」とし，売買回転率や，集中投資や短期乗換売買が行われていることから取引の過当性を認め，担当社員の主導性も肯定し，さらに手数料が高率の商品の短期乗換売買や合理性のない乗換売買も繰り返されていることから，本件取引は原告の利益を犠牲にして自己の利益を図ったものとして，「無意味な反復売買，乗換売買」として違法であるとした。

## 6　一任売買

### ⑴　意　　義

　一任売買とは，金融商品取引業者が，売買の別，銘柄，数量，価格など注文に必要な事項について，顧客の個別の取引ごとの具体的な指示を受けないで，顧客の計算で取引を行うことをいう。

　また，形式上は証券会社が個別に顧客からの指示を得て取引をしているような外観はあるが，実際は顧客が金融商品取引業者の言いなりになっているという場合には，実質的に一任売買が行われているといえる。

### ⑵　法 令 等

　金商法2条8項12号は，一任勘定による投資一任業務は，投資一任契約によることとし，金商法28条4項は，それを行う場合，投資運用業としての登録が必要であるとしている。

### ⑶　判　　例

　実質的な一任売買による違法を認めた裁判例としては，名古屋地判平成22年3月25日（先裁集59巻172頁）がある。

　同裁判例は，「顧客は，取引の損益にかかわらず，取引ごとに商品取引員に委託手数料を支払う必要があることに照らすと，顧客から具体的内容の売買指示を受けないで売買注文を受託して，これを執行したり（一任売買），形式的には委託者の承諾があるものの，実際には外務員の言いなりに取引を行ったり

（実質一任売買）することを許せば，外務員が手数料稼ぎを目的に取引を進め，委託者が多額の損失を被るおそれがあるから，商品取引員及びその使用人は，顧客から受託を受ける際，一任売買ないし実質的一任売買の状態に陥ることを回避すべき義務を負うと解するのが相当である」とした。

## 7　無断売買

### (1)　意　義

無断売買とは，投資取引において，金融商品取引業者が，売買の別，銘柄，数量，価格などについて，顧客の同意を得ないで，顧客の計算で取引を行うことをいう。

### (2)　法令等

金商法38条9号，金商業等府令117条1項11号は，「投資者の保護に欠け，若しくは取引の公正を害し，又は金融商品取引業の信用を失墜させるものとして」，無断売買を禁止している。

商品先物取引法214条10号，商品先物取引法施行規則103条1項3号も，無断売買を不当な勧誘として禁止している。

### (3)　効果，判例

金融商品取引業者により無断売買が行われた場合には，顧客はどのような請求をしていくべきかについては議論がある。顧客の委託のない無断売買は，いわば無権代理であるから，その効果は顧客に帰属しない。

判例も顧客の委託のない無断売買の効果は顧客には帰属しないとの立場を採っている（最判平成4年2月28日判時1417号64頁・判タ783号78頁）。無断売買の効果は顧客に帰属しないので，顧客は，証拠金取引であれば証拠金，投資信託の売買であれば売却された投資信託を，不当利得として返還請求することができることになる。

次に，不当利得に基づく返還請求とは別に，不法行為に基づく損害賠償請求をできるかが問題となるが，上記判例は，この点について，証券会社の行った無断売買の効果は顧客に対して効果が帰属せず，信用口座取引口座の金員が引き落とされても，顧客は証券会社に委託証拠金等の返還請求権を有するのであ

514 第2章 具体的トラブル事例と解決

るから，顧客に損害がないとして不法行為は構成しないとした。

しかし，無断売買は一個の行為として行われることもあるが，証拠金を預けて行う投資取引の場合，一連の取引の一部として無断売買がなされるのが通常であり，勧誘行為から取引終了までに行われる一連一体の不法行為の一部として，無断売買を捉える方が実態に即しているといえる。

## 8 仕切拒否

### (1) 意　義

仕切拒否とは，先物取引，オプション取引，信用取引等の投資取引において，顧客が取引を終了してほしいと言っているのに，それに応じず取引を終了させないことをいい，金融商品取引業者は様々な理由をつけて，顧客の取引終了の意思を撤回させて，取引を継続させようとする。

顧客の仕切の指示に反して顧客に損害を生じさせた金融商品取引業者は，その損害について債務不履行もしくは不法行為に基づき損害賠償責任を負うといえる。

仕切拒否については，金融商品取引業者から，業者が承諾しない限り，強制手仕舞いの義務は生じないなどの主張がなされることがあるが，この点については，最判昭和50年7月15日（判時790号105頁）は，「〔商品先物取引業者には〕委託者より右商品について売却の指図があれば，これに従って商品を売却する義務を負うのであり，受託者において右指図を承諾して初めて同人の右義務が発生するものではない」旨判示し，上記主張を明確に否定している。

### (2) 法 令 等

商品先物取引法214条10号，商品先物取引法施行規則103条1項7号は，仕切拒否および仕切回避を不当な勧誘として禁止している。

### (3) 判　例

最判平成10年6月11日（証券取引被害判例セレクト8巻320頁）は，顧客の仕切の指示に反して顧客に損害を生じさせた取引業者に，債務不履行を理由として損害賠償責任を認めた第1審および原審を支持している。

## 9 小　括

　金融商品取引により被害を被った消費者からの相談にあたっては，問題となる金融商品の具体的な商品特性を踏まえ，取引内容や出入金状況を精査し，消費者から十分に事情を聞き取ったうえで，過去の裁判例等と比較検討し，各事案についてどのような違法要素が問題となるのか等について十分に検討を行ったうえで事案の解決を図られたい。

516　第2章　具体的トラブル事例と解決

## ② オプションと仕組債

---

**事　例**

　Aは，B証券会社の社員から「定期預金よりずっと高金利です。X社の株価が6カ月間に35％以上下落しない限り元本は保証されるし，下落した場合でもX社の株で償還されるので安心です。」等と勧誘され，2015年（平成27年）9月に，以下の条件の社債（1額面1,000万円）を1額面購入した。X社株は，ジャスダックに上場されて間もない銘柄で，当時1株2万円であったが，2016年（平成28年）3月には1万円まで下落し，償還日にX社株500株で償還された。その間に受け取ったクーポンは，最低保証額である25万円のみであった。Aは投資信託を購入した経験はあったが，株取引や債券を購入した経験はなかった。

① 　名称：円建他社株転換特約付社債（期限前償還条項付／デジタル型／ノックインプット型）

② 　発行会社：Yインターナショナル・リミテッド（英国領ケイマン諸島）

③ 　発行額：1億円，1額面の金額：1,000万円

④ 　発行日：2015年10月1日，償還日：2016年4月4日（ただし期限前償還あり）

⑤ 　クーポン：利払日は2015年11月から2016年4月まで毎月4日（6回）とし，2015年11月4日までは年25％，以降は，各利払日の10営業日前（判定日）のX社株の終値が1万5,000円以上の場合は年25％，1万5,000円未満の場合は年1％を支払う。

⑥ 　満期償還価格：a）ノックイン事由が発生しなかったか，ノックイン事由が発生してもX社株の最終株価が2万円以上であった場合は額面の100％で償還し，b）ノックイン事由が発生し，かつX社株の最終株価が2万円未満であった場合はX社株500株で償還する。

⑦ 　最終株価：2016年3月25日のX社株の終値

⑧ 　ノックイン事由：発行日前日から2016年3月25日までの観察期間

中に，一度でも X 社株がノックイン価格（1 万 3,000 円）以下にな
ること。

⑨ 期限前償還：2015 年 11 月以降の各利払日の 10 営業日前（判定日）
の X 社株の終値が 2 万円以上の場合，直後の利払日に額面の 100%
で期限前償還する。

参考株価：2 万円（スポット～発行条件決定当時の X 社株の株価）

（設問 1）　A はどのようなリスクを負うか。
（設問 2）　A は B 証券会社に対して損害賠償請求できるか。

## 1　仕組債とは

### ⑴　仕組債の概念

「仕組債」とは，債券（社債）にデリバティブを組み込むことで，通常とは
異なるキャッシュフローになるように加工された金融商品で，金融商品取引法
上の位置付けは社債券であってデリバティブそのものではないが，実体として
は「デリバティブと債券が合体したもの」であり，クーポン（表面利率）を好
条件にするために，通常の社債にオプション（顧客から見て売り取引）を組み
込んでいる（司法研修所編『デリバティブ（金融派生商品）の仕組み及び関係訴訟
の諸問題』（法曹会，2017 年）42 頁・93 頁，以下「諸問題」という）。

「デリバティブ」は，原資産（株価，株価指数，通貨等）そのものではなく，
その価値から派生し，原資産の価格変動とは異なる独自のキャッシュフローを
生み出す取引をいい，オプション取引はその代表的例である。仕組債は多種多
様であるが，本事例のように，債券の発行体とは異なる別会社の株価に連動
し，当該株券で償還される可能性のある仕組債は EB（他社株償還条項付社債）
と呼ばれ，その他に日経平均株価など株価指数に連動する仕組債や，為替相場
に連動する仕組債もある。

### ⑵　本件仕組債の発行条件

本事例の仕組債は，外形上は外国の金融会社 Y が発行する社債（外国債券）

であるが、一般的な社債とは大きく異なり、元本の償還時期、償還額及びクーポンが確定しておらず、いずれも発行後のX社株の推移に依存して決まる。

元本の償還条件を整理すると以下のとおりである。

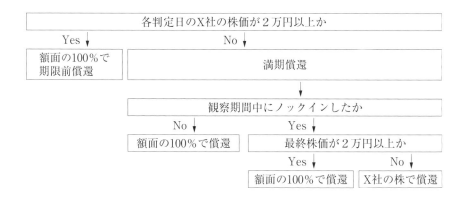

### (3) 仕組債購入者のリスク

株価連動仕組債は、オプションというデリバティブを組み込んでおり、購入者は、オプション取引の売り手と同様の立場に立たされ、また、仕組債は、債券の発行会社と購入者との相対取引（店頭取引）であるため、市場取引にはないリスク（流動性リスク）がある。

以下、「オプションの売り取引」と「店頭デリバティブ取引」という2つの観点から、本件仕組債のリスクを論ずる。

なお、仕組債事案の判例は、既に相当数集積されているが、紙数に限りがあるので、勝訴判決は全国証券問題研究会ホームページのデータベースを参照されたい。ただし、敗訴判決も少なくない。

## 2 オプション取引とオプションの売り取引のリスク（価格変動リスク）

### (1) オプション取引とは

オプション取引とは、一般に、ある商品（原資産、基礎商品）をあらかじめ定められた将来の一定の時期（権利行使期限）において、あらかじめ決められた価格（権利行使価格、ストライク・プライス）で売り付け又は買い付ける権利

の取引をいい，買い付けることのできる権利を「コール・オプション」，売り付けることのできる権利を「プット・オプション」という。このような権利（オプション）を，対価を支払って取得するのが「オプションの買い取引」で，その相手方として，対価を受け取ってオプションを付与するのが「オプションの売り取引」である（「諸問題」25〜26頁）。

金融商品取引法2条は，「当事者の一方の意思表示により当事者間において金融商品の売買等を成立させることができる権利を相手方が当事者の一方に付与し，当事者の一方がこれに対して対価を支払うことを約する取引又はこれに類似する取引」（市場取引につき21項3号，店頭取引につき22項3号・4号）と定めている。

### (2) 売買の予約完結権と金融商品取引法上のオプション取引

ア　オプション取引は，「抽象的な権利の売買」であるため，各種金融商品取引の中でも特に難解である（後掲，最判平成17年7月14日）。

上記の定義のとおり，オプションとは「一方の意思表示により当事者間に金融商品の売買等を成立させる権利」すなわち売買の一方の予約における予約完結権（民法556条1項）であり，本契約の買い手が予約完結権を持つ場合を「コール・オプション（買う権利）」，本契約の売り手が予約完結権を持つ場合を「プット・オプション（売る権利）」という。

オプションは選択権であるから，予約権利者はあらかじめ定められた条件で取引を行う権利を持つが，取引を成立させる義務は負わない。予約義務者は予約権利者による任意の権利行使に応ずる結果，予約成立から権利行使に至るまでの原資産の価格変動リスクを一方的に負担することとなるが，金商法上のオプション取引は，予約権利者が予約義務者に対し，そのリスクに応じた対価を支払うことによって成立する。

イ　本事例の仕組債は，債券の発行条件の中に「YはAに対し，期限前償還を解除条件，ノックインを停止条件として，X社の株式を6カ月後に1株2万円で500株売り渡すことができる」という株式プット・オプションが含まれており，「YはAに対し，その対価（オプション料）として，所定の条件で年25％または年1％のクーポン（デジタル・クーポンと称される）を支払うことを約した」と整理できる。事例では，6カ月後にX社の株式が1万円まで下落し

たため，YはAに対して償還期限にプット・オプションを行使して売買契約
を成立させ，値下がりしたX社株を2万で売り付ける権利を行使し，Aは同
株を同額で買い付ける義務を履行した結果，債券の額面元本1,000万円は買付
代金の支払いに充てられて返還されず，値下がりしたX社株500株が手元に
残ったため，Yは差額分500万円（オプション料を差し引くと475万円）の利益
を得て，Aは同額の損失を被ったものである。Yは，ノックインしなかった
場合はオプションを行使できず，X株が2万円以上であればオプションを放棄
することができるので，額面元本を償還すれば足りる。

　株価指数連動債では，償還額が「額面の100％×最終指数値／当初指数値」
といった抽象的な計算式でのみ表示されるため，株の買付義務を履行したとい
う仕組みをイメージしづらいが，理屈は同じである。

　仕組債のクーポンが普通社債よりも高率に設定できるのは，オプションの対
価（プレミアムと称される）が含まれているためである。

　仕組債の額面元本は，発行体が高率のクーポンを支払うための運用資金とな
るはずであるが，むしろ購入者がオプションの行使を受けた場合の買付代金支
払義務の担保となっており，これが「債券とデリバティブが合体したもの」の
実体と解される。


### (3)　オプションの売り取引の損益特性

#### ア　総　　説

　オプションの売り手は，原資産の価格変動リスクを負うが，それは「利益の
非対称性」と「オプション取引のレバレッジ効果」に特徴付けられる特殊な価
格変動リスクである。

#### イ　利益の非対称性

　原資産価格の上昇分の利益は得られず，下落した場合にはそのまま損失とな
る構造を，「利益の非対称性」という（新保恵志『金融商品とどうつき合うか』
（岩波書店，2008年）124頁）。オプション取引を除く金融商品は，資産価格と損
益の上下が対称的に連動するので，利益の非対称性は，オプション取引固有の
損益特性で，オプションの売り取引固有のリスクである。

#### ウ　オプション取引のレバレッジ効果

　オプションの買い取引は，原資産の現物を買い付ける場合よりもはるかに低

額のオプション料を支払うだけで，原資産の価格変動による利益を獲得することが可能で，これをオプション取引のレバレッジ効果という。売り取引に当てはめると，現物よりもはるかに低額のオプション料を受け取るだけで，原資産の価格変動による損失を負担させられる。

オプションの売り取引は，保険料としての実質を持つオプション料を取得して保険を引き受けるという基本的な性格を有するもので，①オプション料を取得できる代わりに，原資産価格の変動に伴うキャッシュフローという点では一方的にリスクだけを引き受けることになり，②前者の利益は一定額に制限されるが，後者の損失は理論上無限に拡大する可能性がある（「諸問題」28頁）。

### エ　株価連動仕組債の損益特性

株価連動仕組債も，前記イおよびウの特性を備えている。仕組債の発行者は，オプション料（クーポン）を支払うだけで株価下落に伴う利益を取得することができ，極めて効率の良い投資となるし，株価が上昇したときは，オプションを放棄することで，損失をオプション料の範囲に限定することができ，購入者は，あらかじめ定められたクーポンのみを受け取り，これと引き換えに株価下落リスクを一方的に引き受ける。

また，オプションの通有性として，原資産（参照対象株式）の価格変動率（ボラティリティと呼ばれる）が大きく，期限までの期間が長い方が，オプションが行使される可能性（時間的価値と呼ばれる）が大きいので，一般的に購入者のリスクはより高くなる。

### オ　バリア・オプションについて

基本形のオプションを「プレーン・バニラ」，ノックイン条項や期限前償還条項が付されたオプションを「バリア・オプション」といい（「諸問題」33頁），バリア・オプションは，償還期限までの株価の経路に依存することから，「経路依存型」とも呼ばれる。前記1(2)に示したブロックダイヤグラムのとおり，元本の償還条件は，第1に期限前償還されたか否か，第2に期限前償還されない場合にノックインした否かによって決まるが，時系列としては，ノックインした後に期限前償還されるケースもあるし，期限前償還の成否は判定日の株価によって決まり，ノックインの成否は一定の観察期間中に一度でもノックイン価格に達したか否かによって決まるので，元本割れが生ずるケースも様々な経路がある。

522　第2章　具体的トラブル事例と解決

ノックイン条件は，権利行使が可能となる条件を定めるもので，購入者はノックイン価格を上回る領域では株価下落リスクを負わないのであるから，元本毀損リスクを軽減するが，その分クーポンは低く設定されるはずであるから，購入者にとってはどちらが有利ともいえず，かえって予測可能性を大きく損なうし，安易な投資を誘発する恐れがある。期限前償還条項は，購入者にも将来の株価下落リスクから解放されるメリットがあるが，デジタル・クーポンとの組み合わせにより，株価が上昇し購入者に有利な局面で発動されるのであるから，むしろ発行体が高率のクーポンを継続的に支払うリスクを確実に軽減している。

## 3　店頭デリバティブ取引のリスク

### (1)　取引所取引と店頭取引

ア　デリバティブ取引には，取引所において上場商品として取引される取引所取引（市場取引）と，いわゆる相対（あいたい）で取引されている店頭（OTC）取引とがある。取引所で取引されるデリバティブは，原資産，限月，取引単位などの取引仕様が規格化（レディメイド）された上場商品であって，上場の届出（金商法121条）が要求されるのに対し，店頭取引は，当事者の合意（契約）によっていかなる内容にも仕立てることができるオーダーメード取引である（「諸問題」7頁，79～80頁）。

確かに，オプションは抽象的な権利であるため，これを組み入れる仕組債の設計も無限の自由度があり，これは取引所取引に対する店頭取引のメリットである。しかし，発行者と購入者の間には，知識，情報量及び交渉力において格段の差があるため，果たして購入者のニーズが的確に反映されているか否かを判断することは難しい。

イ　金融庁は，本件のような仕組債を，「店頭デリバティブ取引に類する複雑な仕組債」と分類し（「デリバティブ取引に対する不招請勧誘規制等のあり方について」（平成22年9月）），業界に対し自主規制の強化を求めた（「諸問題」75～76頁参照）。

### (2)　仕組債の店頭取引固有のリスク

以下に述べる店頭取引固有のリスクは，全ての仕組債に当てはまる。

### ア　信用リスク

仕組債は，社債の通有性として，発行体の信用リスク（デフォルトリスク）がある。

### イ　流動性リスク

取引所取引では，定型的な商品のみが上場され，市場参加者が価格を形成し，その値動きに関する情報は整備されているので，取引に入った者は，市場が形成した時価でいつでも反対売買を行って取引を清算することができるが，仕組債は，債券ごとに特殊な条件が定められており，流通する市場もないことから，購入者は次のようなリスクを負う。

#### ㈠　条件の複雑難解性

仕組債は，債券の発行体が，デリバティブを利用して個々に複雑な償還条件を設定するが，その条件を誤りなく理解し，そのキャッシュフローの特徴（損益特性）を見極めることは，極めて困難である。

#### ㈡　価格の決定権

仕組債のクーポン（オプション料）は，一般に，原資産のボラティリティ（変動予測）と権利行使期日までの期間に基づいて，満期までに得られる期待収益によって計算されるが，購入者には，価格に関する情報が全く与えられていないため，利払いの条件が，元本毀損リスクに対する対価として適正であるか否かを見極めることが困難である。

#### ㈢　途中売却の困難性

仕組債は，償還期限が長期であるが，途中売却する市場は存在しないため，他に売却して損失の拡大を回避するなど事後的なリスクコントロールができない。また，証券会社が買取りに応じたとしても，期待収益によって算出される理論値よりもさらに買い叩かれるリスクがある（大阪高判平成22年10月12日金判1358号31頁等参照）。

## 4　本事例の仕組債のリスク（設問1）

(1)　償還時期，償還額，クーポンがいずれも6カ月間の株価の推移によって決まるというもので，発行条件が複雑で理解しにくく，仮に理解できたとしても，利益と損失の可能性を予測して，投資判断することが困難である。

(2)　X社株を原資産とするプットオプション（Aにとって売り取引）が含ま

れているため，オプションの売り取引の通有性として，利益はクーポンに限定され，ノックインを停止条件とするが，6カ月間の株価下落リスクを全面的に負担するので，元本の損失はクーポンの範囲を大きく超えて拡大する可能性があるという「利益の非対称性」と「レバレッジ効果」に特徴づけられる特殊な価格変動リスクがある。

　株価指数連動債は，3年から7年といった長期のものが多く，本件仕組債は6カ月と比較的短期であるが，参照対象株式がジャスダック上場株で，日経平均株価などと比較すると一般的にボラティリティが大きく，このような銘柄を組み込むことにより，元本毀損リスクを高め，高率のクーポンの支払いを可能にしている。

　(3)　本件仕組債は，少人数向けに発行された債券（私募債）であり，一部の開示規制は及ばず，流通する市場もないから，店頭取引固有の流動性リスクも認められる。

　(4)　株が上がるか下がるかは大局的に五分五分であるとすれば，一般的に，本事案のような仕組債の7割程度は額面で期限前償還されるのではないかと考えられる。しかし，期限前償還されればクーポンの支払いは打ち切られるので，年25％という高率のクーポンの支払いが長期間継続する可能性は低いと考えられる。一方，株価下落の局面になると，年1％のクーポンが継続し，かつ最終的に6カ月間の株価下落リスクを負担することにより，損失額はクーポンの範囲を大きく超えて拡大する可能性があり，また，期限前償還やノックインの成否は一定水準に達したか否かの「白か黒か」で判断されるため，投資の僅かなタイミングによっても償還額が大きく異なり得るので，損益の予測が難しく，賭博性が強い。

　ノックイン価格1万3,000円はスポットの65％と一見低く設定されているが，過去に販売された個々の仕組債の参照対象銘柄（または株価指数）の過去の価格推移を検証してみると，ノックインの設定水準は低いとはいえず，ノックインしないケースの大半は期限前償還に取り込まれ，期限前償還されないケースではほぼノックインするため，現実には額面償還されるか否かは期限前償還の成否でほぼ決まり，ノックイン条件が機能して元本が確保されるケースは起こりにくい。

　一般に仕組債のメリットは，「預金や債券（国債や普通社債）と比較して

クーポンが高率であり，ノックイン条件により元本毀損リスクが軽減されている」ことにあるはずであるが，そのようなメリットが実現される可能性は低く，表面上記載された条件は，顧客に錯覚を誘発するもので，欺瞞的とすらいい得る。

(5)　本事例の仕組債は，小さな利益を得て終了する可能性は相当程度あるが，株価下落の局面においては，リターンを遥かに超えて損失が拡大する恐れがあるというリスクの高い損益構造となっており，対象株式はボラティリティが高く，6カ月後の株価を予測するのは困難であり，流動性を欠いていることから，損失の幅も予測しがたく，投資判断が極めて困難である。

## 5　損害賠償請求の可否（設問2）

### (1)　総　　説

　AがB証券会社に対して損害賠償を請求する理由として，適合性原則違反および説明義務違反を理由とする不法行為が考えられる。適合性原則違反および説明義務違反の一般論については，第2章第16「１　金融商品と不法行為」も参照されたい。

### (2)　適合性原則違反

　ア　適合性原則とは，金融商品取引業者は，顧客の知識，経験，財産状況及び投資目的に反する勧誘を行ってはならないという原則である（金商法40条1号，金販法3条2項）。最判平成17年7月14日（民集59巻6号1323頁）は，大阪証券取引所に上場されていた日経平均株価オプション取引（市場デリバティブ）で損失を受けた会社が，これを勧誘した証券会社に損害賠償を求めた事例であるが，「証券会社の担当者が，顧客の意向と実情に反して，明らかに過大な危険を伴う取引を積極的に勧誘するなど，適合性の原則から著しく逸脱した証券取引の勧誘をしてこれを行わせたときは，不法行為法上も違法となる。」と判示して，適合性原則違反が不法行為となることを明示した。

　イ　同最判は，さらにオプションの売り取引について「顧客の適合性を判断するに当たっては，単にオプションの売り取引という取引類型における一般的抽象的なリスクのみを考慮するのではなく，当該オプションの基礎商品が何か，当該オプションは上場商品とされているかどうかなどの具体的な商品特性

を踏まえて，これとの相関関係において，顧客の投資経験，証券取引の知識，投資意向，財産状態等の諸要素を総合的に考慮する必要があるというべきである。」とし，オプション取引，特にオプションの売り取引は，各種の証券取引の中でも極めてリスクの高い取引類型であることは否定できないが，日経平均株価オプション取引は，デリバティブ取引の中でも，「より専門性の高い有価証券店頭オプション取引」などとは異なり，証券取引所の上場商品として広く投資者が取引に参加することを予定するもので，上場に当たっては投資者保護等の観点から商品性についての審査を経ており，また基礎商品となる日経平均株価やオプション料の値動き等は新聞等に掲載されているなど，投資者の保護のための一定の制度的保障と情報環境が整備されていることなどから，「当然に一般投資家の適合性を否定すべきものとはいえない。」と判示した。

この判決を反対解釈すれば，仕組債は，オプションの売りという極めてリスクの高い取引類型である上，専門性の高い店頭デリバティブ取引であり，消費者保護のための情報や制度的な保障も欠いているのであるから，一般投資家にはおよそ適合しないか，少なくとも安易に勧誘してはならないと解すべきことが明らかである。

　ウ　ところが，仕組債に関する下級審判例の多数は，本事例の仕組債よりもさらに複雑な仕組債について「決して複雑とまではいえない」といったあいまいな評価をした上で，購入者の適合性を認めるものが多く，「同最判の法理は，最近の裁判実務ではほとんど機能していない」とも指摘されている（「諸問題」102頁参照）。しかし，仕組債の発行条件は，専門用語を多用して多項目に羅列されており，これらを誤りなく理解することは極めて困難であるし，仮に理解できたとしても，得られるクーポンの期待値と元本割れのリスクを比較して的確に投資判断することは相当に難しい。「複雑とはいえない」といった認定は，せいぜい「日本語として理解できる」と述べているに過ぎず，フィクションといわざるを得ない。

　エ　本件では，本件仕組債は，条件が複雑で難解である上，極めてリスクの高い取引類型であり，具体的な商品特性においては，流動性リスクがあり，投資家保護のための制度的な保障も欠いていることを前提として，そのような商品がＡの投資経験，証券取引の知識，財産状態はもちろん，そのようなリスクを負担してでもあえて購入する意向があったのか否か（投資意向に合致して

いたか否か），が十分に検討されるべきである。

### (3) 説明義務違反

**ア** 説明義務の根拠は，信義則（民法1条2項。最判平成21年12月18日（判時2072号14頁），最判平成23年4月22日（民集65巻3号1405頁）等参照），金販法3条・5条，業法上は，金商法38条9号，金商業等府令117条1項1号等がある。

情報格差の是正，自己決定権の基盤の確保の観点から，いかなる性質のリスクがいかなる仕組みで組み込まれている金融商品であるかということを理解し，当該リスクを引き受ける投資判断を自主的に行うことを可能とするに足りる情報提供こそが説明義務の核心であり，①説明義務の対象は，「取引の基本的な仕組みとリスク」で，②説明の方法・程度は，適合性原則も踏まえて，「顧客の知識，経験，財産の状況及び取引の目的に照らして，当該顧客に理解させるために必要な方法及び程度によるものでなければならない」とされる。また，③業者側の誤導的な説明によって投資判断を誤ったというケースでは，これも説明義務違反となり得る（「諸問題」122～123頁，126頁）。

平成22年に改正された金融庁の金融商品取引業者等向けの総合的な監督指針（Ⅳ−3−3−2(6)）は，店頭デリバティブ取引等（仕組債もこれに準ずる）のリスクの重大さを踏まえて，その説明責任について，ⅰ）当該取引の商品内容やリスクについて，(ア)最悪シナリオを想定した想定最大損失額，(イ)リスクの許容額，ⅱ）中途解約及び解約清算金（仕組債については売却額）については，(ア)中途解約の可否，(イ)最悪シナリオを想定した清算金の試算額，(ウ)解約清算金の許容額，等について，具体的に分かり易い形で解説した書面を交付する等の方法により，適切かつ十分な説明をしているかという点を，留意点として示している（「諸問題」72～73頁）。

**イ** 仕組債は，一般投資家にとっては新規性・独自性のある金融商品である上，ノックイン条件や高率のクーポンなど，一見有利な条件が強調されて勧誘されることが目に見えている。したがって，「これを販売商品として扱う金融取引業者等には，そのリスクの内容を具体的かつ正確に認識させ，顧客が冷静かつ慎重な判断が可能となるよう，過不足のない情報提供を行い説明を尽くすことが要求される」というべきである（東京高判平成23年10月19日金法1942

号114頁参照）。

「諸問題」124頁も，「取引の基本的な仕組みについても，キャッシュフローが生じる事由を無味乾燥な文章で形式的に説明するだけではなく，損益図（ペイオフ・ダイヤグラム）を示すなどして，視覚的に分かりやすい説明を行うことが望ましい」と指摘している。

ウ　仕組債は，購入者の資金需要等によりやむなく途中売却に至ることがある。

市場オプション取引では取引所の時価で反対売買して清算できるのに対し，仕組債の売却額は相手方から一方的に提示され，大きな損失が生ずるため，そのようなケースでは，売却額の妥当性や計算方法の説明義務が問題となるが，途中売却時のリスクも「取引の基本的な仕組みとリスク」として，説明義務の対象に含まれると解すべきである。

エ　本件仕組債においては，設問1で論じた商品特性やリスクを踏まえ，BはAに対し，ダイヤグラムや損益図を用いるなどして，複雑な償還条件を十分に嚙み砕いて説明し，クーポンと元本毀損リスクが対価関係にあることのほか，6カ月間の株価下落リスクを負担する恐れがあることを踏まえて，償還時期や最終的な損益がどのようになるのかについて，X社株や過去のジャスダック新規上場株の値動き等のデータによりシミュレーションを行うなどして，Aが自らの判断において投資の是非を判断するに足りるまで情報を提供して説明を行うべきであり，このような説明義務に違反した場合には，不法行為が認められるべきである。

## 3 私的な CFD 取引（排出権取引等）

---

**事 例**

　一人暮らしの高齢者方に業者の従業員が突然訪問してきて，よく分からないが銀行に預けておくよりも利息がいいと言われてお金を預けてしまった。被害者によれば高い配当がつく，損することはないと言われたということだが，取引の仕組みについては要領を得ない。契約関係書類を概観すると，一つは金を売り買いしてその差額を授受するという取引のようであり，一つは二酸化炭素の排出権についての取引のようであり，もう一つは金の現物を代金の一部を前払いし，残金を分割で支払っていくという契約になっているようである。これら業者らに対して損害賠償請求をしたい。

　これらの取引はどのようなものか。どのような問題があり，裁判例にはどのようなものがあるか。

---

### 1 CFD 取引

　上記事例の各取引（貴金属差金決済取引，$CO_2$排出権取引，金地金分割払（前払）取引）は，CFD 取引（Contract for difference：差金決済取引）の一種である。CFD 取引とはすなわち取引対象の受け渡しをせず，売りと買いの差額の授受で決済する取引のことをいう。CFD 取引だからといって直ちに違法な商法というわけではないが，法規制の間隙を突いた私的な CFD 取引は，悪質商法の一手段として，多くの被害を生じさせてきた。

### 2 貴金属差金決済取引

#### (1) 貴金属差金決済取引

　CFD 取引の被害は，従来，貴金属を取引対象とする私的差金決済取引を中心に生じてきた。この取引は，貴金属についての現物価格を差金決済指標としてする，「私設」「現物まがい」「証拠金」取引である。事案によって取引対象の貴金属や証拠金金額，証拠金率，取引単位等が異なるが，要するに保証金な

いし証拠金を支払って貴金属を売買したと同様の（差金決済を行う）地位を取得し，任意の時点で当該地位（ポジション）と反対の取引をすることによって生ずる観念上の差損益について差金の授受を行うものである。かつてはこの種取引の一種である「ロコ・ロンドン貴金属取引」（指標を「ロンドン渡しの金現物価格」とするもの）の被害が流行していた。

### (2) 取引の仕組み自体の違法性

　このような取引は，それ自体が存在を許されないものであるといわなければならない。

　貴金属差金決済取引は，賭博として刑事罰を以て禁止される行為を，あたかも何らかの真っ当な金融商品取引であるかのような外観を生じさせて，高率の手数料を徴求し（貴金属の価格で利ざやを得ようとする取引をしたいというのであれば法律で整備された国内の先物取引を行えば足りるのであって，手数料も本件取引の方が割高である），一方的に証拠金を徴求し（保全の措置が法律上整備されているわけではないから利益金はおろか証拠金でさえ返還される保証はなく，現実に平成17年には外国為替証拠金取引業者の多くが証拠金を返還することなく破綻した），差損益計算に大きな影響を及ぼす差金決済指標である外国為替及び金現物価格を一方的に業者において決定することとして，業者において業として，図利目的で，常習的に行われるものであり，そのようなものであると聞かされれば通常人であればこのような取引を行うとはおよそ考えられない「いかさま賭博」，「詐欺賭博」とでもいうほかはないものであるから（したがって，取引の実際を明らかにしない詐欺的勧誘が不可避的に生じることになる。），これをあたかも何らかの真っ当な金融商品であるかのように誤信させて一般消費者を勧誘してこれを行わせて証拠金等名下に金銭の交付を受ける行為は，公序良俗に著しく反し，私法上も不法行為を構成させるに十分な違法性を有するものであるというべきである。

　日本弁護士連合会も，平成19年3月16日付でこのような商法の仕組み自体を違法であるとする見解を示し（「『ロコ・ロンドン金取引』商法の被害に関する意見書」），各地の弁護士会も同旨の意見書等を採択した。

　この種の「店頭商品先物取引」（商品CFD取引）は，商先法において「商品先物取引業」の一類型とされ（商先法2条22項5号），許可制度をはじめとし

た規制に服することとなったが，参入規制を犯してこの種の商法を敢行する業者も散見され，今なお根絶には至っていない。

### ⑶　貴金属差金決済取引に関する裁判例

　上記のような理解は裁判例の多くにも共有されており，東京高判平成 20 年 10 月 30 日（先物取引裁判例集 53 号 377 頁・消費者法ニュース 78 号 210 頁）は，以下のとおり取引の仕組み自体を違法であると簡潔に判示している。

　「本件取引においては，売主である被控訴人会社〔注：業者〕が金の現物を買主である顧客に交付することは当初から予定されておらず，顧客が一定の期間内に反対売買をすることを前提として，これによってその差額（売買差金の額）を算出し，これを金銭で授受して当該取引を終了させるものであると認められる。しかるところ，売買差金の額は，顧客が買った（売った）とされる金の『ロンドン渡しの金の現物価格』に『ドル円の為替レート』を乗じた額との差額によって算出されるものであり，そして，『ロンドン渡しの金の現物価格』も『ドル円の為替レート』も，基本的には，被控訴人会社及び顧客において確実に予測できないものでありまたその意思によって自由に支配することもできないものであるから，そうとすれば，本件取引は被控訴人会社と顧客との間において偶然の事情によって利益の得喪を争うものといわざるを得ず，本件取引は賭博行為に該当するというほかはない。そして，本件全証拠によっても，本件取引（賭博行為）の違法性を阻却する事由を認めることはできない。したがって，仮に控訴人において本件取引の仕組みやリスクを理解して任意に本件取引を行ったとして控訴人を顧客として本件取引（違法な賭博行為）に勧誘しこれに誘い入れた点において，その勧誘行為を実際に行った被控訴人 A はもとより，その勧誘について被控訴人 A と意思の連絡があったものと推認される被控訴人 B ら（取締役ら 3 名）も，民事上の不法行為責任を負うものというべきであり，そして，被控訴人会社も民法 715 条 1 項又は会社法 350 条により控訴人に対して損害賠償責任を負うべきものである。」。

　同旨の裁判例は枚挙に暇がなく，また，東京地判平成 22 年 11 月 4 日（先物取引裁判例集 62 号 254 頁・消費者法ニュース 86 号 196 頁），東京地判平成 25 年 3 月 19 日（先物取引裁判例集 68 号 337 頁）などは，実質的に賭博としての違法性を備えているか否かを詳細に判断しており，参考になる。

532　第2章　具体的トラブル事例と解決

## 3　CO₂排出権証拠金取引

### (1)　CO₂排出権証拠金取引とは

　CO$_2$排出権証拠金取引（CO$_2$排出量取引）と呼ばれる詐欺商法が被害を急増させている。CO$_2$排出権（二酸化炭素排出権）の売買をレバレッジをかけた証拠金取引としてするものであり，欧州等海外の取引所取引へ仲介すると称するものと，海外の取引所での取扱商品であることを強調してOTC（相対取引）として行うものの2つのパターンが見られる。

　平成23年1月1日に施行された商先法により商品CFD取引を無許可で行うことはできなくなり，従来海外先物取引や貴金属差金決済取引を行っていた業者が短期間で禁圧されることを予期しながら取り扱っているのが実情である。

### (2)　取引の仕組み自体の違法性

　私的差金決済取引であるから，FX取引に関する東京高判平成18年9月21日（金判1254号35頁），貴金属差金決済取引に関する前掲東京高判平成20年10月30日ほかの法律構成がそのまま妥当し，要するに，本件取引は，「CO$_2$排出権の価格」及び「ユーロ為替変動」を差金決済の指標とする差金決済契約であるところ，「CO$_2$排出権の価格」も「ユーロの為替レート」も，業者及び顧客には予見することができないものであり，また，その意思によって自由に支配することもできないものであるから，この種の取引は偶然の事情によって利益の得喪を争うものというべきであり，賭博行為に該当する。仮に被害者において本件取引の仕組みやリスクを理解して本件取引を行ったとしても，顧客として勧誘しこれに誘い入れた点において，その勧誘行為を実際に行った従業員および役員らは共同不法行為責任を負うということになると考えられる。

　海外の取引所への仲介をすると称する業者も，かつての海外先物取引業者と同様，当該取引所までへの仲介をする者はほとんどなく，あるいは，仮にあっても全量を仲介する例はほとんどないと見られ，いわゆる「のみ行為」としての違法性を有するものと考えられる。

### (3) $CO_2$ 排出権証拠金取引に関する裁判例

東京地判平成 26 年 12 月 4 日（先物取引裁判例集 72 号 132 頁・消費者法ニュース 103 号 292 頁）は，$CO_2$ 排出権取引の仕組み自体からこの種の取引が公序良俗に反するとの判断を示している。同判決は，取引の違法性について，「本件取引は，被告会社が提示する ECX（欧州気候取引所）及びカバー取引先における取引レートを差金決済指標とする私的な差金決済契約であり，売買差金の額は，顧客が買ったあるいは売ったとされる『$CO_2$ 排出権の価格』を『ユーロ円為替レート』によって換算した額と顧客がその後に売ったあるいは買ったとされる『$CO_2$ 排出権の価格』を『ユーロ円為替レート』によって換算した額との差額によって算出されるところ，そうであれば，被告会社から提示される『$CO_2$ 排出権の価格』や『ユーロ円為替レート』の基準とされる為替レートは，被告会社にも原告にも予見することができず，また，その意思によって自由に支配することができないものであるから，本件取引は，偶然の事情によって利益の得喪を争うものというべきであり，賭博行為に該当して違法であり，公序良俗にも反するものというべきである。そして，本件取引の賭博行為としての違法性を阻却する事由の主張立証はない。」，「のみならず，本件取引においては，差金決済の指標となるレートが『$CO_2$ 排出権の価格』を『ユーロ円為替レート』が被告会社において一方的，恣意的に決定され，それに基づいて原告の損益が確定されていた高度の蓋然性があるというべきところ，そうであれば，本件取引は，そのような本件取引における構造的な利益相反状況や顧客に不利益になる事情を秘して行われた詐欺的な取引であるというべきである。」と判示している。この種の商法の被害救済手続の迅速，被害の終焉に寄与するものとして広く援用されることになるものと思われる。

また，東京高判平成 28 年 4 月 13 日（先物取引裁判例集 75 号 286 頁・消費者法ニュース 108 号 357 頁）は，業者は $CO_2$ 排出権取引の仕組みとして「AX Markets Limited を通じて ICE（インターコンチネンタル取引所）における『ECX-EUA』（欧州気候取引所　EU 域内排出権）を行う」と称していたところ，実際にはそのような取次ができていないにもかかわらず取次をすると称して勧誘していることが詐欺に当たる，と判断した。ECX-EUA を行うと称する $CO_2$ 排出権取引は多いため，広く参考にできる裁判例と思われる。その他，この種の商法に関する裁判例として，東京高判平成 25 年 4 月 11 日（先物取引裁判例

集 68 号 361 頁）は，当該業者が行っていた $CO_2$ 排出権取引について会社ぐるみの組織的な違法行為であったとした上，（当該被害者との直接の接触はない）管理担当者について，被害者の代理人弁護士との対応をしたことなどから，「会社ぐるみで組織的に敢行されていた顧客からの金員領得のシステムに組み込まれていた」として（共同）不法行為責任を肯定している。また，東京地判平成 26 年 10 月 21 日（先物取引裁判例集 72 号 119 頁・消費者法ニュース 102 号 338 頁）は，$CO_2$ 排出権取引と称してはいるものの，確定配当を支払うなどとして勧誘するという異常な事案についてのものであるが，本件取引の仕組みは相対の差金決済取引であるにもかかわらず，あたかも保証金に応じて一定の配当金が交付されるかのような虚偽の説明をし，このような資料を交付して被害者を欺罔し，誤信させる一方，利益相反関係や預託金以上の損失を被る危険性について十分な説明をすることなく保証金名目で金銭を交付させた行為は違法であるとして，業者，役員，従業員に対する損害賠償請求を全部認容している（なお，「配当金」が支払われているが，本件取引によって配当金を得たかのように装ったものであって，原告をして取引を継続させ，被告らの違法行為の発覚を防ぐ手段にほかならず，これを損害から控除することは民法 708 条の趣旨に反するとして，配当金を損害から控除していない）。さらに，被害の現実的な回復という点では，$CO_2$ 排出権取引を行っていた会社の営業担当従業員について広く責任を認めた東京地判平成 28 年 12 月 26 日（先物取引裁判例集 76 号 95 頁・消費者法ニュース 111 号 289 頁）も参考にされたい。

## 4　金地金分割払（前払）取引

### ⑴　金地金分割払（前払）取引とその違法性

　金地金分割払（前払）取引などと称し，金地金（場合によっては白金地金）を大量に売り付け（たことにし），総代金の 2 割程度を支払わせ，残りを 300 回程度の分割払いとする，などという現代型金現物まがい商法も増加している。

　金地金取引，金地金売買契約まがい「取引」は，契約時の価格で金を購入したこととして，第 1 回分として上記のとおり相当額を支払わせた上，残額を 300 回程度の分割払いとし，その全額を支払って初めて金等の引渡しを受け得ることとなり，それまでの間，将来の任意の時点で中途解約をすることができ，そのときには，解約日の東京工業品取引所の価格を基準として業者が定め

る金額と契約時の価格との差額を精算する，というものである。例えば，5月23日に金を4キロ，1グラム当たり4,243円，総購入代金1,697万2,000円で購入したこととし，同日280万円を支払い，残額は平成49年4月まで毎月5万3,000円（2回目は7万5,000円）の分割で支払い，将来の任意の時点で「中途解約」をして差金の授受をする，というものである。他に購入代金の10％の手数料を支払う必要があるものとされ，年間数万円の口座管理費及び情報料等を支払うものとされている。

このような「取引」は，「金・白金地金売買契約」などと称してはいるものの，上記の仕組みに照らして，一般に，上記2の貴金属差金決済取引とその実質は何ら異ならない。将来の金等価格によって差金決済をする私的差金決済契約であって，「取引」の仕組み自体，取引公序に著しく反するものとして違法であり，業者が，このようなあからさまな詐欺商法を作出してこれを口実に高齢者らから金銭を交付させることは，反倫理的な不法行為であるというほかない。

設立されたばかりの資本金も1,000万円程度しかないような業者が将来金の価格がいくら値上がりしようとも契約時の金額さえ払えば25年後に貴金属を引き渡してくれる（その客観的意思と能力がある）と期待することが常識的でないことは異論のないところであろう。清算会社制度が整備された先物取引ではなく，現物まがい取引を，無用のリスクを負担し，過大な費用を支弁して行う合理性がどこにも見いだせないこともすぐに分かる事柄である。

### (2) 金地金分割払（前払）取引に関する裁判例

この種の取引について，東京地判平成25年12月12日（先物取引裁判例集70号226頁・消費者法ニュース99号290頁）は，「金・白金地金売買取引は，当事者が将来の一定の時期において商品及びその対価の授受を約する売買取引であって，当該売買取引の目的物となっている商品の買戻しをしたときは差金の授受によって決済することができる取引にあたるから，商品先物取引法2条3項1号に定める取引と同一の性質を有する取引であり，商品先物取引法6条1項にいう『先物取引に類似する取引』にあたる。そして，25年後の決済時又は中途解約時における金価格は，契約時には確定できない偶然の事情により定まるものであるから，被告会社が，商品先物取引法6条1項に違反して商品市

場類似施設を開設し，取引を勧誘して，契約時に分割支払金として代金の一部を受領し，かつ代金の10％相当の契約手数料を受領することは，何ら正当な理由もなく賭博行為を勧誘しているにすぎず，刑法186条2項に反して賭博場を開張して利益を図っているものと認められる。したがって，このような違法な商品市場類似施設における取引であり，かつ違法な賭博にもあたる本件取引を勧誘して原告に契約を締結させた被告会社の行為は，民法709条の不法行為としての違法性を有する」と判示して業者，役員，従業員らに損害賠償を命じている。

　また，東京地判平成26年7月18日（先物取引裁判例集71号369頁・消費者法ニュース101号325頁）は，より詳細な検討をして，「本件各契約は，解約時の東京商品取引所の相場と契約時のそれとの差金を取得し，これにより契約関係から離脱することができ，投機性の高い取引を内容とする先物取引に該当し，商品先物取引法の相場による賭博行為の禁止等の規定に違反すると認められるところ……取引秩序の維持及び委託者保護のための方策が講じられたものとはいえないから，公序良俗に反し違法である」と判示している。

第16　金融商品　*537*

# 4　詐欺まがい投資商法

---
**事　例**

　Ａさん宅を，突然，男性が訪れ，「私は，海外投資の仲介をするＸ社の一般投資家チーム主任Ｂと申します。」と名刺を差し出した。

　「我が社は，現在，シンガポールの株式会社Ｃが行っている事業を，日本の一般投資家にご案内する仕事をしています。Ｃ社は，アジア各国の企業に投資し，現在は，年に20％近い配当を実現しています。満期償還は5年後で，元本保証です。また，万が一Ｃ社の償還ができなくなったときは，当Ｘ社が，保証もさせて頂いています。1口300万円から出資できます。ぜひご出資ください。」などとＢは言葉巧みに勧誘した。Ｂは，持参のタブレットの画面上に，シンガポールの風景を映し，続いて説明用の画面を開いて，Ｃ社の事業内容を簡単に描いたポンチ絵のようなものを見せた。

　Ａさんは，きれいな画面に見とれ，Ｂの巧みな説明を聞くうち，5年後に元本保証で返ってくるならと思って，契約することを承諾した。契約手続は，タブレット上の契約画面をＡさんがタッチすることで進み，保有資産や投資可能資金額なども当てはまるところにタッチさせられて，申告させられた。

　最後に，「契約申込み」というところに指でタッチして終了したが，契約書面の控えはなく，Ａさんには何も渡されなかった。

　Ｂは，Ａさんが自宅に置いていた300万円を直接受け取って，去った。

---

## 1　詐欺まがい投資商法の蔓延

　一人暮らしの高齢者が増えている中で，あの手この手の詐欺まがいの投資商法が蔓延している。高齢者は，収入を得る手段を失い，保有資金だけで老後生活が十分乗り切れるのかどうか不安を持っていることから，投資話の誘惑に弱い。さらに，加齢による判断力の低下も見られがちである。そのため，詐欺ま

がい投資商法の被害は高齢者を中心に高い水準で発生している。

## 2 問 題 点

詐欺まがい投資商法には，様々なものがあり，中には，ずさんで，ストーリーに説得力がないものも多くある。

また，事件の中には，契約書がない，名刺の記載が虚偽，誰が相手なのか判然としないなど解決に必要な情報が著しく乏しい事案も増加している。さらに，被害者の高齢化が進み，どのような内容の勧誘だったのか，相手がどのような風体だったのかなどについてさえ，記憶が曖昧で再現が困難なことも多い。

このように，一般に解決が困難なものが増えているといえるだろう。

しかし，そのような中にあっても，可能な限り回復の努力を続けるべきで，安易に「難しい」というべきではない。最大限，何ができるのかを模索すべきである。

## 3 解決のポイント

### (1) 相手の確保

事例のように，加害者らの身元につながる手がかりが少ない例が多い。一般に，詐欺まがいの商法を行う者は，自分のやっていることの違法性が強ければ強いほど，詐欺罪など刑事事件で摘発されることをおそれている。そのため，当然，自分が捕まらないよう周到に準備をしている。名刺が渡されても，それに本名が記載されているのかどうか軽々に信じてはいけない。被害回復の最初の一歩は，相手を特定して，交渉なり裁判の場所に引き出すことだが，それすら容易ではない。相手の残した手がかりから可能な限り関係者を特定していく作業が必要である。

① 名刺に記載された電話番号があるなら，その電話番号の契約者，設置場所，料金請求書の送付先などを弁護士法 23 条の 2 の照会を行うことが考えられる。

② 名刺やその他の書類に法人の名前が出ているなら，法人登記があるのかどうか確認する。マイナンバーも実在する法人の場合はネット上で見つけることが可能である。

法人登記があるなら，法務局に登記する際提出された委任状等の写しの確保

（法務局の保存書類の閲覧）を試みるべきである。

③　次に実在する会社住所があるなら，その建物の所有者・管理者に対する
　　照会で契約者を特定する。

④　預金口座があるなら開設者の調査をする。

　その他あらゆる手だてを講じて，相手を特定することが不可欠である。この場合の相手とは，会社ではなく「個人」である。会社は，交渉している間にも夜逃げなどでなくなってしまう可能性があるので，深追いしても被害回復の実効性がない場合がある。できるだけ多くの業者関係者個人の氏名と住所を特定することが必要である。


### (2)　交渉による解決の困難性

　なんらかの情報から相手を特定できた場合，できるだけ早く回収を図る必要がある。ただし，詐欺まがい投資商法はほとんどが犯罪の可能性が高いものであり，関係者らもそれを自覚している。刑事摘発を怖れていつでも逃げ出す用意をしている。こちらから接近したときにはすぐ逃げてしまう可能性もある。内容証明郵便で催告してしばらく様子を見る，などという方法はまず効果がないと心得るべきである。

　直接，相手の本拠に乗り込むという手法もあり得るが，訪問をきっかけに相手が逃げるということも計算に入れておかなければならない。

　相手が，いったん，交渉のテーブルに着くかのような姿勢を見せることもあるが，ずるずると交渉を引き延ばされ，あるいは分割払いの約束などがされたとしても支払期間が長期に及んで，いつまでも現実の被害回復が進まないうちに，いつの間にか相手が逃げて行方をくらましてしまう危険性がある。早い段階で交渉は見切って，訴訟をする方が回復の可能性が高まる場合もある。弁護士は恋々と交渉を続けることなく速やかに訴訟の準備をすべきである。

　消費者センターの相談員も，速やかに，弁護士に事案を引き継ぐことを考えるべきである。


### (3)　口座の凍結

　送金に預金口座への振り込みの方法が利用された事案では，犯罪の疑いが濃厚であると疎明できることを前提に，弁護士の責任で口座凍結を行うことも一

考に値する。

相手の口座に残高があれば，保全の目標となる。

### (4) 訴訟による解決

**ア**　相手の特定ができ，住所が分かり，なおかつなんらかの回収の方策を想定できる場合（資産はなくとも，給与債権の差押えの可能性があるなど），訴訟によって債務名義を確保することを考えるべきである。

その場合，会社を相手に契約の効力を云々しても，回収について実効性がないなら無意味である。関与していた自然人を相手にすべきで，それらの者らは，被害者との間には契約関係がないから，不法行為責任の追及を検討すべきである。

もちろん，事案によってはまだ会社が存続し，それなりに「営業」を継続していて会社資産があると見込めるときもある。その場合は，特定商取引法や，金融商品取引法などの，当該商法に適用可能な業法や，金融商品販売法や消費者契約法などの，契約の効力について云々できる理屈を使って，早く結論を得る，ということも考えるべきである。

**イ**　不法行為で関係者の責任を追及する際，忘れてはならないのは，立証責任の問題である。不法行為責任を追及する場合，立証責任は，原則，全て原告が負担する。そのため，不法行為の立て方も，立証可能な主張をたてるべきで，闇雲に主張して後に立証不可能な事態に陥らないよう注意しなければならない。

詐欺まがい投資商法は，事案を聞くと，それが詐欺であるということは容易に理解できることが多いが，しかし，証明は容易ではない。例えば，本件事例のように，到底信じがたい海外の事業に投資するなどという勧誘に対し，「こんな海外事業は実態がないに違いないから詐欺だ」などという不法行為を構成してしまうと，「海外事業に実態がない」ことの立証責任を負担してしまう。予想に反して相手が真剣に争ってくると，非常に負担の大きい困難な訴訟を遂行しなければならなくなってしまう。

ずさんで信用性の低い詐欺話であっても，訴訟を提起するときは，その詐欺話がどういう類型に属するものなのかを分析し，類似の事案についての不法行為と同じような構成をすべきである。

(5) **事例の解決方法**

ア　事例の場合は，海外事業への出資という形をとる投資の勧誘という形式を取っている。

投資勧誘については，判例法が適合性原則違反，説明義務違反という不法行為の類型を認めている。これを利用して不法行為を構成すべきである。

高齢の投資経験が豊富とはいえない人に，シンガポールの会社の事業に出資するよう勧めるのは，その事業内容に精通していないのが通常であることを考えると適合性に反するものと思われる。

また，事業内容についての説明，リスクについての説明などは極めて不十分であるから説明義務違反は明らかに認められるであろう。

実際に勧誘に携わった者については，こうした説明義務違反や適合性原則違反の不法行為を問うことになる。

イ　そのほか事業者の責任に関しては，事案の類型によっては，金融商品取引法や商品先物取引法など登録業者・免許業者しか行えない業を脱法的に行っているとの指摘，出資法違反，賭博類似であることから公序良俗違反であるとの指摘など，立証の容易な論点に引きつけて構成すべきである。

ウ　加えて，直接の勧誘者ではないが，代表取締役，取締役など会社関係者については，実際に勧誘を行った者らとの関係に着目して，適正販売体制構築義務違反などを考えるとか，会社法429条の責任など別の構成での不法行為を考えるべきである。

共同不法行為の主張は，損害を発生させるにいたった全員の共同行為と，当該関与者の行為とが，客観的関連共同を有することの主張が必要である。当該関与者が何をしたのか，例えば経理担当者が会社資金を従業員等が行う違法行為の資金として配分していたとか，違法行為の成績に応じて歩合を支給して，違法行為を助長していたとか，あるいは，営業部長が違法な勧誘のやり方を教育指導したとか，違法行為で好成績を挙げた従業員を褒賞して他の従業員を鼓舞したなどの行為を特定して，それらが損害を発生させた共同行為と客観的関連共同ある行為であるとの主張をする。こうした従業員等の行為は，会社という有機的な（違法な）営業活動を行う存在の一部を分担するという意味で，他の被告らの行った共同行為と客観的関連共同のある行為であると主張することは比較的容易ではないか。

542　第2章　具体的トラブル事例と解決

## ⑤　外国為替証拠金取引（FX取引）

---

**― 事　例 ―**

　インターネット取引でFX取引を行っていたところ，注文を出したのに約定するまでに10秒もかかってしまい，注文時のレートと大きく異なるレートで約定してしまって損失が生じた。業者は為替相場に変動をもたらす経済指標の公表に伴って注文が殺到して処理が追いつかなかったというのだが，そのような対応には納得できないので損害賠償請求をしたい。

---

### 1　外国為替証拠金取引とは

　外国為替証拠金取引は，被害拡大当時においては，これを許容し，あるいは規制する法令諸規則や監督する官庁もなく，その取引自体が取扱業者によって独自に様々に定義され，必ずしも一義的なものではなかったが，旧金融先物取引法（以下，「旧金先法」）は，「当事者が将来の一定の時期において通貨等……及びその対価の授受を約する売買取引であつて，当該売買の目的となつている通貨等の売戻し又は買戻し……をしたときは差金の授受によつて決済することができる取引」（2条4項1号）として，金融先物取引の一つと定義した。旧金先法は金融先物取引を取引所金融先物取引と店頭金融先物取引に分け（旧金先法2条1項），金商法でも，両者は区別され，前者は金商法2条21項1号，後者は同法2条22項1号に定義され，それぞれ，同法2条8項3号イ，同項4号により金融商品取引業として金商法の適用対象となっている。

　旧金先法が金融先物取引業者の登録制を採用したことから（旧金先法56条。金商法下でも同様（金商法29条）），何らの許可・登録などを行っていない，いわゆる「独立系外国為替証拠金取引業者」の多くが平成17年末までに消滅し，被害件数は顕著に低下していった。

### 2　「悪徳商法」としての生起

　外国為替証拠金取引は，外国為替取引にレバレッジをかけて証拠金取引とし

たものである。商品先物取引における貴金属や農作物などの「商品」が外国通貨であるというもので，法律的性質は（金融）先物取引であり，FX取引が創出される以前から存在していた通貨先物取引から金利差の精算として生じる［スワップポイント］を「外付け」したものであるということができる。

　この「スワップポイント」は，取引に高いレバレッジをかけることによって，為替変動に関係なく設定することができるから，あたかも，年率数10％もの「利息」が付くかのような誤解を生じさせて行う詐欺的勧誘が横行し，平成13年頃から急増し，金融先物取引法改正法が施行される直前である「最盛期」である平成17年6月頃には，300社程度もの業者が無登録で営業を行うに至っていた。

　無登録で営業を行っていたFX取引業者は，その圧倒的多数が，国内公設の商品先物取引業者の役員や従業員であった者らによって構成され，おびただしい数の凄惨な被害を生んだ。そのほとんどが電話勧誘により「高い利息をもらえる」という詐欺的勧誘を端緒とするもので，一般の為替レートと10円も異なるレートで取引が成立したことにしたり，顧客が取引の終了を申し出ると架空の取引を後付けして証拠金の返還を拒絶するというような，異様ともいうべき被害を多発させていた。

　このような違法行為の発生は，同取引を行う者の出自およびFX取引の仕組みに起因していたと見られている。FX取引は，業者と顧客が，現実に売買をするわけでもない外国通貨の価格（為替）変動等によって生じる計算上の差損益を授受する契約を締結するもので，業者の利益は顧客の損失の上にしか成り立たないという，業者と顧客との間の利害相反状況下で行われていたから，長期的な業者・業界の信用に配意する姿勢を持たず，いわゆる「客殺し商法」を行うことに抵抗が少なかった商品先物取引外務員であった者らは，半ば必然的に，顧客から受け取った金をいかにして返金せずに済むかというところにのみ心血を注ぐことになったのである。

　なお，いわゆる「外国為替証拠金取引」が平成10年の外為法の改正により自由化されたなどといわれることがあるが，このような理解は誤りである。為銀主義（財務大臣から許可を受けた外国為替公認銀行だけが外国為替取引をできるとすること）の放棄は為替取引を自由化するものではあるものの，為替変動を差金決済指標とする賭博行為を許容するものではない。法令による違法性阻却

のない私的差金決済契約は，賭博（賭博罪，常習賭博罪，賭博場開帳等図利罪，金融商品取引における刑の加重規定としての相場による賭博行為等の禁止違反）であって，それ自体違法である（大判大正12年11月27日刑集2巻866頁，大判昭和11年4月2日刑集15巻423頁）。法令の根拠を欠いて行われていた外国為替証拠金取引については，裁判例に混乱がみられた時期があったものの，結局，法令による違法性阻却のない取引は公序良俗に反するとするのが裁判例の大勢となった（札幌地判平成15年5月16日金判1174号44頁，東京地判平成17年11月11日判時1956号105頁，東京高判平成18年9月21日金判1254号35頁ほか）。私的差金決済取引としての外国為替証拠金取引商法への対抗として構築された，取引の仕組み自体から直ちに違法性を導こうという法律構成は，いわゆる「ロコ・ロンドン貴金属証拠金取引」などに対する考え方の基礎をなすものになっている（荒井哲朗「外国為替証拠金取引被害の事件処理」消費者法ニュース60号（2004年）168頁，荻野一郎＝荒井哲朗「外国為替証拠金取引事件の概括（現時点における判決の到達点）」消費者法ニュース70号（2007年）185頁）。

## 3　法律改正による取引の適法化と新たな問題の発生

　平成17年7月1日に改正金融先物取引法が施行され，同年末から翌平成18年初め頃にかけて業者が破綻し，「取引」で損失を出していないにもかかわらず証拠金が返還されないという事態が相次いだ。破産手続開始決定を受けた業者は，そのほとんどが顧客からの預り証拠金を自社の財産と区別せず，経費や主要構成員の利得に転化させていたことが明らかになっており，FX取引商法を行う詐欺業者は，顧客の預り金を違法に流用しつつ消滅の時機をうかがっていたものと考えられる。このような業者の構成員らの一部は，「ロコ・ロンドン貴金属証拠金取引」，「商品CFD取引」なる私的差金決済取引を勝手に作り出して新たな被害を生じさせたあと，現在では「$CO_2$排出権取引」などに藉口する被害を生んでおり，今後も様々な詐欺的金融商品まがい取引を創出していくことが懸念される。

　現在は，金融庁の登録を受けた業者が，法律により整備された店頭金融先物取引としてFX取引を行っており（取引所取引も存在するが，必ずしも格好を呈してはおらず，主として相対業者で取引が行われている），取引も外務員による対面取引からインターネット取引に主たる舞台が移り，悪質な詐欺の被害は法改

正前に比べると格段に減少している。取引所取引の画一さから免れ，様々な取引条件を選択できることも一般投資家の支持を得る一因となり，取引参加者および証拠金預り高も飛躍的に増加している。しかし，以下のような新たな問題も生じている。

## 4　システムリスク

FX 取引においては，システムトラブルによって不測の損害が生じる事態が少なからず発生しており，相対取引業者においてはこの種のシステムトラブルは後を絶たない。システムの正常さ・公正さが外部から見えにくいこともあって，スプレッド（売買の価格差）が恣意的に拡大されたり，スリッページ（約定価格のずれ込み）が相当と考えられる範囲を超える頻度・範囲で生じたり，俗に「ロスカット狩り」と呼ばれるような手法（意図的にレートを操作して強制反対売買を誘引し，顧客に損失を確定させてその反面で業者が利益を得る手法）が用いられているのではないかとの疑念が生じるような状況がしばしば見られる。

純粋なシステムトラブルとしてはロスカットの発動がなされなかったというものが典型的なものであるが，高いレバレッジをかけて，海外の株式市場の動向等により我が国における取引レートが急激に変動することが当然に予想される外国為替証拠金取引において，未曾有とでもいうべき相場混乱が生じたわけでもないのに瞬時の約定ができないというのでは，正常な金融商品であると評価することはできない。

この点に関しては，東京地判平成 20 年 7 月 16 日（金法 1871 号 51 頁・先物取引裁判例集 52 号 366 頁・消費者法ニュース 78 号 203 頁）に先例的価値がある。事案は，平成 19 年 7 月 27 日午前 2 時 28 分 44 秒にロスカット・ライン（ロスカット・ルールと呼ばれる，自動反対売買のしくみが発動される維持証拠金を下回る取引水準）に達したにもかかわらず，業者は，ロスカット・ルールを発動させることなく放置し，確保されるべき証拠金が消滅したばかりか 1,089 万円余の差損金が生じた，というものである。判決は，①業者にはロスカットを行うべき義務がある，②システムの整備に関する業者の責任について，外国為替証拠金取引業者は，真に予測不可能なものを除いて，同取引において起こり得る様々な事態に十分対応できるよう，ロスカット手続のためのシステムを用意し

ておかなければならないところ，業者が本件ロスカット時において用意していたコンピュータシステムは，その取引環境に照らして，不十分なものであったといわざるを得ない，③業者の約款ではコンピュータシステムの故障などにより生じた損害についての免責規定があるが，消費者契約法 8 条 1 項 1 号・3 号に照らせば，業者とヘッジ先とのカバー取引が業者の責に帰すべき事由により成立しない場合にまで業者を免責する規定であるとは解し得ないとして，業者が債務を適切に履行してロスカット手続が行われた場合の想定価格での差損益との差額は，債務不履行による損害であると結論付けている。

また，東京地判平成 25 年 10 月 16 日（判時 2224 号 55 頁）は，ロスカット設定値と実際の約定値との間にスリッページ（乖離）が生じ得ることは契約上予定されているが，ロスカット注文を含む取引注文の処理時における相場の急激な変動があり，迅速な注文処理が困難ないし不可能であるなどの特段の事情がない限り，業者はスリッページが合理的範囲にとどまるようにシステムを整備すべき義務を負っているとして，10 秒を超えるスリッページによって生じた損害部分について債務不履行責任を認めている。「10 秒」という基準が一人歩きすることが懸念されるが，この種の訴訟においては，スリッページが生じた原因を具体的に明らかにした上で，合理的範囲にとどまるか否かが個別具体的に判断されるような主張・立証（求釈明を含め）をする必要がある。

## 5　勧誘方法の問題点

店頭金融先物取引として行われる FX 取引については，金商法下においても不招請勧誘が禁止されているから，顧客の誘引は一般的な広告によることになる。FX 取引はインターネット取引で行われることが多いことから，インターネット上のバナー広告が多用される傾向にある。バナー広告を収益源とする「アフィリエイト」を副業収入にしようとする者らに広告が委託されることもあるようであるが，「勝率 100％」という虚偽記載をした「情報商材」を流布し，顧客誘引を行おうとする者の存在が問題となった事例もある。このような広告が違法であることは明らかであり，これを集客の手段として利用する取引業者は，そのような広告の実際を知りながら放置していた場合など，関与の態様によってはその責任を問われることになると考えられる。

東京地判平成 20 年 10 月 16 日（先物取引裁判例集 53 号 352 頁・消費者法ニュー

ス78号199頁）は，情報商材頒布業者は，FX取引で「100％の勝率」などということはあり得ないのに誤った情報を提供して顧客に取引をさせたのだから不法行為責任を負い，FX取引業者は，上記を顧客獲得の手段としていたのだからFXに関する誤った理解をして口座開設を申し込む者がある可能性を認識していたはずであり，そうでなくとも認識すべきであり，それを前提に適合性審査をするべきであるのにそれをせずに取引を開始させたのであり，この顧客獲得行為自体が違法であると判示し，取引業者における適合性審査のずさんさも指摘して損害賠償請求を認容している。

## 6　分別管理体制の不十分さ，カバー取引のリスク

　FX取引業者において，法規制後比較的早期に顕現化したもっとも大きな問題は，分別管理の不十分さであった。有価証券関連デリバティブ取引については，金商法43条の2第2項および金商業等府令141条1項により顧客を元本の受益者とする「顧客分別金信託契約」が義務付けられていたが，その他のデリバティブ取引（つまり金融先物取引）は，金商法43条の3第1項および金商業等府令143条1項により，信託銀行等への金銭の信託以外に，銀行等への預金または貯金，カバー取引相手方への預託，媒介等相手方への預託が認められていたことから，これに起因する被害が平成19年末頃に立て続けに生じたのである。

　例えば，平成19年11月9日，関東財務局は，外国為替証拠金取引業者であるA社に対して，証拠金等を自己の固有資産と区分して管理していないなどとして，6カ月の業務停止命令の行政処分をしたが，このとき既に同社は20億円以上の預り証拠金を流用した挙げ句に失い，行政処分に先立つ同月6日に自己破産の申立てをしていた。登録を経ている業者が，預り証拠金を全部消失させて自己破産の申立てをし，その後にようやく行政が業務停止の処分をするという，滑稽とすらいえる事態が生じたのである。

　この件について東京地判平成22年4月19日（判タ1335号189頁・先物取引裁判例集59号261頁）は，証拠金の流出を防止するべき注意義務を怠ったとして，A社および関連会社の取締役・監査役らに対して被害者の未返還証拠金相当損害金等の損害賠償を命じており，証拠金取引業者の分別管理義務違反一般について参考になるものと思われる。

548 第2章 具体的トラブル事例と解決

## 7 利益を生じさせている顧客の締出し

FX取引業者は，利益を出す顧客を閉め出してしまうという姿勢を採っているのではないかと思われる節があり，不正取引をしたなどと強弁して口座を強制解約したり，いわゆる「キャッシュバックキャンペーン」で約束した金員（取引量に応じて支払いを約した「キャッシュバック金」）の支払いを拒むという事例も多く生じているようである。この点に関する興味深い裁判例として，東京地判平成26年6月19日（金判1448号56頁・証券取引被害判例セレクト47巻95頁・消費者法ニュース101号322頁）がある。事案は，取引高に応じたキャッシュバック金を支払う旨のキャンペーンを行っていたFX取引業者が，顧客の取引を「ツール等取引」に当たるなどとして顧客の口座を強制解約し，キャッシュバック金の支払いを拒絶したことの是非が問題となったものであるが，判決は，約款にいう「ツール等取引」に当たることは口座を強制的に解約できるという強い効果を伴うものでもあることを考慮すると，他社の提供するチャートを用いた取引や手動で行っていた取引はこれにあたらず，強制解約の要件を満たさないから，キャッシュバック金の支払いを拒絶することは信義則に反して許されないとして，顧客の請求を全部認容している。

第16　金融商品　*549*

# 6　生命保険・損害保険

## 1　保険契約の基礎知識

### (1)　保険契約の意義

　保険契約とは，保険契約，共済契約その他いかなる名称であるかを問わず，当事者の一方（保険者）が一定の事由が生じたことを条件として財産上の給付を行うことを約し，相手方（保険契約者）がこれに対して当該一定の事由の発生の可能性に応じたものとして保険料を支払うことを約する契約をいう（保険法2条1号）。

### (2)　保険の分類

### ア　一般的な分類

　保険は，公保険と私保険があり，前者は，国などが引受主体となって公的政策を実現する手段として行われるもので，社会保険（健康保険，国民年金など）と産業保険（預金保険など）がある。後者は損害保険と定額保険（保険事故が発生した場合に，それによる加入者の損害の有無や額にかかわりなく，保険者が，契約で定めて一定の金額を一時または年金として支払うべきことを約束する保険契約のこと。なお，変額保険も損害と無関係に保険金額が決められるもので，ここでいう定額保険には含まれる）に分けられ，さらに，定額保険は生命保険と傷害疾病定額保険に分けられる。

　損害保険契約とは，保険契約のうち，保険者が一定の偶然の事故によって生ずることのある損害をてん補することを約するものをいう（保険法2条6号）。生命保険契約とは，保険契約のうち，保険者が人の生存または死亡に関し一定の保険給付を行うことを約するもの（傷害疾病定額保険契約に該当するものを除く）をいう（同法2条8号）。傷害疾病定額保険契約とは，保険契約のうち，保険者が人の傷害疾病に基づき一定の保険給付を行うことを約するものをいう（同法2条9号）。

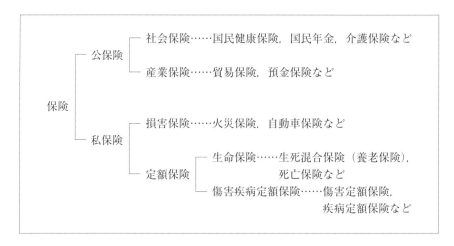

**イ　機能による分類**

　保険を機能によって分類すると，①保障性保険，②貯蓄性保険，③投資性保険に分類することができる。

　①　保障性保険としては，掛け捨ての生命保険，火災保険，自動車保険，医療保険などがあげられる。

　②　貯蓄性保険としては，養老保険，終身生命保険，定額型年金保険などがあげられる。

　養老保険とは，一定の期間内の死亡とその期間経過時の生存に対し保険金を支払う生死混合保険で，必ず保険金を支払うため，保険料はその支払いに対応するために蓄積される。終身生命保険は，何年後に死亡しても保険金が支払われる死亡保険である。年金保険とは，一定年齢到達後に年金の形で保険金が支払われる保険をいい，将来受け取る年金額等が契約時にあらかじめ定められている「定額型」と，運用実績に基づいて，将来受け取る年金額や解約返戻金等が増減する「変額型」がある（「変額型」は③の投資性保険に位置づけられる）。定額型年金保険は，養老保険以上に貯蓄部分が大きい保険である。

　③　投資性保険としては，変額型年金保険，外貨建て保険などがあげられる。これらの保険では，保険料のほとんどを特別勘定に投入し，保険会社自身が運用するか，投資信託で運用するかして，その運用結果が保険金や解約返戻金に反映されることになる。

### (3) 保険契約の基本用語

保険契約における主な用語は，保険法2条に定めがある。

「保険契約者」とは，保険料を支払う義務を負う者をいい（同条3号），「保険者」とは，保険給付を行う義務を負う者（保険会社など）をいう（同条2号）。「保険契約者」と「保険者」が保険契約の当事者である。

また，「被保険者」とは，生命保険においては，その生死が保険事故とされている者をいい（同条4号ロ），損害保険においては，損害をてん補される者をいい（同条4号イ），傷害疾病定額保険契約においては，その者の傷害又は疾病に基づき保険者が保険給付を行うこととなる者をいう（同条4号ハ）。「被保険者」は，契約の当事者ではないが関係者である。

「保険金受取人」とは，保険事故発生の場合に保険金を請求できる者のことをいう（同条5号）。

さらに，保険の募集を行うものを「保険募集人」というが（保険業法2条23項），生命保険の募集（保険契約の締結または媒介）を行うものを「生命保険募集人」という。生命保険会社の役員，使用人，委託を受けた者（銀行，証券会社等），その役員，使用人（銀行員，証券会社外務員）などがこれにあたる。生命保険加入の承諾にあたっては被保険者の健康状態などの専門的判断が必要なことから，多くの場合，代理ではなく媒介を行う（同条19項）。また，生命保険についても，いわゆる「代理店」制度が存在するが，生命保険募集人と同様に，多くは媒介を行うにすぎない。

損害保険の募集を行う者を「損害保険募集人」といい，損害保険会社の役員，使用人，損害保険代理店，その役員，使用人がこれにあたる。損害保険代理店は，文字どおり保険契約の締結や，保険料の領収などにつき代理を行う（同条20項）。

生命保険において，保険契約者と保険金受取人とが同一人の契約を「自己のためにする生命保険契約」といい，別人の場合を「他人（第三者）のためにする生命保険契約」という。また，保険契約者と被保険者が同一人の場合を「自己の生命の保険契約」といい，保険契約者が自己以外の他人を被保険者として生命保険契約を締結する場合を「他人の生命の保険契約（他人を被保険者とする生命保険契約）」という。

損害保険契約において，被保険者と保険契約者が同一である契約を「自己の

552　第 2 章　具体的トラブル事例と解決

ためにする損害保険契約」，両者が異なる契約を「他人のためにする損害保険
契約」という。

## 2　銀行窓口で勧誘された変額個人年金保険

---
── 事例 1 ─────────────────────────────

　高齢の A は，銀行から定期預金満期のお知らせが届いたため，手続を
すべく銀行に一人で行ったところ，担当者から，「定期預金よりもずっと
有利な商品があります。」との勧誘を受けた。A は，以前投資信託で損を
したことがあったので，預金以外は契約しないと担当者には何度も伝えて
いた。担当者は，「大丈夫ですよ。元本は戻ってきます。」と言うので，そ
れなら契約しても大丈夫だと思い，その場で 1,000 万円を一括で支払って
変額個人年金保険の契約をした。ところが，その後，新聞に変額個人年金
保険はリスクの高い商品だと書いてあるのを目にした。

　A は，この保険契約を取り消すことができるか。さらには，保険会社
や銀行に損害賠償請求をすることができるか。

---

### (1)　問題点

　生命保険契約の成立にあたり，生命保険募集人が，高齢の保険契約者に対し
て，十分な説明を行わなかったり，虚偽の情報で勧誘行為を行ったりした場合
に，保険契約者が契約を解除できるのか，さらには保険会社に損害賠償を請求
できるのかが問題となる。

### (2)　解決のポイント

#### ア　生命保険契約の成立（傷害疾病定額保険契約も同様）

　生命保険に加入する場合には，主に，生命保険会社などの営業職員や銀行窓
口を通す間接的な方法と，生命保険会社などと直接手続する方法がある。後者
では，インターネット通販などの通信販売によるものが増加している。

　銀行は，平成 19 年 12 月から種類の限定なく保険の募集ができるようになっ
たが，その影響力の大きさから，銀行に委託する保険会社，および，保険を募

集する銀行には，特別の規制が課せられている（保険業法施行規則212条・234条，銀行法施行規則13条の5）。

また，近年，乗合代理店のうち，街中に店舗を構えて相談者に保険を媒介する来店型保険ショップと呼ばれる形態が急増している。従来の保険業法は，保険会社に対して体制整備を義務付けるのみだったが，平成26年5月23日の改正保険業法（公布：平成26年5月30日，施行：平成28年5月29日）では，保険募集人に対しても，業務の規模・特性に応じた体制整備を義務付けることになった（保険業法294条の3，保険業法施行規則227条の7・227条の9・227条の11，監督指針Ⅱ－4－2－9）。

### イ　適合性原則違反

適合性の原則とは，顧客の知識，経験，財産の状況及び契約を締結する目的に照らして不適当と認められる勧誘をしてはならないという原則をいう。他の金融商品と同様，保険の販売にも適合性原則が適用される。適合性原則に違反した場合，不法行為となり損害賠償責任が認められることがある（民法709条・715条）（最判平成17年7月14日民集59巻6号1323頁）。

ところで，特定保険（投資性保険，保険業法300条の2参照）については，保険業法で金融商品取引法の適合性原則の規定を準用しているものの（同法300条の2），従来，一般の保険は，保険業法100条の2を根拠に監督指針で，適合性原則の考え方を前提とした「意向確認書面」の作成交付を義務付けるにとどまっていた。

しかし，販売チャンネルの変化など，募集実態の変化に鑑み，改正保険業法では「意向把握義務」の規定が設けられた（保険業法294条の2）。「意向把握義務」とは，保険を募集する際における顧客意向の把握，当該意向に沿った保険プランの提案，当該意向と当該プランの対応関係についての説明，当該意向と最終的な顧客の意向の比較と相違点の確認を求めるものである。

### ウ　説明義務違反

生命保険募集人は，契約条項のうちの重要事項や，信用リスク（保険会社の経営状況によって保険金が一部しか支払われなくなるリスク），相場変動や予定利率変更による元本欠損リスクないし保険金減額リスクなど，契約を締結するか否かの判断に必要な事項を，顧客に理解できるよう説明する信義則上の義務がある（民法1条2項）。また，保険の販売には，金販法が適用され（金販法2条），

*554* 第2章 具体的トラブル事例と解決

元本欠損のおそれなどについての説明義務があり（同法3条），これらの義務に違反すると，保険募集人やその所属保険会社は損害賠償責任を負う（民法709条・715条，保険業法283条）。

なお，保険業法では，生命保険募集人等が保険契約者または被保険者に対し，虚偽のことを告げ，または保険契約の保険条項のうち，重要な事項を告げない行為や，不利益事実を告げずに，既に成立している保険契約を消滅させて新たな保険契約の申込みをさせる行為等を禁じている（保険業法300条1項，罰則につき317条の2第7号）。また，改正保険業法では，新たに，「情報提供義務」の規定を設け，保険契約の内容その他保険契約者等に参考になる情報を提供する義務があるとしている（保険業法294条）。また，乗合代理店に関しては，上述の顧客の意向把握義務を履行した上で，複数の保険商品からいくつかの保険商品を顧客に提案する場合には，その保険商品の概要のほか，なぜこの保険商品を提案するのかについて説明する義務（比較販売における推奨理由説明義務）が導入された（保険業法施行規則227条の2第3項4号）。しかし，これらは，業法上の義務であり，これらに違反したからといって直ちに保険契約の解除や損害賠償請求を行うことはできない。

**エ クーリング・オフ制度**

生命保険では，一定の場合には，クーリング・オフができる旨が規定されている（保険業法309条）。すなわち，保険期間が1年を超えるものにつき，保険契約の申込者または契約者は保険契約の申込みの撤回などに関する事項を記載した書面を交付された場合には，この書面を交付された日と申込みをした日のいずれか遅い日から起算して8日以内は，書面をもって保険契約の申込みの撤回または解除をなすことができる（ただし，クーリング・オフ制度の適用除外につき，保険業法309条1項と保険業法施行令45条を参照。例えば，銀行の窓販については，あらかじめ訪問日や契約の申込みをしたい旨を告げて営業店で契約の申込みをした場合には，クーリング・オフの適用除外となる）。なお，保険約款などによってクーリング・オフができる場合を拡大していることもある。

**オ 消費者契約法による取消し**

消費者契約法は，保険契約者が個人であれば保険契約にも適用される（消費者契約法4条1項・2項）。したがって，不実告知，断定的判断の提供，故意または重大な過失の不告知により誤認が惹起され，保険契約者が契約の申込みま

たはその承諾の意思表示をした場合には，契約を取り消すことができる。

**カ　錯誤取消し（改正民法95条），詐欺取消し（民法96条）**

保険契約者が契約の基礎とした事情について保険契約者の認識が真実に反するものであり，その錯誤が契約の目的及び取引上の社会通念に照らして重要なものであり，かつ，当該事情が法律行為の基礎とされていることが表示されるときには，保険契約者が善意無重過失であるときには，保険契約は当該契約を取り消すことができる（改正民法95条）。

また，保険契約者が，欺罔行為によって契約を締結した場合も契約を取り消すことができる（民法96条）。消費者契約法に基づく取消し（消費者契約法4条）と，民法の詐欺を理由とする取消しでは，取消権の行使期間や，第三者の行為を理由とする取消しにつき，差異が生ずる。

**キ　本事例のあてはめ**

法律構成に従って，保険契約者の属性などをもとに適合性原則違反の有無，勧誘者の説明内容などをもとに説明義務違反の有無，クーリング・オフの可否などの検討を行うことになる。

## 3　重要事項告知義務

---
**事例2**

① 生命保険契約

　Aの兄は，生命保険契約を締結する2カ月前，軽い脳溢血で治療を受けたことがあったが，症状が軽く，その後は何の問題もなかったので，保険契約時にはその事実を保険会社に知らせずにいた。その1年後，Aの兄は脳溢血で倒れ，死亡した。

　この場合，保険金受取人であるAは，保険金の支払いを請求できるか。

　病歴について，保険営業職員がAに対し，告知しないように勧めた場合はどうか。

② 損害保険契約

　Aは，自宅について甲火災保険に入っていたが，その後，知人に頼まれて乙火災保険にも加入した。その後，火事にあった際，乙火災保険会社に請求したところ，乙火災保険会社から，甲保険会社に加入していたこと

556　第2章　具体的トラブル事例と解決

を契約時に告知しなかったので，告知義務違反に基づき契約を解除すると
いわれ，保険金の支払いを拒絶された。
　Aは乙火災保険会社に保険金の支払いを請求できるか。

## (1)　問題点
### ア　生命保険契約

　保険者は，保険契約者と生命保険契約を締結するにあたり，被保険者の死亡
率等についてのリスク（危険率）を適正に評価したうえで，保険を引き受ける
べきか否か，引き受ける場合の条件は何かなどを決定することになる。そして
保険者が危険測定をするのに必要な重要事項（年齢・職業・病歴等）について
は，保険契約者や被保険者は告知義務を負い，この告知義務に違反すれば，保
険会社は保険契約を解除し，保険金を支払わなくてよいとされている（保険法
28条1項）。

　このように，生命保険契約当時，保険契約者または被保険者は，保険者に対
し，危険測定上重要な事実を告げるべき義務，また不実告知をしない義務を負
い，これを告知義務という。

　この告知義務については，誰に告知すべきか（告知の相手方），どのような事
実を告知すべきか（告知義務の対象），告知義務違反による解除が認められるか
などが問題となる。被保険者死亡後に告知義務違反が発覚した場合には，保険
契約の解除により保険金が支払われず，また，それまで支払ってきた保険料も
返還されないことから（解除の将来効），受取人等には重大な関心事項となる。

### イ　損害保険契約

　損害保険契約では，一般に，約款上他保険契約の存在を告知事項とし，その
不実告知を契約解除事由としていることから，その条項の有効性が問題にな
る。

## (2)　解決のポイント
### ア　告知義務者

　告知義務者は，保険契約者になる人または被保険者になる人である。生命保
険や疾病保険では，被保険者の身体状況が告知義務の対象となるため，告知主

体は被保険者になる人の方が適切である。

### イ　告知の相手方

生命保険や生命保険会社が保険者になる傷害疾病定額保険では，告知の相手方は，保険者またはこの者に代わって告知受領権限を有する者に対してなされることを要する（保険法37条・66条）。

生命保険会社の営業職員や銀行員などの生命保険募集人には通常は告知受領権限はない。ただし，告知義務は後述するように質疑応答義務の形で足り，告知書に，質問に応答する記載をして生命保険募集人に交付すればよい。

損害保険や損害保険会社が保険者となる傷害疾病定額保険では，保険代理店に受領権限があるので保険代理店に告知をすればよい。

### ウ　告知事項

告知事項は，危険に関する重要事項のうち「保険者になる者が告知を求めた事項」である（質問応答義務，保険法4条・37条・66条）。「危険」とは，損害保険では，「損害の発生の可能性」（同法4条），生命保険では，「保険事故（被保険者の死亡又は一定の時点における生存）の発生の可能性」（同法37条），傷害疾病定額保険では，「給付事由の発生の可能性」（同法66条）をいう。

具体的には，生命保険では，被保険者の年齢，性別，職業，身体状況，入通院歴などである。損害保険では，保険の種類によるが，例えば自動車保険では，自動車の用途，種類，使用目的，被保険者の氏名，運転免許証の色（ゴールドか否か）などである。傷害疾病定額保険では，被保険者の年齢，性別，職業，身体状況，入通院歴などである。

損害保険契約では，約款上他の同種の保険契約の存在を告知事項とし，その不実告知を契約解除事由としていることがあるが，これが危険に関する重要事項に該当するのかといった問題が指摘されている。火災保険等の約款に規定されている他保険契約の告知義務違反を理由とする解除について，保険契約者が不法に保険金を得る目的をもって重複保険契約をしたことなど，その保険契約を解除し，あるいは保険金の支払いを拒絶するにつき正当な事由がある場合に初めて保険会社は告知義務違反を理由に保険契約を解除することができるとした裁判例がある（東京高判平成4年12月25日判タ858号243頁）。

### エ　告知の時期

告知義務違反の有無の判断は，契約の申込み時ではなく，契約成立の時を基

準に判断される（保険法4条・37条・66条）

### オ　告知義務違反の要件・効果

#### (ア)　告知義務違反による解除の要件

保険契約者または被保険者が，告知事項について，故意または重大な過失により事実の告知をせず，または不実の告知をしたときは，保険会社は保険契約を解除することができる（保険法28条1項・55条1項・84条1項）。要件は以下のとおりである。

① 　保険会社が質問により回答を求めた事項についての告知義務違反であること

② 　重要なる告知事項について不告知または不実告知を行ったこと

告知義務の対象事項は，保険者が危険測定をするうえで重要な事項・事実であり（大判明治40年10月4日民録13輯939頁），保険者が当該保険契約を締結するか否か，および，契約内容の決定に関する合理的な判断に影響を及ぼすべき事実をいう。そして，ある事実がこれに該当するか否かは客観的に判断されるべきであり，当事者の主観によって左右されるものではない（大判明治40年10月4日民録13輯939頁，東京地判平成3年4月17日判タ770号254頁）。

③ 　保険契約者または被保険者に故意または重過失があること

ここでの故意とは，告知事項に関する事実が存在すること，その事項が告知事項であること，および，告知をしなければならないことを知っていたことである。

重過失とは，告知事項に関する事実の存在を知っていたが，その事実が告知事項に該当すること，または，告知をしなければならないことを重過失によって知らなかったことである。

重過失の程度については，著しく注意を欠いていた状態で，故意に非常に近いものに限られる（法制審議会保険法部会・第17回議事録6〜9頁）。例えば，生命保険契約を締結する際，診査医から質問があったにもかかわらず，人間ドックで異常を指摘され，再検査や精密検査を受けるように勧められた事実を告知しなかったこと（東京高判平成17年2月2日判タ1198号259頁）などがあげられる。逆に，重過失かどうかが争点となったが重過失ではないとされた例として，高脂血症と不整脈の二つの症状が別の病気であると理解・認識できていなかったことから，不整脈のみしか告知しなかった事案がある（広島高判平成15

年 10 月 28 日裁判所ウェブサイト）。

④　保険事故発生が告知義務違反の対象となった重要事実と因果関係があること

重要事項の不告知等があっても，保険事故が告知義務違反のあった事実とはまったく無関係な事実から発生した場合（保険契約者側に立証責任がある。）には，保険会社は保険金支払義務を免れない（保険法 59 条 2 項 1 号）。もっとも，この判断は厳格になされ，多少なりとも因果関係が認められれば，保険金は支払われない（大判昭和 4 年 12 月 11 日法律新聞 3090 号 14 頁）。

⑤　保険契約の当時の告知義務違反であること

実務では，保険約款により，書面告知が求められているので，告知書を提出した後に重要事項が発生しても告知義務はない。

⑥　期間内に解除権が行使されること

解除権は，保険者が解除原因を知ったときから 1 カ月以内に行使しないとき，ならびに契約成立時から 5 年を経過したときは，消滅する（保険法 55 条 4 項）。

⑴　**告知義務違反があっても解除できない場合**

もっとも，以下の事由があると保険会社は，解除ができない。

①　保険会社に悪意または知らないことに過失があるとき（保険法 55 条 2 項 1 号）

この点，問題になるのが，診査医の過失である。つまり，告知義務者に告知義務違反があったとしても，診査医に診査上の過失がある場合，保険会社に過失があることになるので，保険会社は告知義務違反にもとづいて解除することができない。そこで，診査医に求められる診査の程度が問題になるが，一般開業医が行う聴診・打診・触診等の健康診断で行う程度のもので足り，それ以上高度な検査は行う必要がないとされている。なお，レントゲン撮影など肺癌の検査をしなかったことが，生命保険会社の過失に当たらないとされた事例がある（東京地判昭和 61 年 1 月 28 日判時 1229 号 147 頁）。

②　保険媒介者（保険会社のために保険契約の締結の媒介を行うことができる者）が，保険契約者または被保険者が告知するのを妨げたとき（同法 55 条 2 項 2 号）

③　保険媒介者が保険契約者または被保険者に対し，告知をせず，または不

560　第2章　具体的トラブル事例と解決

実の告知をすることを勧めたとき（同法55条2項3号）

㋑　**解除権行使の効果**

告知義務違反による解除が行われると，契約は将来に向かって消滅し（保険法59条1項），その結果，保険契約者が支払った保険料は返還されない。

**カ　本事例のあてはめ**

㋐　**①について**

軽い脳溢血であっても，それが以後重い脳溢血につながることは十分予想でき，保険会社の危険選択の資料として重要であるから，原則として重要事項に当たると考えられる。また脳溢血という重要事項を告知しないことは，たとえ病状が軽くとも悪意・重過失のあることだと思われるから，Aの兄が，脳溢血で死亡した以上，保険金受取人であるAは，保険金の請求をできないと考えられる。

ただ，保険募集人（保険媒介者）がAに対し，病歴について告知をしないよう勧めたときは，保険会社は，保険契約の解除ができなくなるため，Aは，保険金の請求ができることになる。

㋑　**②について**

上述した裁判例に基づけば，保険会社は，単に他保険契約の告知がなかっただけでは足りず，保険契約者が不法に保険金を得る目的をもって重複保険契約をしたことなど，その保険契約を解除し，あるいは保険金の支払いを拒絶するにつき正当な事由がある場合に初めて解除できることになる。したがって，本件でAはそのような事情がなければ，乙保険会社に対し保険金請求ができるものと解される。

## 4　保険金受取人の指定・変更

---
**事例3**

①　保険金受取人の変更

　Aは，保険金受取人をBとする生命保険契約を締結していたが，その後，保険金受取人をCとすることとして保険会社に通知した。Bには，保険金受取人の変更について通知しなかった。その後，Aが死亡し，保険会社がCに保険金を支払ってしまった。通知を受けていなかったBは，

保険会社に対し，異議を述べて，保険金の支払いを請求できるか。

② 保険金受取人の指定と相続

　Aの父は，受取人を相続人とする保険契約を締結し，死亡した。Aの父には，相続人としてA以外にAの母と弟とがいるが，どのような割合で保険金を取得できるか。

### ⑴ 問 題 点

　保険法では，生命保険の保険契約者は，保険事故が発生するまでは，保険金受取人の変更をすることができる（保険法43条1項）。これは，生命保険契約が多くの場合，長期間にわたる継続的契約であることから，その間の事情の変更を適切に契約に反映するために認められた制度である。

　もっとも，保険金受取人の指定の変更には，法律上および約款上の方式があり，それを遵守していない変更は保険会社に対抗できないので，注意を要する。

### ⑵ 解決のポイント

#### ア　受取人の変更の方式

　保険金受取人の指定・変更権の行使は，保険契約者の一方的意思表示によってなされ，保険会社や新・旧受取人の同意を要しない（なお，被保険者が保険契約者と異なる第三者のためにする生命保険契約については，被保険者の同意が必要である（保険法43条））。その意味で形成権である。このような変更権は，放棄することもできるが，約款上留保するのが一般的である。

　保険金受取人の変更の意思表示については，判例上は，生命保険会社，新受取人，旧受取人のいずれに対して行ってもよいとされていた（最判昭和62年10月29日民集41巻7号1527頁・判タ652号119頁）。しかし，保険法では，手続の明確化のため，これを保険者に対する意思表示によるものとされた（保険法43条2項。強行規定）。

#### イ　保険金受取人の指定と相続

　判例によれば，保険金受取人を相続人とする指定に効力が認められ，この場合，被保険者の死亡時を基準として，被保険者の相続人（保険契約者の相続人

ではない）が保険金受取人になる。また，保険金受取人を相続人とした場合の保険金請求権は，保険契約の効力発生と同時に相続人の固有財産となり，被保険者の固有財産から離脱しているから（最判昭和40年2月2日民集19巻1号1頁），相続人が相続放棄をしても保険金請求権は失われない。

では，事例3②のように，受取人が相続人と指定されていた場合の権利の割合をどのように考えるべきか。

この点，判例は，特段の事情がない限り，相続分の割合によると判示している（相続割合説：最判平成6年7月18日民集48巻5号1233頁）。

もっとも，保険契約者が具体的に指定した保険金受取人が死亡した場合，保険契約者は保険金受取人を再指定する権利があるが（保険法43条1項），この保険金受取人を再指定する権利を行使せずに保険契約者が死亡した場合は，保険金受取人の相続人が受取人となる（同法46条）。そして，再指定なく受取人となった相続人間の配分につき，判例は，各人が平等の割合で権利を取得するという民法427条に従い，相続人間で均等に分配される旨を判示した（均等割合説：最判平成5年9月7日民集47巻7号4740頁）。

このように，当初から相続人を保険金受取人としていた場合（相続割合説）と，当初の保険金受取人が死亡した後，再指定の権利を行使しないまま保険契約者が死亡し，相続人が受取人になった場合（均等割合説）とで，相続人の取得割合が異なるので注意を要する。

**ウ　本事例のあてはめ**

(ア)　①について

本件生命保険契約はA自身を被保険者とすることから，第三者の同意は不要であり，Aが保険金受取人の変更につき保険会社に通知している以上，受取人変更の手続は適法になされている。

したがって，Bは保険会社に異議を述べることはできない。

(イ)　②について

本件は，当初から相続人を保険金受取人としていた場合であるから，Aは，4分の1の割合（Aの母が2分の1，Aと弟が，それぞれ4分の1ずつ）で保険金を請求できることとなる。

第16 金融商品　*563*

## 5 保険金の不支給

--- 事例 4 ---

① 契約前発病不担保条項（傷害疾病定額保険）

（ⅰ）Ａは，医療保険契約を締結したが，その後しばらくして病気で入院した。Ａは，保険会社に保険金の請求をしたところ，契約前にかかっていた病気だということを理由に，保険金の支払いがなされなかった。Ａは，契約時には，その病気にかかっているとは思わず症状もなかったため，当該疾患について告知していない。

Ａは，保険金の支払いを請求できるか。

（ⅱ）Ａは，以前病気にかかったことがあり，その既往歴を保険会社に告知したところ，保険会社は条件を付けずに引き受けた。しかし，Ａは契約の半年後に再度その病気で入院することになった。Ａは，退院後保険会社に保険金の請求をしたが，契約前の病気だと言われ保険金の支払いがなされなかった。

Ａは，保険金の支払いを請求できるか。

② 支払事由該当性

Ａは，甲病院で前立腺がんと診断され，定期的に通院して抗がん剤治療を行っていたが，さらに治療が必要だとして乙病院を紹介された。乙病院では，摘出手術が必要だが，その前に血糖値の調整のため入院する必要があると言われ入院した（入院 1）。Ａは血糖値が下がったので，一旦退院し，1 週間ほどしてから再度入院して（入院 2）摘出手術を受けた。退院後，保険会社にがん保険の保険金を請求したが，入院 1 についてはがん治療を直接の目的としていないため，保険金の支払事由に該当しないとして保険金が支払われなかった。

Ａは，保険金の支払いを請求できるか。

③ 免責事由該当性

（ⅰ）生命保険契約

Ａの夫は，保険契約締結の 6 カ月後，会社から車で帰る途中，見通しのよい道路脇の崖から転落して死亡した。このように自殺の可能性もある

564　第2章　具体的トラブル事例と解決

場合でも，保険金受取人であるAは保険金の支払いを請求できるか。

　(ii)　損害保険契約

　Aは，店舗について火災保険に加入していたが，この店舗から火災が発生したので，保険金を請求したところ，在庫品の仕入先を尋ねられたので，とっさに口頭で回答した。しかし，これが間違っていたため，保険会社から，仕入先について不実申告があったことを理由に保険金を支払わないと通告された。

　Aは保険会社に対し，保険金の支払いを請求できるか。


## (1)　問 題 点

　保険事故が発生したと思った場合でも，保険会社から保険金が支払われない場合がある。問題になりやすいケースとして，①契約前発病不担保条項が問題となるケース，②支払事由該当性が問題となるケース，③免責事由該当性が問題となるケースがあげられる。


## (2)　解決のポイント
### ア　契約前発病不担保条項について

　疾病保険では，通常，保険期間開始後に発病した疾病を保険事故の対象とし，保険期間開始前に発病していた疾病については，治療行為が保険期間開始後に行われても保険給付の対象にならない。このような内容の約款規定を契約前発病不担保条項といい，責任開始時における保険事故発生の偶然性を確保するための規定である。当該病気による入院等では保険金は支払われないが，契約はそのまま続くことになる。

　この条項においては，ⅰ）保険契約者や被保険者が契約前の発病を自覚していない場合，ⅱ）保険契約者・被保険者が正直に既往症を告知して，保険会社が条件を付けずに引き受けた場合に問題が発生することが多い。

　ⅰ）の場合については，一般社団法人生命保険協会のガイドライン「保険金等の支払いを適切に行うための対応に関するガイドライン」（平成23年10月24日改正）で，契約前に受療歴，症状，検査異常がなく，かつ，被保険者または保険契約者に身体に生じた異常（症状）についての自覚または認識がない場

合には保険金を支払うとされている。

ⅱ）の場合については，契約前発病不担保条項がある以上は，告知義務を履行していたとしても，保険金の給付はなされない。しかし，保険会社が条件を付けずに引き受けた以上は，既往症に関する保険事故であっても，保険契約者が保険金が支払われると思うことは合理的な期待であり，保険会社が支払わないと主張することは信義則に反するとも考えられよう。

なお，平成22年頃から多くの保険会社で保険約款が変更され，契約前発病不担保条項の適用を制限するものが増えている。

### イ　支払事由該当性

保険約款に，支払事由が，「責任開始日以降にがんの治療が必要とされ，その治療を受けることを直接の目的として入院していること」と規定されているような場合，「直接の目的」の意義が問題になる。

仮に，一時退院が無かったとしたら，入院全体ががんの治療を受けることを直接の目的としていると考えられる。また，保険の支払事由の規定は明確かつ平易であることが求められると考えられるがそれだけでは足りない。保険の社会的役割や混乱を来たさないという観点からは，規定される支払事由は消費者の合理的期待に応える範囲であることが求められよう。

### ウ　免責事由該当性

#### ㈦　生命保険について

##### a　支払免責事由

保険法51条は，被保険者が自殺した場合（同条1号），保険契約者が被保険者を故意に死亡させたとき（同条2号），保険金受取人が被保険者を故意に死亡させたとき（同条3号）および戦争その他の変乱によって被保険者が死亡したとき（同条4号）を保険会社の免責事由と定め，この場合は保険金の支払いをしなくともよいこととされている。

##### b　被保険者の自殺

保険法上は，被保険者の自殺を一律に免責事由としているが（保険法51条1号），約款上は，通例，契約日または契約復活の日から一定期間内に被保険者が自殺した場合には保険金を支払わない旨が定められており，その期間経過後の自殺であれば免責事由としない旨定められている（期間後不可争約款）。この期間については，2，3年とする約款が多いとされる。

なお，生命保険契約の保険約款における自殺免責期間の経過後の被保険者の自殺による死亡については，当該自殺に関し犯罪行為等が介在し，自殺による死亡保険金の支払いを認めることが公序良俗に違反するおそれがあるなどの特段の事情が認められない限り，自殺の動機・目的が保険金の取得にあることが認められるときであっても，免責の対象とはならないとされている（最判平成16年3月25日民集58巻3号753頁・判時1856号150頁）。

c 被保険者の自殺とその立証責任

また，被保険者の自殺の立証責任は保険会社が負い，保険会社は，被保険者が自由な意思決定により自殺したことを経験則上認めるに足りる類型的事実をもって証明しなければならない（神戸地判昭和62年5月27日判時1246号136頁）。

d 自殺が特殊の理由による場合

仮に被保険者が自殺した場合であったとしても，被保険者が自由な意思決定をすることができない状態で自殺した場合は，保険法51条1号（旧商法680条1項1号）および免責約款で問題となる自殺に含まれないとされる（大分地判平成17年9月8日判時1935号158頁）。

したがって，被保険者がうつ病などに罹患しており，その程度・影響などを踏まえて，自由な意思決定によって自己の生命を絶ったものとはいえない場合には，自殺であっても保険金の請求は認められることになる。

e 積立金の払戻し

なお，自殺により被保険者が死亡し，保険会社が免責された場合でも，保険会社は被保険者のために積み立てた金額を保険契約者に払い戻さなくてはならない（保険法63条1号）。

(イ) **損害保険について**

a 約款による支払免責事由の定め

損害保険契約では，法律上の支払免責事由（保険法17条）のほか，標準的な損害保険約款において「保険契約者または被保険者が，正当な理由なく，損害見積書，その他の提出書類につき知っている事実を表示しなかったとき，もしくは不実の表示をしたときは，保険会社は，保険金を支払いません」というように，保険契約者または被保険者からの不実告知に対する免責規定を置いている場合が多い。これは，保険契約者等から保険会社に対する損害発生の通知義務（保険法14条）があることの延長として，保険契約者等に，発生した損害を

保険会社に説明する義務を課しているものである。

　　b　約款の有効性

　もっとも，このような約款の有効性が全面的に認められる場合は少ない。この点，最高裁判所は，自家用自動車総合保険の通知義務違反が争われた事案で，保険契約者または被保険者が保険金を詐取しまたは保険者の事故発生の事情の調査，損害てん補責任の有無の調査若しくはてん補額の確定を妨げる目的等保険契約における信義誠実の原則上許されない目的のもとに自己通知をしなかった場合においてのみ，保険者は損害のてん補責任を免れうるとして，通知義務違反が認められる場合を限定した（最判昭和62年2月20日民集41巻1号159頁・判時1227号134頁）。

　また，大阪地裁平成15年10月3日判決（判タ1153号254頁）でも，店舗総合保険契約において，損害額に不実の申告をした場合に免責するとする条項の適用について，単に提出書類に虚偽記載があり，被保険者がそのことを認識していたというだけでは足りず，より積極的に申告者に保険金を詐取しようとする積極的意図が存在するなど，保険契約における信義誠実の原則からして許容されない態様のものに限られるとされている。

　したがって，実際の損害と申告の誤差が軽微であったり，誤差が発生した原因が伝票の書き写し間違いであったり故意性が認められない事案については，不実申告の免責規定は適用されないことになる。

　　エ　本事例のあてはめ

　㋐　①について

　(i)については，ガイドラインに従えば保険金の支払いを請求することができるということになる。

　(ii)については，契約前発病不担保条項がある以上は，告知義務を履行していたとしても，保険金の給付はなされないことになるのが原則である。しかし，約款が変更されていれば保険金の支払いの請求はできるということになる。

　㋑　②について

　入院1における手術前の事前処置は，がん治療のために必要不可欠であること，そのような処置のための入院もその後の入院と合わせて支払事由とすることががん保険に対する消費者の合理的期待に沿うものであること，入院1と2が同じ病院に入院したものであり，両入院の間の一時退院は1週間程度のもの

であったことから２度の入院は客観的に連続していると考えられることなどから，Ａは保険金の支払請求ができる可能性が高いであろう。

　㈡　③について

　⑴については，保険会社がＡの夫が自殺したことを，状況証拠によって証明しない限りは，Ａの保険金請求は認められることとなる。保険会社がＡの自殺を証明した場合にも，Ａが自由な意思決定によって自己の生命を絶ったとはいえない場合は，保険金の支払いの請求ができる。

　⑵については，Ａは仕入先について特に保険金を詐取するために積極的に虚偽の事実を述べたわけではなく，保険会社に聞かれてその当時の認識をとっさに述べたにすぎないから，不実申告に基づく免責条項は適用されない。したがって，Ａは，保険会社に保険金の支払いの請求ができる。

## 【参考文献】

・桜井健夫＝坂勇一郎＝丹野美絵子＝洞澤美佳『保険法ハンドブック』（日本評論社，2009年）
・桜井健夫「金融商品を学ぶ　保険の基礎知識」（独立行政法人国民生活センター『国民生活』2014年6月～2015年6月）
・岡田豊基『現代保険法〔第2版〕』（中央経済社，2017年）
・石田満『保険業法2019』（文眞堂，2019年）
・山下友信＝米山高生編『保険法解説』（有斐閣，2010年）
・出口正義監著／福田弥夫＝矢作健太郎＝平澤宗夫編著『生命保険の法律相談』（学陽書房，2006年）
・保険問題研究会編『保険被害救済ハンドブック』（民事法研究会，2007年）
・塩崎勤＝山下丈＝山野嘉朗『保険関係訴訟』（民事法研究会，2009年）
・日本弁護士連合会消費者問題対策委員会編『金融商品取引被害救済の手引〔六訂版〕』（民事法研究会，2015年）
・塩崎勤監修『ダイジェスト金融商事重要判例〔平成21年版〕』銀行法務21・714号（2010年）
・一般社団法人金融財政事情研究会ファイナンシャル・プランニング技能士センター編著『2011年度版金融商品ガイドブック』（金融財政事情研究会，2011年）
・金融庁「保険業法等の一部を改正する法律の概要」（https://www.fsa.go.jp/common/diet/index.html）
・独立行政法人国民生活センター「がんの摘出手術に必要な血糖コントロールのための入院に対して，がん保険の入院保険金が支払われないトラブル」（平成22年2月3日，http://www.kokusen.go.jp/news/data/n-20100203_1.html）

# 第*17* ▌ インターネット・SNS

## ① ワンクリック請求

> ─ 事 例 ─
>
> 　Aは，携帯電話で成人向け有料動画サイトを閲覧中，サイト内に表示
> されていたURLからさらに動画を閲覧しようと思い，同URLをクリッ
> クしたところ，「当サイトの有料会員に登録されました。3営業日以内に
> サイト登録費用2万円を振り込んでお支払い下さい。振り込みがない場合
> は，サイトの不正利用とみなして法的措置や刑事告訴を行います。」と表
> 示された。
>
> 　Aは，指示に従って支払いをする必要があるか。

### 1　ワンクリック請求とは

　ワンクリック請求とは，「携帯電話やパソコンに届いたメールや，各種ウェ
ブページ，ブログのトラックバックに記載されているURLを一度クリック
してアクセスしただけで，有料サービスの登録がされたという画面表示がなさ
れ，代金を請求されるというケースであり，多くの場合は詐欺的手法で代金名
目で金銭をだましとることが目的とされている架空請求の一類型」である（経
済産業省「電子商取引及び情報財取引等に関する準則」（平成30年7月）14頁。以
下，「準則」という）。

### 2　問　題　点

　このようなワンクリック請求は，顧客自身によるサイト内でのクリックや文
字入力等の操作が介在すること，場合によってはサイトの内容自体が違法な内
容であるなどの理由により被害の申告や第三者に相談しにくいといった事情を
利用して，仕掛けられるケースがほとんどである。

570　第 2 章　具体的トラブル事例と解決

このようなワンクリック請求では，事業者からの請求金額が事例の 2 万円の
ように比較的少額である場合にも，その請求に一度でも応じると，事業者は
「支払いが 4 日遅れた。4 日分の遅延損害金として 10 万円を支払え」などとし
て次々と不当な送金を要求してくることが多く，被害が拡大することとなる。

## 3　解決のポイント

まず，多くの場合，クリックが契約の申込みであることを認識できない
（URL を一度クリックしただけで「契約が成立する」と考えることは通常ないであろ
う）ことから，契約の申込みが存在せず，法的には契約自体が成立しておら
ず，支払義務も発生しない。

また，クリックした者にとっては，契約を申し込んだつもりもないのである
から，錯誤や詐欺という観点からも，支払義務は負わないことになる。さら
に，わいせつ物の販売等は，その取引自体が法律（刑法 175 条 1 項）に違反す
ることもあり，こうした場合には契約の内容が公序良俗に反するものとして，
契約が無効となる。

なお，上記の各法律構成に関する詳細については，準則 14 頁以下を参照さ
れたい。

## 4　設問に対する回答

### ⑴　法的な観点からのアドバイス

本件で A は，広告メールが送られてきた成人向け動画に関する契約を締結
する意思はなかったのであるから，契約が不成立であるとの主張をすること
や，錯誤無効の主張（民法 95 条本文，改正後「錯誤取消し」の主張（改正後民法
95 条 1 項）。以下，この項において同じ）をすることも考えられる。この点，民
法 95 条ただし書（改正後民法 95 条 3 項）は重過失のある表意者の無効主張を
禁止していることから，A の重過失の有無が問題となりうるが，電子契約法
（以下，「電商法」という）3 条本文は，電子消費者契約において錯誤に陥った消
費者は重過失の有無を問わず錯誤無効を主張できるとしているため，本事例に
おいて A の重過失の有無を問う必要はない。なお，電商法 3 条ただし書では，
事業者が，消費者に対し申込みを確認する措置を講じた場合には，原則に戻り
重過失のある消費者は錯誤無効を主張できないとされているが，本件ではこう

した確認措置も一切なかったのであるから，同ただし書にも該当しない。

このほか，ワンクリック請求業者が，Aに対して欺罔行為を行い，その結果としてAが錯誤に陥って申込みの意思表示をしたといえる場合には，Aは詐欺による契約の取消しを主張することができる（民法96条1項）。ワンクリック請求業者に欺罔行為があったかどうかについては，契約の申込みをさせるためのメール又はサイトの画面構成や文言，代金請求に当たっての画面構成や文言などから総合的に判断しうると考えられる。

### (2) Aが取るべき対応についてのアドバイス

ア　Aに対しては，上記法律構成について，必要な説明をした上で，結論として，悪質事業者からの請求に取り合わず，自ら悪質事業者に対して連絡をとらないことや，悪質事業者から請求を受けても決して応じない，といったアドバイスをすることが適切である。

また，事例のようなワンクリック請求の事案では，悪質事業者は，消費者が自らサイト上で住所氏名を入力した場合以外に，消費者に対する民事訴訟手続を行うために必要な情報を保有していることは少ない。例えば，パソコンならば「あなたのIPアドレスは○○○○です」，携帯電話ならば「あなたの個体識別番号は○○○○です」といった，あたかも利用者個人が特定されているかのような印象を与える表示がされたとしても，直ちに利用者個人を特定することはできない。少なくとも，事業者がプロバイダに問い合わせをするなどの方法を経ずに個人を特定することは不可能なのである。このことは電子メールアドレスについても同様であり，電子メールアドレスの文字列に会社名および個人名が入っているなどのケースを除き，電子メールアドレス自体から個人を特定することはできない。

悪質事業者に対しては，事業者が把握している以上の個人情報を決して与えないようにすることが重要なのである。

ワンクリック請求を仕掛けるような悪質事業者が実際に民事訴訟手続をとってくることは極めて例外的なケースであると考えられるが，事業者が民事訴訟手続を不正利用することも考えられる。そこで，Aに対しては，もし裁判所から訴状や支払督促等の書類が送達された場合には，これを無視せず，改めて専門家に相談するように十分に説明しておくことが肝要である。

イ なお，最近，ワンクリック請求に関するウェブサイトにアクセスしたことにより，コンピューターウイルスに感染させられ，パソコンを再起動しても，アダルトサイトの登録画面が表示されたり，その画面を閉じても繰り返し請求画面が表示されるという状況に陥らせるケースが多い。こうした画面には，「入金後，手続をとることによって，症状を解消できる」旨が謳われている場合があるが，その指示のとおりに支払ったとしても，上記状況が解消されることはないと考えた方がよい。仮に，相談者がこうした状況に陥っている場合には，例えば，独立行政法人情報処理推進機構（IPA）が提供する情報サイトなどを参考にアドバイスをすることが考えられる。

第17　インターネット・SNS　*573*

## ② サクラサイト商法

---
**事例1**

　Xは，出会い系サイトに居住地域と年代を登録したところ，写真付きのメールが次々に届いた。サイトからは無料ポイントが付いていたので，数名にメールを返信したところ，返事が来た。そこで，Xは数人と会う約束をしたが，途中で無料ポイントが無くなり，所持していた数枚のクレジットカードおよびコンビニで販売されている電子マネーで，サイトの有料ポイントを何度も購入した。メール相手のAとは，デートを約束しても，すっぽかされ続けた。別のBとは，メールアドレス交換を試みるものの，交換はできなかった。別のCとは，最後にアドレス交換こそできたが，すぐに連絡が取れなくなってしまった。気がつくとXは貯金を全て使いきり，カード会社からの請求まで届いている。Xは，自分が利用したサイトの名前を覚えていない。

---

---
**事例2**

　SNSで紹介されていた占いサイトに登録をして，占い師とやりとりを始めた。サイトの中で，1回メールを送信するのには1500円分のポイントが必要である。占い師からは「今は金運が好調だが，私の言う言葉を繰り返すとさらに運気が上がって宝くじが当選しやすくなる」等と言われて，ちょうど子供の進学費用に頭を痛めていたことから，指示された単語を言われるまま複数回，占い師に送信した。以後も，同様に占い師から勧誘されるままに単語を何度も送ったり，よくわからないメールを指示されるまま送り続け，そのメールを送るためのポイントを購入するのに，サイトから指定された銀行に，合計して数百万円を振り込んでしまった。

---

### 1　サクラサイト商法とは

(1)　会員同士のメール交換等のサービスを有償で提供する仕組みのサイト

を，俗に「出会い系サイト」という。サクラサイトは，出会い系サイトの仕組みを利用しながら，サイト運営業者がサクラを使ってメールのやりとりをさせて，利用者からメールの送受信料金や各種手続費用と称して，多額の金銭をだまし取る悪質サイトである。一般会員同士がメールのやりとりもできないシステムを設定しながら，あたかも会員同士でメールのやりとりができるように装って，サイトを利用させたサイト運営事業者に対しては，単純詐欺罪ないし組織犯罪処罰法（詐欺罪）違反での実刑判決が下されている。

(2)　サクラサイト被害には，自ら出会い系サイトに登録して被害に遭う自主登録型の被害（事例1）の他に，懸賞サイトや無料占い・アルバイトサイト等から誘導された者が，出会い系サイトと知らずに誘導先で第三者とメール交換を続け，サイト利用料金名目や手続費用名目で金員をだまし取られる，誘導型の被害とがある。不特定多数のアドレスに対して，サイト運営業者や広告業者が，それと知らせずに，出会い系サイトの営業勧誘メール（いわゆる迷惑メール）を送りつける手口は，送受信者の同意を得ない広告または宣伝電子メールの一方的な送り付けとして，「特定電子メールの送信の適正化等に関する法律」3条1項1号違反に相当する。こうした違法行為による勧誘を辞さないサイトは，サクラサイト商法を行っている可能性も強く疑われる。

(3)　著名なアイドルとその関係者を騙ってサイト利用料金をだまし取ったサクラサイト事件では，被害者はSNS等を通じて芸能事務所関係者を称する相手から「相談にのって欲しい」「助けて欲しい」と懇願され，出会い系サイトに誘導されてしまう誘導型の被害者が多かった。被害総額が100億円以上とも報道された悪質な事件もある。

(4)　民事で，サクラサイト商法の違法性を正面から認定した判決として東京高裁平成25年6月19日判決（判時2206号83頁）がある。この判決では，陳述書および一部残っていたサイトからのお知らせメールにより，裁判所は，高額な利用料を支払わせることによって利益を得るのがサイト運営業者であることから，メール交換相手は一般の会員ではなく，サイト運営業者が組織的に使用している者（サクラ）と認定した。

(5)　また最近では，サクラサイトと同様の構造をもちながら，占いサイトや鑑定サイトを装うことで，多額のポイントを購入させる被害が増えている。しかし，運営サイトによっては，占い師を実際に雇っていると主張するサイトも

あり，占い師の定義が通常でも不明確であることから，サイト内でやりとりをする相手が，「サクラ」かどうかを争点とすることは難しいこともある。そのため，相手とのやりとりや入金頻度などを丁寧に検討する必要がある。また，鑑定士と称する者が，複数人に同内容のメールを送信していたり，鑑定メールの内容が抽象的だったり空想的であったりしないかを，残されたサイト内メールや被害者からの聞取りで，検討する事も必須である。

　なお，占いなどを行うサイトであると謳いながら，その内容が占いや祈祷に基づくものではなく，単に，被害者にサイトの有料ポイントを費消させて運営会社が利益を得るために行っている場合は，そうした運営会社の行為は詐欺に該当するとして，不法行為責任を認めた裁判例（控訴後，和解）も存在する（東京地判平成 30 年 4 月 24 日消費者法ニュース 116 号 350 頁）。

## 2　問　題　点

### (1)　総　　論

　出会い系サイトを規制する法律として，「インターネット異性紹介事業を利用して児童を誘引する行為の規制等に関する法律」（以下，「出会い系サイト規制法」という）があるが同法の目的はサクラサイト商法のような詐欺的行為を規制するものではない。サクラサイト商法の被害に遭った場合には，サイト運営業者に対し，サイト利用料金支払いの詐欺取消しや錯誤を主張したり，不法行為責任を追及することに最終的にはなるのだが，支払方法により，後述するようなアプローチの違いがある。

### (2)　サイト運営業者および被害金額の把握

　ア　出会い系サイトは，「通信販売」として特商法の適用があるため，サイト運営業者には氏名や住所，連絡先の表示が求められる（特商法 11 条 5 号，特商法施行規則 8 条 1 号）。しかし，サイト内の表示でサイト運営業者の所在等がわからない場合には，サイト運営業者が国内業者であれば，出会い系サイト規制法 7 条で事務所を管轄する都道府県の公安委員会に事業の改廃に関する届け出をすることになるので，情報公開請求によりサイト運営事業者の情報を取得することが考えられる。

　イ　事例 1 のように，被害者自身が，被害に遭ったサイトや被害総額を知ら

ないことも多い。前者についてはサイトの URL や送られてくるメールアドレスを手掛りとしてネットで検索する。また証拠となるサイト内の会員 ID や，サイトから届いたメールを保存，確認する必要がある。

　ウ　被害者のサイトへの支払方法は，クレジットカード払いや電子マネーによる支払い（事例1），銀行口座への振込み（事例2）が主である。クレジットカード会社（以下，「クレジット会社」という）からの請求用紙には，利用サイト情報が記載されず，電子マネーも，証票上には利用サイト情報が記載されないため，まずはクレジット会社と電子マネー発行会社に，利用先情報の開示を求める必要がある。

## 3　解決のポイント

### ⑴　クレジット会社に対して通知を送る

　ア　出会い系サイトの場合，サイト運営業者が直接，クレジット会社の加盟店になることは厳しいため，決済代行業者が介在することになる。そのため，クレジット会社からの請求書には，利用サイト名でなく，ドル建ての決済情報とアルファベットの決済代行会社名，電話番号しか記載されない。そこで，クレジット会社に対して，決済代行会社の連絡先開示を求め，当該請求が違法なサクラサイト被害だと指摘し，解決までの請求の留保を依頼したり，チャージバックの要請を行うことになる。

　イ　なお，東京地裁平成 25 年 5 月 29 日判決（消費者法ニュース 98 号 279 頁）は，信販会社の立替金請求訴訟で，信販会社が出会い系サイトの運営業者を特定していないことは，債権発生のための請求原因事実の主張として不十分であり，主張自体失当であると判断した。そこで，クレジット会社への通知では，被害状況を説明せず，まずは信販会社から個々の取引内容を明らかにするよう求めるべき，とする考えもある。

### ⑵　決済代行業者に通知を送る

　ア　次に，決済代行業者に，被害者の使用したサイトとの取引履歴の開示を求め，被害状況と被害額を把握する。履歴開示に際しては，被害者が利用したと思われるカード番号を通知する。また，サイト運営業者の連絡先や代表者名等の情報開示も求め，決済代行業者の存在が，サクラサイト商法を容易にして

いるといった関係にも留意して，既払金の返金や，未払金に関してキャンセル処理を求める等，運営事業者に対する働きかけも強く要請していくことになる。

イ　クレジット会社と直接加盟店契約ができない出会い系サイト業者は，決済代行業者と加盟店契約をし，その決済代行業者がカード会社と包括加盟店契約をする。それにより，サクラサイトを含む出会い系サイトの多くは，カード決済サービスの利用が可能となる。そこで，自社に加盟するサイト運営業者が，違法なサクラサイト商法を行っていることを決済代行業者が知り，または知り得た場合，同決済代行業者に対しては，その決済代行業者も違法なサクラサイト商法を幇助したとして，共同不法行為責任（民法719条）を追及できる可能性もあると思われる。

### (3)　前払式の電子マネー利用の場合

事例1では，前払式電子マネーが支払手段として利用されている。電子マネーの場合も，電子マネー発行会社に対して，その利用履歴の開示を求める。ただし，この手段では，証票に印字されている管理番号または取引番号を発行会社に通知して履歴開示がなされることになるため，電子マネー証票自体を失くしたような場合には，被害額全額の履歴開示が受けられないこともある。

### (4)　サイト運営業者に対する連絡

ア　サイトが営業中の場合は，速やかにサイト運営業者に通知を送り，サクラサイト商法の民事的違法性と刑法上の詐欺罪相当性を指摘した上で，未払いの請求に関して取消しを求め，既払金については，不法行為に基づく損害賠償請求を主張し，返金を求める。

イ　銀行振込の場合（事例2），証拠や被害者からの聞き取りを精査し，振込先がサクラサイト商法をしていることを確認した上で，振込先金融機関に対して口座凍結要請を行い，口座開設時の開設者情報に関する弁護士会照会を行い，口座を開設した者を特定する。ただ，占いサイトの場合には，占い師とのやりとりや勧誘の手口および被害金額や被害内容などについて，精査する必要がある。

ウ　通知では，通知人の氏名や住所等を，サクラサイト運営業者に知らせな

578 第2章 具体的トラブル事例と解決

いよう注意する。サクラサイト運営業者は，利用者の個人情報を売買している
ことが多い。サイトの多くは，利用者の本名や住所地を登録せずに利用できる
ため，弁護士の通知で不用意に被害者の個人情報を与えてはならない。サイト
内IDやメールアドレス等の情報を示すことで，サイト運営業者は利用者を特
定できる筈である。

## 4 設問に対する回答

⑴ 事例1では，A～Cいずれもサクラである可能性が強い。最近では，C
のようにアドレス交換ができたり，現金を一部送金する等して，実在の相手を
装うサクラサイトも存在する。しかし，最終的に，利用者がサイト運営業者の
指示通りに入金を続け，その金銭はサイト運営業者の利益に転嫁するという構
造であれば，まさにサクラサイトを疑うべきである。そこで，Xが利用した可
能性のあるクレジット会社に通知を送り，その次に決済代行業者にも通知をし
た上で，利用サイトと被害金額を確認して，サイト運営業者に通知を出すこと
になる。

電子マネーでの支払いについても，使用された電子マネーの発行会社に対し
て，証票上の管理番号を通知し，利用履歴の開示を求めて被害を特定する。

いずれの事例でも，サイト事業者と連絡が取れない場合やサイトが返金交渉
に応じない場合は，訴訟提起をすることになる。その場合，凍結先口座や決済
代行業者および電子マネー発行業者に対する保全手続を検討すると良い。ま
た，訴訟の中で，振込先金融機関に対する調査嘱託を行い，資金移転先を確認
するなど，当該サイトの実質的運営者を探知する必要もある。

⑵ 事例2の場合には，通常のサクラサイトと同様の不法行為を主張するこ
との他に，社会的相当性を逸脱した違法性を主張することも考えられる。これ
は，例えばサイトが被害者に占いや鑑定費用を支払わせた行為が，社会的相当
性を逸脱した違法な行為であると主張し，不法行為に基づく損害賠償請求を行
うものである。この点，参考になる裁判例として，前掲東京地裁平成30年4
月24日判決や易断による鑑定料の支払いについて判示した，大阪高判平成20
年6月5日（消費者法ニュース76号281頁）がある。

本事例の場合，子供の進学費用に悩んでいる被害者は，サイトないし占い師
の「占いを続ければ悩みが解決できる」という勧誘を信じて，多額の金員を支

払っている。そのため，サイトないしサイトに雇用された占い師が，占いを受けることで利用者にその目的が達成されるように装い，それを信じさせるような不相当なやり方でサイト内での占い師との有料やりとりをするよう仕向け，利用者の正常な判断が妨げられた状態で多額の金額が支払われた場合には，社会的相当性を逸脱して不法行為が成立する，と主張していく。また，PIO-NET 情報を弁護士会照会することで，異なる利用者に対しても，同じ占い師が同じような内容を同時送信している事実を収集することも考えられる。そして，占いサイトと標榜しながら，同サイトには占い師が存在しないか，少なくとも，被害者について個別に占いにより運勢を見た上でメールを送ったり，被害者からの申込みに応じて占いや祈祷等を行った事実が存在しないことを指摘して，サイト内での占い師の行為が，占いや祈祷に基づくものではなく，単に，被害者をして本件サイトにおいて有料のポイントを費消させるために行っていて，サイト側が利益を得ている行為が詐欺に該当する旨も主張することになる。

### 【参考文献】

・町村泰貴「サクラサイトの不法行為責任が認容された事例（東京高判平 25・6・19）」現代消費者法 26 号（2015 年）93 頁
・独立行政法人国民生活センター「速報！"サクラサイト商法"新たな手口にご用心！―性別・世代を問わず被害拡大の可能性も―」（平成 24 年 7 月 26 日）
・サクラサイト被害全国連絡協議会編『サクラサイト被害救済の実務』（民事法研究会，2017 年）

*580* 第2章 具体的トラブル事例と解決

## ③ ネットショッピング

---
### 事例1 フリマサービス

　Aは，甲社のフリマサービス「X」で，中古のパソコンを落札したところ，電源が入らなかった。そこで，出品者乙に連絡を取ろうとしたが連絡がつかなかった。なお，乙による商品説明欄には，「ノークレーム・ノーリターンでお願いします。」と記載されており，また，Xの利用規約には，「当サイトは，一切責任を負いません。」と表示されている。

　Aは，乙および甲社に対して，責任を追及することができるか。

---
### 事例2　法定返品権

　Bは，インターネットで，健康食品「Y」の広告が目に入り，同商品が魅力的に思えたため，そのままYを購入した。しかし，Yに含まれる成分にBが抱えるアレルギー物質があることに気づき，丙社にキャンセルを依頼した。しかし，丙社担当者は，「Yの広告ページに『不良品以外のお客様都合による返品は致しかねます。』旨の返品特約（以下「本件特約」という。）を表示していることから返品は受け付けない。」として，キャンセルを受け付けなかった。なお，本件特約の記載は，丙社担当者が指摘する広告のページの最下部に記載されており，その表示も同ページの他の記載に比べて非常に小さい文字であった。

　Bは，丙社に対して，Yの返品を求めることができるか。

---

## I　事例1について

### 1　フリマサービスとは

　フリマサービスとは，ユーザー同士が自らの保有する物品等の売買を行うサービスをいう。近年，スマートフォンの普及によって，個人間で，手軽に出品，売買ができる「フリマアプリ」が拡がっている。それに伴い，フリマサー

ビスに関する法律問題も増加している。また，フリマサービス同様，インターネット上でユーザー同士で取引を行うものとして，インターネット・オークションがあるが，以下の記述はフリマサービスのみならずインターネット・オークションにおいて生じる問題にも妥当すると考えてよいであろう。

## 2　問題点および解決のポイント

### ⑴　出品者に対する責任追及

### ア　フリマサービスにおける利用者間の法律関係

### ㈠　民法上の主張

フリマサービスにおける出品者と購入者間の法律関係は，一般には売買契約である。

また，取引の目的物が中古品である場合には，特定物であることがほとんどであるから，本件のように，目的物に瑕疵がある場合は，出品者に対して瑕疵担保責任（民法 570 条，改正後「契約不適合責任」（改正後民法 562 条以下）。以下，この項において同じ）を追及することになる。

なお，フリマサービスにおけるトラブルとしては，目的物に瑕疵がある本件のような場合のほか，「ネット詐欺」のケースも考えられる。この場合は，詐欺取消し（民法 96 条 1 項），債務不履行責任（民法 415 条）あるいは不法行為責任（民法 709 条）を追及することが考えられる。

### ㈡　消費者契約法・特商法上の主張

### a　事業者性の判断

出品者が販売業者ないしは事業者に該当する場合には，消費者契約法や特商法が適用されることとなる。

この点，形式的には個人名で出品していても実際には特商法ないし消費者契約法の適用を受ける販売業者ないし事業者が出品をしているというケース（隠れ事業者）も多く存在するため出品者が「販売業者」あるいは「事業者」にあたるか否かをどのように判断するかは重要な問題である。

この判断にあたっては，実質的に，販売業者（事業者）[1]の行為としてその

---

1)　出品者が個人の場合，消費者契約法上の「事業者」該当性も，ほぼ同様に考えられる。

取引の相手方となる消費者を保護する必要があるか否かを，当該事案の個別事情をもとに具体的に判断すべきである。

この点，平成29年11月1日付け消費者庁次長・経済産業省大臣官房商務・サービス審議官通達「特定商取引に関する法律等の施行について」の別添1「インターネット・オークションにおける『販売業者』に係るガイドライン」では，商品の類型ごとに大まかな目安を示しており，一応の参考になる。

事例1で乙が中古のパソコンを複数台出品（上記ガイドラインによれば，5点以上）している場合には「販売業者」に当たりうるが，事例1のケースのように，1台のみ販売していたに過ぎないような場合は，乙は「販売業者」に該当しない。

b 「ノークレーム・ノーリターン」特約の効力

出品者から，事例1のように，いわゆる「ノークレーム・ノーリターン」特約が付されている場合には，このような特約が表示されて契約内容に取り込まれたときには，売主の瑕疵担保責任を免除する特約として有効である（民法572条。なお，改正後民法では，瑕疵担保責任ではなく，契約不適合責任となることについては前述のとおり）。

ただし，乙が瑕疵の存在を知っていて告げなかった場合には，民法572条により免除の効果が認められない。また，買主が消費者で，かつ売主が事業者である場合には，瑕疵担保責任免除特約は，消費者契約法8条2項により無効となる[2]。

なお，瑕疵担保責任免除特約が有効である場合においても，錯誤無効の規定や詐欺取消しの規定の適用が排斥されるわけではないためこれらの適用を別途検討する必要がある。

### イ 出品者への責任追及にかかる事実上の問題点

#### ㋐ 問題の所在

出品者に対して法的責任追及が可能な場合であっても，出品者に対して現実に瑕疵担保責任等の法的責任の履行を催告したり，訴訟を提起するためには，出品者の所在を把握する必要がある。ネット取引では，その非対面性・匿名性から，出品者の所在を確認することが対面取引に比べて困難な場合がある。

---

2) 大阪地判平成20年6月10日判タ1290号176頁。

第 17 インターネット・SNS　*583*

(イ)　**特商法上義務付けられた表示事項**

　出品者が特商法上の販売事者である場合には，特商法上，販売業者の指名・名称，住所，電話番号の表示義務（特商法 11 条 5 号，特商法施行規則 8 条 1 号）があるため，まずは，特商法上の表示事項が記載されているページを探し，記載されている情報を手掛かりにして，出品者の所在を特定することが考えられる。

　なお，フリマサービスのサイトが消滅していた場合であっても，インターネットアーカイブを用いることで消滅する前のサイトを見ることができることもある。

(ウ)　**弁護士会照会（弁護士法 23 条の 2）**

　出品者が事業者ではない個人であった場合や，事業者であっても記載されている情報が虚偽の場合，あるいはそもそも特商法上の記載がない場合には，弁護士会照会を利用することが考えられる。具体的には，購入商品の代金振込銀行口座の開設名義人の氏名や住所を銀行に確認することや，フリマサービス運営者（本件でいえば甲社）に対し，出品者が当該サイト登録時に登録した氏名などの情報を確認することも考えられる。しかし，銀行や業者側はこのような照会には必ずしも応じていないというのが現実である。なお，インターネット・オークションにおいて詐欺行為を行った出品者情報の開示義務を否定した裁判例も存在する（名古屋地判平成 20 年 3 月 28 日判時 2029 号 89 頁）。

(エ)　**警察への相談等**

　上記のほかにも，警察への相談や告訴・被害届の提出により，刑事手続の中で被害回復を図るなどの方法も考えられる。

(オ)　以上のほか，プロバイダ責任制限法 4 条に基づく開示請求なども考えられるが，実務上，現在は，本件のような場合に，同条に基づく請求は認められていない（同条の要件の詳細な解説については，総務省「特定電気通信役務提供者の損害賠償責任の制限及び発信者情報の開示に関する法律―解説―」（平成 29 年 1 月）22 頁ないし同 36 頁等を参照のこと）。

## (2)　フリマサービス運営者の法的責任

　上記で検討したとおり，個々の出品者の特定が困難で，責任追及ができない場合があることから，フリマサービス運営者自身に対して法的責任を追及でき

584 第2章 具体的トラブル事例と解決

ないかが問題になる。それでは，フリマサービス運営者が責任を負う場合はどのような場合か。

**ア** まず，そもそも，サイト利用規約に，運営者の責任免除の規定（本事例では，「当サイトは，出品者・落札者間の取引において生じるトラブルについて一切責任を負いません。」との表示）が定められていることがある。

しかし，利用者が消費者であれば，事業者の損害賠償責任の免除を定める規約条項は消費者契約法8条に反して無効であるし，信義則に反し，消費者の利益を一方的に害すると判断される規約条項については，同法10条に反し無効となる。

**イ** また，フリマサービス運営者が，出品者・落札者間の契約に実質的に関与していると評価できるような場合に，その責任を負うことには問題はない（実質的に関与していると評価される例については，経済産業省「電子商取引及び情報財取引等に関する準則」（平成30年7月）77頁以下を参照。以下，「準則」という）。

問題は，フリマサービス運営者が上記のような関与をしているとまでは評価できない場合に，「情報交換の場を提供するのみ」であるとも思われるフリマサービス運営者が利用者に対する法的責任を負うか否かである。

⑺ **フリマサービス運営者の注意義務の有無**

この点，フリマサービス運営者が利用者から利用料を徴収して利益を上げる一方で，フリマサービスが，その運営者に対する信頼を背景に成立しているなどの事情に鑑みると，フリマサービス運営者は，少なくとも信義則を根拠とする一定の注意義務を負うと考えるべきであろう。この点，インターネット・オークションに関する事案ではあるが，名古屋高裁平成20年11月11日判決（裁判所ウェブサイト。なお，原審は，前掲名古屋地判平成20年3月28日判決であり，上記名古屋高裁判決は，注意義務の有無に関して原審を踏襲している）が，結果としてオークションサイト運営者の責任を否定したものの，利用契約における信義則上，利用者に対して欠陥のないシステムを構築してサービスを提供すべき義務を負っていると判示した点は参考となる。

⑻ **フリマサービス運営者の注意義務の内容**

上記のとおり，フリマサービス運営者が注意義務を負うとして，具体的にどのような注意義務を負うことになるか。

第17　インターネット・SNS　*585*

　この点，前掲名古屋高裁判決ないし同名古屋地裁判決では，前述のとおり，オークション事業者は，利用契約における信義則上，利用者に対して欠陥のないシステムを構築してサービスを提供すべき義務を負っているとしたうえで，具体的な注意義務の内容として，詐欺的犯罪行為の発生頻度，発生割合を明らかにすることまでは含まれないとし，また，トラブルを発生させた利用者の預金口座の利用禁止義務を否定している。上記裁判例では，注意義務の具体的内容は，今後の社会情勢等によって代わり得る旨指摘されている。この点，準則77頁においては，オークション事業者が注意義務違反に問われ得る例として，出品物について，警察本部長等から競りの中止の命令を受けたにもかかわらず，オークション事業者が当該出品物に係る競りを中止しなかったため，落札者が盗品等を購入し，盗品等の所有者から返還請求を受けた場合があげられている。

　なお，上記裁判例の概要を含むフリマサービス運営者やインターネット・オークション運営者に対する責任追及についての詳細は，準則79頁以下を参照のこと。

## 3　設問に対する回答

　Aとしては，第一次的には乙に対する民法上等の責任追及を検討することになろうが，乙の所在を把握できなかった場合には，次に，甲社への責任追及が可能であるかを検討することになろう。その際には，前掲名古屋高裁判決および同名古屋地裁判決を参考に，甲社がAに対してどのような注意義務を負っていたのかを具体的に検討する必要がある。

## Ⅱ　事例2について

## 1　法定返品権とは

　インターネット通販は，特定商取引法上の「通信販売」に該当する（特商法2条2項）。「通信販売」では，訪問販売等と比較して消費者の自主性が損なわれるほどの不意打ち性がないことから，訪問販売等について規定されているようなクーリング・オフ制度は認められていないが，その代わり，購入者が商品を受領してから8日以内であれば，申込みの撤回又は売買契約の解除を可能と

586　第2章　具体的トラブル事例と解決

する規定が設けられている（特商法15条の3第1項本文）。これが，特商法の規定する法定返品権の制度である。

## 2　問　題　点

　法定返品権は申込みの撤回又は売買契約の解除が可能である点でクーリング・オフ制度（特商法9条等）と類似する面もあるが，販売業者が特約でこれを排除することが可能である点で（ただし，後述のとおり，消費者にとって容易に認識することができるように表示する必要はある），事業者側の利益についても一定程度配慮された制度となっている。法定返品権に関する規定を把握するにあたっては，このような事業者の取引条件設定の自由と消費者保護とのバランスという視点を念頭に置くことが重要である。

## 3　解決のポイント

### (1)　積極要件

特商法15条の3第1項によれば，法定返品権が認められるには，

①　商品又は特定権利の販売条件について広告をした販売業者との売買契約の申込み又は締結であること

②　その売買契約にかかる商品の引渡し又は特定権利の移転を受けた日から起算して8日を経過するまでの間であること

③　申込みの撤回又は契約解除の意思表示をすること

が必要である。

　このうち，特に，①については，「広告をした」業者との間での取引である必要があり，したがって，「広告をしていない業者」との取引の場合には①を充足しないこと，②については，訪問販売などのいわゆる「クーリング・オフ」の規定とは異なり，法定返品権の行使期間の起算点が「商品の引渡しを受けた日から」であることには注意が必要である。

### (2)　消極要件

　ア　上記積極要件に問題がなかったとしても，通信販売業者には，返品を受け付けないなどの返品特約を付することが許されており（特商法15条の3第1項ただし書），この返品特約がある場合には法定返品権は排除されることにな

る。ただし，返品特約は広告上に表示されていることが必要である（特商法11条4号，特商法施行規則9条3号）。さらに，電子消費者契約及び電子承諾通知に関する民法の特例に関する法律（以下「電子契約法」という）2条1項にいう「電子消費者契約」に該当する場合には，上記広告表示に加えて，いわゆる最終申込み画面においても返品特約の記載をする必要がある（特商法15条の3第1項ただし書，特商法施行規則16条の3）。

イ　さらに，「返品特約」は，単に広告（あるいは最終申込み画面）に表示されているというだけでは足りず，「顧客にとつて見やすい箇所に明瞭に判読できるように表示する方法その他顧客にとつて容易に認識することができるよう表示する方法」であることが必要とされている（特商法施行規則9条3号および同16条の3）。その適正な表示あるいは不適切な表示についての具体例は，平成29年11月1日付け消費者庁次長・経済産業省大臣官房商務・サービス審議官通達「特定商取引に関する法律等の施行について」の別添5「通信販売における返品特約の表示についてのガイドライン」（以下「ガイドライン」という）に定められている。そのほか，法定返品権の制度趣旨やその効果などの詳細については，準則68頁以下を参照のこと。

なお，法定返品権にかかる上記（要件）規制も特商法上の広告規制の一つといえるが，特商法には，本件のような「通信販売」について，このほかにも種々の広告規制が規定されている。具体的には，一定事項の表示の義務付け（表示義務。特商法11条および特商法施行規則8条），誇大広告の禁止（同法12条および同施行規則11条），承諾をしていない者に対する電子メール広告提供の禁止（同法12条の3。これは，販売業者等が，一定の場合を除き，商品・サービス等の販売条件等について，その相手方となる者の承諾を得ないで電子メール広告をしてはならないという規制である）などが挙げられる（これら各規制の詳細については，準則162頁以下を参照されたい）。特商法上，これら規制に違反しただけでは，直接的な民事効は認められていないが，規制違反の事実自体が，不法行為責任を追及する際の違法要素になり得るほか，規制違反が認められれば，行政的な措置の対象にもなりうる（特商法14条・15条。誇大広告については，さらに同法72条1号）。

588　第2章　具体的トラブル事例と解決

## 4　設問に対する回答

⑴　Bは，Yの広告を見て，Yを購入（の申込みを）したのだから，積極要件①は問題なくみたすであろう。したがって，BがYの引渡しを受けた日から8日以内であれば，丙社に対して，申込みの撤回又は契約解除の意思表示をし，法定返品権を行使することができる。

⑵　ア　一方，丙社からは，Yの広告上に本件特約を記載していたため，法定返品権の行使は認められないという反論がなされることが考えられる。ここで，ガイドラインによれば，例えば，返品特約を「目につきにくいページの隅のような箇所に表示する方法」や，「極めて小さな文字で表示する方法」などは，「顧客にとつて見やすい箇所において明瞭に判読できるように表示する方法その他顧客にとつて容易に認識することができる」（同施行規則9条3号）表示にはあたらないとしている（ガイドラインⅡ2⑵②ⅰ（8頁））。したがって，かかるガイドラインの記載に照らせば，広告のページの最下部に記載され，その表示も同ページの他の記載に比べて非常に小さい文字で本件特約を表示していただけの本件では，「法定返品権の行使は認められない」という丙社の主張は認められないであろう。

イ　なお，Bは丙社のウェブページ上からYを購入しているため，Yの購入は電子契約法上の「電子消費者契約」にあたる。したがって，丙社は，Y購入の最終申込み画面においても，本件特約を表示していなければならず，かかる表示がない場合にも，「法定返品権の行使は認められない」という丙社の主張は認められないことになる。

第17　インターネット・SNS　*589*

# 4　スマホゲーム・オンラインゲーム

―― 事例1　ガチャ，未成年者 ――――――――――――――――――

　X（中学生）は，学校で大流行中のアプリゲームをX名義のスマート
フォンで遊ぶことにはまっている。ある日，レアアイテムが欲しくなり，
「未成年ですか？」という問いに「いいえ」と嘘をついて10万円分のゲー
ム内通貨を購入し，それでガチャを回してしまった。後日，X宛てに携帯
電話の利用料金の請求書が送付されてきたのだが，いつもより10万円も
高かった。Xは，支払いを拒むことができるか。

―― 事例2　アカウント停止 ――――――――――――――――――

　Y（成人）は，スマートフォンのアプリゲームを利用していたところ，
ゲーム内掲示板に他のユーザーの悪口を書き込んでしまった。ある日突
然，運営会社によりYのゲームアカウントが削除されてしまい，Yがこ
れまで多額をつぎ込んで購入してきたアイテム等も利用できなくなってし
まった。Yは，アカウントを復活できるか。

## 1　オンラインゲームとは

　オンラインゲームとは，コンピューターネットワークを利用することでほか
のユーザーと状況を共有することのできるゲームである。ユーザーは，ゲーム
会社の利用規約（約款）に同意してアカウントを取得し，そのアカウントでロ
グインしてゲームを遊ぶという流れになる。当初はパソコンを利用しなければ
ならないものが多かったが，最近ではスマートフォンの普及によって気軽に楽
しめるようになっている。

## 2　問　題　点

### (1)　ガチャによる高額課金

オンラインゲームではユーザーが金銭を支払うことでアイテム等をランダム

*590* 第2章 具体的トラブル事例と解決

に入手できるという「ガチャ」の仕組みが導入されていることが多い。目的の
アイテム等を入手するまで何度も回すことになり高額の課金となりがちであ
る。判断力に乏しい中高生の間でも多く見られ，社会問題となっている。

平成24年5月18日には，消費者庁が「コンプガチャ」（特定のアイテムを揃
えることでようやくレアアイテムを入手できるガチャ）が景品表示法に抵触する
ことを明言したが，通常のガチャに関しては特に規制はない。業界は自主規制
に動いており，例えば，平成29年12月21日には，iPhone用のアプリを独占
販売するApp Storeが各ゲーム会社にガチャの排出率表記を義務付けたが，
未だに被害は後を絶たない。

### (2) 多様な決済，複雑な当事者関係

オンラインゲームではゲーム内通貨を購入することが多い。そしてこの購入
にあたっては，キャリア決済，クレジットカード，電子マネーといった多種多
様な決済手段が利用されている。

また，特にスマートフォンのゲームにおいては，ゲームを提供するゲーム会
社，料金を回収する携帯電話会社，決済をするクレジットカード会社等多数の
当事者が関与していたり，ゲーム会社の本店が海外に所在していたりしてお
り，当事者間の関係が複雑になりがちである。

## 3 解決のポイント

### (1) 未成年者
### ア 未成年者取消し（民法5条1項・2項）

未成年者の契約はあとから取り消しうるのが原則だが，以下の場合には取消
しが認められない（第1章第6「③ 未成年者の取引」参照）。

### (ア) 法定代理人の同意（民法5条1項）

未成年者が両親のクレジットカードを使用した場合，携帯電話の名義が両親
であるとか金額が少額にとどまっていると，両親が限度額の範囲内において未
成年者に包括的な同意を与えていたと認定されうる。

### (イ) 処分を許した財産等（民法5条3項）

金額が少額にとどまっている場合，それだけをもってではなく個別の事情を
踏まえなければならないが，処分を許していたと認定されうる。

第17 インターネット・SNS　*591*

#### ㈦　未成年者による詐術（民法21条）

仮に未成年者が確認ページにおいて嘘をついてしまっていたとしても，それだけで必ず取り消せなくなるわけではない。確認として十分か，詐術とそれに対する信頼があったのか総合的判断を要する（経済産業省「電子商取引及び情報財取引等に関する準則」（平成30年7月）Ⅰ-4（57頁以下）参照。以下，「準則」という）。

### イ　意思無能力

幼児等意思無能力者である未成年者による契約は無効である。


#### (2)　アカウント

### ア　アカウント復活（利用権確認）

ユーザーが利用契約に基づいてアカウント復活（利用権確認）を要求すると，ゲーム会社は利用規約違反を理由にこれを拒絶することから，利用規約の有効性および裁量の逸脱・濫用が問題となる。

#### ㈠　利用規約の有効性（消費者契約法10条）

アカウントの登録時に利用規約への同意が要求されていることが多く，ユーザーは利用規約の拘束を受けることになる。ただ，利用規約はゲーム会社と消費者との間の契約であるから，その内容が消費者の利益を一方的に害する場合には消費者契約法10条により無効となる。しかし，利用規約に網羅的な規定を設けるのは不可能であり，ある程度包括的な記載であっても有効となろう。

裁判例においても，オンラインゲームのユーザーが「ゲシュタポ」という名称のキャラクターを作成して遊んでいたところ他の利用者に不快感を与える恐れがあるとしてアカウントを削除されたという事案において，ユーザーは利用規約を承諾するボタンをクリックしてからゲームをしているから仮に各条項に目を通していなかったとしても利用規約の内容に従うことに同意したと認められると判示したうえ，「アップロード情報が他のユーザーに何らかの不利益・迷惑等を及ぼすものであると当社に認められる場合，当社の裁量において削除することができる」旨の利用規約は文言および趣旨に照らして過度に広汎ないし不明確といえずゲームの適切な管理の必要性からゲーム会社に一定の裁量を認めるべきゆえ消費者契約法10条に照らしても無効にならない，と判示された（東京地判平成21年9月16日判例集未登載）。

592　第2章　具体的トラブル事例と解決

　(イ)　裁量の逸脱・濫用

　利用規約が有効であっても，ゲーム会社のアカウント停止行為に裁量の逸脱・濫用があれば，違法になりうる。その際，利用規約に抵触するとされたユーザーの行為の悪質性のほか，ゲーム会社がアカウント停止行為に至るまでにどのような手続を踏んだかが考慮要素となる。

　上記裁判例においては，「ゲシュタポ」という名称はナチスドイツの秘密警察の略称であって利用者に不快感を与える恐れがあるところ，ゲーム会社がアカウントの削除に至るまで2回にわたりユーザーに警告文を出していたことから，社会通念に照らして著しく妥当性を欠くとまではいえず，裁量の逸脱・濫用はないと判示された。

### イ　損害賠償請求

　アカウント復活が技術的に不可能である場合には，もはや損害賠償請求によって解決するほかなく，損害の立証が問題となる。

　(ア)　利用料金

　既払いのゲーム利用料金のうちアカウント停止後に相当する分については損害として認められるが，アカウント停止前に相当する部分については既にゲームを利用するという対価を享受していることから損害として認められない。

　(イ)　アカウントやアイテムの財産的損害

　アカウントやアイテムはゲーム上の情報であって有体物でないためこれらに対する所有権は認められない（民法206条・85条）。もっとも，利用規約の規定ぶり，オンラインゲームにおけるアイテムの位置付け，オンラインゲームの提供が有償か否か，アイテムの取得が有償か否か，購入画面の表示方法・価格等を総合考慮して，ゲーム会社が対価に応じたゲームないしアイテムの利用に関する義務・責任を負担すべきであると契約を解釈できれば，財産的損害が認められうる（準則Ⅲ-12-4（317頁以下）参照）。

　(ウ)　慰　謝　料

　財物の毀損に対しての慰謝料請求も理論的には認められうる。しかし，裁判例が財物の毀損において慰謝料を認めたのは，目的物が被害者にとって特別の価値を有したり，加害行為の違法性が著しいといった特別事情がある場合に限られており，オンラインゲームにおけるアカウント・アイテム等の電磁的記録にすぎないものの消滅がこれに当たることは多くはないだろう。

第17 インターネット・SNS　*593*

## 4　設問に対する回答

### (1)　事例1

#### ア　未成年者取消し

Xは中学生であるから意思能力は問題にならないが，未成年であるゆえ取消しを検討すべきである。Xは確認ページにおいて嘘をついてしまったが，本件のゲームでとられていた確認方法は中学生の間で流行しているゲームにしては単純にすぎて決して十分であったとはいえず，詐術とそれに対する信頼があったといってよいかについては総合的に判断をすべきである。

#### イ　具体的にとるべき手段

Xはゲーム会社に対して未成年者取消しを通知し，ゲーム会社とのゲーム内通貨の購入契約を取り消して料金の返還を請求する。

また，携帯電話会社からの請求が普段より高額であったことからすると，Xはゲーム料金を携帯電話会社を通じて支払うキャリア決済を利用していると思われるので，Xは携帯電話会社に対しても通知して有料サービス分につき未成年者取消しをするゆえ請求から除いてもらうよう交渉していくことになる。

### (2)　事例2

#### ア　アカウント復活

Yは利用規約に同意してゲームを開始していると思われるところ，Yの掲示板への書込みは悪口であって一般的な利用規約の禁止事項に該当し，そのような利用規約も消費者を一方的に害するものではないから有効である。

そのうえで，ゲーム会社の裁量の逸脱・濫用が問題となるところ，本件では削除の前に警告が来ていなかったことから手続の適正さに疑義があり争いうるだろう。

#### イ　損害賠償

ゲーム会社の措置が理由のないものであった場合，Yがこれまで支払ったゲーム利用料金のうちアカウント停止後に相当する分については損害として認められる。また，Yがアイテムの購入に費やした金額については，アイテム取得が有償であり，しかもそれが多額であったことからすると，損害として認められる余地がある。ただ，さすがに慰謝料までは認められないだろう。

594　第2章　具体的トラブル事例と解決

### ウ　具体的にとるべき手段

　Yは，ゲーム会社とアカウント復活について交渉することとなる。ゲーム会社が任意にアカウントを復活してくれない場合でも利用規約のどの条項に違反したのかを確認しておくべきである。

　ゲーム会社が交渉に応じない場合は訴訟せざるを得ないが，利用権確認だけでなく損害賠償も予備的に請求することになろう。

【参考文献】

・木村嘉子「オンラインゲームをめぐる消費者問題」現代消費者法18号（2013年）43頁以下

# 第 *18* ┃ 探偵・興信所トラブル

┌─ **事例1　調査への不満，別れさせ屋** ─────────────

　Xは夫の浮気を疑ってA探偵事務所に素行調査を依頼することとして調査費用100万円を前払いした。さらにAから口頭でオプションとして別れさせることまでできるとの説明を聞いて追加費用100万円も前払いした。しかし，報告がないまま6カ月が経過し，夫も一向に浮気相手と別れたような気配がなく朝帰りを続けている。XはAから調査費用および追加費用を返金してもらえるか。

└────────────────────────────────────

┌─ **事例2　詐欺被害の解決** ───────────────────

　Yがスマホでアダルトサイトを閲覧していたところ急に有料会員に登録されたとして金銭請求するとの画面が表示された。Yはなんとかしなければと考えて「アダルトサイトの詐欺を解決します」とうたうB探偵業者のサイトを発見して慌てて電話し，コンビニのファックスを利用して契約書を送受信し，前払費用10万円を支払った。しかし，Bは一向にアダルトサイト運営会社と交渉をしてくれず，契約書にもよく見ると「調査」としか記載されていなかった。YはBから前払費用を返金してもらえるか。

└────────────────────────────────────

## 1　探偵業法

　探偵・興信所とは，個人の浮気や企業の信用等について調査を行う民間の業者や機関のことである。業界を規制する法律としては，探偵業の業務の適正化に関する法律（以下「探偵業法」という）がある。

　探偵業法では「探偵業務」を「他人の依頼を受けて，特定人の所在又は行動についての情報であって当該依頼に係るものを収集することを目的として面接による聞込み，尾行，張込みその他これらに類する方法により実地の調査を行

い，その調査の結果を当該依頼者に報告する業務」と定義し，探偵業務を行う営業を「探偵業」といっている（同法2条1項・2項）。そして，探偵業を営む者は公安委員会へ届出をしなければならず，届出をした者を「探偵業者」という（同法2条3項・4条1項）。

探偵・興信所との契約は請負契約または委任契約と考えられるが，探偵業法には個別のトラブル解決のための民事ルールが定められていないため，探偵との契約が問題となる場合には原則どおり民法や消費者契約法に照らして判断しなければならない。例えば，高額な違約金が設定されている場合には，消費者契約法に照らして消費者契約法9条1号に反しないかを検討することになる。ただ，探偵業法には公安委員会による監督や刑事罰が規定されており，これらに対する理解は探偵・興信所との交渉を優位に進めうるため，以下まとめて概説する。

## (1) 届 出 制

探偵業の開業・廃業・届出事項に際しては，営業所ごとに，管轄の都道府県公安委員会に届出書を提出しなければならない（探偵業法4条1項）。届出のないまま探偵業を営んだ場合には刑事罰が科せられる（同法18条1号）。

したがって，探偵業に関する相談を受けた場合には，まずその探偵・興信所が公安委員会に届出をしているか否かを確認し，していなければ刑事告発を検討する。

## (2) 重要事項説明義務および契約内容書面の交付義務

探偵業者は，重要事項説明書を交付して説明する義務を負い（同法8条1項），契約書を交付する義務も負う（同条2項）。そして，これらの違反については，行政上の指示・処分の対象となるし（同法14条・15条1項），刑事罰が科せられる（同法19条3号）。

したがって，探偵業に関する相談を受けた場合には，重要事項説明書および契約書が書面として交付されているか，交付されているとして法定記載事項まで記載されているかを確認することが必要である。交付がない場合は，公安委員会への処分申立てや刑事告発を検討することとなる。

### (3) 公安委員会による監督

公安委員会は，探偵業者に対し，業務状況の報告や警察職員による立入検査をすることができる（同法13条），そのうえで必要な措置をとるべきことを指示することができる（同法14条）。

さらに，公安委員会は，法令や同指示への違反があれば，業務の停止を命ずることができるほか（同法15条1項），欠格事由に該当する場合には，営業の廃止まで命ずることができる（同条2項）。

## 2 問 題 点

探偵の費用は一般的に高額であるが，依頼者にとって調査事項は浮気等の機密情報であるゆえに冷静な判断ができないまま依頼してしまうことがままある。また，探偵業務をするには特に資格もいらず新規参入が容易であったり，最近ではインターネットで顔も見ないまま依頼することもあり，消費者問題が後を絶たない。

## 3 問題解決のポイント

### (1) 報告義務

まず，重要事項説明書・契約書といった書面や口頭でのやりとり等から契約内容を確認する。そして，契約内容のなかに報告義務が認められるにもかかわらずその報告が不十分である場合には，債務の本旨に従った履行がなされていないとして債務不履行に基づく解除および調査費用の返還を請求することができる（民法541条・545条）。

なお，一切調査がなされていない場合は，はじめから調査をする気がないのに積極的に騙すつもりで調査費用を支払わせたとして，詐欺取消し（民法96条1項）や不法行為に基づく損害賠償請求（同法709条）をすることとなろう。

裁判例としては，不貞行為の調査に関して，調査内容が通常期待される水準からして，1日あたり10万円もの調査費用を費やしたと評価するにはあまりにも杜撰であり，調査契約に基づく調査報告書の引渡しがなされなかったことから，本旨に従った履行がなかったとして債務不履行解除を認め，調査費用等や弁護士費用の支払いを命じた事例がある（名古屋地判平成7年1月30日判タ884号186頁）。また，成果が上がらずとも一応調査はしており解除までは認め

598　第2章　具体的トラブル事例と解決

られないとしつつも，調査内容が不十分であったとして損害賠償請求を認めたという事例もある（東京地判平成16年2月16日判時1870号67頁）。

### (2)　別れさせ屋

「別れさせる」や逆に「復縁させる」といった謳い文句で客を誘引する探偵・興信所があるが，男女関係の維持・解消という自己決定権に密接に関与する問題を扱う契約は公序良俗違反（民法90条）により無効となる可能性が高い。仮に公序良俗違反とならなくとも，実現可能性がないのに契約を勧誘して締結しているような場合などは不法行為に該当しうる（同法709条）。

裁判例としては，調査契約の無効または債務不履行解除による調査費用および追加費用の返還を求めたところ，元々の調査については債務不履行はないが，追加調査については契約の成立が認められないとして，追加調査についての余剰振込金に民法所定の年5分の利率を付して返還すべきと命じた事例がある（東京地判平成19年8月28日ウエストロー・ジャパン）。

### (3)　詐欺被害の解決

インターネット上のサイトを閲覧して問題を解決するという触れ込みで契約締結に至った場合に，どのような法律を適用できるかにつき以下検討する。

#### ア　特商法

通信販売の法定返品権の規定は，役務が対象外となっているため適用できない（同法15条の3）。また，電話勧誘販売のクーリング・オフの規定も，電話をかけさせる方法にウェブが記載されておらず適用できない（同法24条）。

#### イ　消費者契約法

詐欺被害の解決をうたう業者とのトラブルでは，ウェブや電話では「解決」をうたっておきながら契約書では「調査」となっており広告と契約の内容が異なっているということが多く，不実の告知を理由に取り消すことが考えられる（同法4条1項1号）。この点，「勧誘」にウェブ広告が該当するか問題になるが，新聞折り込みチラシを「勧誘」に該当すると判断したクロレラ事件を参考にすれば（最判平成29年1月24日民集71巻1号1頁），不特定多数に向けられたウェブ広告も「勧誘」に該当しうるだろう。

### ウ 非弁行為

仮に契約内容が調査にとどまらず問題解決まで含むとなると，弁護士でない者は報酬目的で法律事務を取り扱うことはできずそもそも探偵は報酬をもらって問題を解決することができないのだから（弁護士法72条），契約それ自体が非弁行為を内容としていて公序良俗を害するためその効力は無効である（民法90条，東京簡判平成29年1月18日判例集未登載）。しかも，探偵業者は当然に非弁を認識して望んでいることになるから不法行為にも該当しえ（民法709条），前払費用だけでなくFAX代金等の関係損害や弁護士費用の一部まで返済をさせることができる。

## 4 設問に対する回答

### (1) 事 例 1

### ア 報告義務

重要事項説明書や契約書を確認する必要があるが一般的に素行調査の場合には報告義務が認められるので，Xは契約の履行請求としてAに対して調査の進捗および結果を報告するよう求めることができる。そして，でてきた報告が不十分である場合には解除および調査費用の損害賠償請求をするし，報告が全くない場合には6カ月も経過していることも考えると詐欺だとして取消し（民法96条1項）や不法行為に基づく損害賠償請求（同法709条）をすることとなろう。

### イ 別れさせ屋

「別れさせる」契約は公序良俗違反（民法90条）により無効だが，業者もさる者なので重要事項説明書や契約書にはそのような記載をしないことが多く，本件のAも口頭での説明しかしていないので立証が難しい。ただ，追加費用として100万円もの大金を支払うのには何か理由があるはずであり，交渉のなかでAにその根拠を問いながら追加費用をできる限り返還させることを目指すことになる。

### (2) 事 例 2

Yはインターネット上のB探偵業者のサイトを閲覧したうえで契約締結に至っており，契約書には「調査」としか記載がないが電話やウェブで「解決」

がうたわれていてその内容に齟齬があるところ，電話が「勧誘」にあたるのは
もちろんウェブも不特定多数に向けられた「勧誘」であるから，不実の告知を
理由に契約を取り消すことで前払費用10万円を返還させることができる（消
費者契約法4条1項1号）。

　また，電話やウェブからすると契約内容の実体はむしろ「解決」なのであ
り，そもそも探偵は報酬をもらって問題を解決することができないのにもかか
わらず料金を取っているのだから，契約それ自体が非弁行為として無効である
から前払費用10万円を返還させることができるし（民法545条），不法行為に
も該当してFAX代金等の関係損害や弁護士費用の一割まで返済をさせること
ができる（同法709条）。

**【参考文献】**
・探偵・興信所問題研究会編『Q&A探偵・興信所110番』（民事法研究会，2007年）
・葉梨康弘『探偵業法　立法までの物語と逐条解説』（立花書房，2006年）
・警視庁ホームページ「詐欺被害の解決・返金をうたう探偵業者」（http://www.
　keishicho.metro.tokyo.jp/kurashi/higai/tantei_trouble.html）
・日本弁護士連合会「探偵業の業務の適正化に関する法律等の改正を求める意見書」
　（2017年6月15日）

# 第19 ‖ リース

---
**事例 1**

　高齢の A は，自宅の一室にある事務所で印刷画工を 1 人で営んでいた。ビジネスホンの販売業者 B 社の営業マンが A の自宅を訪れ，「あなたが使っているタイプの電話機はもうすぐ使えなくなる。」などと言って，B 社が販売するビジネスホンの導入を勧誘した。A は，営業マンの話を信じ，同人が持参したリース会社 C 社のリース契約書に署名・捺印して，同人に手渡した。その際，A は，営業マンから指示されて，契約者名の欄に，屋号である「A 画工」と記載した。その後，B 社からビジネスホンが納品されたが，C 社からは納品確認の電話があっただけであった。

　なお，A の年間所得は 50 万円であった。また，電話機を業務に使用するのは 1 週間に 2，3 回程度であり，家庭用として使用する割合の方が高かった。他方，B 社のビジネスホンは，同時に 10 人が通話できるなど高機能なものであり，リース料総額は 80 万円だった。

　A は，月額リース料を数回支払ったが，その後，B 社の営業マンの話が嘘だったことがわかり，また，A にとって高機能のビジネスホンは不要であるので，リース契約を解約したいと考えている。

---
**事例 2**

　D は個人事業として洋裁教室を経営しているところ，ホームページ作成業者 E 社の営業マンの訪問を受け，D の洋裁教室に係るホームページの作成，更新作業およびいわゆる SEO（検索エンジンの最適化）対策のサービスを月額 2 万 5,000 円で提供するとの勧誘を受けた。D は，E 社のサービスは洋裁教室の生徒募集等に役立つと考え，これを申し込むことにし，E 社の営業マンに言われるまま同人が持参した契約書に署名・捺印したが，当該契約書は，リース会社 F 社のリース契約書であり，月額リース料 2 万 5,000 円，リース期間 5 年，リース物件を「顧客管理ソフト」（ホームページの作成等とは直接関係のないソフトウェア）とするものであった。

602 第2章 具体的トラブル事例と解決

　その後，E社はDの洋裁教室のホームページ作成作業に着手したが，それが完成する前に倒産してしまった。Dは注文したホームページが完成しなかった以上，リース料の支払いはしなくていいものと考え，その支払いを停止したところ，F社からリース料請求の訴訟を起こされてしまった。

## 1　提携リースとは

　いわゆるファイナンス・リースとは，「物件の購入を希望するユーザーに代わって，リース業者が販売業者から物件を購入のうえ，ユーザーに長期間これを使用させ，右購入代金に金利等の諸経費を加えたものをリース料として回収する制度であり，その実体はユーザーに対する金融上の便宜を付与するもの」とされている（最判平成5年11月25日集民170号553頁・金法1395号49頁）。

　もっとも，本項で問題とするのは，このようなファイナンス・リース一般ではなく，そのうち「リース提携販売」とか「提携リース」などといわれる取引である。

　すなわち，提携リースとは，リース会社と販売業者との間の業務提携により，販売業者が，自己の取り扱う商品を顧客に販売するに当たり，その販売方法として，顧客に対し，提携先であるリース会社との間のリース契約を紹介し，リース会社は，顧客についての簡易な与信審査と電話による契約意思・納品確認の他は，自社と顧客との間のリース契約の締結手続を販売業者に代行させるような取引をいう。

　なお，業界団体である公益社団法人リース事業協会は，提携リースが比較的少額な案件を対象とするものであることから，この取引を「小口リース」などと呼んでいる。

　問題とするリース契約が提携リースに当たるかどうかは，リース契約の勧誘，説明ないし交渉およびリース契約書の作成・交付手続等を販売業者が行ったか否かなどで判断されるが，リース会社所定の複写式の契約書が用いられる点も提携リースの特徴の1つである。

## 2 問 題 点

### (1) 提携リースの構造的問題

提携リースにおいては，リース契約の勧誘等が販売業者に委ねられる構造を悪用して，一部の悪質な販売業者が違法・不当な勧誘を行うことがある。

また，提携リースでは，簡易な与信審査（信用情報機関への照会等）しか行われない反面，リース料総額は比較的少額であることから，小規模な事業者を対象とすることが多く，その中には知識・情報・交渉力の点で販売業者と格差のある（その点で消費者同然の）個人事業者も少なくない。

提携リースにはこのような構造的な問題があるため，形式的には事業者間取引であるにもかかわらず，消費者相談の一つの類型となっているのである。

### (2) 具体的なトラブル

提携リースが社会的問題としてクローズアップされたのが，いわゆる「電話機リース」のトラブルである。これは，いわゆるビジネスホンの販売業者が，個人事業者を訪問し，「今の電話機は使えなくなる。」などと不実を告げて，高額かつ機能的に過大なビジネスホンのリース契約を締結させるといった例が典型である。

もっとも，提携リースのトラブルに登場するリース物件は電話機にとどまらず，複合機，通信機器，インターネット接続設備，パソコンなど様々なものがある。

また，勧誘内容も，前記のようなリース物件の内容・機能等に関するもののほか，「リース料は毎月当社が振り込むので，顧客は実質的に無料でリース物件を導入できる。」などといったリース料負担に関するものもある（リース契約締結後，販売業者が倒産してリース料の振込みが止まり，問題が発覚するのである）。

さらに近時，特に問題となっているのが，ホームページ作成等のサービスを対象とする，いわば役務提供型のリース契約である。これは，ホームページの作成業者が，顧客に対し，毎月のリース料で，ホームページ作成のほか，リース期間中のホームページ更新作業やSEO対策顧客の紹介等の継続的サービスを提供するなどと説明し，ただ，法形式上賃貸借契約であるリース契約は役務

604　第2章　具体的トラブル事例と解決

提供そのものを対象とすることができないため，適当なソフトウェア等を名目上のリース物件とするリース契約を締結させるというものである（リース契約締結後，ホームページ完成前やリース期間満了前に販売業者が倒産してサービスが停止し，問題が発覚する）。

## 3　解決のポイント

### ⑴　特商法（訪問販売）のクーリング・オフ

### ア　適用除外以外の要件

⑺　当該リース契約が販売業者の訪問販売によるものである場合，顧客は特商法9条1項のクーリング・オフを主張し得る。

この点，実際に顧客を訪問しているのが販売業者であるため，リース会社との関係でも「訪問販売」（特商法2条1項）といえるのかという点がかつて問題となった。しかし，経済産業省が，平成17年12月6日，電話機リース問題に対する対応策として実施した特商法の通達改正は，「例えばリース提携販売のように，……一定の仕組みの上での複数の者による勧誘・販売等であるが，総合してみれば一つの訪問販売を形成していると認められるような場合には，……いずれも販売業者等に該当する」としている。また，名古屋高判平成19年11月19日（判タ1270号433頁・判時2010号74頁）も，提携リースは，顧客に対する販売業者によるリース契約の勧誘，販売業者からリース会社へのリース対象物件の販売及びリース会社と顧客とのリース契約が全体として一体をなして成り立っており，かつ，リース会社は，リース契約の勧誘から締結に至るまで販売業者の従業員をいわば手足として利用していると評価できるので，リース会社は，特商法2条1項1号所定の「役務提供事業者」に該当する旨判示している。そこで，現在では，販売業者の訪問による提携リースは，リース会社との関係でも「訪問販売」に当たるとの解釈がほぼ固まったといえる。

⑷　また，法定書面の交付の有無も問題となり得るが，リース会社の定型契約書は事業者間取引を想定して作成されているため，特商法4条・5条の要件を満たしていないことが通常であり，実際には法定書面の不交付ないし記載不備については争点とならないことが多い。

⑼　なお，特商法の平成20年改正前（平成21年12月1日の施行日前）の事件については，当該リース契約が，平成20年改正前特商法施行令3条別表第

3 第 2 号所定の「物品の貸与」として，指定役務にあたるかの確認が必要である。

**イ　適用除外**

問題となるのは，当該リース契約が，特商法の適用除外である「営業のために若しくは営業として締結するもの」（同法 26 条 1 項 1 号）に当たらないかである。提携リースにおいては，形式的には事業者名で契約していることが多いからである。

この点，経済産業省の前記通達改正は，同号について，「本号の趣旨は，契約の目的・内容が営業のためのものである場合に本法が適用されないという趣旨であって，契約の相手方の属性が事業者や法人である場合を一律に適用除外とするものではない。例えば，一見事業者名で契約を行っていても，購入商品や役務が，事業用というよりも主として個人用・家庭用に使用するためのものであった場合は，原則として本法は適用される。特に実質的に廃業していたり，事業実態がほとんどない零細事業者の場合には，本法が適用される可能性が高い。」としている。

また，裁判例においても，適用除外に当たるかどうかは，形式的側面だけではなく，当該リース契約の実体的側面，すなわち，事業規模（事業収入，従業員数，店舗面積等），リース物件の使用状況（設置場所はどこか，自宅兼店舗か否か等），リース物件の性質・機能と当該事業との関連性・必要性（当該リース物件導入前はどのような機器を使用していたか等）などを具体的に考慮して判断されており，このような観点から，適用除外に当たらないと判断した裁判例も多数ある（前掲名古屋高判平成 19 年 11 月 19 日，東京地判平成 20 年 7 月 29 日（判タ 1285 号 295 頁），大阪地判平成 20 年 8 月 27 日（消費者法ニュース 77 号 182 頁），大阪簡判平成 21 年 7 月 29 日（消費者法ニュース 81 号 180 頁），東京地判平成 21 年 4 月 13 日（消費者法ニュース 80 号 198 頁）等）。

したがって，事業者名で契約をしていても，それだけでクーリング・オフを諦める必要はなく，当該事案の具体的な事情を検討することが肝要である。

**ウ　クーリング・オフの効果**

クーリング・オフが認められれば，未払リース料債務は消滅するほか，顧客は，リース会社に対し，既払リース料の返還を求めることができる。

606　第2章　具体的トラブル事例と解決

## (2)　クーリング・オフの主張が困難な場合

### ア　リース会社の不法行為責任・信義則によるリース料の支払拒絶

　前記の検討によっても，当該リース契約が特商法の適用除外とされる可能性が高く，同法によるクーリング・オフの主張が困難な場合には，民法による解決を検討することになる（なお，そのような場合には，消費者契約法の適用も困難であることが通常と思われる）。

　この点，経済産業省の前記通達改正や前掲名古屋高判平成19年11月19日の「一体性論」によれば，販売業者の勧誘行為に起因する詐欺取消しや錯誤等の抗弁をリース会社に対抗できてしかるべきと考えられるが，少なくとも現時点においては，そのような裁判例は多くはないのが実情である。

　もっとも近時は，リース会社の「販売店管理義務」の存在を認め，その義務を尽くさなかった場合には，リース会社は顧客に対し不法行為責任を負うとの判決も出されている。

　すなわち，大阪地判平成24年7月27日（判タ1398号159頁）は，リース会社が販売業者の違法行為を知り又は知り得たにもかかわらず漫然と顧客とリース契約を締結したというような特段の事情が認められる場合には，販売店管理義務違反に基づく不法行為責任を負うとしたうえ，当該事案については，リース会社の顧客に対する確認内容は十分なものではなかったこと，平成17年11月初めには販売業者が違法な勧誘を行うことがあるとの社会的認識が広く形成されていたことなどの事情に照らし，リース会社には販売店管理義務違反があったとして，既払リース料についての損害賠償責任を認めた（なお，「平成17年11月初め」との点は，経済産業省が平成17年12月6日に電話機リース問題に対する対応策を実施したこと等を踏まえたものである）。

　そして，同判決は，未払リース料については，リース会社は，信義則上，顧客に対し，その請求をできない旨判示している。

　なお，既払リース料の返還ないし損害賠償までは認めていないが，信義則による未払リース料の支払拒絶を認めた裁判例として，大阪地判平成24年5月16日（金法1963号114頁）のほか，京都地判平成26年5月23日，京都地判平成26年7月11日および京都地判平成26年12月26日（いずれも判例集未登載）がある。

## イ　販売業者に対する損害賠償請求

以上のリース会社との関係とは別に，販売業者が倒産しているような場合でなければ，違法な勧誘等を行った販売業者に対する不法行為に基づく損害賠償請求も検討すべきである。

## 4　設問に対する回答

### (1)　事　例　1

本事例は訪問販売に当たるので，特商法のクーリング・オフを検討することになるが，Aは印刷画工を営んでおり，リース契約書にも屋号である「A画工」と記載しているので，当該リース契約が同法の適用除外である「営業のために若しくは営業として締結するもの」に当たらないかが問題となる。

しかし，Aには従業員はおらず，年間所得もわずか50万円であり，その事業は極めて零細であること，リース物件であるビジネスホンの設置場所はAの自宅兼店舗であり，Aは電話機を家庭用として使用する割合の方が高かったこと，10人が同時通話できるビジネスホンはAにとって機能的に明らかに過大であり，Aの事業との関連性・必要性が低いことなどの事情があるから，これらの具体的な事情を総合すれば，当該リース契約は特商法の適用除外に当たらないとされる可能性が高い（前掲名古屋高判平成19年11月19日参照）。

そうだとすれば，Aは当該リース契約をクーリング・オフすることにより，未払リース料債務を免れ，また，C社から既払リース料の返還を受けることができる。

### (2)　事　例　2

本事例も訪問販売には当たるが，契約の目的が，Dが経営する洋裁教室に係るホームページの作成等であるので，特商法の適用除外に当たらないと解するのは困難である。

そこで，民法による解決を検討することになるが，本事例では，E社が真実はホームページ作成等の役務の提供を契約の目的としつつ，名目上「顧客管理ソフト」を対象とするリース契約を締結させるという不当な勧誘を行っていたことを，リース会社が知りまたは知り得たかが問題となろう。そして，E社とF社との関係，「顧客管理ソフト」の内容や同種ソフトウェアの市場販売価格，

「顧客管理ソフト」の引渡しの有無とそれに対するF社の確認内容，さらに，リース事業協会は数次にわたり小口リース（提携リース）問題に対する対応策等を公表しているところ，その内容および時期等の事情から，F社がE社の不当な勧誘を知りまたは知り得たと立証できれば，DのF社に対する既払リース料についての損害賠償請求や信義則による未払リース料の支払拒絶が認められる余地がある（前掲大阪地判平成24年5月16日，前掲京都地判平成26年7月11日参照）。

## 第 *20* ‖ 個人情報

---
**事 例**

　Aは，エステサロンのB社によるエステティックの無料体験に応募する際，氏名，年齢，住所，電話番号，メールアドレス等の個人情報を送信したところ，同個人情報が，B社から委託を受けた外部業者C社によって不正流出した。B社は，WEBサイトに謝罪文を掲載し，個別の登録者にも謝罪メールを送信するなどの対応をしたが，情報は広くネット上に流通し，Aはこの事故のあと，迷惑メール，いたずら電話，電話・訪問販売勧誘等の二次被害にあった。

---

## 1　個人情報

### ⑴　個人情報とは

　個人情報とは，生存する個人に関する，①氏名や生年月日などの特定の個人を識別できる情報，及び②個人識別符号（指紋や顔などの特定の個人の身体の一部の特徴をコンピュータで扱うためにデジタル化したものや旅券など各種証明書の番号など）を指す（個人情報保護法2条1項参照）。氏名，住所，電話番号などはいずれも個人情報であるし，IDや顧客番号なども個人情報に当たる。

### ⑵　個人情報をめぐる状況

　今日，事業者の収集した顧客などの個人情報が流出する事件が後を絶たない。いったんネット上に流出した個人情報は一瞬にして広範に閲覧可能となり，情報主体のプライバシーが侵害されるだけでなく，業者からの営業メールや迷惑メール，また悪質商法の業者間で被害者のリスト（いわゆる「カモリスト」）が売買されるなどして二次被害が生じる可能性が高い。

　このような状況を踏まえ，平成15年に個人情報保護法が制定され，平成27年に大幅な改正がなされ，同改正が平成29年5月30日より施行されている。

*610*　第2章　具体的トラブル事例と解決

なお，サラ金やクレジットなどの消費者信用の増大で消費者信用情報機関には膨大な個人情報が蓄積されている。本事例からは離れるが，参考のため4（後述）に概略を示すこととする。

## 2　個人情報保護法

この法律は，個人情報取扱事業者にさまざまな義務を課すものであり，それに反する行為の違法性を根拠づける手掛かりとはなるが，現実に発生した個人情報漏洩被害の直接の民事上の救済ルールを設けていない。

なお，平成27年改正前は，5,000件を超える個人情報を個人情報データベース等（2条4項）として所持し事業に用いている事業者のみが「個人情報取扱事業者」とされていたが，平成27年改正でこの要件は撤廃され，個人情報データベース等を構成する個人情報の件数にかかわらず，個人情報保護法上の義務が課されることとなった。

(1)　利用目的の特定，利用目的による制限（15条・16条）

個人情報を取り扱うにあたり，その利用目的をできる限り特定。特定された利用目的の達成に必要な範囲を超えた個人情報の取扱いの原則禁止

(2)　適正な取得，取得に際しての利用目的の通知等（17条・18条）

偽りその他不正の手段による個人情報の取得の禁止

本人の同意を得ない要配慮個人情報[1]の取得の原則禁止

本人情報を取得した際の利用目的の通知又は公表

本人から直接個人情報を取得する場合の利用目的の明示

(3)　データ内容の正確性の確保（19条）

利用目的の達成に必要な範囲内で個人データの正確性，最新性を確保

(4)　安全管理措置，従業者・委託先の監督（20条～22条）

個人データの安全管理のために必要かつ適切な措置，従業者・委託先に対する必要かつ適切な監督

(5)　第三者提供の制限，トレーサビリティの確保（23条～26条）

---

1)　本人の人種，信条，社会的身分，病歴，犯罪の経歴，犯罪により害を被った事実など本人に対する不当な差別，偏見その他不利益が生じないよう取扱いに特に配慮を要すべき個人情報をいう（2条3項参照）。

本人の同意を得ない個人データの第三者提供は原則禁止とされている。ただし，法令に基づく場合等の一定の場合（23 条 1 項各号），及びいわゆるオプトアウト[2]の措置が採られている場合（同条 2 項。要配慮個人情報は対象外），個人情報の提供が許されることがある。なお，個人情報取扱事業者が利用目的の達成に必要な範囲内において個人データを委託することに伴って個人データを提供する場合，また，特定の者との間で共同して利用される場合等は，そもそも第三者提供に該当しない（同条 5 項）。また，外国の第三者に提供する場合は，一定の要件を満たす第三者に提供する場合を除き，法令に基づく場合等の一定の場合でなければ，本人の同意が必要となる（24 条）。

　第三者提供を行う場合は，提供年月日や提供先の氏名等の記録の作成・保存等も義務付けられている（25 条）。

(6)　公表等，開示，訂正等，利用停止等（27 条〜30 条）

　保有個人データの利用目的，開示等に必要な手続等についての公表等

　保有個人データの本人からの求めに応じ，開示，訂正等，利用停止等

　この中で 28 条，29 条の開示，訂正では情報主体による自己情報コントロールの一端が制度化されている。

(7)　苦情の処理（35 条）

　個人情報の取扱いに関する苦情の適切かつ迅速な処理

(8)　個人情報取扱事業者が個人情報を不正に提供・盗用した場合等の罰則（82 条〜88 条）

## 3　事故事例

本事例はいわゆる「TBC 個人情報漏洩事件」（東京地判平成 19 年 2 月 8 日判タ 1262 号 270 頁，東京高判平成 19 年 8 月 28 日判タ 1264 号 299 頁）に題材を求めたが，本事例以外にも個人情報流出事例に関する裁判例があるので挙げておく（ただし，(1)および(2)は個人情報保護法施行前の事例）。

---

2)　個人情報を第三者に提供するに際し，本人の求めに応じ，第三者提供を停止することを定めている場合で，あらかじめ，本人にオプトアウトの措置が採られている旨を通知し，又は本人がその旨を容易に知り得る状態に置くとともに，個人情報保護委員会に届け出ることが必要である（23 条 3 項）。

*612* 第2章 具体的トラブル事例と解決

## (1) 宇治市住民基本台帳データ流出事件

　京都府宇治市の住民基本台帳データ21万7617人分が不正流出した。市は，乳幼児検診システムの開発業務をA社に委託し，A社はB社に同業務を再委託し，B社はさらにその下請（C社）に再々委託し，児童検診用データ（住所・氏名・性別・生年月日・転入日・転出先・世帯主名・続柄等）を預けていたところ，C社のアルバイト大学院生Tが自分で持参した光磁気ディスク（MO）にコピーして持ち出し名簿業者に無断売却，インターネット上で販売されていた事案である。住民が市に対して損害賠償請求訴訟を提起した。

　第一審の京都地裁は請求を一部認容，控訴審の大阪高裁も，流出した情報につき，「被控訴人ら（住民）のプライバシーに属する情報であり，それは権利として保護されるべきものである」ことや，住民が具体的な被害にあっていなくても，「本件データを流出させてこのような状態に置いたこと自体に……権利侵害があった」などと判示したうえで，控訴人（市）と従業員Tとの間に実質的な指揮・監督関係があったとして，市の使用者責任を認め（大阪高判平成13年12月25日（判例地方自治265号11頁），賠償額は弁護士費用を含め，45,000円），最高裁（最決平成14年7月11日（判例地方自治265号10頁））も市の上告を棄却した。

## (2) 早稲田大学名簿提供事件

　早稲田大学は，平成10年11月に「江沢民・中国国家主席講演会」を開催したが，その際，大学当局は講演会参加を希望した学生・教職員ら約1,400名全員の名簿（氏名・住所・電話番号・学籍番号を記載）を「要人警護」を理由として，警察等に本人に無断で提供した。これについて，学生6名が「プライバシーの侵害」であるとして同大学を提訴した。

　最高裁は，「学籍番号，氏名，住所及び電話番号は，早稲田大学が個人識別等を行うための単純な情報であって，その限りにおいては，秘匿されるべき必要性が必ずしも高いものではない。（中略）しかし，このような個人情報についても，本人が，自己が欲しない他者にはみだりにこれを開示されたくないと考えることは自然なことであり，（中略）上告人らのプライバシーに係る情報として法的保護の対象となるというべきである」と判示し，学生の請求を認めた（最判平成15年9月12日民集57巻8号973頁・判タ1134号98頁）。

### ⑶　ヤフー（Yahoo! BB）顧客情報漏洩事件

　平成 15 年から平成 16 年にかけて，ソフトバンク BB 株式会社（当時は BB テクノロジー株式会社）の業務委託先元社員らが外部から不正にアクセスして，同社のサービスである Yahoo! BB 会員 450 万人の氏名や住所，電話番号など個人情報を流出させた事件である。

　会社側は，当初，Yahoo! BB 加入者に対してお詫びの電子メールを送付したが，その後，500 円の郵便振替支払通知書を送付する対応をとった。大阪地裁は，Yahoo! BB 会員らによる損害賠償訴訟について，ソフトバンク BB の不法行為責任を認め，一人あたり 6,000 円（慰謝料 5,000 円，弁護士費用 1,000 円）の賠償を命じ（大阪地判平成 18 年 5 月 19 日判時 1948 号 122 頁），控訴審は，ソフトバンク BB の責任のみならず，ヤフー株式会社にも顧客情報の管理についてソフトバンク BB の従業員の行為についての使用者責任も認めた。ただし，ソフトバンク BB 側が会員に対して 500 円の郵便振替支払通知書を郵送したことをもって一部弁済として認定し，一人あたり上記 6,000 円から 500 円を控除した 5,500 円の賠償を命じた（大阪高判平成 19 年 6 月 21 日判例集未登載）。最高裁も上告および上告受理申立てを退け，同控訴審判決が確定した（最決平成 19 年 12 月 14 日判例集未登載）。

### ⑷　ベネッセ個人情報流出事件

　通信教育などを行う大手企業であるベネッセホールディングスが平成 26 年 6 月下旬頃までに，その外部業者の従業員によって，子供や保護者の氏名，性別，生年月日，住所，電話番号などの個人情報を流出させた。その件数は約 3,504 万件にも及び，ベネッセはお詫びの品として，情報漏洩が確認された顧客に対し，500 円分の金券を用意した。

　第一審の神戸地裁姫路支部は請求を棄却したが，控訴審である大阪高裁は，上記個人情報の流出により，不快感や不安を抱くことがあるものの，そのような不快感等を抱いただけでは，これを被侵害利益として，直ちに損害賠償を求めることはできないとして，原告の控訴を棄却した（大阪高判平成 28 年 6 月 29 日判タ 1442 号 48 頁）。

　これに対し，最高裁は，控訴審が上記プライバシー侵害による原告の精神的損害の有無及びその程度等について十分に審理せずに原告の請求を棄却したこ

とは，審理不尽の違法があるとして原審判決を破棄し，原審に差し戻したが（最判平成 29 年 10 月 23 日判タ 1442 号 46 頁），ベネッセの過失の有無や原告の損害の有無，損害額については判断していない。

ベネッセに対しては，上記事件の他複数の訴訟が係属しており，その決着は未だついていない（令和元年 7 月現在）。

## 4　消費者信用情報

### ⑴　指定信用情報機関

平成 18 年の貸金業法および割賦販売法の改正で実施された個人向け与信の総量規制に伴って指定信用情報機関制度が導入された。信用情報の適切な管理などの条件を満たす信用情報機関を内閣総理大臣が指定するものとされている。与信業者は与信に際して指定信用情報機関の信用情報を利用する義務を負う（貸金業法 41 条の 35 第 1 項，割販法 35 条の 3 の 3 第 3 項）。

### ⑵　登録される情報

登録される情報は下記の項目である。

＜本人特定要件＞

① 氏名（ふりがなを付す）

② 住所

③ 生年月日

④ 電話番号

⑤ 勤務先の商号又は名称

⑥ 運転免許証又は運転経歴証明書の番号

⑦ 本人確認書類に記載されている本人を特定するに足りる記号番号

※配偶者貸付けを締結している場合には，配偶者に係る①〜⑦の情報

＜契約内容等＞

① 契約年月日

② 貸付けの金額

③ 貸付けの残高

④ 元本又は利息の支払の遅延の有無

⑤ 総量規制の除外・例外の識別

## (3) 交流される情報

指定信用情報機関間においては，情報交流が行われる。交流されるのは次の事項である。

① 個人信用情報（個人の顧客を相手方とする貸付けに係る契約で貸付けの残高があるものに係る情報）

② 特定情報（新規貸付審査における会員会社からの信用情報の照会状況に係る情報）

③ 重複加盟を識別するための情報（貸金業者が複数の指定信用情報機関に加入している場合には，同一の信用情報が複数の指定信用情報機関に登録される。複数の指定信用情報機関に対して信用情報の照会が行われた場合，照会結果に重複した内容が含まれるためその重複している内容を識別するための情報）

④ 調査中の注記（消費者から，本人特定要件及び契約内容などに調査依頼があり，現在調査中であることを表す情報）

⑤ 本人申告コメントの一部（消費者から申出があり，信用情報機関に登録したコメント情報のうち同姓同名の別人があることを表す情報）


## (4) 情報開示

消費者は，機関の会員会社から信用情報機関に登録された信用情報を確認することができる。確認できるのは，

① 氏名，生年月日，電話番号などの個人を特定する情報

② クレジットやローンなどの個人の取引に関する情報（利用金額，残高など）

③ 取引から発生する情報（返済，支払の状況など）

などの情報である。

開示制度を通じて確認した信用情報が事実と異なっている場合は，信用情報機関を通じて，その信用情報の登録元の会員会社に調査を依頼することができる。調査の結果，登録内容が事実と異なる場合は会員会社が信用情報の訂正を行う。

616　第2章　具体的トラブル事例と解決

## 5　解決のポイント

### (1)　情報の流出の停止

本事例ではB社において情報流出停止のための措置がとられている。B社が対応しない場合は，AからB社に停止を要請し，B社がこれに応じない場合は，裁判所にファイル削除の仮処分を申請し，決定を得て削除させる，ということになる。

また，事業者に苦情を申し立てたが理由なく対応しない場合，個人情報保護委員会（個人情報保護法及び関係法令に基づき，2016（平成28）年1月1日より設置されている。HP：http://www.ppc.go.jp/）に苦情の申出を行うことも考えられる。苦情申出により，同委員会より直接事業者に是正するよう連絡がされることもあり得る。

ただし，いったん流出した情報は不特定多数の者が閲覧するなどし，さらに転送され拡散していく可能性があるため，完全な被害回復を図ることは困難である。

### (2)　損害賠償請求

次に，Aとしては情報の流出につき責任がある者に対して，不法行為等に基づく損害賠償請求をすることが考えられる。この場合，次のア～エなどについて検討する必要がある。

### ア　流出させた情報のプライバシー該当性

氏名，住所，電話番号，メールアドレス，職業，年齢，性別などの情報がみだりに開示されないことへの期待は，一定の限度で保護されるべきものであるが，上記3に挙げた裁判例は，個人情報であるからといって一律に保護されるわけではなく，プライバシーに関するものであるかを考慮しているようにみえる。本事例では，エステティックサービスに関心があり，エステティックサロンを経営する被告に個人の情報を提供したことは，純粋に私生活上の領域に属する事柄であって，一般に知られていない事柄でもある上，社会一般の人々の感受性に照らし，他人に知られたくないと考えることは，これまた自然なことである。そのため，本件情報のプライバシー該当性は肯定されよう。

なお，本件は個人情報保護法上個人情報取扱事業者に求められる安全管理措

置を講ずべき義務（20 条～22 条）にも反していると考えられる。

### イ　過失の有無

情報流出が業者の単純なミスによる場合には，比較的問題なく認められることが多いであろう。

### ウ　使用者責任

直接情報を流出させたのは C 社であるが，B 社と C 社との間に実質的指揮監督関係があるとみられれば，B 社に対し，C 社の使用者責任を追及することになる。

その成否についてはケースバイケースであるが，認められない場合には，C 社に対する業務委託契約上の監視・監督義務違反等を追及することが考えられる。もっとも，その立証は必ずしも容易でないだろう。

### エ　損害の内容

損害としては，慰謝料と弁護士費用とが考えられる。事例の元になった TBC 個人情報漏洩事件判決では，本件情報につき，一般人の感受性を基準にしても住所・氏名等に比して秘匿されるべき必要性が高いという情報としての性質，本件情報流出事故の態様，実際に二次流出あるいは二次被害があること等その他一切の事情が考慮され，顧客一人あたりの慰謝料として 3 万円（二次流出あるいは二次被害の主張立証がなく，本件流出事故に関して業者から既に 3,000 円の支払いを受けた者については 1 万 7,000 円）の損害が認められた（東京地判平成 19 年 2 月 8 日判タ 1262 号 270 頁，なお，同事件の控訴審である東京高判平成 19 年 8 月 28 日判タ 1264 号 299 頁も，上記判断を正当として是認している）。

618　第 2 章　具体的トラブル事例と解決

# 第*21* ┃ フランチャイズ契約を巡るトラブル

---
**事　例**

　Yはパソコン教室をフランチャイズ展開する本部であるところ，大阪市内で開業を希望していたXに対し，Yの直営店である神奈川県内のA店の初年度および2年目の売上高・経費・利益等の実績値を提示して開店後の収益見込みについて説明し，平均的に毎月10名程度の新規生徒獲得および一教室200名の生徒数確保が見込め，オーナーの営業利益として1,000万円程度が見込める，投資資本回収は1年で可能などと説明して勧誘した。Xが大阪市内における開店後の収益シミュレーションを問い合わせたところ，YはA店の上記実績値をもって回答した。

　Yの行っているパソコン教室事業を優れたフランチャイズであると判断したXは契約を締結し，大阪市内で開業した。営業を開始後，Yの指導通りチラシを撒いたが，生徒数がなかなか増えず赤字が続いた。Xが調査したところ，Xが契約する以前に，大阪市内で複数の店舗が売上不振により閉店していたこと，大阪府や関西に所在する教室はどこも生徒が集まらず営業継続が困難であることが判明した。Xは，契約を解消し，損害賠償を求めることができるか。また，Xが契約解消後，独自にパソコン教室を経営した場合，Yが契約書の競業禁止および違反した場合の違約金規定に基づく請求の可否はどうか。

---

## 1　フランチャイズ契約とは

### (1)　フランチャイズ契約の概念

　フランチャイズ契約（あるいはフランチャイズ・システム）について直接規定する法律はないが，①中小小売商業振興法における「特定連鎖化事業」としての定義，②公正取引委員会によるガイドラインの定める独禁法上の定義，③一般社団法人日本フランチャイズチェーン協会による定義等が存在する。

本書においては，次のような概念として把握する。すなわち，フランチャイズ契約とは，ある事業者（フランチャイザー＝本部）が，当該事業に参入しようとする他の者（フランチャイジー＝加盟者）に対して定型的契約により継続的ライセンスを付与し，特定商標，その他の標識を使用して商品販売，サービス提供等の事業を行うシステムであり，フランチャイザーはフランチャイジーに対して名称・商標等の使用許諾のほか，統一的経営ノウハウ提供や製品・原料の供給等を行い，フランチャイジーはその対価（加盟金やロイヤルティ）の支払いを行うという契約類型である。

フランチャイズ・システムは，本部（フランチャイザー）にとっては，他人の資本・人材を活用して迅速な事業拡大が可能となり，加盟者（フランチャイジー）にとっては，本部が提供するノウハウ等を活用して独立・開業が容易となるという特徴を有している。

### (2) フランチャイズ契約の法的性質

上記のように定義付けられるフランチャイズ契約は非典型契約である。多くの場合，準委任，賃貸借，売買等の要素を有する混合契約であり，有償双務性があるが，当該契約の内容によって異なる。また，継続的な契約であるため契約解除は解約告知として構成され，契約解消には遡及効は認められない。なお，コンビニフランチャイズ本部の加盟店の商品仕入代金の支払代行に関する法的関係について準委任（民法656条）の性質を有するとして，本部の加盟者に対する受任者としての報告義務を認めた判例として最判平成20年7月4日（判時2028号32頁）がある。

## 2 問 題 点

### (1) 契約締結過程の問題（情報提供義務違反）

当該フランチャイズ・システムの勧誘に際して，加盟するかどうかの判断に必要十分な情報（特に採算性やリスクに関するもの）を提供せず，客観的根拠に欠ける高額な売上・収益予測を提示したり，さらには客観的事実に反する虚偽情報を提供して契約を締結させるという問題である。フランチャイズ本部の実態として，提供するに足るノウハウ・経営システム・優良商品・販路・広告媒体，その他のバックアップ体制はほとんど存在しないに等しく，加盟金を支払

わせた後は，何ら経営指導やノウハウ提供を行わずに放置するという事例や，フランチャイズ本部としての体制はある程度整っているが，勧誘時に提示された「売上予測」，「収益予測」どおりの売上や収益を上げられず，短期間で閉店に追い込まれる事例などがある。

### (2) 不公正・不平等な契約条項

　フランチャイズ契約の契約条項自体が一方的かつ著しくフランチャイザー側に有利な不平等条項となっており，加盟後にフランチャイジーがそのことに気づいて離脱しようと思っても多額の違約金条項があるために，契約の解消も困難という紛争類型である。具体的には，①ロイヤルティの算定方法（廃棄ロス等に関する問題）やオープンアカウントと呼ばれる会計処理システムに関する問題，②原材料等の仕入先・数量・金額・販売価格等の拘束，③フランチャイジーの一定地域内の独占的営業権（テリトリー権）を認めない問題，④中途解約違約金による拘束等が問題となる。詳しくは，3(2)エ，オで個別に検討する。

## 3　解決のポイント

### (1) 知っておくべき法規制

### ア　中小小売商業振興法11条，同施行規則10条・11条（経済産業省令）

　(ア)　本法令は，主として中小小売商業者に対し，定型的な約款による契約に基づき継続的に商品を販売し，または販売をあっせんし，かつ，経営に関する指導を行う事業を「連鎖化事業」と定義し（法4条5項），連鎖化事業であって，当該連鎖化事業に係る約款に，加盟者に特定の商標，商号その他の表示を使用させる旨及び加盟者から加盟に際し加盟金，保証金その他の金銭を徴収する旨の定めがあるものを「特定連鎖化事業」と定義し（法11条），特定連鎖化事業に加盟しようとする者に対して事前に開示されていなければならない権利・義務関係の内容について定めている。

　特定連鎖化事業に該当するフランチャイズ本部は，加盟者に対し，経済産業省令の定めに従い，以下の事項を記載した書面を交付し，かつその記載事項について説明をしなければならない。

　①　加盟に際し徴収する加盟金，保証金その他の金銭に関する事項

② 加盟者に対する商品の販売条件に関する事項

③ 経営の指導に関する事項

④ 使用させる商標，商号その他の表示に関する事項

⑤ 契約の期間ならびに契約の更新および解除に関する事項

⑥ 前各号に定めるもののほか，経済産業省令で定める事項

同法施行規則11条には，上記各事項について具体的に記載すべき内容を規定している。

また，上記⑥の「経済産業省令で定める事項」については同法施行規則10条各号で下記のような事項につき規定されている。

・直近3事業年度の加盟店舗数の推移に関する事項

・直近5事業年度の加盟店との訴訟の件数

・加盟店の営業時間，休業日

・フランチャイザーが加盟店と同一ないし類似の店舗を当該加盟店の周辺地域で自ら営業し，また他店に営業させる旨の規定の有無・内容

・フランチャイズ契約終了後の営業制限，情報開示制限の有無・内容

・加盟者から定期的に徴収する金銭に関する事項

・加盟店との一定期間の取引により生ずる債権債務の相殺によって発生する残額の全部または一部に対して利息を附する場合，当該利息に係る利率又は算定方法その他の条件

・契約に違反した場合に生じる金銭の額及び算定方法その他の義務内容

(イ) 上記はフランチャイザー側の説明義務を基礎づける根拠の1つとなるが，加盟希望者が最も重視する売上高や利益の実績値や予測値は開示規制の対象ではないため，実務上利用できる場面は限定されている。また，サービス業務のフランチャイズ事業や，小売業種でも飲食店などでも商品供給がフランチャイズ契約の条件となっていないフランチャイズ事業は「商品を販売し，又は販売をあつせん」の要件を満たさず，同法の適用がない。

### イ 独禁法（同法19条・一般指定・ガイドライン）

(ア) 独禁法の目的は，直接的には正当な競争関係そのものの保護であり，ひいてはその結果としての国民経済の健全な発展により消費者を保護するという点にある（1条）。そこで，同法適用の結果，契約当事者間の不平等が是正され，弱者的立場にあるフランチャイジーが保護されるのは独禁法本来の機能か

622 第2章 具体的トラブル事例と解決

らすれば反射的な効果にすぎないともいえる。

　また，ある程度の取引関係上の拘束は，フランチャイズ・システムにおいては，そもそもシステム成立の前提となっていることである。すなわち，具体的には，各地に散在する個々の店舗において消費者一般に対し一律に同質的な商品・サービスを提供するためには，商品の仕入れ，商品の価額，操業方法等について全てのチェーン店においてフランチャイズ本部の指示に従うということがなければ実現できない。

　そのため，フランチャイズ契約上の不平等や拘束に対して独禁法規制が及ぶのは非常に限定された場面にならざるをえず，わが国における判・審決のうえで認定された事例は非常に少ない（具体例として平成21年6月22日付けセブン－イレブン・ジャパンに対する公正取引委員会による見切り販売制限にかかる排除措置命令）。

　直接的に独禁法規制にかかるような事例は少ないが，これら独禁法規制の内容を踏まえた主張を行うことによって，本部の加盟店に対する当該行為の違法性を根拠づけることがより容易になり得る。

　㋑　フランチャイズ契約に対する独禁法上の規制は，不公正な取引方法の禁止（19条・2条9項）およびこれを受けた公正取引委員会の告示（一般指定・昭和57年6月18日公正取引委員会告示第15号・改正　平成21年10月28日公正取引委員会告示第18号）のうちの以下のものに該当するか否か，という形で問題となってくる。適用の可能性があるのは，以下の6項目である。

・ぎまん的顧客誘引の禁止（一般指定8項）
・抱き合わせ販売の禁止（同10項）
・排他条件付取引の禁止（同11項）
・拘束条件付取引の禁止（同12項）
・再販売価格維持行為の禁止（法2条9項4号）
・優越的地位濫用の禁止（法2条9項5号）

　これらの独禁法規制とフランチャイズ・システムとの関係をさらに具体的にとらえるには，公正取引委員会から出されている2つのガイドラインの内容を踏まえる必要がある。

　（ⅰ）　フランチャイズ・ガイドライン（「フランチャイズ・システムに関する独占禁止法上の考え方について」平成14年4月24日　改正：平成22年1月1日，平成

23年6月23日)

(ii) 流通・取引ガイドライン(「流通・取引慣行に関する独占禁止法上の指針」平成3年7月11日 改正:平成17年11月1日,平成22年1月1日,平成23年6月23日,平成27年3月30日,平成28年5月27日,平成29年6月16日)

以下,フランチャイズ・ガイドラインの内容について簡略に紹介しておく。

＜本部の加盟者募集について＞

独禁法違反行為の防止の観点からフランチャイザーが開示することが望ましい事項を列挙し,特に予想売上または予想収益を提示する場合には,類似した環境にある既存店舗の実績等根拠ある事実,合理的な算定方法等に基づくことが必要であり,本部は加盟希望者に根拠事実,算定方法等を示す必要があるとする。そして,開示することが望ましい重要事項について,十分な開示を行わず,または虚偽もしくは誇大な開示を行い,実際のフランチャイズ・システムの内容よりも著しく優良または有利であると誤認させ,競争者の顧客を自己と取引するように不当に誘引する場合には「ぎまん的顧客誘引」に該当するとし,その具体的判断基準を示している。

＜フランチャイズ契約締結後の本部と加盟者との取引＞

① 「優越的地位の濫用」

加盟者に対して取引上優越した地位にある本部が,加盟者に対してフランチャイズ・システムによる営業を的確に実施する限度を超えて,正常な商慣習に照らして不当に加盟者に不利益となるように取引条件を設定し,または取引の条件若しくは実施について加盟者に不利益を与えていると認められる場合に該当する。

具体例

・正当な理由がないのに取引先を本部や本部の指定業者に制限すること

・返品が認められないにもかかわらず仕入数量を強制すること

・正当な理由のない,見切り販売の制限(廃棄の強制)

・本部の商権,ノウハウの保護等に必要な範囲を超える地域,期間または内容の競業を禁止すること

② 「抱き合わせ販売等」「拘束条件付取引」

フランチャイズ契約に基づく営業ノウハウの供与に併せて,本部が,加盟者に対し,自己や自己の指定する事業者から商品,原材料等の供給を受けさせる

ようにすることが，「抱き合わせ販売等」に該当するかどうかは，行為者の地位，行為の範囲，相手方の数・規模，拘束の程度等を総合勘案して判断し，「拘束条件付取引」に該当するかどうかは，行為者の地位，拘束の相手方の事業者間の競争に及ぼす効果，指定先の事業者間の競争に及ぼす効果等を総合勘案して判断される。

③　販売価格の制限について（「再販売価格の拘束」「拘束条件付取引」）

販売価格については，統一的営業，消費者の選択基準の明示の観点から，必要に応じて希望価格の提示は許容される。

しかし，本部が加盟者に商品を供給している場合，加盟者の販売価格（再販売価格）を拘束することは，原則として「再販売価格の拘束」に該当する。

本部が加盟者に商品を直接供給していない場合であっても，加盟者が供給する商品または役務の価格を不当に拘束する場合は，「拘束条件付取引」に該当する。これは，地域市場の状況，本部の販売価格への関与の状況等を総合勘案して判断される。

ウ　JFA 倫理綱領・指針・自主基準

フランチャイズ・システムの違法性を判断する指標としては，一般社団法人日本フランチャイズチェーン協会（以下「JFA」という）の定める倫理綱領，指針，自主基準等も参照すべきである。例えば，フランチャイジーの募集に当たっての誇大広告・不当表示の禁止，正確な情報提供の義務，フランチャイジーの適格性を確認する義務，加盟後の継続的指導，援助，情報提供の義務等の規定は，フランチャイザーのフランチャイジーに対する当該行為の違法性を根拠づけるのに役立つ場合がある。

エ　消費者契約法

本法については，フランチャイジーとして加盟した者が，同法2条の「消費者」に該当するか否か，ということがまず問題となる。

同法における消費者とは，事業としてまたは事業のために契約の当事者となる場合におけるものを除く個人をいう，とされる。フランチャイジーとして加盟する者は，事業のために契約の当事者となる場合に該当するので，「消費者」には該当せず，同法の適用ははじめから期待できない，ということになりそうであり，現状としてはこちらの見解の方が一般的とはいえる。訴訟上主張してみても，裁判所の理解を得るには非常な困難を伴うであろう。

しかし，そもそもフランチャイズ・システムのメリットは，事業経験のない素人であってもフランチャイザー本部からのノウハウ，知名度等の供与により容易に新規事業に参入し得るという点にあり，本部と加盟者の間の「情報の質及び量並びに交渉力の格差」(1条) のために種々の問題が発生するという点において他の消費者問題と何ら変わらない。いわゆる事業者が同法の適用対象から除外されるのは，事業の反復継続によって知識・経験が蓄積される結果，同法による保護が基本的に不要と考えられるためであるのであるから，事業経験が皆無の個人につき保護を否定するのは相当でない。したがって，少なくとも過去にまったく事業経験をもたない新規加盟者については，同法による消費者契約の取消権の行使を主張することが考えられる (具体的には後述のとおり)。あるいは解釈論として直接適用が難しいとするならば，場合によっては消費者取消権の認められる諸類型との基本的同質性を指摘することによる類推適用の可能性，違法性の根拠付けとしての援用等も含めて，今後，これを肯定する裁判例の獲得と集積の努力が望まれる。

### オ　民法等一般法

紛争類型に応じて，公序良俗違反による無効，詐欺・錯誤による取消し・無効，債務不履行による解除・損害賠償請求，情報提供義務違反を根拠とする損害賠償請求，これら契約関係解消を前提とする不当利得返還請求，その他，不法行為による損害賠償請求等の主張を検討すべきである。

### (2)　個別の問題点と解決の糸口

### ア　行為者属性 (フランチャイジーとしての適格性確認義務)

フランチャイズ契約も新規事業への参入を目的とするものである以上，そこには一定のリスクを伴うことは当然であり，他の投資行為，投機的取引の場合と同様に，損害賠償等の関係においては，契約の違法性の有無・程度，過失相殺の可否等につき，それらと相関的に行為者属性の検討が欠かせない。これは裏を返せば，フランチャイザー本部の方でも，当該フランチャイジーの加盟申出を受け入れるかどうかの決定に際して，その者の属性を十分に確認しなければならない義務を負っていることを意味する。かかる観点から，JFAの倫理綱領も「フランチャイザーは，フランチャイジーを選定するにあたって，能力，性格，資力，意欲などについて，そのフランチャイジーとしての適格性を

十分に確認する」（3. フランチャイジーの適格性確認）ことを同協会会員である
フランチャイザーに要請している。

そこで，上記紛争類型のいずれにあっても，まず事件の見通しを立てるに際
して，新規加盟者たる個人の年齢，身上・経歴，社会的地位，資産・収入，事
業経験の有無，投資経験の有無，日常携わっている職務の内容等の属性の確認
を必要とするのであり，これは以下に述べる諸々の問題点の個別事案の結論を
も大きく左右するのが通常と考えられる。もっとも，適格性確認義務違反自体
の違法を主張した事案は今のところ見当たらない。

### イ　情報提供義務違反（説明義務違反）

#### ㋐　情報提供義務の根拠

フランチャイザーがフランチャイジーとなろうとする者を勧誘するに際して
は，フランチャイズ・システムの内容，契約上の権利義務関係や当該フラン
チャイズが対象とする商品の市況動向の見通しその他契約を締結するか否かを
左右する重要な事情について，客観的かつ的確な情報を提供すべき義務を負
う。法的根拠は当事者間の信義則に求められることが多いが，その実質的理由
は以下のとおりである。

① 　当該事業の専門家であるフランチャイザー本部が，多くの場合は素人で
あるフランチャイジーに対して包括的に経営ノウハウ等を提供するという
フランチャイズ・システムの性質上，両者間には顕著な情報偏在・格差が
認められるのが通常であること。

② 　フランチャイズ・チェーン店を新たに開店するに際して，主たる投資リ
スクを負うのはもっぱらフランチャイジー側であること。

③ 　フランチャイザー・フランチャイジー間の経済的格差からしても，不平
等な契約条項によってフランチャイジー側が一方的に過大な負担を継続的
に負わされることを回避する必要があること。

#### ㋑　判例法理

加盟者（フランチャイジー）が本部（フランチャイザー）と契約を締結するか
どうかは，本部が加盟（予定）者に提供する情報に依拠するものであるから，
本部が加盟者に提供する情報は加盟者の意思決定を誤らせるようなものでは
あってはならず，したがって可能な限り，正確で的確な情報を提供すべき義務
（情報提供義務）があるというのが，多くの裁判例の積み重ねによって確立され

た判例法理である。

これについて言及する最近の裁判例から引用すると「フランチャイズ事業においては，一般的にフランチャイザーは，当該事業に関し十分な知識と経験を有し，当該事業の現状や今後の見通しについて，豊富な情報を有しているのに対し，フランチャイジーになろうとする者は，当該事業に対する知識も経験もなく，情報も有していないことが通常であり，フランチャイジーになろうとする者が，フランチャイズ契約を締結するか否かを判断するに当たっては，フランチャイザーから提供される情報に頼らざるを得ないのが実情である。したがって，フランチャイザーは，フランチャイジーになろうとする者に対し，契約を締結するか否かについて的確な判断ができるよう客観的かつ正確な情報を提供する信義則上の義務を負うべきものと解すべきである。そして，フランチャイザーがこのような義務に違反した結果，フランチャイジーになろうとする者が的確な判断ができないまま，フランチャイズ契約を締結してフランチャイジーとなり，それによって損害を被った場合には，フランチャイザーは，上記義務違反に基づき，フランチャイジーに対して，損害を賠償する義務を負う。」（横浜地判平成27年1月13日判時2267号71頁）とされているところである。

### (ウ) 情報提供すべき事実と範囲

フランチャイザーがフランチャイジーに対してどのような情報を提供すべきなのかその範囲は判例によって一般的な基準が確立されているとは言い難い。個別事案ごとに，加盟者が加盟するかどうかの適切な意思決定をする上で当該情報提供（不提供を含む）の客観的合理性があるかどうか，言い換えれば「その情報を提供してもらっていれば，加盟などしなかった」と言い得る重要な事実に関する不合理・不適切な説明があったかどうかに着目すべきであろう。

事前提示した売上・利益に関する数値と開業後の実績値との大幅な乖離の発生はそれ自体，事前提示の数値の不合理性を指し示すものではあるが，それだけでは不合理性を立証したことにはならない。大幅乖離の原因について，近隣他店の実績値や動向についてフランチャイジーの横のつながりでの入手を試みるなどなるべく多くの資料を収集し，これを分析して追求する必要がある。フランチャイズ本部としての成熟度が低く，また店舗数も少ないため，売上予測の根拠自体が薄弱な場合もあれば，一応それなりの売上予測のノウハウを有し

628 第2章 具体的トラブル事例と解決

ているものの，担当者レベルの調査ミスが原因という場合もある。事案を分析
し，適切な争点を設定すべきである。

　㈑　**情報提供義務違反にかかる裁判例**

①　教導塾福岡事件（福岡地判平成6年2月18日判時1525号128頁）

　学習塾のフランチャイズにおいて，募集に当たり加盟者に対して，生徒を集
める見通しがないにもかかわらずフランチャイザーが生徒を集めることを確約
し，派遣する講師も研修・養成する態勢がないのにこれがあるかのごとく専門
講師を派遣することを告げ，塾設営予定地の周辺に競合する学習塾が存在する
のにこれがないものと偽り，フランチャイザーの会社規模についても事実を
偽っていた場合につき，これを詐欺的勧誘として，不法行為による損害賠償請
求が肯定された。

②　ポプラ事件A（福岡高判平成18年1月31日判タ1216号172頁）

　コンビニエンスストアの新規開店に際して，売上および収益の予測は実際に
は大きく外れた事案において，損益分岐点をはるかに下回る売上予測の数値を
開示しておらず，しかも立地調査の売上予測が不十分であったのに，損益分岐
点をクリアできるように説明した点に情報提供義務違反があるとされた。

③　ポプラ事件B（福岡高判平成18年1月31日判タ1235号217頁）

　コンビニエンスストアの新規開店に際して，売上および収益予測が大きく外
れたことにつき，商圏に関する判断が十分でなく，立地評価書にはマイナス情
報を意図的に記載せず，明るい見通しばかり述べてマイナス点についての検討
も説明もしなかったことは，店舗立地調査マニュアルに照らしてもその適用に
おいて相当でない点があったとして信義則上の保護義務違反があるとされた。

④　その他の近時の裁判例

　客観的な根拠や合理性に欠ける立地評価がなされた事例（大阪地判平成22年
5月12日判タ1331号139頁），商圏におけるシェア率を過大に見積もったため
売上予測を誤った事例（大津地判平成21年2月5日判時2071号76頁），既に閉
店していた近隣の移転前旧店舗の実績値を隠蔽した事例（仙台地判平成21年11
月26日判タ1339号113頁），必要な初期投資額を適切に説明しなかったことに
より加盟店に損害を与えたと認定された事例（千葉地判平成19年8月30日判タ
1283号141頁）などがある。

#### ㈡ 損害賠償の範囲

フランチャイザーのフランチャイジーに対する情報提供義務違反（説明義務違反）を問題とする場合，それと相当因果関係の認められる損害範囲はどこまでかが問題となる。

裁判例が認める損害の範囲の傾向について①フランチャイザーの説明義務違反等によりフランチャイジーが店舗を開業したために要した費用を損害として認定し，開業しなかった場合との対比により損害を認定するもの（東京高判平成11年10月28日判時1704号65頁，マーティナイジングドライクリーニング事件等）と，②フランチャイザーの説明義務違反等により経営を継続することが困難になったことが損害であるとし，店舗営業期間中の支出・費用についてはフランチャイジーは営業により利益を得ているとして損害から控除するもの（名古屋地判平成10年3月18日，飯蔵事件等）とに大別されるとする説明（金井高志『フランチャイズ契約裁判例の理論分析』（判例タイムズ社，2005年）145頁）もあるが，いずれにせよ判例上確立された基準があるとは言い難い状況である。

判例上問題となった損害について「項目」ごとにみると下記のようなものを挙げることができる。

・加盟金と支払済のロイヤルティ相当額
・その他，加盟時に徴収された教育・研修費，調査料
・営業に利用する機器のリース料
・店内改装費や店舗の什器・備品・消耗品購入費用
・その他の設備投資
・店舗賃借の仲介手数料，敷金・保証金償却額，支払済賃料，原状回復費用
・開業のために要した借入金利息
・広告・宣伝費用
・営業損失（赤字）
・慰謝料
・逸失利益（※契約しなければ会社員として得られた給与等）

上記のうち，慰謝料と逸失利益を除くと，いずれも，店舗を経営したことによって発生した売上高から控除すべき経費に該当するという理解が可能であり，営業損失（売上高－売上原価－営業費，いわゆる赤字）として整理すべきとも解される。

提訴に当たっては，裁判所がどの範囲まで相当因果関係がある損害と認めるのかについての見込みとの相関関係的判断を要する。「情報提供義務違反がなければ加盟することはなく，したがってその後の支出としての加盟金等の初期投資もなかった」のであるから，これらは当然に相当因果関係の範囲内の損害であるとの基本的考え方を示すべきであろう（なお，これを損害算定の基準時期の問題として理解するものとして，若柳善朗「フランチャイズ契約紛争と要件事実」伊藤滋夫総括編集，山浦善樹編『民事要件事実講座5　企業活動と要件事実』（青林書院，2008年）161頁）。逸失利益についても，加盟しなければ従前の給与が得られたのであるから相当因果関係の範囲内の損害であると考えられるからその主張・立証を怠るべきではなく，慰謝料も事案によっては認容される可能性がある以上（前記ポプラ事件），当該事案における主張・立証の必要性を検討すべきである。

　⒞　**過失相殺**

従前は，説明義務違反に基づく損害賠償が認容されても，フランチャイジーも基本的には独立事業者であるとの視点が最終的な評価としては介在してしまうためか，フランチャイジー側に不利な高率の過失相殺が行われるのが通常であったが，前述したポプラ事件A（福岡高判平成18年1月31日判タ1216号172頁）は，フランチャイジーは素人であり，フランチャイズ契約に関する知識・経験，情報量，組織的力量などに決定的な差があることを重視して過失相殺の割合を2割5分に留めており，さしたる理由もなく加盟店が「事業者」であることだけで高額な過失相殺を行いがちであった従前の裁判例の傾向とは一線を画している。近時の裁判例はフランチャイズ紛争というだけでの「高率」の過失相殺は控えるようになった感もあるが，やはり，過失相殺に関しては油断なく取り組み，前提として前記のとおりの行為者属性について詳しく主張し，実態としても当事者間の情報・交渉能力の較差が非常に大きい「消費者」事件類型であることを具体的事実を踏まえて強調すべきであろう（過失相殺を認めなかった事案として東京高判平成30年5月23日（判時2384号51頁）参照）。なお，過失相殺について指摘すべき事項としては，以下のような項目が考えられる。

　　・勧誘に当たって，情報提供および売上予測はもっぱらフランチャイザーから提供され，フランチャイジーには独自に判断する余地がなかった（少なかった）こと。

・元々採算性の認められないシステムであり，経営改善による損害回復の可能性は認められないこと。
・フランチャイジーが自己の資金状況や過去の就業経験についてフランチャイザーに正確な説明を行っていたこと。
・フランチャイジーがフランチャイザーに対して質問したり正確な情報提供を求めたけれども，これに対して営業担当者が正確な情報を提供せず，また不正確な説明を行ったこと。
・まったくの素人であるフランチャイジーには，市場予測や操業見通しについて自ら調査しようにもその方途は存在しなかったこと。
・フランチャイザーが提供していた売上予測は，営業担当者からは従来の経営成績からして確実なものとして説明が行われており，フランチャイジーはその言を信頼して加盟したこと。
・店舗設置や設備投資等についても，フランチャイザーが決定，あるいはその主導のもとに決められたこと。
・フランチャイザーの経営指導等のノウハウは，そもそも存在しないか，または内容が貧弱で無意味なものであったこと。
・フランチャイザーは，勧誘に当たり，経営リスクについて告げないか，あるいは著しく軽いものとして説明しており，その内容は素人であるフランチャイジーが信頼してしまってもやむを得ないものであり，現にこれを信頼して加盟したこと。

### ウ　加盟後の債務不履行

#### ㋐　フランチャイジーの債務不履行

　フランチャイジーの債務不履行としてはロイヤルティの不払いが典型例である。フランチャイズ契約は当事者間の信頼関係を基礎とする継続的な契約関係であり，単に軽微な債務不履行があるというだけではフランチャイザーによる契約解除は認められず，信頼関係を破壊するほどの重大性が必要と解するべきである。もっとも，ロイヤルティの不払いは重大な契約違反行為として裁判所が解除を認定する可能性が高いので注意が必要である。

#### ㋑　フランチャイザーの債務不履行

　研修教育や経営指導，ノウハウ提供，製品原材料供給を履行しない等が典型例である。

632　第2章　具体的トラブル事例と解決

　もっとも，フランチャイザー側で用意される契約書には，フランチャイザーの義務が明確には記載されていなかったり，記載されていても抽象的にしか規定されていない場合も多く，何をもってフランチャイザーの債務不履行と主張するのかも困難な例も多い。事前情報開示書面はもとより，経営指導マニュアル，勧誘のもととなったＴＶ・新聞・雑誌広告，パンフレットやチラシの類，その他の説明文書や提供資料，勧誘担当者からの書簡やメモ書き，説明や交渉の録音・録画，ウェブ上で公開されたデータ・Ｅメール等々，入手し得る関係証拠を援用して，フランチャイザーの義務の具体化に努める他はない。

　フランチャイズ契約は双務有償契約であり，フランチャイザーがフランチャイジーに提供する経営指導は，加盟金やロイヤルティの対価として見合う内容でなければならない。形式的にでも「月1回は訪問している」とか，「メールで経営に関する情報を提供している」といったフランチャイザーの言い逃れを許さない主張・立証上の工夫が必要となろう。

　裁判例でフランチャイザーの債務不履行を認定した事案は多いとはいえないが，消費期限切れの原料を使用した製品を加盟店に供給したことがブランド価値維持義務違反にあたると認定した事案（ただし損害を否定し，請求棄却。東京地判平成22年7月14日判時2095号59頁），専門性に欠ける社員が臨店したというだけでは経営指導義務を履行したことにならないとした事案（東京高判平成21年12月25日判時2068号41頁，ベンチャーリンク・まいどおおきに食堂事件）がある。

### エ　著しい不公正・不平等な関係

　フランチャイザー側が事前に用意する契約条項に著しい不公正・不平等が存在し，経済的にも，知識的にも，その他の事実上の力関係においても弱者の立場にあるフランチャイジーが，定型的な附合契約として提供される不平等契約に拘束されることによって一方的な不利益を継続的に被るような場合があり，①当該不平等条項の限定解釈，②債務不履行等を理由とする契約関係自体の解消，③説明義務違反等を理由とする損害賠償請求等を検討する必要がある。

#### (ア)　ロイヤルティの算定方法と対価性

　フランチャイズ本部が加盟者に対して行う経営指導が加盟者からみて有意義と思われない場合に，ロイヤルティの負担が重すぎるのではないか，対価として見合わないのではないかという形で問題になりやすい。

コンビニフランチャイズにおいては，ロイヤルティの算定方式をめぐってかねてより紛争があった。すなわち，コンビニにおいては売上高や営業利益ではなく，売上高から売上原価を引いたいわゆる粗利にロイヤルティを課しており，コンビニフランチャイズ本部はこれを「粗利分配」等と説明している。しかしながら，このロイヤルティの定率を乗ずる対象について，「粗利」が一般の税務会計にいう通常の売上総利益（売上高－売上原価）ではなく，売上原価から廃棄する商品の原価および棚卸減耗損を控除した上で，「売上総利益」を算出するというコンビニ特有の算定方式が採用されている。

かかるロイヤルティ算出方法の下で，コンビニフランチャイズ本部は，売れ残りの廃棄を出すこと（「廃棄ロス」と呼ばれている）を恐れるよりも，商品が店内にないために売上の機会を逃してしまうこと（「機会ロス」と呼ばれている）を避けるべきとして，品揃えの充実強調型の発注指導を行っている。その結果，コンビニフランチャイズ本部は，加盟店が多額の廃棄ロスを出してもロイヤルティの取りはぐれがないのに対して，加盟店は廃棄ロス原価の全額の負担に加えてロイヤルティの支払いの負担が課されるという二重の負担を課されるため，コンビニフランチャイズ本部に多額のロイヤルティを支払っているのに，ほとんど利益が残らないという事態が発生し得る。フランチャイジーとしては，利益を出そうとして，人件費を削減しようと努力すると，フランチャイジーとその家族の過重労働という過酷な状況に追い込まれることになる。

この問題が契約条項の解釈問題として争われたのが，加盟店オーナーがセブン－イレブン本部を提訴した最判平成 19 年 6 月 11 日（判タ 1250 号 76 頁）の事案である。企業会計原則上，一般に「売上原価」には廃棄ロス原価及び棚卸ロス原価を含むと理解されることを理由に，ロイヤルティ算定の基礎となる売上高から廃棄ロス原価及び棚卸ロス原価も控除されるべきであったと主張して，フランチャイジーがロイヤルティの過払分について不当利得返還請求したものである。「売上総利益は売上高から売上商品原価を差し引いたもの」との契約条項の下，売上原価に通常は自動的に含まれることになる廃棄ロス原価及び棚卸ロス原価を控除して計算するというコンビニ独自の算定方式と解釈できるかが争われた。最高裁は，「売上商品原価」という文言が，企業会計原則上一般に言われる「売上原価」を意味するものと即断することはできないこと，付属明細書には廃棄ロス原価及び棚卸ロス原価が営業費となることが定められ

ている上，本部の担当者が契約締結前に，廃棄ロス原価及び棚卸ロス原価をそれぞれ営業費として会計処理すべきで，それらは加盟店経営者の負担であることを説明していたということを理由として，請求を認容した原審を破棄し，契約の解釈としてはセブン－イレブンの主張するコンビニ独自の方式によるとするのが正しいとした。なお，フランチャイジーの錯誤の主張について審理を尽くすべきものとして，東京高裁に差し戻した。

　契約書の文言が不明確で二義的に解釈可能といいつつ，そうした不明確さを招いた本部の責任を問うことなく，契約書外の事情をもとにフランチャイザーの解釈を優先させた点は疑問である。なお，補足意見が「本件契約書におけるチャージの算定方法についての規定ぶりについては，明確性を欠き，疑義を入れる余地があって，問題があるといわなければならない」「加盟店の多くは個人商店であり，上告人と加盟店の間の企業会計に関する知識，経験に著しい較差があることを考慮すれば，詳細かつ大部な付属明細書やマニュアルの記載を参照しなければ契約条項の意味が明確にならないというのは，不適切であるといわざるを得ない」として契約の改訂を促していると理解し得る内容の言及を行ったことは注目に値する（なお差戻審である東京高判平成19年12月27日〔判例集未登載〕は，結局，錯誤の主張を認めず，加盟店の請求を棄却している）。

### ㈠　オープンアカウントと売上金全額送金システム，仕入代金支払代行

　オープンアカウントとは，主として，コンビニフランチャイズで採用されているフランチャイザー・フランチャイジー間の相殺勘定による交互計算類似の会計処理システムである。毎月の商品仕入れ，ロイヤルティ等の双方の債務を一括して差額決済するものである。

　このシステムでは，フランチャイジーの借り越しが発生すればフランチャイザーから与信を受けることを伴い，この与信には相応の利息が付されているので，その金利負担により，フランチャイジーの経営圧迫を招くこともある。

　コンビニフランチャイズ等で採用されている売上金全額送金システムとは，毎日の売上金の全額を個々の加盟店主が自由に処分することを認めず，フランチャイズ本部が全額を一度徴収するシステムである。売上金は本来，加盟店に帰属するものであり，その性質は加盟店の本部に対する預け金である。しかしこの預け金には利息は付さないようになっているのが通常であり，それは本部にしてみれば無利息での多額の資金運用権を入手するメリットがある。また，

本部は，加盟者のロイヤルティやその他の仕入れ代金等の債権を前記オープンアカウントにより同金員から決済するので，何かあった場合でも優先弁済を受けられるのと同様の強力な担保的機能を有している。他方，加盟者は，本来は自己に属するはずの売上金の運用権を全て奪われ，会計簿記代行サービスの名の下に，本来は加盟者自ら処理すべき会計業務が一手に本部に管理され，加盟者からみると自らの会計処理が「ブラックボックス」化しているのが実態である。

最判平成 20 年 7 月 4 日（判タ 1285 号 69 頁）も，直接の取引先である仕入先からのリベートの分配の詳細すら明らかにされないことを加盟店が問題にしたものであった。同事案は，フランチャイジーがフランチャイザー本部に対し，本部がフランチャイジーに代わって仕入れた商品について，仕入先，支払日，支払金額，商品単価，値引きの有無等，具体的な支払内容について報告を求めた事案において，最高裁は，「商品の仕入れは，加盟店の経営の根幹を成すもの」「加盟店経営者は，……独立の事業者であって，自らが支払義務を負う仕入先に対する代金の支払を……委託しているのであるから，仕入代金の支払についてその具体的内容を知りたいと考えるのは当然」「加盟店経営者に報告すること……に大きな困難があるとも考えられない」，「準委任の性質を有する本件委託について……受任者の報告義務（民法 656 条，645 条）が認められない理由はなく」として，契約条項上は直接本部の義務として規定されていない報告義務を肯定したことは注目される。

このように，経理処理の面でも，フランチャイザー・フランチャイジー間の不公平さは顕著であり，フランチャイジーが独立事業者であるといっても，その実態としては有名無実な場合が多い。そこで，独立事業者としての自己責任が強調されるような場合にあっては，以上の仕組みによる本部からの独立性の欠如を指摘することも検討されたい。

㈡　原材料・製品・備品等の品質・規格・仕入先・数量・金額等の拘束等

フランチャイズ・システムにおいては，全国展開する各地における個々のフランチャイジーごとに統一的な商品品質，規格，イメージ，販売価格等を消費者に対して維持しなければならないとの要請があるため，商品や原材料等をフランチャイザー本部が直接に提供するか，あるいは特定の仕入業者に供給させる場合が多い（直接契約条項で定めると独禁法違反の疑いが生ずるので事実上の拘

636　第2章　具体的トラブル事例と解決

束として)。

　このこと自体，前記のとおり抱き合わせ販売（一般指定10項），あるいは仕入価格が一般より高額であるような場合には，優越的地位の濫用（独禁法2条9項5号），拘束条件付取引（一般指定12項）等の独禁法上の問題を生じ得る。

　コンビニフランチャイズ本部が，見切り販売の制限が優越的地位の濫用に該当するとされたのが平成21年6月22日公正取引委員会がセブン－イレブンに対して発した排除措置命令である。同社は加盟者に対して優越的地位にあるところ，加盟者が廃棄した商品の原価相当額の全額が加盟者の負担となっている仕組みの下，デイリー商品（弁当やおにぎりなどの日配品）にかかる見切り販売を行おうとし，又は行っている加盟者に対し，見切り販売の取りやめを余儀なくさせ，もって加盟者が自らの合理的な経営判断に基づいて廃棄にかかるデイリー商品の原価相当額の負担を軽減する機会を失わせたことが優越的地位の濫用にあたるとされた。

　かかる排除措置命令と同社の命令受入れを受けてコンビニ加盟店主が独禁法25条に基づいて損害賠償を求めた事案である東京高判平成25年8月30日（判時2209号10頁）は，組織的な見切り販売妨害行為は認められないが，個別的な見切り販売の妨害行為は認められ，正常な商慣習に照らして不当に取引の実施について加盟店主らに不利益を与えたもので，独禁法19条に違反する違法な行為に当たるとして請求を一部認容した（他方，棄却事例として東京高判平成26年5月30日判タ1403号299頁）。また不法行為に基づく損害賠償請求の事案で，加盟店に対し，値下げ販売を制限・禁止するような言動が加盟店への運営方針に基づく助言指導の範囲にとどまるかぎりは価格決定の侵害ということはできないが，運営方針に基づく助言指導を超える言動は価格決定の侵害となるとして，一部認容した福岡高判平成26年11月7日（判時2244号28頁）等がある。

### ㈒　24時間営業・収納代行の強制等

　主として24時間営業のコンビニ・チェーン等にみられる現象であるが，はじめから24時間営業の契約しか存在しないシステム，あるいはそうでなくともフランチャイズ本部が24時間営業を行う店舗に対して報奨金を出したり，ロイヤルティを優遇したりして24時間営業に誘導し，いったん契約してしまうと本部の同意なしには，短時間営業に変更することができないケースがあ

る。

店舗によっては深夜の売上高が上がらず，人件費や光熱費の負担を考えると深夜は休業した方が利益が確保でき，また加盟店主やその家族が深夜のシフトに長時間入り続けるような過酷な事態を避けられるということがあり得るが，本部は深夜営業の休止を容易には認めない。

またコンビニエンスストアは社会的インフラと目されており，各種の公共料金の収納代行など公共的なサービスの極めて低い手数料での取扱いを余儀なくされている。

コンビニ加盟店主らが，本部を相手取り，公共料金等の収納代行サービス等及び深夜営業を強要するのは独禁法の優越的地位の濫用に該当し，同法19条に違反するとし，同法24条に基づきその差止めを求めた事案として東京高判平成24年6月20日（判例集未登載・ウエストロー・ジャパン所収。原審につき東京地判平成23年12月22日判時2148号130頁）があるが，契約上加盟店主にはこうしたことを行う義務があるとし，また優越的地位の濫用にも該当しないと判断し，請求を棄却している。

(オ)　近隣出店

契約条項にフランチャイジーのテリトリー権が保証されていない場合，同チェーンの加盟店や直営店が近隣に出店されることがある。同一チェーンの店舗であれば消費者からみれば全く同じ商品やサービスを提供するので差異がなく，過当競争を強いられる場合がある。

このような近隣出店はフランチャイザー本部の背信行為であり，フランチャイジーの収支は落ち込むことは必至であるが，それでも，容易には契約関係から離脱できない点が問題である。テリトリー権を認めていない契約であっても，著しい近接出店は信義則に反して不法行為を構成するのではないか等につき検討を行うことになろう（加盟店の請求を棄却した例として東京地判平成29年10月16日判タ1450号201頁）。

(カ)　**団体交渉による解決の可否**

フランチャイズ本部と加盟者が真の意味で対等で，ウィン－ウィンを目指すビジネスパートナーというのであれば，ロイヤルティ率の改定その他契約条項の見直しなど加盟者全体に関わる事項については，加盟者の正当な代表と本部とで協議して諸問題に対応するというのが本来あるべき姿である。しかるに，

コンビニフランチャイズを中心として，そうした正式な協議の場の設定による自主的調整の動きは業界ではほとんど見られない。

　セブン－イレブン加盟店主の組合が，本部による団体交渉拒否について救済を求めた事案について，岡山県労委平成26年3月20日は，加盟店主は事業者であるとはいえ，被申立人が運用・統括するセブン－イレブン・チェーンに密接不可分に組み込まれていることなどから，加盟店主の独立性は希薄であり，労働組合法上の労働者であると判断し，被申立人の団体交渉拒否には正当な理由がなく，不当労働行為に該当すると認定した（http://www.pref.okayama.jp/page/369678.html）。ファミリーマートにかかる都労委平成27年4月16日も同様の判断をしたが，中労委平成31年3月15日はコンビニオーナーは労組法上の労働者には該当しないとして，地労委の命令をいずれも取り消した（https://www.mhlw.go.jp/churoi/houdou/futou/dl/shiryou-31-0315-1.pdf）。今後の裁判所の判断が注目される。

### オ　契約終了・更新をめぐる問題

#### ㋐　期間満了と更新拒絶

　フランチャイジーは長期にわたる経営を想定して加盟し，多額の資金を投資するが，契約条項に更新規定が定められていない場合や，更新規定があっても，特段の理由なくフランチャイザーが更新拒絶をし得ることとしている場合があり，フランチャイジーが投下した資本を回収する機会が失われる場合がある。

　フランチャイズ契約は当事者の信頼関係を基礎とする継続的な契約関係であり，フランチャイジーが投下した資本を回収する機会を理由なく奪ってはならないのであって，フランチャイザーによる更新拒絶には，更新を拒絶する正当な事由が必要と解すべきであろう。

　持ち帰り弁当フランチャイズのマスターフランチャイザーとサブフランチャイザーとの間の争いにかかる東京高判平成24年10月17日（判時2182号60頁，ほっかほっか亭対プレナス事件）は，自動更新における更新拒絶事由を制限する規定がない場合であっても，フランチャイズ契約が長期間にわたる取引関係の継続が予定され，人的物的に多大の投資を重ねるのであるから継続的な事業展開についての期待も一定の法的保護が必要であるとし，更新拒絶の意思表示は信義誠実の原則による一定の制限があり，更新を拒絶することについて正当な

事由がある場合に限り契約が終了するとした上で，当該事案では当事者間の信頼関係が破壊されており，マスターフランチャイザーによる更新拒絶は信義則上正当な事由があったとした。本件のサブフランチャイザーが東証一部上場会社であることも正当事由の一事情として言及されており，通常のフランチャイザーとフランチャイジーとの紛争にそのまま妥当するかどうかは検討を要する。

### (イ) 中途解約と違約金

　フランチャイジーが経営不振その他の理由で契約関係から離脱しようとする場合，中途解約には違約金（解約一時金）の支払いを要すると契約に規定されている場合が多い。これは，フランチャイジーが赤字続きで損害の拡大を防止するため閉店したいと考えても，それ以上の違約金の支払いが必要とされては閉店すらできないことになる。

　こうした場合には，フランチャイジーの中途解約を希望する理由と経緯，違約金の高額さ，フランチャイジーへの影響，経済的な力関係，契約に至った経緯等の諸般の事情を勘案して，公序良俗違反による無効や一部無効の主張を検討すべきである。

　日本さわやかグループ事件（浦和地判平成6年4月28日判タ875号137頁）は，解約時に下限500万円と定められた解約一時金（期間満了により任意に離脱する場合もフランチャイザーが免除しない限り支払うべきものとされていた）について，フランチャイジーの解約の自由や経済的活動の自由を不当に制限するもので公序良俗に反し無効と判示している（控訴審もこの判断を維持）。またベンチャーリンク・まいどおおきに食堂事件東京高裁判決（前掲東京高判平成21年12月25日）は，本部の詐欺的行為によって契約締結を勧誘したことや，経営指導を行わず加盟店にノウハウの提供がないという経緯に照らすと，加盟金および加盟保証金の支払義務を定めた部分は公序良俗に反して無効としている。

### (ウ) 競業禁止の問題

　フランチャイジーが契約関係からの離脱を希望する場合，フランチャイジーがそれまで支払った内装工事費等の多額の初期投資の回収を図るため，当該店舗での別の形での経営の継続を検討しなければならない事案もある。その場合に，契約条項に盛り込まれている契約終了後の競業禁止条項との抵触が問題となり得る。

前記ベンチャーリンク・まいどおおきに食堂事件東京高裁判決は，競業禁止規定および競業禁止義務の不履行に基づく違約金請求は，前述の違約金に関する判断と同様な理由で信義則に反し，権利の濫用であるとして許されないと判断した。東京地判平成21年3月9日（判時2037号35頁）は，契約終了後の加盟店の競業避止義務につき公序良俗に反して無効としている。

このように，本部側に帰責性が大きい事案での加盟店の競業避止義務については，裁判例も，一般条項を用いて積極的に制限し，あるいは無効としているものがあり，積極的に争うべきである（一方，高齢者宅配弁当のフランチャイズにおいて同一市内の契約終了後3年間の競業禁止義務を有効としたものとして大阪地判平成22年1月25日判タ1320号136頁）。

## 4　本事例の解決

### (1)　情報提供義務違反について

Yによる情報提供義務違反（不法行為）に基づき，Xによる損害賠償請求が問題となるが，Xが開店を希望していた大阪市内では売上不振店が相次いでおり，神奈川県内のA店の実績値に近い数値を上げられる見込みはなかったといえるところ，A店の実績値を示してXを勧誘することは，契約を締結するか否かについて的確な判断が可能な客観的かつ正確な情報を開示したとはいえず，情報提供義務違反が認められるものといえよう。

### (2)　競業禁止と違約金について

Xがパソコン教室の開店に至ったのはYによる情報提供義務に違反する勧誘行為が契機となっており，これによって多額の費用を投じたXはこれを回収して損失を回復する必要がある。情報提供義務に違反し帰責性の大きいYが競業禁止及び違約金の支払いを請求することは信義則に反し，また公序良俗に反すると主張すべきであろう（前掲横浜地判平成27年1月13日参照）。

## 【参考文献】
・日本弁護士連合会消費者問題対策委員会編『フランチャイズ事件処理の手引』（民事法研究会，2012年）
・西口元ほか編『フランチャイズ契約　判例ハンドブック』（青林書院，2012年）

・中村昌典『失敗しないフランチャイズ加盟　判例から読み解く契約時のポイント』
（日本加除出版，2011 年）
・若柳善朗「フランチャイズ契約紛争と要件事実」山浦善樹編『民事要件事実講座 5
企業活動と要件事実』（青林書院，2008 年）
・金井高志『フランチャイズ契約裁判例の理論分析』（判例タイムズ社，2005 年）
・本間重紀ほか編『コンビニ・フランチャイズはどこへ行く』（花伝社，2001 年）

## ●各種消費者事件類型毎の相談先・ADR・情報入手先等

| 名　称 | 種別 | 所　在　地 | 電　話 | HP アドレス | 備　考 |
|---|---|---|---|---|---|
| 消費者庁 | 情報 | 〒 100-8958<br>東京都千代田区霞が関 3-1-1<br>中央合同庁舎第 4 号館 | 03-3507-8800 | https://www.caa.go.jp/ | 平成 21 年（2009 年）内閣府の外局として発足した。主として、消費者被害の防止、所管法律の執行、地方消費者行政の支援を行う組織。 |
| 消費者委員会 | 情報 | 〒 100-8970<br>東京都千代田区霞が関 3-1-1<br>中央合同庁舎第 4 号館 8 階 | 03-5253-2111 | https://www.cao.go.jp/consumer/ | 平成 21 年（2009 年）9 月 1 日に内閣府に設置された独立機関です。 |
| 国民生活センター東京事務所 | 相談・情報 | 〒 108-8602<br>東京都港区高輪 3-13-22 | 03-3443-6211 | http://www.kokusen.go.jp/<br>http://www.kokusen.go.jp/hello/map-tokyo.html（窓口） | 消費生活に関する情報の収集、消費者被害や消費者の苦情相談に対応。裁判外紛争解決手続（ADR）を実施。 |
| 国民生活センター消費生活相談データベース（PIO-NET） | 情報 | — | — | http://datafile.kokusen.go.jp/ | 国民生活センターに対して、全国の消費者から寄せられた 2004 年度からの相談情報のインターネット上検索システム。 |
| 東京都消費生活総合センター | 相談・情報 | 〒 162-0823<br>東京都新宿区神楽河岸 1-1<br>セントラルプラザ 15 ～ 17 階 | 消費生活相談<br>03-3235-1155<br>架空請求<br>110 番<br>03-3235-2400 | https://www.shouhiseikatu.metro.tokyo.jp/center/<br>http://www.shouhiseikatu.metro.tokyo.jp/sodan（情報・窓口） | 悪質商法による被害や商品事故の苦情などの助言やあっせん等を行っている。よくある消費生活相談事例の紹介も行っている。 |
| 霞が関法律相談センター | 相談 | 〒 100-0013<br>東京都千代田区霞が関 1-1-3<br>弁護士会館 3 階 | 霞が関センター<br>03-3581-1511 | http://www.horitsu-sodan.jp/soudan/kasumigaseki.html<br>http://www.horitsu-sodan.jp/#list（窓口） | 東京三弁護士会が運営している法律相談センター。消費者問題についての専門相談がある（原則予約制）。 |

### 国の消費者行政担当課室・相談機関

| 名　称 | 種別 | 所　在　地 | 電　話 | HP アドレス | 備　考 |
|---|---|---|---|---|---|
| 経済産業省消費者相談室 | 相談 | 〒 100-8901<br>東京都千代田区霞が関 1-3-1<br>経済産業省 | 03-3501-4657 | http://www.meti.go.jp/intro/consult/a_main_01.html | 経済産業省の所管する製品、サービス、消費者取引に関する消費者のトラブル等の相談窓口。10 時～ 16 時 30 分（土日祝日除く）。 |
| 農林水産省「消費者の部屋」 | 相談・情報 | 〒 100-8950<br>東京都千代田区霞が関 1-2-1<br>農林水産省本館 1 階 | 03-3591-6529 | http://www.maff.go.jp/j/heya<br>http://www.maff.go.jp/j/heya/sodan/index.html（窓口） | 農林水産行政一般、食料、食生活についての消費者相談を行っている。10 時～ 17 時（土日祝日除く）。過去の相談事例の検索も可能。 |
| 東京都消費者被害救済委員会 | ADR | 〒 162-0823<br>東京都新宿区神楽河岸 1-1<br>セントラルプラザ 16 階 | 03-3235-4155 | http://www.shouhiseikatu.metro.tokyo.jp/sodan/kyusai/<br>http://www.shouhiseikatu.metro.tokyo.jp/sodan/kyusai/index.html（窓口） | 消費生活総合センター等の法律相談機関に寄せられた相談のうち、都民の消費生活に著しい影響を及ぼす紛争について解決にあたる機関（消費者からの直接の申立ては受け付けない）。 |

### 訪販・割販関係

| 名　称 | 種別 | 所　在　地 | 電　話 | HP アドレス | 備　考 |
|---|---|---|---|---|---|
| 公益社団法人日本訪問販売協会（JDSA）消費者相談室「訪問販売ホットライン」 | 相談 | 〒 160-0004<br>東京都新宿区四谷 4-1<br>細井ビル 7 階 | 0120-513-506 | http://jdsa.or.jp | 受付時間　10 時～ 12 時、13 時～ 16 時 30 分（土日祝除く）。 |

各種消費者事件類型毎の相談先・ADR・情報入手先等　*643*

| 名　称 | 種別 | 所　在　地 | 電話 | HP アドレス | 備　考 |
|---|---|---|---|---|---|
| 公益社団法人日本通信販売協会（JADMA）「通販110番」 | 相談 | 〒103-0024　東京都中央区日本橋小舟町3-2　リブラビル2階 | 03-5651-1122 | http://www.jadma.or.jp/　http://www.jadma.or.jp/consumers/dm110/ | 受付時間　10時～12時, 13時～16時（土日祝除く）。 |
| 一般財団法人日本産業協会 「相談室」 | 相談 | 〒101-0047　東京都千代田区内神田2-11-1　島田ビル3階 | 03-3256-3344 | http://www.nissankyo.or.jp　http://www.nissankyo.or.jp/hou/ho800.html（窓口） | 特定商取引法関連等の各種相談（申出制度に関する指導・助言等）。相談受付時間10時～17時（11時30分～12時30分除く）（土日祝除く）。 |
| クレサラ問題 | | | | | |
| 名　称 | 種別 | 所　在　地 | 電話 | HP アドレス | 備　考 |
| 公益財団法人日本クレジットカウンセリング協会 | 相談 | 〒160-0022　東京都新宿区新宿1-15-9　さわだビル4階 | 0570-031640 | http://www.jcco.or.jp | 消費者信用利用者の債務整理及び多重債務に関する相談等を行う。受付時間　10～12時40分, 14時～16時40分（土日祝除く）。 |
| 全国クレサラ・生活再建問題対策協議会 | 運動 | 〒530-0047　大阪府大阪市北区西天満4-11-16　ニュー梅新東ビル7階　山田・長田法律事務所内 | 06-6360-2031 | http://www.cresara.net/ | サラ金（消費者金融），クレジット（クレジット・カード），商工ローン（街金），ヤミ金融などの多重債務被害の予防と救済に取り組む消費者運動団体。 |
| 全国クレジット・サラ金被害者連絡協議会 | 運動 | 〒530-0047　大阪府大阪市北区西天満4丁目5番5号　マーキス梅田301号大阪いちょうの会内 | 06-6361-3337 | https://www.cre-sara.gr.jp/ | クレジット・サラ金被害者の根本的解決と被害者救済を目指す団体。 |
| 東京都産業労働局金融部貸金業対策課 | 情報・相談 | 〒163-8001　東京都新宿区西新宿2-8-1　東京都庁第一本庁舎19階北側 | 苦情相談：03-5320-4775　登録閲覧：03-5320-4774 | http://www.sangyo-rodo.metro.tokyo.jp/index.html http://www.sangyo-rodo.metro.tokyo.jp/chusho/kashikin/soudan/renraku/（窓口） | 都知事登録業者への苦情・相談。貸金業の登録閲覧。国の登録業者の閲覧。受付時間　9時～12時, 13時～17時（土日祝除く）。 |
| 日本貸金業協会 | 相談等 | 〒108-0074　東京都港区高輪三丁目19番15号　二葉高輪ビル2階・3階 | 0570-051-051（貸金業相談・紛争解決センター）（窓口） | https://www.j-fsa.or.jp/　http://www.j-fsa.or.jp/personal/contact/consultation_desk.php（窓口） | 貸金業界の自主規制機能を担う協会。貸金業に関する「相談」「苦情」「紛争解決」「貸付自粛」の業務を実施している。9時～17時（土日祝除く）。 |
| 個人信用情報 | | | | | |
| 名　称 | 種別 | 所　在　地 | 電話 | HP アドレス | 備　考 |
| 全国銀行個人信用情報センター（全銀協） | 情報 | 〒100-8216　東京都千代田区丸の内1-3-1（平成28年10月11日から令和2年度まで、〒100-0005　東京都千代田区丸の内2-5-1) | 0120-540-558 | https://www.zenginkyo.or.jp/pcic/ | 一般社団法人全国銀行協会が設置, 運営している信用情報機関。9時～12時, 13時～17時（土日祝除く）。 |
| （株）シー・アイ・シー（開示ご相談コーナー） | 情報 | 〒160-8375　東京都新宿区西新宿1-23-7　新宿ファーストウエスト15階 | 0570-666-414 | https://www.cic.co.jp　https://www.cic.co.jp/rkaisya/ks05_jigyousyo.html（窓口） | 信販会社, 貸金業者等が加盟する信用情報機関。受付時間　10時～12時, 13時～16時（土日祝除く）。 |
| （株）日本信用情報機構（JICC） | 情報 | 〒110-0014　東京都台東区北上野1-10-14　住友不動産上野ビル5号館9階 | 0570-055-955 | https://www.jicc.co.jp/ | 貸金業者が加盟する信用情報機関。受付時間　10時～16時（土日祝除く）。 |
| 金融・証券・先物被害 | | | | | |
| 名　称 | 種別 | 所　在　地 | 電話 | HP アドレス | 備　考 |
| 全国証券問題研究会 | 研修・情報 | 代表幹事が持回り制のため連絡先は時期によって異なる。その時点のHPで確認のこと。 | ── | http://www2.osk.3web.ne.jp/~syouken | 証券等の被害救済に取り組む全国の弁護士が平成3年に結成した研究団体。 |

644　各種消費者事件類型毎の相談先・ADR・情報入手先等

| 名　称 | 種別 | 所　在　地 | 電　話 | HP アドレス | 備　考 |
|---|---|---|---|---|---|
| 先物取引被害全国研究会 | 研修・情報・相談 | 代表幹事が持回り制のため連絡先は時期によって異なる。その時点のHPで確認のこと。 | ―― | http://www.futures-zenkoku.com/ | 商品先物取引の被害救済に取り組む全国の弁護士が結成した研究団体。各地研究会では，証券取引・先物取引・その他投資まがい詐欺取引を含む，各種投資被害等についての相談・事件受任を行っている。 |
| 一般社団法人金融先物取引業協会 | 情報 | 〒101-0052 東京都千代田区神田小川町1-3　ＮＢＦ小川町ビルディング | 03-5280-0881 | http://www.ffaj.or.jp/ | 金融商品取引法に基づく，金融先物取引を行う金融商品取引業者及び登録金融機関の自主規制団体。 |
| 日本証券業協会（JSDA） | 情報 | 〒103-0027 東京都中央区日本橋2-11-2太陽生命日本橋ビル | 03-6665-6800 | http://www.jsda.or.jp/ | 証券に係る自主規制ルールの制定等を行う自主規制機関。 |
| （株）東京商品取引所 | 情報 | 〒103-0012 東京都中央区日本橋堀留町1-10-7 | 03-3661-9191 | https://www.tocom.or.jp/ | 商品取引情報・出来高のヒストリカルデータ・紛争仲介。 |
| 特定非営利活動法人証券・金融商品あっせん相談センター（ADR FINMAC） | 相談・ADR | 〒103-0025 東京都中央区日本橋茅場町2-1-1　第二証券会館内 | 0120-64-5005 | https://www.finmac.or.jp | 日本証券業協会，金融先物取引業協会等の各金融商品取引業協会が設立した，証券・金融商品取引の顧客からの相談，あっせんを行う機関。電話受付　9時～17時（土日祝日・年末年始を除く）。 |
| 日本商品先物取引協会 | 相談・ADR | 〒103-0012 東京都中央区日本橋堀留町1-10-7　東京商品取引所ビル6階 | 03-3664-6243 | https://www.nisshokyo.or.jp/investor/s_center.html（窓口） | 商品先物取引法に基づく認可法人として，商品先物取引業務に関する顧客からの相談，苦情の受付，仲介手続の窓口として設置・運営されている機関。電話受付時間　9時～17時（土日祝日を除く）。 |
| 一般社団法人全国銀行協会相談室・あっせん委員会 | 相談・ADR | 〒100-0004 東京都千代田区大手町2-6-1 朝日生命大手町ビル19階 | 0570-017109 または 03-5252-3772 | https://www.zenginkyo.or.jp/adr/ | 全国銀行協会が運営・設置する銀行取引に関する相談窓口・あっせん機関。9時～17時（土日祝日・銀行休業日を除く）。 |

### 建築紛争・不動産取引

| 名　称 | 種別 | 所　在　地 | 電　話 | HP アドレス | 備　考 |
|---|---|---|---|---|---|
| 東京都建設工事紛争審査会 | ADR | 〒163-8001 東京都新宿区西新宿2-8-1 東京都庁第二本庁舎3階南 東京都都市整備局内 | 03-5388-3376 | http://www.toshiseibi.metro.tokyo.jp/kenchiku/hunsousinsa/index.html | 建設工事の請負契約をめぐる紛争について，専門家により，公正・中立な立場に立って，迅速かつ簡便な解決を図ることを目的として，建設業法に基づいて設置された公的機関。受付時間　9時～12時，13時～17時（土日祝日除く）。 |
| 東京都建築紛争調停委員会 | ADR | 〒163-8001 東京都新宿区西新宿2-8-1 東京都庁第二本庁舎3階南 東京都都市整備局内 | 03-5388-3377 | http://www.toshiseibi.metro.tokyo.jp/kenchiku/hunsou/hunsou_03.html | 条例に基づき，中高層建築物の建築計画に関し，標識の設置，近隣関係住民に対する説明会の開催等の指導を行い，発生した建築紛争について，当事者の申出に応じ，幹旋又は調停を行い，建築紛争の迅速かつ適正な解決を図っている。 |

各種消費者事件類型毎の相談先・ADR・情報入手先等　　645

| 名　　　称 | 種別 | 所　在　地 | 電話 | HPアドレス | 備　考 |
|---|---|---|---|---|---|
| 欠陥住宅を正す会 | | 〒550-0003<br>大阪府大阪市西区京町堀2-14-2<br>澤田和也法律事務所内 | 06-6443-6058 | http://www.sun-inet.or.jp/~tadaskai/ | 東京と大阪の事務局体制見直しのため、東京についても当面の問い合わせ先は大阪本部となる。 |
| 公益財団法人住宅リフォーム・紛争処理支援センター「住宅紛争処理支援センター」「住宅部品PL室」 | 相談・ADR | 〒102-0073<br>東京都千代田区九段北4-1-7<br>九段センタービル3階 | 0570-016-100<br>または<br>03-3556-5147 | http://www.chord.or.jp/<br>http://www.chord.or.jp/consult/index.html（窓口） | 「住宅の品質確保の促進等に関する法律」で指定された機関。住宅・住宅部品に関するあらゆる相談を受け付けている。住宅部品のPL事故等の調停・あっせん。住宅紛争処理支援センターに相談後、事案によって支援センターからPL室に回付される。受付時間　10時～17時（土日祝日除く）。 |
| 公益社団法人日本建築家協会（JIA） | 情報 | 〒150-0001<br>東京都渋谷区神宮前2-3-18<br>JIA館 | 03-3408-7125 | http://www.jia.or.jp/ | 建築の設計監理を行う建築家の団体。 |
| 一般社団法人全日本建築士会 | 情報 | 〒169-0075<br>東京都新宿区高田馬場3-23-2<br>内藤ビル301 | 03-3367-7281 | https://www.smile-net.or.jp | 在来工法の継承と新工法の開発に努め、木造建築文化の発展をめざす建築士の団体。 |
| 一般社団法人日本建築士事務所協会連合会 | 情報 | 〒104-0032<br>東京都中央区八丁堀2-21-6<br>八丁堀NFビル6階 | 03-3552-1281 | http://www.njr.or.jp/ | 建築士事務所の業務の適正な運営と健全な発展及び建築士事務所の開設者に設計等を委託する建築主の利益の保護を図り、公共の福祉の増進に寄与することを目的とした社団法人。 |
| 新建築家技術者集団事務局 | 運動 | 〒162-0811<br>東京都新宿区水道町2-8　長島ビル2階 | 03-3260-9800 | https://www.shinken-nuae.com/ | 1970年に全国的な建築運動の団体として発足した団体。 |
| 東京都住宅政策本部指導相談担当 | 相談 | 〒163-8001<br>東京都新宿区西新宿2-8-1<br>東京都庁第二本庁舎3階北 | 03-5320-5071・5073 | http://www.juutakuseisaku.metro.tokyo.jp/ | 不動産取引相談（面接相談）。宅地建物取引業者の名簿閲覧もできる。受付時間9時～11時、13時～16時。 |
| 東京都不動産取引特別相談室 | 相談 | 〒163-8001<br>東京都新宿区西新宿2-8-1<br>東京都庁第二本庁舎3階北 | 03-5320-5015 | http://www.juutakuseisaku.metro.tokyo.jp/juutaku_seisaku/300soudan.htm | 宅地建物取引業者が関与する不動産取引紛争の民事上の法律相談（予約面接相談）。受付時間　9時～11時、13時～16時。 |

### 製造物責任

| 名　　　称 | 種別 | 所　在　地 | 電話 | HPアドレス | 備　考 |
|---|---|---|---|---|---|
| 公益財団法人自動車製造物責任相談センター | ADR | 〒100-0011<br>東京都千代田区内幸町2-2-3<br>日比谷国際ビル18階 | 0120-028-222 | http://www.adr.or.jp | 自動車（含む輸入車）、バイク、それらの部品・用品での製造物責任（PL）や品質に関するトラブルの解決方法を相談でき、さらに裁判外で解決を図る裁判外紛争機関。相談時間　9時30分～12時、13時～17時（土日祝除く）。 |
| 医薬品PLセンター | ADR | 〒103-0023<br>東京都中央区日本橋本町3-7-2　MFPR日本橋本町ビル3階 | 0120-876-532 | http://www.fpmaj.gr.jp/PL/pl_idx.htm | 医薬品（医療用・一般用）、医薬部外品を含む）について、製薬企業に苦情を申し立てる時の相談を受け付けている。受付時間　9時30分～16時30分（土日祝日除く）。 |

*646*　各種消費者事件類型毎の相談先・ADR・情報入手先等

| 名　称 | 種別 | 所　在　地 | 電　話 | HP アドレス | 備　考 |
|---|---|---|---|---|---|
| 一般社団法人日本化学工業協会 化学製品 PL 相談センター | ADR | 〒 104-0033 東京都中央区新川 1-4-1 住友六甲ビル 7 階 | 0120-886-931 | https://www.nikkakyo.org/plcenter/ | 化学製品による事故・苦情の相談に対するアドバイスを行ったり、化学製品に関する問い合わせなどに答えたりする民間の機関。受付時間 9 時半～16 時（土日祝日除く）。 |
| 一般財団法人日本燃料機器検査協会 ガス石油機器 PL センター | ADR | 〒 101-0046 東京都千代田区神田多町 2-11　ガス石油機器会館 | 0120-335-500 | http://www.jgka.or.jp/pl/index.html | 事故現場に出向き事故の実態を確認し、関係者（被害者、消費生活センター、消防、警察、検察等）から、事情を聴取し、事故発生の経過を把握した上で事故品を調査する。受付時間　10 時～16 時（土日祝日除く）。 |
| 一般財団法人家電製品協会 家電製品 PL センター | ADR | 〒 100-0013 東京都千代田区霞が関 3-7-1 霞が関東急ビル 5 階 | 0120-551-110 | https://www.aeha.or.jp/plc/annai/index.html | 家電製品の事故に係る紛争処理。受付は 9 時 30 分～17 時（土日祝除く）。 |
| 一般社団法人製品安全協会 消費生活用製品 PL センター | ADR | 〒 110-0012 東京都台東区竜泉 2-20-2 ミサワホームズ三ノ輪 2 階 | 0120-115-457 | https://www.sg-mark.org/plcenter | 対象製品：乳幼児用品、家具・家庭用品、スポーツ・レジャー用品、高齢者用品、自転車、喫煙具等。受付時間 10 時～12 時、13 時～16 時（土日祝日除く）。 |
| 一般財団法人生活用品振興センター 生活用品 PL センター | ADR | 〒 103-0013 東京都中央区日本橋人形町 2-15-2　松島ビル 4 階 | 0120-090-671 | http://www.gmc.or.jp/pl/gaiyo.html | 平成 7 年製造物責任法の施行にともなって設立された裁判外紛争処理機関。10 時～16 時（毎週水曜）。 |
| 日本化粧品工業連合会 PL 相談室 | ADR | 〒 105-0001 東京都港区虎ノ門 5-1-5 メトロシティ神谷町 6 階 | 0120-352-532 | https://www.jcia.org/ | 化粧品（薬用化粧品・育毛剤・除毛剤・てんか粉剤・腋臭防止剤などの医薬部外品を含み、ヘアカラー・コールドパーマネント液を除く）の安全性に対する相談・苦情の対応。受付時間　9 時 30 分～12 時、13 時～16 時（月・水・金。祝日は除く）。 |
| 独立行政法人製品評価技術基盤機構 （製品安全センター） | 情報 | 〒 151-0066 東京都渋谷区西原 2-49-10 | 03-3481-6566 | https://www.nite.go.jp/ http://www.tech.nite.go.jp/toiawase.html（窓口） | 消費生活用製品の事故情報を収集・分析・提供するなど、工業製品等に関する技術的な評価、分析及び調査研究等を行う機関。 |
| 独立行政法人農林水産消費安全技術センター（本部）（FAMIC） | 相談 | 〒 330-9731 埼玉県さいたま市中央区新都心 2-1 さいたま新都心合同庁舎　検査棟 | 050-3797-1830（代表） | http://www.famic.go.jp/ http://www.famic.go.jp/hiroba/reference/index.html（窓口） | 食品等の「商品の欠陥などによる消費者被害」に関する相談窓口。 |
| 国土交通省自動車総合安全情報 | 情報 | ── | ── | https://www.mlit.go.jp/jidosha/anzen/index.html | 自動車に関する安全情報検索システム。 |
| 一般社団法人日本壁装協会 | 情報 | 〒 105-0001 東京都港区虎ノ門 3-7-8 ランディック第 2 虎ノ門ビル 7 階 | 03-5408-5501 | https://www.wacoa.jp/ | 壁紙に関する問い合わせ・相談。（電話のみの対応）受付時間　9 時～17 時（平日のみ）。 |

## 各種消費者事件類型毎の相談先・ADR・情報入手先等　647

| 名称 | 種別 | 所在地 | 電話 | HPアドレス | 備考 |
|---|---|---|---|---|---|
| 一般社団法人日本マリン事業協会　プレジャーボート製品相談室 | ADR | 〒104-0028 東京都中央区八重洲2-10-12 国際興業第2ビル4階 | 0120-356-441 | http://www.marine-jbia.or.jp/support/consultation.html | プレジャーボート及び関連製品の品質，性能などに関する一般的な相談受付と当該メーカーへの照会・製品欠陥などの苦情受付と当該メーカーへの照会。中立者と当該メーカーとの相対交渉の仲介・相対交渉不調時の当事者間の調整・斡旋。受付時間　10時～12時・13時～17時（土日・祝日・休日を除く）。 |
| 防災製品PLセンター | ADR | 〒105-0001 東京都港区虎ノ門2-9-16 日本消防会館 一般財団法人日本消防設備安全センター内 | 0120-553-119 | http://www.fesc.or.jp/10/index2.html | 防災製品に係る紛争事案につき裁判外調停・相談・苦情処理・紛争処理等。PL事故情報の収集・公表。受付時間　9時～17時（土日・祝日を除く）。 |
| 建材PL相談室 | ADR | 〒103-0007 東京都中央区日本橋浜町2-17-8　浜町平和ビル5階 一般社団法人日本建材・住宅設備産業協会内 | 03-5640-0901 | ―― | 一般消費者，消費生活センター，関連PLセンター等からの問合せ，相談に対して対応を行う。PL相談窓口の連絡会，住宅部品PLセンター，関連PLセンターと情報交換を行う。受付時間　平日10時30分～17時（12時～13時除く）。 |
| 玩具PLセンター | ADR | 〒130-8611 東京都墨田区東駒形4-22-4 日本文化用品安全試験所ビル5階　一般社団法人日本玩具協会内 | 0120-152-117 | ―― | 受付時間　平日9時～17時（12時～13時除く）。 |
| 東京PL弁護団 | 相談 | 〒105-0001 東京都港区虎ノ門1-4-5　文芸ビル8階　ヒューマンネットワーク中村総合法律事務所内 | 03-3501-8822 | http://pl-lawyers.com/ | 1991年結成。受付時間　9時30分～18時。 |
| 金融商品（生命保険・投資信託等） | | | | | |
| 名称 | 種別 | 所在地 | 電話 | HPアドレス | 備考 |
| 一般社団法人生命保険協会　生命保険相談所 | ADR | 〒100-0005 東京都千代田区丸の内3-4-1 新国際ビル3階 | 03-3286-2648 | https://www.seiho.or.jp/ https://www.seiho.or.jp/contact/index.html（窓口） | 生命保険に関する相談・照会・苦情受付。受付時間　9時～17時（土日祝除く）。 |
| 一般社団法人日本損害保険協会　そんぽADRセンター | 相談・ADR | 〒101-8335 東京都千代田区神田淡路町2-9 | 0570-022808 03-4332-5241 | http://www.sonpo.or.jp/ http://www.sonpo.or.jp/efforts/adr/ | 損害保険全般に関する相談受付・紛争解決業務。電話受付　月～金9時15分～17時（土日祝日除く）。来訪での申出希望の場合は，電話にて申出内容を伝える要予約。 |
| 独禁法関係 | | | | | |
| 名称 | 種別 | 所在地 | 電話 | HPアドレス | 備考 |
| 公正取引委員会 | 情報 | 〒100-8987 東京都千代田区霞が関1-1-1 | 03-3581-5471 | https://www.jftc.go.jp/ http://www.jftc.go.jp/soudan/madoguchi/index.html（窓口） | 独占禁止法を運用するために設置された機関で，独占禁止法の特別法である下請法の運用も行う。独占禁止法及び下請法に係る質問・相談・申告を受け付けている。 |

648　各種消費者事件類型毎の相談先・ADR・情報入手先等

| 宗 教 問 題 | | | | | |
|---|---|---|---|---|---|
| 名　称 | 種別 | 所　在　地 | 電　話 | HP アドレス | 備　考 |
| 全国霊感商法対策弁護士連絡会 | ── | 〒135-8691 東京都新宿区新宿郵便局私書箱231号 | 03-3358-6179 | https://www.stopreikan.com/index.htm | 1987年5月に，全国の約300名の弁護士が賛同して結成。統一協会（統一教会）による霊感商法被害の根絶と被害者救済を目的とする。受付時間 10時～16時（火・木）。 |

| 　インターネット・通信関係 | | | | | |
|---|---|---|---|---|---|
| 名　称 | 種別 | 所　在　地 | 電　話 | HP アドレス | 備　考 |
| 警視庁サイバー犯罪対策課 | 相談 | 〒100-8929 東京都千代田区霞が関2-1-1 | 03-5805-1731 | http://www.keishicho.metro.tokyo.jp/sodan/madoguchi/sogo.html | 各種インターネット上の被害相談。電話相談受付時間　平日8時30分～17時15分。 |
| 総務省電気通信消費者相談センター | 相談 | 〒100-8926 東京都千代田区霞が関2-1-2 中央合同庁舎第2号館 | 03-5253-5900 | http://www.soumu.go.jp http://www.soumu.go.jp/main_sosiki/joho_tsusin/d_syohi/syohi_madoguchi.html（窓口） | 国内・国際電話，携帯電話，インターネット等の電気通信サービスに関する問い合わせ・相談。受付時間　平日9時～12時，13時～17時。 |

| 消 費 者 団 体 等 | | | | | |
|---|---|---|---|---|---|
| 名　称 | 種別 | 所　在　地 | 電　話 | HP アドレス | 備　考 |
| 一般社団法人全国消費者団体連絡会 | 運動 | 〒102-0085 東京都千代田区六番町15 プラザエフ6階 | 03-5216-6024 | http://www.shodanren.gr.jp | 消費者の権利の確立とくらしを守り，向上をめざすため全国の消費者組織の協力と連絡をはかり，消費者運動を促進することを目的として設立。 |
| 特定非営利活動法人日本消費者連盟 | 運動 | 〒169-0051 東京都新宿区西早稲田1-9-19-207 | 03-5155-4765 | http://nishoren.net/ | 「すこやかないのちを未来につなぐ」をスローガンに消費者権利の確立を目指して活動。 |
| 主婦連合会 | 運動 | 〒102-0085 東京都千代田区六番町15 主婦会館プラザエフ3階 | 03-3265-8121 | https://shufuren.net | 消費者の団体と個人の連合体。会の目的は「消費者の権利を確立し，いのちとくらしを守るために必要な活動をする」こと。 |
| 公益社団法人日本消費生活アドバイザー・コンサルタント・相談員協会（NACS） | 相談・教育 | 〒150-0002 東京都渋谷区渋谷1-17-14 全国婦人会館2階 | 03-6434-1125 | http://nacs.or.jp/ http://www.nacs.or.jp/kaiketsu/taisei/（窓口） | 商品やサービス，契約にかかわるトラブルや疑問などに助言や情報提供。東京では自力で解決が困難な場合には斡旋も行っている。消費者相談・NACSウィークエンドテレホン東京（日）11時～16時TEL 03-6450-6631関西分室（土）10時～12時，13時～16時TEL 06-4790-8110 |
| 公益社団法人消費者関連専門家会議（ACAP） | 情報 | 〒160-0022 東京都新宿区新宿1-14-12 玉屋ビル5階　ACAP事務局 | 03-3353-4999 | https://www.acap.or.jp | 企業内の消費者関連担当者の専門家としての資質と地位・向上を図り，企業の消費者志向体制の整備及び消費者・行政・企業相互の理解を深め，信頼感の醸成を図り，社会・経済の健全な発展と国民生活向上に寄与することを目的とする団体。 |

## 各種消費者事件類型毎の相談先・ADR・情報入手先等　*649*

| 名　称 | 種別 | 所　在　地 | 電話 | HPアドレス | 備　考 |
|---|---|---|---|---|---|
| 適格消費者団体 公益社団法人全国消費生活相談員協会 | 情報・相談 | 〒103-0012 東京都中央区日本橋堀留町2-3-5　グランドメゾン日本橋堀留101 | 03-5614-0543（代表）03-5614-0189（相談／東京）06-6203-7650（相談／大阪）011-612-7518（相談／北海道） | http://www.zenso.or.jp or.jp/soudan/tel.html（窓口） | 一般消費者から消費生活について，相談を受けている。東京では自力で解決が困難な場合には斡旋も行っている。東京（土・日）10時〜16時 大阪（日）10時〜16時 いずれも12時〜13時までは受付時間外，年末年始を除く。北海道（土）13時〜16時，年末年始を除く。 |

### 業　界　団　体

| 名　称 | 種別 | 所　在　地 | 電話 | HPアドレス | 備　考 |
|---|---|---|---|---|---|
| 公益社団法人リース事業協会 | 情報 | 〒100-0011 東京都千代田区内幸町2-2-2 富国生命ビル13階 | 03-3595-1501 | http://www.leasing.or.jp/ | 機械・設備等のリース事業の確立とその健全な発展を図ることにより，わが国経済の発展と国民生活の向上に寄与することを目的とする。 |
| 一般社団法人日本自動車販売協会連合会 | 情報 | 〒105-8530 東京都港区芝大門1-1-30 日本自動車会館15階 | 03-5733-3110（自動車相談窓口） | http://www.jada.or.jp/ | 自動車の健全な普及と流通・環境面等の諸問題の改善，整備を図る目的を達成するため，昭和34年に設立された自動車ディーラーの全国組織。 |

### そ　の　他

| 名　称 | 種別 | 所　在　地 | 電話 | HPアドレス | 備　考 |
|---|---|---|---|---|---|
| 消費者法ニュース発行会議　事務局 | | 〒530-0047 大阪府大阪市北区西天満4-5-5　マークス梅田607号 | 06-6366-5046 | http://www.clnn.net/ | 消費者被害全般にわたる被害実態，解決の法的手法，判例や論文の紹介，立法・行政等の情報を集め，季刊誌で提供。 |
| 日本消費経済新聞 | | 〒101-0065 東京都千代田区西神田2-5-7 | 03-3263-1191 | http://www.nc-news.com/ | 消費者主権を確立する「日本消費経済新聞」。 |
| (株)日本消費者新聞社 | | 〒105-0003 東京都港区西新橋2-8-18 共立ビル | 03-3503-6881 | https://www.jc-press.com/ | 「ニッポン消費者新聞」「消費者運動年鑑」発行。 |

### 消費者相談マニュアル〔第4版〕

| 2003年 8 月 5 日　初　版第 1 刷発行 |
| 2012年 4 月11日　第 2 版第 1 刷発行 |
| 2016年 2 月18日　第 3 版第 1 刷発行 |
| 2019年10月30日　第 4 版第 1 刷発行 |

編　　者　　東 京 弁 護 士 会
　　　　　　消費者問題特別委員会

発 行 者　　小 宮 慶 太

発 行 所　　株式会社 商 事 法 務
　　　　　　〒103-0025 東京都中央区日本橋茅場町 3-9-10
　　　　　　TEL 03-5614-5643・FAX 03-3664-8844〔営業部〕
　　　　　　TEL 03-5614-5649〔書籍出版部〕
　　　　　　https://www.shojihomu.co.jp/

落丁・乱丁本はお取り替えいたします。　　　　印刷／広研印刷㈱
© 2019 東京弁護士会　　　　　　　　　　　　Printed in Japan
　　　　　　　　　　　*Shojihomu Co., Ltd.*
　　　　　　　ISBN978-4-7857-2745-1
　　　　　　＊定価はカバーに表示してあります。

JCOPY ＜出版者著作権管理機構　委託出版物＞
本書の無断複製は著作権法上での例外を除き禁じられています。
複製される場合は、そのつど事前に、出版者著作権管理機構
（電話 03-5244-5088、FAX 03-5244-5089、e-mail: info@jcopy.or.jp）
の許諾を得てください。